Karl Bruhns

Alexander von Humboldt

Eine wissenschaftliche Biographie - 2. Band

Karl Bruhns

Alexander von Humboldt

Eine wissenschaftliche Biographie - 2. Band

ISBN/EAN: 9783959135597

Auflage: 1

Erscheinungsjahr: 2017

Erscheinungsort: Treuchtlingen, Deutschland

Literaricon Verlag UG (haftungsgeschränkt), Uhlbergstr. 18, 91757 Treuchtlingen. Geschäftsführer: Günther Reiter-Werdin, www.literaricon.de. Dieser Titel ist ein Nachdruck eines historischen Buches. Es musste auf alte Vorlagen zurückgegriffen werden; hieraus zwangsläufig resultierende Qualitätsverluste bitten wir zu entschuldigen.

Printed in Germany

Cover: Alexander von Humboldt, Selbstportrait in Paris, 1814, Abb. gemeinfrei

Alexander von Humboldt
im 45. Lebensjahre.
(1814.)

Druck und Verlag von F.A. Brockhaus in Leipzig

ALEXANDER VON HUMBOLDT.

EINE WISSENSCHAFTLICHE BIOGRAPHIE

IM VEREIN MIT

R. AVÉ-LALLEMANT, J. V. CARUS, A. DOVE, H. W. DOVE,
J. W. EWALD, A. H. R. GRISEBACH, J. LÖWENBERG,
O. PESCHEL, G. H. WIEDEMANN, W. WUNDT

BEARBEITET UND HERAUSGEGEBEN

VON

KARL BRUHNS,

PROFESSOR UND DIRECTOR DER STERNWARTE IN LEIPZIG.

IN DREI BÄNDEN.

ZWEITER BAND.

MIT EINEM PORTRÄT HUMBOLDT'S IM 45. LEBENSJAHRE.

LEIPZIG:

F. A. BROCKHAUS.

1872.

Inhalt des zweiten Bandes.

III.

Alexander von Humboldt. Sein Aufenthalt in Paris (1808—1826).

Von **Robert Avé-Lallemant.**

1. Veröffentlichung des Reisewerks.

2. Mitarbeiter und Freunde in Paris.

3. Charakterzüge und Lebensbegegnisse.

Beilagen.

IV.

Alexander von Humboldt auf der Höhe seiner Jahre (Berlin 1827—59).

Von **Alfred Dove.**

V.

Alexander von Humboldt. Bibliographische Uebersicht seiner Werke, Schriften und zerstreuten Abhandlungen.

Von **Julius Löwenberg.**

III.

Alexander von Humboldt.

Sein

Aufenthalt in Paris (1808—1826).

Von

Robert Avé-Lallemant.

1.

Veröffentlichung des Reisewerks.

Paris unter dem ersten Kaiserreich. — Humboldt in Paris. — Geldverlegenheit. — Saumseligkeit Bonpland's. — Neue Mitarbeiter. — Grosser Umfang des Reisewerks. — Andere Publicationen während des pariser Aufenthalts. — Die Verleger und Herstellungskosten.

Bevor wir Humboldt's Leben, sein Wirken und Schaffen in Paris, wohin er 1808 als Begleiter des Prinzen Wilhelm ging, betrachten, müssen wir einen kurzen Blick auf Frankreich und dessen Hauptstadt in ihren damaligen Zuständen werfen.

Napoleon war Herr und Kaiser vom grössten Theile Europas geworden; Paris war die Metropole der gebildeten Welt, fast möchte man mit Bitterkeit sagen: Paris war die Hauptstadt auch von Deutschland. Ein königlicher Prinz des preussischen Hauses kam als Gesandter nach Paris, ja eine österreichische Erzherzogin ging, nachdem Napoleon sich von Josephine hatte scheiden lassen, als seine Gemahlin nach demselben Paris, in welchem ihre Tante vom Throne auf das Schaffot gestiegen war.

Fragt man, wie das alles geschehen konnte, so muss man gestehen, dass damals ein gar wunderbares Leben in Paris herrschte, als die Republik zu Grabe getragen und der Kaiserthron mit allem nur erdenklichen Glanze aufgerichtet worden war. Nicht ohne Geschmack, ja mit vielem Takt wusste Napoleon die Völker, die von ihm besiegt worden, zu plündern und die Beute nach Paris bringen zu lassen. Bibliotheken und transportable Monumente, Bildergalerien und Statuen, berühmte Gelehrte und grosse Künstler, Sänger und Sängerinnen — alles wanderte nach der Seine und diente dazu, der alten Lutetia einen nie gesehenen Glanz zu verleihen. Ein herrliches Monument nach dem andern, womit Napoleon der französischen Nationaleitelkeit huldigte, im Grunde aber nur sich selbst vergöttern wollte, entwuchs dem Boden; ein wissenschaftliches Institut nach dem andern wurde eingerichtet oder ältere gelehrte Schulen und Genossenschaften, zumal wenn sie an das alte Königthum erinnerten, umgeformt und mit dem Beiwort „kaiserlich" decorirt — kurz, Paris wurde der Schauplatz für alles Herrliche, Grossartige, Begeisternde, und während sein Kaiser fast ununterbrochen ausserhalb der Grenzen des Landes blutige Kriege führte, in denen die Kräfte des Landes aufgezehrt wurden, blühten in Paris die Künste des Friedens.

Kam aber der Cäsar nach Hause, so suchte er in den Tuilerien den Augustus zu spielen. Ein vollständiger kaiserlicher Hofstaat wurde etablirt. Napoleon schuf eine Menge neuer Hofchargen und Adelsdiplome, über welche der alte französische Adel anfangs spottete. Als aber das Kaiserthum sich dauernd zu befestigen schien, kamen auch mehr und mehr altadeliche Geschlechter an den Hof: die einen, um sich wirklich mit dem neuen Cäsarismus auszusöhnen, ihm zu huldigen und sich von ihm mit Gunst und Gnaden überhäufen zu lassen, andere freilich nur, um insgeheim das Emporkömmlingswesen lächerlich zu machen. Napoleon jedoch fühlte sich geschmeichelt, wenn er solchen alten Adel in den Tuilerien um sich sah. — So war vieles nur Schein, vieles nur Schauspiel und Komödie, was in jenen Zeiten gross und erhaben erschien, und nirgends mag das Sprüchwort: „Il n'y a qu'un pas du sublime au ridicule" so anwendbar gewesen sein wie auf den Hof Napoleon's I.

Recht zur Blütezeit dieses ersten Kaiserreichs kam Humboldt für längere Zeit nach Paris. Dass er aber Paris schon gründlich kannte, sich in die dortige Gelehrtenwelt eingelebt hatte vor und nach seiner amerikanischen Reise, ist in den vorangegangenen Abschnitten dargestellt worden. Ihm, dem Manne von Familie und Weltstellung, standen alle Häuser, alle Paläste des Kaiserreichs offen; ihm, dem Reisenden und Naturforscher, dem vielseitigen Gelehrten, dem Manne des frischesten, lebendigsten Wissens gehörten alle Kreise der Weltmetropole; Privatcirkel und gelehrte Gesellschaften wetteiferten, ihn als einen der Ihrigen aufzunehmen; selbst im Institut, diesem damaligen Culminationspunkte des Gelehrtenthums, war er längst Mitglied und eine gefeierte, hervorragende Grösse; man war dort gewohnt, den deutschen Edelmann und Gelehrten als eine französische Eroberung anzusehen, und hoffte, ihn als ein werthvolles, hochwillkommenes Besitzthum für immer zu behalten. Wirklich bot dieses kaiserliche Paris alles dar, was der deutsche Forscher bedurfte, um die Ergebnisse seiner überseeischen Reisen zu verarbeiten und an die Oeffentlichkeit zu fördern: ihm ebenbürtige Gelehrte, die sich in die Verarbeitung des kostbaren Materials mit ihm theilten Kunstateliers und Verlagsanstalten, in welchen die Werke prachtvoll ausgestattet wurden, endlich einflussreiche Zeitungsredactionen, um die nach Inhalt und Form gleich würdigen Erscheinungen zu besprechen und in weitere Kreise empfehlend hinauszutragen. Und diese Bedingungen für die Vollendung des grossen Unternehmens dauerten selbst nach dem Sturze Napoleon's, wenn auch nicht in vollem Masse, fort.

Erst nachdem der grössere Theil des Reisewerks veröffentlicht war — das übrige hatte nur wegen der ungeheuern Kosten, welche die Herstellung erforderte, einstweilen liegen bleiben müssen —, liess sich Humboldt durch den Wunsch seines Monarchen und die günstigern Aussichten, die ihm die Heimat eröffnete, bestimmen, seinen Hauptwohnsitz wieder nach Berlin zu verlegen.

Wenn in dem ausserordentlichen Wirken Humboldt's nicht jeder Abschnitt in gleichem Masse merkwürdig wäre, so möchten wir seinen Aufenthalt in Paris während der eben angedeuteten Zeit als den merkwürdigsten Theil seines langen Lebens bezeichnen. Wir können diesen Theil nicht besser einleiten, als mit einem Briefe Humboldt's an seinen Freund, den damals in Paris anwesenden Professor Pictet, vom März 1808[1]:

„Que je suis peiné de ne pas vous avoir vu. Le malheur ressemble à la peste. Tout le monde fuit cette maison; vous la cherchez! Quelle jouissance pour moi de vous revoir! Vous connaissez les sentimens de reconnaissance et d'admiration, qui me lient à vous à jamais! Je dois lire demain un long mémoire à l'Institut sur les réfractions. Il n'est pas fini; cela pourrait m'empêcher de venir vous voir ce soir. Peut-être vous verrai-je demain à l'Institut. Vous avez des raisons pour me gronder; m'aimez-vous assez pour me disculper? Si vous saviez comme j'ai été malheureux! Je passe ma vie à l'Ecole Polytechnique et aux Tuileries. Je travaille à l'Ecole, j'y couche; j'y suis toutes les nuits, tous les matins. J'habite la même chambre avec Gay-Lussac. C'est mon meilleur ami et dont le commerce me rend tous les jours meilleur et plus actif. Nous nous stimulons mutuellement. Je conçois qu'après avoir tout perdu, je pourrais encore être indépendant avec quarante sous par jour. Que je me réjouis de vous embrasser, et cet aimable Auguste de Staël. Humboldt."

Kaum also ist Humboldt in Paris angekommen, kaum einige Tage, einige Wochen dort anwesend, so sehen wir ihn gleich in der ausgebreitetsten Thätigkeit. Seine diplomatische Mission führt ihn in die Tuilerien, seine wissenschaftliche Bedeutung in das Institut, sein unermüdlicher Forschungsgeist in die Polytechnische Schule. Seine Freundesgesinnung äussert sich in echter Liebe und Bewunderung für seinen „besten Freund", Gay-Lussac, und für Pictet selbst. Und mitten in diesem bewegten Meere der edelsten geistigen Beschäftigungen be-

[1] Le Globe, Journal géogr. (1868), VII, 190.

hauptet er unglücklich zu sein, alles verloren zu haben und in seinem Unglück von aller Welt gemieden zu werden! Wollen wir dazu noch mit dem Namen de Staël an die pariser Schöngeisterei, an Literatur und Kunst uns erinnern lassen, so haben wir in dem vorstehenden Briefe Humboldt's an Pictet gewissermassen ein Programm seines Lebens in Paris.

Fragen wir aber vor allen Dingen danach, was denn im Leben Humboldt's vorgekommen, weshalb man, wie er scherzend und bitter sagte, ihn und sein Haus wie die Pest mied, was denn das „Alles" war, was er verloren hatte, warum er daran dachte von 40 Sous den Tag über leben zu wollen, so finden wir dazu einen höchst bemerkenswerthen Commentar in einem Briefe, aus welchem eine allerdings sehr bedauerliche Lage beider Humboldts hervorgeht, und welcher wol vermuthen lässt, dass Humboldt, wenn er sich jener politischen Mission nach Paris anschloss, nicht allein pro aris et focis des Vaterlandes, sondern recht eigentlich für sein eigenstes Interesse mit zu kämpfen hatte. Dieser interessante Brief lautet:

„Monsieur le Baron!

„Je n'ai pas osé me présenter chez Vous, parce que je puis concevoir, quelle doit être la multiplicité des affaires, dans laquelle Vous Vous trouvez. Mais j'aime trop la Saxe, qui a été ma seconde patrie, parce que je lui dois une grande partie de mon éducation, pour ne pas avoir ressenti la joie la plus vive en apprenant la nouvelle marque de confiance que le Roi vient de donner à Votre Excellence. Daignez agréer mes félicitations respectueuses.

„Il est de mon devoir (et c'est un devoir doux à remplir) de présenter mes hommages a S. S. M. M. de Saxe. J'ai des raisons (que le Baron de Senft dira au plus secret Cabinet du Roi!) par lesquelles je ne désire pas me présenter sous les auspices de M. de Brockhausen! Auriez-Vous la grâce de me procurer les moyens de voir ces Souverains, auxquels j'ai eu l'honneur d'être présenté à Dresde, il y a 12 ans? On ignore à l'Estrapade à quel Chambellan je dois écrire. Auriez-Vous l'extrême bonté de me fixer une heure; ou serait-ce bien d'attendre quelques jours?

„J'avais écrit à Sa Majesté au commencement de la guerre par la voie du Comte Lubiesesz. Comme ma lettre pourrait avoir été égarée dans les troubles de notre malheureuse Allemagne, je l'ai cru nécessaire de parler de nouveau au Roi de ma reconnaissance. J'ose prier Votre Excellence de vouloir bien faire parvenir à Sa Majesté la lettre ci-jointe. Elle ne contient qu'en termes généraux une félicitation pour la paix et l'expression de mes sentimens. Je n'y ai naturellement pas parlé d'Audience.

„J'ai quelque espoir que l'envoyé du Roi pourrait tirer mon frère et moi de l'affreux embarras pécuniaire dans lequel nous nous trouvons. Nous possédons dans le grand Duché de Varsovie près de 95000 écus de Prusse hypothèqués. D'après la loi du 6 Janvier 1809 nous ne pouvons à termes indéterminés jouir ni du capital ni des intérêts. Partie de ces capitaux est sous mon nom seul, partie sous celui de mon frère. Sa Majesté m'a exempté par décret du 14 mars 1809 de la mesure générale pour un seul capital de 33000 écus placé à Bodzewie, Dép. de Posen. La guerre m'a empêché de tirer parti de cette grâce. Je n'ai pas reçu d'intérêts depuis trois ans. Votre Excellence ne croirait-Elle pas que je pourrais hazarder, vers la fin du séjour du Roi à Paris, de Lui présenter une pétition, dans laquelle je demande une exemption totale pour les capitaux inscrits sous mon nom et celui de mon frère? Ayant une fois obtenu cette grâce, une recommendation de Votre Excellence suffira pour me faire entrer dans la jouissance des intérêts. J'ai préparé ces ruses que je trame, en laissant dans la lettre à Sa Majesté la phrase: «dass ich mit meinem Bruder noch einmal gezwungen sein würde, Seine Huld anzuflehen». Un mot de Votre Excellence au Roi me préparera les moyens. Le Cte Marcolini m'a toujours marqué beaucoup de bienveillance, mais je crois qu'il ne voudra pas se mêler d'affaires particulières. J'ose en appeler à Vos bontés parce que je connais les sentimens dont Vous m'honorez. Le malheureux séquestre est la plus grande entrave à la publication de mes ouvrages.

„Daignez agréer, je Vous prie, les assurances de la considération respectueuse avec laquelle je serai toute ma vie,

Monsieur le Baron etc.
Humboldt."

à Paris,
Rue de la vieille Estrapade No 11,
ce 16 Nov. 1809.

Dieser Brief[1] ist wahrscheinlich an den General und Schweizerhauptmann Freiherrn von Forell gerichtet, der im Gefolge des Königs Friedrich August I. von Sachsen während der Monate November und December 1809 sich in Paris aufhielt, wahrscheinlich derselbe, der sächsischer Gesandter in Madrid war, als Humboldt dort bei Hofe erschien, um die spanische Erlaubniss für seine Reise zu erwirken.

Bekanntermassen war bei der letzten Theilung Polens, 1795, Warschau an Preussen gegeben worden. Im Frieden von Tilsit aber hatte Napoleon ein eigenes Herzogthum daraus gemacht und dasselbe dem Könige von Sachsen verliehen. Nun verzichtete Preussen in der durch den Prinzen Wilhelm zu Paris negociirten Convention vom 8. Sept. 1808 auf alle Schuldforderungen, die ihm an Privatpersonen im Herzogthum Warschau zukamen, wogegen 40 Millionen Frs. an der Kriegssteuer erlassen wurden. Napoleon nöthigte den König von Sachsen als Herzog von Warschau zu der geheimen Convention von Bayonne im Mai 1808, worin Frankreich dem Herzogthum Warschau jene bereits ausgemittelten und noch auszumittelnden Forderungen abtrat, Warschau dagegen die Summe von

---

[1] Der Brief fand sich im königlich sächsischen Staatsarchiv zu Dresden. Von dem königlichen Hofmarschallamte wurden die Namen der Personen angegeben, welche den König Friedrich August nach Paris begleiteten.
Der Herausgeber.

20 Millionen Frs. bezahlen und zugleich allen Ansprüchen an Frankreich für Lieferungen und Lazarethverpflegungen entsagen musste. Der französische Generalintendant Daru entwarf zu Berlin ein Verzeichniss der mit Sequester zu belegenden Güter und Gelder; der Staatsrath zu Warschau bewirkte die Beschlagnahme, denn ihm war es zunächst um schnelle Deckung der von dem Herzogthum binnen drei Jahren zu zahlenden 20 Millionen zu thun, bei welchem Verfahren auch wol der Hass der Polen gegen Preussen nachwirken mochte. Bei der Beschlagnahme hielt man sich an jenes französische Verzeichniss und rechnete, zur grossen und gerechten Beschwerde der Preussen, als der preussischen Regierung gehörig auch das Vermögen der Bank, der Seehandlung, der Witwenkasse, des grossen Waisenhauses, mehrerer Kirchen, Schulen und milden Stiftungen, und selbst einiger Privatpersonen, von denen man annahm, dass sie nur den Namen für die berliner Bank hergegeben hätten, welcher eigentlich die Forderungen zuständen, sowie man auch der Meinung war, dass der grösste Theil der durch die Bank und die Seehandlung in Südpreussen (Warschau mit Zubehör) angelegten Kapitalien wirkliches Eigenthum der Regierung wäre. Man schätzte die auf diese Weise beanspruchten Güter und Gelder auf 17 Millionen Thlr.

Der König von Sachsen handelte mild, schonte, vermittelte; Reclamationen von Privatpersonen wurden berücksichtigt, sobald das Object als Privateigenthum nachgewiesen war. Die preussische Regierung indess verweigerte die Herausgabe der Papiere über die bayonner Forderungen und rief durch ein Patent die Schuldner in Polen auf, die schuldigen Kapitalien nicht an die Staatskasse zu Warschau, sondern an die berliner Bank zu zahlen, wogegen dann polnischerseits durch ein Decret vom 6. Jan. 1809 Retorsionsmassregeln ergriffen wurden. Dies führte zu Unterhandlungen, welche am 10. Sept. 1810 die gegenseitige Aufhebung der Beschlagnahme zur Folge hatten.

Unter solchen Umständen mag auch das Vermögen der Humboldts in jenen Provinzen mit Beschlag belegt worden sein. Gewiss scheint, dass Alexander von Humboldt in der ersten Zeit seines pariser Aufenthalts in entschiedener Geldsorge lebte, welche ihn ganz besonders in Veröffentlichung seiner Werke und in andern wissenschaftlichen Bestrebungen hemmte, wie er dies ja offen in dem mitgetheilten Briefe ausspricht.

Doch war seine Arbeitskraft dadurch keineswegs gelähmt, der Widerstand schien sie eher zu stärken und elastischer zu machen. Kaum hat er sich, fast scherzend, über seine Geldverlegenheit gegen seinen Freund beklagt, so schreibt er demselben voll Wissenschaftsjubel: „Je vis toujours entre la soude et la potasse, entre Thenard et Gay-Lussac. Aussi l'ammoniaque, M. Bertholet, nous visite quelque fois; nous nous croyons tous hydrogénisés. Gay-Lussac me charge de ses respects pour vous. Nous vivons toujours fraternellement en ce que vous appelez notre camp volant à Paris. (A l'école polytechnique, Montagne Sainte-Geneviève, 26 mai 1808.)“ [1]

Dazu hatte er auch die Freude, dass seine „Ansichten der Natur“, an denen er mit ganz besonderer Liebe hing, gut ins Französische übersetzt erschienen und ziemliche Verbreitung fanden. Offen und ohne Umwege hatte er den berühmten Geographen Malte-Brun aufgefordert, dieses Werk sowie seine „Statistik Mexicos“ und seine „Astronomische Beobachtungen“ im „Journal des Débats“ anzukündigen und zu besprechen.

Mehr als alles andere lag ihm jedoch zu jener Zeit die Ausarbeitung seiner amerikanischen Reisewerke am Herzen, um so mehr, als er bereits sehr ernstlich an eine grosse asiatische Reise dachte, deren Ausführung sich nicht wohl

---

[1] Le Globe etc. (1868), VII, 193.

ermöglichen liess, bevor nicht alle Ergebnisse der amerikanischen Reise literarisch zu Tage gefördert waren. Schwere Sorge machte ihm besonders die botanische Abtheilung. Bonpland, der auf Reisen so unermüdlich, im Sammeln und Aufbewahren so unübertrefflich gewesen, — Bonpland wollte nicht fleissig am Studirtisch arbeiten und musste fortwährend gemahnt und angetrieben werden. Im September 1810[1] schrieb ihm Humboldt nach Malmaison:

„Tu ne m'écris pas un mot de la botanique, je te supplie cependant de t'en occuper à la fin, car depuis le départ de Madame Gauvin je n'ai vu qu'une demi-page de manuscrit. Je suis très-décidé de ne pas laisser enfouir les résultats de notre expédition, et si en huit mois il ne paraissait que dix planches, c'est-à-dire autant que tout botaniste en Europe en finit en quinze jours, il n'y a pas de raison que le second volume des plantes équinoxiales finisse en trois ans, et cependant il est de fait, que M. . . . a déclaré ne pas vouloir imprimer les espèces avant que ce second volume ne soit fini. Je te prie donc de nouveau, mon cher Bonpland, de t'occuper à la fin d'un objet qui est d'une haute importance pour les sciences, pour ta réputation morale et pour les engagements que tu as contractés avec moi en 1798. Je te prie de nous transmettre du manuscrit, car quant aux assurances que tu en as de tout fait chez toi, tu sais qu'ils (!) n'avancent en rien cette affaire. Je suis engagé à te faire de nouveau ces prières parce que je viens de payer à Willdenow 3000 frs. en avance pour les Species, et parceque le public, qui croit que tu ne t'occupes plus de sciences depuis deux ans, ne voudra pas d'un nouvel ouvrage de botanique avant que le premier ne soit achevé. M. Willdenow est en chemin, à ce que je suppose; je ne sais pourquoi il s'est fait payer l'argent à Berlin. J'espère que nous te verrons bientôt ici, mon cher Bonpland. Je t'embrasse

---

[1] *De la Roquette* etc., II, 42.

de coeur et d'âme, et je saurai dans un mois, si tu m'aimes encore un peu, pour faire ce que je te prie. Gay te salue.

Humboldt.“

Der Brief bietet eine treffliche Charakteristik beider Freunde in ihrem Verhältniss zur Wissenschaft und zueinander selbst. Beiläufig gesagt, lässt uns sein Inhalt auch vermuthen, dass die oben angedeutete Geldnoth Humboldt's, wahrscheinlich infolge jenes Schreibens an Forell, gehoben war, sonst hätte er nicht ohne weiteres 3000 Frs. zur Veröffentlichung eines botanischen Werks vorstrecken können.

Bonpland's Saumseligkeit, die übrigens keine Verminderung der Freundschaft Humboldt's zur Folge hatte, dürfte wol am richtigsten damit zu erklären sein, dass er sich der Aufgabe, die botanische Ausbeute zu verarbeiten, nicht gewachsen fühlte, dass seine Kenntnisse in der Botanik nicht fein und tief genug waren, um vollständig den Anforderungen zu genügen. Humboldt suchte ihn auf alle Weise zu fördern und zu heben. So bittet er unter dem 19. Nov. 1814[1] Hrn. Martin, Mitarbeiter am „Journal des Débats“: „.... J'ai deux prières à vous adresser; l'une est de nommer mon ami et compagnon de voyage, Mr. Bonpland, et la seconde de vouloir bien dire que les trois quarts des ouvrages que j'avais annoncés lors de mon retour ont paru et sont tous terminés. Ces ouvrages, qui sont déjà publiés, sont:

1. La Géographie des plantes.
2. Essai politique sur le Royaume de la Nouvelle Espagne.
3. Recueil d'observations astronomiques et nivellement des Cordillères.
4. Observations de Zoologie et d'Anatomie comparée.
5. Plantes équinoxiales.
6. Monographie des Mélastomes.
7. Monuments des peuples indigènes de l'Amérique.

---

[1] *De la Roquette* etc., I, 202.

„Ces sept ouvrages distincts forment, sans le premier volume de l'Itinéraire, six volumes in-4° et cinq volumes in-folio. Il est d'une haute importance pour l'ouvrage, d'apprendre au public, quelles parties sont terminées. Il ne reste plus à publier que les trois volumes de l'Itinéraire, la fin de la zoologie et des mélastomes."

Hiernach hatte Bonpland allerdings wieder einige Beiträge geliefert; doch durfte Humboldt es keineswegs bedauern, dass für den nach Südamerika zurückgehenden ehemaligen Reisegefährten der ausgezeichnete deutsche Gelehrte Karl Sigismund Kunth zur Herausgabe des botanischen Hauptwerks „Nova genera et species plantarum, quas in peregrinatione ad plagam aequinoctialem orbis novi collegerunt, descripserunt, partim adumbraverunt *Aim. Bonpland* et *Al. de Humboldt*", sich mit ihm verband. Der erste Versuch Humboldt's, fremde Beihülfe zu erwerben, war die Einladung an den Botaniker Willdenow gewesen. Selbiger kam nach Paris und arbeitete hier mehrere Monate in den von den beiden Reisenden gesammelten Herbarien, welche damals über 5000 Species allein aus der amerikanischen Tropenzone enthielten. Da Willdenow aber nach Berlin zurückzukehren genöthigt war, so konnte seine Leistung nicht schwer ins Gewicht fallen, um so weniger, als der streng specifisch unterscheidende Mann, in den Eindrücken seiner bisherigen wissenschaftlichen Thätigkeit befangen, den Betrachtungen allgemeiner natürlicher Familienverwandtschaft unzugänglich blieb. Jugendliche Empfänglichkeit und freiere Ansichten von der organischen Entwickelung besass dagegen der Botaniker Kunth, ein Schüler Willdenow's und Neffe des Erziehers der beiden Humboldt. 1813 folgte er dem Rufe Humboldt's nach Paris, wo er nun viele Jahre in emsiger Arbeit verbrachte. Mit vollem Recht durfte Humboldt ihm unter dem 11. Juli 1819 folgendes Empfehlungsschreiben an seinen Freund Pictet mitgeben:

„Vous connaissez, mon cher et respectable ami, le nom du jeune professeur, qui vous porte ce signe de vie et de mon attachement constant et affectueux. M. Kunth, correspondant de l'Institut, est mon collaborateur. C'est lui qui publie mes «Nova Genera et Species», ouvrage de 5 volumes in-folio, dont 3 sont achevés. Il est l'ami de la maison Delessert et de M. Decandolle. J'ai souvent entendu dire à MM. de Jussieu, Richard et Robert Brown, que, bien jeune, M. Kunth s'était déjà élevé à être un des premiers botanistes du continent. Il est avec cela doux, modeste et de mœurs excellentes. Il va rester quelques semaines dans vos montagnes, non autant pour chercher des plantes, mais parce que je désire qu'avant de voir les montagnes de l'Ararat, de la Perse et de l'Inde, il puisse voir végéter vos plantes alpestres dans leur site natal. Ce sera un bonheur pour mon jeune ami, de recevoir des conseils du maître dans l'art d'observer les phénomènes du monde alpin ....“

Offenbar hatte Humboldt, dem während seines ganzen pariser Aufenthalts der Plan zu einer grossen asiatischen Reise im Kopfe lag, die Absicht, seinen jungen Freund Kunth als botanischen Begleiter dahin mitzunehmen.

Für den astronomischen Theil fand Humboldt in Oltmanns einen vorzüglichen, gewissenhaften Mitarbeiter. Zu der Zoologie lieferten Latreille, Cuvier und Valenciennes einige Beiträge. Humboldt hatte im Jahre 1804 gehofft, nicht mehr als zwei bis drei Jahre zur Bearbeitung und Veröffentlichung aller Ergebnisse seiner amerikanischen Reise nöthig zu haben; und da es ihm nach zehn, ja nach zwanzig Jahren noch nicht gelang, kann man nicht umhin anzunehmen, dass, mochten auch die Zeitumstände der Publication vielfach hindernd in den Weg getreten sein, der Plan von vornherein in zu grossartigem Massstabe angelegt war. Die Ausarbeitung verlangte die besten Kräfte, die technische Herstellung die geschicktesten Hände, der Verkauf die grösste buchhändlerische Umsicht. Humboldt's Sorgfalt blickte nach allen Seiten hin. Gelehrte stellten sich ihm willig als Mitarbeiter, und er gewährte ihnen anständige Bedingungen. Geschickte künstlerische Hände gab es auch, aber sie waren theuer. Von den Buchhändlern beanspruchte er schickliche Honorare, was ihm angesichts der grossen Opfer, die seine Reise gekostet hatte, gewiss nicht verargt werden darf. Dafür wollten denn auch die Buchhändler mit dem Verlag seiner Werke Geschäfte machen und verlangten ein kauflustiges Publikum. Das musste gefunden und für die Sache gewonnen werden, namentlich durch Ankündigungen und Besprechungen in der Presse aus den Federn bedeutender Männer. Letztere wusste Humboldt ungemein taktvoll auszuwählen und in offener, durchaus nobler Weise für die Sache zu interessiren. Nie beanspruchte er Lob von vornherein oder Lobhudelei, sondern nur eine gerechte Beurtheilung; für jede Anerkennung hegte er, bescheiden wie er immer war, dankbare Gesinnung. Aber entschieden erbittern konnte ihn ungerechter Tadel, zumal von Recensenten, die an Wissen tief unter ihm standen. Während er Männern wie Pictet, Martin, Malte-Brun und andern, denen bei grosser Sachkenntniss bedeutende Pressorgane zu Gebote standen, und welche dieselben, von edeln Impulsen getrieben, zu einer offenen Beurtheilung und freisinnigen Anerkennung benutzten, höflichen und verbindlichen Dank abstattete, verbarg er auch seinen Groll nicht, wenn ab und zu, namentlich von England her, unliebsame und geistlose Urtheile gefällt wurden, freilich jedesmal von unbedeutenden Männern und miswollenden Geschäftsleuten ausgehend.

Im ganzen muss gesagt werden, dass Humboldt's grosse Werke über Amerika, auf deren Inhalt die einzelnen fachwissenschaftlichen Abhandlungen dieser Biographie näher eingehen werden, nicht in solchem Masse wie sie es verdienten in das Publikum gedrungen sind. Vor allem waren und sind sie viel zu theuer für gelehrte Privatleute, und selbst bedeutende Bibliotheken besitzen sie nicht vollständig; man muss sie fast immer mühsam zusammensuchen. Welche Freunde der Wissenschaft können denn auch, und wie viele Bibliotheken dürfen wol die vollständigen Werke eines einzigen Mannes, und mag dieser noch so einzig sein, ankaufen, wenn der Preis dafür in die Tausende von Thalern geht?[1] Dazu gibt es Sachkenner, welche die Meinung aufstellen, dass so manche Abbildungen in den Humboldt'schen grossen Werken, um derentwillen die Preise so enorm hoch gestellt werden mussten, keineswegs den artistischen Ansprüchen, selbst der damaligen Zeit, Genüge leisten. Und jeder kundige Reisende wird offen gestehen, dass gar viele Blätter aus den berühmten „Ansichten der Cordilleren" unbefriedigt lassen.

Wie gross Humboldt's Thätigkeit in Paris gewesen, ersieht man aus dem Umfange des Reisewerks, welches während der Bearbeitung, mit dem ursprünglichen Plane verglichen, sich mehr und mehr erweiterte, sodass es in der Folio- und Quartausgabe 29 Bände nebst 1425 gestochenen, zum Theil farbigen Karten umfasst. Der Titel des Ganzen lautet: „Voyage aux régions équinoxiales du Nouveau Continent fait dans les années 1799 à 1804 par *A. de Humboldt* et *A. Bonpland*"; es besteht aus sechs Abtheilungen, die jede für sich wieder ein abgeschlossenes Ganzes bilden, aber nicht in der Reihenfolge der Abtheilungsziffer erschienen sind.

Die erste Abtheilung, „Voyage aux régions équinoxiales du Nouveau Continent", von Humboldt selbst verfasst, enthält: 1) „Relation historique", anfangs auf vier Bände berechnet, wovon aber nur drei Bände in Quart in den Jahren 1814—19 erschienen sind, die bis zur Reise nach Peru im April 1801

---

[1] „Der Preis eines vollständigen Exemplars meiner amerikanischen Werke mit Einband", schreibt Humboldt im siebenten Bande seiner Tagebücher, „ist 2753 preuss. Thlr. Es sind 20 Bände in Folio und 10 in Quart. Der Preis ist ungebunden 9574 Frs. = 2553 preuss. Thlr. Der botanische Theil allein enthält:

Nova genera etc.,	7 Bde.,	und kostet	5500 Frs.
Plantes équin. etc.,	2 „	„ „	250 „
Mélastomes etc.,	2 „	„ „	500 „
Mimosées etc.,	1 „	„ „	400 „
Graminées etc.	2 „	„ „	528 „
	14 Bde.	=	7178 Frs.

Der Herausgeber.

reichen; 2) „Vues des Cordillères et monuments des peuples indigènes de l'Amérique, Atlas pittoresque du voyage" (1810, 1 Vol. in-fol. avec 60 planches); 3) „Atlas géographique et physique du Nouveau Continent" (1814—19, 39 cartes, in-fol.); 4) „Examen critique de l'histoire de la géographie du Nouveau Continent et des progrès de l'astronomie nautique aux XVe et XVIe siècles" (1814—34, 5 Vol. in-fol.). Eine andere Ausgabe der „Relation historique" ist in 13 Bänden in Octav herausgekommen (Paris 1816—31). Von dieser letztern erschien eine deutsche Uebersetzung bei Cotta in Stuttgart unter dem Titel: „Reise in die Aequinoctial-Gegenden des Neuen Continents in den Jahren 1799—1804" (1815—32. 6 Bände). Die Uebersetzerin war *Therese Forster* (s. S. 103), und Humboldt hat die Uebersetzung nicht als authentisch anerkannt. Hingegen trägt die von *Hermann Hauff* herausgegebene deutsche Bearbeitung der „Reise" (Stuttgart 1859—60. 4 Bände) die Bezeichnung auf dem Titel: „Nach der Anordnung und unter Mitwirkung des Verfassers". Sie reicht indess nur bis December 1800 und hat auch in den frühern Partien erhebliche Abkürzungen. Von den „Vues des Cordillères" erschienen 1816 2 Bände in Octav mit 19 Kupfern. Von dem „Examen critique" wurde eine Octavausgabe in 5 Bänden (auf 10 war sie anfangs berechnet) mit 4 Karten in Paris 1836—39 veranstaltet. Eine deutsche Uebersetzung: „Kritische Untersuchungen über die historische Entwickelung der geographischen Kenntnisse von der Neuen Welt und die Fortschritte der nautischen Astronomie in dem 15. und 16. Jahrhundert" (Berlin 1836—39, neue Ausgabe 1852, 3 Bde.), veröffentlichte *J. L. Ideler*.

Die zweite Abtheilung enthält: „Recueil d'observations de zoologie et d'anatomie comparée, faites dans l'Océan Atlantique, dans l'intérieur du Nouveau Continent et dans la Mer du Sud pendant les années 1799—1804" (Paris 1805—32. 2 Bde. 4.). Dieser Abschnitt ist mit Beihülfe von Cuvier, Latreille, der die Insecten, und Valenciennes, der die Fische und Conchylien bearbeitete, herausgegeben. Einige Abhandlungen über Reptilien sind von Humboldt und Bonpland verfasst.

Die dritte Abtheilung: „Essai politique sur le royaume de la Nouvelle-Espagne. Ouvrage qui présente des recherches sur la géographie du Mexique, sur l'étendue de la surface et sa division politique en intendances, sur l'aspect physique du sol, sur la population actuelle, l'état d'agriculture, de l'industrie manufacturière et du commerce; sur les canaux qui pourraient réunir la Mer des Antilles au Grand Océan; sur les revenues de la couronne, la quantité des métaux qui a reflué du Mexique en Europe et en Asie depuis la découverte du Nouveau Continent, et sur la défense militaire de la Nouvelle-Espagne" (2 Bde. mit Atlas, Paris 1811, 4.; 1 Bd. mit 29 Karten, Paris 1812, in Fol.; dazu 5 Bde. Text, Paris 1811, 8.). Eine zweite Ausgabe hat vier Bände in Octav (Paris 1825). Die deutsche Ausgabe heisst: „Versuch über den politischen Zustand des Königreichs Neu-Spanien" (Stuttgart und Tübingen 1811—15. 5 Bde. mit Atlas). Besonders erschien: „Essai politique sur l'île de Cuba" (2 Bde., Paris 1826, 8.) Dieser Abschnitt hat Humboldt zum alleinigen Verfasser.

Die vierte Abtheilung: „Recueil d'observations astronomiques, d'opérations trigonométriques et de mesures barométriques faites pendant le cours d'un voyage aux régions équinoxiales du Nouveau Continent depuis 1799 jusqu'à 1804. rédigées et calculées d'après les tables plus exactes par *Jabbo Oltmanns.* Ouvrage auquel on a joint des recherches historiques sur la position de plusieurs points importants pour les navigateurs et pour les géographes" (2 Bde., Paris 1808 und 1810, 4.). Das Werk erschien auch in deutscher Sprache[1] zu Paris in

[1] Im Jahre 1850 schrieb Humboldt in sein Handexemplar: „Dieses Exemplar ist sehr selten, da in einer Speculation unter Kaiser Napoleon, englische Waaren in Frankreich für gleichen Werth französischer Bücher einführen zu dürfen, um der Bücherbesteuerung zu entgehen, der ganze Vorrath dieser deutschen Ausgabe meiner astronomischen Beobachtungen auf Veranstaltung der Buchhandlung ins Meer geworfen wurde. Nur wenige Exemplare sind gerettet worden.

„Potsdam, 4. Dec. 1850. A. von Humboldt."

„Ein Denkmal buchhändlerischer Barbarei!"

zwei Octavbänden (1810). Die deutsche Ausgabe ist gewidmet „den verehrungswürdigen Männern Franz Freiherrn von Zach, herzoglich sachsen-gothaischem Oberhofmeister, und Hrn. Friedrich Gauss, königlichem Professor zu Göttingen", und hat eine Vorerinnerung Humboldt's von 18 Seiten. Alle darin mitgetheilten Rechnungen und Resultate sind von Oltmanns aus Humboldt's Beobachtungen abgeleitet und redigirt worden.

Die fünfte Abtheilung: „Physique générale et géologie; essai sur la géographie des plantes, accompagné d'un tableau physique des régions équinoxiales, fondé sur des mesures éxécutées depuis le dixième degré de latitude boréale jusqu'au dixième degré de latitude australe, pendant les années 1799, 1800, 1801, 1802, 1803" (1 Bd., Paris 1807, 4.). Deutsch: „Ideen zu einer Geographie der Pflanzen der Tropenländer" (1 Bd. mit 1 Tafel, Tübingen, Cotta, 1807). Verfasser dieses Abschnitts ist Humboldt.

Die sechste Abtheilung: 1) „Plantes équinoxiales, recueillies au Mexique, dans l'île de Cuba, dans les provinces de Caraccas, de Cumana et de Barcelona, aux Andes de la Nouvelle-Grénade, de Quito et du Pérou et sur les bords du Rio-Negro, de l'Orénoque et de la rivière des Amazones" (2 Bde. mit 146 Kpfrn., Paris 1809—18, gr. Fol.); 2) „Monographie des Melastomes et d'autres genres du même ordre" (2 Bde. mit 120 col. Kpfrn., Paris 1806—23, gr. Fol.); 3) „Nova genera et species plantarum, quas in peregrinatione ad plagam aequinoctialem orbis novi collegerunt, descripserunt, partim adumbraverunt *A. Bonpland* et *A. de Humboldt,* in ordinem digessit *C. S. Kunth*" (7 Bde. mit 700 Kpfrn., Paris 1815—25, in Fol.: ausserdem in einer synoptischen Uebersicht, in Art eines Auszugs, in 4 Octavbänden); 4) „Monographie des Mimosées et autres plantes légumineuses du Nouveau Continent", rédigée par *C. S. Kunth* (mit 60 color. Kpfrn., Paris 1819—24, gr. Fol.); 5) „Révision des graminées publiées dans les Nova genera et species plantarum de MM. *Humboldt* et *Bonpland*", précédée d'un travail sur cette Famille par *C. S. Kunth*“ (mit 220 color. Kpfrn., Paris 1829—34, gr. Fol.); 6) „Synopsis plantarum, quas in itinere ad plagam aequinoctialem orbis novi collegerunt *A. de Humboldt* et *A. Bonpland*, auctore *C. S. Kunth*“ (4 Bde., Strassburg und Paris 1822—26, 8.). — Zu der sechsten Abtheilung hat Humboldt die Mitwirkung Bonpland's und Kunth's benutzt. Die ersten beiden angeführten Werke sind von Bonpland, die übrigen von Kunth, und nur in dem Werke „Nova genera“ ist eine Einleitung von Humboldt's Hand, die auch unter dem Titel: „De distributione geographica plantarum secundum coeli temperiem et altitudinem montium prolegomena“ (Paris 1817; deutsch von *Beilschmidt*, Breslau 1831) separat erschienen ist.

Neben diesen umfangreichen Werken publicirte Humboldt noch theils separat, theils in verschiedenen Journalen kleinere Arbeiten, welche mit dem grossen Reisewerke in naher Verbindung stehen. Als die wichtigsten davon mögen hier aufgeführt werden:

Recherches sur la respiration des poissons [mit Provençal]. (Mémoires d'Arcueil, II, 1809, und Journal de physique, LXIX, 1809).

Des volcans de Jorullo. (Journal de physique, LXIX.) Des eaux chargées d'acide muriatique (ibid., LXIX).

Sur les lois que l'on observe dans la distribution des formes végétales (Annales de chimie et de physique, I, 1816, und XVI, 1821).

Sur l'élévation des montagnes de l'Inde (ibid., III, 1816).

Lignes des isothermes et de la distribution de la chaleur sur le globe (ibid., V, 1817, und Mém. d'Arcueil, III, 1817).

Sur le lait de l'arbre de la vache et le lait des végétaux en général (Ann. de chim. et de phys., VII, 1818).

De l'influence de la déclinaison du soleil sur le commencement des pluies équatoriales (ibid., VIII, 1818.)

Sur les Gymnotes et autres poissons électriques (ibid., XI, 1819).

Sur l'accroissement nocturne de l'intensité du son (ibid., XIII, 1820).

Sur la limite inférieure des neiges perpétuelles dans les montagnes de l'Himâlaya et des régions équatoriales.

Sur les lois que l'on observe dans la distribution des formes végétales (Dictionn. des sciences naturelles, XVIII, 1820).

Sur la différence de hauteur à laquelle on cesse de trouver des poissons dans la Cordillère des Andes et dans les Pyrénées (Ann. de chim. et de phys., XIX, 1821).

Sur le gisement du granite dans la vallée de Fiemme (ibid., XXIII, 1823).

Essai géognostique sur le gisement des roches dans les deux hémisphères (Strasburg 1823. 8.; deutsch von *C. von Leonhard*, Strasburg 1826. 8.).

Analyse de l'eau du Rio Vinagre etc. (Ann. de chim. et de phys., XXVII, 1824).

Sur le magnétisme polaire d'une montagne de chlorite schisteuse et de serpentine (ibid., XXV, 1824).

Observations sur quelques phénomènes peu connus qu'offre le goître sous les tropiques dans les plaines et sur les plateaux des Andes (Paris 1824. 8.).

Ueber die Gestalt und das Klima des Hochlandes in der iberischen Halbinsel (*Berghaus*' „Hertha", IV, 1825.).

De la température des différentes parties de la zone torride au niveau des mers (Ann. de chim. et phys., XXXIII, 1826).

Ueber den neuesten Zustand des Freistaats von Centro-Amerika oder Guatemala (Hertha, VI, 1826).

Ueber die Provinz Antioquia und die neuentdeckte Lagerstätte der Platina auf Gängen (Hertha, VII, 1826).

Ueber die Ursachen der Temperaturverschiedenheit auf dem Erdkörper (*Poggendorff's* „Annalen", XI, 1827).

Die Verleger Humboldt's in Paris waren einmal das Consortium Schöll, Gide, Dufour & Maze, ein andermal Gide allein, dann Fuchs, Gide fils, Gide & Baudry, Levrault; in einem Briefe wird auch Hr. Smith genannt; in Deutschland besonders Cotta. Ueber Gide, Schöll und Cotta kommen in Humboldt's Briefen manche Notizen vor, welche auf ein freundschaftliches Verhältniss schliessen lassen; er spendet ihnen Lob, hält aber auch mit einem Tadel, wo solcher verdient war, nicht zurück.

Von Schöll sagt er in einem Briefe[1] (1818), dass selbiger drei Bände angefangen habe, und es einiges Muthes dieses Buchhändlers bedurfte, um ein botanisches Werk zu vollenden, wovon die beiden ersten Ausgaben 180000 Frs. Herstellungskosten in Anspruch nahmen. Ueberhaupt waren die Kosten für Druck und Herstellung der Kupferplatten ganz enorm; in einem Briefe an Böckh gibt Humboldt sie für das französische Werk mit 600000 Frs. an. In den „Kritischen Untersuchungen", übersetzt von *Ideler*, steht die Bemerkung: das Reisewerk Humboldt's wurde blos durch die Gunst des Publikums zur Vollendung geführt; die Kupfertafeln, 1300 Blätter in Folio, haben an Druck und Papier allein 840000 Frs. gekostet, hierdurch erklärt sich der hohe Preis für das Humboldt'sche Reisewerk, der fast doppelt so hoch ist als der für die „Description de l'Égypte", zu deren Herstellung die französische Regierung 3 Millionen Frs. hatte vorschiessen müssen.[2]

Begreiflich ist daher, dass Humboldt zu den Herstellungskosten, wenn auch nur indirect durch Zahlungen an die Mitarbeiter, aus eigenen Mitteln beitragen musste, und dass eben durch diese Ausgaben sein Vermögen immer mehr zusammenschwand. Die Zinsen seines Kapitals, der Betrag seiner Pension, die Honorare, welche er von Cotta erhielt — einmal findet sich in den Tagebüchern erwähnt: „erhalten von Cotta 5000 Frs.", ein andermal: „für deutsches Manuscript 400 Thlr., 600 Thlr.,

[1] *De la Roquette*, I, 210.
[2] Kritische Untersuchungen (Berlin 1852), S. 22.

204 Thlr." (12. Aug. 1806), ferner: „1419 Frs., welche Cotta an Duttenhofer zahlte" — gingen rasch in andere Hände über.

Schon 1815 erhielt er auf eine persönliche Vorstellung bei dem königlich preussischen Finanzminister von Bülow, der damals gerade in Paris war, einen Vorschuss von 24000 Frs.[1] Ueber die Verwendung dieser königlichen Gelder erstattet er in einem interessanten Briefe[2] an den Minister von Altenstein Bericht; er verständigte sich mit den Ministerien dahin, dass den Verlegern gestattet wurde, durch Exemplare seiner Werke die Rückzahlung zu bewerkstelligen. Dass er selbst seinen Verlegern die Herausgabe der Werke soweit er es irgend im Stande war erleichterte, geht z. B. aus einem Falle hervor, in welchem er auf 48000 Frs. ihm zugesichertes Honorar freiwillig Verzicht leistete.

Durch königliche Cabinetsordre vom 16. Aug. 1820 wurde genehmigt, dass der ihm gewährte Vorschuss durch vier Prachtexemplare der Humboldt'schen Werke, welche der König den Universitäten Berlin, Breslau, Halle und Bonn zuwies, ausgeglichen werde.

---

[1] S. die Beilage 2.

[2] S. die Beilage 3.

2.

Mitarbeiter und Freunde in Paris.

Die Mitarbeiter: Bonpland, Willdenow, Oltmanns, Kunth, Latreille, G. Cuvier, Valenciennes. — Die Freunde: Deluc, Jacquin, Jngenhousz, Lalande, Delambre, Laplace, Pictet, Arago, Biot, La Métherie, Gay-Lussac, Thénard, Berthollet, Fourcroy, Vauquelin, Lamarck, Fr. Cuvier, Dumeril, Etienne und Isidor Geoffroy Saint-Hilaire, Milne Edwards, Antoine Laurent Jussieu, Decandolle, René Just. Haüy, Brongniart, Cordier, Defrance, Elie de Beaumont, Guizot, Gérard.

Unter den Freunden, mit welchen Humboldt während seines pariser Aufenthalts hauptsächlich verkehrte, nennen wir zuerst die Mitarbeiter an dem Reisewerk.

Aimé Bonpland. Eine biographische Skizze von ihm wurde bereits I, 472 fg. gegeben, die in der ersten Beilage zu diesem Abschnitt ihre Ergänzung findet.

Willdenow. Er kam nur auf kurze Zeit nach Paris, um an dem botanischen Theile mitzuarbeiten. Seine Mitarbeiterschaft scheint besonders in dem Ordnen der in Südamerika gesammelten Pflanzen bestanden zu haben; einige von ihm entworfene, schon gedruckte Tafeln wurden nach seinem frühen Tode nicht benutzt.

Jabbo Oltmanns, geboren am 18. Mai 1783 in Wittmund (Ostfriesland), kam 1805 nach Berlin und beschäftigte sich ausschliesslich mit geographischen und astronomischen Berechnungen. Von Humboldt zuerst mit einzelnen Rechnungen beauftragt und dann in demselben Jahre nach Paris gezogen, arbeitete er hier bis 1811 an der Herausgabe des „Recueil d'Observations". Ausserdem lieferte er in *Zach's* „Monatlicher Correspondenz" und in *Bode's* „Jahrbüchern" zahlreiche Beiträge zur mathematischen Geographie. Noch vor seiner Rückkehr aus Paris wurde er 1810 als Professor der theoretischen Astronomie bei der in Berlin zu errichtenden Universität und zum ordentlichen Mitglied der Akademie, 1824 zum Professor ordinarius ernannt. Er starb am 27. Nov. 1833. Ueber sein Verhältniss zu Humboldt finden sich verschiedene Aufzeichnungen sowol von ihm selbst als von Humboldt in dessen Tagebüchern. „Ich schliesse" — schreibt er im Juli 1810 in der Vorerinnerung zum zweiten Bande des von ihm bearbeiteten „Recueil d'Observations" — „diesen zweiten Band mit der Aeusserung des innigsten Dankgefühls gegen meinen edeln Gönner, dessen Beobachtung der tropischen Gestirne, dessen mühsame Nachtwachen an den stillen Ufern des Orenoco, am Magdalenenstrome und auf dem Gipfel der Andeskette den Gegenstand und das Verdienst ausmachen, das meinen geographischen Untersuchungen zutheil werden dürfte. Ich verdanke diesen Arbeiten die frohesten Stunden meiner Jugend: sie haben mich an eine Wissenschaft gefesselt, die den Keim immer verjüngter Reize in sich trägt. Möge ich daher diese Arbeiten fortsetzen können oder nicht, die vorigen Gefühle werden mir bleiben." Und Humboldt widmet ihm in der Vorrede zu den „Kritischen Untersuchungen" im November 1833 folgende Worte als Nachruf: „Die lebhafte, unter peinlichen Gefühlen so lange Zeit hindurch ersehnte Freude, welche mir die Befreiung meines Freundes und Reisebegleiters Aimé Bonpland verursacht hatte, ist durch einen bittern Verlust getrübt worden. Jabbo Oltmanns, Mitglied der berliner Akademie, welcher mir einen liebevollen Beweis seiner Anhänglichkeit durch die Redaction der astronomischen Beobachtungen gegeben, die ich auf dem amerikanischen Festlande angestellt hatte, ist vor einigen Tagen einer langen und schmerzlichen Krankheit erlegen. . . . . Wenige Tage vor seinem Tode hatte Oltmanns die Untersuchung und Berechnung der von mir in Sibirien angestellten Beobachtungen vollendet, von denen ich nur einen geringen Theil während des Laufes meiner schnellen und mühevollen Reise selbst hatte berechnen können. Dieses Andenken meiner unwandelbaren Dankbarkeit wird in einem Werke, welches einer Reihe von Untersuchungen über die Geschichte der Geographie bestimmt ist, nicht am unrechten Orte stehen."

Pierre André Latreille, geboren 1762, gestorben zu Paris 1833, von frühester Jugend ein eifriger Naturforscher und specieller Zoolog, hat viel zur genauern Kenntniss der Crustaceen beigetragen.

George Cuvier, der grösste Zoolog seiner Zeit und einer der grössten aller Jahrhunderte. Geboren in Mömpelgard 1769, war er einige Zeit Schüler der berühmten Karlsschule in Würtemberg, studirte zuerst die Rechte, widmete sich aber bald den Naturwissenschaften mit glänzendem Erfolge. Nachdem er Hauslehrer bei einer gräflichen Familie in der Normandie gewesen, wurde er 1795 Professor an der pariser Centralschule und 1798 Professor der vergleichenden Anatomie. Zoologie, vergleichende Anatomie, Physiologie und Naturwissenschaften — keine dieser Disciplinen hat je durch einen Mann so viel gewonnen wie durch den Baron Cuvier, obwol er nicht viel über sechzig Jahre alt geworden. „Er besass" — so schildert ihn der berliner Professor Gans [1] — „in seinem Wesen eine tief ausgeprägte deutsche Eigenthümlichkeit, ein ungeheures umfassendes Wissen. Grosser Scharfsinn und Beobachtungssinn war bei ihm vorhanden, ohne die Plötzlichkeit des französischen zusammenziehenden Geistes, der einseitig genug die Seiten fahren lässt, die er gerade nicht betrachtet. In der Politik, wo eben diese Spontaneität und Geistesgegenwart das eigentlich Vorstechende sind, konnte sich daher Cuvier niemals geltend machen, so gern er es auch gemocht hätte. Er war mehr Administrator als Staatsmann: seine umfassenden

[1] *Gans*, Rückblicke auf Personen und Zustände (Berlin 1836), S. 18.

Kenntnisse machten ihn im Staatsrathe unentbehrlich, und der sonst siegreichen Declamation setzte er häufig genug übersehene Facta entgegen. Mit diesem positiven Vorrath ausgerüstet, hielt er sich auch unter allen Administrationen, unter der des Hrn. von Villèle wie unter Ludwig Philipp. Man übersah seine Schwächen, welche lediglich in der politischen Charakterlosigkeit lagen, und benutzte seine Kenntnisse, die keiner Verwaltung entbehrlich schienen."

Noch näher stand Humboldt der bedeutend jüngere *Achilles Valenciennes.* Im Jahre 1794 zu Paris geboren, schrieb er bereits mit 25 Jahren zoologische Abhandlungen und eine Einleitung zu Humboldt's „Observations de zoologie", welche die warme Freundschaft der beiden begründete. Ihm nebst Cuvier war die Ausarbeitung der „Histoire des poissons" übertragen, und durch die geschickte Ausführung dieses Auftrags hat er sich besondern Ruhm erworben. Noch in spätern Jahren sorgte Humboldt für Valenciennes: „qui a eu l'imprudent courage de se marier", sagte Humboldt als ein echter alter Junggeselle einmal über den jüngern Freund, der mit zahlreicher Familie beladen war. Er suchte ihm deshalb Geldhülfe zuzuwenden, wie der folgende, auch politisch bemerkenswerthe Brief an Guizot zeigt, in welchem Humboldt seinen Freund dem Minister empfiehlt (Berlin, 11. Febr. 1840).[1] Nach einer gewichtigen Einleitung, in der er die politische Unruhe und Fluctuation des damaligen Moments zu beschwören versucht, kommt Humboldt auf seine „inquiétudes sur la position d'un ami et collaborateur, M. Valenciennes, l'élève le plus chéri de Cuvier et bien digne de ce titre honorable. Je sais que M. Valenciennes, avec lequel je travaille et je publie depuis vingt ans, a le bonheur de vous approcher, mon cher et illustre confrère. C'est un homme aussi distingué par la grande variété de ses connaissances (il a fait d'excellentes études classiques et a puisé le goût des arts dans l'atelier de son oncle, le grand paysagiste) que par la déli-

---

[1] *De la Roquette,* Correspondance etc., II, 186.

catesse de ses sentiments. On l'aime beaucoup en Allemagne; il a été avec moi au congrès d'Aix-la-Chapelle, et plusieurs fois à Berlin, où notre roi actuel l'a distingué aussi. Or, Mr. Valenciennes, comme cela arrive à des savants célèbres, même dans votre belle France, se trouve financièrement (je voudrais bien que le mot fût français) dans une position très-gênée. Il a trois enfants, des sœurs et parentes très-pauvres, presque constamment des malades dans sa maison; et les Poissons, dont le seizième volume va paraître, lui donnent plus d'illustration que de nourriture. Tâchez, de grâce, de lui faire ajouter un peu à ce qu'il a dans ce moment au Jardin des Plantes. M. Villemain me veut du bien, il connaît l'amitié que j'ai pour M. Valenciennes. Il sait les mouvements que je me suis donnés, sous les risques du courroux du Journal des Débats et du Grand Précepteur de l'Institut qui nous juge et nous corrige dans ce journal, pour faire entrer M. Valenciennes dans l'Institut. Daignez, de grâce, vous occuper un moment de lui. Ce n'est pas la première fois, que j'aurai à vous parler de ma vive reconnaissance." — Valenciennes ward, gewiss nicht ohne Humboldt's Einfluss, Professor der Anatomie in Paris. Durch Humboldt's persönliche Verwendung wurde er 1845 Mitglied der Akademie in der Section der Anatomie und Zoologie an Stelle des verstorbenen ältern Geoffroy de St.-Hilaire.

Karl Sigismund Kunth ist unter den Mitarbeitern Humboldt's entschieden derjenige, welcher ihn nächst Bonpland am meisten unterstützt hat. Der Neffe des hochverehrten Erziehers der Gebrüder Humboldt, des wirklichen Geh. Oberregierungsraths Kunth, war in Leipzig am 18. Juni 1788 geboren, besuchte von 1800—1804 daselbst die Rathsfreischule, musste 1805 wegen des Todes seines Vaters die schon bezogene Thomasschule (Gymnasium) verlassen, und erhielt 1806 durch Verwendung seines Oheims die Stelle eines Registratur-Assistenten bei der Seehandlung in Berlin. In Alexander von Humboldt fand er einen Gönner, der ihm die Mittel zum Besuche der berliner Universität gewährte. Nach Willdenow's Tode übernahm er die Bearbeitung der von Humboldt und Bonpland gesammelten Herbarien, zu welchem Zwecke ihn Humboldt 1813 nach Paris rief, wo er bis 1819 die auf Seite 20 genannten „Nova genera“ und andere umfangreiche botanische Werke ausarbeitete. Aus der in der warmen Empfehlung an Pictet (Seite 14) erwähnten Reise wurde jedoch nichts. Kunth, zum Professor und Vicedirector des botanischen Gartens ernannt, 1829 in die Akademie der Wissenschaften aufgenommen, lebte als geschätzter Lehrer und fruchtbarer Schriftsteller in Berlin; er starb am 22. März 1850. „Das Andenken meines Freundes“, ruft Humboldt ihm im „Staatsanzeiger“ vom 9. Mai 1851 nach, „wird lange gefeiert werden, nicht blos da, wo sein glänzendes wissenschaftliches Verdienst und sein Einfluss auf den analytisch und systematisch beschreibenden Theil der allgemeinen Pflanzenkunde erkannt werden kann, sondern auch bei denen, welche nach freier, rein menschlicher Ansicht zu schätzen wissen Einfachheit eines gediegenen Charakters, Zartheit der Gefühle und die das Leben verschönernde Anmuth der Sitten.“

Je mehr Humboldt's Ausarbeitungen in Paris fortschritten und wissenschaftliche Freunde sich um ihn sammelten, desto lieber ward ihm sein dortiger Aufenthalt, desto mehr ward er von den bedeutenden Kreisen der Weltstadt angeregt. „Nous nous stimulons mutuellement!“ schrieb er begeistert schon im Beginn des Jahres 1808 an Pictet über sein Zusammenleben mit Gay-Lussac; und dasselbe Wort durfte er von dem Verkehr mit allen seinen pariser Freunden während seines ganzen Aufenthalts daselbst sagen.

Humboldt's pariser Freunde stammten zum Theil noch aus alter Zeit her, oder sind zum Theil sehr alt geworden. Fast möchte man sagen, er hätte sich nicht nur in Bezug auf Reichhaltigkeit des Wissens und Gediegenheit des Arbeitens, sondern auch in Beziehung auf die Dauer der Lebenszeit zwei würdige Muster unter seinen ältesten Freunden ausgesucht, den Genfer *Deluc* und den Leydener *Jacquin*, zwei grosse Forscher, beide 1727 geboren und 1817 gestorben, also beide neunzigjährig, wie Humboldt ja selbst geworden ist. Er war ferner befreundet mit dem im Jahre 1730 zu Breda geborenen *Ingenhousz*, sowie mit dem berühmten Astronomen *Lalande*, geboren im Jahre 1732.

Dem berühmten Astronomen reihen wir gleich dessen kaum weniger bedeutenden und schon oben erwähnten Schüler *Delambre* an, der, geboren 1749, seinem Lehrer 1807 auf dem pariser Lehrstuhl der Astronomie gefolgt war und 1822 starb; beide „Citoyens“ standen unserm Humboldt so nahe, dass er ihnen öfters aus Südamerika geschrieben hat.

In demselben Jahre mit Delambre geboren, gesellt sich den astronomischen Freunden der grosse *Laplace* hinzu, eines Landmanns Sohn aus der Normandie, der Verfasser der „Mécanique céleste“ und anderer hervorragender astronomischer Werke. Ueber die Bedeutung dieses Mannes, dem Arago ein so schönes Denkmal gesetzt hat, braucht hier nichts weiter gesagt zu werden. — Neben dem gewaltigen Laplace erscheint Humboldt's schon oft genannter Freund aus Genf, *Marc. August Pictet* (1752—1825), als wissenschaftlicher Fachmann allerdings minder bedeutend. Sein grosses Verdienst aber besteht darin, dass er den Geistesaustausch unter den verschiedenen gebildeten Nationen, wie zwischen Frankreich, England und der Schweiz, zu vermitteln und zu fördern verstand, namentlich als Gründer der „Bibliothèque britannique“. Pictet vor allen hat dazu beigetragen, Humboldt's Namen, seine Werke und das Verständniss dafür in England zu verbreiten, jedenfalls schneller zu verbreiten, als es unserm bescheidenen Landsmanne selbst gelungen sein möchte. Humboldt schätzte den liebenswürdigen Gelehrten ganz besonders hoch und hat ihm in zahlreichen Briefen seine volle Anerkennung gezollt.

Der intimste unter den pariser Freunden Humboldt's war *Franz Arago*, geboren zu Estagel bei Perpignan, den 26. Febr. 1786, gestorben zu Paris den 2. Oct. 1853, ein Mann fast ohne Beispiel, der mit vierzehn Jahren anfing sich zur Polytechnischen Schule vorzubereiten und mit zwanzig Jahren schon zu den grossen Gelehrten und Forschern gehörte. Er nimmt unter den Astronomen, wie unter den Physikern und Chemikern eine gleich ehrenvolle Stelle ein. Auch in der Politik hat er, im Jahre 1848, eine Rolle gespielt. Humboldt nennt ihn in Briefen an Schumacher „eine der edelsten Menschennaturen, in der Weisheit und Güte gepaart sind“, und sagt ein andermal von ihm: „Wenngleich antiministeriell, radical, übt er einen persönlichen Zauber in Frankreich aus.“ Fast alle gelehrten Gesellschaften und Akademien zählten ihn zu ihrem Mitglied. Wie wenige verstand er es, die Wissenschaften, selbst die ausser dem Kreise des gewöhnlichen Verständnisses liegenden, in fliessender, schöner Sprache klar und fasslich darzustellen. Die sechzehn Bände seiner Werke, welche die mannichfachsten Materien behandeln, sind wahre Muster eines gedrängten klaren Stils, welcher hier den alten Spruch bewahrheitet: „Le style c'est l'homme.“ Zu diesen Werken hat Humboldt eine Einleitung geschrieben, auf welche wir ganz besonders hinweisen. Nebst Gay-Lussac war Arago, wie denn die beiden selbst innigst miteinander befreundet und förmlich zu einer wissenschaftlichen Einheit verwachsen waren, Humboldt's bester Freund während eines halben Jahrhunderts. Und gewiss mit aufrichtigster Gesinnung äusserte letzterer in einem Briefe aus Berlin (24. Jan. 1829) an Geoffroy Saint-Hilaire zum Schluss[1]: „Veuillez bien me rappeler au souvenir de MM. Valenciennes, Deleuze, Cuvier et surtout à la personne, *qui m'est la plus chère dans cette vie*, de M. Arago.“

Nach seiner Rückkehr nach Berlin schrieb Humboldt häufig an Arago, und ebenso dieser an jenen. Dieser Briefwechsel (im zweiten Bande der Roquette'schen Sammlung theilweise mitgetheilt) ist vornehmlich zu berücksichtigen, wenn man das innige Verhältniss zwischen den beiden grossen Männern Humboldt

[1] *De la Roquette* etc., I, 277.

Freundschaftsverhältniss zwischen den beiden grossen Männern durchschauen will. Hier kann nur an den einen Brief Arago's (Paris, 12 Mars 1841)[1] erinnert werden. Humboldt wollte seinen alten Freund in Paris einmal wieder besuchen und hatte angefragt, ob er auch nicht ungelegen käme, worauf es in dem Antwortschreiben heisst: „.... Est-ce donc, que tu douterais de mon invariable attachement? Sache que je regarderai toute incertitude sur ce point comme la plus cruelle injure. En dehors de ma famille, tu es sans aucune comparaison la personne du monde que j'aime le plus tendrement. Il faut ainsi te résigner, tu es le seul de mes amis sur lequel je compterais dans des circonstances difficiles. Je suis vraiment heureux de la pensée que je passerai quelques soirées avec la personne à qui je dois mon goût pour la météorologie et la physique du globe. Il y aura pour toi un lit à l'Observatoire. Tu arriveras à Paris à l'ouverture de mon cours d'astronomie. Mon nouvel amphithéâtre est d'un luxe scandaleux."

Zur Zeit dieses jugendfrischen Briefes war Arago 55 Jahre alt, Humboldt 72; und wie sehr freuten sich die beiden auf einige glückliche Abende des Zusammenlebens in traulichem Familienkreise, auf einige anregende Stunden nachts auf dem pariser Observatorium! Ist es nicht ein rührendes Zeichen von der Innigkeit ihres Verhältnisses, wenn in einem frühern Briefe Humboldt seinen Freund dringend bittet, ihm Nachricht zu geben über den Zustand eines kranken Kindes, und dabei die besorglichste Theilnahme an dem Leiden des Kleinen ausdrückt? — Freundlich begütigend schrieb Humboldt einmal an den berühmten Baumeister Hittorf, gegen den der heftige Arago ungerecht gewesen war: „M. Arago est vif, mais bon et chaud de caractère."

Niemand wüssten wir unter Humboldt's astronomisch-physikalischen Freunden dem grossen Arago so unmittelbar

---

[1] *De la Roquette* etc., II, 214.

anzureihen als den berühmten Physiker *Biot*. Mit Biot war im Jahre 1806 der zwanzigjährige Arago nach Spanien gegangen zu der damals unternommenen Meridianmessung. *Jean Baptiste Biot*, geboren 1774, hochausgezeichnet als Mathematiker, Physiker und Astronom, war einer der besten Namen Frankreichs, mit dem sich Humboldt schon wegen der Gleichheit ihrer Studien genau befreundete.

Gleich nach Biot nennen wir *La Métherie (Jean Claude)*, geboren 1743, um durch ihn und Biot zu den Chemikern, Physikern und überhaupt Naturforschern im engern Sinne überzugehen. Seine „Théorie de la terre" vom Jahre 1795 erregte Aufsehen; sein „Journal de physique", welches er vom Jahre 1785 an bis zu seinem Tode 1817 allein redigirte, hat mächtig eingegriffen in die Entwickelung und Verbreitung des physischen Wissens. Er studirte zuerst Theologie, dann Medicin, ohne indess jemals prakticirt zu haben. Dennoch war es die Medicin, oder vielmehr deren Hülfswissenschaften, welche ihn auf dem Felde der Naturforschung gross gemacht. Ein von ihm geschriebener Aufsatz über Humboldt's Reise in Amerika und seine Leistungen auf den verschiedenen Gebieten der Naturwissenschaft sprach sich sehr anerkennend aus, sodass Humboldt, in seinen früher erwähnten „Confessions" an Pictet, dessen Bekanntwerdung in England lebhaft wünschte.

Unter den Chemikern und Physikern Frankreichs standen dem deutschen Gaste in Paris am nächsten: „Potasche", „Soda" und „Ammoniak", wie Humboldt in einem oben mitgetheilten Briefe an Pictet die drei hervorragendsten Chemiker, Gay-Lussac, Thénard und Berthollet, scherzend genannt hatte. *Louis Josephe Gay-Lussac* (geb. 1778, gest. 1850), welchem Arago in einem berühmt gewordenen akademischen Discours eine Lobrede gehalten, der mit Biot behufs Untersuchungen über die Luft 3600 Toisen im Luftballon aufstieg, mit Humboldt auf dem Vesuv und in Berlin war, in Paris sogar in einem Zimmer mit ihm wohnte und in Gemeinschaft mit ihm wichtige magnetische Beobachtungen anstellte, war nächst Arago Humboldt's intimster Freund. Den

Beinamen „Potasche“ gab ihm dieser, weil er mit Thénard über das Wesen der galvanischen Säule, besonders aber über die Natur der Potasche eingehende Forschungen veröffentlicht hatte. Auf wie sonderbare Weise Humboldt die Bekanntschaft Gay-Lussac's gemacht hat, ist Bd. I, S. 401, berichtet worden; gleich nachher sehen wir beide gemeinschaftlich eine wichtige Arbeit über Eudiometrie ausführen.

Louis Jaques Thénard (1777—1857) wurde mit zwanzig Jahren als Chemiker am Polytechnischen Institut angestellt und mit 25 Jahren auf den Lehrstuhl der Chemie am Collège de France berufen. Ein fleissiger, gründlicher und feiner Untersucher, hat er die Chemie seiner Zeit wie kaum ein anderer gefördert. — *Claude Louis* Graf von *Berthollet*, 1748 in Savoyen geboren, studirte Medicin, ward Arzt des Herzogs von Orléans, 1780 Mitglied der königlichen Akademie der Wissenschaften zu Paris, dann Professor der Chemie und Mitglied des Instituts sowie der königlichen Akademie zu London. Er durchreiste Italien und ging mit der wissenschaftlichen Commission nach Aegypten. Von dort zurückgekehrt, überhäufte ihn Napoleon mit Ehrenstellen und Auszeichnungen, schenkte ihm auch, als Ersatz für seine im Dienste der Wissenschaft gebrachten Geldopfer, die Summe von 100000 Frs. Auf seinem Landhause zu Arcueil bei Paris, wo er im Jahre 1822 gestorben ist, nahm Berthollet jeden Forscher der Wissenschaft gastlich auf und beförderte so den freien Austausch der Gedanken unter den geistvollen Männern jener Zeit. Die glänzendsten Geister gehörten der „Gesellschaft von Arcueil“ an, unter welchem Namen Berthollet's Freunde sich zwanglos constituirt hatten und sogar eine eigene periodische Schrift unter dem Titel „Mémoires d'Arcueil“ herausgaben. In dieser Gesellschaft war es eben, wo Humboldt seinen heftigen Gegner, von da ab aber herzlichsten Freund, Gay-Lussac, kennen lernte. Nach Berthollet benannten Humboldt und Bonpland das Genus Bertholletia, dessen grösster Repräsentant die Bertholletia excelsa, der Juvianussbaum ist, wol der mächtigste Baum des brasilianischen Urwaldes am mittlern Amazonenstrom. Aus den kolossalen Fruchtkapseln desselben stammen jene harten dreieckigen Nüsse, die, im Geschmack den Kokosnüssen ähnlich, auf allen Fruchtmärkten Europas feilgeboten und von Laien mitunter für Palmennüsse gehalten werden. Den Scherznamen „Ammoniak“ gab Humboldt seinem Freunde Berthollet, weil dieser, abgesehen von seinen vielfachen Entdeckungen in der Chemie und deren technischen Verwendungen, ganz speciell das Wesen des Ammoniums untersucht hatte.

Nächstdem sind die beiden Chemiker *Fourcroy* und *Vauquelin* hier zu nennen.

Antoine François Fourcroy, der ältere von beiden, 1755 geboren, ward, nachdem er lebhaft an den Revolutionsbewegungen theilgenommen und Deputirter im Nationalconvent sowie Mitglied des Raths der Fünfhundert gewesen war, Generaldirector des öffentlichen Unterrichts. Als solcher organisirte er sowol die medicinischen Schulen in Paris, Montpellier und Strasburg, als auch die Rechtsschulen und Lyceen Frankreichs; doch war sein specielles Fach die Chemie, in der er für einen eminenten Analytiker galt. Er starb am Ende des Jahres 1809. Humboldt war schon vor seiner amerikanischen Reise mit ihm bekannt geworden und hatte von Baireuth aus mehrfach an ihn und den berühmten Mineralogen Dolomieu geschrieben, besonders bei Gelegenheit der Arbeiten über die Reizung der Nervenfaser auf galvanischem Wege, worüber sich Fourcroy (s. a. Bd. I, S. 222) folgendermassen ausliess: „Ich glaube, Hr. Humboldt geht ein wenig zu rasch in seinen Erklärungen .... aber das alles verhindert nicht, dass ich nicht dafür halten sollte, die Experimente des Hrn. Humboldt seien sehr interessant, und er müsse sie mit Ausdauer fortsetzen. Ich selbst will nichts in diesem Felde schnell wagen; ich gehe langsam und hoffe mit der Zeit auch anzukommen, aber mein Gang wird sehr sicher sein. Ich brenne darauf, Hildebrandt's und Humboldt's Werk zu sehen; wie schnell sie mir auch zu gehen scheinen in ihren chemischen Explicationen des pflanzlichen und thierischen Lebens, so weiss ich doch nicht warum ich mich überrede, dass sie nicht so vorgerückt sind wie wir in der Analyse und der wahren feinen Kenntniss der Materien aus diesen beiden Reichen. Ich lobe sehr ihren Eifer und ihren kühnen Fortschritt; aber sie können auch nicht unsere weise Zurückhaltung und kluge Langsamkeit tadeln!" — So Fourcroy über Humboldt's damals fast noch jugendliche Versuche, während Humboldt kurz vorher in einem Briefe freudig erregt ausgerufen hatte: „Welch ein Licht werden nicht die Fourcroy, die Vauquelin über solche Gegenstände verbreiten!" So erkannten und schätzten sich schon früh die ausgezeichneten Männer gegenseitig, so war schon der junge Humboldt hochgeachtet in der französischen Wissenschaft!

Nicolas Louis Vauquelin, 1763 in der Normandie geboren, ward schon mit zwanzig Jahren von Fourcroy zum Gehülfen bei seinen Arbeiten angenommen; beide haben ungefähr ein Vierteljahrhundert zusammen gearbeitet. Vauquelin bekleidete verschiedene Aemter und Ehrenstellen, in denen er mit Auszeichnung wirkte, und folgte nach Fourcroy's Tode diesem als Professor der Chemie an der École de médecine zu Paris. Er starb im Jahre 1829.

Auf dem Gebiete der Zoologie begegnet man ebenfalls mehreren Freundespaaren, welche, wie Fourcroy und Vauquelin, in ihre Arbeiten gleichsam sich theilten, und die zur Zeit Humboldt's Zierden des wissenschaftlichen Paris waren. Zunächst denken wir hier an Lamarck und Latreille, dann an Cuvier und Duméril, an Geoffroy Saint-Hilaire, Vater und Sohn, denn auch letzterer gehört schon zum Theil dieser Periode an, und an Valenciennes und Milne-Edwards, wenn Humboldt den letztern auch erst gegen Ende seines pariser Aufenthalts kennen lernte. Von diesen acht sind drei Humboldt's Mitarbeiter gewesen.

Lamarck (Jean Baptiste Pierre Antoine) war 1744 im Departement der Somme geboren. Anfangs Militär, widmete er sich bald naturhistorischen Studien, namentlich botanischen und zoologischen, und wurde 1788 Daubenton's Gehülfe am Jardin des Plantes in Paris. Fünf Jahre darauf ward er Professor der Zoologie am Musée d'histoire naturelle nnd Mitglied des Instituts. Bis in sein vierundsiebzigstes Jahr hielt er Vorlesungen; er erreichte das hohe Alter von 85 Jahren. Ausser durch bedeutende botanische Arbeiten und allgemeine zoologische Untersuchungen hat er sich ganz besondere Verdienste um die Kenntniss der wirbellosen Thiere erworben, und hierin war *Latreille* sein würdiger Nachfolger.

Friedrich Cuvier, der jüngere Bruder des berühmten Georg, war ein tüchtiger Zoolog, geboren 1773 in Mömpelgard, gestorben in Strasburg als Professor und Conservator der anatomischen Sammlungen im Jardin des Plantes in Paris. Im Verein mit Geoffroy Saint-Hilaire gab er die „Histoire naturelle des mammifères" heraus.

Georg Cuvier hatte ausser seinem Bruder als fleissigen Mitarbeiter und Gehülfen *André Marie Constant Duméril*, 1774 zu Amiens geboren. Arzt, Anatom, Physiolog und Zoolog von Bedeutung, gab er Cuvier's berühmte „Leçons d'anatomie comparée" heraus und ist, als naher Freund Humboldt's, von entschiedenem Einfluss auf die zoologischen Ausarbeitungen des amerikanischen Reisewerks gewesen.

In dem ältern *Geoffroy Saint-Hilaire (Étienne)* treffen wir gleichfalls einen nähern Freund Humboldt's und einen hochbedeutenden Naturforscher. Im Jahre 1772 geboren, sollte er erst Geistlicher, dann Jurist, endlich Arzt werden. Doch gab er sich unter Haüy, Fourcroy und Daubenton ganz dem Studium der Naturwissenschaften hin, und zwar mit so glänzendem Erfolge, dass er, kaum 21 Jahre alt, Professor der Naturgeschichte ward und 1794 seine Vorlesungen begann. Als Mitglied der ägyptischen Expedition ging er 1798 nach dem Nil, wo er ungemein fleissig und nach allen Seiten hin thätig war. Nach Frankreich zurückgekehrt, nahm er seine Stellung am Museum wieder ein und erhielt nach und nach eine Reihe hoher und ehrenvoller Aemter, nicht ohne mit seinem grossen Rivalen Cuvier in

Conflict zu gerathen. Ein fruchtbarer und genialer Schriftsteller auf dem Gebiete der Zoologie starb er im Jahre 1844. Noch lange nach seinem pariser Aufenthalt schrieb Humboldt von Deutschland aus an ihn die liebenswürdigsten und anerkennendsten Briefe. Als Ausdruck der Hochachtung, die Humboldt vor seinem geistreichen Freunde hegte, sei der Brief[1], den er bei Saint-Hilaire's Tode an dessen Witwe schrieb, obwol er einer spätern Periode angehört, an dieser Stelle wiedergegeben:

„Sans-Souci, 18 juillet 1844.

„Madame!

„Honoré depuis un si grand nombre d'années de la bienveillance et de l'amitié de l'homme illustre dont nous pleurons la perte, je sens un besoin bien vif, Madame, de m'associer à votre douleur, et de vous renouveler, à cette triste et solennelle occasion, l'hommage de mon respectueux dévouement. Au milieu de votre affliction vous entendrez avec émotion, combien, dans sa patrie surtout, les éminents services, que le naturaliste philosophe a rendus aux sciences, ont été l'objet d'une grande admiration, quelle justice a été universellement rendue à cette noble réunion d'un grand talent et d'un noble caractère. C'est dans ces épanchements de la douleur publique, c'est dans le doux souvenir du bonheur que votre piété conjugale et les soins les plus tendres ont répandus sur la vieillesse de mon excellent ami, que vous trouverez des consolations si dignes de l'élevation de vos sentiments.

„Agréez, je vous prie, Madame, l'hommage du profond respect, avec lequel j'ai l'honneur d'être,

Madame,

votre très-humble et très-obéissant serviteur

Al. Humboldt."

Das dem Vater geweihte hochachtende Wohlwollen trug Humboldt auch auf den Sohn, *Isidore Geoffroy Saint-Hilaire*,

---

[1] *De la Roquette* etc., II, 275.

über, der 1805 geboren, schon sehr früh ein bedeutender Naturforscher, namentlich Zoolog, und mit 28 Jahren Mitglied der Akademie der Wissenschaften in Paris war. Er starb 1861 mit Hinterlassung werthvoller Schriften über Zoologie.

Als letzter unter den pariser Zoologen, mit welchen Humboldt während seines dortigen Aufenthalts persönliche Freundschaft schloss, sei hier noch *Henri Milne-Edwards* genannt, ein Belgier, 1800 in Brügge geboren, der in Paris studirte, 1823 Doctor ward, sich dann bald als Naturforscher einen Namen erwarb und bedeutende zoologische Werke verfasste, von denen gleich das erste: „Recherches anatomiques sur les crustacées“ im Jahre 1828 von der Akademie der Wissenschaften gekrönt wurde. Humboldt's Annäherung und Freundschaft verdankte Milne-Edwards besonders seinen Experimenten am Nervensystem mittels galvanischer Reize, wozu dieser ihm werthvolle Beiträge aus seinen eigenen Forschungen lieferte, mit dem Vorschlage, dieselben der Akademie mitzutheilen. Der Schluss von Humboldt's Schreiben lautet[1]: „Pardonnez, Monsieur, la longueur de cette interminable lettre! On aime à s'entretenir avec des personnes, qui réunissent à la profondeur des connaissances cette simplicité de caractère et cette bienveillance de sentiment qui inspirent de la confiance aux ignorants.“ Wahrlich, der grosse Mann konnte in keiner bescheidenern Form dem scharfsinnigen jungen Forscher ein so glänzendes Lob spenden. Seine Worte, gegen das Ende eines vieljährigen Aufenthalts in Frankreich niedergeschrieben, erinnern fast an jenen Ausspruch der Königin Isabeau, der auch auf Humboldt anwendbar war: „Der Franke nur weiss Zierliches zu sagen.“

Nur ganz kurz, aber mit grosser Hochachtung, gedenken wir noch der beiden Zoologen *Provençal* und Graf *Étienne de Lacépède*. Der letztere, anfangs Militär in bairischen Diensten, gab sich unter Buffon's und Daubenton's Leitung ganz den naturhistorischen Studien hin und genoss nicht minder als

---

[1] *De la Roquette* etc., I, 251.

Gelehrter wie als Staatsmann mit vollem Recht eines bedeutenden Namens. Im Jahre 1756 geboren, starb er 1825 an den Blattern.

Wenden wir uns nun zu Humboldt's botanischen Freunden in Paris, so fand er noch das Erbtheil der drei ausgezeichneten Brüder Jussieu vor, nämlich deren Neffen *Antoine Laurent Jussieu*, der, 1748 geboren, eine so langjährige Thätigkeit übte, wie sie nur wenigen Menschen gegönnt ist (ich sah im Jahre 1836 in Paris sein sehr stattliches Leichenbegängniss), er fand vor allem *Decandolle*, ja selbst noch dessen alten Lehrer *Desfontaines*.

Auguste Pyrame Decandolle, in Genf 1778 geboren und daselbst 1841 gestorben, einer der grössten Botaniker aller Zeiten, ein feiner Beobachter, ungemein fleissiger Arbeiter und besonders ausgezeichneter Systematiker und Pflanzenphysiolog, war ein inniger Freund Humboldt's. Die in jener Zeit gewechselten Briefe bekunden dieses Freundesverhältniss in der schönsten Weise. So schreibt Humboldt[1]:

„Paris, 24 mars 1812.

„.... Gay, avec lequel je demeure à présent, pour être plus rapproché du centre de Paris, rue d'Enfer No 67, MM. Berthollet et Laplace me chargent de mille amitiés pour vous. Nulle part vous trouverez de plus justes appréciateurs de la profondeur et de la variété de vos connaissances, de l'amabilité de votre caractère et de la pureté de votre amour pour les sciences que dans le sein de notre petite société" (womit die Gesellschaft von Arcueil gemeint ist). Interessant in Bezug auf Humboldt's Gesundheitszustand und sein nachheriges Leiden am Arme ist der Zusatz: „Ma santé est très-bonne, au bras près (?), dont je ne suis pas maître." Auch seiner Ungeduld, die projectirte russische Reise beginnen zu können, woran ihn die Verarbeitung der amerikanischen Reise hinderte, gibt er Ausdruck:

[1] *De la Roquette* etc., I, 193.

„Je travaille toujours à cet interminable voyage, qui m'ennuie furieusement." Noch im Jahre 1818 spricht er sich in einem gleichfalls an Decandolle gerichteten Briefe [1] ebenso ungeduldig über „diese nicht endigen wollende Reise" aus: „Je ne veux plus attendre pour vous offrir comme un hommage de notre vive admiration, en mon nom et en celui de mes collaborateurs MM. Bonpland et Kunth, les 5e, 6e et 7e cahiers de notre „Nova genera"; daignez les agréer avec indulgence. Dans un ouvrage de si longue haleine tout ne peut être travaillé avec le même soin. Ne le comparez pas à vos travaux, c'est tout dire en un mot. Je suis assez heureux de voir la fin de cet interminable ouvrage. Dans peu de jours le deuxième volume sera terminé." In Hinsicht auf Paris schreibt er dann noch dem genfer Freunde: „Vous retrouverez Paris plus éloigné des études et de l'activité litteraire que jamais. Si dans l'Institut on travaille peu, on ne s'en querelle pas moins. *L'étude de la nature adoucit tant les mœurs.*" Das letztere edle Wort hat sich bei keinem Manne so bewahrheitet wie bei ihm selbst. In Paris aber war damals allerdings einige Ebbe in den Wissenschaften und deren Leistungen eingetreten, nachdem die Hochflut des Napoleonischen Cäsarismus sich verlaufen hatte und die Restauration in ihrer vollen Nüchternheit aufgetreten war.

Mit botanischen Studien scheint Humboldt sich während seines pariser Aufenthalts weniger befasst zu haben, er hatte, wie schon erwähnt, die Bearbeitung der mitgebrachten Pflanzen dem fleissigen Kunth übertragen, da Bonpland selbst wieder nach Amerika gegangen war. [2]

Werfen wir einen Blick auf die mineralogischen Capacitäten, mit denen Humboldt in Paris verkehrt hat, so ist zuerst zu nennen der Abbé *Réné Just. Haüy*, geboren 1743,

---

[1] *De la Roquette* etc., I, 210.

[2] Den Verfasser hat später eine eigenthümliche Schicksalsfügung mit Bonpland in persönliche Berührung gebracht; sein Zusammentreffen mit demselben in Corrientes ist in der ersten Beilage zu diesem Abschnitt erzählt.

welcher sich auf dem Felde der gesammten Naturgeschichte mit Glück bewegte, ganz besonders sich aber durch seine geistreichen Untersuchungen in der Krystallographie auszeichnete und eine ganze Reihe bedeutender Arbeiten darüber geschrieben hat, bis er fast achtzigjährig 1822 starb.

Gleich nach Haüy nennen wir seinen Schüler und Amtsnachfolger an der École des mines, *Alexandre Brongniart*, jenen genialen und vielseitig fruchtbaren Naturforscher, 1770 in Paris geboren, der bereits mit 24 Jahren (1794) Vorlesungen über Mineralogie und Geologie an verschiedenen Wissenschaftsanstalten hielt und dieselben bis 1821 fortsetzte, ausserdem auch Lehrer der Zoologie war. Humboldt zollte seinem Wissen die achtungsvollste Verehrung, und noch im Jahre 1840 schickte er von Sans-Souci aus verschiedene kieselpanzerige Infusorien zur Untersuchung an ihn nach Paris.

Zu dem pariser mineralogischen Gelehrtenkreise gehörte vor allen *Pierre Louis Antoine Cordier*, 1777 geboren, recht eigentlich ein College Humboldt's, denn er war Bergmann von Fach, hatte schon mit Dolomieu die Alpen bereist, dann die ägyptische Expedition mitgemacht und bereiste später noch Deutschland, Frankreich, Spanien, Madeira und Teneriffa. Die gegenseitige Anerkennung und Freundschaft zwischen den beiden so ganz in gleicher Bahn strebenden Männern Humboldt und Cordier dauerte ziemlich ein halbes Jahrhundert. Cordier überlebte seinen berühmten Freund, er starb im Jahre 1861 im Alter von 84 Jahren. Merkwürdig ist es, dass, wie schon erwähnt worden, so viele Freunde Humboldt's ein ungewöhnlich hohes Alter erreichten. Auch der nun folgende Geolog, ein gemeinsamer Freund und Wissenschaftsgenosse von Cordier und Humboldt, *Jaques Louis Marin Defrance*, im Jahre 1758 geboren, starb erst im 93. Lebensjahre. Als Sechsundsechzigjähriger hatte er Humboldt noch ein Werk über Petrefacten gewidmet. Das Dankschreiben Humboldt's an den alten Geologen lautet[1]:

---

[1] *De la Roquette* etc., I, 224.

„Mars 1824.

„Monsieur!

„N'ayant pas eu le bonheur de vous exprimer hier, de bouche, les sentiments de ma plus vive reconnaissance, permettez que je vous les offre aujourd'hui. J'ai été touché de votre aimable souvenir, et il m'en coûterait trop de vous reprocher, que dans un temps où un peu d'estime publique irrite tous ceux, qui n'en sont pas l'objet, vous m'ayez traité avec une prédilection si extraordinaire. J'aime mieux vous dire tout simplement, combien je me trouve honoré de l'amitié d'une personne, qui a rendu de si grands services à la géologie et à l'histoire naturelle, qui montre un esprit si juste et une sagacité si fine dans ses observations, et dont j'honore le noble caractère. J'attends le retour de notre jeune ami M. Valenciennes, pour me présenter un matin chez vous à Sceaux, pour vous voir au milieu de cette riche collection si importante par l'influence qu'elle a exercée sur l'étude des formations, et pour vous renouveler l'hommage de ma haute et affectueuse considération. Al. de Humboldt."

Inwieweit *Élie de Beaumont*, 1798 geboren, mit Humboldt schon in Paris befreundet gewesen, vermag ich nicht nachzuweisen. Später waren sie die innigsten Freunde. Humboldt schätzte den eminenten Forscher ungemein hoch, und es ist ganz bestimmt mehr als eine Höflichkeitsphrase, wenn er einen seiner Briefe an ihn also beginnt[1]: „Quand à Berlin j'ignore quelque chose, et cela m'arrive souvent, je me dis, que ne puis-je le demander à mon excellent ami M. Élie de Beaumont!" Humboldt's sämmtliche Briefe an Beaumont geben Zeugniss, wie sehr er durch gehaltvolle Correspondenzen, aber auch durch heitere Bemerkungen den geistigen und geistreichen Zusammenhang mit dem französischen Freunde zu erhalten bemüht war. Wenn übrigens Humboldt seinen alten und veralteten göttinger Lehrer Blumenbach

---

[1] *De la Roquette* etc., II, 353.

in einem Briefe an Beaumont mit den Worten zu Grabe bringt[1]: „La mort de M. Blumenbach, qui, comme bien des savants, a eu l'imprudence de survivre à une réputation littéraire un peu légèrement acquise", so ist das eine jener kleinen Härten, welche den nimmer rastenden und seinen eigenen literarischen Ruhm allerdings nicht überlebenden Mann charakterisiren.

Dies waren Humboldt's vorzüglichste Freunde im weiten Kreise der Naturforscher zur Zeit seines pariser Aufenthalts. Dass wir etwas reichlich Namen angeführt haben aus dieser gelehrten Welt, möge man als einen Beweis betrachten für das oben Gesagte, dass Humboldt bei den vielen ihm befreundeten Männern diejenige Anregung und Aufklärung fand, deren er bei der Verarbeitung seiner Reisen bedurfte.

Wie es aber grossen Geistern unmöglich ist, einseitig und engherzig bei einer einzelnen Fachwissenschaft stehen zu bleiben — sie wären ja sonst nicht gross —, wie es ihnen unmöglich ist, nicht in alles das eindringen zu wollen und einzudringen, was überhaupt zur Domäne des menschlichen Wissens gehört: so beschränkte auch Humboldt seinen Umgang in Paris nicht auf die Kreise der Naturforscher allein, sondern er interessirte sich für alles, was damals in der Hauptstadt Frankreichs die Geister bewegte. Eifrig folgte er dem Gange der Weltbegebenheiten, eifrig dem gesellschaftlichen Treiben der grossen und kleinen Welt. Gleich nach seiner Rückkunft von der amerikanischen Reise schrieb er aus Paris an seinen Freund Pictet: „Ich lebe in den Tuilerien und im Polytechnicum!" Der Kaiserthron interessirte ihn und die Retorte. Guizot und Chateaubriand wurden seine Freunde, aber ebenso behaglich fühlte er sich im Hause der Madame Gautier, der Schwester des Bankiers Delessert, einer alten Freundin von Jean Jacques Rousseau, welcher dieser gefeierte Philosoph seine Briefe über Botanik gewidmet hatte.

---

[1] *De la Roquette* etc., II, 177.

Aus der Zahl seiner politischen Freunde heben wir nur einen hervor: *Guizot.*

Humboldt's Freundschaft mit Guizot hat ein halbes Jahrhundert gewährt, sie gründete sich auf die unwandelbare Hochachtung, welche die beiden grossen Männer für einander hegten — denn den Namen eines grossen Mannes darf man dem französischen Gelehrten und Politiker Guizot wol nicht versagen. Die Briefe Humboldt's zwischen den Jahren 1810 bis 1848 zeugen im Anfang von seiner neidlosen Anerkennung des jungen Gelehrten und später von seinem intimen Verhältniss zu dem Ministerpräsidenten. Er liess es sich angelegen sein, gleich die ersten Erzeugnisse des angehenden französischen Schriftstellers in Deutschland bekannt zu machen. Schon am 4. Mai 1811 schrieb er ihm[1]: „Je suis bien coupable de vous remercier si tard de l'aimable cadeau que vous avez bien voulu me faire. J'ai été quelques jours à la campagne, ce qui m'arrive bien rarement. C'est là que j'ai lu votre excellente introduction. Je l'ai lue avec des personnes bien faites pour apprécier la générosité de vos sentiments, la finesse de vos aperçus et cette justesse d'idées, qui caractérise toutes vos productions. Je voudrais vous parler de tout ce que vous inspirez dans un temps, où je sens plus que jamais le besoin d'aimer ce qui est aimable dans un degré si éminent. J'espère que vous ne trouverez pas indélicat, si je vous demande la permission, Monsieur, d'envoyer ce premier cahier à M. Ancillon. Je ne possède rien en ce monde, et si je me contente de votre ouvrage sur le bel idéal dans lequel les principes de l'art sont si noblement développés, j'ai eu besoin de vous voir. Il faut que nous causions sur votre entreprise..... Nous conviendrons d'un jour pour aller ensemble à Saint-Germain..... Agréez l'assurance de mon estime profonde et de mon tendre attachement. Humboldt."

Diesem ersten Heft einer Arbeit Guizot's über Erziehung

---

[1] *De la Roquette* etc., II, 43.

folgte nach wenig Tagen schon das zweite, und darauf auch von seiten Humboldt's ein zweites Dankschreiben[1]:

„Paris, jeudi 17 mai 1811.

„Que vous êtes bon et aimable de vous souvenir de moi. J'ai déjà lu en entier votre second cahier, qui développe plus nettement le plan de cette belle et utile entreprise. Votre morceau sur la différence des tempéraments est plein de sagesse et d'aperçus fins et spirituels. Les enfants sont difficiles à peindre, les formes ne sont par arrêtées. Dans un pays où l'on est épouvanté de la métaphysique comme de la fièvre jaune et des idées libérales, il faut souvent baisser de ton et individualiser les maximes. J'ai vu avec plaisir que vous avez tiré de l'oublie la méthode de Campe. Vous ne savez peut-être pas que M. Campe a élevé mon frère aîné. J'étais alors un petit enfant. On m'a répété plus tard, que M. Campe a fait ses premiers essais sur lui. Je suis sûr que le journal de Mademoiselle de M. (Meulan) plaira beaucoup etc."

Die letzten Worte knüpfen an ein wichtiges Ereigniss in Guizot's Leben an. Als er Lehrer beim helvetischen Gesandten Stapfer in Paris war, lernte er in den gebildeten Cirkeln dieses Hauses Fräulein Pauline von Meulan kennen, eine Mitarbeiterin des Blattes „Le Publiciste". Im Jahre 1812 verheirathete er sich mit ihr. Humboldt war einer der ersten gewesen, dem die Gattin Stapfer's das beginnende Verhältniss zwischen den beiden ausgezeichneten Geistern und Herzen verrieth, und er schrieb infolge dieser vertraulichen Mittheilung an Guizot[2]:

„Je ne puis vous quereller de ce que vous m'avez oublié un peu lors de l'arrivée de M. Stapfer. J'en devinais les raisons, et je me félicitais à la fois et de ma sagacité et de votre bonheur. Lorsque tout le monde parle de votre

---

[1] *De la Roquette* etc., II, 47.
[2] Ebd., II, 48.

talent et de la profondeur de vos connaissances, il m'est permis de vous dire tout simplement qu'on vous aime. J'ai montré de la curiosité, Madame Stapfer vous l'aura dit, mon excellent ami. Vous entrez dans une vie nouvelle; tout va changer autour de vous. Le monde vous paraîtra plus riant, votre existence plus belle. Comment ne pas s'intéresser à un événement aussi important pour vous et pour vos amis! Il est si rare de réunir les qualités du cœur aux dons de l'esprit, le charme de l'imagination aux lumières d'une raison qui assigne son véritable prix aux choses de la vie. Mademoiselle de M. possède encore un autre héritage qu'il est difficile de conserver dans un temps où, las de niveler les fortunes, on voudrait rabaisser tout ce qui s'élève dans le monde moral. En nommant celle qui vous sera unie par les liens les plus doux, toutes les voix s'accordent pour célébrer le dévouement le plus généreux dans des temps orageux, la noblesse de caractère, le courage et cette simplicité qui relève l'éclat de tant de belles qualités. C'est aussi un triomphe que de forcer la masse à admirer ce qui est honorable et vertueux.

„Je continuerai de dire, que j'ignore cette union prochaine. Il y aura des moments où vous vous souviendrez de moi, et vous me direz par un petit mot que j'ose venir me présenter. Je serais jaloux de me faire connaître à Mademoiselle de M — L'ambition se mêle à tout ce que je fais.

Humboldt."

Kurz vor der Abreise aus Frankreich sandte Humboldt an Guizot, der damals nur mit gelehrten Arbeiten sich beschäftigte, seinen „Essai politique sur l'île de Cuba", zugleich mit dem Werke seines Bruders Wilhelm über „La metaphysique des Indous", und begleitete die Sendung mit folgenden Zeilen[1]:

„Comme je m'intéresse beaucoup plus au succès des travaux de mon frère qu'à ceux que je pourrais ambitionner moi-même, je

---

[1] *De la Roquette* etc., II, 76.

vous serais bien reconnaissant, si sous vos auspices, «Le Globe» (le seul journal qui est rédigé d'après des vues élevées et avec une noble indépendance) voulut bien s'occuper du Bhagavad-Gita. Daignez excuser cette naïve expression de l'amour fraternel, et agréez l'hommage renouvelé de ma haute et affectueuse considération. Humboldt."

Weder die Entfernung von Paris, noch selbst die Reise ins asiatische Russland, 1829, konnten Humboldt seines Freundes Guizot uneingedenk werden lassen. In zwei Briefen an ihn, die er dem Geschichtsforscher Friedrich von Raumer nach Paris mitgab, versichert er ihn von neuem seiner „sentiments d'admiration et de dévouement affectueux que je vous ai voués pour la vie", und lässt ihn dann mit wenigen Worten einen bedeutenden Blick in die eben geendete russische Reise thun, welche Worte, obwol sie einer spätern Periode Humboldt's angehören als der, mit welcher wir es hier zu thun haben, dennoch, weil sie an Guizot gerichtet waren, hier wiederholt werden mögen[1]: „Le voyage que je viens de terminer à l'Altai, aux confins de la Mongolie chinoise et aux bords de la Mer Caspienne, voyage de plus de quatre mille cinq cents lieues, m'a laissé de grands souvenirs. Ce sont les peuples, surtout cette grande masse de nomades, qui intéressent plus que les fleuves majestueuses et les cimes neigeuses. On remonte dans le passé vers ce temps des grandes émigrations. Un million trois cents mille Kirghis qui se meuvent encore dans ce moment où je vous écris, mon respectable ami, sur leurs chariots, expliquent ce qui s'est passé alors. Nous savons tout cela par l'histoire, mais j'ai la manie de vouloir voir de mes vieux yeux. Le plus beau temps a favorisé cette promenade d'été. J'ai passé neuf mois presque jour et nuit en plein air. C'est un calmant délicieux."

Wenige Monate darauf ward Guizot, infolge der Julirevolution, Mitglied des Cabinets Laffitte. Humboldt benutzte seinen

---

[1] *De la Roquette* etc., II, 83.

Einfluss bei dem angesehenen Staatsmanne, um die billigen und gerechten Interessen einzelner Gelehrter, wie diejenigen Valenciennes' und seines ehemaligen Reisegefährten Bonpland, zu fördern. Ein dahin gehörender Brief[1] vom 2. Nov. 1832 schloss: „Veuillez bien faire agréer à l'aimable et spirituelle Madame Guizot l'hommage de mon respect, et n'oubliez pas entièrement une personne, qui vous est dévouée depuis un temps antédiluvien." Aber nur zu bald musste seine Feder ernstere Worte an den Freund schreiben. Guizot hatte seine erste Frau, jene geistvolle Mad. Pauline von Meulan, im August 1827 durch den Tod verloren und sich im folgenden Jahre mit deren Nichte, Mlle. Elise de Dillon, verheirathet. Diese zweite Frau, die Madame Guizot, an welche Humboldt den Gruss vom November 1832 schickte, starb im Anfang des Jahres 1833, um dieselbe Zeit, in der auch Humboldt's Schwägerin, die Gemahlin Wilhelm von Humboldt's, verschied. Aus Potsdam schrieb er dem vieljährigen Freunde (25. Mai 1833)[2]:

„Monsieur!

„Si j'avais cru pouvoir me laisser guider par les inspirations seules, je devrais dire par les besoins du sentiment, je vous aurais adressé l'expression de ma profonde douleur il y a quelques mois. Reçu avec tant de bienveillance, avec une si rare aménité dans l'intérieur de votre famille, je pouvais comprendre ce qu'une telle infortune a d'irréparable et de cruel. Quel charme dans la réunion de toutes les qualités qui embellissent la vie, à l'élévation des sentiments, à la finesse de l'esprit, à une douce sérénité, atmosphère si nécessaire à un homme d'état, navigant, quoique avec succès, au milieu de courants opposés. Cette sérénité des beaux jours de votre vie, je le sens, elle est perdue pour vous; la force de votre caractère et d'une philosophie qui ne s'alimente pas d'abstractions arides, vous

---

[1] *De la Roquette* etc., II, 95.

[2] Ebend., II, 105.

rend le courage du travail comme l'accomplissement d'une haute destinée. Mais l'aspect de mon pauvre frère tout abandonné à sa douleur, puisant dans cet abîme ce qui seul lui rend la vie supportable, s'occupant des travaux de l'intelligence comme on s'occupe d'un devoir, me peint votre situation avec de vives couleurs. Vous m'avez honoré de votre intérêt, j'ose dire de votre amitié, depuis de longues années. Le souvenir de ces temps vous fera pardonner la familiarité et la candeur de ces lignes.... Agréez avec bonté de la part des deux frères Humboldt l'hommage d'une ancienne et affectueuse considération.

„Votre très-humble et très-obéissant serviteur

Al. Humboldt."

Derselbe vertrauliche und theilnahmvolle Ton herrscht auch in den Empfehlungsbriefen, die Humboldt für ausgezeichnete Männer, für Boussingault, Ticknor u. a., an Guizot richtete. Im Jahre 1840 ward ihm die Freude zutheil, seinen „illustre confrère" wieder einmal in Paris zu besuchen.

Guizot seinerseits ergriff nicht minder gern jede Gelegenheit, Humboldt seine aufrichtigste Hochachtung und Freundschaft zu erkennen zu geben. So unterstützte er namentlich dessen Vorschläge, wenn es sich um die Ernennung deutscher Gelehrter zu Mitgliedern der Ehrenlegion handelte, durch das ganze Gewicht seines officiellen Einflusses.

Aus der Künstlerwelt, in der Humboldt verkehrte, tritt vor allen der berühmte Historien- und Porträtmaler der neuen französischen Schule Baron *François Pascal Gérard* hervor. Er war am 11. März 1770 zu Rom geboren, kam schon in früher Jugend nach Frankreich, und wurde mit achtzehn Jahren David's Schüler. Unter den von ihm gemalten Porträts, mehr als 250 an der Zahl, wovon gegen 100 in ganzer Figur, befindet sich auch ein Porträt von Humboldt, das gegenwärtig in Tegel aufbewahrt wird. Gans[1], welchen Humboldt 1825 bei Gérard einführte, erzählt: „Der Maler Gérard war eine nicht minder

[1] Rückblicke auf Personen und Zustände (Berlin 1836), S. 19.

interessante, wenn auch ganz verschiedene Persönlichkeit (als Cuvier). Abgesehen von seiner Kunst, in der er nicht allein einer der vortrefflichsten Ausüber, sondern, was selten bei diesen sich vorfindet, einer der schärfsten und geistvollsten Kritiker war, gab es keinen Gegenstand der Wissenschaft, des Lebens oder der Politik, über den er nicht mit aller Sagacität eines Italieners lebendig und sarkastisch hätte mitsprechen können. Sein Salon, der das Unterscheidende an sich trug, dass er auch im Sommer nicht einging, füllte sich in der Regel erst nach Mitternacht. Hier trafen Gelehrte, Künstler, Schauspieler, Staatsmänner, Dandies, Fremde und Privatleute zusammen, sodass allerdings unter der Gemischtheit, welche überhaupt den Charakter der französischen Gesellschaft bezeichnet, diese Zusammenkünfte als am meisten den genannten Standpunkt tragend angenommen werden konnten. Spiel und Conversation, welche nicht wie in Deutschland geschieden sind, sondern hier ineinander griffen, waren die beiden Momente der Unterhaltung, und die vollkommenste Unabhängigkeit, welche oft in Ungenirtheit überging, machte die eigenthümliche Würze derselben aus. . . .“

Ausser den vorstehend genannten Männern erwähnt Humboldt selbst gelegentlich noch vieler anderer unter den pariser Gelehrten und Künstlern als seiner Freunde, so: Poisson, Fourier, Cauchy, Laugier, Matthieu, Malte-Brun, La Roquette, Jomard, Letronne, Champollion, David, Laroche, Denon, und als seiner Lehrer: Silvestre de Sacy, Nerciat u. a. Allen bewahrte er, auch in spätern Zeiten und in der Ferne, eine auf wahre Anerkennung des Verdienstes beruhende Anhänglichkeit.

3.

Charakterzüge und Lebensbegegnisse.

Bewahrung der Unabhängigkeit. — Vorsichtiges Auftreten als Ausländer. — Die Aegyptologen. — Zeiteintheilung. — Wohnungen. — Gesellschaftlicher Verkehr. — Dienstfertigkeit gegen Deutsche. — Förderung von Gelehrten und Künstlern. — König Friedrich Wilhelm III. in Paris 1814. — In Begleitung des Königs zu London, Aachen, Verona, nach Rom und Neapel. — Ende des pariser Aufenthalts.

Während Alexander von Humboldt in Paris sich seiner wissenschaftlichen Thätigkeit hingab, leitete Wilhelm von Humboldt in Berlin, nachdem er 1808 Rom verlassen hatte, als Staatsrath im Ministerium des Innern zugleich das Ministerum des Cultus. Durch seine wiederholten Anträge beim König bewirkte er, 1809, die Gründung der berliner Universität, die schon im folgenden Jahre eröffnet werden konnte. Er schied jedoch bald darauf wieder aus dem Ministerium und ging als Gesandter nach Wien.

Nun trug der Staatskanzler von Hardenberg dem jüngern Bruder, dessen Administrationstalent er in seiner Wirksamkeit zu Baireuth kennen und schätzen gelernt hatte, sehr dringend die Leitung des Unterrichtsministeriums an, je nach eigenem Belieben mit oder ohne den Titel eines Staatsministers. Humboldt zog es aber vor, sich eine unabhängige freie Lage als Gelehrter zu bewahren, um so mehr als die Herausgabe seines amerikanischen Reisewerks, wie wir gesehen haben, trotz der

Beihülfe von Bonpland, Oltmanns, Willdenow u. a., noch nicht weit genug vorgeschritten war.

Aus demselben Grunde lehnte er später ein Anerbieten ab, welches von der mexicanischen Regierung durch den Padre Thomas Murphy in London am 10. Dec. 1825 an ihn gestellt wurde. Man wünschte, dass Humboldt, als die geeignetste Persönlichkeit, mit den Cabineten von Wien und Petersburg verhandele, um diese zum Abschluss von Verträgen mit den Nuevos Estados Independientes de America geneigt zu machen. Sein höfliches Ablehnungsschreiben vom 20. Dec. 1825 lautet[1]: „Plus mes opinions sont franchement énoncées dans mes ouvrages, plus je suis éloigné de m'immiscer dans aucune négociation politique qui (quelque noble que puisse en être le but) ne conviendroit aucunement à ma position. Mon éloignement pour les affaires m'a fait constamment refuser les offres honorables qui m'ont été faites par mon propre souverain. Vous savez comment j'ai été contrarié par la seule idée de prêter mon nom à la direction des compagnies des mines, ou d'accepter de simples titres honorifiques dans de nouveaux établissements de sciences. Comment avec cette disposition d'esprit qu'on me connoit, avec cette horreur innée pour tout ce qui tient aux prétendus mystères de la diplomatie, serais-je porté à sortir d'une position que je conserve depuis de longues années et qui paraît la seule convenable pour un homme de lettres qui vit dans un pays étranger?"

Und wie in seinem ganzen Leben, so liegt auch in seinem pariser Aufenthalt nichts vor, was zu dem Glauben berechtigen könnte, dass er besondern Gefallen daran gefunden, sich in politische Kreise zu drängen. Wenn solche Kreise ihn aufsuchten, so liess er sich von ihnen finden; wenn Staatsmänner und Staatslenker verschiedener, selbst extremer Richtungen sich ihm näherten, nahm er es mit freundlichem Danke hin und vermied sie nicht; wenn man seinen Rath, seine

---

[1] In den hinterlassenen auf der berliner Sternwarte befindlichen Papieren.

Ansicht einholte, so spendete er freigebig aber mit Bescheidenheit aus der Fülle seines Wissens. So widerrieth er, wie in einem Schreiben an Graf Cancrin vom Jahre 1828 erwähnt ist, der mexicanischen Regierung, das Platinametall zu Münzen zu verwenden. Noch in spätern Jahren von der französischen Gesandtschaft in Berlin befragt, was er von dem gegenwärtigen Stande unsers Wissens in Bezug auf die Länge der Ostküste von Südamerika halte[1], gibt er ein ausführliches Exposé über den Gegenstand, wozu er sich von Berghaus noch einige Notizen erbat. 1854 sandte der brasilianische Bevollmächtigte Lisboa von Hamburg aus den Grenzvertrag zwischen Venezuela und Brasilien an ihn ein, indem er ihm eine Reihe Fragen über frühere Verträge vorlegte.[2]

In Paris wollte Humboldt ausdrücklich immer nur als ein Fremder angesehen sein. In diesem Sinne schlug er auch die ihm zugedachte Ehre aus, Vicepräsident der pariser Geographischen Gesellschaft zu werden, wozu ihn sein Freund Malte-Brun vorgeschlagen hatte. Er schrieb an letztern, Paris, den 27. März 1824[3]:

„Monsieur!

„M. Eyriés (ein geographischer Mitarbeiter Malte-Brun's) vous aura sans doute communiqué ma prière de ne pas être mis sur la liste de présentation de la vice-présidence de la Société de Géographie.

„Pour remplir le noble but que la société s'est proposé, et pour profiter des intentions bienveillantes de votre gouvernement, M. le président et les vice-présidents doivent avoir des rapports fréquents avec les différents ministères, le comité des colonies, la direction du commerce etc.; ma position d'étranger ne me permet pas de soigner ces rapports; je me trouve suffi-

---

[1] Briefwechsel Alexander von Humboldt's mit Berghaus aus den Jahren 1825—58 (3 Bde., Leipzig 1863), II, 285.

[2] In den hinterlassenen Papieren.

[3] *De la Roquette*, I, 223.

samment honoré du titre de membre de la Société de Géographie, et tout en témoignant ma respectueuse reconnaissance aux personnes bienveillantes qui voudraient me faire nommer vice-président, je vous supplie, Monsieur, de ne pas mettre mon nom sur la liste des candidats. J'avais déjà énoncé le même désir lors de la première élection, il y a quatre ans, et j'insiste d'autant plus sur cette prière, que, ne pouvant accepter l'honneur que votre bienveillance me destine, la Société aurait l'embarras d'une seconde élection. Je saisis cette occasion pour vous réitérer l'expression de ma haute et affectueuse considération. Al. Humboldt."

Wie sehr es ihm zuwider war, wenn in den Zeitungen seiner Person auf politischem Felde Erwähnung geschah, obwol er doch wissen konnte, dass nicht böser Wille gegen ihn solchen Mittheilungen zu Grunde lag, zeigt der nachstehende ebenfalls an Malte-Brun gerichtete Brief [1], der aus den letzten Zeiten des Kaiserreichs zu stammen scheint, wenn er nicht etwa schon dem Jahre 1808 angehört, als Napoleon sich in Weimar und Erfurt bis zur Anbetung huldigen liess.

„Le «Journal de l'Empire» a dit hier que j'étais attendu à Weimar. On me nomme avec Madame de Staël et avec le détracteur de Racine. Madame de Staël n'est nommée dans ce journal que d'une manière qui ne rend pas agréable au gouvernement ceux que l'on annonce comme étant en liaison avec elle. Pourquoi donc je me trouve englobé dans les affaires de Madame de Staël? Il n'existent que deux personnes dans le nord [2] qui s'appellent Humboldt. Je vis tranquillement à l'École polytechnique, je n'ai aucune liaison avec Madame de Staël, et je pense autant d'aller à Weimar qu'à Saint-Pétersbourg. Mon frère, envoyé du roi de Prusse à Rome et à Naples, mon frère existe tranquillement à Rome, plaidant le divorce de quelques catholiques en Prusse et ne vivant que pour la litté-

[1] *De la Roquette*, II, 59.

[2] Soll wol „monde" heissen.

rature classique et pour les arts. Si vous aviez vu l'article, je suis sûr que vous l'auriez rayé. Vous m'avez témoigné de la bienveillance. Je n'ai aucun reproche à me faire envers vous ni envers M. Etienne (Mitarbeiter am genannten Journal), dont j'ai toujours admiré les talents et qui m'a paru prendre de l'intérêt à mes travaux. Pourquoi fixer l'attention sur mon nom dans un temps où l'on nuit plus facilement que l'on rend de services? J'étais venu, cher Monsieur Malte-Brun, pour vous parler avec cette franchise qui me caractérise et que je compte conserver d'ici à Lassa et à Candahar. . . . ."

Eine falsche Nachricht über ihn gerade im „Journal de l'Empire" müsse ihn ganz besonders verdriessen; denn — schrieb er weiter an Malte-Brun: „il n'y a pas de salut sur cette terre de douleur que jusqu'à ce qu'un ouvrage a été annoncé dans le «Journal de l'Empire», qui parle à trente mille personnes à la fois." Und nun nannte dieses kaiserliche Blatt ihn in Verbindung mit Frau von Staël, die sich mit dem Kaiser überworfen hatte, ausserhalb Frankreichs lebte und jeden, der ihr nahe stand oder als nahe stehend bezeichnet wurde, politisch verdächtig erscheinen liess, zumal jemand der als Ausländer in Paris lebte! Ohnehin scheint Humboldt kein grosser Verehrer dieser geistreichen aber im höchsten Grade anmassenden Frau gewesen zu sein, wennschon sie zu dem sentimental-poetischen Kreise, der in Albano um seinen Bruder Wilhelm versammelt war, gehört hatte.

Wollte Humboldt in Paris bleiben, um seine wissenschaftlichen Arbeiten daselbst fortzusetzen, so war allerdings die strengste Zurückhaltung in politischen Dingen, besonders während des Krieges von 1813, für ihn als Deutschen unerlasslich. An seiner Sympathie für die Sache des Vaterlandes darf deshalb nicht gezweifelt werden. Der folgende Brief, so vorsichtig er abgefasst ist, lässt bedeutsam zwischen den Zeilen lesen und besagt zugleich, dass er keine Gefahr gescheut haben würde, wenn es gegolten hätte, andern durch seine pariser Verbindungen nützlich zu sein.

Er schreibt am 24. Aug. 1813 an seine Schwägerin Karoline von Humboldt: „Meine theuere, innig geliebte Li! Es sind wundervolle Zeiten, in denen alles rasch der Entwickelung zueilt. Kaum sind acht Tage verflossen, seitdem ich Dir durch Kaufmannsgelegenheit schrieb, und schon hören wir, dass wahrscheinlich der Postenlauf gehemmt ist, und dass mein Brief Dir nicht zugekommen sein wird. Diese flüchtigen Zeilen gebe ich Floret mit, der auch abzieht; so ist denn alles entschieden, und ich werde hier abgesondert leben wie am Orenoco. Jammern will ich nicht, sondern freudig tragen, wenn Gott in seinen hohen Beschlüssen der bedrängten Menschheit aufhilft. Doch wird es mich schmerzen, lange ohne Nachricht zu sein; möge es irgend offene Wege geben! Unsere Briefe sind ja unbedeutend, wir müssen uns ja nur auf die nächsten Lebensverhältnisse, auf Dich, Bill (so nannte er seinen Bruder Wilhelm) und die Kinder einschränken. Nach jeder Schlacht bin ich in banger Stimmung wegen Theodor[1]. Ich fühle zum ersten male, was es heisst, an dem Blutvergiessen nähern Theil zu haben. Das Gefühl mischt sich in alle Entschlüsse, Wünsche und Hoffnungen. Von Wilhelm habe ich keine Zeile aus Prag gehabt, ich habe ihm dorthin auf geradem Wege geschrieben. Vielleicht hat er gefürchtet, mich zu compromittiren. In der That geschieht hier viel Unheil, nicht mir, aber andern, durch Briefe aus Deutschland. Ich lebe gesund (häufiges Trübsinn erregendes Magenweh abgerechnet), ich arbeite viel und mit Leichtigkeit. Meine Arbeit soll mir meinen Unterhalt gewähren, sie kann es für mich und selbst für meine nächsten Umgebungen. Von meinem Arme sage ich nichts, er ist nicht schlimmer. Das Lebensattest schreibe ich heute zum zweiten male, sollte die Pension gezahlt werden und Kunth etwas Geld für mich erübrigen können, so bitte Wilhelm, dass er mir einmal auf 100 Louisdor hierher (doch

[1] Theodor von Humboldt, der Sohn Wilhelm's, hatte bereits die Universität Heidelberg bezogen, war aber als Freiwilliger in die preussische Armee getreten und machte den Feldzug bis Paris mit. Er starb zu Berlin am 26. Juni 1871.

nicht auf Delessert) Anweisung schickt. Es wird Erfrischung und Trost sein; doch soll er es nur schicken, wenn es für ihn und Kunth thunlich ist, wenn er es sich durch die Pension kann ersetzen lassen. Soll ich Briefe durch Parlamentäre erhalten, die es ja doch geben wird, so ist es der beste Einschluss an den Staatssecretär Dorn oder den Prinzen von Neufchâtel. Die officiellen Wege sind immer die sichersten. Gebe Gott, dass ich nie in die Lage komme, Theodor hier nützlich zu sein, nichts fürchte ich mehr für ihn. Sollte es Gott so fügen, so verlasse Dich, theure Li, auf meine treue zärtliche Liebe und Anhänglichkeit. Alles, alles werde ich dann aufbieten, um ihm seine Lage zu erleichtern. Grüsse ihn innigst von mir und sage ihm, wie sehr es mich freut, dass er sich so brav, männlich und besonnen aufgeführt. Nach dem, was er schon erlitten, bin ich weniger besorgt, das Unglück häuft sich nicht auf Einen. .... Ich schreibe nicht heute besonders an Bill, er sieht diesen Brief hoffentlich und kennt meine grenzenlose Liebe und Anhänglichkeit zu ihm. Umarme die theuern Kinder..... Lebe wohl, theuere Schwester! Es sind wundersame Zeiten, aber ich denke, „dazu gab einem Gott etwas Sinn und Leben, dass man es anwende in der Bedrängniss. Mit unwandelbarer Liebe Dein unwandelbarer Alexander von Humboldt.“

Mit regstem Eifer folgte Humboldt den wissenschaftlichen Resultaten, welche von der ägyptischen Expedition nach und nach zu Tage gefördert wurden. Die französischen Erforscher des Orient und der Geheimnisse am Nil fanden ihren treuesten Verehrer an dem verdienstvollen amerikanischen Reisenden. Seine Briefe an Jomard, an Champollion, an Letronne geben hiervon beredtes Zeugniss. Jomard (1777—1862), der gelehrte Geograph und Aegyptolog, war mindestens ein halbes Jahrhundert Humboldt's Freund, der seine Gefälligkeit vorzugsweise gern in Anspruch nahm, indem er ihm nicht nur häufig vornehme Fremde zuschickte, damit Jomard ihnen als Cornac durch die pariser antiquarischen Sammlungen diene, sondern auch einmal eine Gouvernante, Mlle. Bourdean, an ihn adressirte. In dem langjährigen Briefwechsel, den die beiden miteinander führten, hat Humboldt immer allerlei Auskunft von seinem kundigen Correspondenten zu erbitten. So schreibt er, Paris, 30. Dec. 1816: „Si l'on ose distraire un nouveau marié, j'ose prier mon excellent ami M. Jomard, de vouloir bien m'envoyer (pour une de mes épreuves) la température du puit de Saint-Joseph, au Caïre. Mille amitiés.“ Ohne Zweifel war damit der merkwürdige Josephbrunnen oben auf der Citadelle von Kairo gemeint, der in zwei Absätzen Wasser aus einer Tiefe von 90 Meter liefert.

Fast ebenso oft machte er sich die Freundschaft mit den Brüdern Champollion zu Nutze; that doch er auch wieder für sie, was in seinen Kräften stand. „Vous savez“, ruft er dem einen zu[1], „combien je tiens à la gloire de votre nom, à l'immortelle illustration de votre noble père..... C'est par la gloire de votre nom encore, qu'il me serait bien agréable si vous daigniez vous intéresser à faire nommer M. Lepsius, chef de notre expédition d'Egypte et si dévoué à vos intérêts, un des correspondants de votre académie. Mon roi, qui aime beaucoup Lepsius personnellement, en aurait la plus vive joye..... Vous vous formez, Monsieur, vous et monsieur votre frère, comme une nouvelle dynastie égyptienne, et tout doit vous arriver ce qui est d'un domaine que vous exploitez avec tant de succès.“ — Bei so liebenswürdig gestellten Zumuthungen konnte selten jemand dem freundlich zudringlichen Gelehrten etwas abschlagen.

Die Briefe Humboldt's an Letronne, bei welchem er noch im Jahre 1831 in Paris Vorlesungen über Alterthumskunde hörte, sind zum Theil den schönsten Geistesblüten beizuzählen, die ein grosser Mann gelegentlich im Vorbeigehen ausstreut; sie enthalten kurze doch gewichtige Abhandlungen über historische oder geographische Gegenstände, glänzende und witzige Einfälle, sarkastische Bemerkungen u. s. w., zu denen dann ein

---

[1] *De la Roquette*, II, 261 und 286.

Brief über den Tod des geliebten Bruders Wilhelm einen gemüthlich versöhnenden Gegensatz bildet.

Dass Humboldt sich so eng mit den Aegyptologen befreundete, kann uns nicht wundernehmen, wenn wir uns erinnern, dass er selbst beinah statt eines Amerikareisenden ein Nilreisender geworden wäre. Eine besondere Bevorzugung der alten ägyptischen Kunst vor der anderer Epochen und Nationen dürfen wir ihm deswegen nicht zuschreiben. Griechenland und Italien, die alte Kunst wie die Erzeugnisse der mitlebenden Künstler — alles zog ihn, auch während seines pariser Aufenthalts, in gleichem Maasse an. So bekundet z. B. die Correspondenz mit Hittorff, dem Architekten aus Köln, der in Paris ein Verehrer Frankreichs geworden und bei den grossen Bauten der Kaiserzeit in hervorragender Weise betheiligt war, sein lebhaftes Interesse für die Baukunst der verschiedenen Zeitalter.

Selbstverständlich ist eine so vielseitige und umfassende Thätigkeit, wie sie Humboldt ausgeübt, nur bei strengster Eintheilung und Benutzung der Zeit denkbar: und in der That hat er sein ganzes Leben hindurch, soweit irgend thunlich, dieselbe Tagesordnung mit Pünktlichkeit eingehalten. Morgens vor 8 Uhr stand er auf; um acht ging er in Paris meistens zu Arago oder in das Institut, um dort zu arbeiten oder zu plaudern; um 11 oder 12 Uhr wurde ein wenig gefrühstückt, bis 7 Uhr gearbeitet, dann dinirt, bis Mitternacht Freunde und Salons besucht, und darauf noch bis 2 oder 2½ Uhr gearbeitet. Er hatte absichtlich oft recht abgelegene und wenig zugängliche Wohnungen, um möglichst ungestört zu sein: 1808 sind seine Briefe aus der Rue de la vieille Estrapade Nr. 11 datirt, 1809 aus der Rue Saint-Dominique d'Enfer Nr. 20, 1812 aus der Rue d'Enfer 67, später aus dem Hôtel d'Anjou, Rue des Francs-Bourgeois, 1813 vom Quai Malaquais Nr. 3. In Berlin musste er sich später erst an die dort gebräuchliche sociale Eintheilung des Tages gewöhnen, und als er 1835 wieder in Paris gewesen, schreibt er seinem Freunde Schumacher:

„Berlin, 2. Aug. 1836. Meine Gesundheit und Frischheit haben durch den Aufenthalt in der allbelebten Babel sehr zugenommen, dazu habe ich aufs neue empfunden, wie sehr die dortige Lebensweise des Spätessens, jetzt 7—7½ Uhr, der Arbeit bei denen zuträglich ist, die wie ich 24 Stunden an einem Frühstück von einer halben Tasse schwarzen Kaffees (concentrirte Sonnenstrahlen, wie der alte Delisle sang) schon zu viel haben. Ich hatte wieder zwei Wohnungen, schlief in einer, und arbeitete, indem ich die erste um 8 Uhr verliess, ehe die Feinde aufstehen und angriffen, in der zweiten. In einem undurchdringlichen Secretärcabinet meines Freundes Arago in den Entresols des Instituts. Gewohnt in Berlin nur von solchen Gelehrten besucht zu werden, die beim König oder den Ministerien prosaische Geschäfte treiben wollen und daher, da sie glauben, ich würde nicht lange stillhalten, jedes wissenschaftliche Gespräch abzukürzen suchen, habe ich mich in Paris sehr aufgelegt und frei zur Arbeit befunden. Ich habe jetzt an 70 Bogen Folio meines „Examen critique" drucken lassen, war dabei täglich mehrere Stunden bei Arago auf der Sternwarte, jeden Abend bis 2 Uhr in Gesellschaft, und war dabei, wie Sie aus meinen so häufig in den Zeitungen angekündigten Besuchen in den Tuilerien werden geahndet haben, während des Baron Werther's Abwesenheit von meinem König politisch beauftragt."

In drastischen Farben schildert Karl Vogt[1] die obwol einer spätern Zeit (1845) angehörende, aber scheinbar wenig veränderte Tageseintheilung Humboldt's: „Morgens von 8—11 Uhr sind seine Dachstubenstunden, da kriecht er in allen Winkeln von Paris herum, klettert in alle Dachstuben des Quartier latin, wo etwa ein junger Forscher oder einer jener verkommenen Gelehrten haust, die sich mit einer Specialität beschäftigen.... Morgens um 11 Uhr frühstückt er im Café Procope in der Nähe des Odéon, links in der Ecke am Fenster.... es drängt sich da immer ein Schwarm von Menschen um ihn herum.

[1] Gartenlaube 1870, Nr. 1 und 2.

Des Nachmittags ist er im Cabinet von Mignet in der Bibliothèque Richelieu. Da Mignet nie arbeitet, Humboldt aber viel, so tritt ihm ersterer sein Cabinet während seines Hierseins ab. Er hat dort Bibliothek und Diener zu seiner Verfügung. Unangemeldet kommen indessen nur Akademiker hinein, sonst nur solche, die bestellt sind..... Er speist täglich wo anders, immer bei Freunden, niemals in einem Hotel oder einem Restaurant. Unter uns gesagt, er plaudert gern. Da er geistreich, witzig und schön erzählt, so hört man ihm gern zu. Kein Franzose hat mehr Esprit als er. Nach dem Essen bleibt er nie lange, eine halbe Stunde höchstens, dann geht er fort. Er besucht jeden Abend wenigstens fünf Salons und erzählt dieselbe Geschichte mit Varianten. Hat er eine halbe Stunde gesprochen, so steht er auf, macht eine Verbeugung, zieht allenfalls noch einen oder den andern in eine Fensterbrüstung, um ihm etwas ins Ohr zu plauschen, und huscht dann geräuschlos aus der Thür. Unten erwartet ihn sein Wagen. Nach Mitternacht fährt er zu Hause."

Quetelet, der 1822 nach Paris kam, um sich in der Astronomie auszubilden, fand Humboldt in der Nähe des Pont neuf, dem Hôtel des Monnaies gegenüber, in einer hoch- aber gutgelegenen Wohnung. Bei seinem ersten Besuche traf er ihn nicht; nachdem er mehrfach seine Anfrage vergeblich wiederholt, erhielt er von Humboldt, der stets zuvor die Namen der ihn Besuchenden zu wissen wünschte, eines Tages eine sehr wohlwollende Einladung.

„Je ne manquai pas", heisst es in seinen „Notices sur le Baron F. A. H. de Humboldt" (Bruxelles 1860), „de me rendre à l'appel qui m'était fait, et j'eus lieu de m'en applaudir: le savant physicien me conduisait à l'Institut que je voyais pour la première fois, et me présenta à ses amis. Une pareille récommandation pouvait me dispenser de toutes les autres, si j'en avais eu."

„Ungeachtet der Entfernung von der Sternwarte", erzählt Quetelet weiter, „ging Humboldt oft dahin, um sich mit seinem Freunde Arago einzuschliessen und über verschiedene Gegenstände der Wissenschaft zu reden. Die Unterhaltung war nicht immer ruhig, zuweilen sogar ungewöhnlich lebhaft, und der eine oder der andere dieser geistreichen Leute zog sich oft schmollend wie ein Kind zurück." „Je tiens d'Arago lui-même, qu'un jour de Humboldt s'en alla avec tant d'humeur et de rapidité, qu'il oublia, en sortant, de reprendre son chapeau. Arago le poursuivit, en le priant au moins de se couvrir; nouveaux refus du naturaliste, nouvelles instances de l'autre part. La discussion fit à la fin place à un éclat de rire, et de Humboldt prit le parti de se couvrir."

Des Abends in der Gesellschaft war seine Unterhaltung lebhaft, oft laut, und gewürzt mit scharfen und moquanten Bemerkungen.[1] Als das grosse von Lerebours und Cauchoix verfertigte Teleskop auf der pariser Sternwarte aufgestellt war, prüfte Humboldt sehr regelmässig das Instrument, die Untersuchungen dehnten sich oft bis nach Mitternacht aus, und Quetelet war glücklich, ihn auf dem Rückwege begleiten zu dürfen. „C'est sous ces dehors bienveillants que j'appris à connaître ce savant dont le souvenir me sera toujours cher. Profitant de ces offres, j'ai souvent demandé ensuite pour de jeunes savants les bons soins que j'avais reçus moi-même, sans que jamais mon espérance ait été trompée; souvent même mes demandes étaient dépassées avec un soin et une délicatesse que je n'osais espérer." Das ist ein Zeugniss, welches ausser dem

[1] Quetelet erzählt: „Un soir que, dans une réunion, il avait égayé la société par ses remarques spirituelles sur des sujets intimes et sur des personnes qui venaient de quitter le salon, on vit une jeune femme élégante, qui avait annoncé le dessein de se retirer, demeurer et s'agiter sur sa chaise avec une certaine impatience. La dame de la maison vint à son secours et s'informa de la cause qui la retenait. «Oh! je ne partirai jamais avant ce monsieur», dit-elle; «je veux éviter qu'il ne parle de moi.» Arago me racontait ce petit incident, et me disait en riant qu'il avait souvent tourmenté son ami en le lui rappelant. Du reste, ajoutait-il, quand il est lancé dans ce sens, il ne s'épargne pas plus que les autres. Il est bien inutile d'ajouter que ses plaisanteries étaient pures de toute malveillance."

Director der brüsseler Sternwarte viele Gelehrte Humboldt ausgestellt haben.

Bei einer Anwesenheit in Paris, im Februar 1812, lernte Dorow[1], Secretär in Hardenberg's Cabinet, bei Hrn. von Crusemark den Baron Alexander von Humboldt kennen, welcher von einer Güte und Liebenswürdigkeit war, die Dorow sehr glücklich machten; Tags darauf führte Humboldt ihn in eine Privatsitzung des Nationalinstituts..... „Gross und für einen Deutschen hoch erfreuend war die Achtung, welche ihm allgemein gezollt wurde. Alle, und darunter Carnot, Laplace, Cuvier, Lagrange, Rumford, Berthollet, Benjamin Franklin[2], beeiferten sich denselben zu begrüssen.....“ Die glücklichste Rückerinnerung an Paris wird für Dorow stets die Art und Weise bleiben, wie Humboldt sich seiner annahm, und an die glücklichen Stunden, welche ihm in dessen Gesellschaft zuzubringen verstattet gewesen — und es waren deren viele! „Humboldt gehört zu den seltenen berühmten Männern, welche mit Aufopferung ihrer Zeit sich junger Leute annehmen und ihnen selbst die Wege zeigen, wie mit Nutzen und Vortheil das Wissenswerthe erfasst werden muss..... Schwerlich wird Humboldt jemals Paris verlassen; nur da kann ein Mann wie er gedeihen und leben, nur da kann er seinen Ruhm hell und ungetrübt ins Grab nehmen. Auch er scheint es zu fühlen, dass er nur in dieser Weltstadt zu Hause.“

Kurz vor Dorow's Abreise, im December 1812, schrieb ihm Humboldt:

„Ich soll in wenigen Tagen drei Hefte Zoologie und Pflanzen erscheinen lassen; ich bin mit Correcturbogen überhäuft; ich arbeite in einem entlegenen Theile der Stadt; Willdenow's Tod hat mich in andere Verlegenheit gestürzt — daher allein in diesen Tagen meine Unsichtbarkeit. Verzeihen Sie, dass ich

---

[1] *Dorow*, Erlebtes aus den Jahren 1790—1827 (Leipzig 1845), III, 91, 92.

[2] Der bekannte Benjamin Franklin kann es nicht gewesen sein, selbiger starb schon 1790. Der Herausgeber.

gestern nicht kam. Meine unsägliche widerwärtige Arbeit und trübe Stimmung macht mich oft menschenscheu."

Grosse Dienste leistete Humboldt namentlich den länger oder kürzer in Paris weilenden Deutschen. Dass er in einem Alter von über 60 Jahren bei dem aus Breslau gebürtigen Professor Haase in Paris noch Alt- und Neugriechisch hörte, bei dem bekannten, des Chinesischen so kundigen Klaproth Unterrichtsstunden in asiatischen Sprachen nahm, zeigt wenigstens eine nahe Verbindung mit diesen Gelehrten, für Klaproth aber erwirkte er auch Unterstützungen von Berlin zur Herausgabe von dessen Werken. (Klaproth erhielt zur Herausgabe seiner chinesischen Studien 40000 Frs.)

Viele Deutsche führte er bei pariser Gelehrten und Staatsmännern ein, andere unterstützte er mit seinem Rathe; einige Beispiele mögen hier genügen.

Als der berühmte Astronom und Arzt Olbers als Vertreter Bremens im Jahre 1811 in Paris war, verkehrte er viel mit Humboldt, und letzterer sandte ihm öfter Einladungen. So finden sich zwei Billets: „Paris 10. Juni 1811, Hôtel Mirabeau. A Mr. Mr. Olbers de l'Institut de France. Hr. Delambre wünscht, mein Verehrtester, dass wir beide künftigen Mittwoch oder Donnerstag bei ihm zu Mittag essen sollen. Er will, dass Sie den Tag bestimmen. Mir ist Mittwoch sehr schwierig. Wollen Sie die Einladung zu Donnerstag nicht annehmen? Man versammelt sich um 5 Uhr bei Madame Delambre, natürlich im Frack. Schreiben Sie mir gütigst zwei Zeilen durch die kleine Post, ob Ihnen Donnerstag gelegen ist." Und vom 12. Juni: „Madame Delambre attend Mr. Olbers Samedi à cinq heures à diner, Hôtel du Corps législatif.

„Ce Mardi. Humboldt."

Der schon öfter genannte Rechtsgelehrte Eduard Gans kam 1825 nach Paris [1]. Er suchte gleich nach seiner Ankunft

[1] *Gans*, Rückblicke auf Personen und Zustände (Berlin 1836), S. 4.

Humboldt auf, dem er Empfehlungsbriefe vom Minister von Altenstein und vom Fürsten Wittgenstein überbrachte. Humboldt führte ihn bei Cuvier, Gérard und andern ein, und Gans sagt: „Der Weltruhm, den dieser Mann besass, wurde nur dazu benutzt, seinen Landsleuten eine Stütze, und ihrer Unbekanntschaft mit allem, was sie zu thun hatten, ein helfender Führer zu sein. Nie hat sich wol mit so tiefem und encyklopädischem Wissen so viel edle Gutmüthigkeit, eine mit so vielen Zeitopfern verbundene Sorglichkeit für anderer Nutzen und Vortheil, endlich eine wol nur deutschen Naturen mögliche Bekanntschaft mit allem auch ausser dem Fache Wissenswerthen verbunden."

Besonders liess er gern diejenigen an sich kommen, welche er als eifrige Jünger der Wissenschaft kennen lernte und als solche erprobte. Viele ausgezeichnete Deutsche haben uns über ihr Zusammentreffen mit Humboldt berichtet, über ihre für alle Zeiten unzertrennbare Verbindung mit ihm, sobald sie ihn erst kennen gelernt hatten.

Als die Verbündeten 1815 zum zweiten male in Paris einzogen, suchte unter den Deutschen auch Heinrich Berghaus den berühmten Landsmann auf. Er schildert in dem Vorbericht zu seinem „Briefwechsel mit Alexander von Humboldt" seinen Besuch bei demselben folgendermassen.

„Aber Einem", sagte General von Müffling am 17. Aug. 1815 zu Berghaus, „will ich Sie vorstellen, und dieser Eine ist noch dazu unser Landsmann. Der wird Sie weiter bringen. Kommen Sie morgen bei zeiten wieder in die Stadt." Am andern Morgen, es war der 18. Aug., war Berghaus früh um 7 Uhr auf der preussischen Commandantur und erhielt von Müffling, der selbst nicht mitgehen konnte, ein Billet mit der Adresse: „A Monsieur le Baron Alexandre de Humboldt", durch welches er Einlass fand. „Also habe ich Humboldt im Jahre 1815 in Paris persönlich kennen gelernt. . . . . Ich habe mich seines Wohlwollens und seiner Gönnerschaft bis an sein Lebensende zu erfreuen gehabt, mithin während eines Zeitraumes von 44 Jahren."

Noch interessanter ist die erste Bekanntschaft Liebig's mit Humboldt. In der an letztern gerichteten Vorrede zu seinem Werke: „Die organische Chemie in ihrer Anwendung auf Agricultur und Physiologie“ (1. Aufl., Braunschweig 1840), sagt Liebig:

„Während meines Aufenthalts in Paris gelang es mir, im Winter 1823 auf 24 eine analytische Untersuchung über Howard's fulminirende Silber- und Quecksilberverbindungen, meine erste Arbeit, zum Vortrag in der königlichen Akademie zu bringen.

„Zu Ende der Sitzung vom 22. März 1824 mit dem Zusammenpacken meiner Präparate beschäftigt, näherte sich mir aus der Reihe der Mitglieder der Akademie ein Mann und knüpfte mit mir eine Unterhaltung an; mit der gewinnendsten Freundlichkeit wusste er den Gegenstand meiner Studien und alle meine Beschäftigungen und Plane von mir zu erfahren; wir trennten uns, ohne dass ich, aus Unerfahrenheit und Scheu, zu fragen wagte, wessen Güte an mir theilgenommen habe.

„Diese Unterhaltung ist der Grundstein meiner Zukunft gewesen, ich hatte den für meine wissenschaftlichen Zwecke mächtigsten und liebevollsten Gönner und Freund gewonnen.

„Sie waren tags zuvor von einer Reise aus Italien zurückgekommen; niemand war von Ihrer Anwesenheit unterrichtet.

„Unbekannt, ohne Empfehlungen, in einer Stadt, wo der Zusammenfluss so vieler Menschen aus allen Theilen der Erde das grösste Hinderniss ist, was einer nähern persönlichen Berührung mit den dortigen ausgezeichneten und berühmten Naturforschern und Gelehrten sich entgegenstellt, wäre ich, wie so viele andere, in dem grossen Haufen unbemerkt geblieben und vielleicht untergegangen; diese Gefahr war völlig abgewendet.

„Von diesem Tage an waren mir alle Thüren, alle Institute und Laboratorien geöffnet; das lebhafte Interesse, welches Sie mir zutheil werden liessen, gewann mir die Liebe und innige Freundschaft meiner mir ewig theuern Lehrer Gay-Lussac,

Dulong und Thénard. Ihr Vertrauen bahnte mir den Weg zu einem Wirkungskreise, den seit sechzehn Jahren ich unablässig bemüht war würdig auszufüllen.

„Wie viele kenne ich, welche gleich mir die Erreichung ihrer wissenschaftlichen Zwecke Ihrem Schutze und Wohlwollen verdanken! Der Chemiker, Botaniker, Physiker, der Orientalist, der Reisende nach Persien und Indien, der Künstler, alle erfreuten sich gleicher Rechte, gleichen Schutzes; vor Ihnen war kein Unterschied der Nationen, der Länder. Was die Wissenschaften in dieser besondern Beziehung Ihnen schuldig sind, ist nicht zur Kunde der Welt gekommen, allein es ist in unserer aller Herzen zu lesen.

„Möchten Sie es mir gestatten, die Gefühle der innigsten Verehrung und der reinsten aufrichtigsten Dankbarkeit öffentlich auszusprechen.

„Das kleine Werk, welches ich mir die Freiheit nehme Ihnen zu widmen, ich weiss kaum, ob ein Theil davon mir als Eigenthum angehört; wenn ich die Einleitung lese, die Sie vor 42 Jahren zu J. Jngenhouss' Schrift «Ueber die Ernährung der Pflanzen» gegeben haben, so scheint es mir immer, als ob ich eigentlich nur die Ansichten weiter ausgeführt und zu beweisen gesucht hätte, welche der warme, immer treue Freund von allem, was wahr, schön und erhaben ist, welche der alles belebende, thätigste Naturforscher dieses Jahrhunderts darin ausgesprochen und begründet hat."

Auf ähnliche Weise nahm Humboldt sich Dirichlet's an. Er führte ihn 1825 bei Arago ein, empfahl ihn an Sturm, suchte ihm in Preussen irgendwo eine Stelle zu verschaffen, schrieb deshalb an den Minister von Altenstein, und theilte ihm 1826 mit, dass seine Angelegenheit langsam aber gut vorschreite. Als Humboldt 1826 in Berlin war, brachte er es dann durch seinen persönlichen Einfluss dahin, dass Dirichlet zum ausserordentlichen Professor in Breslau ernannt wurde. Er empfahl ihm, nach Breslau über Berlin zu gehen, wo er nicht vergessen möge, Eytelwein, Nicolovius, Savigny und Encke zu besuchen, und schrieb ihm kurz darauf, er hoffe noch immer, ihn bald nach Berlin ziehen zu können.

Entschieden trug auch Humboldt dazu bei, den aus seinem dänischen Vaterlande verbannten Malte-Brun in Paris zur vollen Geltung zu bringen. Er führte ihn bei Laplace ein, machte ihn mit Leopold von Buch, mit dem englischen Geographen Lewy bekannt und eröffnete ihm die Verbindung mit deutschen wissenschaftlichen Zeitschriften.

Ja er bemühte sich noch von Paris aus vielfach für junge ausgezeichnete Gelehrte in der Heimat. So hatte er in Gauss das grosse mathematische Talent schon früh erkannt, und obwol es Wilhelm von Humboldt nicht gelungen war, Gauss an die neu zu errichtende berliner Universität zu ziehen, setzte er seinerseits noch die Bewerbung für ihn in Berlin fort. Die mit Oltmanns bearbeitete vierte Abtheilung seines Reisewerks ist Gauss und Zach gewidmet, er sagt darin: „Entfernt seit einer langen Reihe von Jahren von unserm deutschen Vaterlande, auf neue Reisen mich vorbereitend, bin ich deutschem Ruhme nicht genugsam entfremdet, um mich nicht Ihrer und Ihrer grossen Arbeiten zu erfreuen. Die erste und einzigste Bitte, die ich je an den König von Preussen habe gelangen lassen, wenige Wochen nach meiner Rückkunft nach Europa, betraf Sie. Es hat nicht von mir abgehangen, dass Ihnen nicht eine glänzende Lage in meiner Vaterstadt bereitet wurde.“

So liessen sich noch viele Beispiele des thätigen Wohlwollens, welches Humboldt jungen Gelehrten bewies, aufzählen. Wie er auch Künstler in ihrer Laufbahn zu fördern suchte, davon mögen die folgenden, den Maler Steuben betreffenden Mittheilungen Zeugniss geben.

Nachdem er, um aus eigenen Mitteln dessen Talent zu unterstützen, sich von ihm hatte malen lassen, schreibt er am 24. Aug. 1813 an seine Schwägerin: „.... Ich bereite Dir ein Geschenk, meine Liebe, das Dir gewiss Freude machen wird, mein Bild in Lebensgrösse vom Scheitel bis zur Sohle, unaussprechlich ähnlich und im edelsten einfachen Stile von einem Deutschen, Karl von Steuben, unter Gérard's Augen gemacht. Es ist noch fern von der Vollendung. Er ist derselbe junge Künstler, dessen grosses Talent die Wolzogen sehr schätzt, und der die Copie der *belle ferronnière* für Dich gemacht hat. Doch musst Du sein Talent nicht nach dieser Copie beurtheilen. Sie ist über vier Jahre alt, und seitdem hat er grosse Fortschritte gemacht. Mein Bild ist 9 Fuss hoch und bleibt ein wahres Erbstück. Ich werde älter und älter, und um sich noch zwischen Schneebergen malen zu lassen, musste ich wol länger warten. Ich zeichne und male mit diesem jungen Steuben seit vierzehn Monaten täglich, und das ist meine liebste Beschäftigung."

Und ein andermal schreibt er der Schwägerin: „Der junge Mensch ernährt von seiner Arbeit seine Mutter in Petersburg, die sehr arm ist und soeben ihren Gatten verloren hat. Sie bedarf der Unterstützung. Ich binde Dir daher auf die Seele, theuere Schwester, die Einlage nach Petersburg. Es ist Geld in Wechsel, das der Sohn der Mutter schickt."

Fünf Jahre später empfiehlt er seinen Schützling aufs wärmste dem Freiherrn vom Stein in einem Briefe[1], den wir hier, weil er an diesen so bedeutenden Mann gerichtet ist, vollständig mittheilen:

„Monsieur le Baron!

„Je reçois aujourd'hui même la lettre que Votre Excellence a daigné m'adresser en date du 23 Février. Je ne saurais dire, combien ce souvenir bienveillant m'a été précieux. Rien n'effacera dans mon cœur les sentiments de reconnaissance que vous m'avez inspirés à un âge où je ne faisois qu'entrer dans le monde et où vous m'avez traité avec tant d'indulgence. Je serai heureux de rendre à Mr. le Prince de Neuwied et à l'éditeur de son important ouvrage tous les faibles services que je suis en état de lui offrir. J'ai eu le plaisir de voir le Prince avant son départ: il m'a charmé par sa modestie, la variété de

[1] *Pertz*, Das Leben des Ministers Freiherrn vom Stein, VI, Beil. 197.

ses connaissances et ce zèle courageux sans lequel on ne peut exécuter un voyage lointain et pénible. Le Prince a eu l'extrême bonté de m'envoyer des Melastomes et Rhexias de Brésil, et je vais lui demander la permission de lui offrir mon œuvre publiée avec Mr. Kunth, et qui formera cinq volumes en-fol. renferment 3000 nouvelles espèces. Ce sont là les seuls cadeaux qu'un pauvre voyageur de l'Orénoque peut offrir.

„Je ne parle pas à Votre Excellence de mon dernier Volume de Rélation historique renfermant les missions, quelques vues sur les langues des peuples sauvages et sur l'état politique des partis en Amérique, je sais que vous daignez lire ma Rél. historique. Je vous demande plutôt si vous avez vu mon petit traité de lignes isothermes ou ma nouvelle théorie de la distribution de la chaleur sur le globe. C'est une espèce de Climatologie qui a eu quelque succès ici et en Angleterre. Je vous enverrai ce petit livre, si vous daignez me dire qui est chargé ici de vos commissions, car cela ne vaut pas les frais de poste.

„Le jeune Steuben que vous avez traité avec tant de bonté, a développé son talent d'une manière surprenante. Son nouveau tableau d'église, l'Evêque St.-Germain distribuant les aumônes et recevant la vaisselle du roi Chilpéric, est admirable de couleur et d'élévation dans les airs de tête. Malheureusement ces tableaux donnent de la célébrité, mais peu — de pain. Je prie V. E. de recommander le jeune artiste aux voyageurs qui visitent cette capitale et qui veulent un beau portrait. Peut être qu'en ornant vos églises et votre château, vous chargerez une fois Mr. Steuben de quelque tableau historique de l'écriture ou des beaux tems de notre histoire allemande, il vous enverroit une esquisse peinte ou du moins un dessin. Il demeure toujours dans la maison de Mr. Gérard.

„Voilà une lettre bien longue et bien indiscrète. Daignez excuser mes importunités et agréez l'hommage de mon respectueux attachement et de ma reconnaissance.

„Paris, 29 Février 1818, quai de l'École Nr. 26.

A. Humboldt."

Noch 1837 bittet er die Frau von Wolzogen, sie möge Steuben der aus mecklenburgischem Hause stammenden Herzogin Helene von Orleans empfehlen. „Wollten Sie nicht bei dem Vertrauen, das Ihnen die Prinzessin schenkt, diese Gelegenheit benutzen, ihr das Glück von Steuben an das Herz zu legen? Glück heisst in Paris Aufmerksamkeit, die ihm die neue Kronprinzessin schenkt. Er hat wunderschöne Porträts in Lebensgrösse von Frauen gemacht. Man beschäftigt ihn wol bisweilen bei Hofe (der König kennt ihn persönlich), aber man hat ausschliessliche Vorliebe für Horace Vernet, Scheffer und Laroche, die (nach Künstlerart) Steuben eben nicht lieben!“

Unsere bisherige Darstellung von Humboldt's Aufenthalt in Paris hat zuerst den Gelehrten in seiner rastlosen Thätigkeit und im Verkehr mit den gleichstrebenden wissenschaftlichen Freunden, sodann den Menschen in einigen charakteristischen Zügen seines Geistes und Herzens zu schildern versucht. Es bleibt uns noch übrig, in kurzem über die äussern Begegnisse in dieser Lebensperiode der Zeitfolge nach zu berichten.

Obwol das amerikanische Reisewerk, diese „interminable voyage“, noch sehr weit von der Vollendung entfernt war, trug sich Humboldt doch fortwährend mit dem Plane, dessen Ausführung ihm als die zweite Aufgabe seines Lebens erschien, mit dem Plane, auch die Continentalmasse der Alten Welt wissenschaftlich zu durchforschen. Er studirte bei den Orientalisten Silvestre de Sacy und André de Nerciat die persische Sprache, als die leichtere unter den asiatischen Sprachen; und bereits 1810, gerade in dem Eröffnungsjahre der berliner Universität, war er fest entschlossen, einer Expedition nach Ober-Indien, dem Himalaya und Tibet, welche das russische Ministerium Romanzow ausrüstete, sich anzuschliessen. 1811 machte er dem Bruder in Wien seinen Abschiedsbesuch. Aber die Ausrüstung von seiten Russlands wurde plötzlich eingestellt, und die Expedition, zu welcher Humboldt alle erforderlichen Vorbereitungen getroffen hatte, unterblieb.

Bei seiner Zurückkunft nach Paris erhielt er die Kunde von einer Begebenheit in der Neuen Welt, die ihn tief erschütterte: die Stadt Caracas, wo er mit Bonpland zwei Monate gelebt und so herzliche Gastfreundschaft genossen, war am 26. März 1812 durch ein furchtbares Erdbeben zerstört worden, bei dem 9—10000 Menschen unter den Trümmern ihrer Häuser und durch den Einsturz der Kirchengewölbe während des Gottesdienstes ihren Tod gefunden hatten. Voll trauernder Theilnahme rief er aus: „Unsere Freunde sind nicht mehr! Das Haus, das wir bewohnt haben, ist nur noch ein Schutthaufen; die Stadt, die ich beschrieben habe, ist nicht mehr vorhanden!“

1812 wurde eine neue Expedition von Russland vorbereitet und Humboldt durch den Kaiser Alexander als wissenschaftlicher Begleiter dazu eingeladen. Sie sollte von Sibirien aus über Kaschgar und Yarkend nach der tibetanischen Hochebene gehen. Da trat Napoleon's Feldzug gegen Russland dazwischen, der auch dieses hoffnungsvolle Unternehmen nicht zur Ausführung gelangen liess.

Es kam das Jahr 1813 mit seinen weltgeschichtlichen Ereignissen. Als die Kosacken in Paris waren, benutzte Humboldt seine internationale Stellung, um die reichen naturhistorischen Sammlungen im Jardin des Plantes, die ohne seine Dazwischenkunft vielleicht total vernichtet worden wären, vor jeder Beraubung zu sichern. Valenciennes schreibt noch am 26. Nov. 1858 an ihn[1]: „Vous, qui avez sauvé le Museum d'histoire naturelle de l'invasion des Cosaques.“

Am 31. März 1814 zog der König von Preussen Friedrich Wilhelm III. an der Spitze seiner Truppen in Paris ein. Gleich den nächsten Tag liess er Humboldt zu sich bescheiden, der nun mit seiner genauen Kenntniss der örtlichen Verhältnisse vielfach als Führer dienen konnte. Der König fand so viel Gefallen an seiner Unterhaltung, dass er einmal bei einer Morgenpromenade im Jardin des Plantes das Gespräch mit ihm

[1] In Humboldt's nachgelassenen Briefen im Besitze des Herausgebers.

nicht unterbrach als der General York sich zur Audienz meldete.[1] Durch Cabinetsordre vom 16. Mai 1816[2] wurde ihm für die in Paris geleisteten Dienste und Opfer an Zeit die Summe von 1500 Thlrn. zugewiesen. Mit dem Hauptquartier der Verbündeten war auch Wilhelm von Humboldt, welcher auf dem Gesandtschaftsposten in Wien sich durch gewandte Lösung sehr schwieriger Aufgaben in hohem Grade verdient gemacht hatte, als diplomatischer Bevollmächtigter nach Paris gekommen.

Im Juni desselben Jahres begaben sich der König von Preussen und der Kaiser von Russland nach London. Beide Brüder Humboldt begleiteten ihren Monarchen dahin, und Alexander nahm die Gelegenheit wahr, sich mit den ausgezeichnetsten englischen Forschern persönlich zu befreunden. Er war seit 1790 nicht in England gewesen. Damals hatte der mit Georg Forster reisende junge Gelehrte die Erlaubniss erhalten, in der Bibliothek des berühmten Physikers und Chemikers Heinrich Cavendish, zweiten Sohns des Herzogs von Devonshire, arbeiten zu dürfen, unter der Bedingung jedoch, dass er sich nicht unterstehen solle, falls ihm der stockaristokratische Besitzer persönlich begegnete, denselben zu grüssen oder gar anzureden. Humboldt erzählt dies in einem Briefe an Bunsen, nicht ohne den sarkastischen Zusatz: „Damals ahnte Cavendish gewiss nicht, dass gerade ich im Jahre 1810 — Cavendish, geboren 1730, starb 1810 — sein Nachfolger in der Akademie der Wissenschaften werden würde.“

Bei dem zweiten Pariser Frieden war Wilhelm von Humboldt neben Hardenberg Vertreter Preussens. Er ward dann zum Gesandten in Paris bestimmt; da er aber nach der Mittheilung des französischen Ministers Richelieu an das preussische Cabinet in Paris keine persona grata war, bot Hardenberg unserm Alexander den wichtigen Posten an, den dieser jedoch, wie alle frühern Anerbieten der Art, entschieden ablehnte. Wilhelm

---

[1] *Droysen*, Das Leben des Grafen York etc. (Berlin 1854), III, 394.
[2] S. die Beilage 4.

wurde Mitglied der in Frankfurt versammelten Territorialcommission, versah zugleich provisorisch die Geschäfte der Bundestagsgesandtschaft und wohnte noch der Eröffnung des Bundestags bei. 1817 wurde er zum Gesandten in London ernannt, wo ihm im October desselben Jahres Alexander einen kurzen Besuch abstattete.

Schon im September 1818 reiste Humboldt wieder nach England, in Begleitung von Valenciennes und Arago. Zweck seiner diesmaligen Reise war, Materialien zu sammeln für eine ihm von den verbündeten Mächten aufgetragene Arbeit: eine politische Uebersicht der südamerikanischen Colonien. Nur wenige Tage konnte er jedoch in London verweilen, denn König Friedrich Wilhelm III., der sich beim Congress in Aachen befand, wünschte ihn in seine Nähe, und dem Rufe des Königs folgend, traf er am 13. Oct. in Aachen ein. Hierher kam am 5. Nov. auch Wilhelm von Humboldt, der aus London abberufen worden war, um wieder in die Verwaltung einzutreten, und im folgenden Jahre das Ministerium des Innern übernahm.

In Aachen war es, wo der König unserm Humboldt reichliche Mittel für eine asiatische Reise zur Verfügung stellte — das dritte Reiseproject der Art, das an der Ungunst politischer Verhältnisse scheitern sollte.

Anfang November kehrte Humboldt nach Paris zurück. Er nahm die unterbrochenen Arbeiten wieder auf, hörte Vorlesungen und hielt selbst mehrere Monate Vorlesungen in französischer Sprache über physische Weltbeschreibung.[1]

Auch während des Congresses zu Verona, Herbst 1822, beschied ihn Friedrich Wilhelm III. an sein Hoflager. Von Verona aus begleitete er den König nach Rom und nach Neapel, wo er vom 22. Nov. bis 1. Dec. dreimal den Vesuv bestieg, die Messungen wiederholend, die am 12. Aug. 1805 in Gemeinschaft mit Leopold von Buch und Gay-Lussac von ihm ausgeführt worden waren.

---

[1] Kosmos, Bd. I, Vorrede S. IX.

Er blieb im Gefolge des Königs, welcher den Rückweg durch Tirol und Böhmen nahm, bis derselbe wieder in seiner Residenz anlangte. Seit 1807 hatte Humboldt die Vaterstadt nicht gesehen. Von den Freunden in der Heimat und besonders von seinem Bruder Wilhelm, der jetzt in Tegel, dessen Schloss und Park er umbauen und verschönern liess, ganz den Wissenschaften lebte, aufs herzlichste empfangen, verweilte er einige Wintermonate in Berlin. In der Sitzung der Akademie der Wissenschaften vom 23. Jan. 1823 hielt er einen Vortrag über „den Bau und die Wirkungsart der Vulkane in verschiedenen Erdstrichen“, eine Frucht seiner auf dem Vesuv angestellten Untersuchungen. Allein die Arbeiten in Paris harrten noch der Vollendung. Er begab sich wieder dorthin und verbrachte weitere drei Jahre in ununterbrochener Thätigkeit und im angenehmen Verkehr mit den wissenschaftlichen Celebritäten der französischen Hauptstadt.

Endlich entschloss er sich, auf den erneuerten Wunsch des Königs, seinen Wohnsitz nach Berlin zu verlegen. Gegen Ende 1826 stellte er sich in Berlin vor und ging noch einmal nach Paris zurück, um seine Angelegenheiten vollends zu ordnen, seine Instrumente und Sammlungen für den Transport verpacken zu lassen und von seinen Freunden Abschied zu nehmen, denen er ein baldiges Wiedersehen in Aussicht stellen konnte, da ihm die Erlaubniss ertheilt war, Paris auch künftig dann und wann auf kurze Zeit besuchen zu dürfen.

Im Februar 1827 begleitete er den zum Gesandten am englischen Hofe ernannten Freiherrn von Bülow, der sich 1821 mit Humboldt's Nichte Gabriele verheirathet hatte, von Paris nach London, und im April traf er über Hamburg in Berlin ein, um fortan mit dem theuern Bruder an einem Orte vereint zu leben und zu wirken.

Stets aber blieb ihm Paris die eigentliche Weltstadt der Wissenschaft, die Metropole, in der er für die Arbeit seines Geistes Stoff und zugleich Anregung zu suchen und zu finden gewohnt war. Noch 1847, als er im Alter von 78 Jahren nach

Paris kam, von Arago, der ein Bett im Observatoire für ihn bereit hielt, mit offenen Armen aufgenommen, schrieb er an Bunsen: „Paris ist mir nicht blos eine nothwendige Erheiterung, da ich hier (in Berlin) das belästigte Adresscomptoir des Landes bin; ich will auch Ideen und Thatsachen zu dem dritten und letzten Bande des «Kosmos» einsammeln. Ich bleibe bis Ende des Jahres. Der König wünscht, dass es nicht länger sei! Er ist von der rührendsten Freundlichkeit für mich, den Greis von 1769!"

Die neunzehn Jahre von 1808—1826, diejenige Periode in Humboldt's Leben, deren Schilderung wir hiermit schliessen, sie waren für ihn — um sie mit einem Worte zu charakterisiren — Jahre stiller Arbeit an fremdem Wohnsitze, die auf die Lehr- und Wanderjahre folgten und der Meisterzeit in der Heimat vorangingen.

Beilagen.

Zu Seite 25.

1. Aimé Bonpland.

Zur Ergänzung der im I. Theil, S. 472 gegebenen biographischen Skizze von Humboldt's Reisebegleiter mögen noch die folgenden Mittheilungen dienen.

Humboldt hat stets die bedeutende Arbeitskraft Bonpland's gerühmt. Aber diese Rührigkeit und Ausdauer zeigte sich viel mehr im Ertragen von Entbehrungen, im Sammeln von Pflanzen, im Einfangen und Conserviren von Thieren, als in der Beschäftigung am Studirtisch. Bonpland musste in der freien Natur arbeiten, im Walde, auf den Llanos und Pampas, in dem Canoe, auf dem galopirenden Gaule. Mit der Feder arbeitete er ungern, bald langsam, bald flüchtig, und es sind ihm viele Incorrectheiten und grosse Irrthümer in seinen Schriften nachgewiesen worden. Dadurch setzte er Humboldt in die grösste Verlegenheit, bis er selbst die peinliche Situation löste. Ob er das Pflichtverhältniss zu Humboldt mit dessen Zustimmung brach, lässt sich nicht ganz bestimmt sagen. Auf jeden Fall sind sie in Frieden und als Herzensfreunde voneinander geschieden. Dafür spricht folgender Brief[1], den Humboldt seinem treuen Reisegefährten nach dessen neuer Heimat am Laplatastrome nachsandte:

„Paris, 28 janvier 1818.

„Je profite, mon cher et excellent ami, du départ de M. Thounin pour te donner un nouveau signe de vie et te renouveler l'expression de mon constant et affectueux attachement. Je t'ai déjà écrit cette même semaine par la voie de M. Charles de Vismes. Je ne connais

---

[1] *De la Roquette*, I, 206.

pas personnellement M. Thounin, mais on m'en a dit beaucoup de bien et on m'a engagé à te le recommander. Helas! mon cher ami, toutes les personnes autour de moi, M. Delille, Lafon, Delpech, ont des lettres de toi, dans lesquelles tu leur parles de ta situation et de ton bonheur domestique, et moi depuis ton départ jusqu'aujourd'hui je n'ai eu que ce seul petit billet qu'a porté M. Alvarez. . . . ." Dann kündigt er ihm an, dass er (Bonpland), besonders durch den Einfluss von Arago, Gay, Thénard, Chaptal, Laplace und Berthollet, zum correspondirenden Mitglied der Akademie der Wissenschaften ernannt sei, und schickt ihm verschiedene seiner eigenen Publicationen. Schliesslich bittet er aber den Davongegangenen, ihm die Pflanzen zurückzuschicken, die Bonpland — même contre sa volonté — in seinen Kisten mitgenommen hatte. Zuletzt heisst es: „Adieu, mon cher et ancien ami, présente les expressions affectueuses de mon souvenir et mes respects à Madame B. Je te renouvelle ma tendre amitié. Al. de Humboldt."

Nach der Befreiung des Freundes aus neunjähriger Gefangenschaft schrieb Humboldt voll Freude am 2. Nov. 1832 an Guizot[1]:

. . . . „Je suis heureux d'avoir enfin des nouvelles de mon malheureux ami M. Bonpland. Je voudrais qu'il pût vous devoir ce que souvent on donne avec une largeur expensive, une décoration toute française!" . . . . Und am 25. Mai 1833[2]: . . . . „J'aime aussi à vous parler de ma vive reconnaissance; vous avez daigné vous souvenir de mon infortuné ami M. Bonpland, en remplissant la prière que je vous adressai l'automne passé; vous l'avez fait nommer membre de la légion d'honneur. Cette nomination m'a causé la plus vive satisfaction. Je devais craindre pour mon compagnon de voyage ce qui arrive si facilement dans les choses humaines. Lorsqu'il avait le bonheur d'être dans les griffes du docteur dictateur, tyran républicain, depuis les bords de la Thamise jusqu'aux bords de l'Obi on me demandait de ses nouvelles, en compatissant à son sort. Le drame fini, ce n'est qu'un savant qui à voyagé pour recueillir de bonnes herbes. Il était à redouter, qu'il fût oublié. Cet oubli était impossible dans une âme généreuse comme la vôtre! Nos excellents amis MM. Benjamim et François Delessert m'ont écrit plus d'une fois, quelle noble part vous avez pris aux démarches que j'ai faites

---

[1] *De la Roquette*, II, 95.
[2] Ebend., II, 106.

pour solliciter le payement des arrérages, qui sont dus à M. Bonpland depuis 1820. J'ai tort de dire, que ces arrérages sont dus à mon ami, je sais qu'une loi positive s'oppose aux payements antérieurs aux dernières cinq années. M. le ministre des finances, en ne faisant payer que ces cinq années n'a sans doute pu agir autrement, quoique le comité des finances et le conseil d'état, à cause de la position particulière de M. Bonpland, avaient donné quelque espérance de plus. Je me crois un devoir de plaider la cause de mon compagnon de voyage devant un ministère si noblement enclin à soulager les infortunes des hommes de lettres. J'ai osé écrire aujourd'hui même au roi, non pour réclamer un droit, mais pour solliciter une grâce spéciale. Daignez, je vous supplie, Monsieur m'accorder votre protection dans cette affaire, qui est d'un haut intérêt pour les finances délabrées de M. Bonpland. Ma lettre à Sa. Majesté restera sans effet, si vous ne trouvez pas occasion de nous aider. La pension de trois mille francs de M. Bonpland se fonde sur la cession que j'ai faite au Jardin des Plantes d'un herbier de mon voyage. Je m'en suis privé moi-même pour être utile à mon ami. Je ne possède pas un brin d'herbe, pas le moindre souvenir du Chimborazo! La pension est donc d'une nature toute particulière. La chose cédée existe matériellement, et la prison seule a interrompu les payements. Voilà le roman de motifs de droit que je me suis fait, mais je n'allègue ces motifs que pour pouvoir solliciter une grâce. J'oserais même croire que les commissions des chambres, si l'on avait besoin d'une telle sanction, ne s'opposeraient pas à cet acte de munificence en faveur d'un Français dont les malheurs ont eu une certaine célébrité. Daignez excuser, je vous supplie, la longueur d'une lettre si mal rédigée. Vous ne blâmerez pas les motifs, qui l'ont déterminée.“ .... In einem Nachsatze spricht Humboldt sein Bedauern aus, dass Sammlungen Bonpland's noch nicht angekommen seien.

Mein Besuch in Santa-Anna.

Bonpland lebte seit langen Jahren am Uruguay; kaum dachte in Europa noch jemand an den seltsamen Gelehrten. Um so lebhafter tauchte das Andenken an ihn bei mir wieder auf, als ich im Frühling des Jahres 1858 nach Rio-Pardo kam und von dort nach der deutschen Colonie von Santa-Cruz ritt. Am 8. April langte ich in St.-Borja an, wo Bonpland dreizehn Jahre gewohnt, bis er 1853 weitergezogen war. Er hatte dort mit der Regierung und den Bewohnern der gegenüberliegenden Provinz Corrientes, welcher damals der einsichtsvolle Präsident Dr. Pujol vorstand, freundlichen Verkehr gepflegt und ihnen eine Art Nationalmuseum eingerichtet. Als Nationaldank war ihm ein weiter Campo auf dem rechten Ufer des Uruguay geschenkt worden, wenige Meilen südlich von der Stelle am Flusse, wo die corrientinische Stadt Restauracion und die neue brasilianische Stadt Uruguayana, ein kräftig aufblühender, obwol durch die Invasion des Dictators Lopez, des Sohnes, hart mitgenommener Ort, einander gegenüberliegen. Auf diesem Grasfelde hatte er sich seinen Rancho, seine Feldwohnung, gebaut und sein neues (und letztes) Sanssouci, Santa-Anna genannt, angelegt. Von dort aus unterhielt er noch immer lebhaften Verkehr mit St.-Borja. Im Jahre 1857 fuhr er auf dem französischen Kriegsdampfer Bison den Paraguayfluss hinauf nach der Hauptstadt von Paraguay, Assuncion, um noch einmal das Land zu besuchen, in dem er neun Jahre die „Gastfreundschaft" Francia's gelitten hatte. Als Franzose wurde er auch von dessen Nachfolger General Lopez, dem Vater, nicht eben mit Auszeichnung empfangen. War doch wegen Bonpland's Schicksal Paraguay in Frankreich, ja bei allen cultivirten Nationen einer förmlichen Achtserklärung verfallen.

Von dem französischen Pfarrer Gay erfuhr ich, dass Bonpland seit längerer Zeit kränklich wäre und man schon mehrere Wochen nichts von ihm gehört hätte, weshalb ihn manche gar bereits todt sagten. Jetzt hielt ich es entschieden für meine Pflicht, persönlich nach dem alten Einsiedler von Santa-Anna zu sehen.

Ich ritt am 13. April in Begleitung des Pfarrers, der sich jedoch bald von mir trennte, von St.-Borja aus und erreichte folgenden Tags die kleine Stadt Itaqui. Hier miethete ich eine Chalana, ein Flussboot, und liess mich eine Strecke den Uruguay hinabrudern.

In der Stadt Uruguay theilte mir der dortige Kaufmann Kasten, ein Freund Bonpland's, mit, derselbe wäre zwar noch am Leben, befände sich aber sehr schlecht. Hr. Kasten setzte mit mir über den Fluss nach dem am jenseitigen Ufer liegenden Städtchen Restauracion, um mir bei den Vorbereitungen für meinen Ritt nach Santa-Anna behülflich zu sein.

Am folgenden Morgen stand ein Peão (Reitknecht), eine dunkelbraune, schweigsame Pampasfigur, mit zwei hohen Gäulen vor meiner Thür, deren einen ich bestieg. Ohne einen Laut von sich zu geben ritt er mir voran langsam zum Orte hinaus; dann setzte er seinem Matungo den grossen eisernen Sporn in die Seite, und wir jagten, zuerst an einem Palmenwalde vorbei, dann auf einer Art Landstrasse drei deutsche Meilen in westlicher Richtung vorwärts.

Die vollkommenste Pampasfläche hatte sich vor uns aufgethan. Ein Grasmeer reihte sich an das andere. Hie und da ein elendes Lehmhaus, aber immer fernab vom Wege. Kaum einem Reiter begegnet man, kaum einer Karrete mit einem hausirenden Handelsmanne. Mit stummem Grusseszeichen galopiren die vereinzelten Reiter aneinander vorüber. Rinder grasen nah und fern, noch viel zahlreicher ungezähmte Pferde, welche beim Herannahen von Menschen in wilder Flucht enteilen. Rudel von Hirschen und Rehen springen seitwärts aus einem Bruch, wo sie im Schatten der Mimosen rasteten, und jagen mit Blitzesschnelle dahin, während die schwerfälligern Strausse, fast rossartig trabend, langsamer das Grasmeer durchmessen.

Dieser ersten Hälfte meines Morgenrittes folgte eine noch weglosere Tour. Mein Gaucho bog vom Wege ab und ritt querfeldein südlich durch die oceanisch daliegende graugrüne Fläche, ohne ein Wort über die veränderte Richtung zu sagen. Nach abermaligen drei Stunden im gestreckten Galop hielt er an einer Stelle, wo der Boden sich etwas hebt, seinen Gaul an, sah sich nach mir um und sprach, mit der braunen Faust südlich zeigend — das erste Wort während eines Rittes von 6 deutschen Meilen —: „Dort wohnt Don Amado!“

Vor einem grünen Baumgarten erblickte ich zwei im rechten Winkel aneinanderstossende graue Feldhütten, die mir, je näher ich kam, desto ärmlicher und unsauberer erschienen.

In diesen Hütten also, diesen niedrigen Scheunen, mitten in trostloser Grasöde, führte Bonpland sein langjähriges cynisch-patriarchalisches Leben! Was aus jener Mad. Bonpland geworden, an welche Humboldt im Jahre 1818 Grüsse bestellt hatte, konnte ich nicht in Erfahrung bringen. In Uruguayana erzählte man mir, vor Jahren hätte sich der fremde Naturforscher mit einer Landeseingeborenen, einer sogenannten „China“, vereinigt und mehrere Kinder mit ihr gezeugt; sie wäre aber, wahrscheinlich des Alten und der langweiligen Einsamkeit überdrüssig, eines schönen Tages auf- und davongegangen, ihre Kinder in Santa-Anna zurücklassend.

Unter wüthendem Gebell von vier grossen Hunden stieg ich vom Pferde, und nachdem ich kräftig in die Hände geklatscht, erschien ein junges wohlgebildetes Mädchen von gemischtem Gesichtstypus, die mich schüchtern auf spanisch nach meinem Begehren fragte. Ich gab ihr einen Brief an Bonpland, und sie trug ihn in das eine Haus — da das Gebäude nun einmal ein Haus vorstellen sollte —, kam aber bald zurück, um mich in die andere Hütte eintreten zu lassen, welche als Fremdenwohnung und Drawing-room dienen mochte.[1] Ein Bret, über zwei Tonnen gelegt, eine Bank, zwei Stühle und zwei leere Bettstellen — darin bestand das ganze Mobiliar der fensterlosen länglichen Scheune, die nur durch die offene Thür und zahlreiche Risse in den Wänden einiges Licht empfing. Im Hintergrunde lagen Rinderhäute, altes Sattelzeug, Zwiebeln und verschiedene andere Gegenstände, deren Umrisse ich nicht zu erkennen vermochte. Die Kleine, das wunderbare Product aus französischem Leichtsinn und paraguitischer Naivetät, erzählte mir, dass Don Amado seit einigen Monaten recht krank und schwach wäre, doch am Tage immer noch einige mal umherginge, und dass er kommen und mich sprechen wollte.

Nicht lange, und er stand vor mir, der alte fast verschollene Sonderling. Die 85 Jahre hatten seinen Körper nicht gebeugt, aber das freundliche Antlitz mit den klaren Augen vielfach durchfurcht und den Klang der Stimme gedämpft. Seine magere Figur war nur mit einem Hemd und Beinkleidern aus weissem Baumwollenzeug bedeckt, an den blossen Füssen trug er Holzpantoffeln. Freundlich bot er mir die Hand zum Gruss, die mir eine sehr bedenkliche hektische Hitze verrieth. Die ganze Erscheinung an dem öden, aller Annehmlichkeiten der Cultur entbehrenden Orte machte einen unbeschreiblich wehmüthigen Eindruck auf mich.

Auf einem zinnernen Teller ward mir geröstetes Fleisch vorgesetzt; Messer und Gabel gab es nicht, ich musste mich mit meinem Dolchmesser und den Fingern behelfen. Jetzt wurde der Alte gesprächig, aber ordnungslos und in wunderlichster Weise vermischte er in seinen Reden die Gegenstände, Personen und Zeiten. Die Seine, der Parana und der Orenoco liefen nebeneinander; Paris und Assuncion wurden gleichzeitig besprochen; die Cordilleren und der Atlantische Ocean gehörten zusammen; Humboldt's und Francia's Namen wurden

[1] Eine Abbildung von Bonpland's Wohnung, von der Rückseite gesehen, nach einer von mir aufgenommenen Skizze befindet sich auf dem Titelblatte des ersten Bandes meiner „Reise durch Süd-Brasilien“ (Leipzig 1859).

in einem Athem genannt. Zuletzt fixirten sich dann seine Gedanken auf Humboldt, und die Bemerkungen, die er über ihn machte, waren auffallend genug. Offenbar sah Bonpland nicht ohne Neid das immense Uebergewicht seines Freundes. Er meinte, Humboldt hätte manches als eigene Forschung veröffentlicht, was mehr ihm, Bonpland, zukäme; er hätte seine zweite Abreise nach Amerika gern gesehen, weil er besondere Verpflichtungen gegen Kunth gehabt; er hätte, ohne seine Rückkehr nach Europa abzuwarten, mit diesem weitergearbeitet; ja er hätte ihm zum öftern von der beabsichtigten Rückkehr abgerathen. Auch sonst beklagte er sich, dass man in Europa seine zweite amerikanische Reise nicht genug anerkannt und ebenso wenig die Sammlungen, die er dahin geschickt, nach ihrem Werthe gewürdigt hätte.

Es ist unnöthig, Humboldt gegen diese Anschuldigungen in Schutz zu nehmen. Wenn Bonpland keine selbständige Geltung in der Wissenschaft erlangte, wenn sein Name nur als ein Trabant des glänzenden Humboldtgestirns auf die Nachwelt kam, so liegt der Grund davon in seiner Saumseligkeit, seinem unbesieglichen Hange zum Aufschieben jeder Arbeit. Mit der Rückkehr nach Frankreich aber ist es dem europamüden Cyniker am Laplata sicher niemals Ernst gewesen.

Unser Gespräch hatte lange gewährt und den kranken Greis sichtlich angegriffen. Auf mein wiederholtes dringendes Bitten legte er sich endlich zur Ruhe nieder, und ich benutzte die Pause, um mir den Garten, der ein Stück vom Hause entfernt lag, zu besehen. Orangen und Pfirsich gediehen hier in schöner Fülle; Bonpland's Rosenzucht stand in Flor; Feigenbäume und Ricinusstauden wucherten üppig durcheinander, aber auch das Unkraut war überall reichlich aufgeschossen. Die kleine Anpflanzung bildete einen merkwürdigen Contrast zu der ungeheuern Grasöde; Gras wuchs bis unmittelbar an die verfallenden Wände, bis in die Thür des Rancho hinein. Kein weidendes Vieh belebte die weitgestreckte Fläche; nur zwei Emas (Strausse) sah ich in der Ferne vorübertraben. Nach Südosten war der Horizont von Gebüsch, dem Waldrande des Uruguay, eingefasst.

Am Abend liess mich Bonpland in seine Wohnung kommen, die von dem obenbeschriebenen Raume kaum unterschieden war, bis auf das Bett, in dem der Kranke lag. „Erst seit vier Wochen habe ich mir ein ordentliches Bett angeschafft“, sagte er lächelnd, „sonst genügte mir jeder Platz, wo ich mich gerade hinlegte, zum Schlafen." Wieder irrten seine Gedanken fieberhaft durch die weiten Räume, die er im Leben durchmessen, durch die lange Zeit, die er durchlebt hatte. Währenddem waren zwei halbindianische Knaben, die Brüder des jungen Mädchens, eingetreten. Ich wünschte ihm eine Gute Nacht und machte mir in meinem Rancho ein Lager zurecht.

Als ich am folgenden Morgen vor sein Bett trat, fand ich ihn sehr matt; er hatte die Nacht schlecht geschlafen, seine welken Hände waren heiss vom Fieber. Ich erbot mich, ihn zu pflegen, bei einer etwaigen Anordnung seiner Sachen behülflich zu sein und ihn nach Uruguayana zu seinen Freunden zu geleiten; aber er schlug alle meine Anerbietungen aus. So hoffnungslos sein Zustand war, mochte er doch an den Tod nicht denken; er schien zu glauben, wie die Arbeit im Leben, liesse auch das Sterben sich aufschieben. Mit heiterer Miene lud er mich ein, ihn „nach einigen Jahren" wieder zu besuchen; dann sollte sein Campo von Vieh wimmeln, sein Garten prächtig in Ordnung, sein Rancho völlig ausgebaut und mit dem nöthigen Hausgeräth versehen sein. Und als wolle er gleich mit letzterm den Anfang machen, trug er mir auf, Hrn. Kasten zu sagen, er möchte ihm ein Dutzend Messer und Gabeln schicken. Auch behändigte er mir einen Brief an den Gouverneur von Corrientes, Dr. Pujol, den ich in Restauracion zur Post geben sollte.

Ich bat ihn zum Andenken um seine eigenhändige Namensschrift, und er schrieb auf den Rücken eines alten Briefes: „Aimé Bonpland". — „Das ist nicht gut geworden", sagte er, und schrieb noch einmal; aber es gelang noch weniger. „Ach, ich kann nicht mehr schreiben", rief er aus, und es schien mir als ob eine Thräne sich aus seinem Auge stahl. Vielleicht war es das letzte mal dass er seinen Namen schrieb.

Ich hatte am Abend die Unvorsichtigkeit begangen, meinem Gaucho auf seine unter einem Vorwande angebrachte Bitte den bedungenen Lohn auszuzahlen. In der Nacht war er mit den beiden Pferden davongeritten. Bonpland bot mir bereitwilligst sein Reitpferd an, nur bedauernd, dass er mir keinen Begleiter mitgeben könnte. Ich sattelte und nahm voll wehmüthiger Bewegung Abschied. Mit beiden welken Händen drückte der Greis meine Hand. „Besuchen Sie mich einmal wieder, und grüssen Sie Humboldt", rief er mir noch nach. „Bon voyage!"

23 Tage nach meinem Besuche, am 11. Mai, starb Bonpland. Auf ihn sind die Worte, welche Humboldt bei Blumenbach's Tode schrieb: „La mort de M. Blumenbach, qui comme bien des savants a eu l'imprudence de survivre à une réputation litteraire un peu légèrement acquise“, noch mehr als auf jenen anwendbar; er hatte sich in der That längst überlebt.

Robert Avé-Lallemant.

Zu Seite 24.

2. Schreiben des Finanzministers Grafen von Bülow.[1]

An den Königlichen Kammerherrn Hrn. Freiherrn von Humboldt Hochwohlgeboren.

Ew. Hochwohlgeboren wünschen, nach Ihrer mir mündlich gemachten Aeusserung, die gänzliche Vollendung Ihres so allgemein bekannten schätzbaren Werks möglichst zu beschleunigen, um Ihre Zeit neuen Reisen und Entdeckungen widmen zu können.

Diese Rücksicht ist bei dem Gewinn, den sie für die Wissenschaften verspricht, zu wichtig, als dass nicht der Staat die Mittel zur Erreichung dieses Zweckes auf jede Art erleichtern sollte. Ich habe zu diesem Ende mit des Hrn. Staatskanzlers Durchlaucht deshalb Rücksprache genommen, und Se. Durchlaucht sind der Meinung, dass des Königs Majestät gewiss für dieses Werk etwas zu thun geneigt sein würden, und finden kein Bedenken, dass Ew. Hochwohlgeboren bis dahin die Mittel geschafft werden, die Vollendung Ihres Zweckes desto schneller zu erreichen.

Ich glaube, dass dies am besten dadurch geschehen kann, dass Ew. Hochwohlgeboren durch einen Credit bei einem hiesigen Bankier in den Stand gesetzt werden, die Kosten, welche die Vollendung des Werks und besonders der dazu gehörigen Zeichnungen und Karten erfordert, jetzt schon zu bestreiten, ehe noch der Debit des übrigen schon vollendeten Theils desselben Sie dazu in den Stand setzt, und ich habe daher den beiliegenden Creditbrief bis auf die Summe von

---

[1] Die Beilagen 2, 3 und 4 verdanke ich der besondern Güte des Hrn. Löwenberg, der sie im Staatsarchiv in Berlin mit Genehmigung der Behörden copirt hat. Der Herausgeber.

24000 Frs. auf den Hrn. Jordis Brentano hierselbst ausgestellt, von welchem Sie zu diesem Ende Gebrauch machen können.

Ich ersuche Ew. Hochwohlgeboren nur, mich demnächst zu benachrichtigen, wie weit Sie davon Gebrauch gemacht haben und wie weit die entnommene Summe künftig wieder gedeckt werden kann, damit ich sodann die weitern Anträge machen und nach den Umständen das Erforderliche verfügen kann.

Paris, den 29. Sept. 1815. (sign.) Bülow.

Zu Seite 24.

3. Schreiben Alexander von Humboldt's.

An den Staatsminister Freiherrn von Altenstein.

Hochwohlgeborener Freiherr,
Hochzuverehrender Herr Staatsminister!

Ew. Excellenz habe ich die Ehre, Ihrem Befehle vom 28. April d. J. gemäss, über die Verwendung und Rückzahlung der mir zur Herausgabe meiner naturhistorischen und geographischen Werke allergnädigst anvertrauten königlichen Gelder (eine Summe von 24000 Frs.) ganz gehorsamst Bericht zu erstatten.

Des Herrn Staatskanzlers Durchlaucht und der damalige Finanzminister Hr. Graf von Bülow hatten sich bei ihrem Aufenthalt in Paris, am Ende des Jahres 1815, nach dem Zustande meines Werks über Amerika, welches gegenwärtig 8 Bände in Folio und 11 Bände in Quart mit etwa 800 Kupferplatten ausmacht, mit wohlwollendem Interesse erkundigt. Ich würde mich nie berechtigt geglaubt haben, des Königs Majestät um Ankauf einiger vollständigen Exemplare oder um Geldzuschüsse selbst anzusprechen, ohnerachtet die Hoffnung zur Erfüllung eines solchen Gesuchs, da ich dem Verkauf meiner Schriften gänzlich fremd bin, mir selbst keinen pecuniären Vortheil gewähren konnte. Ich durfte nur im allgemeinen den Wunsch äussern, die Vollendung eines Unternehmens beschleunigt zu sehen, welches an Kostspieligkeit alle ähnliche auf blosse Privatkosten unternommene Werke weit übertrifft. Die Regierung. welche schon in bedrängtern Zeiten den Wissenschaften so beträchtliche Opfer gebracht, ist meinen Wünschen auf das Huldreichste zuvorgekommen, und der Vorschuss von 24000 Frs., welcher mir am 29. Sept. 1815 von Sr. Excellenz dem Hrn. Staatsminister Grafen von Bülow zugesichert wurde, ist in dem verflossenen Jahre zur Herausgabe meines Werks von grossem Nutzen gewesen. Ich habe geglaubt, nach dem Inhalte jenes Schreibens, die königlichen Gelder ebenso anwenden zu können, als ich es bisher mit dem Reste meines eigenen kleinen Vermögens gethan. Botanische, geologische und geographische Zeichnungen sind angefertigt, Kupferplatten und Druckkosten bezahlt worden, welche die Buchhändler allmählich, so wie die einzelnen Werke vollendet sind, wiedererstatten. Auf diese Weise ist der ganze vierte Band in Fol., die „Nova genera et species plantarum aequinoctialium", auf königliche Kosten früher gedruckt worden, als noch der dritte Band vollendet war. Ich habe vor wenigen Wochen diesen vierten Band, der seine beschleunigte Herausgabe der königlichen Huld verdankt, an des Herrn Staatskanzlers Durchlaucht gesandt.

Meine Werke sind dermalen in den Händen zweier Buchhändler. Die „Nova genera" (von dem die ersten drei schon erschienenen Bände zusammen ein Exemplar in Quart 460 Frs., in Folio mit schwarzen Kupfern 1270 Frs., in Folio mit farbigen Kupfern 2280 Frs. kostet) gehört, nebst der „Monographie der Mimosen" dem Hrn. Maze, als Nachfolger der Griechisch-lateinischen Buchhandlung, Rue Git-le-Cour No. 4. Alle andern Werke, deren Inhalt in dem Prospectus entwickelt ist, und von denen ein Exemplar in Folio und in Quart (denn zur Octavausgabe sind nie königliche Gelder verwandt worden) bis hierher 3800 Frs. kostet, gehören dem Hrn. Smith, Rue Montmorency No. 16. Der letztere ist Hrn. Stone und Vendregas gefolgt, und um bei meiner bevorstehenden Reise nach Persien und Indien die Vollendung der Werke zu erleichtern, habe ich durch den neuen Vertrag vom 12. Febr. 1820 auf 48000 Frs. Honorar, die mir zugesichert waren, Verzicht gethan.

Bis hierher sind verwendet worden, wie die Anlagen nachweisen:

1) Für die „Nova genera":

An Kupferplatten, laut Quittung von Maze, vom 5. Mai 1817	7613 Frs.
Für Papier und Druckkosten des vierten Bandes (Quittung von d'Hautel, 12. Jan., 18. Juni, 27. Oct. 1818, Quittung von Degrange vom 12. März und 12. Juni 1818.)	6512 „
Für Zeichnungen von Turpin, laut Quittung von Maze vom 29. Mai 1820	1385 „
	15510 Frs.

15510 Frs.

2) Für den geographischen Atlas und zoologische Zeichnungen, laut einer anliegenden detaillirten Rechnung:

Geographische	2235 Frs.	
Zoologische	548 „	
		2783 „

3) Es sind gegenwärtig baar vorhanden und nicht angewendet . . . . 5707 „

24000 Frs.

Sollte Ew. Excellenz es befehlen, so können die Originalquittungen eingesendet werden. Ich habe in der Verwaltung dieser Summe keine andern Sicherheitsmassregeln anwenden können als die, welche ich in meinen eigenen Geschäften mit Buchhändlern bisher für grössere Summen meines eigenen Privatvorschusses angewandt habe. Wenn ich in den Formen geirrt, werden Ew. Excellenz es wohlwollend nur meiner Unerfahrenheit in Geschäften zuschreiben. Die Zurückzahlung kann von den zwei Buchhändlern wol nur bei allmählicher Vollendung erwartet werden.

Ew. Excellenz geruhen nun gewogentlichst zu entscheiden:

ob ich die noch unangewandten 5707 Frs. sogleich zurückzahlen soll, oder ob ich dieselben, der in dem Schreiben des Hrn. Grafen von Bülow festgesetzten Bestimmung gemäss, zu dem fünften Bande der „Nova genera“, dessen Druck ich soeben beginnen wollte, anwenden darf?

Wie auch Ew. Excellenz hierüber entscheiden werden, so erkenne ich nicht minder mit dem innigsten Dankgefühl die königliche Gnade an, mit der mir bisher die Vollendung meines Werks erleichtert worden ist, das eines allmählichen Vorschusses von 6—700000 Frs. erfordert hat. Ein vollständiges Exemplar der sämmtlichen astronomischen, geographischen, botanischen, zoologischen und physikalischen Theile meines Werks wird vollendet 9—10000 Frs. kosten, und es fehlen zur Vollendung nur noch 2—3 Bände der „Nova genera“, circa ½ Band Zoologie und 2 Bände des Reiseberichts. In dem gegenwärtigen friedlichen Zustande von Europa und bei dem Interesse, welches die spanischen Ereignisse auf Amerika heften, geht das Geschäft mit Ordnung und, wie ich hoffe, mit Sicherheit vorwärts. Das russische, österreichische und französische Gouvernement nimmt jährlich eine bestimmte Zahl von Exemplaren, um sie in den Universitäts- und Schulbibliotheken zu vertheilen. Es geziemt mir kaum, die Hoffnung zu äussern, die Rückzahlung jener 24000 Frs. den Buchhändlern ganz oder theilweise dadurch erleichtert zu sehen, dass mein eigenes Vaterland von den in lateinischer Sprache erschienenen Werken eine Zahl Exemplare fordere.

Ew. Excellenz haben bei einer ähnlichen Gelegenheit mir Ihr wohlwollendes Interesse für meine literarischen Arbeiten zu äussern geruht. Sie haben mir selbst damals angeboten, auf Vermehrung des Vorschusses anzutragen. Ich bin weit davon entfernt, jene Vermehrung jetzt zu wünschen, da ich die königliche Gnade bei der bevorstehenden Reise schon in Anspruch genommen habe. Ew. Excellenz werden gewogentlichst entscheiden, ob ich jene 5707 Frs. der ersten Bestimmung gemäss verwenden und auch fortfahren darf, die bereits verwandten Gelder, wenn sie theilweise einkommen, aufs neue in Zeichnungen und Kupferplatten zu verwandeln, um die Vollendung des Werks zu beschleunigen? Ich werde Ihre fernern Befehle aufs pünktlichste befolgen. Sollte durch das gewogentliche Fürwort Ew. Excellenz den Buchhändlern die Rückzahlung des königlichen Vorschusses durch lateinische Exemplare gestattet werden, so würde ich eine genaue Nachweisung der Gelder einschicken können, welche die drei obengenannten Gouvernements verwandt haben, und die jährlich zusammen über 40000 Frs. betragen. Da ich dem Verkauf meiner Werke ganz fremd bin und, ohne alles pecuniäre Interesse, blos die Vollendung und Verbreitung derselben wünsche, so verzeihen Ew. Excellenz gewiss mir diese Aeusserungen und Hoffnungen.

Empfangen Sie die Versicherung der tiefsten Verehrung, mit der ich die Ehre habe zu sein

Ew. Excellenz ganz gehorsamster

Paris, den 1. Juni 1820. Alex. von Humboldt.

(In affixo auf einem Zettel):

Die Regierung hat Hrn. Professor Klaproth über 40000 Frs., nicht als Vorschuss, sondern zur Herausgabe seiner gelehrten Arbeiten (des „Chinesischen Wörterbuchs“, seiner „Karten von Tibet“ und seiner „Mantschurischen Chrestomathie“) dergestalt bewilligt, dass er das Eigenthum des Werks und der Platten behält, und dem Gouvernement die 40000 Frs. in einer Zahl Exemplare erstattet.

Ich füge diese Privatnotiz hinzu, wenn etwa Ew. Excellenz es für möglich hielten, meinen Buchhändlern die Rückzahlung zu erleichtern. Ich habe diesen Umstand nicht in dem Berichte zu erwähnen gewagt. A. von Humboldt.

Zu Seite 75.

4. Cabinetsordre Friedrich Wilhelm's III.

Au Chambellan Baron de Humboldt à Paris.

Je n'ai pas oublié les services essentiels, que Vous m'avez rendus pendant mon séjour à Paris, et je sais, que Vous m'avez sacrifié alors une partie du tems que Vous destinez au travail. Pour Vous faciliter les moyens de l'accélérer et pour concourir ainsi à une entreprise si utile pour les sciences. j'ai résolu de Vous accorder une somme de quinze cent écus, que mon ministre des finances mettra à votre disposition.

Je désire Vous donner par cette gratification une nouvelle preuve de l'intérêt, que je Vous ai consacré.

Berlin, 16 du Mai 1816.

(Von des Königs Majestät in mundo vollzogen.)

IV.

Alexander von Humboldt

auf der Höhe seiner Jahre.

(Berlin 1827—59.)

Von

Alfred Dove.

Γηράσκω δ'αἰεὶ πολλὰ διδασκόμενος.
Σόλων.

1.

Vom Eintritt in Berlin bis zur Julirevolution.

Die Periode des Greisenalters im allgemeinen. — Unangemessenheit streng chronologischer Betrachtung. — Motive der Uebersiedelung. — Das Berlin der zwanziger Jahre im Gegensatze zu Paris. — Der wissenschaftliche Zustand Berlins insbesondere. — Vorbereitender Besuch im Herbst 1826. — Definitive Heimkehr. — Die neue Stellung bei Hofe und in der Gesellschaft; Anfänge mannichfaltiger Wirksamkeit. — Die Kosmosvorlesungen; ihre innere und äussere Bedeutung. — Naturforscherversammlung von 1828. — Humboldt und Gauss. — Magnetische Beobachtungen und sonstige wissenschaftliche Thätigkeit. — Vor und nach der sibirischen Reise. — Verhältniss zu Wilhelm und den Seinen.

Das dritte und letzte der Menschenalter, die ihm zu durchleben beschieden war, hat Alexander von Humboldt, geringere Unterbrechungen abgerechnet, in seiner deutschen Heimat zugebracht. Am 12. Mai 1827 betrat er Berlin, um dort seinen dauernden Aufenthalt zu nehmen — am 6. Mai 1859 ist er daselbst in der Stadt seiner Geburt, gestorben.

So rüstig er noch dastand in der Vollkraft des Lebens, als er dem Vaterlande wiedergegeben ward — mitten in die Anstrengungen der sibirischen Reise fällt bald darauf, am 14. Sept. 1829, sein sechzigster Geburtstag —, so unermüdlich seine rührige Thätigkeit immerdar ausgedauert hat bis ans Ende: dennoch dürfen wir diesen ganzen Zeitraum als die Periode des

Greisenalters bezeichnen. Seit den dreissiger Jahren wenigstens ist er ihm selbst nicht anders erschienen, schon da nennt er sich häufig in seinen Briefen scherzend „antediluvianisch". Die fast grenzenlose Fülle sinnlicher Eindrücke, die er in so vielen Ländern, unter so verschiedenen Himmelsstrichen empfangen, der unvergleichliche Reichthum mannichfaltigen Wissens, den er von früher Jugend an rastlos erworben, die gewaltigen Umwälzungen der politischen und socialen Welt, die er zwar ohne selbst thätig einzugreifen, niemals aber theilnahmlos mit angesehen — das alles, in unausfüllbarem Gedächtnisse treu bewahrt, musste frühzeitig in ihm seiner Umgebung gegenüber, wie eifrig er auch mit ihr weiter dachte und strebte, das Gefühl eines aus der Vorzeit herüberstammenden Daseins aufkommen lassen. Von Jahr zu Jahr häufiger spricht er von seiner allmählichen „Versteinerung", immer freilich mit der leisen Ironie, die alles, was er über sich sagt, Lob oder Tadel, schalkhaft begleitet; öfter und öfter gedenkt er — nicht ohne schmerzliche Empfindung des Contrastes zwischen Gegenwart und Vergangenheit — der grossen historischen Epochen, die er als Jüngling und Mann erlebt; zuletzt gibt er sich am liebsten — halb stolz, halb demüthig — den Namen des „Urmenschen".

Auch noch in anderer Hinsicht jedoch verdient der grosse Abschnitt im Leben unseres Helden, den wir in der Folge zu betrachten haben, als die Zeit des Greisenalters bezeichnet zu werden. Es sind die Jahre verhältnissmässiger Ruhe, stiller Einkehr in sich selbst für ihn gewesen. Das Leben, das er so gern ein „vielbewegtes" nannte, wird doch von nun an wenigstens gleichförmiger bewegt. Selbst der grosse Ausflug nach Osten, der ihn zuerst noch einmal dem sesshaften europäischen Dasein entreisst, stellt sich doch, mit den amerikanischen Wanderungen verglichen, nur eben als ein kurzer Ausflug dar. Hernach treibt ihn Pflicht und Neigung noch einigemale nach Paris zurück, dessen an- und aufregende Welt er in dem einförmigen gesellschaftlichen Treiben der Heimat nur schwer entbehren lernte. Endlich hören auch diese Reisen auf — die übrigen wollten gar wenig besagen — und immer regelmässiger wird die höfische „Pendelbewegung" zwischen Berlin und Potsdam, immer mehr wird einer dieser arbeitsamen und gesprächerfüllten Tage dem andern ähnlich.

Und, wie es nicht anders sein kann, auch die geistige Thätigkeit wird dabei von Jahr zu Jahr gesammelter, stiller, beschaulicher. Vom Gipfel gleichsam menschlichen Daseins herab, den er in rastlosem Streben erklommen, lässt der Greis den umfassenden Blick zuletzt befriedigt ausruhen auf der Welt der Forschung. Wohl freut er sich über jeden neuen Lichtstrahl, der in bisher unerhellte Tiefen seiner Wissenschaft hineingeworfen wird, doch er selber vermag nur noch anschauend diese Strahlen zu begleiten; eigenthümlich ist ihm nur der Versuch, die wissenschaftliche Rundsicht über die Natur, wie sie sich einzig auf so hohem Standpunkte darstellt, in ein grosses Panorama künstlerisch zusammenzubilden. Aus den einzelnen Abschnitten des kritisch gelehrten Theils dieser Biographie wird der Leser die Gesammtanschauung gewinnen, dass, wo Humboldt einmal schöpferisch in die Entwickelung der verschiedenen naturwissenschaftlichen Disciplinen eingegriffen hat, dies immer in seinen frühern Jahren geschehen, dass hernach auf allen Punkten seine Productivität erloschen ist, bei freilich unverminderter Empfänglichkeit des erkennenden Geistes. Immer mehr wird er zum blossen Repräsentanten der Naturforschung und in gewissem Sinne der Forschung überhaupt, während er in vergangenen Perioden nicht selten als ein Führer ihr bahnbrechend vorangeschritten.

Hierin aber liegt auch wiederum die Bedeutung dieser seiner letzten Lebenszeit. Gerade als Repräsentant zeitgenössischen Gesammtwissens ist er dem Zeitalter selber theuer und werth geworden; der Ruhm, der so überreich auf den Scheitel des Kosmographen gehäuft worden, ist zuletzt nichts anderes als die Huldigung, welche die Menschheit des 19. Jahrhunderts, ihrer rüstig vordringenden Realerkenntniss froh, ihrem eigenen Universalgeiste darbringt, wie er sich, was nicht allen Epochen zutheil wird, einmal in greifbarer Individualität in einem einzelnen aufnehmenden und ordnenden Verstande offenbart hat. Und wenn es wahr ist, dass „der Mensch in der Gestalt, wie er die Erde verlässt, unter den Schatten wandelt", so steht auch uns, sobald der Name Humboldt ausgesprochen wird, eben der Verfasser des „Kosmos" vor Augen, der Greis, gebeugten Hauptes und mit tiefgefurchter Stirn, wie man den Atlas darzustellen liebt, der auf seinen Schultern die Last des Weltbaues trägt, eine fremde Schöpfung, deren ganzes Gewicht doch nur er erwägt und, halb leidend, empfindet.[1]

Wenn es sich deshalb reichlich lohnt, das Greisenalter Alexander von Humboldt's mit gleicher Theilnahme wie seine Jugend oder seine männlichen Jahre zu betrachten, so muss doch die Weise der Darstellung nothwendig eine andere werden. Denn wo die Entwickelung aufhört, hat die Geschichte ihr Amt verloren; eine Chronologie des Stationären wäre widersinnig. Wir werden daher im Folgenden nur ein paar grosse Hauptmarken der Zeitbestimmung zu besserer Richtung in unsere Betrachtung einzuschlagen haben, wie sie sich in der Julirevolution, im Thronwechsel von 1840 und endlich in der Epoche des Jahres 1848 bequem darbieten, im übrigen aber das Gleichartige, wie verschiedenzeitig es auch sei, übergreifend zusammenfassen dürfen. Nur die wenigen Jahre des Uebergangs aus der Bewegung in die Ruhe, vom Herbst 1826 bis zum Sommer 1830, erfordern ein strengeres Verfahren und zugleich grössere Ausführlichkeit in der Erzählung, soweit sie nicht, wie die neunmonatliche asiatische Reise, bereits ausführlich dargestellt worden sind.

Man hat in der Uebersiedelung Humboldt's von Paris nach Berlin nicht selten einen freiwilligen Schritt erkennen wollen; von dunkelm Gefühl oder gar von hellem Bewusstsein, dass die

---

[1] Eine bekannte, leider fast caricaturartige Zeichnung Kaulbach's bringt diesen Parallelismus zwischen dem Greise Humboldt und dem welttragenden Atlas in geistreicher Weise zur Anschauung.

fernere Arbeit seines Lebens besser in der Heimat gedeihen werde, „dass eine Darstellung des «Kosmos» nur auf dem geistigen Boden Deutschlands möglich sei“, wäre er zur Rückkehr auf diesen Boden angetrieben worden. Doch kann diese Ansicht, die nachderhand aus der richtigen Schätzung der Beziehungen zwischen seiner spätern Lebenslage und seiner Thätigkeit in derselben erwachsen ist, vor nüchterner Betrachtung nicht bestehen, denn eben von dieser künftigen Thätigkeit trug er damals keineswegs eine so bestimmte Vorstellung in sich. Fragt man nach den wahren Motiven seiner Heimkehr, so gibt er selbst in den autobiographischen Aufzeichnungen für das Conversations-Lexikon darauf die erschöpfende Antwort: „Der Wunsch des Monarchen, Humboldt in seiner Umgebung zu behalten und ihn für das Vaterland bleibend wiederzugewinnen, konnte erst im Frühjahr 1827 erfüllt werden.“

In der That sind nicht seine eigenen Wünsche, sondern die des Königs die bewegenden Gründe für die wichtige Wendung seines Lebens gewesen. Die Enge seines eigenen geistigen Gesichtskreises hinderte Friedrich Wilhelm III. nicht, die hervorragende Bedeutung anderer Geister zu erkennen und unter Umständen auch anzuerkennen. Wir wissen, wie er speciell Humboldt schon seit seiner Rückkehr nach Europa auszuzeichnen beflissen war. Indem er ihm aber eine bedeutende Pension verlieh und ihn zu seinem Kammerherrn machte, war er sehr entschieden der Meinung, ihn dadurch in seine und des Staates Dienste zu ziehen, zwischen denen er hierbei schwerlich streng unterschied. Das ernste Pflichtgefühl, das ihn selber beseelte, liess ihn auch von andern Leistungen fordern, die gewissermassen als Entgelt ihrer Stellung entsprechend erschienen. Seiner praktisch rechnenden Verständigkeit konnte die lange Abwesenheit Humboldt's, deren Nothwendigkeit um der Ausarbeitung des Reisewerks willen er wohl begriff, sich doch immer nur als ein Urlaub darstellen, den er seinem Kammerherrn ertheilt und oft grossmüthig verlängert und erleichtert hatte. Fielen die dringenden Gründe für weitere Bewilligung einmal weg, so verstand es sich für den

König von selbst, dass eine Kraft, die von Preussen ausgegangen war und von ihm selber äusserlich unterhalten ward, auch Preussen und ihm selber unmittelbar angehören müsse. Dazu war ihm Humboldt's Persönlichkeit ohne Zweifel bequem und genehm zu täglichem Umgange; denn er liebte, wie bekannt, geschmeidige und gefügige Naturen, denen gegenüber er die scheue Befangenheit seines Wesens minder drückend empfand; Humboldt aber hatte er als eine solche Natur zu erproben theils in Paris, theils auf den Fürstencongressen, und besonders während der gemeinsamen Reisen nach England und Italien reichlich Gelegenheit gehabt. Humboldt seinerseits war keineswegs in der Lage, dem ausgesprochenen Willen des Königs ernstlichen Widerstand entgegenzusetzen, denn seine materielle Existenz beruhte, nachdem er sein Vermögen für die Herausgabe des Reisewerks aufgebraucht hatte, durchaus auf der Pension und den ausserordentlichen Geschenken, welche ihm die Freigebigkeit Friedrich Wilhelm's zuwandte. Auch verbanden ihn gerade jene wiederholten Gunstgaben des sonst so haushälterischen Monarchen ohne Zweifel innerlich zu Danke gegen diesen, sodass eine Lösung des Verhältnisses, wäre sie in äusserer Hinsicht thunlich gewesen, ihm schon aus Pietät hätte unmöglich erscheinen müssen. Zudem ist nicht einmal anzunehmen, dass er eine solche Lösung für sich selbst durchaus gern gesehen hätte. In der ganzen Folgezeit wenigstens nehmen wir wahr, dass, wie lebhaft er auch den Zwang seiner höfischen Stellung fühlte und oft genug ausdrücklich beklagte, ihm doch andererseits die engste Beziehung zu diesen höchsten Kreisen der Gesellschaft zur zweiten Natur, zum wirklichen Bedürfniss geworden war. Auch damals schon war ihm daher die Gunst des Königs gewiss nicht gleichgültig, wie ihm denn eigentlich allezeit niemandes Gunst ganz gleichgültig gewesen ist. Hätte er sie nur weiter in Paris geniessen dürfen, um vielleicht nur dann und wann einmal dem Vaterlande einen kurzen Besuch abzustatten!

Denn so viel steht ausser jeder Frage: der Gedanke, Paris auf die Dauer zu verlassen, in Berlin seinen ständigen Wohnsitz aufzuschlagen, musste ihm äusserst widerwärtig sein. Auch hierüber geben die lakonischen Notizen des autobiographischen Bruchstücks unumwunden Aufschluss. In beredtem Schweigen über alles andere erwähnt er da, wo er von der Rückkehr nach Berlin spricht, nur des „so lange entbehrten Glücks, mit seinem Bruder an einem Orte zu leben und vereint wissenschaftlich zu arbeiten.“ Es war dies in der That fast die einzige Lockung, die der Aufenthalt in Berlin ihm zu bieten vermochte; in allem übrigen konnte er damals zunächst dort nur Verlusten und Entbehrungen entgegensehen.

Wie sehr würde man doch irregehen, wollte man dabei irgendwie an das heutige Verhältniss von Grösse und Bedeutung zwischen beiden Hauptstädten denken! Wer in den zwanziger Jahren von Berlin kam, dem erschien Paris „ungeheuer“, ein „wimmelndes Labyrinth“; Karl Ritter freute sich 1824 darauf, „ihm wieder den Rücken wenden“ und in das „alte gute Berlin“ zurückkehren zu dürfen. Und so dächten alle Landsleute, fügt er hinzu, nur Humboldt nicht, der in Paris ganz eingebürgert sei.[1] Keine europäische Stadt ist so schnell zum Range einer Weltstadt emporgekommen wie Berlin, und jedermann weiss, dass dies gerade in den letzten vier Jahrzehnten geschehen ist. Und wenn ihm noch heute infolge seines raschen Wachsthums in socialer Beziehung mancher kleinliche Zug geblieben ist, so durfte es vor 1830 kaum für eine Grossstadt im heutigen Sinne des Wortes gelten; Breslau, wie es gegenwärtig ist, überragt das damalige Berlin, das ihm an Volkszahl etwa gleichkommen mag, doch jedenfalls erheblich an Wohlstand und äusserer Regsamkeit. Berlin war geradezu eine arme Stadt, und Häuser wie das Mendelssohn'sche und das Beer'sche, denen Humboldt nach seiner Wiederkehr, die alten Verbindungen aus der Jugendzeit erneuernd, herzlich nahe trat, standen, ganz abgesehen von ihrer geistigen Bedeutung, auch nach der Aussenseite des Lebens hin in beinahe einzigem Glanze da. Das Erscheinen der

---

[1] Karl Ritter, ein Lebensbild v. *G. Kramer* (2 Thle. Halle 1864—70), II, 183.

ersten Spiegelscheibe von sehr mässiger Grösse in einem Fenster des königlichen Palais war in den zwanziger Jahren ein Ereigniss für Berlin; in der ganzen Stadt gab es keine zweite, und man erzählte sich, dass sie ein Geschenk des Kaisers von Russland sei.[1]

Das gesellschaftliche Treiben war nur von kleinen Interessen bewegt. Ein politisches Dasein führten allein die herrschenden Kreise, und auch in ihnen ging alles nach dem einförmigen Takte festgeregelter Beamtenwirthschaft. Mit dem Schlusse des Jahres 1819 war infolge der Karlsbader Beschlüsse der innern Staatsregierung eine entschieden reactionäre Wendung gegeben worden; damals hatte Wilhelm von Humboldt zugleich mit Beyme und Boyen den Staatsdienst verlassen. Alexander, der in praktisch-politischer Hinsicht die Anschauungen des Bruders völlig theilte, ja theoretisch in allgemeinen Ideen über dessen Liberalismus noch hinausging, konnte von dem Regimente, das seit jener Krisis am Ruder war, womöglich noch minder duldsam denken; persönliche Berührung mit dieser leitenden, zum Theil junkerhaften, zum Theil bureaukratischen Sippschaft musste ihm abschreckend erscheinen, und doch liess sich eine solche bei seiner Stellung in der unmittelbaren Nähe des Hofes voraussichtlich nicht vermeiden, während Wilhelm in gern entsagender Abgeschiedenheit seinen Studien und seiner Familie leben durfte. Auch in Paris war freilich um die Mitte der zwanziger Jahre die rückläufige Bewegung des Staats in vollem Gange, allein nur desto freier und rühriger that sich ihr gegenüber die widersprechende Gesinnung in der bürgerlich gleichartigen Gesellschaft kund, in der auch Humboldt als Fremder sich um so zwangloser bewegte. Dass es auch in Berlin nicht ganz an kritischer Discussion über Staat- und Weltverhältnisse von seiten der Gebildeten fehlte, geht für uns unzweifelhaft aus den gleichzeitigen Aufzeichnungen Varnhagen's hervor. Allein auch abgesehen von der pointirten Uebertreibung aller solcher

---

[1] Karl Ritter etc., II, 3.

Aeusserungen durch den selbst tief unzufriedenen, in seiner Eitelkeit gekränkten Autor, der überall das Gras der Revolution wachsen hörte, selbst da, wo es noch nicht gesäet war — wie kleinlich und dürftig erscheint doch dies ganze Spiel der damaligen berliner Opposition, wie befangen das meist rein persönliche Urtheil, wie kindisch die Neigung, den ganzen Unwillen in die Spitze eines Witzes, meist gar nur eines Wortwitzes, auslaufen zu lassen! Wie sehr übrigens Humboldt in dieser Art zutuschelnder, witzelnder Medisance geübt war, so war er doch daneben von Paris her auch eines grossartigern Aufflugs in geistvollem Tagesgespräche gewohnt. Man braucht blos in Gedanken die durch eine aufmerksame Censur überwachten, überdies von gutmüthigen Literaten in strammer monarchisch-patriotischer Haltung redigirten beiden Tageblätter Berlins, die „Vossische“ und die damals geistig gehaltvollere „Spener'sche Zeitung“, den sechs pariser Oppositionsblättern gegenüberzuhalten, welche im Jahre 1825 mit ihrer Zahl von 44000 Abonnenten die der Regierung beinahe um das Vierfache schlugen, um den ganzen Unterschied zwischen einer politisch längst mündigen und einer in dieser Hinsicht noch völlig unmündigen und unreifen Gesellschaft deutlich wahrzunehmen.

Oder man erinnere sich, dass es für Berlin die sogenannte „Sonntagszeit“ war, die Periode, in der eine liebenswürdige Sängerin jedes andere, ernstere Interesse in Schatten treten liess und die ganze Stadt geraume Zeit über in einen fast unsinnigen Taumel massloser Begeisterung versetzte. „Es ist entsetzlich zu sehen“, schreibt Bunsen noch 1827 (am 23. Oct.), „wie sich, mit Ausnahme weniger, die ganze Bildung Berlins um das Theater dreht!“[1] Und zwar überwog die Theilnahme an der von Spontini mit Pracht und Glanz ausgestatteten Oper bereits bei weitem die am Schauspiele, wie denn überhaupt Berlin eben zu jener Zeit in die erste Reihe der musikpflegenden

---

[1] Chr. C. J. Freiherr von Bunsen. Aus seinen Briefen u. s. w. geschildert. Deutsche Ausgabe von *F. Nippold* (3 Bde., Leipzig 1868—71), I, 287.

Städte eingetreten ist. Wenn aber der musikalische Hegel solche Genüsse, als ihm persönlich neue, mit Freuden in sich aufnahm [1], welchen Werth hatten sie für unsern Humboldt, dem das Gebiet der Tonkunst zeitlebens gänzlich verschlossen blieb? „Dies Bruderpaar, o gemini, sind dir echte Kunstzwillinge“, klagt Zelter über beide Humboldt gegen Goethe, „beide so ohne alle musikalische Beilage, dass mir ordentlich bange werden kann um sie.“ [2]

Kunst und Literatur bildeten in den zwanziger Jahren fast allein den Inhalt des socialen Geisteslebens der preussischen Hauptstadt. Auf dem Felde der bildenden Kunst besass sie allerdings an Schinkel einen classischen Meister, der nirgend seinesgleichen hatte; er stand auf der Höhe seines Schaffens: das Schauspielhaus war vollendet, am Museum wurde gebaut, als Humboldt in Berlin eintrat. Eben war auch Rauch's Blücher aufgerichtet worden, gegenüber erhoben sich schon seit einigen Jahren die Standbilder Scharnhorst's und Bülow's; die historische Plastik war so begründet worden, für die seitdem Berlin auf lange Zeit die Hauptstätte gewesen ist. Zu beiden Meistern trat Humboldt, an die Anschauung monumentaler Kunstwerke von Paris her gewöhnt, selbstverständlich in nahe Beziehung; mit Rauch verband ihn später sogar herzliche Freundschaft, wofür wir erfreuliche Zeugnisse beibringen werden. Allein für seinen überwiegend wissenschaftlichen Geist mussten doch die Anregungen, die ihm aus der Betrachtung architektonischer und plastischer Schöpfungen zuflossen, immer nur Nebensache bleiben. Auch that ihm selbst Schinkel nicht völlig genug. „Durch Schinkel“, schreibt er in späterer Zeit einmal an Curtius, „ist allerdings das Verständniss hellenischer Kunstgesetze als Lebensprincip in Deutschland erwacht, aber auf deutsche Weise auch bei ihm in der Gedankenwelt stehen

---

[1] Vgl. *Rosenkranz*, Hegel's Leben, Supplement zu den Werken (Berlin 1844), S. 349 fg.

[2] Briefwechsel zwischen Goethe und Zelter (6 Thle., Berlin 1833—34), III, 346.

geblieben. Was er selbst ins Leben gerufen, das hat mich nicht erwärmt — ausgeführt, oder für die Akropolis und die Krim auf dem Papier phantastisch geträumt."

Nun aber lässt sich nicht leugnen, dass die Production auf dem Gebiete schöner Literatur, welche neben der Philosophie noch immer das einzige Gemeingültige für den Bereich des Denkens der gebildeten Berliner war, äusserst geringfügig erscheinen musste. Man denke an die berufensten Namen, an Chamisso, Arnim, Alexis, Varnhagen, Streckfuss u. a. m., und man wird begreifen, wie schwach dieser matte Nachhall der Romantik Humboldt's Sinn berühren mochte. Ihn, der unsere classische Literatur mit empfänglicher Theilnahme begrüsst und begleitet, hatte seitdem gerade die Entfernung von Deutschland, das Leben in einer realern Welt rechtzeitig aus der vornehmlich literarischen Periode herausgehoben; er hatte den Schritt von poetischem zu rein wissenschaftlichem oder politischem Interesse, den die Masse der Gebildeten in Deutschland erst nach der Julirevolution that, längst vorausgethan. Hatte er dichterischer wie systematisch philosophirender Thätigkeit activ immerdar ferngestanden, so war er nun auch passiv fast unempfindlich für ihren künstlich weiter getriebenen Fortgang geworden. Für ihn hatte es keinen Verstand mehr, wenn die Hitzig, Alexis, Holtei, Chamisso, Varnhagen, Stägemann und Genossen zu einem rein literarischen Verein zusammentraten, um sich allwöchentlich die neuesten Erzeugnisse der Dichtkunst vorzulesen[1], für ihn konnten journalistische Seichtigkeiten, wie sie die damaligen berliner Unterhaltungsblätter über Literatur, Kunst und Theater brachten, gar nicht vorhanden sein. So fein und gescheit er über diese Dinge selbst im Geplauder sich zu äussern wusste, so wenig vermochte er in dergleichen kritiklosem Raisonnement ein Geschäft für ernsthafte Geister zu erblicken. Die „Jahrbücher für wissenschaftliche Kritik", deren Entstehen eben 1826 vorbereitet ward, mussten ihm doch wiederum deshalb fremdartig

---

[1] Vgl. *Karl von Holtei,* Vierzig Jahre (2. Aufl.), III, 224 fg.

erscheinen, weil sie fast ganz dem Hegel'schen Kreise ihren Ursprung verdankten.

Denn ebenso geringe Anziehung wie die schöne Literatur jener Tage übte natürlich die Philosophie auf ihn aus in der Gestalt, in der sie damals von den Berlinern vorzugsweise verehrt ward. Hegel herrschte noch über die Geister, damit ist für unsern Zweck alles gesagt. Humboldt, dessen realistische Weltanschauung schon von Kant's Lehre nicht wesentlich berührt worden war, wiewol er ohne Zweifel in der formalen Zucht des Denkens durch sie gestärkt ward, hatte für den Luftbau des Hegel'schen Systems gar keinen Massstab des Begreifens; der verwirrende Zauber der dialektischen Methode hat seinen in den vergangenen Tagen guter alter nüchterner Logik geschulten Verstand niemals getäuscht. Die Naturphilosophie, die schwächste, obendrein nicht einmal recht originelle Seite des Systems, war gerade unsinnig genug, um ihm jede weitere Theilnahme an dem übrigens so geistvollen Ganzen zu verleiden. Es ist dem gegenüber belustigend, mit welchen naiven Hoffnungen auf wissenschaftliche Brüderschaft man im Kreise der Hegelianer seiner Rückkunft entgegensah.

Das „Berliner Conversationsblatt für Poesie, Literatur und Kritik", redigirt von Friedrich Förster und Wilhelm Häring (Willibald Alexis), glaubt in seiner zweiten Nummer, vom 2. Jan. 1827, seine berliner Chronik „auf keine würdigere Weise eröffnen" zu können, als mit der Nachricht, dass Hr. Alexander von Humboldt auf eine an ihn ergangene ehrenvolle Einladung Sr. Majestät des Königs Paris mit Berlin vertauschen werde. Dann wird das Bedauern ausgesprochen, dass Paris bisher „besonders die grossen Männer, auf die wir ein näheres Anrecht hatten, sich angeeignet, als ob ein ausgezeichnetes Genie nur in den Salons des Faubourg St.-Germain seine Heimat finden könnte.... Berlin fängt doch an für Wissenschaft und Kunst einen Centralpunkt zu bilden, sodass uns hier der Zusammenhang mit der Welt ebenso wenig verloren geht wie in London oder Paris." — Darauf wird der Reichthum der berliner naturhistorischen Sammlungen gerühmt, die in der Masse den meisten jener Hauptstädte nicht viel nachstünden, ja in einzelnen Abtheilungen der Mineralogie durch die von Humboldt hierher gestifteten „Suiten der Cordilleren“ ihnen an Reichthum überlegen seien. Den Schluss aber bildet die folgende tiefsinnige Betrachtung, welche Geschmack und Gediegenheit dieser Art scheinwissenschaftlicher Journalistik deutlich charakterisirt: „Der Reichthum der Masse entscheidet indess in der Wissenschaft nicht, in ihr ist, wie in dem politischen Leben, der Geist allein das Bewegende. Das Studium des Hrn. von Humboldt war von seinem ersten Auftreten an nicht der Natur als einem äusserlich zusammengehäuften Conglomerat, sondern der sinnigen Deutung ihres innern Wesens zugewendet, und erst mit ihm ist in Deutschland der Sinn für Naturphilosophie aufgegangen. Man hört gewöhnlich von Hrn. von Humboldt rühmen, mit welchem Muthe und welcher Anstrengung er den Chimborazo erstiegen und wie er dort oben ohne Schwindel sich gehalten; wir rühmen ihn noch mehr, dass er mit Schelling und Hegel die Höhen der Naturphilosophie bestiegen hat, ohne dass ihm, wie so manchem andern empirischen Naturforscher, der geistige Athem versetzt wurde. Dies sind die Höhen, von welchen aus Hr. von Humboldt die Welt betrachtet, und ob er für diese Art der Betrachtungsweise mehr Theilnahme in Berlin oder Paris findet, darüber dürfte er wol nicht in Zweifel sein.“

Gewiss war er, wenn er dies Product aus Albernheit und Dünkel überhaupt gelesen, nicht in Zweifel darüber, dass er in einem solchen durch den Schimmer einer falschen Allbildung verblendeten Publikum, das ihn nicht höher als einen Steffens etwa anschlug, reine und wahre Theilnahme an seinen wissenschaftlichen Bestrebungen nicht voraussetzen durfte. Eine zuverlässigere und zugleich minder selbstgefällige Art von Geistescultur war die, welche von Schleiermacher’s Kanzel, Katheder und persönlicher Anregung aus sich über einen nicht zahlreichen, aber mannichfachen und angesehenen Theil der berliner Bevölkerung verbreitete. Nur dass für die richtige Schätzung gerade naturwissenschaftlicher Weltanschauung dadurch auch nicht eben der Boden bereitet ward. Humboldt war dieser Cultur des Schleiermacher'schen Kreises von Haus aus verwandter als der des Hegel'schen; es verband ihn mit jener die Humanität der Gesinnung, die Urbanität eines fein dialektischen, an geistigen Pointen reichen Gesprächs. Aber die Verbindung ihrer hellen, weltlichen Seite mit der im edlern Sinne mystischen Natur ihres Glaubens- und Gefühlslebens musste ihm widersagen. Denn obwol auch ihm gleichfalls eine gemüthliche Hingabe an die Welt der „Ahndung“ als Surrogat eigentlicher Religion nicht völlig fremd war, so ist er doch überall, wo in seinen Schriften diese Richtung schüchtern hervortritt, aufs sorgfältigste beflissen, sie von seinem wissenschaftlichen Denken scharf getrennt zu erhalten. Als Forscher vermag er sich jenen innerlichen Bereichen nur auf dem Wege eines argwöhnischen Rationalismus und beinahe skeptischer Kritik zu nähern, den er von Jugend auf zu wandeln angeleitet worden war.

Es wäre nicht richtig, wollte man einwerfen, dass alle diese bisher berührten Seiten der damaligen berliner Gesellschaft leicht von einem Manne wie Humboldt hätten übersehen werden können, wenn er, der grosse Gelehrte, daneben der hohen Blüte eigentlicher Wissenschaft in Deutschland gedachte, für die doch gerade Berlin seit der ruhmwürdigen Stiftung seiner Hochschule ein wichtiges Centrum gewesen sei. Zum Theil verdiente es allerdings schon zu jener Zeit diesen Namen, was uns alsbald ein rascher Blick in das „Gelehrte Berlin im Jahre 1825“, wie es Julius Eduard Hitzig damals in einem stattlichen Repertorium übersichtlich darstellte[1], zur Genüge darthun wird. Allein erstlich kann von einer Concentration aller deutschen Forschung daselbst, wie der französischen in Paris, doch — vielleicht glücklicherweise — keine Rede sein; sodann aber standen auch die in Berlin anwesenden Gelehrten noch keineswegs in innigem Contact miteinander oder gar mit dem Publikum. Noch war

---

[1] Gelehrtes Berlin im Jahre 1825 (Berlin 1826).

in mancher Beziehung der „deutsche Gelehrte“ damals, was er heute nicht mehr ist, in seinen eigenen Kreis gebannt; an dem besten Inhalt seines geistigen Lebens nahm nur er selber mit wenigen Fachgenossen theil; eine gemeinsame Atmosphäre wissenschaftlicher Bildung gab es noch nicht, wie sie für Literatur und Kunst vorhanden war. Humboldt jedoch war von Paris her eben an eine solche Verbindung der wissenschaftlichen und der socialen Elemente gewöhnt; seine polyhistorische Neigung wies ihn darauf an, auch in der heitern Conversation des Salons ganz gelegentlich Belehrung auf zahlreichen Gebieten des Wissens zu suchen, in die mit selbständiger Originalforschung einzudringen es ihm an Zeit oder an Vorbildung und Methode gebrach. Dazu war ihm in Paris die bequemste und häufigste Möglichkeit geboten worden, in Berlin aber hat er sie, trotz der Akademie, in gewissem Grade zeitlebens vermisst, woran freilich seine Stellung zum Hofe einen guten Theil der Schuld trägt; denn während er genöthigt war, seinen Tag in der unwissenschaftlichen Luft des Hofes und der Aristokratie zuzubringen, musste er auf der andern Seite mit den Hauptvertretern der einzelnen gelehrten Disciplinen, meist gar auf brieflichem Wege, in mühselige Privatunterhandlung über diesen und jenen Punkt treten, über den er anregende Aufklärung zu erhalten wünschte.

Bezeichnend ist, wie er sich nicht lange vor seiner Uebersiedelung in die Heimat über den Unterschied in der allgemeinen Schätzung des wissenschaftlichen Talents, woraus doch eben die Bildung einer alles umfassenden Sphäre des socialen Geisteslebens entspringt, in Frankreich und Deutschland ausspricht. „Deutscher Patriotismus“, schreibt er am 1. Juli 1825 aus Paris an Berghaus[1], „ist ein recht hübsch klingendes Wort! La jeunesse allemande au-delà de l'Elbe était enragée de ce mot en 1813! Und was ist aus den unendlichen Opfern von Gut und Blut geworden? Wie es kommen würde, merkte man schon 1814, als die hohen Herren hier versammelt waren. Und nun

[1] Briefwechsel A. von Humboldt's mit Heinrich Berghaus, I, 6.

erst Wien! Mein Bruder hatte die besten Vorsätze, als er nach Wien ging; allein — — —! Männer von Talent finden hier in der Weltstadt bald und dauernd Anerkennung; in Berlins nebuloser Atmosphäre, die den Gesichtskreis ringsum verschleiert und wo alles und jedes nach der Schreiberschablone gemessen wird, kann davon nicht die Rede sein. Sie hätten nach Frankreich zurückkehren sollen, als der Friede geschlossen und Sie Ihrer Feldzugspflicht entbunden waren. Gehörten Sie doch vermöge des 5. April 1795 Frankreich von Geburt an.“ Die hohen Herren und die Diplomaten des Wiener Congresses, soviel sie auch gesündigt hatten, sind doch in Wahrheit nur sehr indirect zur Verantwortung zu ziehen wegen der Nichtachtung wissenschaftlicher Leistungen. Abgesehen von dem elenden politischen Zustande der Nation war dieselbe auch social und selbst materiell bei weitem nicht entwickelt genug, um ihren Gelehrten mit dem anerkennenden Verständniss zu begegnen wie das Publikum der pariser Salons.

Auch Goethe empfand gerade in jenen Tagen diesen Unterschied aufs lebhafteste. Aus der fleissigen Lecture des „Globe“, den Humboldt 1826 als „le seul journal, qui est rédigé d'après des vues élevées et avec une noble indépendance“ bezeichnet[1], war ihm ein klares Bild der hohen geistigen Gesammtcultur von Paris aufgestiegen. Man wird die schönen Worte, die er darüber am 3. Mai 1827 zu Eckermann sprach, um so lieber wieder hören, als darin Humboldt's besonders Erwähnung gethan wird. „Wir führen doch im Grunde“, klagt der Dichter, „alle ein isolirtes armseliges Leben! Aus dem eigentlichen Volke kommt uns sehr wenige Cultur entgegen, und unsere sämmtlichen Talente und guten Köpfe sind über ganz Deutschland ausgesäet. Da sitzt einer in Wien, ein anderer in Berlin, ein anderer in Königsberg, ein anderer in Bonn oder Düsseldorf, alle durch funfzig bis hundert Meilen voneinander getrennt, sodass persön-

---

[1] *De la Roquette*, Humboldt, Correspondance inédite, II, 76; Brief an Guizot.

liche Berührungen und ein persönlicher Austausch von Gedanken zu den Seltenheiten gehört. Was dies aber wäre, empfinde ich, wenn Männer wie Alexander von Humboldt hier durchkommen und mich in dem, was ich suche und mir zu wissen nöthig, in einem Tage weiter bringen, als ich sonst auf meinem einsamen Wege in Jahren nicht erreicht hätte. Nun aber denken Sie sich eine Stadt wie Paris, wo die vorzüglichsten Köpfe eines grossen Reichs auf einem einzigen Flecke beisammen sind und in täglichem Verkehr, Kampf und Wetteifer sich gegenseitig belehren und steigern; wo das Beste aus allen Reichen der Natur und Kunst des ganzen Erdbodens der täglichen Anschauung offen steht; diese Weltstadt denken Sie sich, wo jeder Gang über eine Brücke oder einen Platz an eine grosse Vergangenheit erinnert, und wo an jeder Strassenecke ein Stück Geschichte sich entwickelt hat. Und zu diesem allen denken Sie sich nicht das Paris einer dumpfen, geistlosen Zeit, sondern das Paris des 19. Jahrhunderts, in welchem seit drei Menschenaltern durch Männer wie Molière, Voltaire, Diderot und ihresgleichen eine solche Fülle von Geist in Curs gesetzt ist, wie sie sich auf der ganzen Erde auf einem einzigen Flecke nicht zum zweiten male findet . . . ."

Und dies Paris hätte Humboldt nach achtzehnjährigem, wenig unterbrochenem Aufenthalt freiwillig oder gar gern verlassen sollen? Heben wir noch ein Moment hervor, das bei seinem Charakter von Bedeutung sein musste. Jene Freiheit, Gleichheit und Brüderlichkeit der Talente, die in Paris nicht erst seit der Revolution bestand, hatte trotz aller Lust an Kabale und allem Intriguenspiel des Neides eine gegenseitige laute Anerkennung, ja Bewunderung zur Folge, welche sich als eine zweite, beträchtlich weitere Sphäre gleichsam aussen um die der gleichförmigen geselligen Cultur legte. Humboldt selbst, der sie eifrig mit bereiten half, war von ihr nicht minder umfangen, und es war ihm wohlthuend in ihr zu athmen. Bis in wie tiefe Schichten der pariser Bevölkerung hinab der Ruhm seines Namens, den er stets so gern genoss, gedrungen war, beweist die folgende artige Erzählung Holtei's, der ihn 1826 in der französischen Hauptstadt aufsuchte.[1] „Sobald man in den Miethwagen stieg und seine Adresse bezeichnete, sagten die Cabrioletführer, indem sie salutirend an das Schild ihrer Mütze fassten: «Ah, chez Monsieur de Humboldt!» Und von dem Augenblicke sahen sie den Fremden günstiger an, der dem Freunde ihrer populärsten Celebritäten seine Aufwartung machen wollte. In Berlin", setzt Holtei (1844) hinzu, „ist mir kein Droschkenkutscher vorgekommen, dem Humboldt's Wohnung bekannt gewesen wäre."

Doch den Droschkenkutschern möchte das noch hingehen überhaupt aber ist gerade Berlin nicht die Stadt, in der individuelle geistige Verdienste auf reine Anerkennung oder gar dauerhafte Popularität rechnen könnten. „In Berlin hält sich nichts", pflegte Rahel drastisch zu sagen, „alles kommt herunter, wird ruppig; ja, wenn der Papst nach Berlin käme, so bliebe er nicht lange Papst, er würde was Ordinäres, ein Bereiter etwa." Und so äusserte auch über Humboldt ein Berliner später zu Varnhagen: „Humboldt war ein grosser Mann bis er nach Berlin kam, da wurde er ein gewöhnlicher."[2] Humboldt selber, der sich, wie sehr auch viele seiner eigenen momentanen Spötteleien berliner Localfarbe an sich tragen, doch im allgemeinen ganz in das Pathos französischer Admiration eingewöhnt hatte, spricht nicht ohne Bitterkeit, aber jedenfalls treffend, von dieser Lust, alles einzelne Hervorragende herunterzureissen, die dem „verwegenen Menschenschlage", wie Goethe die Berliner nennt, mitunter freilich erst nach kurzem Rausche ebenso unmässiger Schwärmerei, durchaus eigenthümlich ist. „Es ist die alte edle Sitte meiner Vaterstadt", schreibt er an Encke (Paris, 23. Dec. 1831), „den Berliner in abstracto über alle andern Städtebewohner Europas zu erheben, aber mit Tigerkrallen und berliner Gassenkoth auf jeden loszuziehen, der sich erfrecht,

---

[1] *Holtei,* Vierzig Jahre, III, 351.

[2] Briefe von A. von Humboldt an Varnhagen, S. 88.

einen concreten Berliner, ein Individuum (besonders wenn es einen semitischen Namen führte) öffentlich im Auslande zu rühmen..... Das Ganze gewinnt, wenn man den Einzelnen zerfleischt. Man muss sagen: Berlin sei die erste Stadt der Welt, man darf nicht sagen: Schinkel's Werke seien der Bewunderung werth, die Sie und ich ihnen zollen. Jeder ist ein Theil des abstracten Berliners, im concreten ist der Dualismus und die Coexistenz der Personen unmöglich." Aus einer ähnlichen Stimmung mag das Citat geflossen sein, das er auf den Umschlag einer botanische Notizen für den „Kosmos" enthaltenden Mappe mit der Handschrift der vierziger Jahre geschrieben: „Schäm Dy, Berlin, Dy hebb' ick dick und satt, Du bist un blyfst 'n Barenstadt."

Es könnte nach alledem wunderbar erscheinen, wenn Humboldt am 16. Febr. 1827, wenige Wochen vor seiner definitiven Abreise aus Paris, an Gauss schreibt: „Es ist ein grosser Entschluss, einen Theil meiner Freiheit und eine wissenschaftliche Lage aufzugeben, in der ich hier seit achtzehn Jahren manchen schönen Genuss gehabt. Aber ich bereue nicht, was ich gethan. Das intellectuelle Leben hat mich unendlich angesprochen bei meinem letzten Aufenthalt in Deutschland, und die Idee, in Ihrer Nähe, in der Nähe derer zu leben, die meine Bewunderung für Ihr grosses, vielseitiges Talent lebhaft theilen, ist ein wichtiger Beweggrund meines Entschlusses gewesen. An gutem Willen, nützlich zu sein, soll es mir nicht fehlen, und ich rechne stets auf Ihren Rath, auf den Rath des «grossen Meisters in der Kunst»." — Für den Kenner Humboldt'schen Briefstils haben diese Worte gleichwol keine Schwierigkeit. Von einem wirklichen Entschlusse, d. h. einem freiwilligen, durfte er eigentlich überhaupt nicht sprechen; schon daraus ergibt sich, dass die Motivirung desselben durch die „Nähe" von Gauss, der doch in Göttingen — vor der Zeit der Eisenbahnen — weit genug von Berlin entfernt lebte, nichts als eine Floskel der Artigkeit ist, wie sie Humboldt gerade jenem Gelehrten gegenüber, den er, im Bewusstsein eigener Unzulänglichkeit für höhere Mathematik, mit scheuer Ehrfurcht betrachtete, womöglich noch häufiger und stärker verwendet als gegen alle übrigen. Bestätigt wird diese Auslegung des weitern durch die selbst angebrachte Einschränkung auf die Nähe der Bewunderer von Gauss; eine Wendung, die auf den Uneingeweihten durch das Uebermass liebenswürdiger Schmeichelei geradezu eine komische Wirkung ausüben muss. Und so wird man im selben Verhältniss wol auch die allgemeine Bemerkung über das 1826 beobachtete intellectuelle Leben in Deutschland modificiren müssen; was Humboldt damals „unendlich angesprochen“, kann nicht sowol dies Leben im ganzen sein, als vielmehr die hohe geistige Bedeutung einzelner Forscher, deren frisch fortschreitende Arbeit er allenthalben, und nicht zum wenigsten auch in Berlin, hatte wahrnehmen können.

Auf die Hauptvertreter der Philosophie und Theologie daselbst haben wir oben schon einen Streifblick geworfen; neben ihnen standen im Jahre 1825 als namhafte Männer von einigermassen selbständiger Bedeutung da: Marheineke auf der Hegel'schen Seite, Neander eher auf der Schleiermacher's, wenn man diesen wunderlichen Geist nicht vielmehr ganz für sich betrachten müsste. Nicht minder grosse Namen aber und zugleich die vom solidesten Rufe bei der Nachwelt zählte ohne Frage die Philologie in ihren Reihen. Es genügt, an Wilhelm von Humboldt, Bopp, Böckh, Bekker, Lachmann zu erinnern, ohne erst der geringern Geister wie Buttmann's, von der Hagen's, Massmann's zu gedenken, und die schönste Blüte der vergleichenden Sprachwissenschaft, der realen und formalen Erforschung des classischen Alterthums wie der ältern deutschen Literatur steht uns vor Augen. Der Philologie schlossen sich die geschichtlichen Studien mit aufstrebender Energie an; die Rechtsgeschichte nahm in Savigny einen mächtigen Aufschwung, selbst der Hegelianer Gans arbeitete in historischer Richtung; für die Universalgeschichte wirkte der vielseitige Friedrich von Raumer und der sorgsam fleissige Wilken; Ranke, der diese Wissenschaft erst ihrer Vollendung zuführen sollte, war soeben, auf Grund seines Erstlingswerkes, nach Berlin gezogen worden. Mehr schon liess sich von der schöpferischen Bedeutung Karl Ritter's für die Erdkunde erkennen, neben dem Berghaus wenigstens als künstlerisch begabter Kartograph genannt zu werden verdient. Die Statistik hatte an Johann Gottfried Hoffmann einen gedankenreichen Vertreter, während Krug andere Seiten der ökonomischen Disciplinen in achtungswerther Weise zur Darstellung brachte. Als grosse Aerzte, die zugleich wissenschaftlich thätig waren, standen in weit verbreitetem Rufe der alte Heim, Karl Ferdinand Gräfe und der geistreiche Hufeland. Rudolphi, Link, Lichtenstein reihen sich ihnen an als Erforscher organischer Natur. Neben dem Metallurgen Karsten und dem Mineralogen Weiss hatte sich als Neugründer der Geognosie Leopold von Buch erhoben, neben dem wenig hervorragenden Chemiker Hermbstädt kamen Heinrich Rose und Mitscherlich empor. Die Lehre der Physik lag in den Händen der Akademiker Erman und Seebeck. In Mathematik und Astronomie konnte von der ältern Generation, welcher unter andern Bode, Eytelwein, Fischer und Grüson angehörten, nur Ideler durch die Specialität seiner historischen Chronologie Beachtung ansprechen, während der jüngern der uns schon bekannte Oltmanns und die eben hervorstrebenden Kräfte Encke's, Dirksen's und Ohm's angehörten. Das Verzeichniss der Akademie vom December 1827 weist sodann schon den nachmals berühmten Namen Ehrenberg auf, dem sich in den folgenden Jahren die andern jüngern Mitglieder Dirichlet, Johannes Müller, Gustav Rose, Poggendorff, Steiner, Dove u. a. m. zugesellen.

Hält man nun diesen ganzen Kreis von namhaften Gelehrten mit dem der Pariser in der Mitte der zwanziger Jahre zusammen, wie er an einer andern Stelle dieser Biographie beleuchtet worden, so ergeben sich von selbst die folgenden Bemerkungen. Was die Concentration zahlreicher Gelehrter von bereits erworbenem europäischem Rufe anlangt, so konnte, wie schon oben betont, sicherlich damals Berlin noch keinen Vergleich mit Paris aushalten. Einzig und allein für die Philologie erscheint es als ein hervorragendes Centrum, in den andern Wissenschaften, namentlich in denen der Natur, waren in dem Augenblicke, da Humboldt zur Heimkehr bewogen ward, erst mancherlei vielversprechende Anfänge wahrzunehmen. Im ganzen wird für richtig gelten, wenn man sagt, dass auf die Blüte der exacten Wissenschaften in Frankreich oder, was allemal gleichbedeutend ist, in Paris, die aus den letzten Jahrzehnten des vorigen Jahrhunderts in die ersten des gegenwärtigen herübergedauert hat, eine andere, nicht minder reiche Blüte derselben Disciplinen in Deutschland gefolgt ist, und dass die zwanziger Jahre eben die Zeit waren, in der sich beide, jene absterbend, diese aufbrechend, ablösten. Für die beginnende deutsche Blütezeit nun ist Berlin gerade seit jenen Tagen vor andern der wahre Boden gewesen; die grossen Forscher, die schon dermalen als solche dastanden, wie Gauss, Bessel u. a., gehörten ihm freilich nicht an, aber eben versammelten sich in dieser Stadt die Männer der folgenden Generation, auf denen die Zukunft deutscher Naturforschung beruhte. Einige sind erst nach Humboldt, zum Theil durch ihn, herbeigekommen, andere fand er vor; aber jung und noch weit unter der Höhe ihrer Leistungen, wie sie waren, konnten sie ihm zunächst, wie man billigerweise einräumen muss, nicht als vollen Ersatz sich darstellen für die altbewährten und vielberufenen Freunde, denen er draussen den Rücken wandte. Er hat das Glück genossen, in beiden Perioden am richtigen Orte zu sein, an der Quelle der Originalforschung zu sitzen, aus der zu schöpfen seinem ewig nach klarem Wissen dürstenden Geiste Bedürfniss war. Doch vermochte er nicht in eine unbekannte Zukunft hinauszublicken, und deshalb wird auch in Hinsicht auf das rein wissenschaftliche Interesse niemand von ihm verlangen dürfen, dass ihm der Tausch, den er einging, schon damals für einen Gewinn hätte gelten müssen, wie sehr er sich auch hernach als solcher herausgestellt hat.

Fassen wir unsere zerstreuten Betrachtungen zusammen, so stellt sich etwa folgendes Ergebniss für die momentane

Bedeutung der Uebersiedelung Humboldt's in die Heimat heraus. Er verliess die reichste und speciell für seine eigenen wissenschaftlichen Interessen materiell am besten ausgestattete Weltstadt, um in die kleinen Verhältnisse der armen Hauptstadt eines Staats einzutreten, der fast all seine sauer erworbenen Mittel dringendern praktischen Interessen zuwenden musste. Er gab die freie Stellung eines allgemein verehrten Gastes inmitten einer gleichartig cultivirten, allseitig erregten Gesellschaft auf, und ging in den persönlichen Dienst eines äusserlich wie innerlich vielfach beengten Hofes, dem eine bürgerliche Welt ohne politische Ideen gegenüberstand, selbst in dem, was ihren Geist am lebhaftesten anzog, in localen Anschauungen befangen und darin parteiisch zerspalten, anmassend, unduldsam. Er riss sich los von Gewohnheit und Freundschaft zu Menschen und Dingen, die ihm mit wenigen Ausnahmen doch allmählich fremd geworden; er ward einem durch und durch harmonischen Dasein entzogen, für dessen Verlust ihn einzelnes Grosse, ja Einzige in Wissenschaft und Kunst, isolirt und dadurch gehemmt und oft verkümmert wie es war, nicht entschädigen konnte. Er war dabei als Kind einer andern Zeit und zugleich als viel bewanderter Kenner mannichfacher Erdräume nicht im Stande, sich mit dem blossen Gedanken zu trösten, dass er der Heimat, der Nation wiedergegeben werde; denn er konnte nicht ahnen, dass diese Nation ihrer grössten, alle andern überstrahlenden Zukunft entgegenging, dass diese seine Heimat insbesondere, noch ehe die nationalen Geschicke sich erfüllten, eine Periode wissenschaftlichen Glanzes erleben sollte, der um ihn und zum Theil durch ihn aufleuchtete, während die fremdländische Welt, von der er sich trennte, auch in dieser Hinsicht gar bald mehr und mehr in Schatten trat. Darum aber lautet das objective Urtheil der zurückschauenden Nachwelt ganz anders, als er selber damals empfinden und denken konnte. Es geschah, was so oft geschieht: er gedachte ein schlechtes Glück zu erleben, aber das Schicksal hatte ihm ein gutes zugedacht. Was er uns heute bedeutet, ist er freilich erst ganz bei uns und mit uns geworden.

Nach der Rückreise von Verona, Rom und Neapel im Jahre 1822 blieb Humboldt einige Monate in der Umgebung des Königs in Berlin, wo er am 3. Jan. 1823 eingetroffen war, und schon damals hätte Friedrich Wilhelm ihn gern dauernd an sich und die Heimat gefesselt. „Wir hoffen ihn wenigstens den Winter hier zu behalten", schreibt Zelter am 14. Jan. an Goethe[1], „wenn er den Kammerherrendienst so lange aushält." In jenen Tagen gerade geschah es, dass ihm der König ein Geschenk von 1000 Friedrichsdor machte (durch Cabinetsordre vom 18. Jan.), und allenthalben im Publikum fiel auf, wie „äusserst gnädig er behandelt" werde. Um seinetwillen erhielt der Gemahl seiner Nichte, Oberst Hedemann, einen vierwöchentlichen Urlaub, und selbst Wilhelm von Humboldt ward, nach langer Entfremdung, wieder einmal zur königlichen Tafel gezogen.[2] „Dem Alexander Humboldt geben sie heut ein grosses Essen", schreibt der derbe Zelter am 24. Jan., dem Geburtstage Friedrich's des Grossen, einem Feiertage der Akademie, „er möge doch ihrer bei der Majestät in Gnaden gedenken — und gönnen ihm nicht das Weisse im Auge. Ich will hoffen, er isst mit, der ehrliche Mann, und denkt sich sein Theil."[3] Noch einmal gelang es indess Humboldt, die Nothwendigkeit seiner Rückkehr nach Paris darzuthun, und erst im Spätsommer 1826 erhielt er die bestimmte Weisung zur Heimkunft.[4] Im September langte er

---

[1] Briefwechsel zwischen Goethe und Zelter, III, 287.

[2] *Varnhagen*, Blätter aus der preussischen Geschichte, II, 287.

[3] Briefwechsel zwischen Goethe und Zelter, IV, 291. Im Druck steht abgekürzt: dem A. H.

[4] Das anonyme Sammelwerk: „Memoiren Alexander von Humboldt's" (Leipzig, M. Schäfer, 2. Aufl., 1864), führt (I, 371) das folgende „eigenhändige Schreiben" des Königs aus dieser Zeit an: „Mein lieber Herr von Humboldt! Sie müssen nun mit der Herausgabe der Werke fertig sein, welche Sie nur in Paris bearbeiten zu können glaubten. Ich kann Ihnen daher keine fernere Erlaubniss geben, in einem Lande zu bleiben, das jedem wahren Preussen ein verhasstes sein sollte. Ich erwarte daher,

in Begleitung Valenciennes', seines Reisegefährten vom Jahre 1818, in Berlin an und stieg in „Stadt Rom" ab.[1] Während seines vorläufigen, etwa zehnwöchentlichen Aufenthalts war der Stadtklatsch geschäftig, die Motive seiner Wiederkehr zu verhandeln. Etliche witterten eine Uebertragung des Cultusministeriums, das ihm, wie wir wissen, 1810 ernstlich angeboten worden war; andere riethen richtiger auf Geldangelegenheiten. Man sah ihn schon in einer ansehnlichen und wohldotirten Stellung als Präsident der Akademie, wie ehemals Leibniz. Varnhagen, dem wir natürlich die Aufbewahrung all dieses Geredes verdanken, fügt hinzu: „Er selbst aber kann dies un-

---

dass Sie in kürzester Zeit in Ihr Vaterland zurückkehren. Ihr wohlaffectionirter Friedrich Wilhelm." Von diesem angeblichen Schreiben haben jedoch weder im geheimen Staats- noch im geheimen Ministerialarchive die von den Herren Duncker und Riedel gütigst angeordneten Nachforschungen eine Spur ergeben. Auch im übrigen werden wir den unbezeugten Angaben jener anonymen Compilation keine Rücksicht angedeihen lassen.

[1] Diese kleine Notiz geht, wie andere ähnliche, aus eigenhändigen Aufzeichnungen Humboldt's hervor, die er in seinen letzten Tagen fragmentarisch auf einige Zettel geschrieben. Sie tragen die Ueberschrift: „Chronologische Folge der Zeitepochen meines Lebens", und beginnen mit den einleitenden Sätzen: „Ich unternehme nicht, mein sehr bewegtes Leben zu beschreiben, eine Arbeit, zu der mir selbst die genauen Materialien fehlen, und für deren Ausführung ich nie eine Neigung gehabt habe. Der Zweck dieses Blattes beschränkt sich auf die Zeitfolge und Motive kleiner Begebenheiten, an denen das Publikum einen so wohlwollenden Antheil genommen hat, und deren Folge oft sehr unrichtig dargestellt worden ist. Das innere Leben des Menschen wird allerdings durch Begebenheiten anders und anders vielseitig bestimmt, aber das Gefühlsleben, das eigentliche Leben ist das Product gleichzeitiger sehr zusammengesetzter Verhältnisse." Dann folgt eine ganz kurze Darstellung der Jugend bis zur göttinger Zeit, und darauf bunt durcheinander die verschiedensten Daten. Er scheint damit eine Umarbeitung des erwähnten biographischen Artikels in der „Gegenwart" beabsichtigt zu haben, der ihm dabei vorlag, wie aus der Notiz „Brockhaus S. 10 alles bene" hervorgeht. Es ist zu bedauern, dass der Tod diese schon fast unleserlich fixirten Erinnerungen unterbrochen hat. Immerhin bietet, was da ist, einigen Anhalt.

möglich wünschen, für ihn gibt es keinen andern Boden mehr als Paris, und dorthin kehrt er gewiss zurück; wie andere ihr Geld, so verzehrt er dort seinen Ruhm auf die angenehmste Weise. Mit seiner Gunst beim Könige, mit seiner Beliebtheit am ganzen Hofe, seinem unterhaltenden und freimüthigen Reden würde es auch bald vorbei sein, wenn er hier in ein bleibendes Verhältniss treten sollte; was man ihm jetzt erlaubt, womit man sich ergötzt, würde man dann übelnehmen, lästig und unziemlich finden, er müsste sich in einen unscheinbaren Kammerherrn einziehen wie jeder andere. Um seiner nahen Abreise willen verstattet und verzeiht ihm auch Wittgenstein das stete und nahe Zusammensein mit dem Könige, in dessen so ausgezeichneter Gunst er ihn sonst, auch schon als den Bruder des Staatsministers, nicht dulden könnte. Auch Witzleben würde gegen ihn sein, falls er bliebe, und der ganze Hof. Aber es hat damit keine Noth; er geht wieder fort, am 25. (Nov.) sagt er, und zwar recht gern, wenn man ihm nur gehöriges Geld zugesteht." [1]

Trotzdem war wenige Tage später über Humboldt's Verbleiben entschieden. Fürst Wittgenstein schloss selbst die Verhandlungen ab, vielleicht zum Theil, wie Varnhagen meint, um die ihm unangenehme Sache noch möglichst ins Unschädliche zu wenden; doch kannte er wol den König und Humboldt zu gut, um bedeutende liberal-politische Einwirkungen von diesem auf jenen zu befürchten. Immerhin mochten einige Glieder der Bureaukratie und der Aristokratie Besorgnisse hegen. „Hr. von Kamptz ärgerte sich" und „Gräfin Goltz ergoss sich" — auf die Nachricht, dass Wilhelm's Schwiegersohn, Legationsrath Freiherr von Bülow, Gesandter in London werden solle — „in Schimpfreden gegen die Humboldt'sche Familie, dieses hergelaufene Volk, das Vornehmern den Platz nehme, diese bürgerlichen Bastarde, die sich in die Reihe der gens bien nés eindrängten" u. s. w. [2]

---

[1] *Varnhagen*, Blätter, IV, 138. 146. 147 u. s. w.

[2] Ebend., S. 188.

War doch auch Wilhelm wenigstens persönlich wieder zu Gnaden angenommen. Eben damals, während Alexander's Anwesenheit, waren die Herrschaften des Hofes mehrfach in Tegel zu Gaste, um die kostbaren Kunstschätze des von Schinkel in edler Einfachheit restaurirten Schlosses zu betrachten.

Ueber die Bedingungen seiner künftigen Lage machte Alexander am Tage seiner Abreise, den 3. Dec., Varnhagen die Mittheilung: er werde als dienstthuender Kammerherr um den König sein, der einen etwas gehaltvollern Umgang zu haben wünsche als den gegenwärtigen. Eine besondere Dienstanstellung für Staatsgeschäfte sei damit nicht beabsichtigt, er werde keinen eigentlichen Vortrag beim Könige haben, sondern nur über Wissenschafts- und Kunstsachen, die ihm der König zuweise, wie schon bisher geschehen, Gutachten ertheilen. Varnhagen sah dabei aus diesem Verhältnisse, indem es ihn vor jeder Subordination des Geschäftsganges schütze, ganz besondern Einfluss hervorgehen; das persönliche Zusammensein mit dem Könige sei alles; Hr. von Altenstein werde keine grössere Sorge haben, als gut mit Humboldt zu stehen. Diese Ansicht, die auch später oft gehört worden, ist nichtsdestoweniger sehr irrig; Friedrich Wilhelm III. war gewohnt, die zuständigen Behörden walten zu lassen, und sogar unter dem so viel leichter bestimmbaren Nachfolger noch hat Humboldt, um seine Wünsche für Wissenschaft und Kunst durchzusetzen, sich in beständige, fast diplomatische Unterhandlungen mit den Ministerien des Cultus und der Finanzen einlassen müssen; von politischen Einflüssen ganz zu geschweigen, die bei Friedrich Wilhelm III. gar nicht nachweisbar sind, bei Friedrich Wilhelm IV. nur gelegentlich und spärlich genug stattgefunden haben. Die Besoldung für seine rein persönliche Stellung eines Gelehrten am Hofe und eines königlichen Berathers in einigen Administrationssachen nennt Humboldt in ihrem Betrage nicht mit Unrecht eine grossmüthige. Ausser fernern Unterstützungen, die zur etwaigen Vollendung des Reisewerkes in Aussicht gestellt wurden, erhielt er 5000 Thlr. jährlich, wobei freilich sein akademisches Gehalt schon eingerechnet ist. Dass er dennoch nicht auskommen konnte[1], wird uns später klar werden, wenn wir den Aufwand seines täglichen Lebens, den er oft für andere, fast immer wenigstens um anderer willen machte, im Zusammenhange betrachten. Sehr willkommen musste ihm schliesslich die Erlaubniss sein, alljährlich vier Monate in Paris zuzubringen. Dies waren die äussern, nicht ungünstigen Bedingungen seiner neuen Stellung.

Noch aber musste er zur Auflösung seines pariser Hausstandes nach Frankreich zurück, und fand trotz aller Eile dabei Gelegenheit, seinen treuen Jugendfreund „zu umarmen". „Es ist entschieden", schreibt er am Tage vor seiner Abreise aus Berlin an Freiesleben, „dass ich wieder meinem Vaterlande angehöre und im Mai hierher komme in Deine Nähe, um fortdauernd in Berlin zu leben und alle Jahre nur vier Monate in Paris zu bleiben. Der König hat meine pecuniäre Lage sehr verbessert. Ich gehe schnell über Weimar nach Paris." Doch wollte er zunächst einen Ausflug über Dresden nach Freiberg machen, um Freiesleben „wieder zu hören und sich mit ihm alter Zeiten zu erinnern". Zugleich wünschte er für Valenciennes die Einfahrt in irgendeinen Schacht, ihn selbst mahnte sein kranker Arm zur Vorsicht. Ein Dankbrief, den ihm Freiesleben am 16. Dec. nachsandte, möge hier ganz stehen, weil er ein schönes Zeugniss für die Fortdauer des alten herzlichen Verhältnisses zwischen beiden Freunden ablegt.

„Mein theurer, theurer Freund!

„So darf ich Dich noch immer nennen, da mir das Wiedersehen nach 29 Jahren gezeigt hat, dass Deine Herzlichkeit, Güte und Wohlwollen noch immer unverändert sind, und dass Deine geistige und weltbürgerliche Hoheit Dich nicht den Freunden Deiner Jugend entfremdet. Wie kann und wie soll ich Dir es danken, dass Du Dich uns ein paar Tage schenk-

[1] Im Ural und Altai. Briefwechsel zwischen Alexander von Humboldt und Graf G. v. Cancrin, S. 43.

test, dass Du insbesondere mir und den Meinen vertraulichere Annäherung erlaubtest! — Noch ist alles entzückt von Dir, und ich habe es nicht abschlagen dürfen, nächsten Dienstag in unserm (sehr zahlreich und meist von wissenschaftlichen Leuten besuchten) Geselligen Verein etwas aus Deinem frühern Leben vorzutragen. Du darfst darüber nicht zürnen, und solltest Du den Aufsatz einmal eigener Ansicht würdigen, so würde dann wol selbst noch weiterer Gebrauch davon zu machen sein, da ein Rückblick auf Dein schon so früh mit mannichfacher verdienstlicher Thätigkeit begonnenes Leben, aus dem mancher Zug über der glänzendern spätern Periode wieder fast vergessen worden ist, ein sehr anziehendes, lehrreiches Bild gewährt. Auch die Eitelkeit musst Du uns verzeihen, dass unsere Zeitungen von Deiner hiesigen Anwesenheit und Deiner Inschrift in das beschertglücker Fremdenbuch, die hier grosse Sensation gemacht hat, nicht schweigen können. Beides hat Werth für die Geschichte der Bergakademie, und deshalb habe ich es nicht verhindern wollen. Mit ungetrübter und ungeschwächter Herzlichkeit und unbegrenzter Verehrung stets

Dein Freiesleben."

Ueber Chemnitz fuhren die Reisenden nach Weimar, wo sie einige Tage verweilten. Damals, am 11. Dec., war es, wo Humboldt's Besuch Goethe in die „sehr heitere aufgeregte Stimmung" versetzte, die an einer andern Stelle dieser Biographie[1] mit Goethe's eigenen Worten nach Eckermann's Bericht wiedergegeben ist. Am 13. speisten sie bei Karl August. Auch auf dieser flüchtigen Reise versäumte Humboldt nicht, einzelne Inclinationsbeobachtungen anzustellen, wie er gleichfalls auf der Herfahrt und während des berliner Aufenthalts im Garten zu Bellevue gethan. Auch zu einer akademischen Vorlesung hatten ihm im November die Reisen Ehrenberg's und Hemprich's Gelegenheit geboten, deren Bericht er durch eine Betrachtung über

[1] I, 198.

das Verdienst des wissenschaftlich naturforschenden Reisenden gegenüber dem blossen Sammler einleitete.[1]

Es mag eine Zeit wehmüthiger Empfindungen für Humboldt gewesen sein, „ces dernières semaines que je jouis encore du bonheur de vivre dans votre belle patrie", wie er an de la Roquette schreibt[2], aber sie ging rasch vorüber. Wir wissen aus dem oben erwähnten Briefe an Gauss vom 16. Febr. 1827, dass er den guten Willen hatte, daheim nützlich zu sein; aber das durfte er doch von seiner pariser Vergangenheit rühmen, dass er auch dort seinen Landsleuten immer nützlich gewesen. Wie undankbar waren die Berliner, die ihm nachsagten, er habe dort seinen Ruhm auf die angenehmste Weise verzehrt! Weit richtiger sagt Holtei, „er habe das Märtyrerthum seiner deutschen Geburt in grossartiger Entsagung getragen". Gedenken wir noch einmal zum Abschiede mit den zusammenfassenden drastischen Worten des schlesischen Volksdichters der in ihrer Art doch nationalen Bedeutung seines fremdländischen Aufenthalts: „Wer wäre nach Paris gekommen, der einen schwarzen Frack, eine weisse Kravatte und ein paar ganze Stiefeln besessen, und hätte Humboldt nicht überfallen? Aber wer — und mag dies unglaublich klingen, doch ist es wahr — wer hätte seine Karte bei diesem edelsten, liberalsten, wohlwollendsten aller grossen Männer abgegeben und von ihm nicht einen freundlichen, beschämenden Gegenbesuch empfangen? Wer hätte sich nicht zuvorkommender Güte, fördernden Rathes, tröstender Beihülfe von diesem unermüdlichen Gönner, dessen ganzes Leben eine Reihe andern erwiesener Gefälligkeiten und Dienstleistungen scheint, dankbar zu erfreuen gehabt?"[3] Es war die Stellung eines socialen Gesandten oder Consuls, möchte man sagen, für alle Deutschen, die er jetzt aufzugeben gezwungen war, um nun

---

[1] Briefwechsel mit Berghaus, I, 78; vgl. Berliner Conversationsblatt 1827, Nr. 31 und 32.

[2] *De la Roquette*, Humboldt, Correspondance etc., I, 269.

[3] *Holtei*, Vierzig Jahre, III, 351.

daheim gleichsam das Amt eines inländischen Ministers für Humanität und Förderung alles Geistigen zu bekleiden. Unter andern Formen wartete sein die gleiche Pflicht, und mit gleichem Eifer ging er an ihre Erfüllung.

Er reiste mit dem Freiherrn von Bülow, der sich auf seinen neuen diplomatischen Posten begab, im Februar 1827 von Paris nach London, verkehrte dort kurze Zeit besonders lebhaft mit Canning und eilte über Hamburg nach Berlin, wo er am 12. Mai eintraf und hinter dem neuen Packhof Nr. 4, bei Hofzimmermeister Glatz, eine Treppe hoch, seine Wohnung aufschlug, in der unmittelbaren Nachbarschaft Schinkel'scher Gebäude, im Centrum „der Hauptstadt deutscher Civilisation, wie man anfängt Berlin zu nennen — un peu hautainement!“[1] Das unruhige Leben, das ihm bevorstand, kannte er schon von dem vorbereitenden Aufenthalte her, schon da war er „keinen Augenblick sicher gewesen, sein eigener Herr zu sein!“[2] Jetzt traf er den Hof obendrein in festlicher Bewegung, am 26. Mai ward die Vermählung des Prinzen Karl mit Prinzess Marie von Weimar gefeiert. Bei der Einzigkeit seiner Stellung, von der sich ihrer persönlichen und wenig bestimmten Natur wegen nur schwer ein deutlicher Begriff geben liess, nimmt es nicht wunder, dass die Welt von allerlei entstellenden und übertreibenden Gerüchten erfüllt war, denen Humboldt mit ängstlichem Eifer zu begegnen suchte, wie ihm denn zeitlebens nichts so peinlich gewesen ist als unrichtige oder schiefe Zeitungsnachrichten über seine Person.[3] „Ihre «Hamburger Zeitung»“, schreibt er am 29. Juni an Schumacher, „ist recht widerwärtig für mich gewesen. Der König ist allerdings so gnädig für mich, als er sich gegen mich seit so vielen Jahren bezeigt hat, aber ich bin weit davon entfernt, «ihn täglich zu umgeben, noch Einfluss auf wissenschaftliche Anstellungen» auszuüben.“ Gegen Bessel

---

[1] Briefwechsel mit Berghaus, I, 56.
[2] Ebend., S. 78.
[3] Vgl. Im Ural und Altai, S. 54.

glaubte er sogar noch im folgenden Jahre die wahren Motive seiner Uebersiedelung ausdrücklich betonen zu müssen. „Dass die liebenswürdigen Eigenschaften des Königs Sie anziehen“, erwidert ihm darauf jener am 2. Juli 1828, „und dass der Nutzen, den Sie stiften, Sie für Opfer entschädigt, ist mir klar; allein dass Sie in der Zuneigung des Königs eine Befriedigung des Ehrgeizes finden könnten, ist mir wenigstens nie in den Sinn gekommen. Ihre Grösse war sich gleich in den Wüsten der Anden und in den Sälen von Paris; sie kann durch keinen Beifall mehr wachsen. Darin liegt das Schöne Ihrer Stellung.“ Hatten die Berliner erst abenteuerliche Erwartungen über den Einfluss Humboldt's auf Hof und Regierung gehegt, so fanden sie sich nun natürlich enttäuscht, und monatelang dauerte das Geschwätz über die Ungnade, in die er angeblich gefallen.[1] Dass er diesmal den König nicht ins Bad nach Teplitz begleitete, legte man fälschlich so aus.

An Feinden fehlte es ihm freilich bei Hofe nicht. Besonders müssen wir Ancillon als solchen betrachten, der als Erzieher des Kronprinzen sich unangenehm bedroht fühlte durch die Theilnahme, welche der lebendige junge Fürst gar bald dem wahrhaft wissensreichen Geiste Humboldt's zuwandte; wobei natürlich Ancillon's eigene phrasenhafte, oberflächlich vielseitige Bildung, seine seichte, in allen Sätteln der Theologie, der Moral, der Geschichte wie der Staatswissenschaft gerechte Philosophie ihre ganze Dürftigkeit entblössen musste. Er hasste beide Humboldt aus Herzensgrunde, besonders aber Alexander, den er nur „die encyklopädische Katze“ zu nennen pflegte.[2] Dass ferner der Ministerialdirector von Kamptz Humboldt als einen „Revolutionär in Hofgunst“ im stillen mit argwöhnischem Hasse betrachtete, darf nicht befremden. Auf die Gesinnung des Kron-

---

[1] Für diese wie alle ähnlichen Geschichtchen ist selbstverständlich Varnhagen unsere Quelle. Vgl. „Blätter aus der preussischen Geschichte“, Bd. IV und V an vielen Orten.

[2] *Varnhagen*, Tagebücher, I, 52.

prinzen übten diese feindseligen Tendenzen gleichwol wenig, auf die des Königs gar keinen Einfluss. Die Sphäre der Wirksamkeit, welche dieser unserm Freunde von Anfang an zugedacht hatte, blieb ihm ungeschmälert. Im August ernannte ihn Friedrich Wilhelm zum Präsidenten einer Commission zur Prüfung der Unterstützungsgesuche von Künstlern und Gelehrten, der unter andern auch Schinkel, Rauch und der alte Schadow zugeordnet wurden.

In der That sehen wir Humboldt sogleich als Helfer und Förderer in vollem Eifer. Für Koreff in Paris wirkte er eine Pension von 4000 Frs. aus, und fand schon bei dieser ersten Gelegenheit, wie später so vielfach, Ursache zu klagen, dass der Cultusminister Altenstein alles verschleppe. Seinem schnell bereiten Wohlwollen ist immerdar der seiner Natur nach bedächtigere Gang der zum Wohlthun angerufenen Behörden als zu langsam erschienen. Auch fand er für seine Bemühungen in der Knappheit der Staatsmittel ein Hinderniss. „Ich fürchte", schreibt er am 2. Juni 1827 an Schumacher, der auf eine Berufung von Gauss hingedeutet hatte, „dass Altenstein jetzt in den Geldfonds sehr eingeschränkt ist, da man über alles disponirt hat." Aber hier müsse das Unmögliche möglich gemacht werden. „An meiner Betriebsamkeit soll es nicht fehlen, Sie kennen .... meine Bewunderung für den Mann; ich bin aber noch zu neu hier, um im voraus mich einer Hoffnung ergeben zu können." Doch fand er bald heraus, dass für die „freudige Möglichkeit" der Zeitpunkt ungünstig sei. Ebenso vergeblich arbeitete er bald darauf zu dem Zwecke, Karl Ritter eine Lage zu verschaffen, die ihm ungestörte Hingabe an sein grosses Werk über Erdkunde möglich gemacht hätte.[1] Für Dirichlet's Anstellung war er schon seit 1826 unermüdlich thätig. Da er hierfür die Kriegsschule in Aussicht nahm, so galt es, ausser Altenstein auch noch Radowitz, damals Hauptmann bei der Studiencommission, und Prinz August zu bearbeiten. Die Rath-

[1] *G. Kramer,* Karl Ritter, II, 32.

schläge, die er Dirichlet währenddessen ertheilt, charakterisiren seine ganze diplomatische Art: „Tâchez de rester bien avec tous les géomètres d'ici et surtout avec Gauss!" — Auch zum französischen Institut möge er sich fortdauernd gut stellen: „Cela est même utile pour le reflet, qui se répand de là sur l'Allemagne." Er copirt einen für Dirichlet schmeichelhaften Brief Bessel's, um ihn Radowitz und Altenstein zu zeigen, und schliesst ein eigenes Lobschreiben an Dirichlet mit den Worten: „Vous pouvez montrer cette lettre à vos amis; je n'écris que ce que je sens." Selbst das kleine Mittelchen verschmäht er nicht, dem jungen Freunde anzurathen, zum Frühstück mit Radowitz dessen „Formellehre" mitzubringen. Wir werden diese Weise Humboldt's, grossen und guten Zwecken auf allerhand krummen, zwar nie schlimmen, doch oft höchst gewöhnlichen Wegen entgegenzustreben, noch genugsam kennen lernen; hier kam es nur darauf an, zu zeigen, wie er gleich anfangs mit Lust und Geschick diese von Paris her gewohnte Diplomatie des Wohlthuns auch in den heimischen Verhältnissen anwandte. In Kunstfragen, für die der König sich selbst interessirte, holte dieser gern unmittelbar seinen Rath ein; die Anschaffung der Sammlungen Passalacqua, Bartholdy und Koller ist daraufhin beliebt worden. Für das Gewerbeinstitut erwirkte er auf 1829 einen erheblichen Jahreszuschuss und setzte zugleich den Beschluss zum Bau einer neuen Sternwarte wie zum Ankauf des in München noch übrigen Fraunhofer'schen Riesenfernrohrs beim Könige durch[1], wovon im astronomischen Theile des dritten Bandes dieser Biographie ausführlicher die Rede sein wird.

Politisch dagegen blieb er einflusslos; denn dass er dann und wann einem Gelehrten einen Orden verschaffte, kann nicht für eine politische Handlung gelten. Er sprach beim Prinzen August über Tische freimüthig für Canning und gegen Villèle,

---

[1] Im Ural und Altai, S. 47. — Viele ungedruckte Briefe an Schumacher.

vertheidigte die Sache der portugiesischen Constitution am Hofe ganz laut, ja selbst seine erste öffentliche Vorlesung in der Akademie: „Ueber die Hauptursachen der Temperaturverschiedenheit auf dem Erdkörper“, am 3. Juli 1827, schloss mit einem Preise des griechischen Freiheitskampfes. Allein er besass viel zu viel taktvolle Rücksicht, als dass er damit beim Könige oder selbst beim Kronprinzen hätte anstossen können. Selbst bei General von Witzleben erhielt er sich in Gunst, selbst mit Gegnern wie Ancillon stand er äusserlich auf dem Fusse feinsten, ironisch schonungsvollen Benehmens. Doch hinderte ihn das nicht, andererseits sich in neckenden Spöttereien über seine Gegner zu ergehen, Witz und Satire gegen die Ministerbehörden, den Hof, die Gesellschaft ausströmen zu lassen. Er nannte seine Kammerherrnuniform eine lächerliche Kleidung; in ganz Europa, klagte er, gäbe es keinen Ort mehr, wo Hof und Adel so völlig geistlos, roh und unwissend seien und es sein wollten, wie in Berlin; man lehne mit Wissen und Willen jede Kenntniss des andern Lebens, der andern Meinungen und Strebungen ab, wolle die übrige Welt, auch die nächste, ignoriren, sich einschliessen in hohler Absonderung und elendem Stolze. Man ahne nicht, wie sehr man sich dadurch schwäche, herabbringe und künftigen Angriffen blossstelle. Auf die Person des Königs erstreckte er diesen Unmuth geistiger und gesellschaftlicher Ueberlegenheit wol selten, doch bedauerte er auch da die schreckliche Langeweile, die der König leide, und die durch keine Umgebung aufgehoben werden könne; was auch immer für Personen da seien, niemals könne ein Gespräch, eine freie Unterhaltung zu Stande kommen; dass etwas Geistreiches oder Einsichtiges in diesem Kreise wirken könne, hält er für ganz unmöglich; auch wolle der König im Grunde nicht durch Gespräch unterhalten sein, höchstens durch Erzählung, die aber neu, absichtslos und nicht allzu lang sein müsse. Jedermann kennt aus tausendfachen Erzählungen die mündliche Unbeholfenheit Friedrich Wilhelm's III., jene „Grazie der Verlegenheit“, wie man es geschickt genannt hat[1], die natürlich auch seine Umgebung stets einigermassen lähmte und so einem Humboldt, der den rauschendsten Sprudel pariser Causerie zu geniessen und zu spenden geübt war, freilich dürr genug vorkommen musste.

Uebrigens ward der König nicht müde, ihn mit Zeichen wohlwollenden Vertrauens auszustatten. Er erklärte ihm, es verstünde sich von selbst, dass er mittags und abends immer kommen könne, so oft es ihm beliebe.[2] Als Bunsen im Herbst 1827 zum Besuch nach Berlin kam, ward ihm Humboldt zur Führung beigesellt, und beide wurden um die Wette von Friedrich Wilhelm III. ausgezeichnet und beschenkt[3]; in den ländlich abgeschlossenen Familienkreis, die patriarchalische Einfachheit des Dorfes Paretz, dessen Schulze der König selbst war, das nie ein Soldat, kaum je ein Minister betrat, wurden sie hineingezogen. Bunsen fand da die Welt „sehr gut zu regieren, aber nicht gut, um in ihr zu leben". Wie es in des Königs Sinne entschieden eine Aufmerksamkeit für beide war, wenn er Bunsen gerade Humboldt zum Geleitsmann gab, so bereitete Friedrich Wilhelm seinem grossen Kammerherrn noch mehr Freude und Ehre, als er ihn im Juni 1828 zur Aufwartung bei Karl August befehligte; eine wunderbare Fügung, wie Goethe sagt, „dass der Grossherzog gerade die letzten Tage vor seinem Tode in Berlin in fast beständiger Gesellschaft mit Humboldt verleben, und dass er über manches wichtige Problem, was ihm am Herzen lag, noch zuletzt von seinem Freunde Aufschluss erhalten konnte; und wiederum war es nicht ohne höhere günstige Einwirkung, dass einer der grössten Fürsten, die Deutschland je besessen, einen Mann wie Humboldt zum Zeugen seiner letzten Tage und Stunden hatte". Die denkwürdigen und echt freisinnigen Aeusse-

---

[1] *Holtei*, Vierzig Jahre, III, 268.
[2] *Varnhagen*, Blätter, V, 76.
[3] *Bunsen*, I, 285, 304 u. s. w.

rungen Karl August's aus jenen Tagen sind bereits an einer andern Stelle dieses Buches mitgetheilt worden.[1]

Auch das ward als eine Gnadenbezeigung des Königs an Humboldt angesehen, dass er ihn im Sommer 1828 zum ersten mal, wie von da an fast regelmässig, nach Teplitz zu seinem Badeaufenthalt mitnahm. Kurz vor der sibirischen Reise erhielt Humboldt, am 6. April 1829, den Charakter eines Wirklichen Geheimen Rathes mit dem Prädicat Excellenz, ohne dass er selbst in seiner ironischen Weise darauf irgend den Werth gelegt hätte wie sein Bruder Wilhelm[2]; im Gegentheil, er bat die Freunde, in ihren Briefen „die garstige Excellenz“ wegzulassen. Bei seiner Rückkehr aus Russland ward ihm überdies der Rothe Adlerorden erster Klasse verliehen.

So viele Beweise königlicher Huld, so unbedeutend sie uns erscheinen mögen, erweckten ihm natürlich manchen Neider. „Seine Gegner“, sagt Varnhagen, „mehren sich mit seinen Ehren, Würden und Einflüssen im Verhältniss; die Frommen hassen ihn jetzt entschieden.“[3] Er selber scherzte dabei über alles, wie immer. Neben der eigentlich höfischen Gesellschaft genoss er auch mit alter pariser Beweglichkeit des mannichfaltigsten Umgangs mit fast allem, was in Berlin geistig oder sonst durch seine Stellung bedeutend war. Beim alten Feldmarschall Gneisenau begegnen wir ihm so gut wie in Rahel's ästhetischen Cirkeln oder bei Beers, wo er „sehr gern, lieber als bei Hofe“ zu sein betheuerte. „Diesen Winter“ (1827 auf 28), schreibt Ritter an Sömmerring, „hatten wir sehr angenehme Abende durch Alexander von Humboldt's Aufenthalt, der zu einem Mittelpunkte des geselligen und wissenschaftlichen Verkehrs musterhaftes Talent hat.“[4] „Ich suchte“, sagt Holtei[5], „ihm in Berlin an

[1] I, 232; vgl. *Eckermann*, III, 257 fg.
[2] *Berghaus*, I, 116.
[3] *Varnhagen*, Blätter, V, 268.
[4] *R. Wagner*, Sömmerring's Leben, II, 174.
[5] *Holtei*, Vierzig Jahre, IV, 32.

manchen Orten begegnend, fortzusetzen, was mir schon in Paris bisweilen erfolgreich gelungen: den grossen Mann in eine kleine Ecke zu bringen und ihn, wenn der Charivari sogenannter allgemeiner Conversation seine Lebensgeister fast ermattet, zu einem Gespräch mit mir zu reizen, in welchem ich natürlich nur die Eingangsreden hatte, ihm aber mit Wonne das Weitere überliess. Bei seiner Mittheilungsfähigkeit, ja bei seinem Bedürfniss, dieselbe geltend zu machen, und bei der geistigen Herablassung, die er auch dem beschränktesten Hörer zu gönnen weiss, trug mir mein Experiment gute Früchte." „Wenn er eintrat", berichtet derselbe Schriftsteller in einer andern lebendigen Schilderung jener Tage [1], „so erhob sich zuerst ein allgemeiner Jubelruf sämmtlicher Anwesenden; dann, sobald sie wieder Platz genommen, benutzte die Hausfrau ihr Vorrecht und warf dem Walfisch der Gelehrsamkeit irgendein Fässchen zum Spielen hin, und alle Ohren standen offen. Es brauchte aber in jenem Fässchen nicht etwa nur Wissenschaft verpackt und aufbewahrt, es durfte auch die erste beste Welt- und Stadtneuigkeit, vielleicht gar ein kleines Skandälchen darin enthalten sein .... der Riese spielte dennoch damit, und wusste es dermassen zu wenden und zu drehen, dass er ihm gewiss eine Seite abgewann, woran Scharfsinn, Witz, Ironie, Erfahrung, Gedächtniss, Universalität und endlich auch ein klein bischen Bosheit mit schelmischer Bonhommie versetzt sich zeigen konnten." Wie sich in dieser Weise seiner geistigen Erscheinung angeborene Eigenart mit pariser Gewohnheit und zugleich mit der Sitte der damaligen berliner Gesellschaft verband, hat ein noch lebender Zeuge aus jener Zeit, der Humboldt persönlich nicht fern gestanden, hervorgehoben [2]; wir werden darauf bei der allgemeinen Charakteristik unsers Helden zurückkommen. Es begreift sich, dass Humboldt auch zu allerlei Festen als Ehrengast hinzugezogen ward; anfangs, im Frühjahr und Sommer

---

[1] *Holtei*, Die Eselsfresser, II, 196.

[2] *H. W. Dove*, Gedächtnissrede auf Alexander von Humboldt, S. 9—12.

1827, häufig zugleich mit August Wilhelm Schlegel; ein Zusammentreffen, das für ihn und für Berlin insofern hochwichtig geworden ist, als es ihm wenigstens den letzten, entscheidenden Anstoss zu den berühmten Kosmosvorlesungen gab, zu deren Betrachtung wir jetzt übergehen.

Der folgenreiche Entschluss, Gegenstände höhern geistigen Interesses, Resultate wenigstens der Wissenschaft, freilich zunächst ohne deren Methode, durch mündlichen Vortrag einem grössern gebildeten Publikum entgegenzubringen, ist in Deutschland, wenn wir von dem vereinzelten Versuche von Moritz in Berlin im Jahre 1789 absehen[1], eine That der Romantiker. Gerade August Wilhelm von Schlegel war es gewesen, der am Eingang unsers Jahrhunderts, 1801—4, sich erkühnt hatte, mitten im Heerlager der Aufklärungsphilister, in Berlin, die ästhetischen Theorien der jungen Schule, insbesondere seine kritische Lehre von der Dichtkunst durch Cyklen zusammenhängender Vorlesungen lebendig zu verbreiten. Fichte war ihm in den Wintern 1804—5 und 1807—8 durch seine gewaltig anmahnenden, ethisch-politischen Vorlesungen über „die Grundzüge des gegenwärtigen Zeitalters“ und deren Fortsetzung, die „Reden an die deutsche Nation“, gefolgt. Für die letztern konnten in den folgenden Jahren auch die Predigten Schleiermacher's, die so oft auf wahrhaft philosophischer Höhe standen, einigermassen als Weiterführung und Ersatz gelten. Als neuer Apostel der Romantik trat sodann Steffens in Berlin auf, der im Winter 1824 von Breslau zum Besuch herüberkam, um an der berliner Hochschule Boden zu gewinnen. Neben seinem halb natur-, halb geschichtsphilosophischen Universitätscolleg über „Anthropologie“ hielt er, vom 3. Febr. bis 2. April 1825, auch öffentliche Vorlesungen im Saale des Gouvernementsgebäudes, den ihm Gneisenau einräumte, vor einem zahlreichen, vornehmen, grossentheils aus Damen bestehenden Hörerkreise; doch erschien selbst diesem Publikum, bei aller rednerischen

---

[1] Vgl. I, 70 dieser Biographie.

Eleganz, das Dargebotene unwissenschaftlich und phantastisch.[1] Als darauf Schlegel Anfang Mai 1827, wenige Tage vor Humboldt, in Berlin eintraf, ward er von der dortigen literarischen Welt, die nun längst ganz von der Luft der Romantik zu leben gewohnt war, aufs freudigste begrüsst und zu neuen Vorträgen aufgefordert. Soeben, am 8. April, war die neue Singakademie feierlich eingeweiht worden, deren geräumiger Saal, gleich ausgezeichnet für Auge und Ohr durch seine edeln und wohlberechneten Verhältnisse, die trefflichste Stätte darbot. Schlegel wählte mit richtigem Takte zum Thema seiner Vorträge — diesmal sprach er frei, ohne Heft — in der Stadt Schinkel's und Rauch's die Theorie und Geschichte der bildenden Künste.[2] Gerade diese hatte er 1801 nur einleitungsweise kurz behandelt[3], und es nimmt nicht wunder, dass nun, nach einem halben Jahrhundert, auch der innere Gehalt seiner Ansichten davon erheblich geläutert erscheint. Seine Darstellung der historischen Entwickelung der Kunst, so oberflächlich sie sich unserer heutigen Kenntniss gegenüber auch ausnimmt, steht doch mindestens auf gleicher Stufe mit den Andeutungen, welche Hegel darüber zu jener Zeit in seinen Vorlesungen über Aesthetik zu geben vermochte, denen gleichfalls auch einige nichtakademische Zuhörer beigewohnt haben. Schlegel nahm für das Dutzend seiner Vorträge einen Friedrichsdor[4], er hielt im ganzen siebzehn — und die Theilnahme der vornehmen und gebildeten berliner Gesellschaft war nicht unbedeutend, doch zählten nur wenige Damen zu seinen Zuhörern. Der Berliner hält es stets für sein Recht, zu kritisiren, was er bezahlt hat, und so fing man bald an, im Gegensatz zur Anmuth seiner Rede, deren Inhalt als veraltet, flach, gering zu tadeln; selbst die Damen meinten, sie

---

[1] *Varnhagen*, Blätter, III, 230 u. öfter. — *Steffens*, Was ich erlebte, IX, 274.

[2] Die Skizzen der Vorträge, von Schlegel selbst, finden sich gedruckt im „Berliner Conversationsblatt“ (1827) von Nr. 113—159.

[3] Vgl. *Haym*, Die romantische Schule, S. 775 fg.

[4] Briefwechsel zwischen Goethe und Zelter, IV, 312.

lernten bei ihm nichts, er sehe sie für neugeborene Kinder an[1]; ein tüchtiger Mann, wie Zelter, fand sich doch sehr befriedigt. Dass Humboldt einem grossen Theile der Vorträge beigewohnt, ist nicht zu bezweifeln; er gehörte, nach Zelter's Worten, auch zu den „frevelnden Zuhörern"; ihm freilich konnten diese Vorträge höchstens ihrer Form nach lehrreich sein.

Wir mussten auf Schlegel's Unternehmen hier deshalb genauer eingehen, weil Humboldt dadurch direct wie indirect den Antrieb zu seinen eigenen Vorträgen im folgenden Winter empfing. Auch Schlegel hatte beiläufig der Naturwissenschaften gedacht; es ist auffallend genug, wenn er in der zweiten Lection ohne Umschweif behauptete, Europa sei durch die nach allen Seiten berichtigte Naturerkenntniss mündig geworden, dies sei der charakteristische Zug der Bildung des Zeitalters. Wir möchten darin geradezu eine Artigkeit gegen den eben angekommenen Humboldt erblicken, dessen Ruhm natürlich in aller Munde war, wie denn an einer andern Stelle auch der „literarischen Bemühungen" Wilhelm's mit Anerkennung gedacht ward. Doch ist es bezeichnend für den Standpunkt des Vortragenden wie für die Gesinnung, die er bei seinem Publikum voraussetzte, wenn gleich auf jenes Lob der Naturwissenschaft, als der eigentlichen Wissenschaft der Zeit, der Tadel folgt, „bei dem Ergehen in dem Endlichen und Einzelnen nach allen Richtungen hin sei unsern Physikern die Grundidee, der Gedanke der Natur abhanden gekommen". Welche prophetische Hinweisung auf die Nothwendigkeit der Kosmosvorlesungen! möchte man ausrufen, wenn sich nicht der Redner alsbald in ein leeres Lob der „Naturphilosophie" nach Schelling's und Hegel's Weise verlöre. Ein weiteres Schelten auf die Physiker, „die mit unglaublicher Zähheit an Newton's unbegründeten Hypothesen festhielten", darf kaum befremden in einer Stadt, an deren Hochschule soeben ein jüngerer Hegelianer ein eigenes Colleg zur Erklärung der Goethe'schen Farbenlehre veranstaltete. Wie dringend hier der

[1] *Varnhagen*, Blätter, IV, 237. 244. 247 u. s. w.; vgl. *Zelter*, IV, 346.

Mangel an echter naturwissenschaftlicher Bildung sei, musste Humboldt aufs neue deutlich werden, doch konnte er zu der Fassungskraft des Publikums, das er vor sich sah, unmöglich viel Zutrauen hegen. Wenn er daher schon im Juli erklärte, er wolle im Winter Vorlesungen über physische Geographie halten, und zwar nicht für die eleganten Leute, sondern für die Studenten, „für die Kappen und Mützen", so war der Grund dafür wol weniger die Absicht, „zu zeigen, dass er kein blosser Hofmann sei"[1], als vielmehr der Wunsch, wirklich bildsame und verständige Zuhörer um sich zu versammeln, durch die Jugend auf die Zukunft zu wirken, da sich von einem Versuche, die Gegenwart zu belehren, noch wenig hoffen liess. Dass er nachher doch in der Singakademie einen zweiten Cursus von Vorträgen für ein gemischtes Publikum eröffnete, geschah eben auf ausdrückliches, vielseitiges Verlangen von seiten desselben, und wir werden nicht irren, wenn wir auch für dies Verlangen das Vorbild des Schlegel'schen Unternehmens als theilweisen Anlass betrachten. Uebrigens hatte Humboldt, wie bekannt, schon seit 1825 in Paris einen grössern Cyklus von Kosmosvorträgen für eine gemischte Gesellschaft bei der Marquise von Montauban, der Schwester des Herzogs von Richelieu, gehalten, doch sind wir ausser Stande, über das Verhältniss dieser französischen Vorträge zu den deutschen nähere Nachricht beizubringen, als dass jene diesen an Inhalt durchaus verwandt und gewissermassen Vorstudien zu ihnen gewesen. Nur gelegentlich erwähnt er einmal gegen Böckh[2], dass er schon damals in Paris die Natur nicht ohne den Reflex der Aussenwelt auf das Gemüth und die Einbildungskraft habe denken und darstellen mögen. Diese pariser Vorträge blieben übrigens merkwürdig unbekannt; fast scheint es, als sei die Kunde von ihnen über den Privatkreis, für den sie bestimmt waren, nicht hinausgedrungen. Elie de Beaumont, der zu jener Zeit in Paris

---

[1] *Varnhagen*, Blätter, IV, 269.
[2] Brief vom 26. Dec. 1846.

weilte, erinnerte sich später nicht, jemals von ihnen gehört zu haben.[1]

Was nun die deutschen Vorlesungen anbetrifft, so hat Humboldt in den autobiographischen Aufzeichnungen mit Nachdruck erklärt, „das Buch vom Kosmos sei nicht die Frucht derselben, da die Grundlage davon schon in dem während der peruanischen Reise geschriebenen und Goethe zugeeigneten «Naturgemälde der Tropenwelt» liege“. Wenn er damit die erste Conception zu einer Darstellung des „Kosmos“ einer frühern Zeit zuweisen wollte, so durfte er sogar noch weiter, bis ins Jahr 1796 zurückgehen, wo er (am 24. Jan.) an Pictet schrieb: „Je conçus l'idée d'une physique du monde“[2]; doch damals sah er, so lebhaft er das Bedürfniss einer solchen Darstellung empfand, doch noch zu wenig Grundsteine für ein so gewaltiges Gebäude gelegt. Trotzdem wird der Leser aus unserer auf die eigenen gleichzeitigen und spätern Aeusserungen Humboldt's gestützten Erzählung erkennen, dass der „Kosmos“ allerdings die Frucht jener Vorlesungen zu heissen verdient, nur dass diese Frucht nach langjähriger, still sorgsamer Pflege viel herrlicher zur Reife kam, als die Blüte hätte ahnen lassen. In den letzten Tagen seines Lebens („Kosmos“ V, 89) hat er selbst wiederum ausdrücklich erklärt, das Werk vom „Kosmos“ sei aus den Vorlesungen über die physische Weltbeschreibung „entstanden“. Ein etwas ausführlicheres Eingehen auf die Vorträge von 1827—28 wird daher wol gerechtfertigt erscheinen. Doch legen wir dabei nicht, wie sonst üblich, ein nachgeschriebenes Heft, obwol ein solches in unsern Händen ist, zu Grunde; denn „nichts“, sagt Humboldt selbst in Bezug darauf[3], „ist widerwärtiger, als publicirt zu sehen, was ein Gemisch von Gehörtem und Selbstzugesetztem ist“. Alle nachgeschriebenen Hefte waren ihm deshalb immerdar „ein Greuel“. Glücklicherweise finden sich aber in seinem Nachlasse einige Zettel von

[1] *De la Roquette*, Humboldt, I, XXVI.

[2] Vgl. I, 221 dieses Werkes.

[3] Brief an Richard Zeune (Berlin, 16. Febr. 1857).

seiner Hand, welche eine gleichzeitig notirte Inhaltsübersicht der beiden Vortragscurse enthalten; aus ihnen hat er dann in der Vorrede zum ersten Bande des „Kosmos“ einen knappen Auszug gegeben. Ausserdem sind jedoch auch noch zahlreiche Quartblätter erhalten, auf die er die Notizen zu den Vorträgen vorher niedergeschrieben; vielfach zerschnitten und beklebt mit unzähligen Bemerkungen aus spätern Jahren, die zum Behuf der Ausarbeitung für den Druck hinzugesammelt worden, bieten sie doch noch, unstilisirt wie sie sind, eine Handhabe, den Gang des Vortrags zu erfassen, und beweisen andererseits an sich aufs deutlichste, dass mindestens die beiden ersten Bände des „Kosmos“ in Eintheilung und wesentlichem Inhalt durchaus auf ihnen beruhen.

Die Mitglieder der Akademie der Wissenschaften sind in Berlin als solche berechtigt, Vorlesungen an der Universität zu halten. Humboldt that also nichts Aussergewöhnliches, als er für das Wintersemester 1827—28 ein Collegium publicum über physikalische Geographie ankündigte. Dass er dabei mit Link concurrirte, der denselben Stoff früher behandelt, hob er im Eingange als besondere „Schwierigkeit“ hervor; zugleich wies er auch besorgt auf seine lange Abwesenheit vom Vaterlande, die Entfremdung von heimischer Rede, und auf den Umstand hin, dass er zum ersten male den Lehrstuhl besteige; die pariser Vorlesungen mochte er dabei, als allzu anders geformt, nicht in Anschlag bringen. Er hat in der Universität im ganzen 61 mal gelesen, vom 3. Nov. 1827 bis zum 26. April 1828, anfangs zweimal wöchentlich, von Ende März an, mit kurzer Osterpause, beinahe täglich. Er sprach frei, legte aber, wie es bei der Fülle an stofflichem Detail nicht anders anging, die erwähnten reichhaltigen Notizblätter zu Grunde. Nach einer ganz kurzen vorläufigen Begrenzung des Gebiets der physischen Weltbeschreibung entwarf er in den vier ersten Vorträgen[1] ein allgemeines

---

[1] Die Abweichung von der Zählung in der Vorrede zum Kosmos, I, XI, gründet sich auf die genauern handschriftlichen Aufzeichnungen.

Naturgemälde, wie es nachher im ersten Bande des „Kosmos“ von Seite 79—386 umfassender ausgeführt worden. Er begann auch damals mit Astronomie, ging dann auf die allgemeine planetarische Charakteristik der Erde über, und behandelte sodann in grossen Zügen Geognosie, Meteorologie, Geographie der Pflanzen und Thiere, Verbreitung der Menschenrassen. Schon in jener Zeit legte er Werth auf die ehrenvolle Erwähnung anderer Forscher, die er später im „Kosmos“ selbst zu einer Art System literarischer und persönlicher Dankbarkeit ausgebildet hat; er machte in jenen ersten Vorlesungen namhaft die berliner Gelehrten: Encke, Seebeck, Buch, Mitscherlich, Wilhelm von Humboldt und Rudolphi, ausser jenem allgemeinen Hinweise auf Link, als seinem Vorgänger, wozu er auch eine halb ironische Bemerkung über Steffens anfügte, der als „Naturphilosoph“ mit theilweisem Beifall, aber mit glänzender Rednergabe ähnliche Gegenstände zum Thema von Vorträgen, in seinem Cursus über Anthropologie, gewählt habe. Die fünfte Stunde war der genauern Begriffsbestimmung der „physischen Weltbeschreibung“, im Gegensatze zur Encyklopädie der Naturwissenschaften, zur Naturgeschichte und Naturbeschreibung gewidmet, entsprach also etwa dem Inhalt von Seite 49—72 des ersten Kosmosbandes; hierbei ward Karl Ritter als vorzüglichster Darsteller der speciellen Geographie, in Verbindung mit dem tellurischen Theile der allgemeinen Weltbeschreibung, gerühmt. Die nächste Vorlesung begann mit einer „Verwahrung gegen Hegel“, der zwar nicht genannt ward, dessen „Naturphilosophie ohne Kenntniss und Erfahrungen“ aber deutlich genug bezeichnet und verurtheilt ward. Noch dauerten damals, „in jugendlichem Misbrauch edler Kräfte, die heitern und kurzen Saturnalien eines rein ideellen Naturwissens“, noch herrschte gerade an der berliner Hochschule „der berauschende Wahn des errungenen Besitzes“, jene „eigene abenteuerlich-symbolisirende Sprache“, jener „Schematismus, enger, als ihn je das Mittelalter der Menschheit angezwängt“.[1]

---

[1] Kosmos, I, 68. 69.

Es ist nicht wahrscheinlich, dass dies vernichtende Urtheil in derselben Form, wie es nach siebzehn Jahren im „Kosmos“ veröffentlicht ward, damals auch in den Universitätsvorträgen ausgesprochen worden ist — in der Singakademie versichert Humboldt[1] die nämlichen Worte gebraucht zu haben — jedenfalls aber wagte er auch dort der Sache nach mit gleicher Energie und rücksichtsloser Schärfe den Angriff auf das Hauptquartier des Feindes selbst[2]; eine That, die an Kühnheit dem Auftreten des jungen Schlegel im Lager Nicolai's nichts nachgab. Von der fünften bis zur achten Stunde einschliesslich ward die Geschichte der Weltanschauung abgehandelt, in sechs Epochen, die sich mit den acht im zweiten Bande des „Kosmos“ unterschiedenen vielfach berühren, doch ward auch die Betrachtung der „verschiedenen Phasen der Welterklärung“, die hernach in der Einleitung zum dritten Bande ihren Platz gefunden, hinein verflochten. Merkwürdig ist, mit welcher Klarheit schon damals, noch vor den tiefern historischen Studien der dreissiger Jahre, die umwälzende Bedeutung der Araber erkannt und hervorgehoben ward. Unter den Erfindern neuer Apparate erhielt dabei zum Schlusse auch der berliner Physiker Erman seine Mention honorable. Es folgten bis zur zehnten Stunde, entsprechend der ersten Abtheilung des zweiten Bandes, die „Anregungsmittel zum Naturstudium“, beschreibende Poesie und Landschaftsmalerei, wobei der selbst empfangenen Anregung — auch durch die exotischen Gewächse des botanischen Gartens — mehrfach gedacht ward; diesem Abschnitte ging eine Aufzählung der bisherigen literarischen Hülfsmittel zum Studium der physischen Weltbeschreibung vorauf. An solchen Hinweisen auf die ein-

---

[1] Undatirter Brief an Böckh aus dem Jahre 1841.

[2] Man hinterbrachte Hegel, Humboldt habe Anzüglichkeiten gegen die Philosophie einfliessen lassen. In den „Noten“, die Humboldt darauf zu seiner Reinigung an Varnhagen sandte, um sie Hegel zu zeigen, stand allerdings „gewiss keine antiphilosophische Wendung“. Berufung auf das Nachschreiben der Zuhörer wies er ab, jedoch steht in seinen eigenen Regesten über die Vorträge: „Verwahrung gegen Hegel.“

schlägige Literatur war natürlich der nachfolgende specielle Theil des Collegs, wie es akademischen Vorträgen zukommt, noch ungleich reichhaltiger; sie lassen sich, freilich nur in bescheidenem Maasse, mit dem Notenschatze des „Kosmos“ vergleichen. Die „speciellen Ergebnisse der Beobachtung in dem Gebiete kosmischer Erscheinungen“, wie sie später im dritten und den folgenden Bänden behandelt sind, umfassten im mündlichen Vortrage 51 Stunden; ihre Gliederung ist aus der Vorrede zum „Kosmos“ bekannt: Himmelsräume sechzehn; Gestalt, Dichte, innere Wärme, Magnetismus der Erde und Polarlicht fünf; Natur der starren Erdrinde, heisse Quellen, Erdbeben, Vulkanismus vier; Gebirgsarten, Typen der Formationen zwei; Gestalt der Erdoberfläche, Gliederung der Continente, Hebung auf Spalten zwei; tropfbar-flüssige Umhüllung: Meer drei; elastisch-flüssige Umhüllung: Atmosphäre, Wärmevertheilung zehn; geographische Vertheilung der Organismen im allgemeinen eine; Geographie der Pflanzen drei; Geographie der Thiere drei; Menschenrassen zwei.

Niemand wird hiernach noch der Versicherung bedürfen, dass, trotz Humboldt's eigener entgegenstehender Behauptung, die Vorlesungen und der „Kosmos“ allerdings mehr miteinander gemein haben „als etwa die Reihefolge der Gegenstände, die sie behandelt“. Freilich liegt die Bedeutung des „Kosmos“ zum grossen Theil in dem Reichthum an „zuverlässigen numerischen Werthen“ und daneben an den „tausendfachen Belegen einer Belesenheit, welcher keine Sprache ein Hinderniss bietet, und welche alle Epochen der Literatur in gleicher Vollständigkeit umfasst“[1], und diese ganze Anhäufung und mühevolle Bearbeitung einer unermesslichen Stoffmasse ist in der That zumeist das Werk der spätern Jahrzehnte; allein neben den Dimensionen der Länge und Breite, sozusagen, darf man doch auch der Tiefe nicht vergessen, der idealen Conception des Werks in seinem ganzen geistigen Umfange wie im Verhältniss seiner einzelnen

[1] *H. W. Dove*, Gedächtnissrede auf Alexander von Humboldt, S. 30.

Bestandtheile zueinander und zum Ganzen; diese Gesammtconception, deren „Bild in unbestimmten Umrissen ihm fast ein halbes Jahrhundert lang vor der Seele schwebte“, fand hier zuerst, wenn wir von dem Vorspiel in fremder Zunge absehen dürfen, eine lebendig ausgestaltete Darstellung. Die Vorlesungen von 1827, denen er selbst ohne Bedenken den Namen Kosmosvorlesungen beilegt, sind mehr als eine blosse Skizze, sie sind recht eigentlich als der Carton zum grossen Weltbilde des „Kosmos“ zu betrachten, der in allgemeinen Hauptlinien alle wesentlichen Stücke des spätern Bildes enthält.

Der Zudrang zu Humboldt's öffentlichen, d. h. unentgeltlichen Vorlesungen war ein ungeheuerer, der Beifall, den sie fanden, kannte keine Grenzen. „Eine ganz besondere Zierde“, heisst es in einer berliner Zeitung aus jenen Tagen[1], „hat die Universität durch den Beitritt des Hrn. Dr. Alexander von Humboldt erhalten, der in seiner Befugniss als Mitglied der königl. Akademie der Wissenschaften Vorlesungen über physische Erd- und Weltbeschreibung ankündigte, dieselben am 3. Nov. vor der grösstmöglichen Zahl von Zuhörern eröffnete und unter stets steigender Begeisterung derselben eifrig fortsetzte. Die ruhige Klarheit, mit welcher er die in allen Fächern der Naturwissenschaften von ihm und andern entdeckten Wahrheiten umfasste und zu einer Gesammtanschauung brachte, verbreitete in seinem Vortrage ein so helles Licht über das unermessliche Gebiet des Naturstudiums, dass seine Methode mit diesem Vortrage eine neue Epoche ihrer Geschichte datirt. Denn indem die Wahrheiten in der hier dargelegten Form der Anschauung zugleich in ihrer allgemeinsten Gültigkeit ausgedrückt und in ihrer besondern gegenseitigen Beziehung angewendet erscheinen, gewinnen sie oft einen überraschenden Werth für Gebiete, denen sie zuerst fremd zu sein schienen.“ Durch die noch einigermassen — nach Hegel'scher Weise — schleierhafte Form der Rede in diesem Berichte wird man doch den tiefen Eindruck

[1] Spener'sche Zeitung vom 8. Dec. 1827.

hindurchscheinen sehen, den Humboldt's Vorträge auf seine Zuhörer gemacht. Auch wird als besonders bedeutsam hervorgehoben, dass unter den letztern nicht blos die studirende Jugend begriffen sei, sondern auch „sämmtliche hiesige Lehrer“ und Gebildete aller Art, die zum Theil von nah und fern dazu herbeigeströmt sein sollen. In der That drang der Ruf schon dieses ersten Cursus weit über die Lande hin. „J'ai appris“, schreibt Arago aus Metz, 13. Dec. 1827, „que tu vas donner un cours de Géographie physique aux étudians de Berlin. N'as-tu pas le projet de publier tes leçons? Réponds-moi affirmativement, et je prends aussitôt un maître d'allemand.“ Für die anregende Wirkung des Collegs auch auf reifere Zuhörer kann als Zeugniss dienen, dass Waagen sich zur Ausarbeitung einer Note über die Entwickelung der Landschaftsmalerei, besonders in der nachrömischen Zeit, angetrieben fühlte, die später für den „Kosmos“ nicht ohne Frucht geblieben ist.

So war es denn Humboldt bald nicht mehr möglich, seine Lehre auf die „Kappen und Mützen“ zu beschränken. Ein zweiter Cyklus in der Singakademie vor erweitertem Hörerkreise musste begonnen werden. Auch hier trug er frei vor und — im Gegensatze zu Schlegel — auch hier unentgeltlich. In empfindlichem Tone berichtigte er eine Angabe des „Moniteur universel“, dass er auf Subscription lese, das Billet zu 3 Louisdor: „En Allemagne comme en France on ne paie pas pour assister à un *cours public.*“ [1] Die Vorträge in der Singakademie begannen am 6. Dec. 1827 und dauerten, sechzehn an Zahl, meist in achttägigen Zwischenräumen, bis zum 27. April 1828. Die Rücksicht auf das etwa tausend Köpfe starke „gemischte Publikum (König und Maurermeister)“ [2] bedingte eine zum Theil gemeinfasslichere, zum Theil durch grössere Würze anlockendere Behandlung des im übrigen gleichen Gegenstandes. Wir verdanken dem Streben danach die wundervollen „einleitenden

[1] *De la Roquette*, I, 271.

[2] *F. von Raumer*, Literarischer Nachlass, I, 22.

Betrachtungen über die Verschiedenartigkeit des Naturgenusses und eine wissenschaftliche Ergründung der Weltgesetze", welche die vierzig ersten Seiten des „Kosmos" füllen und, mit Ausnahme mehrerer späterer Einschaltungen oder Aenderungen, damals aus der Erinnerung an den freien Vortrag noch am selben Tage dictirt wurden.[1] Sie bildeten den Inhalt der ersten und zum Theil — wo von der gleichen Wichtigkeit aller Zweige der Naturwissenschaft und von ihrer Einwirkung auf Gewerbfleiss und allgemeine Wohlfahrt die Rede ist — der zweiten Vorlesung. Ich darf mich hier auf eine genauere Betrachtung der jedermann geläufigen Worte nicht tiefer einlassen, ihr Gedankengehalt ist seitdem Gemeinbesitz der Weltanschauung unsers Zeitalters geworden. Wohl aber muss auch im Verlaufe unserer äusserlichen Erzählung auf die historische Bedeutsamkeit dieser Rede in dem Moment gerade, wo sie gesprochen ward, hingewiesen werden. Sie verkündete laut und bestimmt vor aller Welt den Umschwung der Zeiten, sie wies noch einmal mit besonnener Resignation die voreiligen und vordringlichen Versuche einer durchweg „rationellen Wissenschaft der Natur" und damit die Ausschreitungen des Zeitalters der Speculation überhaupt entschieden zurück, sie erhob die Erfahrungswissenschaft, und zwar nebeneinander Weltbeschreibung und Weltgeschichte, auf den geistigen Thron der Gegenwart, sie pries als Ergebniss der Forschung der Aussenwelt neben dem industriellen Fortschreiten zugleich die intellectuelle Veredelung der Menschheit. Was man Geist des 19. Jahrhunderts nennt, ist damit bezeichnet; empirische Naturforschung und historische Wissenschaft stellen die Hauptseiten dieses vorwiegend realistischen Geistes dar; materielles und intellectuelles Gedeihen zugleich ist der Gewinn der Völker, welche jene beiden Seiten nebeneinander zu pflegen verstehen. Humboldt offenbarte sich als einen der repräsentativen Genien dieses Weltalters, als ein Organ der Reflexion des Zeitgeistes über sich selbst, als er am

---

[1] Vgl. Briefe an Varnhagen, S. 20.

6. und am 12. Dec. 1827 in der werdenden Hauptstadt der deutschen Nation, der das reichste Erbtheil aus diesem Schatze des Jahrhunderts beschieden war, öffentlich, bündig und zusammenhängend aussprach, was bisher nur zerstreut, im stillen, ja fast unbewusst in einzelnen Köpfen gelebt hatte.

Im übrigen waren diese Vorträge natürlich von minderm Gehalt, als die den Zuhörern in der Universität dargebotenen. Das Naturgemälde ward hier, der grössern Deutlichkeit halber, auf zehn Stunden, von der zweiten bis zur elften, ausgedehnt; in zwei Stunden folgte die Geschichte der Weltanschauung — „Geschichte der Naturwissenschaften" nennt es diesmal die eigenhändige Inhaltsübersicht — ihr folgten gar nur einzelne „Studien": „Anblick und Täuschungen des gestirnten Himmels, Interferenz, Strahlen, Sterne, Südhimmel, Mond, Mondvulkane, Aërolithen, Sonnenflecke, Malerisches", wie die fragmentarischen Aufzeichnungen bemerken. Den Schluss dieser bunt aneinandergereihten Studien führte dann ziemlich willkürlich der Ausgang der Wintersaison herbei. Auch diesmal hat er die ehrend genannten zeitgenössischen Forscher Seebeck, Encke, Bessel, Gustav Rose, Buch, Weiss u. a. sorgfältig aufgezeichnet. Da sich auch Schlegel unter ihnen findet, dürfen wir annehmen, dass er im Eingange seiner Rede direct auf das Vorbild der Schlegel'schen Vorlesungen hinwies, und wer seine oratorischen Gewohnheiten kennt, wird dabei einige ängstlich bescheidene Wendungen in Bezug auf das Mass der eigenen Kräfte voraussetzen müssen. Auch ob der König oder der Kronprinz zugegen gewesen, hat Humboldt mehrmals notirt.

Es lässt sich denken, dass die Vorträge in der Singakademie in noch viel höherm Grade als die andern das Ereigniss des Tages für ganz Berlin wurden. „Die Würde und Anmuth des Vortrags", schreibt die „Vossische Zeitung" am Tage nach der ersten Vorlesung, „vereinigt mit dem Anziehenden des Gegenstandes und der ausgebreiteten tiefen Gelehrsamkeit des Lehrers, die immer aus dem Vollen zu schöpfen vermag, dieser so seltene Zusammenfluss aller für die mündliche Belehrung erspriesslichen

Eigenschaften fesselten die Zuhörer mit unwiderstehlicher, anhaltender Kraft. Es war das ausgewählteste Auditorium, welches vielleicht jemals einen Hörsaal gefüllt hat. Ihre königl. Hoheiten der Kronprinz und die Kronprinzessin nebst den andern Prinzen füllten die Logen, Staatsbeamte, hohe Offiziere, Gelehrte, Künstler, Damen die untern Räume." In der zweiten Vorlesung war auch der König mit der Fürstin Liegnitz unvermuthet erschienen; man bemerkte Gneisenau; die Versammlung war überhaupt noch an Zahl gewachsen. „Der Redner ordnete seinen Vortrag ungemein geschickt", sagt Varnhagen[1], „und flocht in bester Absicht die freisinnigsten Bezüge auf Volkscultur, Allgemeinheit der Kenntnisse und Verdienst vaterländischer Gelehrten ein, was dem Könige sehr angemessen und tauglich zu hören sein musste." Auch den dritten Vortrag besuchte Friedrich Wilhelm III. und beschloss fortan regelmässig zu kommen.[2] Wenn er wirklich die Bemerkung gemacht haben sollte, die ihm Varnhagen in den Mund legt, es scheine ihm in den Vorträgen kein rechter Zusammenhang, sondern nur eine Masse einzelner Thatsachen angehäuft, so ginge daraus nur hervor, dass er ebenso wenig wie gewiss ein grosser Theil des Publikums, dem Gedankengange Humboldt's ganz zu folgen im Stande war. Von der nämlichen dritten Vorlesung schreibt Bunsen an seine Gemahlin[3]: „Nie habe ich einen Menschen in anderthalb Stunden so viele und interessante und neue Ansichten und Thatsachen vortragen gehört." Der männliche Zelter fühlte sich durch die Gediegenheit solcher wissenschaftlichen Erscheinung sympathisch berührt. „Nun will ich denn auch des grossen Vergnügens gedenken", schreibt er an Goethe am 28. Januar 1828[4], „das mir von Humboldt's prächtigreiches Naturwundercollegium gewährt vor einem respectabelsten Auditorio, das an die Tausende geht.

---

[1] Blätter, IV, 349.
[2] Ebend., 352; er kam jedoch nicht regelmässig.
[3] C. C. J. Freiherr von Bunsen, I, 304.
[4] Briefwechsel, V, 16.

Ein Mann steht vor mir, meiner Art, der hat was er gibt, ohne zu wissen, zu kargen wem? Keine Kapitel macht, keine Vorrede, kein Dunst, keine Kunst. Selbst wo er irren sollte, müsste man's gern glauben.“ Ein Comité, bestehend aus Karl Herzog von Mecklenburg, von Buch, von Witzleben, Levezow, Rauch, Friedrich Tieck, Lichtenstein und Schinkel überreichte Humboldt im Namen der Gesammtheit seiner Zuhörer am 18. Mai das erste ausgeprägte Exemplar einer Denkmünze auf die Vorlesungen, „durch welche er ein so hohes Interesse für diesen Zweig des Wissens erregt, durch deren Reiz er einen so seltenen Verein der höchsten, achtbarsten und gebildetsten Personen zu einem Ganzen bewirkt habe. Die Medaille zeigte das Bild der Sonne mit der Umschrift: „Illustrans totum radiis splendentibus orbem.“ Von den verschiedenen Oden, Sonetten und Knittelversen, in denen Vornehme und Geringe, „Schüler und Schülerinnen“, in Zeitungen oder auf besondern Blättern ihren Enthusiasmus aussprühen liessen, wird man uns billig erlassen zu reden. Die Summe des Erfolges zieht Wilhelm von Humboldt in den treffenden Worten (an Goethe, 1. Mai 1828): „Alexander ist wirklich eine «Puissance» und hat durch seine Vorlesungen eine neue Art des Ruhmes erworben. Sie sind vortrefflich. Er ist mehr wie je der alte, und es ist, wie es immer war, ein Charakterzug in ihm, selbst eine eigene innere Scheu, eine nicht abzuleugnende Besorgniss in der Art des Auftretens zu haben.“

An Misvergnügten und Gleichgültigen hat es freilich auch nicht ganz gefehlt. General von Witzleben, der unter den Ueberbringern der Medaille war, verhehlte doch seine Besorgniss vor der schädlichen Wirkung der Vorlesungen nicht, weil sie der Religionsüberlieferung widersprächen, wie denn beide Humboldt doch gar zu sehr Freidenker wären.[1] Hegel beklagte sich bitter bei Varnhagen über den beissenden Ausfall gegen

[1] *Varnhagen*, Blätter, 15.

die Naturphilosophie.[1] Es ist zu charakteristisch für Humboldt, wie er deshalb später beim Drucke des „Kosmos“ mit der Stelle über die „Saturnalien“ verfuhr, als dass wir dies hier übergehen dürften. Jene Worte selber, die Verurtheilung des „bal en masque der tollsten Naturphilosophen“ hielt er „für feige nicht zu wiederholen. Il faut avoir le courage d'imprimer ce que l'on a dit et écrit depuis trente ans“. Nun war Hegel inzwischen verstorben, „und da ich nicht werde vermeiden können“, schreibt Humboldt 1841 an Böckh, „den sehr geachteten, jetzt ungerecht verfolgten Mann bald dort oben zu sehen, so hielt ich es «de bon goût» zu thun, als glaube ich, er und Schelling, die Erfinder der neuen Naturphilosophie, seien unschuldig, alles sei gegen ihren Willen geschehen. Daher die Phrase: «Ernste, der Philosophie und der Beobachtung gleichzeitig zugewandte Geister.»[2] Aus dem «Bruno» citire ich dann aus Malice die Stelle, in der er sagt: die Philosophie scheine oft wie eine vergängliche meteorische Erscheinung; von Hegel citire ich etwas Ernstes und Ehrenvolles. So komme ich zu meinem Zwecke, ohne Liebe für beide, aber mit mehr Achtung für Hegel, der freilich auch schon das historische Christenthum in die Philosophie eingeschwärzt.“ Und in den nämlichen Tagen, in denen er so offen gegen Böckh sein Verfahren als „Schonung für den verstorbenen Hegel“ und als „List, nicht Wohlwollen“ gegen den noch lebenden Schelling enthüllt, schreibt er dem Philosophenfreunde Varnhagen[3]: „Die bestimmte Versicherung, dass ich nicht den Schöpfer der Naturphilosophie anklage, wird ihm wol meine ätzende Schärfe .... verzeihlicher machen“; er sucht also auch Varnhagen durch die gleiche „List“ zu täuschen. Und wenige Zeilen darauf dann wieder der tiefernste Ausspruch: „Es ist eine bejammernswürdige Epoche gewesen, in der Deutsch-

---

[1] Nicht von Varnhagen überliefert, sondern aus dem schon oben citirten Briefe Humboldt's an Böckh von 1841.

[2] Kosmos I, 69; vgl. auch S. 39, 68, 70, 71.

[3] 28. April 1841, Briefe an Varnhagen, S. 90.

land hinter England und Frankreich tief herabgesunken ist.“ Welch ein undurchdringliches Gewebe, wird der Leser ausrufen, von unerschrockener Wahrhaftigkeit in der Sache und kleinlicher Behutsamkeit im persönlichen Verhältniss, von edler, zur Milde geneigter Pietät gegen den Todten und streichelnd verwundender Bosheit gegen den Lebendigen! Aber so war der Mann einmal, und wir werden am Schlusse unserer Erzählung versuchen, die wunderbare Zweiseitigkeit seines Wesens in scharfen Linien zu zeichnen. Für jetzt kehren wir zu den Kosmosvorlesungen zurück.

Um ein Wort auch von den Gleichgültigen zu sagen, so erregte es doch Aufsehen bis nach Königsberg hin, dass ein Offizier die Taktlosigkeit besass, ein Poëm auf die am 20. März erfolgte Geburt des Prinzen Friedrich Karl in einer berliner Zeitung als „in einer Humboldt'schen Vorlesung gedichtet“ zu veröffentlichen. Auch war die Selbstironie des berliner Publikums sogleich bei der Hand, das Misverhältniss zwischen der ihm dargebotenen Belehrung und seiner eigenen Fassungskraft durch die burleske Anekdote zu bezeichnen: eine Dame, welche die Vorträge besucht, habe sich ein Kleid bestellt und verlangt, die Oberärmel zwei Siriusweiten geräumig zu machen.[1] Ja Humboldt selbst hatte dem Prinzen August auf die Frage, ob er denn wirklich glaube, dass die Damen seinem Vortrage folgen, ihn verstehen könnten, erwidert: „Das ist aber ja gar nicht nöthig: wenn sie nur kommen, damit thun sie ja schon alles Mögliche!“[2] Dieser Scherz führt uns zu der ernsthaften Frage nach der praktischen Bedeutung der Kosmosvorträge und nach dem Bewusstsein, das Humboldt von einer solchen hatte, als er sich zur Ausführung seines Vorhabens entschloss.

Wir haben uns oben vergegenwärtigt, dass die deutsche Gesellschaft, und die berliner insbesondere, sich in jenen Jahren noch in der Periode des ausschliesslichen Interesses für schöne

---

[1] Briefwechsel zwischen Goethe und Zelter, V, 11.

[2] *Varnhagen*, Blätter, IV, 335.

Literatur befand, mit dem man höchstens die Theilnahme an Musik und bildender Kunst zu verbinden begonnen hatte, dass eine allen gemeinsame Atmosphäre geistiger Bildung überhaupt noch nicht vorhanden war. Für jene Zeit hätte wirklich der herbe Vorwurf, den Buckle neuerdings verspätet ausgesprochen, seine Wahrheit gehabt, dass bei uns eine gewaltige Kluft bestünde zwischen der strengen Wissenschaft nnd der Volksbildung. Die Kosmosvorlesungen sind der erste namhafte Versuch gewesen, diese Kluft zu überbrücken. Die im Kreise blos ästhetischer und ethischer Erziehung befangenen Unternehmungen der romantischen Kritiker und Philosophen kommen von diesem Gesichtspunkte aus gar nicht in Betracht. Gerade dass das Wagniss von den Naturwissenschaften aus versucht ward, an dem Punkte, wo der Abstand zwischen der Arbeit der Fachgelehrten und dem bisherigen Antheil des Laienverstandes am weitesten klaffte, war von folgenreichster Bedeutung. Auf Geschichte und Alterthumskunde, auf Rechts-, Staats- und Wirthschaftslehre die Aufmerksamkeit aller Gebildeten zu lenken, musste danach als eine leichte Aufgabe erscheinen. Schon für den folgenden Winter wurden zwei andere wissenschaftliche Vortragscurse — über Griechenland und über französische Literatur — in der Singakademie angekündigt.[1] Welche gewaltige Umwandlung der geistigen Gewohnheiten hat sich seitdem nach und nach in unserm Vaterlande vollzogen! Als Friedrich von Raumer im Jahre 1842 den Wissenschaftlichen Verein gründete, dessen mannichfach gemischte, alle Seiten gelehrter Forschung umfassende Vorträge in der Singakademie von da an einen ständigen Zug in der geistigen Physiognomie der Hauptstadt bilden, hielt es wol ein Savigny noch für unwürdig und zudem völlig nutzlos, wissenschaftliche Rede auch an die Menge der Uneingeweihten zu richten. Mit Bewusstsein und Absicht aber handelt das heutige Geschlecht der Wissenden einer so vornehmen Auffassung zuwider. Die Söhne Gottes,

---

[1] *Varnhagen,* Blätter, V, 241.

möchte man scherzend sagen, sind zu den Töchtern der Menschen herabgestiegen. Denn dass auch der Frauenwelt dadurch eine aufhorchende Theilnahme am Geistesleben der Männer gestattet worden, ist nicht die letzte unter den segensreichen Wirkungen dieses Strebens. Allmählich griff man dann mit dem eindringlichen Mittel mündlicher Belehrung auch auf die tiefern Schichten des Volks, Handwerker und Arbeiter, hinab. Man denke an die zahllosen Bildungsvereine dieser Art, die sämmtlich auf gemeinverständliche wissenschaftliche Vorträge gegründet sind. Zugleich aber vergesse man nicht des Rückschlags, der dadurch auf die wissenschaftliche, ja auf die gelehrte Literatur selber ausgeübt worden ist. Edle Popularisirung ihrer Forschungsergebnisse ist seitdem ein Ziel des Ehrgeizes für unsere deutschen Gelehrten geworden; fasslich, lesbar, geschmackvoll zu schreiben gilt nicht mehr für ein Abzeichen des Dilettanten. Die Essayliteratur ist auch in Deutschland emporgewachsen, und welche Fülle von Anregungen hat man ihr nicht schon zu verdanken! Wie Humboldt in seinen „Ansichten der Natur“ für die letztere ein frühes Muster aufgestellt, wie er durch die Ausarbeitung des „Kosmos“ das Meisterstück der höchsten Gattung wissenschaftlicher Popularität geschaffen, so hat er auch durch die mündlichen Vorträge über physische Weltbeschreibung eine Entwickelung unsers innern Volkslebens begonnen, ohne die unser heutiges nationales Dasein in all seinem Glanze gar nicht zu denken wäre.

Und dass er dabei mit vollem Bewusstsein der Bedeutung seiner That verfuhr, geht schon daraus hervor, dass er sie ins Werk setzte in directem Gegensatze gegen eine philosophische Schule, die sich trotz der Hohlheit und Unsicherheit ihres wissenschaftlichen Methodengerüstes darin gefiel, in hochmüthiger Selbstgenügsamkeit sich als eine Gemeinde von Eingeweihten zu geberden, mit vermeintem Tiefsinn eine absichtlich dunkele und verworrene Sprache zu reden. Doch haben wir auch ausdrückliche Zeugnisse für die Tendenz, die ihn leitete, von seiner eigenen Hand. Als ihn Raumer zu activer Theilnahme an jenem

Wissenschaftlichen Vereine aufforderte, lehnte er eine solche ab wegen seines hohen Alters — er zählte 72 Jahre — das ihm den Muth benehme, frei öffentlich zu reden; doch wehrte er mit dem Hinweise auf die Vorträge von 1827 den Vorwurf ab, als tadle er das Populärmachen des Wissens. „Mit dem Wissen", schreibt er, „kommt das Denken, und mit dem Denken der Ernst und die Kraft in die Menge. Ich habe noch gestern in Sanssouci dem Könige bei Tische lobend von dem interessanten Vorhaben erzählt. Der Wechsel der Organe und Personen hat allerdings etwas sehr Unterhaltendes und Pikantes. Ob aber nicht Institute, in denen berühmte Männer halbjährig jeder einzelne 8—10 Stunden halten und in denen man sicher ist, wöchentlich dreimal in mehrern aufeinanderfolgenden Stunden Vorträge zu hören, eingreifender sind, will ich hier nicht entscheiden. Multa fiunt eodem sed aliter." Und nach der Eröffnungsvorlesung Raumer's fügt er hinzu: „Nehmen Sie meinen innigsten Dank für den Genuss an; auch für die liebevolle Weise, wie Sie meiner erwähnt haben. Möge die Verbreitung des Denkens der Menge die Kraft geben, ohne welche nicht bewahrt werden kann, was schon errungen ist." Gewiss wird man seiner Ansicht von dem grössern Nutzen wirklicher Curse zusammenhängender Lectionen beipflichten, ebenso gewiss aber auch die spöttische Bemerkung von 1827 über die Theilnahme der Damen für den launigen Reflex der Meinung halten, dass nicht gleich vom Anfange einer segensreichen Thätigkeit der ganze Segen zu erwarten sei. Wie sehr ihn damals gerade die pädagogische Seite der Wissenschaft beschäftigte, geht auch aus einem Briefe an Dirichlet vom 9. April 1828 hervor, worin er die Hoffnung auf Errichtung eines (chemisch-) mathematischen Seminars in Berlin ausspricht und hinzusetzt: „Mille préjugés insurmontables s'opposent à une véritable formation d'École polytechnique." Ja an Bessel theilte er im selben Jahre Ideen über seinen Einfluss auf zweckmässigere Bildung der Jugend

[1] *Raumer,* Literarischer Nachlass, I, 22, Nr. 11 u. 12.

mit. „Wenn Sie dahin gelangen, das mathematische Wissen bei uns zu verbreiten", erwidert ihm Bessel am 25. Dec., „so leisten Sie etwas sehr Grosses." Er selber habe sich bei den Studirenden darum bemüht, und die Schulen der Provinz Preussen seien denn auch gut mathematisch. „Allein das Vorherrschen der Sprachen muss aufhören, wenn die beste Richtung des Geistes nicht unbenutzt bleiben soll."

Der ausserordentliche Ruf der Vorlesungen in der Universität reizte schon im December 1827 den Freiherrn von Cotta — es war noch der alte, der Verleger der „Horen", „ein sonderbares Gemisch edelmüthiger Grossartigkeit und engen Geizes, vielseitiger Thätigkeit und lästiger Geschäftsverwirrung", wie ihn Humboldt nennt[1] — sie zu einer buchhändlerischen Speculation zu benutzen. Er schlug Humboldt vor, „das gesprochene Wort durch einen geübten Schnellschreiber ans Papier zu heften, dessen Aufzeichnungen nach jeder Vorlesung durchzusehen und das also gewonnene Manuscript ihm nach Stuttgart zu schicken, damit er es gleich in die Druckerei geben und bogenweise versenden könne."[2] Trotz anscheinend glänzender Propositionen — Cotta bot ihm 5000 Thlr. und rechnete dabei auf 45 Bogen — liess sich Humboldt zu keinem voreiligen Schritte verlocken. Denn „von allen menschlichen Interessen standen ihm", wie er sagte, „die wissenschaftlichen oben an der Spitze, diejenigen, wodurch unsere Einsicht in die Beschaffenheit der Naturkörper und Kräfte der Natur weitergeführt wird; alle übrigen Interessen waren jenen untergeordnet, die materiellen standen ihm am tiefsten."[3] Mit einem Takte, der unsern Tagen zum Muster dienen könnte, in welchen man Vorträge zu drucken und Bücher vom Katheder vorzulesen pflegt, unterschied er zwischen mündlicher Rede und schriftstellerischer Arbeit. „Nicht alles", erwiderte er, „was man auf dem Katheder spreche, könne so ohne

[1] An Schumacher, 1. Mai 1837.

[2] Briefwechsel A. von Humboldt's mit Berghaus, I, 117 fg.

[3] Brief an Berghaus vom 29. Juni 1828. Ebend., S. 185.

weiteres gedruckt werden; was für die Presse und durch diese für eine längere Zukunft bestimmt sei, müsse wohl und reiflich überlegt, dann niedergeschrieben, überarbeitet, geläutert und gesichtet, und mit den Beweisstücken der Schriftsteller in Noten und Citaten beglaubigt werden.“ Die ganze mühselige Ausgestaltung des Buches vom Kosmos steht uns bei diesen Worten vor Augen; was Humboldt unter „Ueberarbeiten, Läutern, Sichten und Beglaubigen“ verstand, werden wir an einer spätern Stelle aufzuzeigen haben. Er ergriff übrigens sogleich die Idee, „auf Grundlage der Notizen zu den Vorträgen ein Buch über physische Geographie abzufassen“, mit solcher Lebendigkeit, dass er sofort Berghaus zur Bearbeitung geographischer Erläuterungsblätter dazu, eines „Atlas der physischen Erdkunde“ aufforderte. Wir werden auf den weitern Fortgang der ganzen Angelegenheit seinerzeit zurückkommen; was die Ausführung des grossen Unternehmens vornehmlich verzögert hat, war die asiatische Reise und die Auffindung der Weltkarte Juan de la Cosa's durch Humboldt in Paris 1832, Begebenheiten, durch die ihm Ideen zu andern grossen Arbeiten zunächst in den Vordergrund traten.

Hatte Humboldt durch die Kosmosvorlesungen, soviel bei ihm stand, dem einen Hauptgebrechen der geistigen Zustände im damaligen Deutschland abgeholfen, der Sonderung der Sphäre der Gelehrsamkeit von der gebildeten Laienwelt, so ist er andererseits auch dem mit der politischen Zersplitterung des Vaterlandes verknüpften Mangel innerhalb der Wissenschaft selbst, der Isolirung der im selben Sinne thätigen Forscher gegeneinander, durch die Art, wie er sich des schon bestehenden Instituts der Naturforscherversammlungen annahm, wohlthätig entgegengetreten. Er hatte sich zwar schon vor Jahrzehnten selbst mit dem Gedanken getragen, eine nähere Verbindung zwischen den einzelnen Naturforschern herzustellen, womöglich durch alljährliche Zusammenkünfte; allein seine Weltreise verhinderte ihn an der Ausführung dieser Idee, und in Paris hernach, wo alles ohnehin eng verbunden lebte, war ein solches

Bedürfniss nicht vorhanden. So war denn mittlerweile die Gesellschaft deutscher Naturforscher und Aerzte zuerst 1822 in Leipzig zusammengekommen, auf Oken's Betrieb, dessen nationales und freisinniges Andenken länger und glänzender dauern wird als sein wissenschaftliches. Seitdem hatten alljährlich im Herbste solche Versammlungen stattgefunden, von lebhaftem Beifall im deutschen Publikum begrüsst, das darin einen geistigen Anklang an seine nationalen Einheitswünsche erkannte, und selbst von den Regierungen nicht ungünstig angesehen, die in solchen Bestrebungen ein Mittel zur Ableitung des Trachtens nach gefürchteten politischen Verbindungen erblicken mochten. So hatte sich die zweite Versammlung zu Halle der Förderung Altenstein's zu erfreuen gehabt, ja der König selbst hatte damals — 1823 — durch eine Cabinetsordre sein allerhöchstes Wohlgefallen und Interesse ausgedrückt.[1] Nicht minder wusste man 1826 und 1827 die Aufnahme in Dresden und München zu rühmen.[2] Für 1828 kamen an letzterm Orte Breslau und Berlin in Vorschlag, Humboldt's Einwirkung auf den König wie auf die berliner Gelehrten besonders war es zu danken, dass die Hauptstadt gewählt ward. Der Rector der Universität, Lichtenstein, ging mit der Einladung nach München. Er ward als Secretär, Humboldt als Director für die zu treffenden Vorbereitungen erwählt. Hrn. von Kamptz bangte vor dem Gedanken, dass Oken, demagogischen Gedächtnisses, in Berlin erscheinen solle, Humboldt war im Gegentheil dafür, ihn geradezu herbeizubitten, um zu zeigen, dass man nichts besorge. Der König fand denn auch die Sache ganz unverfänglich und gab seine Zustimmung.[3]

So sehr Humboldt nachher alles Verdienst der trefflichen Vorkehrungen auf Lichtenstein zu übertragen suchte, so war er

---

[1] *Varnhagen*, Blätter, II, 435.

[2] Ebend., IV, 121. 327.

[3] Ebend., IV, 327; vgl. Briefwechsel zwischen Goethe und Zelter, IV, 381.

doch selbst rechtzeitig aufs eifrigste bemüht, der Versammlung innerlich wie äusserlich, durch die Aufforderung hervorragender Forscher zur Theilnahme, wie durch Anstalten zu ihrem würdigen Empfange, Glanz zu verleihen. „Während des Aufenthalts der Naturfreunde“, schreibt Zelter am 30. Aug. 1828 an Goethe, „werden wahrscheinlich alle unsere Prachtopern nach der Reihe auftreten. Alexander von Humboldt und Lichtenstein sind unablässig mit Aufnahme so werther Gäste vorbeschäftigt, ja es werden Zeiten geschehen, da man zeigen will, dass gute Wirthe guter Gäste werth sind.“[1] Von grösserer Bedeutung jedoch war die Gewinnung namhafter Theilnehmer selbst. Schon am 25. Mai 1828 schrieb Humboldt an Schumacher: „Ich arbeite daran, Hrn. Gauss zu bereden, uns zum Feste der Naturforscher (18. Sept.) zu besuchen.“ Auch Schumacher wünschte er dabei gegenwärtig zu sehen: „Nur durch solche Namen kann eine leider! so zahlreiche Versammlung Glanz erlangen.“ Am 18. Juli sandte er aus Teplitz die officielle Einladung an Gauss, an dessen Erscheinen ihm vornehmlich gelegen war. Am 14. Aug. wiederholte er, eben von Teplitz heimgekehrt, von Sanssouci aus, wo er einige Tage mit dem Kronprinzen verweilte, die Aufforderung auf die liebenswürdigste Weise, indem er Gauss in seiner eigenen Wohnung mit völliger Freiheit und Bequemlichkeit freilich nur ein (doch sehr geräumiges) Zimmer anbot: „Sie werden in meinem Hause viel guten Willen, wenn auch (meiner innern häuslichen Einsamkeit wegen) wenig Geschick finden.“ Er fügte, wider seine Gewohnheit, das classische Citat von den Vortheilen der Bewirthung des Genius hinzu. Am 8. Sept. spricht er darauf die lebhafteste Freude über Gauss' Zusage aus und fährt fort: „Den 18. halte ich eine Eröffnungsrede, und den 18. abends 6—9 Uhr müssen Sie einem kleinen Feste beiwohnen, welches ich 600 Freunden im Concertsaale des Schauspielhauses geben werde. Der König und der Kronprinz haben mir versprochen, dabei zu sein.“ Er verhehlte sich

---

[1] Briefwechsel zwischen Goethe und Zelter, V, 104.

und andern dabei von Anfang an auch nicht die komische Seite der ganzen Institution. „Je ne vous parle pas", schreibt er am 18. Aug. an Decandolle in Genf, „des quatre cents amis naturalistes, qui m'arrivent d'Allemagne et de Scandinavie. C'est une irruption de savants, qui fait trembler."[1] Aehnlich heisst es in einem Briefe an Dirichelet vom 10. Aug.: „Ne vous verrons-nous pas ici pendant *l'irruption* des naturalistes? ou redoutez-vous le chaos de cette *foire littéraire?*" Aber wie schön fügt er sogleich hinzu: „Elle a cependant un côté sérieux, c'est une noble manifestation de l'unité scientifique de l'Allemagne; c'est la nation divisée en croyance et en politique, qui se revêle à elle même dans la force de ses facultés intellectuelles."

Die Empfindung von dieser nationalen Bedeutung der Versammlung war es, was ihr in Berlin einen enthusiastischen Empfang von seiten aller Stände bereitete.[2] „Im Saale der Singakademie hörte man zum ersten male alle deutschen Mundarten in voller Eigenthümlichkeit; man drängte sich um Oken, der dieses Band um Deutschland geschlungen, ohne Schlagbäume nach aussen, die Thore auch den Fremden gastlich geöffnet. Auch hatten diese den Ruf verstanden: die Skandinaven, alter Stammverwandtschaft eingedenk, damals noch nicht durch politische Zerwürfnisse von uns geschieden, hatten ihre besten Streiter gesendet, Berzelius führte die Schweden, Oersted die Dänen. Solchen Grössen gegenüber musste ein Gegengewicht geboten werden"; in diesem Sinne ward Humboldt zum Präsidenten erwählt, der die Versammlung am 18. Sept. vormittags in der Singakademie mit einer Anrede eröffnete, welche von einem der Hörer mit Recht als „ein Meisterstück ihrer Art an Freimüthigkeit, Gehalt, Angemessenheit, Kraft, Schönheit und Kürze" gepriesen ward, sie lautet also:

---

[1] *De la Roquette,* Humboldt, Correspondance, I, 274.

[2] Für das Folgende *H. W. Dove,* Gedächtnissrede auf A. von Humboldt, S. 5 u. 6.; *Varnhagen*, Blätter, V, 313—317 und einzelne ungedruckte Briefe Humboldt's.

„Wenn es mir durch Ihre ehrenvolle Wahl vergönnt ist, diese Versammlung zu eröffnen, so habe ich zuerst eine Pflicht der Dankbarkeit zu erfüllen. Die Auszeichnung, welche dem zutheil geworden, der noch nie Ihren denkwürdigen Vereinen beiwohnen konnte, ist nicht der Lohn wissenschaftlicher Bestrebungen, einzelner schwachen Versuche, in dem Drange der Erscheinungen das Beharrende aufzufinden, aus den schwindelnden Tiefen der Natur das dämmernde Licht der Erkenntniss zu schöpfen. Ein zarteres Gefühl hat Ihre Aufmerksamkeit auf mich geleitet. Sie haben aussprechen wollen, dass ich in vieljähriger Abwesenheit, selbst in einem fernen Welttheile, nach gleichen Zwecken mit Ihnen hinarbeitend, Ihrem Andenken nicht fremd geworden bin. Sie haben meine Rückkunft gleichsam begrüssen wollen, um durch die heiligen Bande des Dankgefühls mich länger und inniger an das gemeinsame Vaterland zu fesseln.

„Was aber kann das Bild dieses gemeinsamen Vaterlandes erfreulicher vor die Seele stellen, als die Versammlung, die wir heute zum ersten male in unsern Mauern empfangen? Von dem heitern Neckarlande, wo Kepler und Schiller geboren wurden, bis zu dem letzten Saume der baltischen Ebenen; von diesen bis gegen den Ausfluss des Rheins, wo, unter dem wohlthätigen Einflusse des Welthandels, seit Jahrhunderten die Schätze einer exotischen Natur gesammelt und erforscht wurden, sind, von gleichem Eifer beseelt, von einem ernsten Gedanken geleitet, Freunde der Natur zu diesem Vereine zusammengeströmt. Ueberall, wo die deutsche Sprache ertönt und ihr sinniger Bau auf den Geist und das Gemüth der Völker einwirkt; von dem hohen Alpengebirge Europas bis jenseits der Weichsel, wo, im Lande des Kopernicus, die Sternkunde sich wieder zu neuem Glanze erhoben sieht; überall in dem weiten Gebiete deutscher Nation nennen wir unser jedes Bestreben, dem geheimen Wirken der Naturkräfte nachzuspüren, sei es in den weiten Himmelsräumen, dem höchsten Problem der Mechanik, oder in dem Innern des starren Erdkörpers, oder in dem zartgewebten Netze organischer Gebilde.

„Von edeln Fürsten beschirmt, hat dieser Verein alljährig an Interesse und Umfang zugenommen. Jede Entfernung, welche Verschiedenheit der Religion und bürgerlicher Verfassung erzeugen könnten, ist hier aufgehoben. Deutschland offenbart sich gleichsam in seiner geistigen Einheit; und, wie Erkenntniss des Wahren und Ausübung der Pflicht der höchste Zweck der Sittlichkeit sind, so schwächt jenes Gefühl der Einheit keine der Banden, welche jedem von uns Religion, Verfassung und Gesetze der Heimat theuer machen. Eben dies gesonderte Leben der deutschen Nation, dieser Wetteifer geistiger Bestrebungen, riefen — so lehrt es die ruhmvolle Geschichte des Vaterlandes — die schönsten Blüten der Humanität, Wissenschaft und Kunst hervor.

„Die Gesellschaft deutscher Naturforscher und Aerzte hat seit ihrer letzten Versammlung, da sie in München eine so gastliche Aufnahme fand, durch die schmeichelhafte Theilnahme benachbarter Staaten und Akademien sich eines besondern Glanzes zu erfreuen gehabt. Stammverwandte Nationen haben den alten Bund erneuern wollen zwischen Deutschland und dem gothischskandinavischen Norden. Eine solche Theilnahme verdient um so mehr unsere Anerkennung, als sie der Masse von Thatsachen und Meinungen, welche hier in einen allgemeinen, fruchtbringenden Verkehr gesetzt werden, einen unerwarteten Zuwachs gewährt. Auch ruft sie in das Gedächtniss der Naturkundigen erhebende Erinnerungen zurück. Noch nicht durch ein halbes Jahrhundert von uns getrennt, erscheint Linné in der Kühnheit seiner Unternehmungen, wie durch das, was er vollendet, angeregt und beherrscht hat, als eine der grossen Gestalten eines frühern Zeitalters. Sein Ruhm, so glänzend er ist, hat dennoch Europa nicht undankbar gegen Scheele's und Bergmann's Verdienste gemacht. Die Reihe dieser gefeierten Namen ist nicht geschlossen geblieben; aber in der Furcht, edle Bescheidenheit zu verletzen, darf ich hier nicht von dem Lichte reden, welches noch jetzt in reichstem Masse von dem Norden ausgeht, nicht der Entdeckungen erwähnen, welche die innere chemische Natur der Stoffe (im numerischen Verhältniss ihrer Elemente) oder das wirbelnde Strömen der elektro-magnetischen Kräfte enthüllen. Mögen die trefflichen Männer, welche durch keine Beschwerden von Land- und Seereisen abgehalten wurden, aus Schweden, Norwegen, Dänemark, Holland, England und Polen unserm Vereine zuzueilen, andern Fremden für kommende Jahre die Bahn bezeichnen, damit wechselsweise jeder Theil des deutschen Vaterlandes den belebenden Einfluss wissenschaftlicher Mittheilung aus den verschiedensten Ländern von Europa geniesse.

„Wenn ich aber im Angesicht dieser Versammlung den Ausdruck meiner persönlichen Gefühle zurückhalten muss, so sei es mir wenigstens gestattet, die Patriarchen vaterländischen Ruhmes zu nennen, welche die Sorge für ihr der Nation theueres Leben von uns entfernt hält: Goethe, den die grossen Schöpfungen dichterischer Phantasie nicht abgehalten haben, den Forscherblick in alle Tiefen des Naturlebens zu tauchen, und der jetzt in ländlicher Abgeschiedenheit um seinen fürstlichen Freund, wie Deutschland um eine seiner herrlichsten Zierden, trauert; Olbers, der zwei Weltkörper da entdeckt hat, wo er sie zu suchen gelehrt; den grössten Anatomen unsers Zeitalters, Sömmering, der mit gleichem Eifer die Wunder des organischen Baues, wie der Sonnenfackeln und Sonnenflecke (Verdichtungen und Oeffnungen im wallenden Lichtmeere) durchspäht; Blumenbach, auch meinen Lehrer, der durch seine Werke und das belebende Wort überall die Liebe zur vergleichenden Anatomie, Physiologie und gesammten Naturkunde angefacht und, wie ein heiliges Feuer, länger als ein halbes Jahrhundert sorgsam gepflegt hat. Konnte ich der Versuchung widerstehen, da die Gegenwart solcher Männer uns nicht vergönnt ist, wenigstens durch Namen, welche die Nachwelt wiedersagen wird, meine Rede zu schmücken?

„Diese Betrachtungen über den geistigen Reichthum des Vaterlandes, und die davon abhängige fortschreitende Entwickelung unseres Instituts, leiten unwillkürlich auf die Hindernisse, die ein grösserer Umfang (die anwachsende Zahl der Mitarbeiter) der Ausführung eines ernsten wissenschaftlichen Unternehmens scheinbar entgegenstellen. Der Hauptzweck des Vereins (Sie haben es selbst an Ihrem Stiftungstage ausgesprochen) besteht nicht, wie in andern Akademien, die eine geschlossene Einheit bilden, in gegenseitiger Mittheilung von Abhandlungen, in zahlreichen Vorlesungen, die alle zum Drucke bestimmt, nach mehr als Jahresfrist in eigenen Sammlungen erscheinen. Der Hauptzweck dieser Gesellschaft ist die persönliche Annäherung derer, welche dasselbe Feld der Wissenschaften bearbeiten; die mündliche und darum mehr anregende Auswechselung von Ideen, sie mögen sich als Thatsachen, Meinungen oder Zweifel darstellen; die Gründung freundschaftlicher Verhältnisse, welche den Wissenschaften Licht, dem Leben heitere Anmuth, den Sitten Duldsamkeit und Milde gewähren.

„Bei einem Stamme, der sich zur schönsten geistigen Individualität erhoben hatte, und dessen spätesten Nachkommen, wie aus dem Schiffbruche der Völker gerettet, wir noch heute unsere bangen Wünsche weihen, in der Blütezeit des hellenischen Alterthums, offenbarte sich am kräftigsten der Unterschied zwischen Wort und Schrift. Nicht die Schwierigkeit des Ideenverkehrs allein, nicht die Entbehrung einer deutschen Kunst, die den Gedanken wie auf Flügeln durch den Raum verbreitet und ihm lange Dauer verheisst, geboten damals den Freunden der Philosophie und Naturkunde, Hellas oder die dorischen und ionischen Colonien in Grossgriechenland und Kleinasien auf langen Reisen zu durchwandern. Das alte Geschlecht kannte den Werth des lebendigen Wortes, den begeisternden Einfluss, welchen durch ihre Nähe hohe Meisterschaft ausübt, und die aufhellende Macht des Gesprächs, wenn es unvorbereitet, frei und schonend zugleich, das Gewebe wissenschaftlicher Meinungen und Zweifel durchläuft. Entschleierung der Wahrheit ist ohne Divergenz der Meinungen nicht denkbar, weil die Wahrheit nicht in ihrem ganzen Umfange auf einmal und von allen zugleich erkannt wird. Jeder Schritt, der den Naturforscher seinem Ziele zu nähern scheint, führt ihn an den Eingang neuer

Labyrinthe. Die Masse der Zweifel wird nicht gemindert, sie verbreitet sich nur, wie ein beweglicher Nebelduft, über andere und andere Gebiete. Wer golden die Zeit nennt, wo Verschiedenheit der Ansichten oder, wie man sich wol auszudrücken pflegt, der Zwist der Gelehrten geschlichtet sein wird, hat von den Bedürfnissen der Wissenschaft, von ihrem rastlosen Fortschreiten ebenso wenig einen klaren Begriff, als derjenige, welcher in träger Selbstzufriedenheit sich rühmt, in der Geognosie, Chemie oder Physiologie seit mehrern Jahrzehnten dieselben Meinungen zu vertheidigen.

„Die Gründer dieser Gesellschaft haben, in wahrem und tiefem Gefühle der Einheit der Natur, alle Zweige des physikalischen Wissens (des beschreibenden, messenden und experimentirenden) innigst miteinander vereinigt. Die Benennungen Naturforscher und Aerzte sind daher hier fast synonym. Durch irdische Bande an den Typus niederer Gebilde gekettet, vollendet der Mensch die Reihe höherer Organisationen. In seinem physiologischen und pathologischen Zustande bietet er kaum eine eigene Klasse von Erscheinungen dar. Was sich auf diesen hohen Zweck des ärztlichen Studiums bezieht, und sich zu allgemeinen naturwissenschaftlichen Ansichten erhebt, gehört vorzugsweise für diesen Verein. So wichtig es ist, nicht das Band zu lösen, welches die gleichmässige Erforschung der organischen und unorganischen Natur umfasst, so werden dennoch der zunehmende Umfang und die allmähliche Entwickelung dieses Instituts die Nothwendigkeit fühlen lassen, ausser den gemeinschaftlichen öffentlichen Versammlungen, denen diese Halle bestimmt ist, auch sectionsweise ausführlichere Vorträge über einzelne Disciplinen zu halten. Nur in solchen engern Kreisen, nur unter Männern, welche Gleichheit der Studien zueinander hinzieht, sind mündliche Discussionen möglich. Ohne diese Art der Erörterung, ohne Ansicht der gesammelten, oft schwer zu bestimmenden und darum streitigen Naturkörper, würde der freimüthige Verkehr wahrheitsuchender Männer eines belebenden Princips beraubt sein.

„Unter den Anstalten, welche in dieser Stadt zur Aufnahme der Gesellschaft getroffen worden sind, hat man vorzüglich auf die Möglichkeit einer solchen Absonderung in Sectionen Rücksicht genommen. Die Hoffnung, dass diese Vorkehrungen sich Ihres Beifalls erfreuen werden, legt mir die Pflicht auf, hier in Erinnerung zu bringen, dass, obgleich Ihr Vertrauen zweien Reisenden zugleich die Geschäftsführung übertragen hat, doch nur einem allein, meinem edeln Freunde Hrn. Lichtenstein, das Verdienst sorgsamer Vorsicht und rastloser Thätigkeit zukommt. Den wissenschaftlichen Geist achtend, der die Gesellschaft deutscher Naturforscher und Aerzte beseelt, und die Nützlichkeit ihres Bestrebens anerkennend, ist das königliche Ministerium des Unterrichts seit vielen Monaten jedem unserer Wünsche mit der aufopferndsten Bereitwilligkeit zuvorgekommen.

„In der Nähe der Versammlungsorte, welche auf diese Weise für Ihre allgemeinen und besondern Arbeiten vorbereitet worden, erheben sich die Museen, welche der Zergliederungskunst, der Zoologie, der Oryktognosie und der Gebirgskunde gewidmet sind. Sie liefern dem Naturforscher einen reichen Stoff der Beobachtung und vielfache Gegenstände kritischer Discussionen. Der grössere Theil dieser wohlgeordneten Sammlungen zählt, wie die Universität zu Berlin, noch nicht zwei Decennien; die ältesten, zu welchen der botanische Garten (einer der reichsten in Europa) gehört, sind in dieser Periode nicht blos vermehrt, sondern gänzlich umgeschaffen worden. Der frohe und lehrreiche Genuss, den solche Institute gewähren, erinnert mit tiefem Dankgefühl, dass sie das Werk des erhabenen Monarchen sind, der geräuschlos, in einfacher Grösse, jedes Jahr diese Königsstadt mit neuen Schätzen der Natur und der Kunst ausschmückt, und was einen noch höhern Werth hat als diese Schätze selbst, was dem preussischen Volke jugendliche Kraft und inneres Leben und gemüthvolle Anhänglichkeit an das alte Herrscherhaus gibt, der sich huldreich jedem Talente zuneigt und freier Ausbildung des Geistes seinen königlichen Schutz verleiht."

Es bedarf kaum einer zergliedernden Betrachtung, um die ganze Schönheit dieses an Form und Inhalt gleich vollendeten rhetorischen Kunstwerks zu begreifen. Mit einer graziösen Wendung eilt der Redner im Eingange sogleich von einer bescheidenen Erwähnung seiner eigenen Stellung auf das vaterländische Interesse des Momentes über. Bei der entschiedensten Betonung der geistigen Einheit der Nation findet er doch auch noch ein Wort billigen Lobes für die unleugbaren Culturwirkungen ihres politisch gesonderten Lebens. Alsdann leitet ihn das dennoch internationale Wesen der Wissenschaft zur Begrüssung der fremdländischen Gäste über. Mit feinstem Takte behandelt er dabei die persönlichen Beziehungen. Die Todten preist er öffentlich ohne Scheu, von den Abwesenden nennt er nur die Veteranen rühmend mit Namen, von den Gegenwärtigen werden einzig die grossen Fremden, Berzelius und Oersted, und auch sie nur mit leiser Anspielung auf ihr Verdienst, andeutend bezeichnet, von den jüngern Deutschen nur der leider fern gebliebene Bessel. Lichtenstein erhält seiner geschäftlichen Mühwaltung wegen, die Behörden für ihr Entgegenkommen den verdienten Dank; dem Könige wird zum Beschlusse warmes Lob gespendet, doch in so zarter Weise, dass selbst die Schwächen seiner Natur, freilich verklärt, noch durch das gefällige Gewand edler Wohlredenheit hindurchscheinen. Von vorzüglicher Klarheit ist der zweite, sachliche Theil der Rede, in welchem er, frei von jeder schwärmerischen Uebertreibung, den Werth des Instituts der Versammlungen in die gegenseitige persönliche Berührung der einzelnen Forscher setzt, deren Wirkungen er in antikem Sinne zu schätzen weiss. Mit wenigen Worten knüpft er daran die Ankündigung einer praktischen Neuerung, die er selber ins Leben gerufen, die Gründung der Sectionen. Die Einrichtung derselben war in der That der einzige Weg, die Versammlungen zu ernsthafterer wissenschaftlicher Thätigkeit aus dem fruchtlos Allgemeinen hinüberzuführen. Ihre Nothwendigkeit war Humboldt aus der Wahrnehmung der schon vorhandenen Grösse der Arbeitstheilung in den Naturwissenschaften klar geworden. Durch die Einführung der Sectionen allein ist die berliner Versammlung von 1828 wahrhaft epochemachend in der Geschichte des Instituts geworden. Wenn sie auch sonst allen Theilnehmern lange in heller Erinnerung geblieben ist, so war davon wiederum vor allem Humboldt's gesellschaftliches Talent die Ursache.

Das Fest für die „600 Freunde", wovon in der Einladung an Gauss die Rede gewesen, fand wirklich am Abend des 18. im Schauspielhause statt. „Hr. von Humboldt gab einen Thee", erzählt Varnhagen, „die halbe Stadt war eingeladen; der König sah die Sache von seiner Loge mit an, der Kronprinz kam auch in den Saal und besprach sich mit Fremden und Einheimischen, so auch die andern Prinzen. (Der Kronprinz und der Herzog von Cumberland hatten auch vormittags der Eröffnung beigewohnt.) Das Fest war sehr schön; ein grosses Transparent von Schinkel enthielt die brennenden Namen deutscher Naturforscher, nur verstorbener" — an der Spitze Kopernicus und Kepler — „die Bewirthung war reichlich; Musik und Gesang unterbrachen öfters die lebhafte Unterhaltung; man blieb bis nach 9 Uhr, um 6 hatte die Sache angefangen." Nicht minder lebendig ging es bei den Mittagsmahlzeiten im Exercirhause zu, selbst die Miswollenden wurden in die fröhliche Stimmung hineingezogen. Man sah Hrn. von Kamptz mit Oken Arm in Arm zu Tische gehen, in der lebhaftesten Freude über die neue Bekanntschaft. Humboldt war allgegenwärtig, in den Sectionssitzungen, in den Sammlungen, im botanischen Garten und dazwischen wieder in der oder jener „mauvaise taverne", wie er in Erinnerung an Paris klagte, um ein Frühstück für Gauss, Müffling, Radowitz und Dirichlet, für Berzelius, Heinrich Rose und Magnus oder ein Diner für Babbage zu arrangiren. In der Anwesenheit des letztern vermuthete er den Grund zum Fernbleiben Sabine's, dessen Namen er schon „unter den 400 Mitfechtern und Mitessern mit Stolz hatte mitdrucken lassen"; denn „unter zwei Engländern", sagte er scherzend, „sind bekanntlich drei, die sich hassen!" Als die „400 nomadischen Freunde" nach mehr als achttägigem Aufenthalt Berlin allmählich wieder verliessen, behielt man dort die Empfindung, dass „die Versammlung vielfältige Lebensbewegung angeregt habe, dass die besten Eindrücke gegeben und empfangen worden seien.“

Um heutzutage ein richtiges historisches Urtheil über die Bedeutung der Zusammenkunft von 1828 fällen zu können, muss man freilich die spätere Entwickelung der Naturforscherversammlungen und den Umschwung der Zeiten überhaupt im Auge haben. Was damals die einzige Darstellung der idealen Einheit der Nation war, verlor seinen Glanz, je vielseitiger diese ideale, je deutlicher zuletzt auch die reale Einheit des Vaterlandes zur Erscheinung kam, je mehr im Laufe der Jahre die am Ende unübersehbare Zahl der Vereinigungen von Berufsgenossen, der „Tage“ aller Art zunahm, bis denn zuletzt das Dasein der grossen politischen Körperschaften Gesammtdeutschlands jene schüchternen Vorspiele auf rein geistigem Gebiete ganz in Schatten treten liess. Was aber den eigentlich wissenschaftlichen Werth jener Versammlungen anbetrifft, um dessentwillen sie anfangs durch Gründung ähnlicher Associationen in europäischen Nachbarlanden und weiter hinaus nachgeahmt wurden, so lässt sich nicht leugnen, dass gerade die ausgezeichnetsten Forscher allmählich darüber geringer haben denken lernen. Das Princip der Genossenschaft, in allen praktischen Dingen mit Recht ein Universalmittel unserer Tage, hat sich zum Heile rein theoretischer Production keineswegs sehr wirksam erwiesen. Selbst aus der Arbeit der Sectionen ist selten, bei der Planlosigkeit ihres dem Zufall anheimgegebenen Gesammtverlaufes, irgendwelche Frucht erwachsen; nur zu häufig haben sich dabei gerade diejenigen, deren Ansichten im gewöhnlichen literarischen Wege wissenschaftlicher Aeusserung mit Recht überhört worden, breit und anmasslich mit Projecten, Systemen und vermeintlichen Entdeckungen hervorgedrängt. Dem gegenüber ist denn die rein gesellige Seite der Versammlungen, die Humboldt schon 1828 als die eigentlich wichtige hervorhob, immer mehr in den Vordergrund getreten; einerseits aber geschah dies — nach uralter deutscher Sitte — gar oft vorzugsweise in der ideenfeindlichen Form von Schmausereien, andererseits bedurfte es solcher ausdrücklich anberaumter Gelegenheiten zu persönlicher Berührung der Gleichstrebenden von Jahr zu Jahr weniger bei dem durch die moderne Entwickelung der Communicationsmittel stetig erleichterten und beschleunigten Verkehr der Individuen untereinander.

Wir hätten uns nicht erlaubt, auf diese allgemein bekannten Schicksale der historisch denkwürdigen Institution hier eigens hinzuweisen, wenn nicht aus der Erkenntniss derselben auch Humboldt's spätere Haltung gegenüber den Naturforscherversammlungen erklärt werden müsste. Auf die berliner Zusammenkunft sah er zunächst schon deshalb mit grosser Befriedigung zurück, weil er an eine hervorragende Position inmitten lebendigster geistiger Geselligkeit von Paris her gewöhnt und für den Reiz einer solchen socialen Centralsonnenstellung keineswegs unempfänglich war. Mit vielem Eifer suchte er seinen Freunden vom pariser Institut, an deren Beifall ihm zeitlebens am meisten gelegen war, die Natur und Bedeutung des deutschen Unternehmens begreiflich zu machen. „Rien ne pouvait être plus flatteur pour ma patrie“, schrieb er am 24. Jan. 1829 an Geoffroy Saint-Hilaire[1], „que l'interêt que vous avez daigné marquer pour la réunion de naturalistes, qui a lieu annuellement en Allemagne. Permettez d'abord que je vous en témoigne ma plus vive reconnaissance. Nous n'avons pas regardé comme une preuve de dépit l'absence des hommes célèbres, dont s'honore cette belle France. Nous savons, combien la saison tardive, notre position trop orientale, et la difficulté de notre langue devaient offrir d'obstacles à un voyage lointain. C'est un des traits caractéristiques de notre époque de voir se dissiper graduellement les préjugés, qui éloignent des personnes également animées du désir d'avancer les progrès des sciences. La Société des naturalistes, que j'ai eu l'honneur de présider cette année,

---

[1] *De la Roquette*, Humboldt, correspondance, I, 274 fg.

ne forme pas une académie, les formes académiques doivent même en rester bannies. Elle offre cet asile à la liberté d'opinions divergentes, que le monopole académique restreint trop souvent, liberté aussi indispensable à la marche progressive de l'esprit humain, que l'est la liberté civile aux progrès de l'industrie et des arts..... On ferait très-mal d'ailleurs de juger la Société d'après la pluralité des membres qui la composent, ou d'après les mémoires qu'on lui présente. La réunion est généralement beaucoup trop nombreuse en médecins; aucune personne se trouvant exclue qui a publié un livre de vingt feuilles. Les mémoires lus dans les séances publiques ne sont pas le véritable but de la Société. Ce qui lui donne un avantage inappréciable, est le contact de tant de savants d'Allemagne, de Suède, de Danemark, de Hollande, la possibilité de commenter en trois semaines ce qu'il faudrait chercher dans de longs voyages. Il y a des sections de physiologie, de zoologie, de botanique, où l'on se consulte, où l'on montre des dessins des objets. Ces sections ou réunions par sciences ont été du plus grand intérêt à Berlin, elles ont laissé des traces, non sur le papier, mais dans l'esprit de ceux qui savent discuter et ne portent pas un déplorable despotisme dans les recherches de la vérité. L'opinion publique se forme et la considération se fixe sur des personnes, dont le nom était inconnu jusqu'alors..... L'assemblée a eu beaucoup de dignité ici par l'intérêt que le gouvernement y a mis, par la beauté des salles servant aux réunions, par la présence du roi et des princes, par le concours singulier de personnes qui n'auraient aucun espoir de se rencontrer ailleurs." So sehr Humboldt durch diese glänzende Schilderung seine pariser Freunde zu einem Besuche der nächsten — heidelberger — Versammlung anzulocken strebte, so rieth er doch übrigens von irgendwelcher officiellen Sendung seitens des Instituts dringend ab, indem er auf das Beispiel der meisten nordischen Forscher hinwies, die freiwillig erschienen waren.

Neben den Lichtseiten wurden aber auch die Schattenseiten

der Versammlungen Humboldt immer deutlicher. Anfangs mehrfach durch Abwesenheit in Paris, wie 1829 in Asien, behindert, hat er noch die zu Breslau 1834, die in Jena 1836 und die göttinger von 1839 besucht und seine „Marionetten“, wie er die dafür bestimmten Vorträge nennt, „dort spielen lassen“; dann hat ihn, ausser dem zunehmenden Alter, auch die verminderte Theilnahme an der ganzen Sache davon zurückgehalten. Schon 1832 war er, wie es in einem Briefe an Cancrin heisst[1], um nicht in seinen Arbeiten gestört zu werden, den wandernden Naturseelen nicht nach Wien gefolgt, „wo vielfach, unter Gelagen, die gelehrte Eitelkeit Befriedigung gefunden“. Als er sich im Jahre 1837 anschickte, zum Jubiläum der göttinger Hochschule Gauss den Besuch von 1828 wiederzugeben, schrieb er an diesen aus Teplitz (27. Juli): „Hier in Böhmen habe ich mit Graf Sternberg einen bittern Kampf gefochten. Man hat es für ganz unmöglich gehalten, dass ich nicht die Versammlung der wandernden Naturforscher in Prag vorziehen sollte. Ich habe mich aber tapfer vertheidigt, als Zögling der grossen göttinger Lehranstalt und in Beziehung von Versprechungen, welche ich Ihrem Könige und dem Herzoge von Cambridge vor vielen Jahren gegeben. Noch wichtigere Gründe (die wahren) durfte ich nicht anführen. Einige Stunden mit Ihnen, theuerer Freund, sind mir lieber als alle Sectionen der sogenannten Naturforscher, die sich in solchen grossen Massen und so gastronomisch bewegen, dass des wissenschaftlichen Verkehrs für mich nie genug gewesen ist. Ich habe mich am Ende immer gefragt, wie der Mathematiker am Schluss der Oper: «Enfin dites-moi franchement ce que cela prouve.»“ In einem andern Briefe vom 5. Aug. spottet er der „grossen gastronomischen Anstalten für die wandernden Naturforscher“ und des „Naturtanzes“ für „Naturtöchter“. Und in einem Briefe an Schumacher vom 26. Sept. 1847 heisst es, wo von seiner Abreise nach Paris,

---

[1] Im Ural und Altai, Briefwechsel zwischen A. von Humboldt und G. Graf von Cancrin, S. 43.

Anfang October, die Rede ist: „Dann sind, hoffe ich auch, die ess-, spazier- und musiklustigen wandernden Naturseelen in dem unwissenschaftlichen Aachen schon in ihre unbekannte Heimat heimgekehrt. Das ganze theuere Schauspiel (denn leider! artet es dahin aus) ist dort recht zahm und unbedeutend gewesen.“ Auch Einladungen nach Skandinavien und der Schweiz ist er nie gefolgt; Vorsitz und Vortrag bei einem europäischen Forschercongress für den Herbst 1842 lehnte er ab und widerrieth Murchison das ganze Unternehmen.[1] Die deutschen Versammlungen haben ihrerseits nicht versäumt, ihm auch aus der Ferne ihre Ehrerbietung zu bezeigen. Seit der Telegraph anfing, der willige Ueberbringer von allerlei Toasten und Gratulationen zu werden, in den funfziger Jahren, haben sie ihm regelmässig nachträgliche Glückwünsche zum 14. Sept. übersandt, die er auf die artigste Weise erwiderte In der Antwort auf die Einladung zur karlsruher Versammlung, der letzten, die er erlebte, sagte er noch einmal anerkennend am 29. April 1858: die Naturforscherversammlung sei als ein schwaches Lichtbild der mythischen Einheit des deutschen Vaterlandes übriggeblieben.

Einen ganz besondern Gewinn brachte aber Humboldt die foire littéraire von 1828 durch „die Freude, den trefflichen Gauss bei sich zu bewirthen“. Er war „über ihn in näherm Umgange entzückt. Anfangs und gegen Unbekannte ist er freilich gletscherartig kalt und untheilnehmend fast für alles, was ausser den von ihm schon berührten Kreisen liegt. Sie, mein Verehrtester, kommen schneller dem Geiste und dem Herzen näher.“ So schrieb Humboldt am 18. Oct. an Schumacher, noch voll von den frischen Eindrücken, die der Verkehr mit dem grössten mathematischen Genius des Zeitalters ihm hinterlassen. Die wissenschaftlichen Beziehungen zwischen beiden werden uns noch öfter beschäftigen, doch ergreifen wir den Anlass gleich hier, ihres persönlichen Verhältnisses und der Bemühungen Humboldt's, Gauss nach Berlin zu ziehen, im Zusammenhange zu

[1] *De la Roquette*, II, 209. 326.

gedenken. Schon 1804, als er, von seiner Reise zurückkehrend, „wegen der Erforschung der Zahlentheorie den Namen Gauss in Paris in aller Munde“ fand, hatte er bei der berliner Akademie auf dessen Berufung gedrungen. Er antwortete dem Könige auf die Aufforderung, in die Akademie wirksam einzutreten, „seine Erscheinung würde sehr unbedeutsam sein, aber ein Mann könne der Akademie den Glanz wiedergeben, er heisse Karl Friedrich Gauss“. Aber „Entschlussunfähigkeit charakterisirt deutsche Ministerien“, schrieb er trauernd, als er an die damals gescheiterten Bemühungen zurückdachte. Die spätere, ebenso erfolglose „vierjährige Berufungsgeschichte 1821—25“ nennt Humboldt „ekelhaft und rein deutsch. Als ich 1827 Paris verliess und hierher berufen wurde“, setzt er hinzu, „erwachte in Gauss erst die Reue. Er wäre gern mit mir an einem Orte gewesen.“ Auch bei der persönlichen Begegnung im Jahre 1828 mag Gauss sich einer solchen Aussicht nicht abgeneigt erwiesen haben. So sehr ihm das bunte Treiben der Versammlung widersagt hatte — er erfreute sich dabei vornehmlich nur an Wilhelm Weber's „Geist und Scharfsinn“, war aber selbst doch kein Mann für wissenschaftliche Jahrmärkte — mit Humboldt war er „zufrieden“ gewesen. Diese beiden Männer, deren völlig unvergleichbare, einander fremde Genialität man so oft zu thörichter Abwägung gegeneinander gehalten hat, wussten sich trotz manches vorübergehenden Misverständnisses doch gegenseitig wohl zu schätzen. Es ist rührend, wie der grosse Mathematiker dem vielseitig begabten Freunde einmal auf seine Weise seinen Glückwunsch ausspricht.

„Wir Deutschen“, schreibt er am 7. Dec. 1853 an Humboldt, „feiern gern, vielleicht mehr als irgendein anderes Volk, gewisse Tage, die eine Zeitmassbeziehung haben auf uns theuere Personen oder Begebenheiten, wie Geburtstage, Jubiläen u. dgl. Der Messkünstler, in dessen Augen Verschwommenheit und Willkürlichkeit im Gegensatze zu Schärfe und Festigkeit immer etwas Abstossendes haben, findet einen kleinen Uebelstand darin, dass der Grund, warum eben dieser Tag und nicht ein anderer zur Begehung der Feier bestimmt wird, mehr oder weniger von Willkürlichkeiten abhängt, von der Einrichtung unsers Kalenders, der Vertheilung der Schaltjahre und, was Jubiläen betrifft, von dem Bestehen des Decimalsystems, also in letzter Instanz von dem Umstande, dass wir eben fünf Finger an jeder Hand haben. Warum ich mit diesen trivialen Reflexionen Sie jetzt behellige? Ich kann nicht unterlassen, übermorgen, den 9. Dec., in tiefer Rührung einen Tag zu feiern, dessen ergreifende Bedeutung von keiner solchen Willkür berührt wird. Es ist dies der Tag, wo Sie, mein hochverehrter Freund, in ein Gebiet übergehen, in welches noch keiner der Koryphäen der exacten Wissenschaften eingedrungen ist, der Tag, wo Sie dasselbe Alter erreichen, in welchem Newton seine durch 30766 Tage gemessene irdische Laufbahn geschlossen hat. Und Newton's Kräfte waren in diesem Stadium gänzlich erschöpft: Sie stehen zur höchsten Freude der ganzen wissenschaftlichen Welt noch im Vollgenuss bewunderungswürdiger Kraft da.“

Und ein Jahr später, in den Schmerzen der letzten Krankheit, tröstete ihn bei der Besorgniss, das höhere Alter möge ihm vermehrte Beschwerden bringen, der Gedanke an seinen Humboldt — ein Epitheton, welches man ihn zu keinem andern Namen setzen hörte. Wiederholt las er und liess sich den letzten Brief Humboldt's vorlesen, der ihn besonders erfreut hatte. „Ich bin betrübt zu hören“, hatte dieser am 4. Dec. 1854 geschrieben, „dass Ihre Beschwerden «an Zahl und Intensität» zunehmen. Schonen Sie, ich beschwöre Sie im Namen aller, die für deutschen Ruhm empfänglich geblieben sind, was Ihnen von Kräften übrig ist. Linderung ist auch Heilung. Wer so Vieles und Grosses geistig geschaffen, wer der elektrischen Sprache, die jetzt über Meer und Land geht, zuerst Sicherheit, Mass und Flügel verliehen hat, der sollte in dem erneuerten Andenken des Geleisteten auch einen Keim zur Linderung finden.“ Neben dieser lebhaften Anerkennung des eigenen unvergleichlichen Verdienstes befriedigte den hohen Geist, dem alles Mittelmässige zuwider war, in jenen letzten Tagen auch ganz besonders die kleine Correctur, die Humboldt bei der Uebersetzung von Arago's Werken sich erlaubt hatte, indem er die Zahl der Männer, denen über exacte Untersuchungen ein endgültiges Urtheil zustehe, der „wirklich genialen Mathematiker", von etwa zehn, wie es im Original hiess, mit Dirichlet's Beirath auf etwa acht einschränkte. Daneben erfahren wir freilich auch, dass der Leidende den „Kosmos" unwillig von sich that, weil er für sein religiöses Bedürfniss, das mit herannahendem Tode in erhöhter Stärke hervortrat, darin keine Nahrung zu finden glaubte; denn Gauss ist abgeschieden in der „zweifellosesten Ueberzeugung seiner persönlichen Fortdauer, in der festesten Hoffnung auf dann noch tiefere Einsicht in die Zahlenverhältnisse, die Gott in die Materie gelegt habe, und die er dann auch vielleicht in den intensiven Grössen werde erkennen können, denn ὁ θεὸς ἀριθμητίζει, sagte er."[1] Zu andern Zeiten freilich hatte er sich doch wieder auf die Fortsetzung des „so überschwenglich reichen Kosmos" gefreut. Er hoffte sich durch den vierten Band auf einem ihm wenig bekannten Felde zu orientiren", und wünschte für Welt und Nachwelt auch den organischen Theil des Kosmos noch von Humboldt beleuchtet zu sehen.[2]

Humboldt seinerseits nahte sich, von dieser religiösen, wie von der nicht minder bedeutenden politischen Differenz völlig absehend, Gauss stets mit der tiefsten Ehrfurcht. Obwol er sich „kein ernstes Urtheil in den höhern Regionen der Mathematik anmasste", obwol er sich die Schwierigkeiten der Gauss'schen Arbeiten, die „über seinem deprimirten Horizonte lagen", durch Jacobi erklären lassen musste, so „erleichterten ihm doch Zuversicht und Glaube die Einsicht und stärkten sein Fassungsvermögen". Er empfand „die anziehende Kraft, welche grosse Geister ausüben", fühlte auch bei seiner „allmählichen Ver-

---

[1] Aus einem Briefe von Baum an Humboldt, vom 28. Mai 1855, über die letzten Tage von Gauss. Die Notiz über den „Kosmos" aus mündlicher Mittheilung von Sartorius an Bruhns.

[2] Brief vom 10. Mai 1853.

steinerung, die — wie es sich für einen alten Geognosten gezieme — von den Extremitäten begann, doch sein Herz noch nicht verhärtet, das vielmehr mit erhöhter Wärme für den schlage, der des Blitzes Helle in das geheimnissvolle Dunkel verwickelter Naturerscheinungen sende" u. s. w. Durch all diese Wolken des Weihrauchs schimmert doch so viel klar hindurch, dass ihn ein sicherer Takt zur richtigen Würdigung dessen leitete, was er nicht völlig begriff. Daher seine unablässigen Bemühungen, „dem ersten, dem tiefsinnigsten, alles umfassenden Mathematiker Europas in dem auch damals uneinigen Deutschland" den würdigsten Platz in Berlin selbst anzuweisen. Nach der berliner Naturforscherversammlung versäumte er acht Jahre lang keine Gelegenheit, um „den ältesten Wunsch seines heimischen Lebens", den, der Akademie in Gauss „wieder einen Lagrange" zu schenken, ins Werk zu setzen; aber nie kam er „auf einen Punkt, wo pécuniairement eine solche Berufung möglich" gewesen wäre; „die eisige Zone", klagt er, „liegt viel südlicher, als man nach Cousin's Lobe glauben sollte". „In dem mare coenosum", wie Schumacher ihm darüber „geistreich sagte", „scheiterte alles an den Silberklippen". So musste er sich denn daran genügen lassen, selber Gauss „ein Freund" geworden zu sein. Und wenn er auch einmal über dessen „oft sehr kleinlichen und illiberal reizbaren Charakter" zu seufzen hatte — es handelte sich um die Anerkennung der „unsterblichen Verdienste des grossen Geometers" um die Methode magnetischer Messungen — so gab er doch in seiner geschmeidigen Art schnell nach und nahm, wie „gern er sich auch sonst dem wissenschaftlichen Aristokratismus widersetzte und die Vornehmsten daran zu gewöhnen suchte, dass man neben ihnen sein Wesen treibe, den Vorwurf auf sich, de courir au secours du plus fort". „Machen Sie alles wieder gut", bittet er Schumacher, „wenn der reizbare, aber von uns beiden so unendlich hochgeehrte Mann mit seinem schweren Geschütz auf mich schiesst." Bei erneuter persönlicher Begegnung, während des göttinger Jubiläums 1837, erschien ihm Gauss „nicht blos, wie immer, geistig gross und alles, was er kühn und tief ergreife, beherrschend, sondern auch voll Milde und Herzlichkeit und Wärme des Charakters". Wie „Lichtpunkte des Lebens" standen ihm diese Tage vor Augen; „es ist etwas Grosses im Leben", ruft er aus, „so dem Grossen seiner Zeit nahe treten zu können!" So standen sie einander gegenüber, der reiche Geist und der tiefe, der allbewegliche Sanguiniker und der andere mit der fast starren Gewalt seines Ernstes; was sie trennte, hielt sie doch wieder aneinander gefesselt. Einen ähnlichen, wenn auch nicht gleichen Gegensatz werden wir zwischen Bessel und Humboldt wahrnehmen.

Die lebhafte Communication mit so vielen, namentlich auch jüngern Naturforschern bei der berliner Versammlung im September 1828 bot Humboldt Anlass, die Beobachtungen über stündliche Declination und die Epoche ausserordentlicher Störungen des Erdmagnetismus, in Fortsetzung der 1800 und 1807 angestellten mit erneutem Eifer, erweiterten Hülfsmitteln und Hülfskräften, nach einem umfassendern Plane wieder zu beginnen. Die wissenschaftliche Bedeutung derselben hat an einem andern Orte dieses biographischen Werkes ihre Würdigung gefunden; hier sei nur der persönlichen Momente gedacht. Noch im Herbste ward im Garten des befreundeten Stadtraths Mendelssohn-Bartholdy, Vaters des Componisten, in der Leipzigerstrasse, da wo später das Herrenhaus erbaut worden, nach Humboldt's Anweisungen das berühmt gewordene eisenfreie magnetische Häuschen errichtet. An den anstrengenden Beobachtungen, die mit denen von Reich in Freiberg, 216 Fuss unter Tage, später auch mit solchen in Kasan, Nikolajew und St.-Petersburg correspondirten, betheiligte sich Humboldt selbst mit regem Eifer. „Mit meinen stündlichen magnetischen Declinationsbeobachtungen", schreibt er am 13. März 1829 an Schumacher, „geht es sehr regelmässig seit dem 1. Jan. Ich habe ganze Nächte von Stunde zu Stunde beobachtet und wünschte sehr Angaben von gesehenen Nordlichtern in Kopenhagen oder Norwegen. Den 24—26. März denke ich gleichzeitig mit Freiberg, wo Gambey's

Instrument in einer Grube steht, von Stunde zu Stunde zu beobachten.“ Am 19. März sandte er an Reich Beobachtungen, die er mit dem jungen Paul Bartholdy, dieser bei Tage, Humboldt bei Nacht gemacht. In einem Briefe vom 26. heisst es: „Ich habe vorgestern wieder 33 Stunden lang correspondirend mit Freiberg von Stunde zu Stunde die Abweichung der Magnetnadel beobachtet.“ Ablösung in der Arbeit war unumgänglieh nothwendig, da Humboldt für sieben Perioden des Jahres sogar 44 Stunden andauernde, mindestens stündliche Observationen angeordnet hatte. Es unterstützten ihn daher die jüngern Mathematiker und Physiker, Dirichlet, Dove, Encke, Magnus, Poggendorff u. a., denen nachher, während der sibirischen Reise, die Ausführung der berliner Beobachtungen allein überlassen blieb. Als das Grundstück in der Mitte der dreissiger Jahre verkauft und das Kupferhäuschen abgerissen ward, wurden dieselben in der neuen Sternwarte, nun jedoch nach der von Gauss 1833 angegebenen Methode fortgesetzt. Die asiatische Reise benutzte Humboldt gleichfalls zu eigenen „magnetischen Beobachtungen über den tellurischen Magnetismus mit gleichzeitigen astronomischen Ortsbestimmungen“.[1] Der bei der Rückkehr in Petersburg gethanen Aufforderung zur Schöpfung eines russischen Beobachtungsnetzes ist bei Gelegenheit der Beschreibung der russischen Reise gedacht worden, die noch folgenreichere Anregung zur Ausspannung des erdumfassenden britischen Netzes wird im folgenden Abschnitt erzählt werden. Auch zu Temperaturbeobachtungen in allen preussischen Bergwerken, zur genauern Bestimmung der Erdwärme, ging im Jahre 1828 der Anstoss von Humboldt aus.

Wie immer finden wir ihn auch in diesen Jahren, 1827—30, zugleich aufs vielseitigste wissenschaftlich thätig. Für *Poggendorff's* „Annalen“ und die „Annales de Chimie et de Physique“ lieferte er meteorologische, erdmagnetische und vulkanologische

[1] Kosmos, IV, 69, wo S. 63—77 die Geschichte der magnetischen Arbeiten in der ersten Hälfte unsers Jahrhunderts überhaupt verzeichnet ist.

Beiträge, für *Crelle's* Journal einen Aufsatz über die bei verschiedenen Völkern üblichen Systeme von Zahlzeichen und über den Ursprung des Stellenwerthes in den indischen Zahlen, ein Gegenstand, der ihn schon zehn Jahre früher in Paris beschäftigt hatte und zeitlebens, wie alles, was sich auf Entdeckungsgeschichte bezog, hohes Interesse für ihn behielt. Der „Hertha" machte er wichtige geographische Mittheilungen, die ihm von allen Seiten zuflossen. Es mag dabei auch die am 26. April 1828, in derselben an wissenschaftlichen Keimen reichen Zeit, erfolgte Stiftung der berliner Geographischen Gesellschaft durch Baeyer, Berghaus, O'Etzel, Kloeden, Zeune u. a. erwähnt werden, die dann am 7. Juni desselben Jahres ihre erste Sitzung hielt und Karl Ritter zu ihrem Director erwählte.[1] Humboldt hat ihr zwar nur als Ehrenmitglied angehört und ist als solches regelmässig auf ihren in Lustren wiederkehrenden Stiftungsfesten erschienen; allein wie er mit Ritter, Dove, Ehrenberg, und wie sonst die spätern Leiter der Gesellschaft heissen mögen, in lebendigem Verkehr stand, so widmete er auch dieser selbst nicht minder eine dauernde Theilnahme. Während in Paris noch am Drucke des letzten Bandes der „Relation historique" gearbeitet ward, gab Humboldt 1827 die „Ansichten der Natur" in neuer Auflage heraus, wobei die Erläuterungen fast alle umgeändert wurden und der „Rhodische Genius" neu eingeschaltet ward.[2] Selbst der Sommeraufenthalt in Teplitz, der ihn anfangs interessirte, während er nachmals oft über die Reise nach den „ewigen Quellen" klagt (er war von 1828 bis 1839 zehnmal dort im Geleite des Königs, mit Ausnahme von 1829 und 1831 alljährlich), selbst diese Erholungszeit ward zu magnetischen Beobachtungen am Orte, auf dem grossen Milischauer und in Prag benutzt; daneben machte er von dort aus zahlreiche geognostische Excursionen, sprach auch auf dem Heimwege wol einmal wieder in Freiberg vor, um mit Reich und Freiesleben

[1] Karl Ritter, ein Lebensbild von *G. Kramer*, II, 30. 31.

[2] Briefwechsel mit Varnhagen, S. 2.

die Inclination über Tage und in der Grube zu bestimmen — die Fahrt in seigern Schächten verbot ihm sein kranker Arm — oder um den Jugendfreund wieder zu begrüssen, dem er in treuer Liebe am 4. April 1829 seine neue Büste sandte, mit dem Versprechen, dass ihn das Andenken an alles, was er Freiesleben schuldig geworden, bis an die Ufer des Irtysch in die Kirgisensteppe von Ischim begleiten solle.

Die sibirische Reise, die Humboldt vom 12. April bis zum 28. Dec. 1829 von Berlin fern hielt, hat im ersten Bande dieser Lebensbeschreibung ihre besondere Darstellung gefunden. Dass innerhalb des von uns hier betrachteten Zeitraumes auch vorher die Vorbereitung auf sie und hernach die Rückschau auf ihre Eindrücke den hauptsächlichsten Inhalt seiner nach allen Seiten hin regsamen Gedanken gebildet hat, bedarf kaum der Versicherung. Tauchten doch schon im Herbst 1827, als er zugleich mit Graf Cancrin, dem segensreich wirkenden Minister des aufgeklärten Despotismus, und mit dem revolutionären Helden Südamerikas, Bolivar, über die Platina in Briefwechsel stand, die „lieblichen Bilder“ Sibiriens, die „Träume frühester Jugend“ von Tobolsk vor seinem Geiste auf. Die Kosmosvorlesungen, die Vorarbeiten zu ihrer Herausgabe, die freilich nicht weit gediehen, die Vollendung der „Relation historique“ hielten ihn jedoch noch anderthalb Jahre zurück, und so gewann er Zeit zu mannichfachen vorbereitenden Studien über Natur und Geschichte der Lande, die er durcheilen sollte. Am wenigsten glückte es ihm dabei mit der russischen Sprache, in der er es trotz wiederholter Bemühungen niemals weit gebracht, während er den grössten Theil der romanischen und germanischen Idiome mit Meisterschaft beherrschte. Nach der Rückkehr von der Reise aber ging er unverzüglich an die Bearbeitung ihrer Ergebnisse, die jedoch erst in spätern Jahren vollendet ward. Wie lebhaft ihn die neugewonnenen Anschauungen beschäftigten, drückt ein Brief Zelter's an Goethe vom 2. Febr. 1830 aus[1]: „Alexander

[1] Briefwechsel zwischen Goethe und Zelter, V, 386.

von Humboldt ist wieder in Berlin und nur für wenige sichtbar. Er ist voll wie ein siedender Topf. Von dritter und vierter Zunge tönen wunderbare Dinge, die ich freilich lieber von ihm selber vernähme. Wer versteht denn, wenn einer mit Begeisterung spricht?"

Diesmal war ihm die historische Seite der Reiseeindrücke fast so wichtig als die physische. „Ce sont les peuples", schreibt er am 25. Febr. 1830 an Guizot[1], „surtout cette grande masse de nomades, qui intéressent plus que les fleuves majestueux et les cimes neigeuses. On remonte dans le passé vers ce temps des grandes migrations. Un million trois cent mille kirghis, qui ce meuvent encore dans le moment où je vous écris sur leurs chariots, expliquent ce qui s'est passé alors. Nous savons tout cela par l'histoire, mais j'ai la manie de vouloir voir de mes vieux yeux." Wenn er Cancrin versprochen hatte[2], nichts über die politischen und socialen Verhältnisse der russischen Monarchie zu veröffentlichen, so mussten darauf bezügliche Beobachtungen doch in Gesprächen und Erzählungen dann und wann hervorblicken.

Die nahe Beziehung, in welche unser Freund, der bis in seine spätesten Tage die „Ideen von 1789" im Herzen trug, eine Zeit lang mit dem Reiche, ja mit dem Hofe des Gewaltherrschers Nikolaus gerieth, mag allerdings wunderlich genug erscheinen. Doch lag eine solche seiner Stellung am berliner Hofe, wie dieser damals beschaffen und gesonnen war, keineswegs fern; Friedrich Wilhelm III. sah die Verbindung Humboldt's mit dem Interesse seines Schwiegersohnes mit offenbarem Wohlgefallen; er ertheilte ihm gern den Urlaub, der zunächst auf sieben Monate bemessen ward[3]; ja wir werden kaum fehlgehen, wenn wir die obenerwähnte Rangerhöhung Humboldt's vor seiner

---

[1] *De la Roquette*, II, 84.

[2] Im Ural und Altai, S. 74.

[3] Cabinetsordre vom 26. Febr. 1829, Original im Besitze des Hrn. G. Rose.

Abreise mit der Rücksicht auf russisches Titulatur- und Würdenwesen in Verbindung bringen; hatte doch Cancrin ihn von Anfang an mit „Geheimer Rath" und „Excellenz" angeredet, sodass Humboldt ihm am 6. April schreiben konnte: „Die frühern Ahndungen Ew. Excellenz haben mir also Glück gebracht." [1] An diesem Tage nämlich empfing er das sehr freundliche Cabinetsschreiben des Königs: „Ihrem erfolgreichen Wirken im Gebiete der Wissenschaften ein ausgezeichnetes Anerkenntniss zu gewähren, habe Ich Sie zum Wirklichen Geheimen Rath mit dem Prädicate Excellenz ernannt und das anliegende Patent vollzogen. Für die Naturwissenschaften neue Schätze zu sammeln treten Sie wieder eine grosse Reise an; kein Zweifel, dass die Ausbeute den Erwartungen entsprechen wird, wenn Sie, wie Ich hoffe, vor Unfällen bewahrt bleiben; Meine Wünsche für die glückliche Vollendung dieser Reise werden Sie stets begleiten. Friedrich Wilhelm." Zum Russophilen ist Humboldt durch die Reise von 1829 nicht geworden, und alle Gunstbezeigungen des petersburger Hofes haben ihm nur den momentanen Eindruck gemacht, den er von dergleichen Artigkeiten der Mächtigen, wie von einer angenehmen Gewohnheit, überhaupt empfing. Die meisterhafte Rede, in der er der petersburger Akademie in der Sitzung vom 28. Nov. 1829 die Errichtung magnetischer und meteorologischer Stationen im ganzen Gebiete des für naturwissenschaftliche Beobachtungen so günstig ausgedehnten Reichs, sowie die Anstellung von Untersuchungen über den Fortschritt der kaspischen Depression und die Abnahme der Binnengewässer ans Herz legt, schliesst zwar nach Erwähnung des ruhmreichen Türkenkriegs mit den Worten: „Mais ce n'est point dans cette enceinte paisible, que je dois célébrer la gloire des armes. Le monarque auguste, qui a daigné m'appeler dans ce pays et sourire à mes travaux, se présente à ma pensée comme un génie

---

[1] Im Ural und Altai, S. 64; vgl. S. 18. Sehr wesentliche Ergänzungen bieten einige noch ungedruckte Briefe im Besitze des Hrn. Rose.

pacificateur. Vivifiant par son exemple tout ce qui est vrai, grand et généreux, il s'est plu, dès l'aurore de son règne, à protéger l'étude des sciences, qui nourrissent et fortifient la raison, celle des lettres et des arts, qui embellissent la vie des peuples." Aber gar so ernst war es ihm damit nicht, denn offenbar ist diese Rede jener „cri de Pétersbourg", von dem er am 26. April 1830 an Varnhagen schreibt, er sei „eine Parodie vor dem Hofe gehalten, ein gedrängtes Werk zweier Nächte, ein Versuch zu schmeicheln ohne Erniedrigung, zu sagen was sein sollte". [1]

Czar Nikolaus ward übrigens später durch die politischen Sendungen Humboldt's an den Hof der Orléans verstimmt, doch blieb das Verhältniss immer äusserlich gut. Zunächst aber erlas König Friedrich Wilhelm aus besonderer Aufmerksamkeit für den Czaren gerade Humboldt zum Begleiter des Kronprinzen aus, als dieser im Mai 1830 zu dem letzten von Nikolaus persönlich eröffneten constitutionellen Reichstage zu dessen Begrüssung nach Warschau ging. Humboldt nahm bei dieser Gelegenheit die unglücklichen Zustände Polens und die dumpfe Gärung im Volke, die so bald nachher zu gewaltsamen Thaten führte, mit sicherm Scharfblicke wahr. „Der hiesige Aufenthalt", schrieb er am 2. Juni 1830 nach Warschau an den Grafen Cancrin, „hat eine Fülle von Ideen bei mir veranlasst, über die ich im stillen lange brüten könnte und die man, aus Besorgniss misverstanden zu werden, Freunden nur mündlich mittheilt." [2] Cancrin, dessen vorurtheilsfreier Art gegenüber Humboldt diese Anspielung wol wagen durfte, erwiderte ihm doch trocken — am 17. Juni [3] —: „Die Polen sind eine Nation, die viel Vortreffliches hat, aber es fehlt ihnen was. Sonderbar ist es, dass die gemeine Masse sie von alters her Sizmozlnoch, Hirnlose, Kopflose nennt."

---

[1] *De la Roquette,* I, 308. Vgl. Briefe an Varnhagen, S. 7.
[2] Im Ural und Altai, S. 42.
[3] Ungedruckt.

Ueber die heimischen Verhältnisse konnte Humboldt in Russland leider auch nicht besser denken lernen. Weder am Hofe noch bei den Behörden in Petersburg war er einer für Preussen günstigen Stimmung begegnet; man fand Preussen peinlich, unentschieden, gewichtlos. Dass es den Antrag zu einem Schutz- und Trutzbündniss mit Russland abgelehnt, hatte man sehr übelgenommen und rechnete dagegen alle sonstige Hinneigung kaum noch an. Graf Nesselrode scherzte über die preussische Politik; für eine Begünstigung Preussens in Handelssachen fand Humboldt keine Aussicht, da selbst Cancrin, dem er sonst seine Hochachtung nicht versagen konnte, nur Abneigung gegen Preussen zeigte. Kaiser Nikolaus endlich „kannte das berliner Wesen zu genau, um es sehr in Rechnung zu stellen".[1] Was half es da, wenn Fürst Wittgenstein, der Leiter der preussischen Politik, der mit Humboldt in gewisser Weise auf vertrautem Fusse stand, über innere kirchliche Fragen einmal in einer liberalern Anwandlung sich erging! „Die Ueberzeugung", schrieb er am 7. April 1830 an Humboldt, „dass der evangelische Jesuitismus immer mehr um sich greift und für Staat und Kirche einen schon bedenklichen Einfluss erhalten hat, kann ich nicht unterdrücken: wer weiss, ob von Rom aus dieses Treiben nicht selbst geleitet wird!" Humboldt, der immer einen lebhaften Widerwillen gegen Indiscretionen und gegen literarische insbesondere bewiesen hat, bemerkte auf dem Rande des Briefes: „Ich bitte bis zum Tode des Fürsten diesen Brief, der eine wichtige Aeusserung über die evangelischen Jesuiten des preussischen Staats enthält, recht geheim zu halten." Die „wichtige Aeusserung" Wittgenstein's erscheint übrigens um so weniger überraschend, als der Pietismus, der damals in Halle sein Haupt erhob und in Berlin die Herrschaft der Hegelianer durch Verdächtigungen zu untergraben suchte, sich auch gegen das, wie Humboldt selbst rühmt, „sehr verständig abgefasste

---

[1] *Varnhagen*, nach Humboldt's Erzählung, „Blätter", V, 284.

neue Gesangbuch"[1], und so indirect gegen den Willen der Regierung selbst regte. Wie Humboldt sich aus diesen Anlässen in Rahel's Salon scherzend über die verschiedenen Gattungen der Frömmigkeit und Frömmelei ausliess, die er „in allen Sphären seiner umfassenden Weltkunde beobachtet", hat *Varnhagen* in den „Vermischten Schriften" anmuthig geschildert.[2] Wer konnte ahnen, dass der damals als Opposition auftauchende Neupietismus unter der folgenden Regierung ausschliesslich ans Ruder kommen würde? Humboldt jedoch fand schon derzeit, dass diese Dinge so lange „lustig seien, bis sie recht schädlich und ernst würden". Aber wenn er auch den geistigen Charakter der innern Regierung Preussens noch nicht auf der tiefsten Stufe angelangt sah, zu der herabzusinken ihm um die Mitte unsers Jahrhunderts beschieden war, so musste doch auch in jenen Tagen die unfreie, würdelose Gesammtpolitik des Staats unsern Freund ebenso mit Trauer, Unwillen und Besorgniss erfüllen, wie seinen Bruder Wilhelm, mit dem er hierin, und nicht hierin allein, sich in völligem Einverständnisse fand.

Wir dürfen dieses Kapitel nicht schliessen, ohne von dem schönen brüderlichen Verhältniss jener Jahre zu reden, das, wie oben betont, die einzige wahre Lockung für Alexander bei seiner Uebersiedelung nach Berlin bildete. „Je ne puis te dire", schreibt er aus Moskau am 5. Nov. 1829 an Wilhelm, „combien je suis heureux de te savoir délivré de ton mal sciatique avant d'avoir été à Gastein. J'espère, que le voyage aura fortifié ta santé. C'est aujourd'hui la chose, qui m'intéresse le plus dans ce monde. Je voudrais bien te conserver l'hiver à Berlin; un des motifs les plus grands pour quitter Paris était de me rapprocher de toi; je crains aussi ton trop de travail dans l'isolement, mais on se résigne à tout, quand on aime. Je te conjure de n'agir qu'après ta propre impulsion. Je ne regretterai jamais

[1] Brief an Nagler vom 8. Mai 1830 in dem an Materialien reichen „Humboldtbuch" von *W. F. A. Zimmermann*, II, 38.

[2] Der Salon der Frau von Varnhagen (Berlin, im März 1830).

d'être venu à Berlin. C'est déjà beaucoup de te savoir si près. J'irai toutes les semaines te voir à Tegel, plus d'une fois. Rien ne nous séparera plus: je sais, où est mon bonheur, il est près de toi.“ In der That hatte er auch schon vor der russischen Reise Zeit gefunden, trotz der höfischen Wanderungen zwischen Berlin, Charlottenburg, Pfaueninsel, Potsdam, Paretz, dann und wann nach dem „freundlichen Landsitze“ hinüberzueilen, wo der Bruder, „von dem Hauche alter Kunst umweht, seinen ernsten Studien, grossen Erinnerungen an eine vielbewegte Zeit und einer Familie lebte, an der er bis zur Todesstunde mit weichem, liebendem Herzen hing“.[1] Alexander betrachtete diese Familie auch als die seine. „Ich komme diesen Augenblick (abends 10 Uhr) von Tegel zurück“, schreibt er am 3. Sept. 1827 an Freiesleben, „um meine Familie zu sehen, die soeben im besten Wohlsein von Gastein zurückgekehrt ist.“ Bei seiner Abneigung gegen Musik wird man ihm nicht übelnehmen, wenn er einmal auf ein „malheureux concert“ von Paganini schilt, wo er seine Nichten hinführen müsse, da ihm dadurch ein Zusammentreffen mit Dirichlet bei Crelle vereitelt ward. Doch galt es nicht blos, die Freuden der Gesellschaft zu theilen; Karoline von Humboldt, Wilhelm's Gemahlin, ward im Spätherbst 1828 von ihrem langjährigen Leiden, „der unheilbarsten und furchtbarsten aller Krankheiten, welche eine Frau treffen können“, wie Alexander mitleidig beklagt, mit steigendem Ernste heimgesucht. Aus allen Briefen fast, die der letztere während des Winters 1828—29 geschrieben, geht seine eigene „traurige Gemüthsstimmung“, das tiefe Mitgefühl, das ihn mit dem gebeugten Bruder verband, und der Kummer über den Verlust „einer der geistreichsten und liebenswürdigsten Frauen ihres Zeitalters“ deutlich hervor.[2] Nur das tröstete ihn, dass die Leidende „glücklicherweise ohne Schmerzen, ja ohne ihr Uebel zu kennen“, dahinschied. Der

---

[1] *A. v. Humboldt*, im Vorwort zu Wilhelm's „Abhandlung über die Kawisprache“, S. XIII.

[2] Mehrere Briefe an Schumacher, Reich, Cancrin u. s. w.

Entschluss, nach Asien zu reisen, ward Alexander auch nach dem am 18. März 1829 erfolgten Tode der Schwägerin unter diesen Umständen sehr erschwert; man sieht es den herzlichen Briefen an, die er unterwegs an Wilhelm schrieb, wie emsig er bemüht war, dem „armen Bruder", soweit er vermochte, die verlorene Liebe zu ersetzen. Wie innig dankt er ihm am 14. Juli aus Jekatharinenburg für vier Briefe, die er fast gleichzeitig dort erhielt: „Je ne sais comment te remercier assez, mon cher frère, je ne sais comment croire à mon bonheur..... Jamais à aucune époque de ma vie j'ai été plus sensible à ce genre de bonheur. Nous nous sommes tant rapprochés l'un de l'autre, j'ai appris à connaître si vivement ce qu'il y a de doux, de bienfaisant dans ton âme, que le plaisir d'avoir de tes nouvelles au milieu de ce désert moral, est au-delà de tout ce que je pouvais t'exprimer, mon tendre ami." Eine Reise Wilhelm's hatte ihn erschreckt: „A aucune époque de ma vie ton existence a été plus nécessaire à la mienne. Je te prie de dire à Carolinchen, que j'ai pensé à elle bien souvent le jour de sa fête. Une tendresse, qui vient du fond de l'âme, a quelque valeur." Was der Brief ferner enthält, ist uns doppelt merkwürdig, weil es uns einen neuen schlagenden Beweis von der gegenseitigen Hochachtung beider Brüder, von dem Zutrauen, das jeder in Kraft und Einsicht des andern setzte, an die Hand gibt. Doch bedarf es dazu einer thatsächlichen Erläuterung.

König Friedrich Wilhelm hatte im Mai 1829, mit Uebergehung von Rumohr's und anderer Bewerber, Wilhelm von Humboldt zum Chef der mit Einrichtung des Museums beauftragten Commission ernannt, in welcher sich auch Rauch, Schinkel, Waagen u. a. befanden. Wilhelm übernahm die Stellung, doch vorläufig nur „mit der auffallenden Clausel", wie Varnhagen sagt [1], „bis zur Rückkunft seines Bruders". Hierauf beziehen sich die folgenden Zeilen jenes Briefes aus Jekatharinenburg: „Quel a été mon étonnement, de te voir enlevé inopinément une

[1] Blätter, V, 206.

partie de ce repos, que tu espérais conserver après la perte irréparable que nous venons de faire! Ce n'est que ce désir de disposer de la peau des autres, sous le prétexte que cela leur fait du bien. Je pense que le coup ne vient que de nos amis, qui avaient déjà à mon départ la phrase familière: «Il faudrait l'empêcher de se murer à Tegel.» .... Tu sens bien, que le Roi, si délicat et si bon pour nous, n'aura approuvé la chose, que parce qu'on lui a dit, que tu n'en serais pas fâché, que cela te distrairait de ta douleur.“ Ganz gewiss war Friedrich Wilhelm nur in diesem zarten Sinne verfahren; hatte er doch die Aufmerksamkeit gehabt, unmittelbar nach dem Tode der Frau von Humboldt den Obersten von Hedemann, Wilhelm's Schwiegersohn, nach Berlin zu versetzen.[1] „Tu as fait un noble sacrifice“, fährt Alexander fort, „et je t'en loue infiniment. Je suis assez mauvaise tête pour peut-être n'avoir pas été si docile, mais les formes délicates, que le Roi a employées, le souvenir de ce que l'on a fait pour Hedemann dans un moment si douloureux, justifient ta condescendance.“ Auch von seiten Witzleben's, der bei der Ernennung besonders wirksam gewesen, setzte Alexander nur „le plus pur attachement“ für beide Brüder voraus.

Wie viel Heil für die Kunst er aber aus Wilhelm's Berufung hervorgehen sah, ebenso entschieden setzte er sich gegen dessen Absicht zur Wehr, ihm selber nach seiner Rückkehr an die Spitze der Kunstbehörde zu stellen. „Quant à moi, cher ami, tes lettres, surtout les premières, m'ont sérieusement agité. Est-il possible, que tu penses sérieusement à moi comme directeur? Le mot, dont tu te sers: «Je crains, que tu ne pourras pas te soustraire», m'a effrayé. J'en ai presqu'eu des insomnies. J'aurais abandonné ma position de Paris, je serais rentré dans ma patrie — pour devenir directeur d'une galerie de tableaux, pour accepter une place de Mr. de Forbin, pour m'occuper de choses diamétralement opposées à tout ce qui

---

[1] *Varnhagen*, Blätter, S. 199.

m'a donné quelque réputation dans le monde! Cela serait trop humiliant, et je refuserais net, même si l'on m'avait déjà nommé sans me consulter. Tu tiens toi-même assez à la considération extérieure, dont nous jouissons en Europe, et qui est entre nous deux un bien indivisible, pour me blâmer de cette résolution. Je quitterais plutôt le pays, car je ne suis pas venu sous la tente de ce danger. Je refuserai non seulement la place de directeur, mais encore toute direction, présidence permanente d'une commission, qui dirigerait. Je serai aux ordres du Roi pour tout ce qui est transitoire, comme tu l'es aujourd'hui, je serai même heureux de te débarrasser de ce qui pourrait peser sur toi", aber eine dauernde Stellung könne er zum Museum unmöglich einnehmen, das habe er schon bei seiner Abreise ohne Umschweife erklärt. In der Kanzlei des Königs wie bisher arbeitend, werde er der Anstalt weit nützlicher sein. Diese lebhaften Vorstellungen blieben nicht ohne Erfolg; Graf Brühl, der bisherige Intendant des berliner Hoftheaters, ward zum Generalintendanten des Museums ernannt. Noch einmal kam Humboldt in jenem moskauer Briefe an den Bruder vom 5. Nov., halb unwillig, halb beruhigt, auf die Sache zurück: „Quand j'ai dit, que quelques personnes craignent de te voir muré à Tegel, c'est que quelques personnes veulent du bien à nous et à eux-mêmes. Elles veulent, qu'on accepte des places, simplement pour empêcher de les avoir ceux, qu'on déteste. Tel est le monde." Er meinte, blos Hass gegen Brühl habe die Blicke auf ihn selbst gelenkt. „Je suis heureux de la nomination de Comte Brühl: quant à moi, j'aurais résisté à outrance, si on m'avait proposé une place à perpétuité."

Wenn man sich erinnert, dass die Generaldirection der berliner Museen in einer spätern Epoche (1840) einem andern naturforschenden Amerikareisenden — von Hause aus Mediciner — übertragen ward, wenn man an den Eindruck zurückdenkt, den die Verwaltung von seiten desselben in den Kreisen der Fachleute hinterlassen hat, so möchte man fast wünschen, Alexander von Humboldt, der feingebildete Kunstkenner, er, der zudem in allen Dingen ängstlich den Rath der Sachverständigsten einzuholen und zu befolgen bestrebt war, hätte damals seinen Widerwillen bezwungen und wenigstens an der Spitze einer Commission von Männern wie Rauch, Schinkel und Waagen die äussere Leitung und Repräsentation der grossen Kunstanstalt übernommen. Doch wird man auch bei dem vielseitigsten Geiste die endliche Beschränkung zu Gunsten grossartiger ihm näher am Herzen liegender Entwürfe nur gutheissen können.

Nach der Rückkehr aus Russland war es Humboldt nicht lange mehr vergönnt, des vertrauten Umgangs mit dem Bruder zu geniessen. Schon im Mai musste er die warschauer Reise antreten, begleitete dann die Kaiserin Charlotte und den Kronprinzen Friedrich Wilhelm über Posen nach Schloss Fischbach zum Rendezvous mit dem Könige, besuchte Ottmachau, das schlesische Gut des Bruders, und ging, kaum nach Berlin zurückgekehrt, Anfang Juli mit dem Könige nach Teplitz, während Wilhelm abermals in den Bädern von Gastein Heilung suchte.[1] Auf der Heimfahrt von Teplitz, in den ersten Tagen des August, erhielt der König in Pirna die Kunde von der Julirevolution, durch welche auch in Humboldt's Leben eine neue Wendung eintrat, von der wir im folgenden Kapitel zu reden haben. Wie wenig Zutrauen er selbst in eine ruhige Zukunft der politischen Welt gesetzt hatte, geht aus einem Briefe hervor, den er noch aus Teplitz an Bunsen gerichtet.[2] „Der Zerfall des osmanischen Reichs", schreibt er, „das wie Polen beim Sieger Schutz suchte, der misglückte Versuch, durch Gründung eines griechischen Scheinreichs den im Orient tief aufgeregten Wogen einen Damm

---

[1] *Varnhagen*, Blätter, V, 263.

[2] Briefe von A. von Humboldt an Bunsen, S. 8. Das Datum „1. Juli" ist falsch, wie schon aus der Nachschrift hervorgeht. Noch am 9. war Humboldt in Berlin, in der Abreise nach Teplitz begriffen (s. Briefe an Varnhagen, S. 8). Da der Brief an Bunsen zwei Tage vor der Rückkehr aus Teplitz geschrieben ist, ist „31. Juli" oder „1. August" zu lesen. Doch war von den pariser Vorgängen noch nichts bekannt, wie wir aus eigenhändigen Aufzeichnungen Humboldt's wissen.

zu setzen, die Albanesen, die Vereinigung der armenischen Nation in ihren uralten Sitzen, das listige Zaudern des Harpagon von Aegypten, den der Tod übereilen wird, die grosse Begebenheit an der nordwestafrikanischen Küste, die politischen Bedrängnisse, die Frankreich und England bedrohen, wo das Alte im Unverstande erstarrt, Bolivar's Entfernung von einem Schauplatze, wo seine Anwesenheit allen Glauben an Institutionen schwächte, weil man nur immer auf ihn hinblickte und alles von ihm erwartete, die byzantinisch-religiösen Streitigkeiten in Deutschland — alles das sind Begebenheiten, die einen Geist wie den Ihrigen gewiss kräftig anregen. Das Uebel des Zeitalters und das Charakteristische seiner trägen Schwäche ist, dass man bei so grossen Elementen der Welterneuerung sich in schlammartiger Ruhe wähnt.“ Gerade in dem Momente, da diese Zeilen geschrieben wurden, erhob sich aus dem „Schlamme“ das gefürchtete Ungethüm der Revolution.

2.

Von der Julirevolution bis zum Thronwechsel in Preussen.

Humboldt in diplomatischen Sendungen bei der Julimonarchie; Charakter seines pariser Lebens nach 1830. — Tod Wilhelm von Humboldt's und Herausgabe seiner Werke. — Neue Epoche der Erforschung des Erdmagnetismus, hervorgerufen durch Alexander. — Das göttinger Jubiläum und die Katastrophe der Sieben. — Wissenschaftliche Thätigkeit Humboldt's von 1830—1840; asiatische Werke, „Examen critique", Arbeit am „Kosmos". — Sonstige Wirksamkeit bis zum Tode Friedrich Wilhelm's III.; Verhältniss zu diesem Könige überhaupt.

Die Julirevolution bildet innerhalb der grossen Reactionsperiode von 1815—1848 einen wichtigen Wendepunkt für das innere Leben der meisten europäischen Nationen, ohne Zweifel auch für das der deutschen. Aber eigentlich tief und energisch hat sie doch nur auf die jugendlichen Geister gewirkt; die aufwachsende Generation selbst in dem absoluten Grossstaate des nördlichen Deutschlands zu neuen Hoffnungen und Forderungen an die Zukunft anzuregen, das ist ihr Segen auch für uns gewesen. Aber wenn ein Heine durch die pariser Botschaft „seine Seele bis zum wildesten Brande entflammt" fühlte, „ganz Freude und Gesang, ganz Schwert und Flamme" war: Humboldt, der die erste französische Revolution mit allen ihren Phasen lebendig an seiner Seele hatte vorübergehen sehen, hielt sich frei von allen enthusiastischen Täuschungen. „Glauben Sie mir, lieber

Freund", sagte er nach der Rückkehr nach Berlin zu Gans [1], „meine Wünsche stimmen mit den Ihren überein, aber meine Hoffnungen sind schwach. Seit vierzig Jahren sehe ich in Paris die Gewalthaber wechseln, immer fallen sie durch eigene Untüchtigkeit, immer treten neue Versprechungen an die Stelle, aber sie erfüllen sich nicht, und derselbe Gang des Verderbens beginnt aufs neue. Ich habe die meisten Männer des Tages gekannt, zum Theil vertraut, es waren ausgezeichnete, wohlmeinende darunter, aber sie hielten nicht aus, bald waren sie nicht besser als ihre Vorgänger, oft wurden sie noch grössere Schufte. Keine Regierung hat bisjetzt dem Volke Wort gehalten, keine ihre Selbstsucht dem Gemeinwohl untergeordnet. Solange das nicht geschieht, wird keine Macht in Frankreich dauernd bestehen. Die Nation ist noch immer betrogen worden, und sie wird wieder betrogen. Dann wird sie auch wieder den Lug und Trug strafen, denn dazu ist sie reif und stark genug."

Die tiefste Einsicht in den französischen Volkscharakter spricht aus diesen prophetischen Worten. Doch hinderte ihn diese trübe Aussicht in die Zukunft freilich nicht, seiner Sympathie mit der gegenwärtigen Wendung der Dinge, welche ihm doch immer als eine gerechte Strafe für die Fehler der jüngsten Vergangenheit erschien, selbst in den Kreisen der Abgeneigten offenen Ausdruck zu leihen. [2] Die Stimmung der herrschenden Partei der Reaction schwankte zwischen banger Erwartung und trotziger Zuversicht, die von neuen Kriegen und Siegen in Frankreich träumte, auf und ab. Auch diesem vorlauten Säbelgerassel suchte Humboldt durch besonnene Warnung zu steuern; auf seine persönliche Kenntniss der petersburger Politik gestützt, machte er den Grafen Bernstorff auf die treulosen Hintergedanken Russlands aufmerksam, das gern gesehen hätte, wenn Preussen — auf die Gefahr hin, die Rheinlande zu verlieren — für die Heilige

---

[1] Briefe an Varnhagen, S. 9.

[2] *Varnhagen,* Blätter, V, 303.

Allianz allein den Kreuzzug gegen die Revolution unternommen hätte.[1] Der König selbst und die leitenden Minister hüteten sich übrigens weislich, in das Gelärm des jüngern Hofes, der Ultras und einzelner Militärs einzustimmen; ihnen blieb nicht verborgen, dass die Hauptarbeit der Beschwichtigung von dem Julikönigthum selber übernommen sei; die „Quasilegitimität" erschien immerhin als brauchbares Surrogat für die gestürzte Legitimität, mit jener in gutes Verhältniss zu treten ebenso sehr als ein Gebot der Klugheit wie der Bequemlichkeit. Hierfür nun bot sich Humboldt von selbst als die geeignetste Persönlichkeit dar. So rief, was an seinem Innern ohne tiefe Wirkung vorüberging, doch eine wichtige Wendung in der äussern Gestalt seines Lebens hervor.

„Humboldt", schrieb General von Rochow am 25. Sept. 1830 aus Potsdam an den Generalpostmeister von Nagler[2], „geht zu seinem Vergnügen nach Paris — thut aber, als werde er dorthin geschickt, und behauptet, warten zu müssen, bis es Graf Bernstorff gefällig sei, ihn abzufertigen, während dieser ihm nur gelegentlich Briefe mitgeben will." Wahres und Falsches ist in dieser gehässigen Aeusserung des beschränkten Parteimannes durcheinander gemengt. Denn allerdings ging Humboldt auch „zu seinem Vergnügen" nach Paris. Vier Monate alljährlich dort zubringen zu dürfen, war ihm bei seiner Uebersiedelung, wie wir wissen, ausdrücklich zugestanden worden. Die Kosmosvorlesungen, die Vorbereitungen zur sibirischen Reise und endlich diese selbst hatten ihn bisher verhindert, von jener Erlaubniss Gebrauch zu machen. Für den Herbst 1830 aber hatte er sich einen pariser Aufenthalt desto bestimmter vorgesetzt; noch ehe die Julirevolution bekannt geworden, schrieb er aus Teplitz an Bunsen[3]: „Wir gehen übermorgen nach Berlin

[1] *Varnhagen*, Blätter, V, 306.

[2] *E. Kelchner* und *K. Mendelssohn-Bartholdy*, Preussen und Frankreich zur Zeit der Julirevolution, S. 23.

[3] Briefe an Bunsen, S. 9; vgl. die Note am Schlusse des vorigen Kapitels.

und bald nach dem Rheine, ich auf jeden Fall im September auf mehrere Monate nach Paris."

In der That meldete er am 27. Sept. dem treuen Freiesleben die für die nächste Nacht, wenn die Depeschen bis dahin in seine Hand gelangt seien, bevorstehende Abreise. Sein erster Aufenthalt in Paris dauerte vier Monate, doch scheint er im Januar 1831 nur neue Instructionen in der Heimat eingeholt zu haben, da er schon nach achtzehn Tagen Berlin wieder verliess, um nun ununterbrochen funfzehn Monate, bis zum April 1832, in der französischen Hauptstadt zu verweilen. Die nächste pariser Sendung füllt ungefähr die Monate August bis December des Jahres 1835, die folgende, die letzte unter Friedrich Wilhelm III., umfasst die Zeit vom 20. Aug. 1838 bis zum 3. Jan. 1839. Während der neuen Regierung war er viermal: vom 30. Mai bis 8. Nov. 1841, vom 16. Sept. 1842 bis 19. Febr. 1843, vom December 1844 bis Mitte Mai 1845, und endlich vom Herbst 1847 bis in den Januar 1848, fünf Monate lang, mit diplomatischen Geschäften betraut an der Seine. Man darf also sagen, dass er fast die ganze Periode der Julimonarchie, von ihren verheissenden Anfängen bis zu ihrem ruhmlosen Untergange, als nahbetheiligter Beobachter mit durchlebt hat, und bei seiner eindringenden Kenntniss der Personen und Zustände werden es ihm wenige Menschen in richtiger und vielseitiger Beurtheilung dieses bedeutenden Abschnitts der französischen Geschichte gleichgethan haben. Seine politischen Berichte haben uns nicht zur Einsicht vorgelegen. Varnhagen, der von einigen Kenntniss erhalten, schrieb (am 21. Nov. 1841) darüber folgende Bemerkung auf[1]: „Ich las heute die Depeschen, welche Alexander von Humboldt im Jahre 1835 aus Paris an den König geschrieben hat. Gar nicht wie von Alexander Humboldt! Jeder andere hätte die auch schreiben können, und, was das Schlimmste ist, kein anderer hätte sie anders schreiben können! So sind die politischen Geschäfte, sie zerfallen in Kleinigkeiten, die gar nicht

[1] Briefe von A. von Humboldt an Varnhagen, S. 99.

wichtig sind, aber es doch werden, weil man übereingekommen ist, sie so zu nehmen. Dabei die feststehende Heuchelei von Formen, Voraussetzungen, Uebertreibungen, da muss die Wahrheit beständig untergehen.“ Der Tadel, den dies Urtheil enthält, wird durch seine Verallgemeinerung von Humboldt speciell sogleich wieder weggelenkt; doch liegt es auch in der Natur der Sache, dass gerade diese Relationen Humboldt's dem Leser keinen aussergewöhnlichen Eindruck hinterliessen. Zwar betrieb er auch dies Geschäft mit dem ganzen gewissenhaften Ernste, dem pünktlichen Eifer, der ihn allenthalben auszeichnet; er pflegte sich die Depeschen vor ihrer Abfertigung laut vorzulesen, während sein Kammerdiener Seifert, der wenigstens seit der zweiten Mission auch in Paris regelmässig um ihn gewesen ist, vor der Thür auf- und abging, um Horcher fern zu halten. Zwar unterschieden die Deutschen in Paris nicht unwitzig zwischen dem eigentlichen preussischen Gesandten, Baron von Werther, und Humboldt, den sie ihm gegenüber als Geschickten bezeichneten. Allein die wirkliche Wahrung der Staatsinteressen lag doch eben in der Hand des erstern, den Humboldt nur, wenn er auf Urlaub abwesend war, geradezu vertrat; unserm Freunde war im ganzen nur die bescheidene Aufgabe eines aufmerksamen Berichterstatters über die pariser Verhältnisse und eines Trägers persönlicher Beziehungen am Hofe, ohne den Charakter eines Geschäftsträgers, gestellt. Für jenes befähigte ihn seine alte innige Vertrautheit mit Paris und allen dortigen hervorragenden Persönlichkeiten, für dieses seine von Haus aus freundschaftliche Stellung zu dem Orléans'schen Zweige der französischen Herrscherfamilie, wie vor allem der eigene Wunsch, Preussen mit Frankreich in Einverständniss zu erhalten, ja in engere Verbindung zu bringen; denn von Frankreich aus konnten allein — so hoffte er mit den Besten seiner Zeitgenossen — dem Vaterlande belebende liberale Einflüsse zugeleitet werden.

Wie sehr er von je gewohnt war, neben dem wissenschaftlichen und literarischen Verkehr auch die politischen und socialen Tagesvorgänge in Paris mit lebendiger Achtsamkeit zu betrachten, geht höchst anschaulich aus einem Briefe hervor, den Karl Ritter am 17. Sept. 1824, einen Tag nach dem Tode Ludwig's XVIII., von dort an seine Gattin gerichtet.[1] Er schildert eine Abendgesellschaft bei Arago: „Gegen 11 Uhr kam endlich auch Alexander von Humboldt an, und jedermann freute sich auf seine Erzählungen und Berichte, denn niemand ist hier Beobachter wie er; er hat alles gesehen, er ist schon um 8 Uhr aus, seine Excursionen zu machen; er ist sogleich vom Tode des Königs berichtet, er hat alle Aerzte gesprochen, mehrere der Ersten des Reichs, er ist bei der Ausstellung der Leiche gewesen, bei den Excessen, die im Palaste vorgefallen, bei den Verhören, er weiss, was in den Cirkeln der Minister vorgefallen ist, was in der Familie des Königs, er war heute in St.-Germain, in Passy, bei so vielen öffentlichen Personen, und kam nun eben mit vollen Taschen, voll der interessantesten Anekdoten, die er mit Witz und Laune auskramte, zurück." Und nicht minder rührig zeigte er sich denn auch später. Um über die „Stabilität der ministeriellen Achsen" auf Erfordern Friedrich Wilhelm's IV. recht genau berichten zu können, wohnte er auch den parlamentarischen Debatten bei. „Das Ministerium wird sich halten", schreibt er an Encke am 26. Jan. 1845, „aber es ist durch eigene Schuld sehr geschwächt, zu neuen Wahlen der Kammer ganz untauglich und, wie alles in jetziger Zeit Herrschende, sehr unpopulär. . . . . Ich schreibe diese letzten Zeilen am 27., eben aus einer überstürmischen Sitzung der Kammer kommend. Das Guizot'sche Ministerium hatte heute im Pritcher'schen Amendement nur acht Stimmen Majorität, drei, wenn man fünf Minister abrechnet."

Dass er mit Guizot, mit Thiers in freundlichem Umgange lebte, versteht sich bei ihm von selbst; noch nach dem Staatsstreiche hat er mit dem erstern politische Klagen brieflich ausgetauscht. Allein auch bei Hofe selbst war er eine beliebte Gestalt — wir finden ihn einmal vom frühen Morgen bis Mitter-

---

[1] *Kramer*, Karl Ritter, II, 186.

nacht in der Umgebung des Königs[1] — und er nahm am Geschicke des Hauses Orléans in seiner Weise wohlwollenden Antheil. Für beides legt das schönste Zeugniss ab der Brief, den er an Frau von Wolzogen zur Instruction für Prinzess Helene von Mecklenburg geschrieben, als diese liebenswürdige Fürstin sich zur Brautreise an den französischen Hof anschickte. Wir setzen ihn fast ganz her, weil er, trotz seiner undiplomatisch herzlichen Fassung, einigermassen eine Vorstellung von Humboldt's Talent für die Lösung seiner officiellen pariser Aufgabe zu geben vermag.[2]

„Potsdam, 6. Mai 1837.

„Wenngleich ich auch nur ein einziges mal und auf sehr kurze Zeit die Freude genossen habe, die Prinzessin Helene allein zu sehen, so war der Eindruck doch so tief und bleibend, dass auch ich den wärmsten Antheil an ihrem Schicksal nehme. Alle Albernheiten tiefgewurzelter Vorurtheile und historischer Vergessenheit haben sich bei dieser Gelegenheit an den nordischen Höfen auf das Leidenschaftlichste geäussert, und die Verbindung einer liebenswürdigen und geistreichen Prinzessin mit einem feingebildeten, durchaus edeln, vornehmen Fürsten ist eine Ursach tiefen Grolls geworden. Alles ist vollbracht, Mutter und Tochter haben Stärke und moralische Würde dabei gezeigt, und in dem Königspalaste wird die Braut bald alle die Aufregung vergessen, die gemüthlose Stupidität und Neid erregt haben. Für das innere Glück der Prinzessin Helene, eine der reizendsten Erscheinungen, die mir je vorgekommen, bin ich keineswegs besorgt. Sie tritt in einen Familienkreis, der sie mit Wärme empfangen wird. Sie ist des Eindrucks, den sie machen wird, gewiss. An physische Gefahren und besonders für eine Gemahlin des Herzogs von Orléans glaube ich gar nicht.

---

[2] *De la Roquette,* II, 92.

[2] „Im neuen Reich“ (1871), I, 357; daselbst mitgetheilt von *J. Löwenberg.*

„Die, welche so gern daran erinnern, suchen listig andere Gründe des Misfallens zu bemänteln. Die Braut kommt dazu nach Frankreich in einer Epoche, wo ein neues, farbenloses Ministerium wenigstens den Vorzug hat, frei zu sein von dem Intimidationssystem der zwar geistreichen und rechtlichen, aber, als dogmatisirende, stets drohende Pädagogen, dem französischen Nationalcharakter ganz antipathischen Doctrinärs. Man kann viele Jahre lang die Majorität der Kammern haben und deshalb doch nicht des Landes gewiss sein, weil bei einem so eingeschränkten Wahlrecht (selbst im Vergleich mit dem alten England) die Kammern nur einige höhere Volksklassen repräsentiren. Ein ewiges Streben, das Arsenal der Beschränkungs- und Strafgesetze zu vermehren, hat unter den untern Volksklassen das Vorurtheil verbreitet, die Regierung wolle jetzt ihre Macht brauchen, stromaufwärts zu schiffen. Zur Begründung dieses Vorurtheils hat schon die Leidenschaftlichkeit von dem viel zu viel gepriesenen Casimir Perrier beigetragen, der (den Barrikaden so nahe) viel zu unvorsichtig zu intimidiren suchte. Die Gewohnheiten des militärischen Despotismus tragen auch täglich zu solcher Unvorsicht bei, und der Zwang, der das Nationalehrgefühl an den Besitz des elenden, doch nur Korn und Oel hervorbringenden Algiers knüpft, gibt den Militärpersonen oft einen verderblichen Einfluss. Sie werden, theuere Freundin, die letzte grossmäulige, mongolisch-unmenschliche Proclamation des Generals Bugeaud gelesen haben. Algier macht die Nation unmoralischer durch die Administratoren, die dort betrogen, erpresst und geprügelt haben. Algier donne aussi de la férocité à l'armée.

„Die junge Fürstin, unter sehr schlauen Verwandten lebend, wird lange sich jeder tiefer eindringenden politischen Aeusserungen enthalten; in ihrem Innern aber, davon bin ich überzeugt, wird sie sich bald liberaler vorkommen, als viele der Personen, welche sie umgeben. Es würde nicht gut sein, ihr eigenes Urtheil zu leiten, gleichsam demselben vorzugreifen. Ich weiss bestimmt von Bresson, dass sie den Schauplatz, in dem sie auftritt, vollkommen kennt, dass sie dem Gange der Begebenheiten auf das Scharfsinnigste gefolgt ist. Ihrem Takte entgeht nichts, und wenn man sie auf die Schwächen gewisser Personen vorbereitete, so würde sie weniger unbefangen auftreten, ihre herrliche Erscheinung könnte dann von ihrem milden Glanze verlieren. Zum Ruhme der Königin, der personificirten Güte, etwas zu sagen, wäre unnütz. Die eine Tochter hat neben ihrem plastischen Kunstgenie auch viel Anmuth geselliger Lebendigkeit. Doch im ganzen sind die Sitten des Hauses still, an das Einförmige grenzend, nicht aus Zwang, sondern aus Liebe zum Masse in Geberden und Reden. Das gilt von der Abendgesellschaft, wo alles um einen runden Tisch arbeitet, während die Besuchenden kommen und gehen. Dieser Anblick der Ruhe wird anfangs die Prinzessin Helene in Erstaunen setzen. Ich hoffe, dass sie nicht die Vorurtheile gegen Madame Adelaide hegt, die in Deutschland und unter den niedern Klassen von Frankreich über Härte des Charakters, Herrschsucht und ausgeübten Einfluss verbreitet sind. Madame Adelaide ist eine der feingebildetsten Frauen ihres Geschlechts, voll Kunstkenntniss, voll Sinn für Literatur und intellectueller Beweglichkeit. Jede Stärke des Charakters ist nicht Herbigkeit. Sie ist die wichtigste Person in der Liebe und dem Vertrauen des Königs.

„Ich freue mich, dass die Marschallin Lobau (geb. Aremberg) die erste Hofdame wird. Sie ist sanft und sehr liebenswürdig, kennt genau den Hof und ist nicht abgeneigt, die Hofleute zu schildern. Die Duchesse de Broglie, in einer religiösen, schwärmerischen Stimmung, entzieht sich leider! sehr der Gesellschaft. Sie gehört zu dem Edelsten, das Paris aufzuweisen hat. Die Hofdamen der Königin und der Madame Adelaide, die Marquise de Dolormien und ihre Schwester die Gräfin Montjoye, sind in Braunschweig erzogen, sehr deutsch gesinnt, lebhaft, gebildet und unterhaltend. — Die zwei politischen Mächte, die Fürstin Lieven und Gräfin Flahaut (einst Miss Keith), werden ihre Netze ausstellen. Viel Menschenkenntniss und Schlauheit, aber die niedrigste Temperatur der Gefühle. —

So ist nicht die Duchesse de Dixo, welche die Prinzessin Helene hoffentlich viel sehen wird. In dieser hat das politische Interesse (und eins, das sich über die Kenntniss der Personen erhebt) der Zartheit weiblicher Gefühle und Leidenschaften nicht geschadet. Sie ist unendlich liebenswürdig. — Die Frau des jetzigen Polizeipräfecten Gabriel Delessert ist die Tochter der durch Schönheit auch einst berühmten Comtesse de Laborde und des spanischen und kleinasiatischen Reisenden Comte Alessandre de Laborde. — Der Bruder von Gabriel Delessert ist in Kassel, Verfasser der «Voyage pittoresque à Petra» (en Arabie). Die ganze Familie ist sehr ausgezeichnet, voll Kunstsinn und kunstausübend. Sie selbst, theuere Freundin, erinnern sich des ganzen Delessert'schen Hauses. Der Chef, Baron Benjamin Delessert, und seine Schwester Madame Gautier (dieselbe, für welche Rousseau die «Lettres sur la Botanique» geschrieben) stehen an der Spitze fast aller Wohlthätigkeitsanstalten. Diese Familie übt durch Edelmuth, Patriotismus und eigenen Reichthum einen grossen Einfluss auf das pariser Gemeinwesen aus, alle Protestanten. Die liebenswürdige Madame Delessert, deren Schwestern auch durch grosse Schönheit berühmt sind, besucht viel die Tuilerien.

„Mit Madame Gautier wird die Prinzessin Helene (hoffe ich) später bei Wohlthätigkeitsvereinen zusammenkommen. Madame de Saint-Aulaire und ihre geistreichen mit deutscher Literatur sehr vertrauten Töchter sind leider jetzt (wie die sanfte und höchst musikalische Gräfin Apponi, der einzige Glanzpunkt der diplomatischen weiblichen Welt) in Wien."

Den Schluss des Briefes bildet eine angelegentliche Empfehlung des Malers Steuben, die schon in einem frühern Abschnitte dieser Lebensbeschreibung (II, 73) erwähnt worden Das Ganze ist ein Meisterstück in seiner Art, ein wohlthuendes Gemisch von Freimuth und Takt, wie sämmtliche Schriftstücke Humboldt's, sobald sie auf sorgfältige und wiederholte Lektüre berechnet sind. Die feinste Menschenkenntniss leuchtet daraus hervor; selbst was er verschweigen muss, deutet er doch nicht unvernehmlich an: wie geschickt bereitet er auf „die Schwächen gewisser Personen“ — offenbar vor allen Louis Philipp's — vor, indem er ablehnt, darauf vorzubereiten! Was aber offen ausgesprochen wird, darin dürfte man schwerlich einen Irrthum nachweisen können. Er hatte gewiss ein Recht, für „die Gemahlin eines Herzogs von Orléans“ nicht an physische Gefahren zu glauben, die elf Jahre später allerdings dessen Witwe bedrohten. In seinem Urtheil über Staat und Nation verbindet sich richtige Diagnose des ruhigen und unbedenklichen Moments mit ernster Voraussicht künftig möglicher Verwickelungen. Die wenigen Worte über Algier genügen, um darzuthun, wie weit der Mann, den die wärmste Liebe für Frankreichs geistigen und gesellschaftlichen Ruhm beseelte, davon entfernt war, den verderblichen Hang der Nation nach kriegerischer Gloire gutzuheissen. Die Fülle glänzender Bemerkungen über Charakter und Bildung der Damen des Hofes und der Aristokratie beweist, wie sehr der grosse Hagestolz doch auch dem Studium weiblicher Natur in ihren edeln und geringen Seiten gewachsen war. Und wie dürfte eine so schöne Gelegenheit vorübergehen, ohne dass der alte Gönner von Profession, der geistige Oheim, möchte man sagen, aller Talente, der Geburtshelfer aller ihrer Beförderung sie benutzt hätte, einen neuen Act diplomatischen Wohlthuns auszuüben?

Die Orléans'sche Heirath war als ein bedeutsamer Schritt zur Annäherung preussischer und deutscher Interessen an französische, antirussisch-liberale recht nach dem Herzen Humboldt's. Schon von Anfang an war er bemüht gewesen, beschwichtigend und versöhnlich auf die Stimmung der berliner Regierung einzuwirken. Bereits im Mai 1832, nachdem er kaum von seiner ersten grossen Sendung heimgekehrt war, schreibt General von Rochow auch seinen Erzählungen vornehmlich, „des Hrn. von Humboldt's Wanderungen durch die Künstlerwerkstätten von Paris“, die Verdrängung der drohenden Zeichen der Zeit, den Rückfall in „Indolenz, Trägheit und Unentschlossenheit“ zu, wie der verbissene Reactionär die Befreundung Preussens mit den

Thatsachen von 1830 zu nennen beliebt.[1] Humboldt selbst war schon deshalb einer friedlichen Behandlung der Zeitfragen geneigt, weil er durch den „Zustand der Spannung und Rüstung, die Politik gegenseitiger Furcht (de peur mutuelle qu'on donne et qu'on reçoit) dem financiellen Haushalte Preussens tiefe Wunden“ geschlagen sah.[2] In diesem Sinne stimmte er selbst mit Cancrin in der Verurtheilung mancher westeuropäischer Unruhen, wie z. B. der Irrungen über Antwerpen, überein, nur dass er diese mehr der unstaatsmännischen Aufregung und Leidenschaft Lord Palmerston's, als den „süsslich dogmatisirenden, ganz unpraktischen Doctrinärs“ zur Last legte. Er nahm im übrigen die mürrischen Klagen des russischen Ministers über die Verschlimmerung der Zeiten, über die neuesten Anmassungen „des Jammergeflicks, Mensch genannt“, mit würdiger Artigkeit entgegen; von Polen vermieden sie in ihren Briefen miteinander zu reden. Das Verhältniss unsers Freundes zu Russland und dessen Monarchen insbesondere erkaltete allmählich im Masse der Annäherung an Frankreich zu blosser Höflichkeit, an der es Humboldt nie fehlen liess; eine verbindliche Einladung des Kaisers zu einer zweiten Reise schlug er schon 1831 aus. Dem Grafen Cancrin bewahrte er jedoch durchweg achtungsvolle Freundschaft, wie lebhaft er auch die schädlichen Wirkungen des „von dem geistreichen Staatsmanne selbst so feindlich durchgeführten Sperrsystems“ bedauerte.

Um jedoch zu den französischen Beziehungen zurückzukehren, so war Humboldt natürlich während des merkwürdigen Besuchs, den im Mai 1836 die Herzöge von Orléans und Nemours in Berlin machten und der zur Vorbereitung für das mecklenburgische Verlöbniss diente, die wichtige Mittelsperson zwischen den eleganten Erscheinungen der Fremden und den theils nur zögernd entgegenkommenden, theils hochmüthig-

[1] Preussen und Frankreich zur Zeit der Julirevolution, S. 89.

[2] Im Ural und Altai, S. 132; dazu drei ungedruckte Briefe Cancrin's an Humboldt, 1831—35.

spröden Gestalten des heimischen Hofes. Wie immer unterzog er sich dabei mit liebenswürdigem Humor den unbequemen Verpflichtungen seines „Camarillaberufs“. „Ich habe seit drei Tagen alles gethan“, schreibt er am 14. Mai 1836 an Encke, „um den Kronprinzen und die französischen Prinzen von der Sonnenfinsterniss und der Sternwarte zu degoutiren, ich habe mich für Sie, theuerer Freund, aufopfern wollen, meine Lunette de Cauchoix im Schlosse (der Kronprinz gibt dem Könige und den französischen Prinzen ein grosses Diner morgen von 2—4¼ Uhr) aufzustellen und viele kleine Sextantenfernröhre mit Blendgläsern zu vertheilen angeboten; ich habe Petitpierre veranlasst, Gläser mit Ergänzungsfarben zu verbinden, um die Sonne weiss zu machen! Alle diese unwürdigen Spielereien haben Sie nicht gerettet, auch nicht der Umstand, dass Ihr grosser Refractor demontirt ist, dass man Ihnen die Beobachtung verdirbt: Prinzen sind prinzlich unvernünftig. Der Kronprinz bleibt dabei, morgen Nachmittag die französischen Prinzen auf die Sternwarte zu führen, wahrscheinlich nach ½5 Uhr. Er befiehlt mir (ich komme vom Balle in Charlottenburg), Sie, theuerer Freund, zu avertiren. Er verspricht, vor dem Ende der Finsterniss wegzugehen. Zürnen Sie mir nicht. Ich rathe blos, soviel Sie haben, zwei, drei bis vier Fernröhre mit schwachen Vergrösserungen aufzustellen und zu zeigen, wie man die Kuppel dreht — ein Schauspiel. Möge es Wolken geben. Auf Verlängerung des Diners hoffe ich weniger, da der König sehr pünktlich um 4 Uhr weggeht.“ Es war wol in Voraussicht der theilweisen Abneigung des berliner Hofes geschehen, dass Humboldt selbst anfangs den Besuch der französischen Prinzen widerrathen hatte.[1] Um so mehr freute er sich nachher über den leidlichen Verlauf des gewagten Experimentes, und noch grösser war ein Jahr später sein Wohlgefallen an den Siegen, welche die Erscheinung der Prinzessin Helene über die abholden Gesinnungen der russischen Partei in Berlin davontrug.[2]

---

[1] Briefe an Varnhagen, S. 31. — [2] Ebend., Nr. 27, 28.

Seit die Herzogin in Paris weilte, besass der Orléans'sche Haus- und Hofhalt für Humboldt doppelte Anziehungskraft, um so mehr, da sie seiner geistigen und persönlichen Bedeutung volles Verständniss entgegenbrachte. Er überreichte ihr seine Schriften, die sie mit dankbarem Antheil las, sie erbat für sich und ihre deutschen Gäste „die Freude und Belehrung, in seiner Gesellschaft Versailles zu besuchen“, die Gespräche mit ihm in ihrem rothen Salon in den Tuilerien und in St.-Cloud blieben ihr bis in die späte Zeit der Verbannung gegenwärtig, und doppelt wohlthätig war ihr in solchen Tagen die Treue des Gefühls, mit der er dieselben in gleicher Erinnerung bewahrte. Die neue Auflage der „Ansichten der Natur“ vom Jahre 1849 begrüsste nun auch sie mit tiefer Empfindung „als einen Labungsborn für die durch Lebensschicksale geprüften Gemüther und die durch die Wirren der Weltverhältnisse afficirten Geister“. Sie musste dem vertriebenen Königspaar in England Nachrichten über seine Gesundheit vermitteln und empfahl ihre Kinder seinem Gedächtniss an. Im Urtheil über den wilden Weltlauf jener Jahre trafen sie wehmüthig zusammen. Die milden Worte Humboldt's, dass die Menschen in diesem Augenblicke an einer fable convenue arbeiteten, nach dem Unausführbaren strebten, an welches sie selbst nicht glaubten, dünkten ihr wahrhaft treffend, denn wie nahe auch Humboldt mit dem „radicalen“, von jeher antiministeriellen Arago befreundet war, wie klar er auch die Thorheit Louis Philipp's und seiner Staatsmänner durchschaut hatte, so dürfen wir doch nicht annehmen, dass er darum die Revolution von 1848 mit grössern Hoffnungen als die von 1830 betrachtet habe. Auch zur Republik Arago's hatte er kein festeres Zutrauen; wohl aber verband ihn mit dem Mitgliede der provisorischen Regierung sowol wie mit der Herzogin Hass und Abscheu wider den neuen Gewalthaber in Frankreich, der durch den Staatsstreich die Wünsche beider im nämlichen Momente niedergeschlagen hatte. Bis zur Mitte der funfziger Jahre lauscht Humboldt mit herzlicher Theilnahme den Anzeichen auf eine Veränderung der Dinge in Frankreich, die ihm Helene oder die

Herzogin von Sagan berichten, wenn er auch mit kühlerm Blick, als die erregte Prätendentin, die Wahrscheinlichkeit erneuten Umsturzes betrachtet; er theilt diese geheimen Notizen und gelegentlich auch solche von Arago treulich der Prinzessin von Preussen mit, welche, wenn man so sagen darf, die Dritte im Bunde zwischen ihm und Helenen war, und versäumt dabei nie, sich in aufrichtigem Lobe der Familie Orléans und der Herzogin insbesondere zu ergehen. Für Louis Napoléon, über den er sich mit steigender Gereiztheit ausdrückt, sieht er eine Nemesis heraufsteigen; wie und wann sie kommen sollte, war ihm freilich verborgen. Niemals hat er aufgehört ihn zu hassen und zu verachten; in freiwilliger Verbannung hielt er sich fern von dem geliebten Paris, ob ihm gleich die Pariser einen königlichen Empfang zudachten, die schlauen Artigkeiten des Kaisers liess er unerwidert, wenn er auch nicht umhin konnte, sich im stillen darüber zu freuen. Soviel an ihm, hat der brüderliche Freund Arago's, der väterliche Freund Helene's von Orléans das neunapoleonische Regiment nie anerkannt; es war eine Beleidigung seines Schattens, dass nach seinem Tode die dienstfertige Hand seines Gehülfen die beim Drucke benutzte Abschrift seines Kosmos-Manuscriptes demüthig dem kaiserlichen Frankreich überreichte.[1]

Den jähen Tod des Herzogs von Orléans hatte Humboldt sofort als das erkannt und bedauert, was er war, als ein weltgeschichtliches Unglück. „Je ne vous parle pas“, schreibt er am 26. Juli 1842, „du malheur du 13 juillet. Vous savez combien j'ai été dévoué, depuis son enfance, à cet excellent jeune prince. Vous connaissez mes rapports avec Madame la Princesse Hélène. C'est un malheur européen, car la régence qu'on fait à présent sera remaniée. Je crains une régence complexe

[1] Das Verhältniss zur Herzogin von Orléans wird durch „Briefe an Varnhagen“, Nr. 117—19, 138—40, sowie durch zahlreiche ungedruckte Briefe Humboldt's an die Prinzessin von Preussen (heute Kaiserin Augusta) deutlich. Dazu einige handschriftliche Briefe der Herzogin von Sagan an Humboldt, und *H. W. Dove*, Gedächtnissrede, S. 9.

avec des éléments populaires qui y pénétreront; c'est presque déjà une république déguisée. Il est impossible de vous décrire quelle affliction cette grande infortune a répandue dans toute l'Allemagne." [1]

Wie sehr übrigens Humboldt dem Orléans'schen Hofe zugethan war und wie lebhaft er sich auch für ein gutes Einvernehmen zwischen Frankreich und Preussen interessirte, doch wusste er stets die Würde des eigenen Staats aufrecht zu erhalten. Einen deutlichen Beweis dafür liefert sein Benehmen während der Verwickelungen, die sich infolge des Tractats der vier Mächte vom 15. Juli 1840 zwischen Frankreich und dem übrigen Europa zusammengezogen. Schon im Frühjahr 1839 hatte er die französischen Zustände für sehr bedenklich angesehen; niemand könne den Neigungswinkel dieser schiefen Ebene bestimmen [2]; die vorläufig noch innere Krisis könne sich bald nach aussen wenden, und wie nothwendig sei es da, dass Deutschland in sich befestigt stehe und Irrungen wie die kölnische und hannoverische abgethan seien. In diesem Sinne hatte er selber an Metternich geschrieben. [3] Hernach, als der Conflict wirklich drohend am Horizonte stand, im Herbst 1840, weigerte er sich entschieden, nach Paris zu gehen, weil es weder für ihn selbst, noch für den König ehrenvoll sei, wenn Preussen durch Unselbständigkeit Schwäche verriethe. [4] Ja noch im Frühjahr 1841 fragte er bei Arago an, ob der Freund sein Erscheinen in Paris auch gern sehen würde, da sie durch die politischen Ereignisse des Vorjahrs, das französische Geschrei nach der Rheingrenze, in entgegengesetzte nationale Lager gedrängt worden waren. [5] In ihm war die Hoffnung auf Erhaltung des Friedens nie erloschen. „Le premier devoir national", schreibt er an Guizot am 12. Nov.

---

[1] *De la Roquette*, Bd. II, Avertissement des nouveaux éditeurs, VI.

[2] *De la Roquette*, I, 382.

[3] Briefe an Varnhagen, Nr. 54.

[4] Briefe an Varnhagen, Nr. 48, und ein ungedruckter Brief an Frau von Wolzogen vom 9. Jan. 1841.

[5] Briefe an Varnhagen, Nr. 50.

1840, indem er ihm zur Rückkehr auf den Ministerposten Glück wünscht[1], „est sans doute de réfléchir sur les moyens de défense, mais jamais, jamais on n'a eu de vues hostiles de ce côté-ci. Les intentions du nouveau souverain sont aussi pacifiques que celles du Prince près duquel j'ai vécu si longtemps. Un roi, ami des arts, connaissant le prix des jouissances de l'intelligence, ne peut avoir aucun motif pour ébranler spontanément les fondements de la prospérité publique. Plus le souverain cherche à s'identifier avec les intérêts de l'Allemagne entière, plus aussi, par ce lien même, il offre des gages pour la conservation de la tranquillité et le repos du monde. La Confédération germanique n'a d'autre penchant que celui de la défense légitime de son territoire, et certes les idées d'aggression lui sont entièrement étrangères. On a pu différer sur quelques points de la politique générale, mais, à vos yeux, j'en suis sûr, rien n'a pu annonçer la tendance de rompre cette union des grandes puissances, qui a favorisé jusqu'ici l'équilibre européen." Ein Vierteljahr später, am 11. Febr. 1841[2], lobt er in ähnlichen Wendungen die Verdienste Guizot's um den Frieden und die Weisheit Louis Philipp's. Der Plan zur Befestigung von Paris misfällt ihm, weil das Debut der Forts die empfindliche Stimmung in den Völkern wieder wachrufen werde, die er gern vergessen sähe. „Les fortifications de la capitale", fügt er hinzu, „sont une nécessité politique, de ces nécessités que se créent les peuples comme les individus lorsqu'ils se demandent trop souvent ce qui peut-être pourrait leur manquer."

Mit der herzlichsten Friedensliebe verband Humboldt jedoch den klarsten Begriff von der Nothwendigkeit der Machtentfaltung der Staaten und besonders des eigenen Vaterlandes. Wie er Metternich auf die festere Gestaltung Deutschlands hinwies, so benutzte er selbst scheinbar sehr geringe Anlässe, um in Paris

---

[1] *De la Roquette*, II, 202.

[2] Ebend., S. 186; die Jahreszahl ist falsch, wie so häufig in dieser Briefsammlung.

dem preussischen Gesammtinteresse zu dienen. In diesem Sinne schrieb er am 23. Dec. 1831 an Encke, welcher ihm ernsthaft vorgestellt hatte, sich durch Mittheilung fremder Arbeiten beim Institut doch nicht dem Tadel deutscher Flugschriften auszusetzen: „In der politisch bewegten Zeit ist es fast politische Pflicht, zu zeigen, wo das intellectuelle Leben fortathmet. Die Achtung, die man in wissenschaftlicher Hinsicht für den preussischen Staat im Auslande so allgemein äussert, vermehrt bei geistreichen Nationen die Idee der Macht, sie mildert manchen Tadel, den in anderer Hinsicht ein Staat sich aufládt.“ Eben in demselben Interesse betrieb er auch, im Frühjahr 1832, aufs eifrigste die Ernennung Cousin's zum auswärtigen Mitgliede der berliner Akademie, denn er sei friedliebend, einflussreich und Preussen sehr nützlich, wie er ja neuerlichst wegen seiner zu freien Vorliebe für deutsche Anstalten im Publikum fast verhöhnt worden sei.[1] Durften wir Humboldt's pariser Stellung schon in den zwanziger Jahren als die eines socialen Gesandten oder Consuls für alle Deutschen bezeichnen, so nahm er nach der Julirevolution die nämlichen Pflichten, auch amtlich dazu berechtigt, mit verdoppeltem Eifer wahr; so trieb er unter anderm gleich im Winter 1831 unter den pariser Deutschen mühselig eine namhafte Summe zur Unterstützung der durch die Cholera Verwaisten in der Heimat zusammen. Ueberhaupt darf man vielleicht sagen, dass er, im Bewusstsein seiner officiellen Stellung, seit 1830 in Paris entschiedener als früher seine Nationalität betont habe; doch war er, wenn er es je im 18. Jahrhundert gewesen, mindestens damals schon längst nicht mehr in dem Sinne Kosmopolit, dass ihm das Nationale gleichsam als ein Abfall vom rein Menschlichen erschienen wäre; es galt ihm vielmehr für eine durchaus berechtigte, wenn auch nicht erschöpfende Erscheinung desselben. Weniger also im Kosmopolitismus als in der Internationalität, welche die Nationalitäten voraussetzt und anerkennt, sie alsdann aber zu höherer Einheit verbindet,

[1] Brief an Encke, Paris, 30. März 1832.

sah er sein Ideal. Diese Gesinnung und seine specielle Vorliebe für die grossen Eigenschaften der französischen Nation, die er gern „une nation spirituelle et généreuse“ nannte, wenn ihm auch über ihre „raison publique“ bisweilen Zweifel aufstiegen, machten ihn ganz besonders geeignet zum persönlichen Vermittler und Freundschaftsträger zwischen beiden Höfen und zwischen zwei Völkern, die damals, in einer Periode verhältnissmässig ungestörten Weltfriedens, nur selten und ungern der ernsten Fragen der Macht gedachten, die noch ungelöst zwischen ihnen schwebten.

Kein Zweifel, dass Humboldt auch an seiner politischen Thätigkeit und ihren sichtlichen Erfolgen Freude hatte. Als er gegen Ende des Jahres 1842 als Ueberbringer eines königlichen Handschreibens an Louis Philipp abermals um eine Stufe in der Ehrenlegion erhöht worden war, legte er Werth darauf, dass diese Auszeichnung auch der öffentlichen Meinung gegenüber als Lohn seiner diplomatischen Bemühungen erschiene: „J'ose énoncer un vœu“, schrieb er deshalb an Guizot[1], „presque une prière. Si cette haute distinction pouvait n'être publiée qu'un peu avant mon départ, elle serait une preuve manifeste qu'on a été content de mon séjour d'ici, cela serait mieux pour moi.“ Nicht minder wichtig war ihm an seiner damaligen hervorragenden Stellung, dass sie ihm die Möglichkeit gewährte, auch dem officiellen Frankreich gegenüber mit grösserm Nachdruck, als den seine persönliche Autorität ohnehin ausübte, die heimische Gewohnheit der Förderung seiner Schützlinge fortzusetzen. Nicht seine Landsleute allein empfahl er Louis Philipp oder seinem Minister gelegentlich zu Decorationen oder andern Ehrenbezeigungen, auch Franzosen selber wussten sich seiner Fürsprache zu bedienen.

Trotz alledem aber dürfte man nicht glauben, dass er, wie es andern grossen Männern bisweilen ergangen, diese dilettantische Nebenbeschäftigung — denn das blieb die Politik und

---

[1] *De la Roquette*, II, 247.

was mit ihr zusammenhing für ihn doch immer — jemals mit besonderer Vorliebe betrieben habe; vielmehr fühlte er sich auch in den Jahren 1830—48, so oft er in Paris verweilte, durchaus in erster Linie als Gelehrter. Die beiden Werke über Asien, wie das grosse „Examen critique", das letztere in mehrern Ausgaben, sind während jener Besuche entstanden und zum wesentlichsten Theile ausgearbeitet. Auch zum dritten Bande des „Kosmos" hat er in der französischen Hauptstadt Ideen und Thatsachen zu gewinnen gesucht; dass die eigene Uebersetzung der Einleitung zum ersten Bande, die er im Winter 1844—45 „mit Angst und grenzenloser Mühe" ausführte, nur an der lebendigen Quelle des reinsten französischen Ausdrucks gedeihen konnte, versteht sich von selbst. Zu dem „desperaten Eitelkeitsentschlusse" dieser Uebersetzung hatte ihn, wie er sagt, die Furcht angetrieben, bei den Franzosen lächerlich zu werden. Wie immer war er übrigens gleich sehr beflissen, geistig zu empfangen als zu spenden. Wie, wenig später, in Berlin bei Boeckh, hörte er in Paris 1831 philologisch-historische Vorlesungen bei Hase, Champollion und Letronne und ein naturwissenschaftliches Colleg bei Cuvier, gegen dessen Ausfälle er jedoch die Goethe'sche Theorie der einheitlichen Structur des Knochengerüstes der Wirbelthiere während des Vortrags selbst bei seinen Nachbarn in flüsternder Kritik in Schutz nahm.[1] Ja noch 1845 wohnte er aufs neue Arago's astronomischem Cursus bei. Andererseits erfreute er auch selbst die pariser Gesellschaft durch Vortrag ausgewählter Stücke aus dem „Examen critique" im Cirkel Chateaubriand's und der Madame Récamier.[2]

Es sind diese Dinge zwar zum Theil schon in einem andern Zusammenhange, wo von dem pariser Leben Humboldt's überhaupt die Rede war (II, 53—78), erwähnt und mit Originalstellen seiner Briefe belegt worden; allein es war nothwendig, den Leser

---

[1] *L. Agassiz*, Address delivered on the cent. ann. of the birth of A. von Humboldt (Boston 1869), S. 43.

[2] Briefe an Varnhagen, S. 57.

kurz darauf zurückzuführen, damit ihm nicht durch einseitige Darstellung der politischen Beziehungen das umfassende Bild der Thätigkeit unsers Helden in der Fremde verkümmert werde. Man erinnere sich also immerhin noch einmal, dass er gerade in dieser Zeit wiederholt die List gebrauchte, zwei Wohnungen zu halten, eine für die officiellen Besuche und eine für den stillen Zutritt wissenschaftlicher Freunde. Unaufhörlich preist er in seinen Briefen nach Deutschland den heimlichen Frieden dieses Asyls der Arbeit, das ihm Arago in den Entresols des Instituts einzuräumen pflegte, und kaum minder lebhaft rühmt er die Sitte später Mahlzeit, die es ihm leicht machte, solange die Sonne am Himmel stand, ununterbrochen der Wissenschaft zu leben, ohne doch hernach, bis tief in die Nacht hinein, den Salons seine ewig sprudelnde Unterhaltung zu entziehen. Man bedenke ferner, dass eben in diese Jahre jene erbitterten Wahlschlachten des Instituts fallen, in denen er, wie wir aus Karl Vogt's lebendiger Schilderung wissen, mit dem leidenschaftlichen Eifer eines Parteihäuptlings für seine Clienten zu werben und zu streiten wusste, mit den Waffen vorsichtiger Klugheit fast mehr noch als mit dem imponirenden Ansehen seiner Person. Und doch bewahrte er sich wiederum mitten in dieser Welt der Intrigue die ganze Naivetät seiner liebenswürdigen Menschenfreundlichkeit, wofür uns die anmuthige Erzählung von Agassiz zum Beweise dienen möge, der im Anfange der dreissiger Jahre in Paris die ihm alsbald so förderliche Bekanntschaft Humboldt's machte.

Agassiz erhielt die Erlaubniss, seinen Gönner auch in dessen Arbeitscabinet in der Rue de la Harpe aufzusuchen; da durfte er mit ihm von seinen wissenschaftlichen Bestrebungen und nicht minder von den äussern Schwierigkeiten reden, die den armen Doctor der Medicin bedrängten. Aber Humboldt begab sich auch selbst in das kleine Zimmer im Hôtel du Jardin des Plantes, wo der junge Freund Wohnung genommen. Sein erster Besuch und was sich daran anschloss ist so charakteristisch für ihn, dass wir ihn mit Agassiz' eigenen Worten wiedergeben wollen[1]: „Nach einer herzlichen Begrüssung ging er sogleich auf das los, was damals meine Bibliothek war, ein kleines Bücherbret mit ein paar Classikern in den geringsten Ausgaben, für ein Spottgeld an den Quais erstanden, einigen philosophischen und historischen, chemischen und physikalischen Werken, seinen eigenen „Ansichten der Natur", der Zoologie des *Aristoteles*, *Linné's* „Systema Naturae" in verschiedenen Ausgaben, *Cuvier's* „Règne animal" und einer ganzen Anzahl von Manuscripten in Quart, Abschriften, die ich mit meines Bruders Hülfe von Werken gemacht, die ich zu kaufen zu arm war, obwol sie nur ein paar Francs pro Band kosteten. Am meisten von allen fielen in die Augen zwölf Bände des neuen deutschen „Conversations-Lexikons", die mir der Verleger geschenkt. Ich werde nie vergessen, wie er nach einem Blicke auf meine kleine Sammlung, in dem sich Antheil und Staunen mischten, halb sarkastisch fragte, als er auf die grosse Encyklopädie stiess: «Was machen Sie denn mit dieser Eselsbrücke?» «Ich habe nicht Zeit gehabt», sagte ich, «die Originalquellen des Wissens zu studiren, und ich brauche eine schnelle und leichte Antwort auf tausend Fragen, die zu lösen ich bis jetzt kein anderes Mittel besitze.» Er durchschaute ohne Zweifel, dass ich mit den Gütern dieser Welt nicht übermässig vertraut war, denn bald darauf empfing ich eine Einladung, ihn um 6 Uhr in der Galerie vitrée des Palais Royal zu treffen, von wo er mich in einen der Restaurants führte, an deren lockenden Schaufenstern ich gelegentlich vorbeigegangen war. Als wir uns niedergesetzt, fragte er halb lachend, halb ausforschend, ob ich das Diner befehlen wolle. Ich lehnte die Aufforderung ab, indem ich bemerkte, wir würden besser fahren, wenn er die Mühe auf sich nehmen wollte. Und für drei Stunden, die mir wie ein Traum vorüberrauschten, hatte ich ihn ganz für mich allein. Wie fragte er mich aus, und wie viel lernte ich in der kurzen Zeit! Wie ich arbeiten, was ich thun, was ich lassen müsse, wie

---

[1] *L. Agassiz*, Address etc., S. 45 fg.

leben, wie meine Zeit eintheilen, welche Wege des Studiums einschlagen — das waren die Gegenstände, über die er an diesem herrlichen Abend mit mir plauderte. Es war ihm nicht genug, den Strebsamen zu ermuntern und anzuspornen, er gab sich auch die Mühe, einem jungen Menschen, der sich selbst gar wenig Aufwand erlauben durfte, ein seltenes Fest zu bereiten."

Wollte man nach diesen kurzen Notizen über Humboldt's pariser Leben nach 1830 zuguterletzt noch ein gewichtiges Urtheil über den Gesammtcharakter desselben vernehmen, so ist es kein Geringerer als Bessel, der am 24. Jan. 1838 an unsern Freund geschrieben hat: „Ich begreife kaum, wie Ew. Excellenz Ihr pariser Leben so haben einrichten können, wie Ihr Brief es schildert — diese rastlose Thätigkeit, dieses immer gleich frische Auffassen der verschiedenartigsten Interessen! — ich sehe und bewundere die Möglichkeit davon, aber anschaulich kann ich sie mir nicht machen, weil ich selbst gänzlich unfähig bin, mehr als eine Gedankenreihe in jeder Woche zu verfolgen." Was dem allbeweglichen Geiste des einen erquickliche Lebensluft war, erschien der energischen Einseitigkeit des andern wie ein feindseliges Element; aber auch Bessel verstand, so gut wie Gauss, anzuerkennen, was ihm fremd war.

Es kann nicht wundernehmen, dass unserm Humboldt, so oft er aus Paris zurückkehrte, Berlin „langweilig und drückend", als eine „intellectuell verödete, kleine, unliterarische und dazu überhämische Stadt" vorkam, „wo man monatelang gedankenleer an einem selbstgeschaffenen Zerrbilde matter Einbildungskraft nage"[1], dass ihm das „Kinderfrühstück bei Hofe, das vormittags begann" und die „noch unglücklichere, alle Arbeit störend unterbrechende Sitte, um 2 Uhr zu diniren", äusserst lästig fielen.[2] Allein man muss der Billigkeit halber hinzufügen, dass

---

[1] *Varnhagen*, Tagebücher, I, 41; vgl. S. 155. — Briefe an Varnhagen, S. 35, 42.

[2] *De la Roquette*, II, 131.

alle diese Klagen nach einem Ereigniss ausgestossen worden, das ihm in der That eine intellectuelle Verödung des heimischen Daseins bedeuten musste; wir meinen den schwersten Schlag, der ihn je betroffen hat, den Tod seines Bruders.

Nur wenige Jahre noch brachte Wilhelm von Humboldt nach dem Tode seiner Gattin sein Leben in dem Zustande einsamer, nur von Erinnerungen belebter Arbeit hin, den Alexander so theilnehmend schildert: „Tout adonné à sa douleur, puisant dans cet abîme ce qui seul lui rend la vie supportable, s'occupant des travaux de l'intelligence, comme on s'occupe d'un devoir."[1] Alexander hat später selbst auf die Bitte eines Biographen seines Bruders aus Notizen seines Tagebuchs eine Schilderung der traurigen Krankheit desselben gegeben, die am 27. März 1835 zuerst eine bedenkliche Wendung, am 8. April tödlichen Ausgang nahm.[2] Wir dürfen hier daraus nur hervorheben, was sich auf den Ueberlebenden bezieht. Immer war er liebevoll um den Sterbenden beschäftigt, begierig, die letzten Aeusserungen seines edeln Geistes aufzufangen, bemüht, die Erregung seiner Phantasie zu mildern; in den ersten Zeiten der Krankheit las er ihm Stücke Schiller'scher Dichtungen vor, welche dem Schwunge seiner dem Irdischen entstrebenden Seele entsprachen. In den ersten Tagen des April begleitete er eine verspätete Correctursendung an seinen Verleger Gide in Paris mit den Zeilen: „Je n'ai pas fait partir ma lettre, parce que, depuis ce temps, j'ai le cruel pressentiment de la mort prochaine de mon frère. Il a été aux dernières extrémités pendant trois jours. Je passe ma vie chez lui, dans sa villa. Que de larmes j'ai versées! Il est un peu mieux dans ce moment, mais je ne me livre pas à l'espérance. Plaignez-moi, monsieur, j'ai pourtant eu le courage de corriger des épreuves."[3] Und Sonntags den 5. April früh 6 Uhr ward das schon vor Jahrzehnten veröffentlichte, bald berühmt

---

[1] *De la Roquette*, II, 105.

[2] Am besten in *W. F. A. Zimmermann's* „Humboldtbuch", III, 19 fg.

[3] *De la Roquette*, II, avert. des nouv. édit., V.

gewordene Billet an Varnhagen geschrieben: „Sie, mein theuerer Varnhagen, der Sie den Schmerz nicht fürchten und ihm sinnig in der Tiefe der Gefühle nachspüren, Sie müssen in dieser trauervollen Zeit einige Worte der Liebe, die Ihnen beide Brüder zollen, empfangen. Die Erlösung ist noch nicht erfolgt. Ich verliess ihn gestern Abend 11 Uhr und eile wieder hin. Der gestrige Tag war weniger erschütternd. Ein halb soporöser Zustand, viel, nicht sehr unruhiger Schlaf, und bei jedem Erwachen Worte der Liebe, des Trostes, immer noch die Klarheit des grossen Geistes, der alles fasst und sondert, seinem Zustande nachspäht. Die Stimme war sehr schwach, rauh (heiser) und kindlich fein, daher man ihm noch Blutegel auf den Kehlkopf setzte. Völlige Besinnung!! «Denkt recht oft an mich», sagte er vorgestern, «doch ja mit Heiterkeit. Ich war sehr glücklich, auch heute war ein schöner Tag für mich, denn die Liebe ist das Höchste. Bald werde ich bei der Mutter sein, Einsicht haben in eine höhere Weltordnung. . . . .» Mir bleibt keine Spur von Hoffnung. Ich glaubte nicht, dass meine alten Augen so viel Thränen hätten. Es dauert acht Tage.“[1] Endlich am 8. April abends um 6 Uhr „hauchte Wilhelm von Humboldt“, um des Bruders Worte zu wiederholen, „sanft die grosse Seele aus, als eben die untergehende Sonne ihre letzten Strahlen in sein Zimmer sandte.“[2] Am 10. April schrieb Alexander an Gide die lakonischen Zeilen: „Plaignez-moi. Je suis le plus malheureux des hommes. J'ai vu une agonie de dix jours. Mon frère est mort avant-hier, à six heures du soir.“[3] — „J'ai perdu la moitié de mon existence“, heisst es in einem Briefe an Letronne vom 18., „et m'enfonçant dans mes études de physique générale, invoquant les souvenirs de l'antiquité dans lesquels mon pauvre frère a puisé ses plus belles et ses plus heureuses inspira-

[1] Briefe an Varnhagen, Nr. 18.
[2] *Zimmermann*, a. a. O., S. 22.
[3] *De la Roquette*, a. a. O.

tions, je tâcherai de retrouver le calme qui est encore loin de moi."

Das Verhältniss zu Wilhelm ist eine der schönsten Seiten an dem so vielseitigen Wesen Alexander's und wäre für sich allein genügend, durch seinen warmen Glanz all die kleinen Flecken, welche Spottsucht, Eitelkeit und Lust am Schmeicheln seinem Charakter aufgeheftet, verschwinden zu lassen. Es ist freilich wahr — ohne Schwanken muss es der aufrichtige Biograph aussprechen —, ein reines, das heisst von allen intellectuellen Beziehungen abgelöstes Gemüthsverhältniss zu ebenbürtigen Naturen hat es für Alexander von Humboldt nie gegeben. Was uns andern dazu verhilft, die innige Liebe zur Mutter und zur Gattin, ist ihm, allerdings mehr durch Schicksal als durch Schuld, versagt geblieben. Der Schatten, der über den Tagen seiner Kindheit ruht, ist in der Erzählung seines frühen Lebens leise angedeutet worden; es fällt doch auf, dass in den tausend und abertausend Briefen seiner Mannesjahre, in denen er so gern „durch die tiefen Schichten der Lebensereignisse in die Vergangenheit dringt", des älterlichen Hauses kaum je und nie freudig gedacht wird. Eine Ehe zu schliessen, war wol niemals ernstlich sein Vorsatz; er pflegte den Fragern scherzend zu erwidern, dass die Wissenschaft seine einzige Liebe gewesen. Wenn er im Alter, wovon noch zu reden sein wird, eine Fülle persönlichen Wohlwollens an untergebene Menschen aufwandte, die ihm doch geistig nichts bedeuten konnten, so zeugt das mehr für die Dankbarkeit als für den freien Trieb seines Herzens. Man misverstehe uns nicht: er war opferfreudiger Liebe im höchsten Masse fähig, sein Dasein war ihrem Dienste geweiht, aber es war jene dem gewöhnlichen Blicke bald übermenschlich, bald unmenschlich erscheinende Liebe zum Allgemeinen, welche das Individuelle nur so weit hochschätzt, als es dem Allgemeinen dienend angehört. Wer gedächte dabei nicht des erhabenen Meisters der Liebe, der Mutter und Brüder draussen stehen liess und, die Hand über seine Jünger ausreckend, in ihnen Mutter und Brüder anerkannte, weil sie den Willen thäten seines Vaters im Himmel?[1] Ehrenberg hat in würdigem Bestreben, Humboldt's Gemüth gegen den Vorwurf „eines wie sehr auch edeln Egoismus" zu vertheidigen, auf das „auffallend zarte und durch sein ganzes Leben andauernde, fast schwärmerische Freundschaftsverhältniss" zu Freiesleben hingewiesen[2]; allein auch die Freundschaft Freiesleben's trennt doch Humboldt niemals von dem Einflusse, den sie auf seine eigene Bildung ausgeübt habe. Er nennt sie eine wichtige Epoche seines Lebens, wie er deren nur zwei oder drei gehabt. „Du gehörst", schreibt er, „mit Willdenow, Gay-Lussac, Arago zu den wenigen Menschen, die auf Denkart und Ansicht der Natur in mir bleibend gewirkt haben." Zwar fügt er sogleich hinzu: „zu denen, welche (was so selten mir geworden ist) liebenswürdige Gemüthlichkeit dem Wissen beigesellten"; zwar vergisst er nie, neben dem Talente des Freundes seine edeln Gefühle und die Anmuth seiner Sitten zu preisen; dennoch, wie die Seele dieses Mannes einmal war, unwiderstehlich ergriffen von der Anziehung des Geistes und der Wissenschaft, war dies zugleich das Band, das ihn an die Herzen knüpfte; in der Gravitation, die seine Gedanken in die himmlischen Fernen der Erkenntniss zog, und der Schwerkraft, die seine Gefühle mit der antwortenden Gesinnung irdischer Menschen vermählte, waltet ein und dasselbe Gesetz. Der an Unfug grenzende Misbrauch, den er mit den Namen „Freund" und „theuerer Freund" getrieben, erklärt sich nicht allein aus der übeln Gewohnheit künstlich erwärmter Rede, er entsprang vielmehr aus der unwillkürlichen Hinneigung gegen jeden, den er am gleichen idealen Werke der geistigen Veredelung des menschlichen Geschlechts thätig wusste. Die Weltgeschichte selber sah er nicht anders an denn als Geistesgeschichte; gleich dem vornehmsten Denker des Alterthums war ihm Erkenntniss das höchste Gut, gleich dem grössten Philosophen der neuern

---

[1] Matth. 12, 47—50.

[2] *Ehrenberg*, Gedächtnissrede auf A. von Humboldt (Berlin 1870), S. 35 fg.

Jahrhunderte, dessen mahnende Sittenlehre in seine Jugend hinein erschollen war, galt ihm Moral für angewandte Intelligenz. Wenn er so freilich nicht in seinen Jüngern allein, sondern fast mehr noch in seinen Meistern und den Genossen seiner Arbeit seine Brüder liebte, welch ein glückliches Los war ihm da gefallen, dass sein leiblicher Bruder von Natur in Einer Person gewissermassen zu seinen Jüngern, Meistern und Arbeitsgenossen gehörte!

In der That war eben durch die geistige Grösse Wilhelm's und Alexander's ihre brüderliche Freundschaft bedingt. Auf verschiedene Bahnen der Erkenntniss durch abweichende Begabung gelenkt, und doch wiederum beide vom tiefsten Bedürfniss nach Ergänzung ihres individuellen Denkens ergriffen, erblickte keiner im andern je den seitwärts abdrängenden Wettkämpfer, zum Gemeinbesitz warben sie um doppelte Kränze. Dazu kam noch, dass, je näher dem Ziel, ihre Wege von selbst zu immer dichterer Nachbarschaft einander zubogen. Denn die vergleichende Sprachwissenschaft, wie sie Wilhelm in seinen letzten Jahren zu philosophischer Höhe erhob, ist doch nichts anderes als Wissenschaft von der Naturseite des Denkens. Und um dieselbe Zeit war Alexander, der die Natur von jeher mit ganz besonderm Antheil auch in Bezug auf ihren Reflex im Menschengeiste betrachtet hatte, aufs tiefste in seine historisch-literarischen Studien versenkt, die ihm noch einmal zu wirklich fördernder Originalforschung Gelegenheit gaben, sodass man sagen darf, die so oft streng geschiedenen Gebiete der Natur- und der Geisteswissenschaft seien im Wirken dieser Brüder in unmittelbare Berührung getreten. Am innigsten aber und am fruchtbarsten zugleich musste sich diese Berührung natürlich in ihrem persönlichen Verkehr, im geisterfüllten Gespräche vollziehen, dessen sie beide, wiewol in verschiedener Weise, in fast gleichem Grade Meister waren. Ohne Zweifel war Wilhelm der productivere, Alexander der receptivere, jener der tiefere, gewichtigere, dieser der reichere, geschwindere Geist; an wahrhaft origineller Bedeutung für menschliche Wissenschaft überhaupt würde der jüngere sich mit dem ältern nur haben messen dürfen, wenn er ihm an philosophischer Kraft gewachsen gewesen wäre, das heisst, da ja einmal Mathematik die Philosophie der Naturwissenschaften darstellt, wenn er in den Kreis schöpferischer Mathematiker mit demselben Rechte eingereiht werden dürfte, wie Wilhelm durch seine sprach-, kunst- und geschichtsphilosophischen Ideen und Impulse den Namen eines speculativen Genius verdient. Was aber das Verhältniss eines jeden von ihnen zum Forschungsgebiete des andern betrifft, so war Alexander vermöge der grössern Empfänglichkeit seines Geistes offenbar besser im Stande, den Ideen des Bruders zu folgen, die ja ohnehin in engerer Verwandtschaft zu dem damaligen Bereich allgemeiner Bildung standen, als jener den seinen. Während Wilhelm den naturwissenschaftlichen Gedanken des Bruders nur in poetisch-philosophischer Hülle Eingang in sein eigenes Denken zu verschaffen wusste, wie in der prächtigen, wenn auch etwas schwerfälligen Canzone an Alexander vom Jahre 1808 geschehen, so leuchtet fast überall, wo in den mannichfachen Werken des letztern von Kunst und Alterthum, von Mythos und Sprache die Rede ist, der Geist Wilhelm's wie aus dem Hintergrunde hervor; bisweilen jedoch und gerade an den wichtigsten Stellen — wir erinnern hier nur an den glänzenden Schluss des ersten Bandes des „Kosmos" — tritt der jüngere Bruder bescheiden zurück, um dem ältern in dem, was sein ist, allein das Wort zu lassen.

Ehrfurcht vor dem Genius Wilhelm's, dessen Ueberlegenheit ihm wol deutlich war, und Dankbarkeit für die immer frische und reine Anregung, die er selber von ihm empfing, verschmolzen in der Seele Alexander's zu einer unbegrenzten Pietät, der man den schönen Namen brüderlicher Liebe nicht versagen darf. Selbst aus den Tagen ihrer Jugend wissen wir von keiner ernstlichen Verstimmung zwischen beiden, so lästig die fröhliche Spottsucht des Jüngern dem gehaltenern Wesen des Aeltern dann und wann fallen mochte. In reifern Jahren verband sie zudem die innigste Harmonie in allem, was sich auf das öffentliche Dasein bezog, das Bewusstsein gleichen Strebens nach geistiger und politischer Freiheit. Wir haben uns am Schlusse des vorigen Abschnitts an der intensiven Wärme der Empfindung erfreut, welche die Briefe Alexander's durchweht, die er aus Russland und Sibirien an den Bruder gerichtet; wir haben sodann die Tiefe seines Schmerzes aus den bewegten Zeilen ermessen lernen, die er vom Sterbelager Wilhelm's an nahe und ferne Freunde geschrieben. Wir verfolgen diese Spuren hier nicht weiter — es war seine Art, auch den Ausdruck seiner Gefühle mit leisen Abwandlungen in seiner ausgebreiteten Correspondenz bis weit über das gewöhnliche Mass hinaus zu vervielfachen —, wir wenden uns lieber den praktischen Beweisen zartsinniger Pietät zu, die er dem Hingeschiedenen mit verdoppeltem Eifer widmete: der Sammlung der Schriften desselben, wie der Sorgfalt, mit der er immerdar bemüht blieb, dessen Andenken vor der Welt in gleichen Ehren zu erhalten, als er ihm selbst in der Stille herzlicher Erinnerung zu erweisen gewohnt war.

Was die Tagespresse über Wilhelm zu sagen wusste, that dem überlebenden Bruder bei weitem nicht genug. Er dankte Varnhagen für dessen Nachruf in der „Staatszeitung", fügte jedoch hinzu: „Von wichtigen Männern sollte man in solchen Blättern zu reden nicht unternehmen; zwischen einer Familie, einem Censor und einem eisigen Publikum ist das Problem schwer zu lösen, besitzt man selbst Ihren Geist."[1] Durchaus widerwärtig berührte ihn ein Aufsatz des „Morgenblattes", in welchem neben andern Unwahrheiten und Taktlosigkeiten auch das berühmte und berüchtigte Dictum von Wilhelm über die drei Dinge, die er nicht verstünde, gläubige Frömmigkeit, romantische Liebe und Musik, klatschsüchtig hervorgezerrt worden war.[2] Wir würden diesen Gegenstand hier nicht berühren,

---

[1] Briefe an Varnhagen, Nr. 19.

[2] Ebend., Nr. 21. Hier ist zwar nur von zwei Dingen die Rede; in der mündlichen Tradition jedoch hat sich bis heute das famose Dictum als Triade erhalten. Vgl. auch *Holtei*, „Vierzig Jahre", IV, 33, und „Die Eselsfresser" desselben Autors, II, 197.

wenn nicht ein sonst glaubwürdiger Berichterstatter ausdrücklich versicherte, dass Alexander sich zur gleichen Ketzerei bekannt habe.[1] Es verhält sich mit diesem geflügelten Worte etwa wie mit dem angeblichen Ausspruche Kaiser Friedrich's II. „de tribus impostoribus“: ein keckes Paradoxon, in humoristischer Misstimmung momentan hingeworfen — beide Brüder sollen jenes Bekenntniss abgelegt haben gereizt durch die Langeweile musikalischer Aufführungen, denen sie gezwungen beiwohnten —, ein solches Paradoxon, auf überraschende und dadurch belebende Wirkung in der Conversation berechnet, ward von Munde zu Munde fortgetragen, von seinem Anlasse losgerissen und so schon durch seine blosse Isolirung verfälscht. In ruhiger Ueberlegung hat Alexander — jenem Zeitungsartikel gegenüber — entschieden geleugnet, von einer derartigen Aeusserung des verstorbenen Bruders zu wissen; nicht minder hätte er Anstand genommen, sich selber förmlich und feierlich einer in so wesentlichen Punkten mangelhaften Organisation zu zeihen. Gleichwol passt jenes Wort, wenn man es in scharf begrenztem Sinne zu nehmen versteht, auf ihn noch vollständiger als auf Wilhelm, dessen jugendliche Herzensverhältnisse, die wir aus seinen Briefen kennen, nicht gestatten, ihn jeglicher romantischen Liebe ledig zu erklären. Bei Alexander fanden wir jedoch selbst in strenger Betrachtung, dass die Zuneigung seines Gemüths durchaus im Dienste seiner intellectuellen Geisteskraft stand, sodass, wenn man unter der unklaren Bezeichnung „romantische Liebe“ die Hingabe an den Affect als solchen begreift, unser Freund eine solche allerdings nie gekannt hat. Dass beide Humboldt völlig unmusikalisch waren, haben wir oben aus Zelter's Munde vernommen. Was endlich gläubige Frömmigkeit anlangt, so muss man dabei wohl zwischen der Unterwerfung unter irgendwelches dogmatisch auftretende Religionssystem und der Religiosität im

---

[1] *Holtei*, a. a. O. Bei Lebzeiten Alexander's spricht der Verfasser nur andeutend von dem zu Paris 1825 vernommenen Ausspruche desselben, die Stelle in den „Eselsfressern“, 1861 gedruckt, dient zur Erläuterung.

allgemeinen, dem Gefühl der Abhängigkeit von einer höhern und verehrungswürdigen, wenn auch dunkeln, weltbeherrschenden Gewalt unterscheiden. Von der erstern Art gläubiger Frömmigkeit sind die Gebrüder Humboldt so gut freizusprechen wie unsere classischen Dichter und Denker überhaupt; wie sollte auch, wer im Zeitalter der Aufklärung emporgewachsen, nur eine Spur davon an sich getragen haben?[1] Die andere Gattung aber der Religiosität war ihnen beiden nicht fremd, wiewol sich auch hierin der Naturforscher skeptischer verhielt als der speculative Geschichtsforscher. Als Alexander zum Behufe der Herausgabe der Werke Wilhelm's dessen akademische Abhandlung „Ueber die Aufgabe des Geschichtschreibers“ wieder hervorsuchte, deren formelle Vollendung er höchlich bewunderte, konnte er doch gegen Varnhagen das Geständniss nicht unterdrücken, dass er über den Grundgedanken derselben, als welchen er eine Bestätigung und Entwickelung unsers Glaubens an eine „göttliche Weltregierung“ zu erkennen meinte, bisweilen mit dem Bruder, „er dürfe nicht sagen gehadert, sondern discutirt“ habe. Die Annahme solcher „ewigen geheimnissvollen Rathschlüsse“ erschien ihm damals ebenso sehr als Fiction wie die physiologische Hypothese sogenannter Lebenskräfte, der er einst selber im „Rhodischen Genius“ so warm das Wort geredet.[2] Es mag sein, dass sich Wilhelm im Zwiegespräche deutlicher über seine Grundanschauung ausgelassen; was er in der Abhandlung selbst vorbringt — er sieht den historischen Verlauf als das Streben einer Idee an, Dasein in der Wirklichkeit zu gewinnen — besagt nichts weiter, als dass uns denkenden Menschen die teleologische Auffassung der Weltbegebenheiten nicht minder unumgänglich sei als die der Natur, deren Nothwendigkeit Kant erwiesen, und hiermit hätte sich Alexander von Humboldt auch von seinem eigenen Gesichtspunkte aus wol einverstanden

---

[1] Vgl. über die ganze Frage die treffliche Ausführung in *Varnhagen's* Wilhelm von Humboldt, Vermischte Schriften (2. Aufl.), II, 118 fg.

[2] Briefe an Varnhagen, S. 40.

erklären dürfen. Doch wird von seiner Weltanschauung später ausführlicher zu reden sein.

Die zarteste Rücksicht auf den Ruf des Bruders bewies Alexander in der Kritik des vortrefflichen Essays, den *Varnhagen* 1837 dem Hingegangenen widmete.[1] Er wollte „dem so zärtlich und so sorgsam geliebten Bruder den grossen Ruhm einer so eingreifend wahren und so beredten“ Charakterschilderung keineswegs entziehen, zugleich aber zeigt er sich aufs ängstlichste bemüht, jede unfreundliche Linie aus dem Bilde wegzuwischen. Er berührt eine Hauptschwierigkeit aller historischen und der biographischen Darstellung insbesondere, eine Schwierigkeit, die auf der Verjüngung des Massstabes der Wiedergabe beruht und im Verhältniss dieser Verjüngung wächst, wenn er schreibt: „Je treffender und geistreicher Ihre Schilderung ist, desto unheimlicher wird mir alles in einem so kurzen Aufsatze, da das Mildernde in der Darstellung eines ganzen, politisch und literarisch nicht unwichtigen Lebens liegen würde.“ Doch fügt er, seine eigene Kritik kritisirend, hinzu: „Il n'y a rien de maudit, sagte der grosse Maler Gérard, que de consulter la famille sur la ressemblance du défunt. Il y a de quoi se prendre, telle est leur exigeance! Ils auraient fait bon marché du parent vivant.“ An Gustav Schlesier, den pietätsvollen Biographen Wilhelm's, hat er nachher gern aus seinen „Tagebüchern“ die schöne Erzählung der letzten Tage des Bruders mitgetheilt, der wir oben einige Worte entlehnt haben. Noch im Jahre 1846 vertheidigte er in der „Allgemeinen Zeitung“ Wilhelm's Uebersetzung des äschyleïschen „Agamemnon“ gegen einen unholden Recensenten „um so lieber, als er seit einem halben Jahrhundert nie auf den Tadel geantwortet habe, der so oft in und ausserhalb Deutschlands über seine eigenen Schriften und Meinungen ausgesprochen worden“.[2]

Den Antrag, am Leibniztage des Jahres 1835 die akade-

---

[1] Briefe an Varnhagen, Nr. 33.

[2] *Zimmermann*, Humboldtbuch, II, 43.

mische Gedächtnissrede auf Wilhelm zu halten, lehnte Alexander ab, indem er Boeckh als den amtlich und wissenschaftlich dazu Berufenen in Vorschlag brachte. „Ich komme nun, verehrter Freund", heisst es in einem ungedruckten Briefe an Lichtenstein vom 7. Juni 1835 darüber, „zu der öffentlichen Erwähnung des Hingeschiedenen bei der akademischen Feier. Er verdient diese Erwähnung um so mehr, als er, wie Sie aus eigener langer Erfahrung wissen, unserer Akademie mit ganzer Seele ergeben war und die Pflichten des Akademikers emsig erfüllte, solange es seine physischen Kräfte erlaubten. Mir selbst würde es unmöglich sein, über den so innigst geliebten Bruder zu sprechen oder zu schreiben. Ich würde mich immer durch meine Lage als Bruder und die Pflichten der Mässigung, welche aus dieser Lage entstehen, dergestalt befangen fühlen, dass ich das betrübende Gefühl haben würde, auch mit dem besten Willen und von der Grösse des Gegenstandes durchdrungen, eine solche Aufgabe schlecht zu lösen. Befangenheit nimmt die Freiheit, und ohne freie Zuversicht bringt man nichts Befriedigendes hervor. Ich brauche also nicht des Umstandes zu erwähnen, dass ich am 3. Juli, falls dieser Tag gewählt werden sollte, ohnedies nicht in Berlin sein werde, denn des Königs Abreise ist auf den 1. Juli bestimmt und die meinige (wenn ich mich nicht früher in Hamburg einschiffe) auf die letzten Tage des jetzigen Monats. Mein Bruder war ein warmer Freund hergebrachter akademischer Formen, wir müssen also nach den Grundsätzen der Oeffentlichkeit und Gleichheit, denen meine Familie anhängt, wünschen, dass die Erwähnung des Hingeschiedenen von dem Herrn Secretär der Klasse geschehe, zu der er gehörte. Sie wissen, wie lebhaft sich mein Bruder für die Ernennung unsers Freundes des Geh. Raths Boeckh interessirt hat, wie hoch mein Bruder die philosophische Ansicht des gesammten Alterthums in diesem schätzte. Die Sache ist also in guter Hand, denn ich glaube, dass nichts mehr den Verewigten charakterisirte, als die Tiefe, mit der er in Geist, Anmuth der Sitten, Heiterkeit des Gemüths, Stärke und Würde des Charakters, Freiheit des Sinnes, Unabhängigkeit von den einseitigen Bedrückungen der Gegenwart, von dem Geiste des Alterthums als Staatsmann, als Gelehrter, als Freund und Verwandter durchdrungen war. Er erschien mir immer als der Reflex von dem, was in der höchsten Blüte der Menschheit uns aus vergangenen Jahrhunderten entgegenstrahlt. Soll ich an Einzelnes erinnern, was er geleistet hat, so stelle ich obenan: Fundation der berliner Universität und der damit zusammenhängenden Institute; Erbauung der Sternwarte in Königsberg, die so wichtig geworden ist; Errichtung des Museums, die ihm der König übertrug. Unter den literarischen Werken die poetischen: «Agamemnon», «Pindarische Oden», Chöre und sein Gedicht «Roma»; unter den prosaischen: «Ueber Hermann und Dorothea», eigentlich über das Epos im allgemeinen, die Untersuchungen über die Iberischen Völkerschaften, die Basken schildernd, als einen grossen Theil des Mittelmeeres umwohnend; viele ästhetische und Kunstaufsätze in den «Horen», über Philosophie der Grammatik in den Schriften der Akademie der Wissenschaften, und den geistreichen «Lettre à Mr. Abel Rémusat» über den Sprachbau des Chinesischen. Diese Arbeiten von so geringem Umfange tragen alle den gemeinsamen Charakter, dass sie von dem festen Grunde des einzeln Ergründeten zu höhern, allgemeinen philosophischen Ansichten übergehen. Diese Fähigkeit, der Masse des Durchforschten und Gesammelten nicht zu erliegen, das heterogen Scheinende zu concentriren und nach grossartigen Ansichten in Einklang zu bringen, bei steter Klarheit der Schreibart und Beibehaltung solcher Formen, welche langes Studium und lange Vorliebe metaphysischen Ideengangs verrathen, dem Stile nie den belebenden Hauch der Einbildungskraft zu entziehen, charakterisirt recht eigentlich die Arbeiten des Hingeschiedenen. Er hat neben sich entstehen sehen und mächtig gefördert eine neue allgemeine Sprachwissenschaft, ein Zurückführen des Mannichfaltigen im Sprachbau auf Typen, die in geistigen Anlagen der Menschheit gegründet sind. Den ganzen Erdkreis in dieser Mannichfaltigkeit umfassend, jede Sprache in ihrer Structur ergründend, als wäre sie der einzige Gegenstand seiner Forschungen gewesen, als verdiene sie die Aufmerksamkeit, welche ehemals nur Idiomen gegönnt wurde, auf welche der Glanz einer vollendeten Literatur zurückstrahlt, war der Verewigte nicht blos unter seinen Zeitgenossen derjenige, welcher die meisten Sprachen grammatikalisch studirt hatte, er war auch der, welcher den Zusammenhang aller Sprachformen und ihren Einfluss auf die geistige Bildung der Menschheit am tiefsten und innigsten ergründete. Das Werk, welches wir jetzt drucken lassen, wird die Nachwelt lehren, wie, nach einem langen allein geistigen Bestrebungen gewidmeten Leben, eine mächtige Intelligenz die einzelnen Strahlen der Erkenntniss concentriren, das Mannichfaltigste beherrschen, den organischen Bau der Rede den ewigen Gesetzen dieser Intelligenz unterwerfen kann. Wie Sie, mein theuerer Freund, wünsche ich, dass in der nächsten Sitzung ein Fragment aus der Einleitung gelesen werde. Es wird gewiss von grossem Effect sein, wenn wir die Auswahl so treffen, dass die Sprache lebendig und der Inhalt allgemein interessant, also in Beziehung auf Geselligkeit und Civilisation ist. Mögen wir auch einen Leser finden, der nicht, wie in unserer Akademie leider so oft der Fall ist, in sich hinein spricht."

Die Stimme der Nachwelt hat diesem herrlichen Urtheil über die Bedeutung Wilhelm von Humboldt's nichts abzubrechen und kaum etwas Wesentliches hinzuzusetzen gewusst. Der Brief ist offenbar zur Instruction für Böckh geschrieben, der sich seiner Aufgabe mit gewohnter Würde entledigte; es war damals, dass er, dem Hinweise Alexander's auf die antike Natur des Bruders folgend, Wilhelm als einen Staatsmann von Perikleïscher Hoheit des Sinnes bezeichnete. Das Werk, das als im Drucke befindlich erwähnt wird, ist das über die Kawisprache; Alexander wählte selbst aus der weltberühmten Einleitung, dem reichsten Geistesproducte des Verstorbenen, geeignete Stellen zur Vorlesung in der öffentlichen Sitzung der Akademie aus. Wichtiger war, dass er selber die Leitung der Herausgabe dieses Werkes in den „Abhandlungen" der Akademie übernahm. Die eigentliche

Arbeit lag in den Händen Eduard Buschmann's, dessen in seiner Stellung zu den Gebrüdern Humboldt zu gedenken hier der angemessene Ort sein möchte. Alexander nennt ihn gegen Lichtenstein, indem er ihn zur Correctur und Besorgung des Druckes empfiehlt, „genau, scharfsinnig und dem Ruhme des Verewigten mit ganzem Herzen ergeben“. Buschmann trat nach Vollendung des Werkes über die Kawisprache in den persönlichen Wirkungskreis Alexander's über und hat vornehmlich beim Erscheinen des „Kosmos“ die gleiche Hebammenhülfe geleistet. Die elegante Genauigkeit des Drucks, auf die Alexander den grössten Werth legte, war nur durch Buschmann's unermüdliche Thätigkeit zu ermöglichen, deren peinlich gewissenhafter Charakter jedermann aus dem Register zum „Kosmos“ wohlbekannt ist. Wer jedoch aus eigener Anschauung nicht die spätere Handschrift Humboldt's allein, sondern die ganze verwickelte Art seiner Notizensammlungen und den wunderlichen Aufbau seiner Manuscripte kennt, wird einen noch weitern Begriff von der Grösse der mechanisch-geistigen Arbeit in sich tragen, welche der unverdrossene wissenschaftliche Secretär auf die letzten Werke unsers Freundes verwandt hat. Alexander von Humboldt bewies sich für so treue, langjährige Dienste erkenntlich, indem er jahrelang mit gleicher Ausdauer dahin wirkte, dass „sein und seines Bruders Buschmann“ in die berliner Akademie aufgenommen werde, was er denn auch endlich gegen die lebhafte Abneigung Bopp's durchzusetzen wusste. Er betrieb die Ernennung hauptsächlich als „eine Pietät für das Andenken Wilhelm's“, obwol er sich nicht verhehlte, dass „Akademien freilich nicht eben sentimental“ seien.[1]

Wie innigen Antheil Alexander gleichwol selbst an dem nachgeborenen grossen Werke des Bruders nahm, wird aus der schönen Vorrede ersichtlich, die er im März 1836 dem ersten Bande mitgab, nicht ohne sie vorher, wie er seit seiner Uebersiedelung nach Berlin beinahe mit allen seinen deutschen Schriften

---

[1] Aus den Briefen an Böckh.

zu thun pflegte, dem stilkundigen Varnhagen zur Prüfung unterbreitet zu haben, „dem einzigen", wie er übertrieben artig schreibt, „in der tonarmen, geistig verödeten Stadt, der Sinn für Mass im Ausdruck trauriger Gefühle und für Harmonie des Stils zeige".[1] „Die Variationen auf der lobenden Leier für vierzig Individuen", welche die Arbeit Wilhelm's irgendwie gefördert hatten, waren selbst für einen so unvergleichlichen Virtuosen auf dem Instrument der Schmeichelrede, wie Alexander, „eine lästige Nothwendigkeit". Doch glaubte er sich auch daraus „durch einige individuelle Bezeichnungen und graduirten Lobgesang nicht ganz albern gerettet zu haben". In der That bietet dies Verzeichniss literarischer Wohlthäter eine Musterkarte jener schmückenden Beiworte dar, auf denen zum grössten Theil die Eigenthümlichkeit seines Stils beruht; aber wie gering muss man doch den Werth solcher aus dem nur allzu biegsamen Metall der Sprache geschlagenen Dankesmünzen schätzen, wenn der Mann, der sie ausgab, im nämlichen Augenblick vertraulich scherzend einen so niedrigen Curs für sie ansetzen konnte! Eine mündlich verbürgte Anekdote bezeichnet noch deutlicher, wie sehr sich Humboldt dieser Schwäche bewusst war. Ein jüngerer Naturforscher, der besonders auf Leopold von Buch's Fürwort nach Berlin berufen worden, entsprach den Erwartungen nicht, die man in ihn gesetzt. Humboldt stellte den Freund, dessen derbe, rücksichtslose Offenheit bekannt genug ist, vor andern wegen seiner zu warmen Empfehlung höflich zur Rede, worauf Buch zornig herausfuhr: „Nun, wenn Sie über Loben klagen wollen, hört denn doch alles auf!" „Das ist etwas ganz anderes", versetzte Humboldt, „ich lobe jeden."

Wie es nun aber auch mit jenem Preisliede auf die vierzig Philologen und mit der gleichzeitigen Parodie an Varnhagen stehen möge, ob diesmal der Ernst oder der Scherz eigentlich ernst gemeint sei — denn diese Frage bleibt bei der schalkhaften Selbstironie unsers Freundes immer noch wohl aufzu-

[1] Briefe an Varnhagen, Nr. 22.

werfen —, jedenfalls würde man irren, wollte man an der Aufrichtigkeit des dem eigenen Bruder in jenem Vorworte gespendeten Lobes im mindesten zweifeln. Aus wie vornehmer Seele sind die voll ausklingenden Schlusssätze geschrieben: „Wenn nicht alle meine Hoffnungen täuschen, so muss das vorliegende Werk, indem es den Ideenkreis so mächtig erweitert und in dem Organismus der Sprache gleichsam das geistige Geschick der Völker deuten lehrt, den Leser mit einem aufrichtenden, die Menschheit ehrenden Glauben durchdringen. Es muss die Ueberzeugung darbieten, dass eine gewisse Grösse in der Behandlung eines Gegenstandes nicht aus intellectuellen Anlagen allein, sondern vorzugsweise aus der Grösse des Charakters, aus einem freien, von der Gegenwart nie beschränkten Sinne und den unergründeten Tiefen der Gefühle entspringt.“ Wer diesem edeln Urtheile zustimmt — und wer möchte das nicht? — muss es zugleich für ein Selbstzeugniss aus dem eigenen Herzen dessen anerkennen, der es ausgesprochen. Alexander von Humboldt besass die wunderbare Kraft, mitten aus dem kleinlich geschäftigen Treiben angeborener Spottsucht und Eitelkeit seine Seele mit einem Schlage zu jener „Grösse der Behandlung“ emporzureissen, die er nicht der Wissenschaft allein, sondern jedem ernsten Gegenstande angedeihen liess, sobald er ihn einmal bewusst als solchen ergriffen; sein Charakter brauchte, um gross zu sein, sich nur gleichsam wieder aufzurichten aus der gebeugten Haltung, in die ihn gar zu gefällige Herablassung zu so manchen Nichtigkeiten des täglichen Lebens herniedergezogen hatte.

Ein noch bedeutenderes Denkmal setzte Humboldt dem entschlafenen Bruder durch die Herausgabe seiner „Gesammelten Werke“, wobei er in ähnlicher Weise die Ausführung einer andern Hand überliess, hier der von Karl Brandes, während er selbst die mühsamen Vorbereitungen sowie die anleitende Aufsicht über das Ganze auf sich nahm. Vergebens unterhandelte er über die Uebernahme des Verlags mit Cotta, der sich „ziemlich kalt“ dabei zeigte; erst Reimer ging auf seine Wünsche ein.

Auch aus den ungedruckten Sonetten that er einen reichen Schatz hinzu, „als ein Tagebuch, in dem ein edles, still bewegtes Seelenleben sich abspiegelt“, wie das kürzere Vorwort vom 15. Mai 1841 sagt.

Den Hinterbliebenen des Bruders trat Humboldt nach dem Verluste, den sie gemeinsam erlitten, um so herzlicher näher, je mehr ihn seitdem das Leben in Berlin abstiess, das ihm „mit seinem carnevalslustigen Hofe wie eine tanzende Nekropolis vorkam“. Doch sollte ihm neue Trauer nicht erspart bleiben. Schon im Januar 1837 klagt er an Böckh: „Wir begraben morgen meines Bruders älteste Tochter Karoline, die am meisten an den Verewigten erinnerte.“ Und fünf Vierteljahr später heisst es in einem Briefe an Carus: „Auch ich bin in meinem innern Leben hier gestört. Die einzig hier lebende Tochter meines Bruders, die Generalin Hedemann, muss ihrem nach Posen versetzten Manne folgen, und das schöne Tegel und die Gräber bleiben allein. Das letzte Familieninteresse ist verschwunden.“ Da dünkten ihn denn selbst die pariser Reisen „nur eine scheinbare Erfrischung, der Rücktritt ins heimische Leben war ihm nur um so angreifender“. Doch widmete er „seiner Familie“, wie er die Nichten mit den Ihrigen väterlich nennt, wenn er sie auch „wie das Laub der Bäume zerstreut“ sah, noch aus der Ferne warme Anhänglichkeit. Die Briefe an Frau von Wolzogen aus jener Zeit enthalten liebevoll eingehende Schilderungen ihrer Charaktere und Schicksale, auf die wir jedoch hier nur hindeuten mögen. Wir ziehen es vor, statt dessen eine von seiner Hand glossirte Stelle aus einem Schreiben Bonpland's mitzutheilen, das, am 14. Juli 1836 in San-Borja geschrieben, Humboldt jedenfalls erst im Frühjahr 1837 zuhanden kam. Die kurzen Bemerkungen, die er zwischen die Zeilen gesetzt und die wir hier in Klammern dem Texte einschalten, geben ein anziehendes Miniaturbild von der trüben Gesammtstimmung, die ihn damals beherrschte, und die doch wiederum von der unauslöschlichen Freude an dem eigenen thätigen und fruchtbaren Dasein halb heiter durchleuchtet wird.

Er hatte dem Freunde am 14. Sept. 1835, seinem 66. Geburtstage, den Tod des Bruders gemeldet; Bonpland erwidert sofort nach Empfang des traurigen Schreibens und sucht ihn in seiner naiven Art zu trösten: „Que d'émotion me causait ta lettre, cher Humboldt! Permets-moi de pleurer avec toi et ton illustre famille la perte de l'ainé des Humboldt..... J'ignorais le jour positif de ta naissance [„14. sept. 1769, je suis antédiluvien!"], à présent que je le sais, ce sera un nouveau motif de me rappeler de toi. Cette année je célébrerai, positivement, la fête..... 66 années ne sont rien, cher Humboldt [„c'est beaucoup lorsqu'on s'ennuie!"], le docteur Francia est dans sa 85e année [„que les tyrans ont une longue vie!"], il est fort actif, vigoureux et monte à cheval presque tous les jours. Je suis né — tu le sais — le 23 août 1773. Avant les deux maladies très-douloureuses que je viens d'éprouver et dont je suis convalescent, je galopais communement 12—15 et jusqu'à 30 lieux par jour; ma convalescence terminée, j'espère me limiter à 8 ou 10 lieux seulement. Lorsqu'on a l'esprit content, on est jeune. Les affections morales augmentent les années, nous rendent malades et nous tuent. Je te suppose très-heureux, et tu dois l'être entouré de grandeur [„!!"], couvert d'une immense gloire [„!!"] qui s'augmente tous les jours. Tu dois vivre un siècle, et ensuite tu auras une seconde vie qui sera éternelle" [„que cela est beau!"].

Um die Zeit, da diese liebenswürdige Einsiedlerweisheit in etwas hispanisirendem Französisch am Rande der Pampas niedergeschrieben ward, war es Humboldt aufs neue gelungen, den Werth seines Ruhmes zu steigern, indem er ihn abermals als Triebkraft für die Fortbewegung der Wissenschaft nutzbar machte. Im April 1836 hatte er den berühmten Brief an den Herzog von Sussex[1] ausgehen lassen, um wie einst die peters-

[1] Die „Lettre à S. A. R. le duc de Sussex" steht u. a. bei *de la Roquette*, I, 338 fg.; zu vergleichen ist für den ganzen Gegenstand „Kosmos", I, 438—39; IV, 71 fg.

burger Akademie, so jetzt die Royal Society für vergleichende erdmagnetische Beobachtungen zu gewinnen, nur diesmal mit Hülfe der zur See weltherrschenden Macht in weit umfassenderm Sinne, als damals mit den doch beschränktern Kräften des grossen Continentalreichs möglich gewesen, zugleich aber nun mit Hinweis auf die inzwischen durch Gauss der Vollkommenheit nahe gebrachte Messungsmethode. Der wissenschaftlichen Würdigung dieser neuen von Humboldt ausgehenden Anregung gebührt eine andere Stelle dieser Biographie, hier genügt es, an die grossartigen Arbeiten von Sabine, sowie an die antarktische Expedition von James Ross zu erinnern, um ihre epochemachende Bedeutung für die Erkenntniss der Natur des Erdmagnetismus mit ein paar Worten zu kennzeichnen. Dagegen liegt uns ob, die persönlichen und sozusagen moralischen Momente des Ereignisses im Folgenden durch einige Züge hervorzuheben.

Humboldt hatte bei seinem Entschlusse, der, soviel wir wissen, ganz aus seiner freien Initiative hervorging, mit zwei innern Schwierigkeiten zu kämpfen, die sich aus seinem Verhältniss zu England wie aus seiner Stellung zu Gauss ergaben. Man darf sagen, dass er keineswegs ein warmer Verehrer der grossen britischen Nation gewesen ist. Zu lange hatte er sich in der geistreich zwanglosen Welt der pariser Salons bewegt, um nicht das steif conventionelle Wesen der englischen Gesellschaft mit satirischem Blicke zu betrachten. „Dies England ist ein greuliches Land“, sagte er nach einem Besuche jenseit des Kanals zu einem berliner Freunde, „um 9 Uhr muss man die Halsbinde so tragen, um 10 Uhr so, und um 11 Uhr wieder anders.“ Unwillkürlich wird man dabei an die grotesken pariser Caricaturen erinnert, in denen „Monsieur l'Anglais“ stets die gleiche schwerfällige Rolle spielt. Zugleich war dem deutschen Idealismus unsers Freundes der egoistische Zug der britischen Politik durchaus zuwider; wer entsänne sich nicht seiner Scherze über das „Leopardenland“ mit seiner „mercantilen Habsucht“, mit der äusserlichen Strenge seiner Kirchlichkeit, an deren Aufrichtigheit er doch so wenig wie etwa Lord Byron zu glauben geneigt war? Allein es kamen noch Differenzen auf dem wissenschaftlichen Gebiete hinzu. Jedermann weiss, welch innige Verehrung eine Anzahl der hervorragendsten Gelehrten des Inselreichs an Humboldt knüpfte; die Briefe Sir John Herschel's — um ein Beispiel für viele zu nennen — stehen an Lebendigkeit des Ausdrucks dieser Verehrung kaum hinter denen deutscher oder französischer Freunde zurück, und so war umgekehrt auch Humboldt von aufrichtiger Bewunderung für die Leistungen wie für den Charakter eines Faraday, Herschel, Sabine, Darwin und anderer grosser englischer Zeitgenossen durchdrungen. Trotz alledem empfand er deutlich, dass diese Nation nicht sein eigentliches Publikum bilde. In ihrer überwiegend praktischen Richtung, die auch innerhalb des Ideellen noch nach dem relativ Realen zu suchen gewohnt ist, lag ihr der sozusagen messbare Fortschritt der Naturwissenschaft und der Wissenschaft überhaupt von jeher mehr am Herzen, als die schwieriger zu schätzende Umbildung derselben durch Einführung grosser und neuer Gesichtspunkte. Die experimentelle Erweiterung unserer Erkenntniss gilt drüben entschieden höher als ihre harmonische Ordnung, der Entdecker trägt es über den Systematiker weit davon bei einem Volke, das den hohen Namen der Philosophie ohne Bedenken bis auf die niedern Stufen inductiver Naturforschung herabführt, in der Heimat der Originalität, wo das Aesthetische um sein selbst willen keinen Anbau findet. Daher die merkwürdige Erscheinung, dass, wenn einmal britische Forscher, um Humboldt's Lieblingsausdruck zu gebrauchen, nach „Verallgemeinerung der Ideen“ streben, wie etwa Buckle oder Darwin in seiner jüngsten grossen Theorie, ihre Gedanken sich auf dem Continent und vornehmlich in Deutschland regelmässig einer wärmern Aufnahme erfreuen, als ihnen im insularen Vaterlande zutheil geworden. Demgemäss konnte denn auch die geistige Universalität Humboldt's in England nicht völlig so unmittelbare Anerkennung finden, wie die intensivern Leistungen anderer Forscher, die auf speciellern Gebieten des Wissens thätig waren. Ein Beweis dafür ist die Geschichte der Verleihung der Copleymedaille an

Humboldt, dieses ganz eigens für in die Augen springende Steigerung unserer Naturerkenntniss bestimmten Ehrenzeichens. Es geschah in den funfziger Jahren, dass die Royal Society über die Ertheilung der Medaille an einen deutschen Gelehrten in Berathung trat, der durch bedeutende Arbeiten einen wichtigen Abschnitt der Physik der Erde weit über die auch hier von Humboldt gezogenen Grundlinien hinausgebildet hatte; erst bei dieser Gelegenheit ward die Frage aufgeworfen, ob denn Humboldt selbst Inhaber der Medaille sei, und zu ihrem eigenen Erstaunen überzeugte sich die hohe Versammlung vom Gegentheil. Es war nur schicklich, dass sie daraufhin die fällige Medaille an Humboldt verlieh und die Anerkennung der Verdienste des jüngern Gelehrten der Entschliessung des nächsten Jahres vorbehielt. Dem gegenüber muss nun freilich betont werden, dass die britische Geistesaristokratie im allgemeinen keine billige Aufmerksamkeit gegen Humboldt versäumt hat, auch ihr galt er unbestritten mindestens als der ruhmgekrönte Senior europäischer Wissenschaft. Und andererseits hat sich auch er nicht gerade über seine eigene Vernachlässigung von ihrer Seite beklagt. Dennoch ist es unzweifelhaft, dass ein instinctives Gefühl von dieser Differenz ihn so wenig verliess wie die Empfindung geistiger Verwandtschaft mit den Häuptern der französischen Gelehrsamkeit. Und noch ein anderer Gegensatz kam hinzu. Wir haben schon oben den geistigen Charakter Humboldt's als zwar nicht kosmopolitisch, wol aber international erkannt. Die Franzosen, die überall so gern ihresgleichen sehen möchten, hinderte das nicht, ihn schlechtweg als einen der Ihren zu betrachten; in den Engländern aber trat ihm eine in sich fest zusammengeschlossene, zugleich aber nach aussen hin sich abschliessende Nation gegenüber, welche allenthalben, auch an Fremden, das nationale Princip über das internationale hinaus zu schätzen gewohnt ist. Einen schönen Beweis von solcher Gesinnung gibt ein Schreiben John Herschel's an Humboldt, in dem er ihn wegen des Gebrauchs französischer Sprache in seinen Briefen zur Rede setzt. Es war am 10. Juni 1844, als er ihm auf die Bitte um Verzeihung wegen seiner unleserlichen Schriftzüge erwiderte: „Whatever apologies you may be fit to make for the writing, I will only remark, that there is sure to be a sense worth *digging* for in every line, that drops from your pen, though it were buried deep as the most recondite hieroglyphic. There is only one thing I cannot so easily reconcile myself to in its perusal: that you should write in French in place of your own noble German, which you admit to be *more* your own than the other. You do me only justice in believing me partial to the German language. English is the language of busy practical men, dense, powerful and monosyllabic — German of deep thinkers and massive intellects, binding the Protean forms of thought in the many-linked chain of expression — French of vivacious talkers, whose words outrun their ideas by mere volubility of organ and habit. However, write as he will, a letter from v. Humboldt can never be anything else than an intellectual feast. A mind so stored with the ideas of all ages and nations will find a richness (or create one) in any language it may use as its outlet.“ Selten oder nie dürften die Eigenthümlichkeiten der drei heutigen Cultursprachen so kurz und treffend gezeichnet worden sein, obschon der französischen dabei doch viel zu nahe getreten wird; schwerlich aber kann auch der Mangel an nationalem Stolze, den vor einem Menschenalter noch einer der ersten deutschen Geister in harmloser Naivetät zur Schau tragen durfte, zugleich liebenswürdiger und für uns empfindlicher gerügt werden.

Es wird nach diesen allgemeinen Erwägungen einleuchten, dass der Schritt, den Humboldt durch den Brief an den Herzog von Sussex that, wodurch er doch immerhin mit einem Ansuchen vor eine selbstbewusste und von ihm völlig unabhängige gelehrte Genossenschaft hintrat, ihm nicht leicht geworden sein kann. Gelang es ihm aber damit, war er „so glücklich, Grossbritannien, das, im Besitze des grössten Welthandels und der ausgedehntesten Schiffahrt, bisher keinen Theil an jener grossen wissenschaftlichen Bewegung seit 1828 genommen“, in diese mit fortzureissen, so musste ein so grosser Erfolg doch wiederum für ihn um so ehrenvoller sein, und in diesem Lichte hat er ihn auch hernach stets wohlgefällig betrachtet. Der Brief ist übrigens nicht minder meisterhaft auf seinen Zweck berechnet als der „cri de Pétersbourg“ von 1829; ein männlicherer Athem durchweht ihn, statt der verbindlichen Artigkeiten gegen den russischen Autokraten genügte es diesmal, auf die wissenschaftlichen Verdienste englischer Forscher dankbar hinzuweisen. Schon im Juli konnte Humboldt, angenehm überrascht, dass die Commission der Royal Society die Errichtung weit über Erwarten vieler Stationen vorgeschlagen, an Gauss schreiben: „Es freut mich, dass der Anstoss, den ich durch meinen magnetischen Brief an den Herzog von Sussex gegeben, die königliche Societät endlich aus ihrem Winterschlafe und Somnambulismus erweckt hat.“ Doch entsprach der nach britischer Art anfangs etwas sehr bedächtige Verlauf der Sache bald nicht mehr seinen ungeduldigen Erwartungen. „La Société Royale de Londres“, heisst es in einem fein abgewogenen Dankschreiben an Kaiser Nikolaus vom 11. Aug. 1839, „délibère encore sur ce qui, depuis huit ans, est exécuté par vos ordres.“ [1] Um so bereitwilliger hat er später im „Kosmos“ die grossartigen Leistungen der Engländer anerkannt.

Die andere Schwierigkeit, die wir oben berührten, lag gerade in den Ansprüchen, die Gauss mit Fug und Recht auf den Vorzug seines so wesentlich verbesserten Apparates vor dem veralteten Gambey'schen, dessen Humboldt sich in frühern Zeiten bedient, erhoben hatte. Schon Anfang März 1836 hatte dieser den Entwurf des Sendschreibens durch Schumacher's Vermittelung drucken lassen, weil er sich in dem „vielfach geflickten Lumpenkleide“ seines Manuscripts, das „durch Enclavements wie vor dem Zollvereine verunreinigt war“, selber kaum zurechtfand, und weil, wie er aus alter Praxis bemerkt, „einem der Verstand zu manchen Correctionen nie bei Durchsicht des

---

[1] *De la Roquette*, II, 168.

Manuscripts, sondern durch Anschrecken des Probebogens kommt". Jedenfalls ward nun alsbald ein Abzug Gauss mitgetheilt, der die Uebergehung seiner eigenen Instanz bei den von Humboldt proponirten Verhandlungen zwischen London, Paris und Petersburg sehr übel aufnahm. Damals stiess der letztere jene Klagen über wissenschaftlichen Aristokratismus aus, deren wir im vorigen Abschnitt erwähnten. Er begriff wol nicht ganz, wie sehr es Gauss um die möglichst beste Ausführung der Sache selbst zu thun war, wenn er, die Differenz persönlich fassend, ausrief: „So unbequem ist die Geschichte der Erfindungen! Sie sollte es nie für die werden, welche durch andere Arbeiten Recht auf die tiefe Bewunderung der Nachwelt, wie Gauss, haben." Bald unterwarf sich natürlich der geschmeidigere Mann und gab dem entscheidenden Passus: „que la Société royale voulût bien entrer en communication directe avec la Société royale de Göttingue, l'Institut royal de France et l'Académie impériale de Russie etc." die erwünschte Fassung. Es ist überaus charakteristisch, wie er dies gegen Schumacher im Vertrauen erläutert. „Diese Einschaltung und Nennung im ersten Range", schreibt er, „wird unserm göttinger Freunde sehr gefallen. Ich hatte anfangs nur deshalb die königliche Societät in Göttingen nicht genannt, weil ich blos an Länder dachte, die Colonialbesitzungen haben, während die hannoverschen sich kaum jenseit des Hainberges erstrecken. Das jetzige Nennen der königlichen Societät zu Göttingen vor der ältern pariser Akademie würde ich in Paris als einen Climax vom Hainberg zum Kaisersitze entschuldigen, oder weil Göttingen als halbenglisch aus Courtoisie gegen den Herzog von Sussex den ersten Rang verdiene. Immer, denke ich, wird es dem grossen Geometer beweisen, dass in dem Briefe keine Spur von Nichtanerkennung seiner unsterblichen Verdienste zu finden sei." Wo blieb da nur wieder jene „gewisse Grösse in der Behandlung des Gegenstandes", die er genau in den nämlichen Tagen so unvergleichlich zu preisen wusste? In der behenden Conversation wie in der Correspondenz im Gesprächston lässt er sie nur allzu oft vermissen.

Das Jahr 1827 brachte mit dem Jubiläum der göttinger Universität unserm Freunde eine jener Gelegenheiten, die von da an in verschiedener Gestalt häufiger wiederkehrten, wo er ganz unabsichtlich und selbst unleugbar von der innern Scheu befangen, welche der Bruder einst an ihm rühmte, sich in den glänzenden Mittelpunkt festlich erregter Menschen gestellt und jubelnd als der „Nestor der Wissenschaft", als eine Art Repräsentant des modernen, insbesondere des deutschen Geistes gefeiert sah. Kaum war seine Ankunft in Göttingen bekannt geworden, so ward ihm von den Studirenden ein Fackelzug und tausendstimmig wiederholtes Lebehoch dargebracht. „Ueberrascht improvisirte" er eine Antwort, in der er insbesondere der Jugend als solcher seine Verehrung bezeigte. Da die Zeitungen über diese Anrede verschiedene, nur sehr ungenaue Berichte verbreiteten, hat er sie später für Varnhagen zum Behufe richtiger Publikation aufgesetzt. Es wird anzunehmen sein, dass diese Fassung wenigstens dem Sinne nach völlig seinen Worten entsprach:

„Unter den verschiedenartigen Freuden", begann er, „die mir in einem vielbewegten Leben geworden sind, ist es eine der süssesten und erhebendsten, diesen ehrenvollen Ausdruck Ihres Wohlwollens zu empfangen. Fast ein halbes Jahrhundert ist verflossen, seitdem ich in dieser berühmten Hochschule, Georgia Augusta, den edlern Theil meiner Bildung empfing. Viele und tiefeingreifende Wechsel der Weltgestaltungen haben seitdem die Erdtheile getroffen, die ich, nach wissenschaftlichen Zwecken strebend, durchwanderte; aber die Bande der Zuneigung, welche die alternden, hinschwindenden Geschlechter an die jüngern, kraftvoll aufstrebenden dadurch knüpft, dass alle im akademischen Leben aus einer Quelle geschöpft, sind in dem raschen Wechsel der Begebenheiten ungeschwächt geblieben. Deutschlands Hochschulen üben noch jetzt, wie vor Jahrhunderten, ihren wohlthätigen Einfluss auf die freie Entwickelung geistiger Kräfte, auf die ernsten Richtungen des Volkslebens aus. In der Anerkennung dieses mächtigen Einflusses, der dem hochherzigen Gründer dieser Universität, dem edeln Vorfahren Ihres Königs, im Geiste vorschwebte, bringe ich Ihnen, theuere Freunde, tief bewegt die Huldigung meiner liebevollen Dankgefühle dar.“ [1]

Die Ansprache Humboldt's verfehlte ihres Eindrucks auf die Zuhörer nicht; auch sonst wurden ihm Huldigungen dargebracht: eine poetische „Festgabe zur Jubelfeier der Universität Göttingen“ von Carrière und Genossen war ihm als „dem höchsten Gaste bei dieser Jubelfeier“ zugeeignet. Dass ihn die persönliche Berührung mit Gauss während dieser Tage besonders erfreute, wissen wir bereits; die eigentliche Sorge um seine Unterkunft und Pflege hatte jedoch Wilhelm Weber übernommen, dessen „rührende Aufopferung“ Humboldt dankbar anerkannte. Auch zur Benutzung der Bibliothek wusste dieser mit alter Virtuosität mitten unter den Festlichkeiten Zeit zu erübrigen. Er schrieb für Dove einen wichtigen Passus über die Winddrehung auf der südlichen Hemisphäre aus der Reisebeschreibung Churruca's ab. „Die Stelle“, fügt er hinzu, „war mir seit 1797, wo ich sie gelesen“ — also vierzig Jahre hindurch! — „im Gedächtniss geblieben.“

Von Göttingen aus, noch im September, ging Humboldt auf zwei Tage nach Hannover hinüber, besuchte ausser der „noch immer geistig muntern“ Miss Karoline Herschel „alle Minister, Hofleute und Gesandten“ und plauderte, wie früher öfters mit dem Vicekönig, „dem heitern und guten Herzog von Cambridge“, so jetzt mit dem König Ernst August über Werth und Leistungen der Landesuniversität. Der eigenwillige Fürst, der eben damals das rechtbrechende Patent vorbereitete, das seinen Namen bei Mit- und Nachwelt verhasst und verachtet machen sollte, empfing Humboldt sehr wohlwollend und gab ihm eine

[1] *Varnhagen*, Vermischte Schriften, II, 174; vgl. Briefe an Varnhagen, Nr. 31 u. 32.

Audienz von einer vollen Stunde. Er rühmte noch immer alles, was er in Göttingen gesehen, „artigere junge Leute wären ihm noch nicht vorgekommen". Die politischen Aeusserungen des Königs erschienen Humboldt gleichwol als ein Gemisch von Zorn und Furcht.[1] Kaum acht Wochen später erfolgte die Protestation der Sieben, einen Monat darauf ihre ruhmvolle Verjagung. Bei der hervorragenden moralischen Bedeutung des Ereignisses erscheint es gerechtfertigt, Humboldt's Stellung zu demselben aus seinen Briefen in helleres Licht zu setzen. Am empfindlichsten war ihm zunächst im Interesse der Wissenschaft die drohende Unterbrechung der gemeinsamen Arbeit von Gauss und Weber, da der letztere zwar nicht des Landes verwiesen war, doch aber, seiner Stelle beraubt, schwerlich auf die Dauer in Göttingen ausharren konnte. „Wie schrecklich wäre es", schreibt Humboldt am 25. Dec. an Gauss, indem er, wol aus Vorsicht, wider Gewohnheit die im Briefe vorkommenden Namen nur durch Anfangsbuchstaben andeutet, „wie schrecklich wäre es, alles das gestört zu sehen, was ich vor Monaten in vollen fruchtbringenden Halmen aufschiessen sah! Dazu schwebt meiner Phantasie das Bild Ihrer zarten, kranken, schönen Tochter und des edeln Ewald vor. Ich bin schwach genug, die Trennung nicht zu wünschen und an einen deus ex machina zu glauben — freilich ein mythischer Glaube." In dem Wunsche, „so vielen Geächteten nützlich zu sein", was ihm früher zur Zeit der demagogischen Umtriebe in einzelnen Fällen, z. B. mit dem Anatomen Henle gelungen war, versuchte er eine indirecte Einwirkung auf Hannover vermittels des berliner Hofes; doch fand er hier einen sehr ungünstigen Boden. „Selbst was mir so einfach und klar scheint", heisst es in jenem Schreiben an Gauss, „das Anerkennen des Edeln in einer Handlungsweise, die mit Ausschluss aller politischen Aufregung jeglichen äussern Vortheil der Stimme des Gewissens glaubt aufopfern zu dürfen, ist vielen aus den sogenannten höhern Regionen fremd. Nach-

---

[1] Briefe an Varnhagen, Nr. 31; das übrige aus Briefen an Gauss.

barliche Bedenklichkeiten verrücken auch den Gesichtspunkt. Die Zeit soll, denke ich, eine richtigere Ansicht herbeiführen. An mir zweifeln Sie, mein theuerer Freund, und unser liebenswürdiger, geistreich harmloser Weber nicht." Freisinnigern Männern als Gauss gegenüber sprach er sich weit kräftiger aus; so zürnt er gleich am folgenden Tage zu Schumacher über „die Tyrannen von Modena und Hannover. Welche Roheit! Die Bösen können die Universitäten zerstören; etwas gelingt ihnen nicht, eine uralte Institution, die sich immer ersetzt und erneuert, vulgo die Jugend genannt, abzuschaffen." „Qu'il serait commode, si l'on pouvait supprimer la jeunesse!" schliesst er ein Schreiben vom gleichen Datum an Letronne.[1] „Welch ein schändlicher, recht raffinirt beleidigender Artikel der «Hannoverschen Zeitung»", heisst es um dieselbe Zeit an Böckh, „ist in unsere Staatszeitung gestern übergegangen, wahrscheinlich aus der eisernen Feder des tyran de mélodrame selbst, zuerst englisch verfasst. Man glaubt in Delhi zu sein. Wie hat ihm das Wort Brotherr statt Dienstherr entgehen können? Das hätte er gewiss vorgezogen. Also Staatsdiener sind die Professoren, die eine wählende Corporation bilden, ou l'état c'est moi. Solche Vorgänge fördern die Sache der Freiheit im schlummernden Deutschland."

Als nun der Welfen-König im folgenden Sommer zum Besuche nach Berlin kam, unternahm Humboldt in Gauss' Auftrage „die Möglichkeit einer Wiedereinsetzung Weber's zu messen". Er that es „mit Vorsicht, blos in seinem Namen, als Landsmann und persönlicher Freund Wilhelm Weber's, als Zögling der berühmten Hochschule, als derjenige in Europa, den die plötzliche Störung der grossen Arbeit über den tellurischen Magnetismus, welche Gauss vollende und welche dessen Methoden das Dasein verdanke, am tiefsten bewegen müsste". Aber „so freundlich", fährt er fort, „sich auch der König oft während des Wirrwarrs des hiesigen Hoflebens mir genähert, so war aus

[1] *De la Roquette,* II, 154.

Gründen, die Sie kennen, auf freimüthige persönliche Erläuterung keineswegs zu rechnen. Ich konnte aber zwei überaus wohlwollende und von dem Monarchen sehr geachtete Personen anwenden, den General von C. und den Gr. H. Beide haben all den Eifer in der Sache gezeigt, den man selbst von eigentlichen Gelehrten kaum hätte erwarten dürfen; sie haben beide auch den Abstand gemessen, die Grenze bestimmt, welche zu überschreiten moralisch unmöglich ist. Es würde sich für diesen Brief, den ich unter vielen Störungen schreibe, nicht eignen, Ihnen, hochverehrter Freund, Nachricht von den einzelnen Schritten und allen Aeusserungen jener zwei Personen zu geben. Ich beschränke mich auf das allgemeine Resultat: Der König würde nach der Energie, die zu behaupten er glaubt gezwungen gewesen zu sein, gern Milde zeigen: er würde freundlich einen Antrag aufnehmen, wenn mit dem Gesuch über das Wiedereinsetzen in die vorige Stellung Entsagung, und zwar deutlich ausgesprochene, der frühern Protestation verbunden wäre. Die Einwendung, dass ein solches Gesuch um die nicht vergebene Stelle ja stillschweigend das Versprechen involvire, sich von politischen Urtheilen und Einmischungen entfernt zu halten, hat nicht gefruchtet. Es muss eine Entsagung des für irrig Gehaltenen ausgesprochen sein. Es würde nicht genügen, wenn man sage, die frühern Aeusserungen wären misverstanden, als zu feindlich interpretirt worden; es hätten sich dieselben mehr auf die innern Regungen des Gewissens bezogen; Lehrvorträge der Physik wären ja ohnedies allen solchen Beziehungen auf die Gegenwart fremd; man wünsche (aus Leidenschaft für die Wissenschaft, um nicht eine Arbeit zu stören, an der das ganze gebildete Europa theilnahm, die über Göttingen Glanz verbreite, der Schiffahrt so heilsam werden könne) einen talentvollen Physiker als mitwirkend in Ihrer Nähe zu erhalten. Die Antwort ist immer gewesen, die Bedingung ausdrücklicher Entsagung sei unerlässlich, da der König bei dem Zwecke, den er durchsetze, nicht inconsequent sein dürfe, da er sonst andern deutschen

Fürsten (der König von Württemberg war in Berlin) das Recht zugestehen würde, die Ausgeschiedenen anzustellen. Ich schreibe dieses mit tiefem Schmerze, weil mir jetzt keine Annäherung möglich scheint. Gesetzt auch, dass die Sprache Wendungen darböte, welche jene Ansprüche und das innere Gefühl gleichzeitig befriedigten, so ist nur zu wahrscheinlich, dass nicht der Brief (das Gesuch) selbst in Hannover veröffentlicht würde, sondern dass die «Hannoversche Zeitung» bekannt mache, Se. Maj. hätten geruht, die Stelle wiederzugeben, weil der Bittsteller sein voriges Unrecht eingesehen. Der Monarch wäre selbst vollkommen berechtigt, dem Gesuche eine solche Deutung zu geben. Es streitet also in dem Conflicte, der jetzt mit einem Theile der Stände stattfindet, das politische Interesse der executiven Gewalt oder vielmehr die Ansicht von diesem Interesse mit den moralischen Pflichten und Gefühlen unsers Freundes. Nicht dass ich in dem unglücklichen Feldzuge einen Separatfrieden schlechterdings für unmoralisch halte, aber in dieser Sache sind auch andere Bedenken, welche aus der Lage eines öffentlichen Lehrers, aus der aufgeregten Stimmung des grössern Theils der akademischen Jugend entspringen. Ich glaube, mein theuerer Freund, in dieser mir und den Wissenschaften so wichtigen Sache alles gethan zu haben, was möglich war. Es sind unmittelbare Entscheidungen erlangt worden. Es ist auch schon etwas gewonnen, den jetzigen Standpunkt bestimmt bezeichnen zu können. Wäre ungeschehen, was geschehen ist, so würde ich freilich meine Erinnerungen an Frankreich anrufen, wo ich so vielen Wechseln der Regierung und Constitutionen beigewohnt habe. Glücklich ist es, wenn wissenschaftliche Institute den Einwirkungen jener politischen Wechsel fremd bleiben können; ich sage Institute, denn dass ich nicht den Greuel begehe, zu wollen, dass der Gelehrte nicht Staatsbürger sei, dass er fremd bleibe dem, was durch die bürgerlichen Einrichtungen auf die Fortschritte der Intelligenz, auf die Veredlung der Menschheit, auf die freieste Communication der Ideen und Gefühle wohlthätig gewirkt wird, trauen Sie mir (bei den Meinungen, die ich 40 Jahre lang öffentlich ausspreche und in meinen Schriften verkündige) von selbst zu!“

Will man Anschauungs- und Handlungsweise Humboldt's in der ganzen göttinger Angelegenheit billig beurtheilen, so darf man des allgemeinen Charakters jener Zeit und der Stufe politischer Bildung nicht vergessen, zu der bis dahin unsere Nation emporgestiegen war. Das ausserordentliche Aufsehen, welches die tapfere That der Sieben erregte, beweist aufs deutlichste, dass diese ihre That, die heutzutage vielleicht jedermann so selbstverständlich erscheinen wird wie damals etwa der naiven Grösse eines Jakob Grimm, im allgemeinen noch selbst für ein Beispiel ganz ausserordentlichen Mannesmuthes gehalten ward. Im Urtheil nun darüber zeigte sich auch Humboldt frei und tüchtig genug, ja mit scharfem Blicke erkannte er sogleich die Tragweite des Ereignisses, seine fernwirkende Bedeutung für die Erweckung des Freisinnes im „schlummernden“ Volke. Sollte man da nicht lebhaft wünschen, dass er mit dieser Gesinnung nun auch offen hervorgetreten wäre? Was hätte nicht ein mannhaftes Wort von ihm für einen mächtigen, unvertilgbaren Eindruck machen müssen! Und kaum hätte es ihm, soweit wir sehen, irgendwelche Gefahr zuziehen können; wie er im Angesicht Europas einmal dastand, wer hätte gewagt, auch ihn mit Verbannung oder Verfolgung zu bedrohen? Zuletzt konnte ihm vorübergehende Ungnade selbst nur zu dauerndem Ruhme ausschlagen. Aber öffentlich einzugreifen war seine Art nie, ein politischer Mann in unserm heutigen Sinne ist er durchaus nicht gewesen. Wie er sich als den Vater aller Bedrängten fühlte, so suchte er auch den göttinger Sieben zu helfen; wiederum jedoch, wie immer, mit rein diplomatischen Mitteln. Seine grossen und edeln Absichten schleppten auch diesmal die lästigen Ketten der tausend Rücksichten hinter sich her, an die ihn, so sehr er ihren Druck empfand, doch das höfische Leben wie an etwas Natürliches gewöhnt hatte. Statt zu handeln, hat er unterhandelt.

Und noch ein anderes Moment dürfen wir dabei nicht übersehen: er war und blieb in erster Linie Gelehrter. Wie dem Archimedes in der Anekdote war ihm an dem ganzen Vorfalle nichts so widerwärtig als die brutale Gewalt, die seine Cirkel der Wissenschaft unverständig zertrat. Hätte das vermieden werden können, so war ihm lieber, die Göttinger hätten sich schweigend in die Zeit geschickt. Was schienen auch ein paar Jahre politischer Leiden den ewigen Interessen der Forschung gegenüber zu bedeuten? Auch die künstliche Scheidung jedoch, die er dabei zwischen den einzelnen Gelehrten und den wissenschaftlichen Körperschaften herstellt, versöhnt uns nicht. Denn wenn er auch darin recht hat, dass den letztern als solchen insgemein die aufregenden Fragen des Staatslebens fernliegen, wie soll doch, wenn einmal die Noth an den Mann herantritt, der Gesammtheit der ersten Geister versagt sein, was jedem einzelnen Pflicht ist? Selbst von seinen französischen Freunden dachte er darin viel zu klein. Als später nach der Usurpation Louis Napoléon's Ranke im Gespräche mit Humboldt die Erwartung bekannte, das pariser Institut werde sich dem neuen Gewalthaber nicht unterwerfen, da erwiderte unser Freund verächtlich, er habe diese Leute vor Josephine kriechen sehen, und nicht anders werde es wieder geschehen. So wenig Zutrauen hatte er in die Festigkeit der Menschen! Das Institut, dem man z. B. im letzten deutschen Kriege eher eine allzu leidenschaftliche Betonung der nationalpolitischen Ideen vorwerfen dürfte, ist aus seiner gemessenen Opposition gegen das zweite Kaiserreich niemals herausgetreten. Auch hieraus aber geht hervor, wodurch eigentlich in Humboldt's Seele die gerade Zuversicht zur politischen Entwickelung der zeitgenössischen Charaktere zerstört worden war: die ungeheuern Wechselschicksale des revolutionären und Napoleonischen Zeitalters hatten ihn in frühen Jahren, wenn man so sagen darf, historisch blasirt. Damals war seinem Gemüthe „das einförmige, trostlose Bild des entzweiten Geschlechts, des ungeschlichteten Zwistes der Völker, des mühevollen Lebens“ eingeprägt worden, das sich

„der Mensch auch im Scheinglanze seiner höhern Bildung bereite“; damals vornehmlich hat er sich mit der zweifelnden und fast verzweifelnden Stimmung durchdrungen, die aus diesen und ähnlichen — an Rousseau erinnernden — Stellen der „Ansichten der Natur“ greisenhaft hervorklingt; damals hat er für immer verlernt, wenn er es je ernstlich gelernt hatte, mit dem Bruder an das wahrhaftige Leben fortschreitender Ideen in der Weltgeschichte zu glauben, Ideen, die freilich nur leben können, wofern sie von Menschen ergriffen und getragen werden, die für sie zu leben und, wenn es gilt, zu sterben bereit sind.

Gern wenden wir von diesen trübern Seiten im Leben unsers Helden den Blick zu andern hinüber, die um so glänzender hervorstechen, zu den grossen wissenschaftlichen Arbeiten, welche ganz oder zum grössten Theil dem Jahrzehnt von 1830—40 angehören. Da sind zunächst die beiden Werke über Asien zu erwähnen, von denen das kürzere, die „Fragmens de géologie et de climatologie asiatiques“, in zwei Octavbändchen schon 1831, das umfangreichere, die „Asie centrale; recherches sur les chaînes de montagnes et la climatologie comparée“, in drei Octavbänden erst zwölf Jahre später erschien, beide bei Gide in Paris. Sie verhalten sich zueinander wie Entwurf und Ausführung. Der asiatischen Reise eine verhältnissmässig ebenso sorgfältige und umfassende literarische Behandlung angedeihen zu lassen wie einst der amerikanischen, konnte begreiflicherweise nicht in Humboldt's Absicht liegen. Aeussere wie innere Gründe sprachen gleich sehr dagegen. Er stand bereits in Jahren, die ihm den Beginn eines zweiten, wenn auch nicht ganz so unabsehbaren Unternehmens entschieden verboten; er hatte ferner kein neues Vermögen dafür aufzuwenden; er hatte sich endlich der Begleitung jüngerer Gelehrter erfreut, denen er in ihrem eigenen Interesse wichtige Seiten der gemeinsamen wissenschaftlichen Ausbeute zu selbständiger Bearbeitung überlassen durfte. Ihn selber beherrschte zudem, wie wir wissen, schon die Idee zur Ausgestaltung des „Kosmos“, deren Dimensionen er sich damals freilich geringer vorstellte, als sie nachher im ruhigen Verlaufe

„unwahrscheinlicher“ Lebensjahre, wie er zu sagen liebte, gerathen sind. Aber auch an sich kam ja der kürzern sibirischen Reise weitaus nicht die Bedeutung zu wie der amerikanischen, weder für die wissenschaftliche Welt überhaupt, noch für Humboldt selber, dem sie in jeder Beziehung nur zur Befestigung, Erweiterung und Ergänzung der früher auf dem Neuen Continente gewonnenen Erfahrungen und dort für die ganze Dauer seines Lebens und Wirkens gegründeten Anschauungen diente. Es galt daher zunächst, so bald als möglich einzig die Hauptresultate der Beobachtung auf dem östlichen Ausfluge durch schleunige Publication zum Gemeingute der gelehrten Welt zu machen; und dieser Anforderung genügte Humboldt durch die Herausgabe der knapp gehaltenen „Geologischen und klimatologischen Fragmente“. Schon im October 1830 hatte er, kaum in Paris angelangt, der dortigen Akademie einen vorläufigen, historisch gefassten Bericht erstattet; darauf wurden einzelne Abhandlungen für die „Annales de chimie et de physique“ (und gleichzeitig für *Poggendorf's* „Annalen“) ausgearbeitet und sodann 1831, mit vielfachen monographischen Ergänzungen, zu denen namentlich Klaproth aus seiner Kunde chinesischer Literatur und mongolischer Sprachen beisteuerte, zu den „Fragmenten“ zusammengefasst.

Schon nach wenigen Jahren stellte sich das Bedürfniss einer neuen Auflage heraus, deren Beginn jedoch — hauptsächlich wegen der gleichzeitigen Arbeit am „Examen critique“ — bis zum Jahre 1839 hinausgeschoben ward. Der Druck ward durch Reisen und durch „die Folgen eines grossen und schmerzlichen Ereignisses im Vaterlande“, wie Humboldt den Thronwechsel von 1840 bezeichnet, vielfach unterbrochen und gedieh erst Anfang 1843 zum Abschluss. Neben dem Drucke ging die mühevolle Zeichnung und Ausarbeitung der „Carte de l'Asie centrale“ einher, die sich zu der alten, den Fragmenten beigegebenen „Carte des chaînes de montagnes etc.“, ungefähr ebenso verhält wie die „Asie centrale“ selber zu dem frühern Büchlein. Denn von einer blossen neuen Auflage der „Fragmente“ konnte in der That so wenig die Rede sein, dass Humboldt mit Recht dem völlig verwandelten, in jeder Hinsicht bereicherten und vervollkommneten Werke einen andern Titel beilegte, der gleichwol wiederum zu bescheiden lautete, da in der Schilderung der Gebirgssysteme des Thian-schan, Küen-lün und Bolor die Grenzen Centralasiens weit überschritten wurden. Ein Blick auf die entsprechenden Partien beider Publicationen lehrt, wie reichlich während eines Jahrzehnts in Humboldt's Geist allenthalben an die früher entwickelten Ideen eine breite Masse neuer Daten eigener oder fremder Forschung gleichsam anschoss, die er doch stets mit sicherm Ueberblick zu beherrschen und auf die alten oder auch auf neubestimmte Centren der Betrachtung zu beziehen wusste; in höherm Grade vielleicht als irgend sonstwo bewährte er in der „Asie centrale“ die Kunst, welche er in der Einleitung selbst als die charakteristische des wissenschaftlichen Zeitgeistes bezeichnet: „die Kunst, die grösste Menge von Thatsachen zu sammeln, zu ordnen und sich auf dem Wege der Induction zu allgemeinen Ideen zu erheben.“ Für das letztere genügt es, auf den gerade in diesem Werke unternommenen kühnen Versuch hinzuweisen, die mittlere Höhe ganzer Continente durch Zahlenwerthe zu bestimmen; was aber den weiten Umfang der Induction betrifft, so sei daran erinnert, dass ausser der orographischen und geognostischen Darstellung der Bergketten, ausser der klimatologischen Schilderung des behandelten Gebietes, auch die magnetischen Beobachtungen Humboldt's in Asien, seine astronomischen Observationen, die officiellen Nachrichten über die Metallschätze des Urals und der Goldregion Sibiriens, endlich eine Fülle von Notizen aus der chinesischen Literatur, für die nun nach Klaproth's Tode Stanislas Julien Nachweis und Erläuterung darbot, in diese asiatischen Untersuchungen aufgenommen worden sind. So entstand unter Humboldt's Händen, obwol er bescheiden versichert, er habe sich auf die Mittheilung dessen beschränkt, „was nach dem jetzigen Stande unserer Kenntnisse am meisten positiv und neu erschien“, doch wiederum ein grossartiges, wenn auch nicht völlig abgerundetes „Naturgemälde“. Die fragmentarische Natur seiner eigenen Anschauungen war dabei aufs willkommenste durch die Ergebnisse anderer Forscherreisen ergänzt worden, deren Ausrüstung die russische Regierung in jener Zeit eine so ausdauernde und freigebige Fürsorge zuwandte; und da Graf Cancrin — mit Wissen und Willen seines Monarchen — unserm Freunde stets mit den so gewonnenen Materialien an die Hand ging,[1] so war es ein Act schuldiger Dankbarkeit, dass dieser das vollendete Werk dem Kaiser Nikolaus in würdigen Worten zueignete.

Wenn man die Bedeutung der asiatischen Reise für Humboldt selbst darein setzen muss, dass sie ihn über die wenn auch noch so vielumfassende Einseitigkeit hinweghob, die in der überwiegenden Anschauung des Neuen Continents lag, dass sie ihn, wenn man so sagen darf, empirisch überführte, die ganze Erde selbst habe, wie jedes Ding auf ihr, ihre zwei Seiten, so begreift sich leicht, warum das Werk über Centralasien bei der straffsten Concision und Concentration der örtlich plastischen Schilderung doch zugleich so grossartige Ausblicke in die vergleichende Erdkunde enthält, wie sie selbst in Humboldt's bisherigen Schriften, so sehr er von jeher dahin neigte, noch ungewöhnlich waren, wie sie erst den Charakter des „Kosmos“ ausmachen, der gleichzeitig, wenigstens in den beiden ersten Bänden, seiner Vollendung entgegengeführt ward. Es drängt sich uns dabei von selbst die Erinnerung auf, dass eben in den nämlichen Jahren Karl Ritter — „mein alter und berühmter Freund“, wie ihn Humboldt in der Einleitung zur „Asie centrale“ nennt — mit der neuen Darstellung Asiens für seine „Allgemeine vergleichende Geographie“ beschäftigt war, dass jene Zeiten es sind, denen vorbehalten war, wie es im „Kosmos“ heisst,[2] „die vergleichende Erdkunde in ihrem weitesten Umfange, ja in

[1] Einleitung zur „Asie centrale“. — Briefwechsel mit Berghaus, I u. II, a. vielen O.

[2] Kosmos, II, 60.

ihrem Reflex auf die Geschichte der Menschheit, auf die Beziehungen der Erdgestaltung zu der Richtung der Völkerzüge und der Fortschritte der Gesittung meisterhaft bearbeitet zu sehen". Wie sich Humboldt bei seinen asiatischen Darstellungen unmittelbar dadurch gefördert fühlte, geht aus einem Dankschreiben hervor, das er 1832 nach Empfang des ersten Bandes von „Asien" in der zweiten Ausgabe an Ritter richtete. „Es gibt für mich", schreibt er[1], „in keiner Sprache Ausdrücke, um Ihnen, mein werther College, die wahre Bewunderung auszusprechen, mit der mich Ihre riesenhafte Arbeit über Asien erfüllt hat. Seit zwei Jahren bin ich gerade auf das ernsteste, und zwar mit Benutzung aller Quellen, mit Innerasien beschäftigt, und doch über wie viel ist mir erst ein Licht aufgegangen seit den drei Tagen, in denen ich in Potsdam, in Paretz und hier ununterbrochen in diesem Werke lese. Sie wissen alles, was seit Jahrhunderten beobachtet ist, Sie reihen alles mit dem Ihnen eigenen Scharfsinn zusammen, gewinnen oft behandelten Materialien immer neue grossartige Ansichten ab und geben das Ganze in der wünschenswerthesten Klarheit wieder. Dazu ist alles voll Leben, oft von grosser Schönheit der Rede. Es ist mir eine wahre Freude, Sie so mit meinem Lobe zu plagen; alles dies Lob habe ich dem Könige, dem Kronprinzen, ja allen Hofdamen, die Sie nicht kennen, gepredigt, denn es ist nun einmal meine unmodische Art, mich des Verdienstes anderer zu erfreuen. Ich habe dem Könige gesagt, dass seit dreissig Jahren ein so wichtiges Werk nicht erschienen sei u. s. w." In einem andern Briefe nennt er das Buch abermals das „wichtigste Werk, das in Deutschland jetzt erscheint, und dessen kolossaler Bau eine lebendigere Bewunderung erregen sollte, als man in dieser frivolen Stadt erwarten darf". In diesen Eindrücken, die auch aus manchen Stellen der „Asie centrale" selber ersichtlich werden, empfing Humboldt gewissermassen eine Vergeltung für die mächtige und nachhaltige Anregung, welche die

---

[1] *Kramer*, Karl Ritter, II, 120.

Schilderungen von seiner amerikanischen Reise einst bei ihrem ersten Zusammentreffen — in Frankfurt am Main 1807 — auf Ritter ausgeübt hatten. „Du siehst leicht“, schrieb damals der letztere an Gutsmuths [1], „wie ich diese Tage hindurch für alles andere verloren sein und alle meine Zeit nur ihm und dem Andenken an ihn gehören musste. Noch nie wurde von irgendeiner Gegend ein so anschauliches, in sich vollkommenes Bild in mir erweckt, als durch Humboldt in mir von den Cordilleren entstand. Ich hatte desto mehr Berührungspunkte mit ihm, als ich alle seine herausgekommenen Werke mit einer Art Heisshunger verschlungen hatte.“

Es war die Epoche, in welcher das wissenschaftliche Streben nach vergleichender Erdkunde, das seitdem, um sein ideales Ziel erreichen zu können, ganze Generationen von Forschern zu getheilter Arbeit einmüthig verbunden hält, sich in zwei hervorragenden Individuen in vorbildlicher Concentration verkörpert zeigte. Doch war dabei die Stellung dieser beiden Männer zu der neuen Wissenschaft und infolge dessen zueinander wiederum eine verschiedene. In der überschwenglichen Festrede vom 4. Aug. 1844 [2] bezeichnet Ritter die vor 40 Jahren erfolgte Wiederkehr Humboldt's von der amerikanischen Weltreise als einen „Wendepunkt in der Geschichte der Wissenschaften, der Culturgeschichte“. „Die Natur in beiden Erdhälften“, sagt er, „trat nun erst in ihrem Gegensatz, in ihrer Individualität, in ihrer harmonischen Gesetzmässigkeit, in ihrer wahren Grösse und Erhabenheit hervor. Die verwirrende Zufälligkeit des Daseins der Dinge und ihre unseligen Vereinzelungen verschwanden, und es trat ein vorher kaum geahnter Causalzusammenhang der Erscheinungen in allen Anfängen und Enden des grossen Erdorganismus hervor, der alle Zweige der Wissenschaft und der Speculation zu einem höhern Selbstbewusstsein erhob, der alle Culturvölker des Planeten über die

[1] *Kramer*, Karl Ritter, II, 167.

[2] Zeitschrift für allgemeine Erdkunde, neue Folge, VI, 384.

Mitgift ihrer Heimat belehrte und durch sie an Gütern und Ideen vielfach bereicherte.“ Ausdrücklich betont Ritter darauf, dass „hierdurch die vergleichende Geographie erst geschaffen“ ward, und von sich selbst fügt er bescheiden hinzu, dass „die eigene, wenn auch noch so schwache Bemühung auf dem einem kleinen Theile nach verwandten tellurischen Gebiete in jener Zeit des allgemeinen Durstes aus dieser Quelle ihre Hauptnahrung erhielt“. Man wird, wie Humboldt selbst in seiner Erwiderung taktvoll gethan, in diesen Uebertreibungen einige „Mythen der Freundschaft“ erkennen, welche „Bestrebungen für Thaten, rohe Entwürfe für Vollendung nimmt, dem einzelnen zuschreibt, was dem Ganzen gehört und der mächtigen Zeit, die den einzelnen getragen“. Das wahre Verhältniss zwischen den geographischen Leistungen unsers Freundes und Ritter's dürfte nach Abzug des Uebermasses gegenseitiger Anerkennung etwa folgendes sein. Von Humboldt ging auch hier der Anstoss aus, wenn nicht für alle vergleichende Geographie überhaupt in dem Masse wie es Ritter darstellt, so doch für die Conception eben dieser Wissenschaft durch Ritter selbst; gerade das geht aus dem warmen Zeugnisse des letztern hervor. Auch hier jedoch bedurfte es über jenen Anstoss hinaus noch der ausdauernden Bewegung des Ritter'schen Geistes, um dem Begriffe der neuen Disciplin wenigstens in einem ersten grossen Entwurfe lebendiges Dasein zu verleihen. Humboldt seinerseits, so unschätzbar an Werth auch erscheinen möge, was er direct über Geographie Amerikas und Asiens geforscht und geschrieben, folgte doch von Jahr zu Jahr mehr dem höhern Impuls zu der Welt- und specieller der Erdauffassung, die den „Kosmos“ beherrscht, der gemäss das Localindividuelle stetig gegen die Gesetze zurücktritt, als deren Modification es erscheint. Um den Gegensatz möglichst prägnant zu fassen, so stellt Humboldt mehr das Gesetz als solches dar, wie es in den Einzelerscheinungen sich ausspricht, Ritter die Einzelerscheinungen als solche mit Rücksicht darauf, dass sie unter dem Gesetze stehen. In dem Abschnitt über „Begrenzung und wissenschaftliche Behandlung einer physischen Weltbeschreibung" im ersten Bande des „Kosmos" hat sich Humboldt viele Mühe gegeben, die ihm auch früher in seinen geographischen Forschungen schon beständig vorschwebende Disciplin der kosmischen Betrachtung von allen übrigen Naturwissenschaften, und so auch die physische Erdbeschreibung von der vergleichenden Erdkunde scharf zu sondern; allein dass ihm selber mitunter doch wieder ihre Grenzen zusammenflossen, beweist die Thatsache, dass er in das specialisirte Naturgemälde des vierten Bandes die im ersten theoretisch entschieden ausgeschlossenen „Verzeichnisse von jetzt thätigen Vulkanen" dennoch aufgenommen hat. Wenn aus diesen Bemerkungen die Nothwendigkeit vielfacher Berührung und befruchtender Wechselwirkung zwischen den Studien Humboldt's und Ritter's klar hervorgeht, so leuchtet zugleich ein, dass jeder von der besondern Richtung des andern am meisten Nutzen zog. Ritter darf in allen physikalischen Beziehungen geradezu als Humboldt's Schüler betrachtet werden, Humboldt wusste, wie der oben angeführte Brief deutlich beweist, vornehmlich die compendiöse historische Gelehrsamkeit des Freundes zu schätzen und zu verwerthen. Aus beiden Seiten setzt sich die vollendete Gestalt der Wissenschaft der vergleichenden Erdkunde zusammen.

Dass auch in Humboldt selber der Trieb zu historischer Forschung ungemein lebendig war, hat er selbst allenthalben und jederzeit dargethan, niemals aber so entschieden, als in dem Jahrzehnt seines Lebens, mit dessen Darstellung dieses Kapitel zu thun hat. Das „Examen critique de l'histoire de la géographie du Nouveau Continent et des progrès de l'astronomie nautique dans les XVe et XVIe siècles", welches als Text zu dem bereits 1814 herausgegebenen „Atlas géographique et physique" Ende 1833 in einem einzigen Foliobande bei Gide erschien (bis 1838 ward die Octavausgabe vollendet), greift zwar in seinen Ursprüngen weit in die frühere pariser Zeit, die Periode des amerikanischen Reisewerkes zurück, ja Humboldt bezeichnet diese geschichtlichen Untersuchungen sogar als „Auszüge aus

Arbeiten, denen er dreissig Jahre seines Lebens hindurch (das heisst seit der Rückkehr nach Europa) alle Stunden der Musse, die er erübrigen konnte, mit besonderer Vorliebe gewidmet habe". Trotzdem erhielten diese seine Studien erst im Laufe der Jahre (seit 1825) durch wichtige spanische Quellenpublicationen und zuletzt, im Frühling 1832, durch die ihm selbst vergönnte glückliche Auffindung der Karte Juan de la Cosa's in der Walckenaer'schen Bibliothek zu Paris diejenige Intensität, die zum Abschlusse wenigstens zweier Hauptabschnitte der Untersuchung führte: „Von den Ursachen, welche die Entdeckung der Neuen Welt vorbereitet und herbeigeführt haben" und „Von einigen Thatsachen, welche sich auf Columbus und Amerigo Vespucci sowie auf die Data der geographischen Entdeckungen beziehen". Die beiden weitern: „Ueber die ersten Karten der Neuen Welt und die Epoche, in welcher man den Namen Amerika vorgeschlagen hat" und „Ueber die Fortschritte der nautischen Astronomie und der Kartenzeichenkunst im 15. und 16. Jahrhundert", sind als solche nie zur Ausführung gekommen. Die wesentlichen Punkte des dritten Abschnittes hat Humboldt später in Kürze in der *Ghillany's* „Geschichte des Seefahrers Martin Behaimb" (Nürnberg 1853) beigegebenen Abhandlung „Ueber die ältesten Karten des neuen Continents und den Namen Amerika" erledigt; auf die Fragen des vierten Themas sind in den Noten zum „Kosmos" dann und wann einzelne Streifblicke geworfen. Immerhin war, was vollendet worden, von der höchsten Bedeutung. Der Werth der Resultate dieser Forschungen Humboldt's zur Geschichte der Erdkunde hat an einem andern Orte dieser Biographie seine Schätzung gefunden; uns werden an dieser Stelle einige Bemerkungen über die dabei angewandte Methode und über die historische Neigung und Begabung unsers Freundes überhaupt gestattet sein.

Was die Methode anlangt, so verdient das „Examen critique" sein Beiwort im höchsten Masse. Humboldt reiht sich durch dasselbe den ersten kritischen Geschichtsforschern Deutschlands an; die drei Pflichten des Historikers, wie sie Ranke gleichzeitig seiner eben aufblühenden Schule ans Herz legte: „Kritik, Präcision, Penetration", haben ihm immerdar vor Augen gestanden. Um Vollständigkeit des Quellenmaterials zu gewinnen, lässt er sich keine Mühe verdriessen; die Weite seiner eigenen Belesenheit verbindet sich dazu mit dem Geschicke, das Wissen der kundigsten zeitgenössischen Specialforscher unermüdlich um der Sache willen für sich flüssig zu machen. Nicht minder eifrig befragt er sie um ihr Urtheil über die Bedeutung der einzelnen Stellen; aber man thäte ihm unrecht, wollte man ihm selbst ein gesundes Feingefühl für die meisten der hier einschlagenden Fragen absprechen. Mit freiem Blicke erkennt er selbständig einige Hauptsätze der historischen Kritik, wie z. B. die dem Schweigen der Autoren gegenüber gebotene Behutsamkeit vor schnellen Schlüssen zu Ungunsten der verschwiegenen Facta.[1] Was ferner die Präcision anbetrifft, so ist gerade in den Untersuchungen über die Entdeckungsgeschichte die sichere Schärfe der Fragstellung durchweg zu bewundern, ebenso die Festigkeit des Ganges der Hauptbeweise durch eine gewaltige Fülle von Indicien hindurch, der durch gewandte Vertheilung zwischen Text und Noten ein beträchtlicher Theil ihres lastenden Drucks entzogen ist. Die Penetration endlich, die geistige Durchdringung des Stoffes, zeigt sich in glänzender Weise in den positiv darstellenden Partien des zweiten Abschnittes, vor allem in der schönen Zeichnung der Persönlichkeit des Columbus. Humboldt selbst wies in gerechter Befriedigung den kunstverständigen Varnhagen auf die Lektüre gerade dieser Stellen hin[2], die bei einer Vorlesung in Paris gefallen hätten „wie der Ausbruch des Gefühls gefällt zwischen den öden Steppen minutiöser Erudition". Trotzdem haben diese öden Steppen in dem Organismus des ganzen Werkes eine mindestens gleich wichtige Function.

Hält man mit dem „Examen critique", das Humboldt auch

[1] Vgl. Briefe an Varnhagen, S. 58.
[2] Ebend., S. 57.

wol seine „Geschichte der Geographie des Mittelalters“ nennt, die historischen Partien der „Asie centrale“ und des amerikanischen Reisewerkes und besonders die „Geschichte der Weltanschauung“ aus dem zweiten Bande des „Kosmos“, sowie die überwiegend literarhistorischen Noten des ganzen „Kosmos“ zusammen, so gewinnt man eine Anschauung über die Richtung und Stärke seiner historischen Neigung überhaupt. Materiell bestimmt ist was ihn interessirt, Culturgeschichte, und zwar vornehmlich Geschichte derjenigen menschlichen Cultur, welche Naturerkenntniss im weitesten und höchsten Sinne zum Inhalt und Naturbeherrschung zur Folge hat; formell bestimmt sind es die Ursprünge und die ersten Stadien dieser und aller Entwickelung überhaupt, denen sich seine Forschung mit Vorliebe zuwendet. Das erstere kann an sich nicht auffallend erscheinen; wie in der Intelligenz seine eigene Grösse beruht, wie Wissenschaft und speciell Naturforschung sein eigenes vornehmstes Bestreben ist, so fühlt er sich natürlich auch zur Betrachtung der entsprechenden Seiten des Gesammtverlaufs der menschlichen Entwickelung am kräftigsten hingezogen. Die politische Geschichte fesselte ihn wenig; wir haben schon früher erfahren, dass er an ihrem Ideengehalte zweifelte. Als Grund seiner Theilnahmlosigkeit gegenüber den scheinbar sinnlosen Wechseln der äussern Völkergeschicke, glaubten wir besonders die Eindrücke des Revolutionszeitalters bezeichnen zu dürfen; man mag noch die negative Ansicht von den Zwecken des Staates hinzunehmen, die Wilhelm in seinem jugendlichen Aufsatz über „die Grenzen der Staatswirksamkeit“ ausgesprochen, und die Alexander ohne Zweifel völlig theilte. Was nun aber seinen Hang anbetrifft, der Entstehung der historischen Dinge und insbesondere der Erkenntnisse nachzuspüren, so kommen die verschiedensten Momente zusammen, um diese seine Eigenthümlichkeit zu erklären. Wir wollen nur im Vorbeigehen daran erinnern, dass der deutsche Geist überhaupt seine Lust daran empfindet, mit kühner, bisweilen verwegener Forschung gerade ins tiefste urzeitliche Dunkel des Vergangenen vorzudringen; es ist das eben ein philosophischer Zug deutscher Wissenschaft, auch innerhalb der Empirie wenigstens nach den relativ letzten Ursachen zu fragen, wenn die absolut letzten auch jenseit aller Empirie liegen. Humboldt nun folgte diesem Zuge mit ausgesprochenem Wohlgefallen; wer wüsste nicht, wie gern er überall die schwächsten Keime wissenschaftlicher Erkenntniss, die der bewussten Einsicht lange vorauswachsenden frühzeitigen „Ahndungen“ ans Licht zieht! Es gesellen sich bei ihm für solch ein Verfahren jedoch noch besondere Motive hinzu, Motive, die in edeln Eigenschaften seines Charakters ihren Grund haben. Er war von tiefer Achtung gegen alles Originelle, Geniale, gegen jede ursprüngliche That des Geistes durchdrungen; so richtig er gerade bei Beurtheilung des Columbischen Zeitalters die populäre Ansicht zurückweist, als seien umwälzende Entdeckungen vorzugsweise zufällige Wirkungen eincs blind darauflos tappenden Instinctes, lediglich Manifestationen des „Unbewussten“, so deutlich er sie vielmehr darstellt als Producte bewusster Arbeit, glückliche Endergebnisse wiederholter im selben Sinne unternommener Versuche: so sehr verehrt er sie doch eben um deswillen als Handlungen, die auch der moralischen Grösse nicht entbehren. Und da zwang ihn nun Pietät und Gerechtigkeitsgefühl zugleich, einem jeden einerseits das Seine zu geben und andererseits das Fremde abzusprechen. Laut genug hat er über das oft gehässige und selten erfreuliche Geschäft geseufzt, die ersten und eigensten Spuren der wissenschaftlichen Gedanken aus den trügerisch verwaschenen Schichten gelehrter Literatur aufzugraben; er spricht wol von dem „Glatteise der Geschichte der Entdeckungen, einer Geschichte, die Cicero wol nicht gemeint habe, wenn er alle Geschichte als delectirend in jeder Lage des Lebens erkläre“; wenn er dennoch, wie am klarsten die Noten zum „Kosmos“ bezeugen, dieser unerquicklichen Geschichte unermüdlich Zeit und Kraft gewidmet hat, so geht daraus hervor, dass ihn unbezwingliche Neigung hierzu antrieb. Es kam hinzu, dass die meisten dieser Nachforschungen ihn ins hellenische Alterthum zurückführten, von dessen geistiger Hoheit er den grössten, durch den Enthusiasmus unserer classischen Literaturperiode vielleicht noch übers Mass erweiterten Begriff in sich trug. Wie ganz anders dachte die Mehrzahl der unmittelbar und ausschliesslich nach der Förderung der gegenwärtigen Naturwissenschaft trachtenden Forscher! „Mag doch Strabo", schreibt einmal Leopold von Buch an unsern Freund, „immerhin den Aetna nicht « bicornis » genannt haben, ich werde deshalb nicht viel nachsehen, da ich gar keine Wichtigkeit darauf gelegt habe, wohl aber, dass der Vesuv als oben flach beschrieben werde, welches doch nie hätte geschehen können, hätte er ausgesehen wie izt. . . . Die Meinungen der Alten, wenn sie nicht Thatsachen betreffen, erschrecken mich, denn ich höre stets Boileau's Reden, als die Franzosen auf Mord sich über den Vorzug der Alten vor den Neuern stritten: « M. de la Fontaine est si bête, qu'il croit, que les anciens ont plus d'esprit que lui. »" Um Humboldt's völlig abweichende Auffassung treffend zu charakterisiren, genügt es auf sein Urtheil über den Bruder zurückzuweisen, in dem er besonders den antiken Geist verehrte, „den Reflex von dem, was in der höchsten Blüte der Menschheit uns aus vergangenen Jahrhunderten entgegenstrahlt".

Diese warme Vorliebe für das classische Alterthum, welche fast an die schwärmerische Hinneigung des Zeitalters der Renaissance gemahnt, und zugleich der historische Zug unsers eigenen Jahrhunderts, das anstatt der alten naiv enthusiastischen eine zweite kritische Renaissance heraufgeführt hat, leiteten Humboldt bei seinem Bestreben, im „Examen critique" die Erd- und Weltansicht des Cinquecento durch das Mittelalter hindurch bis zu den classischen Zeiten hinauf zu verfolgen. „Ich habe zeigen wollen", sagt er selbst, „dass die grossen Entdeckungen des 15. Jahrhunderts ein Reflex des früher Geahndeten waren." Er verkannte nicht, dass infolge dessen die in dem Buche „abgelagerten Untersuchungen etwas weit und breit ausgesponnen" seien. Doch tröstet ihn, dass es „ein langweiliges, aber sehr gewissenhaft abgefasstes Buch sei.“ [1] Er hätte nicht den echt wissenschaftlichen Trieb besitzen müssen, der ihn so sehr auszeichnet, in jeder Frage der Forschung bis an die Grenze der Einsicht des Zeitalters vorzudringen, wenn er sich dabei auf eigene Kenntniss und eigenen Scharfsinn verlassen hätte. Die philologisch-historische Bildung, die er selbst in frühern Jahren erworben, reichte gerade hin, um ihn unter den zeitgenössischen Gelehrten diejenigen auswählen zu lassen, welche ihm am besten das eigene Urtheil ergänzen, bestätigen oder corrigiren konnten. Wir werden bei der Besprechung des „Kosmos“ wahrnehmen, dass er auch in den naturwissenschaftlichen Einzeldisciplinen nicht anders verfuhr; für das „Examen critique“ aber kommen vorzüglich Letronne und Boeckh als höchste Instanzen der Sachkunde in Betracht, ganz besonders der letztere, den Humboldt um Interpretation wichtiger classischer Stellen, um Nachweis anderer, ja um Correctur alles dessen, was er über das Alterthum gesagt, brieflich zu ersuchen nicht müde ward. Wenigstens in Bezug auf den Anfang des Werkes war es kaum übertrieben, wenn er bei Uebersendung desselben an Böckh hinzufügte, es verdanke diesem grösstentheils sein Dasein. Um nun die Belehrung, die er so über einzelne Punkte genoss, auch durch eine richtigere Gesammtanschauung zu vervollständigen, trat er öffentlich unter Böckh's Schülern auf und besuchte im Wintersemester 1833—34 dessen Universitätsvorlesungen über griechische Alterthümer, in den folgenden zwei Jahren die über griechische Literaturgeschichte, gleichzeitig mit einem chemischen Colleg bei Mitscherlich. Der fünfundsechzigjährige Mann zeigte auch bei dieser jugendlichen Aufgabe den gewohnten Ernst und Eifer. Pünktlich erschien er mit der Studirmappe auf seinem Plätzchen mitten unter den akademischen Jünglingen, denen er mit liebenswürdiger Freundlichkeit begegnete. Eine Anzahl kleiner Anekdoten heftete sich bald an den ungewöhnlichen Gast. Nur bisweilen verursachte die höfische Pflicht eine Unter-

---

[1] Briefw. mit Berghaus, II, 144, 199. — *De la Roquette* II, 153.

brechung des Besuchs, dann beklagte er wol schriftlich von Potsdam aus, dass er verhindert sei, Böckh's „herrlichem Colleg", seinen „immer geistreichen Vorträgen" beizuwohnen, oder verkündete dem jüngern Lehrer in froher Aussicht: „Morgen habe ich wieder die grosse Freude Sie zu hören, immer philosophisch, lebendig und geistreich!" Noch in dem Glückwunschschreiben zum 15. März 1857, dem funfzigjährigen Doctorjubiläum Böckh's, des „grossen Forschers, dessen tiefsinniger und scharfer Geist das ganze Gebiet des erhabenen Griechenthums, ja der antiken Welt überhaupt umfasst", wie es rühmlich darin heisst, gedenkt Humboldt mit Liebe der Studien der dreissiger Jahre. „Ich zeige noch gern", schreibt er, „nicht ohne ein gewisses Selbstgefühl, die Hefte, welche, von den Mithörenden verführt, ich nach alter vaterländischer Sitte nachgeschrieben, aber freilich noch nicht von der etwas unlesbaren Hieroglyphik in Bleistiftschrift befreit habe."

Dieser philologische Unterricht kam auch zugleich dem „Kosmos" zugute, dessen Erscheinen zwar bekanntlich erst ins folgende Jahrzehnt fällt, der jedoch in seinen wesentlichen Bestandtheilen — immer ist dabei natürlich nur an die beiden ersten Bände zu denken — in den dreissiger Jahren ausgearbeitet worden ist. Indem wir die eigentliche Besprechung des Inhalts auf die spätern Kapitel versparen, beschränken wir uns hier auf einige überwiegend äussere Daten. Am Ausgange des Jahres 1827 entwarf Humboldt, den Gedanken Cotta's, seine Vorlesungen unmittelbar abzudrucken, modificirend, den ersten Plan zu einem „Buche über physische Geographie"; am 20. Dec. machte er Berghaus den Vorschlag, „geographische Erläuterungsblätter dazu" anzufertigen, einen „Atlas der physischen Erdkunde", der jedoch wegen der langen Hinzögerung des „Kosmos" selbst schon 1837 als selbständiges Werk ohne directen Bezug auf Humboldt's Darstellung erschien.[1] Noch vor der russischen Reise ward darauf zwischen Cotta und Humboldt ein vor-

---

[1] Briefwechsel mit Berghaus, II, 117—119.

läufiger Contract abgeschlossen, der einige Jahre später erneuert und insofern modificirt ward, als der Druck des Werkes nun nicht in Berlin, sondern in der Cotta'schen Officin selbst stattfinden sollte. Humboldt hatte in diesem Punkte sehr ungern nachgegeben; bei seiner Akribie hasste er alle Druckfehler fast mit Leidenschaft — „trauriges Los des Schriftstellers", ruft er einmal aus, „so abhängig zu sein vom Schriftsetzer"[1] — und befürchtete nun wegen seiner unleserlichen Handschrift, die süddeutschen Setzer würden „gar zu tolles Zeug in die Welt senden". Noch am 1. Mai 1837 schreibt er darüber in etwas gereizter Stimmung an Schumacher: „Ich habe einen prächtig scheinenden Contract mit der Cotta'schen Buchhandlung für 45 Bogen meines «Kosmos» (zu mehr bin ich nicht verpflichtet) für 5000 Thaler. Da ich bestimmt darüber hinsterbe (ich gehöre ja schon halb zu den Urthieren des Schuttlandes), so wird der Contract den Schwaben in keine grosse Gefahr stürzen. Dennoch hat der Infant" — nach dem Tode des Freiherrn Johann Friedrich (29. Dec. 1832) stand der Sohn Georg, der Humboldt um einige Jahre überlebte, an der Spitze des Instituts — „so lange gewinselt, bis ich habe nachgeben müssen, den «Kosmos» in Augsburg drucken zu lassen, wovon in meinem vorsibirischen Contract das Gegentheil stand. . . . Für das Nichtdrucken im nördlichen Deutschland gibt Cotta Theuerkeit an, aber der eigentliche Grund ist wol, dass er von seinen Geschäftsführern in Augsburg geleitet (regiert) wird, die alles concentriren wollen." Die Unzufriedenheit des Autors mit deutschen Verlagszuständen spricht aus diesen und vielen ähnlichen Aeusserungen unsers Freundes über die Cottas, während er sich über Gide unseres Wissens nie beschwert hat. Freiherr Georg erwies ihm übrigens später äusserlich eine bis an die Grenze des Erlaubten gehende Verehrung, die wol vornehmlich in der Gangbarkeit des „Kosmos" ihren Ursprung hatte. Dass Humboldt selbst mit Schmeicheleien gegen ihn nicht sparsam war,

[1] Briefwechsel mit Berghaus, II, 210.

beweist die überschwengliche Antwort des Verlegers auf einen Brief vom 10. Sept. 1856, in der es heisst: „Es überläuft mich mit der Röthe des Schamgefühls, denn Sie haben, hochverehrter Herr Geheimrath, Worte gebraucht, deren ich mich nicht würdig fühle, mir eine Anerkennung gespendet, die ich so gern verdienen möchte, aber nicht hoffen kann je zu verdienen. Man legt andern auf den Schrein, der sie umfassen soll, Orden und andern Schmuck, mir aber sollen meine Kinder dereinst, wenn mein Herz zu schlagen aufgehört hat, Ihre Briefe auf denselben legen, denn Ihre Zufriedenheit bleibt für immer mein grösster Stolz im Leben und wird mir nach demselben einen würdigen Nachruf sichern.“ Dass die Erkenntlichkeit des schwäbischen Barons sich mitunter auch praktisch bewährte, geht aus einem Schreiben vom 26. Dec. 1858 hervor, worin von einem — vermuthlich auf künftiges Honorar zu verrechnenden — Geldgeschenk an Seifert, Humboldt's Kammerdiener, die Rede ist, für den der gutmüthige Greis, was er für sich nie gethan haben würde, in den letzten Jahren nicht selten bittend an fremde Thüren geklopft hat. „Mir genügt“, schreibt Cotta, „Ihren Gedanken zu kennen, um sofort demselben zu entsprechen, soweit ich das vermag. Und so bin ich denn auch dankbar, dass Sie mir Gelegenheit geben, den herzlichsten Glückwunsch zum neuen Jahr, den ich Ihnen, hochverehrteste Excellenz, hiermit darbringe, auch einmal mit einer Beilage begleiten zu dürfen, die, wenn sie auch nur ein lumpiges Papier ist, doch denen Freude machen kann, die Ihre theuere Person umgeben, ihr dienen mit Liebe und treuer Hingebung. Könnte ich doch allen Freude machen, denen Sie Freude machen wollen, das wäre mir der höchste Genuss. Nehmen Sie also das Wenige, was hier folgt, nicht als ob es meinem Sinne zu geben genügte, aber weil es mit der lautersten Freude des Herzens denen geboten wird, die das Glück haben, Ew. Excellenz nahe zu stehen, um das ich alle ohne Ausnahme beneide.“ Humboldt war gewiss nicht ganz ohne Schuld daran, dass dies Geschäftsverhältniss bis zu einem so widerlichen Grade der Phrasenhaftigkeit ausartete.

Im Herbst 1834 fing denn Alexander von Humboldt wirklich „den Druck seines Werkes, des Werkes seines Lebens“ an. Am 24. Oct. jenes Jahres legte er Varnhagen ausführlich den Plan des Ganzen dar und bat ihn um kritische Durchsicht des Anfangs seines Manuscripts.[1] Varnhagen war unter den zahlreichen gelehrten Rathgebern, auf deren Schultern Humboldt, wie ein constitutioneller Monarch der Wissenschaft, die Verantwortlichkeit für den „Kosmos“ abwälzte, gleichsam der Minister des Aeussern, des stilistisch-rhetorischen Elementes. Mit dem freimüthigsten Bekenntniss der „Hauptgebrechen seines Stils“, die ihm keineswegs unbekannt waren, verband der alte Menschenkenner geschickt einen unwiderstehlichen Angriff auf die schwache Seite des eiteln literarischen Freundes: „Sie haben ein so grosses Talent der anmuthreichsten Schreibart, Sie sind auch so geistreich und unabhängig, dass Sie Formen des Schreibens nicht geradehin zurückstossen, die individuell sind und von den Ihrigen abweichen.“ Vier Tage später konnte Humboldt danken, dass der stilistische Beirath „ganz in den Geist seines Bestrebens eingedrungen“, nur sei er zu nachsichtig und lobend verfahren. „Ihre Bemerkungen“, heisst es weiter, „haben einen Grad der Feinheit, des Geschmacks und des Scharfsinns, der mir das Verbessern zum angenehmsten Geschäft gemacht. Ich habe alles, fast alles benutzt, über neunzehn Zwanzigstel, einiger Eigensinn bleibt dem ersten Redacteur immer.“ Es handelte sich dabei zunächst um die „einleitenden Betrachtungen“ des ersten Bandes, die alte „Rede“ aus der Singakademie; jedoch erfahren wir, dass die „Prolegomena“ überhaupt „meist fertig“ waren. Als solche bezeichnet Humboldt den ganzen „generellen Theil“, d. h. alles was später den Inhalt der beiden ersten Bände ausmacht. Dies erschien ihm als „die Hauptsache“; der specielle Theil sollte die zweite Hälfte bilden. Noch hoffte er das ganze Werk in zwei Bänden abzuschliessen,

[1] Briefe an Varnhagen, Nr. 16, 17.

woraus doch hervorgeht, dass auch die „Prolegomena“ noch keineswegs ganz in der spätern Form zur Hand lagen. Ursprünglich hatte er gar alles in einen Band zusammendrängen wollen, sodass es „in dieser Kürze den grossartigsten Eindruck hinterlassen haben würde“. Auch über den Titel war er endlich ins Reine gekommen. Statt des „Essai sur la Physique du Monde“, den er 1819 in Paris begonnen, statt des „Buches von der Natur“, wie es dann in Deutschland heissen sollte, wählte er nun den „vornehmen“ Titel „Kosmos“, um die Menschen zu zwingen, das Buch so und nicht als „Humboldt's physische Erdbeschreibung“ zu citiren. Er gab zu, dass der griechische Name „nicht ohne eine gewisse Afféterie“ sei, aber der Titel sage „mit einem Schlagworte: Himmel und Erde“. Auch Wilhelm von Humboldt billigte ihn, Alexander hatte lange geschwankt; wahrscheinlich haben ihn die für das „Examen critique“ unternommenen griechischen Studien der ersten dreissiger Jahre auf das Wort „Kosmos“ geführt. Noch beabsichtigte er damals den Zusatz: „Nach erweiterten Umrissen seiner Vorlesungen in den Jahren 1827 und 1828“; als jedoch das Werk im Verlaufe der Ausarbeitung gar zu weit über diese Umrisse hinauswuchs, hat er ihn wieder gestrichen.

Auf der Naturforscherversammlung zu Jena im Herbst 1836 wurden aus den Druckbogen des „Kosmos“ die „einleitenden Betrachtungen“ öffentlich vorgelesen, ebenso die Abhandlung „Ueber zwei Versuche den Gipfel des Chimborazo zu ersteigen“ (durch Humboldt selbst und durch Boussingault, „den einzigen lebenden Reisenden, vor dem ich die Segel streiche“, wie Humboldt einmal mit einem „übermüthigen Worte“ sagt). Der Aufsatz erschien 1837 in Schumacher's „Astronomischem Jahrbuch“, und später gekürzt in Berghaus' „Journal“. An wissenschaftlichen Monographien sind diese Jahre überhaupt ungemein reich gewesen. Am 9. Febr. 1837 und am 10. Mai 1838 wurden in der berliner Akademie die beiden Abhandlungen gelesen, die als „Geognostische und physikalische Beobachtungen über die

Vulkane des Hochlandes von Quito"[1] die spätere Sammlung der „Kleinern Schriften" eröffnen; im Frühjahr 1838 ward der Aufsatz „Ueber die Hochebene von Bogota" für die „Deutsche Vierteljahrsschrift" vollendet; für dieselbe Zeitschrift ein paar Monate später die Abhandlung „Ueber Schwankungen der Goldproduction mit Rücksicht auf staatswirthschaftliche Probleme" Kleinere Aufsätze in Poggendorf's „Annalen": „Ueber die Temperatur der Ostsee", und: „Ueber einige elektromagnetische Erscheinungen und den Luftdruck unter den Tropen", waren schon 1834 und 1836 vorausgegangen. Noch früher — 1831 — war in Paris das „Tableau statistique de l'île de Cuba pour les années 1825—29" erschienen. Die Aufzählung dieser hauptsächlichen unter den kleinern Arbeiten wird genügen, um die ausserordentliche Fruchtbarkeit des in Rede stehenden Jahrzehnts darzuthun. Von der sonstigen Wirksamkeit unsers Helden in dieser Lebensperiode sei nur kurz bemerkt, dass auch damals für ihn kein Mangel an Gelegenheit war, der Wissenschaft durch Anregung und Förderung anderer Gelehrter indirect dienstbar zu sein. Der Briefwechsel mit Berghaus zeigt als ein Beispiel statt vieler, wie eifrig Humboldt auch in jenen Jahren beflissen war, neue Forschungen zu verbreiten, bestimmte Aufgaben zu stellen und ihre Lösung zu unterstützen. Dabei verfehlte er nie, den jüngern Gelehrten, soweit es in seinen Kräften stand, auch zu einem lohnenden materiellen Ertrage ihrer Arbeit zu verhelfen: er verlangte ihnen ausdrücklich Honorarforderungen ab, ermuthigte sie dann und wann, ihre Leistungen einflussreichen Personen, ja dem Könige selber zu präsentiren, sobald sie sich, wie z. B. die Darstellung der Höhenverhältnisse des pommerisch-preussischen Landrückens, irgendwie auf ein vaterländisches Interesse bezogen, wobei er den praktischen Rath nicht vergass, die betreffenden Stellen „mit Röthel oder rother Dinte anzustreichen, damit sie auffällig würden."[2]

---

[1] Zuerst in Poggendorf's „Annalen", XLIV, erweitert in den „Kleinern Schriften".

[2] Briefwechsel mit Berghaus, II, 186.

Von den tausenderlei Gesuchen mannichfachster Art um Unterstützung von Universitäten, Bibliotheken und andern Instituten, um Gehaltserhöhungen, Ordensverleihungen, Ueberreichung von literarischen Geschenken an den Hof, Vermittelung von Verkäufen, Vorschüssen u. dgl. m. brauchen wir hier nicht erst Rechenschaft zu geben. Ebenso wenig bedürfen seine Agitationen für akademische Wahlen besonderer Erwähnung. „Lorsqu'il est question d'élection, je ne reste pas plus oisif à Berlin qu'à Paris", schreibt er 1839 an Dirichlet, als es galt, die Aufnahme von Magnus in die berliner Akademie durchzusetzen. Aus allen diesen kleinen Begebnissen, die weniger eine bestimmte Periode im Leben unsers Freundes als vielmehr seine dauernden Gewohnheiten charakterisiren, heben wir hier nur eines als besonders bezeichnend heraus, die Intervention, die er bei Gelegenheit der Thronbesteigung Christian's VIII. von Dänemark auf Bitten Schumacher's im Interesse dieses astronomischen Freundes und der ihm untergebenen Anstalt unternahm. „Mit grosser Freude, theuerster Freund", schreibt er am 18. Dec. 1839 an Schumacher, „habe ich Ihren Wunsch erfüllt. Ich habe den König sehr viel und nahe in Paris gesehen, als er von seinen oft gefahrvollen Besteigungen des Vesuv mit Davy und Monticelli zurückkam. Er war für Arago und mich von besonderer Zärtlichkeit, und ich habe daher in meinem Briefe manche Erinnerung zurückrufen können. Der Brief gründet sich blos auf diese Erinnerungen, hat als Hauptmotiv das Bedürfniss, ihm zu seinem Regierungsantritt Glück zu wünschen, und nachdem ich einige Politica geschickt nuancirt und von Potsdam datirt ihm vorgetragen, gehe ich zu meiner innigen Freundschaft mit Ihnen über. Das alles ist natürlich herbeigeführt und mit erläuternden Phrasen verbrämt, die ich nicht abschreibe, die aber dort gefallen, dann — «au moment où sous d'heureux auspices un nouveau règne fait naître tant de désirs nouveaux et importunément exposés, qu'il soit permis à un vieillard, voyageur de l'Orénoque et de la Sibérie, compté lui-même bientôt parmi les corps fossiles, de solliciter l'auguste protection de V. M. en faveur des travaux astronomiques et géodésiques, qui depuis si longtemps ont jeté un vif éclat sur la gloire nationale. Les motifs de cette supplication (je suis fier de l'avouer) tiennent en partie à d'anciennes affections, à l'amitié dont m'honore le savant, laborieux et spirituel directeur de l'Observatoire d'Altona. C'est par l'étendue des connaissances et l'immense activité de Mr. Schumacher, que la ville d'Altona est devenue pour l'Europe un centre d'Astronomie théorique et pratique. Je sais que ce savant, dont les travaux astronomiques et géodésiques (de même que ceux qu'il a recemment exécutés sur les poids et mesures du Royaume) ont été appréciés en France et en Angleterre, jouit déjà de la gracieuse bienveillance de V. M., mais il me serait bien doux de penser, que ma faible voix puisse être utile à un ami qui m'est si cher et qui a le bonheur d'être le sujet de V. M.» — Ich habe den Brief einfach auf die Post gegeben, sehr schön couvertirt au Roi à Copenhague (de la part du Baron de H.), damit er nicht unter die Bettelbriefe komme. . . . Den Brief Ihnen, verehrter Freund, zu schicken schien mir ungeschickt, weil es Sie compromittirt hätte und der Schritt nicht so freiwillig ausgesehen hätte."

König Christian biss auf diesen Köder wohlberechneter Schmeichelei an und sandte am 13. Jan. 1840 eine nicht minder feine Antwort — es ist jener „schwarze Salamander", der schon in der Varnhagen'schen Sammlung gedruckt ist[1] —, und Humboldt schrieb gleich nach deren Empfang entzückt an Schumacher: „Ich habe einen langen, volle vier Seiten langen, eigenhändigen Brief Ihres Königs gehabt." Er verspricht dem Freunde eine eigene Abschrift, kann sich aber „im Augenblicke, wo er wieder nach Potsdam muss", nicht enthalten, „wenige Stellen", d. h. über die Hälfte des ganzen Briefes, sofort mitzutheilen. „Das ist alles", fährt er dann fort, „unendlich liebenswürdig, einfach und im reinsten französischen Stile, wie er nur von

[1] Briefe an Varnhagen, Nr. 44, vgl. Nr. 43.

dem historischen Hügel Sanssouci einst herabfloss, dazu in Formen der Höflichkeit, die die Grenze fast überschreiten. Sie sehen, theuerer Freund, dass ich Ihnen danken muss, mich zu dieser Correspondenz, die ich recht sparsam cultiviren werde, veranlasst zu haben (König Christian hatte den Wunsch nach weiterm Briefwechsel ausgesprochen). Der Brief ist für mich «le menuet de Madame de Sévigné». Sie finden mich begeistert, als wie es die berühmte auch eitle Frau war, nachdem le grand Roi einmal mit ihr getanzt hatte. Sie werden, denke ich, mit Zufriedenheit sehen, dass aus des Königs Briefe niemand die Hauptveranlassung des meinigen errathen kann." Noch aus einem am 11. März 1841 an Schumacher gerichteten Schreiben klingt die Freude über die artige Begegnung mit dem nordischen Monarchen hervor, wenn Humboldt sagt: „Für Dänemark, d. h. bei mir für Ihren vortrefflichen und humanen Monarchen, ist hier eine grosse Vorliebe in den höchsten Regionen. Zwei solche Könige sind würdig, sich gegenseitig zu schätzen." Wir werden im folgenden Kapitel Gelegenheit haben, noch einmal auf das Verhältniss Humboldt's zu Christian VIII. zurückzukommen, hier war uns darum zu thun, die liebenswürdige Diplomatie unsers Freundes wieder einmal durch ein überaus deutliches Beispiel zu illustriren.

Das Hofleben Humboldt's ging in den letzten Jahren unter Friedrich Wilhelm III. seinen bewegten und doch einförmigen Gang weiter. Nur dass, wie er 1839 klagt, durch die Eisenbahn zwischen Berlin und Potsdam „die Unruhe seines oft sehr unliterarischen, fledermausartigen Lebens noch vermehrt, die Pendelschwingungen zwischen beiden sogenannten Residenzen häufiger" wurden. Dabei musste er auch öfter als früher „den einst berühmten Hügel von Sanssouci" bewohnen, d. h. in der unmittelbaren Nähe des Kronprinzen weilen, „und dieser Theil meiner Existenz", schreibt er an Schumacher, „ist, wie Sie wissen, der geistig erfreulichere". Dass die Gesellschaft des Königs selbst für ihn wenig intellectuellen Reiz hatte, wissen wir aus frühern Geständnissen, auch die „Pflichten sehr prosaischer Art", die ihm während der Sommerausflüge nach Teplitz oblagen, fielen ihm immer lästiger. Er scherzt halb unmuthig über den dort zusammenströmenden „Aufguss von Fürsten", über „die Weltelefanten, die ihre Rüssel zusammenstecken"; „Sie wissen", schreibt er an Böckh, „das Resultat solcher sich periodisch wiederholender Schauspiele ist, dass die Welt unverbesserlich kreist, und dass man vieles wünschen kann, aber an nichts rühren muss."

Das Gefühl dieser zunehmenden Lethargie der deutschen wie der innern preussischen Zustände verbitterte jene letzten Zeiten vor dem Thronwechsel von 1840 der noch immer jugendlich lebendigen Seele Humboldt's ganz besonders. „Hier ist alles grau und dunkel und ungeniessbar für mich", schreibt er schon im Frühjahr 1836 aus Potsdam an Bunsen [1]; „dass man mit dem Alter nicht kälter werden kann für das Höhere des Nationallebens! Alles ist öde um mich her, so öde, dass man nicht begreifen kann, warum ich trauere." Dass ihm die Conflicte, welche in jenen Jahren zwischen Staat und Kirche ausbrachen, lebhafte Theilnahme abgewonnen hätten, dafür findet sich kein Zeugniss. Auch in den religiösen Bewegungen der Zeit, wie z. B. in der Zürcher Erhebung wider die Berufung von David Strauss, sah er mit Recht „keine neuen Gestaltungen des Völkerlebens, vielmehr unter religiösen Vorwänden doch nur ein und dasselbe jämmerliche Schauspiel, an dem die Menschheit kranke, den Streit zwischen Horn- und Klauenmännern, zwischen den Montmorencys des Havellandes und der volksthümlichen Gesinnung." [2] Es war daher nur eine Curiosität, wenn er im Frühling und Sommer 1840 der Quäkerin Mistress Fry behufs ihrer Erbauungen Eingang und Schutz bei der höhern berliner Gesellschaft gewährte. [3] Aber auch im innern

[1] Briefe an Bunsen, Nr. 20.

[2] Ebend., Nr. 30.

[3] Briefe an Varnhagen, Nr. 46. — Max Tietzen, Zur Erinnerung an H. Steffens (Leipzig 1871), S. 56.

Kreise der preussischen Bureaukratie selber fühlte er sich mehr und mehr beengt; der Minister Altenstein zeigte sich schwierig und kleinlich in Berufungs- und Gewährungsfragen [1], dem Kronprinzen mangelte es nicht an Eifer, wohl aber an Einfluss. „Am besten ist, zu warten“; mit diesen lakonischen Worten drückte Humboldt im Herbst 1839 deutlich seine resignirte Stimmung aus.[2]

Man darf es nicht als pietätslos rügen, wenn er dem Ende König Friedrich Wilhelm's III., das sich ihm „nahe bevorstehend zeigte“ [3], im stillen mit hoffendem Verlangen entgegensah. Egoistisch war dies Verlangen durchaus nicht, im Gegentheil, für seine persönliche Ruhe konnte er, da er den Kronprinzen bereits hinlänglich kannte, nur vermehrte, ja unaufhörliche Störung erwarten. Gerade im Sommer 1839 that ihm der stille Aufenthalt in Paretz, „in der ländlichen Einsamkeit des Havellandes“, recht wohl, nachdem er, „gewöhnlich von wunderbar fester Gesundheit“, zum ersten mal von der später häufig wiederkehrenden Grippe — „eine ziemlich sinnlose systematische Bezeichnung des pathologischen X!“ — unfreundlich heimgesucht worden war. Es war vielmehr lediglich der Wunsch, die Interessen der Wissenschaft und des geistigen Lebens überhaupt besser gefördert zu sehen, und freilich auch an seinem Theile durch Rath und Weisung besser fördern zu können, was ihn mit Sehnsucht nach dem Regierungsantritt eines Fürsten ausschauen liess, auf den nicht er allein, sondern ganz Deutschland, ja Europa mit den höchstgespannten Erwartungen blickte, nicht anders als stünde dem preussischen Staate eine neue Epoche des Glanzes, wie vor 100 Jahren, bevor. Dass Preussen einer solchen geistigen Wiedergeburt bedurfte, konnte niemand ehrlicherweise leugnen. Es gehörte die byzantinische Hofprediger-Schmeichelei des Bischofs Eylert dazu, um in Friedrich Wil-

[1] Besonders in der Angelegenheit Schelling's (Briefe an Bunsen, Nr. 18, 19).

[2] Ebend., Nr. 30; in der ausgelassenen Stelle des Briefes findet sich ohne Zweifel ein bestimmter Hinweis auf den Tod des Königs.

[3] Brief an Jacobi vom 21. Aug. 1840.

helm III. neben unbestreitbaren Tugenden auch eine „helle, kosmopolitische Ansicht“ zu entdecken; das meiste aber zu solcher Ansicht hätte nach des Bischofs ausdrücklichem Zeugniss „unstreitig beigetragen Alexander von Humboldt, und zwar dadurch, dass er nicht unmittelbar, sondern mittelbar, durch gelegentliche Mittheilungen, es bewirkte“. „Es war gar nicht darauf angelegt“, fährt der fromme Herr fort, „dadurch den König tolerant und populär zu machen, Er wurde es von selbst, da schon Sein Wesen sich dazu hinneigte. Es war Ihm Bedürfniss, diesen edeln einfachen und kindlichen Mann, der einen grossen Theil der Erde in eigener Anschauung und Beobachtung kannte, fast täglich bei sich zu sehen, und an dessen an alle vorkommenden Dinge sich wie von selbst knüpfenden wissenschaftlichen Ergiessungen fand der Hohe Herr täglich neue, belehrende Freude. Von der grossen Weltanschauung, der theoretisch forschend und praktisch beobachtend Humboldt sein langes Leben gewidmet, floss sein Herz in beredter Zunge auch über in dem täglichen Umgang mit dem Könige. Das klar Gedachte und klar Ausgesprochene über «Naturgenuss und Weltgesetze, Weltbeschreibung und Naturgemälde» nahm, von dem vertrauten Hausfreunde in der Natur, in Gärten und auf Reisen gelegentlich gesagt, sinnig und nachdenkend der königliche Hörer in sich auf; still verarbeitete Er es in Seinem Gemüth und combinirte es auf Seine eigenthümliche Weise mit andern Ideen. So bildete sich in Ihm aus die grosse Analogie zwischen der Natur und der Offenbarung; in beiden sah Er dieselben Gesetze, dieselben Geheimnisse und Wunder, in beiden verehrte Er den nämlichen Schöpfer; in beiden Gaben liebte Er denselben Geber, und eben dadurch brachte er Gewissheit über Sein Wissen, Ruhe über Seinen Glauben und stillen Frieden über Sein Leben.[1] Unterhielt Er sich mit Männern wie Alexander von Humboldt, so war es eine Lust und Freude, ihm zuzuhören, so tief, klar und

---

[1] Eylert, Charakterzüge u. s. w. Friedrich Wilhelm's III., Bd. 3, Abth. 2, S. 209, 210.

voll war dann der Strom Seiner schmucklosen Rede.[1] Durch die Fürsorge und den täglichen Umgang mit Humboldt blieb Er auch in Kenntniss der neuesten Literatur."[2]

Wir haben dieser höfisch gefärbten Aussage hier in ganzer Breite Raum gegeben, weil sie das einzige begründete und in sich zusammenhängende Urtheil darstellt, das über das Verhältniss Humboldt's zu Friedrich Wilhelm III. von einem Nahestehenden ausgesprochen worden. Um das absolute Mass der darin enthaltenen Wahrheit annähernd zu bestimmen, genügt es, unsere Leser auf die Charakteristik unsers Freundes als eines „einfachen und kindlichen Mannes" hinzuweisen; da Eylert weitaus keine so dringende Veranlassung hatte, Humboldt ebenso sehr zu idealisiren wie den Helden seiner Biographie, so geht schon hieraus hervor, was es mit der „hellen Weltansicht" des Königs, mit dem „klaren und vollen Strome" seiner Rede für eine Bewandtniss gehabt. Relativ aber ist die Darstellung unzweifelhaft richtig: was dem Geiste dieses Monarchen an allgemeinen Ideen, an Erkenntniss höherer Art zufloss, entsprang — soweit es sich nicht um specifisch religiöse Elemente handelte, die der König durch natürliche Begabung in bereits entwickelter Gestalt in sich trug — zum grössten Theil aus seinen freundschaftlichen Beziehungen zu Humboldt. Auch die Weise der Einwirkung, die unser Freund auf seinen Herrn ausübte, ist im wesentlichen richtig gezeichnet; es war ein durchaus gelegentlicher Unterricht; gar geschickt wusste er überall an vorhandene Neigungen und Anschauungen anzuknüpfen. Um den König für Lepsius' ägyptische Reiseplane zu gewinnen, hebt er besonders den Reflex hervor, den dessen Forschungen auch auf die hebräischen Zustände werfen müssten[3]; ein ander mal sind es vaterländische Beziehungen, die er herauskehrt, denn um diese beiden Punkte, das kirchliche Interesse und das des eigenen

[1] Eylert, Charakterzüge u. s. w. Friedrich Wilhelm's III., Bd. 1, Vorrede, S. XIV.

[2] Ebend., Bd. 3, Abth. 3, S. 320.

[3] Briefe an Bunsen, S. 34.

Staates, drehten sich die Gedanken des Königs vornehmlich. Es ist schon oben bemerkt, dass Friedrich Wilhelm III. die lobenswürdige Eigenschaft besass, mit einziger Ausnahme vielleicht der kirchlichen Angelegenheiten, sich aller persönlichen Eingriffe in den regelmässigen Gang der Verwaltung durch die Behörden zu enthalten. An dieser Gewohnheit hielt er bis ans Ende fest, und schon hieraus erhellt, wie gering die unmittelbaren praktischen Ergebnisse des aufklärenden und bildenden Einflusses sein mussten, welchen Humboldt etwa auf seinen Geist ausgeübt hat. Humboldt wusste das wohl und wandte sich daher ungern und nur im äussersten Nothfalle mit einem schriftlichen Ansuchen an den König. Was er ihm sonst zur Orientirung auf literarischem Gebiet oder an allgemeinen und speciellen naturwissenschaftlichen Kenntnissen beigebracht haben mag, für welche letztern der ländlich gärtnerische Hang des Monarchen einige Anknüpfung bot, blieb natürlich noch mehr in der Sphäre individueller Anschauung beschlossen. Ziehen wir die Summe, so lässt sich sagen, die Stellung Humboldt's zu Friedrich Wilhelm III. war wirklich, wofür sie dem Namen nach galt, die eines Kammerherrn, nur dass die lange Gewöhnung an einen so nahen Umgang und die tiefe Achtung vor dem überlegenen Geiste, welche den königlichen Herrn beseelte, das Verhältniss zu einer Art persönlicher Freundschaft gesteigert hatte, deren fast durchweg indirecte, durch allgemeine Cultur des Denkens und der Gesinnung vermittelte Einwirkungen auf die Handlungsweise des Königs sich jeder Berechnung entziehen.

Fragt man nun umgekehrt, wie viel Humboldt in dieser ungleichen Verbindung für sein Gemüth empfangen habe — denn von geistigem Gewinne kann dabei auf seiner Seite, wie gesagt, nicht die Rede sein —, so war es doch von der Wahrheit nicht beträchtlich entfernt, was der freilich überaus loyal gesinnte Bessel am 11. Juni 1840 unserm Freunde schrieb: „Niemand hat unserm verehrten Könige so nahe gestanden als Ew. Excellenz, vielleicht selbst Familienglieder nicht ausgenommen. Wenn der König Einen als Freund betrachtet hat, so sind Sie es gewesen. Wir alle, die wir mit treuem Herzen ergeben gewesen sind, haben Ew. Excellenz als den Leidtragenden zu betrachten. Auch ich beklage innig, dass ein so schönes und seltenes Verhältniss zerrissen worden ist.“ Wir wiederholen es: um seiner selbst willen hätte Humboldt die Fortdauer dieses Verhältnisses durchaus wünschen müssen, und dass es zerrissen ward, ist ihm für den Augenblick wirklich schmerzlich gewesen. Wir haben keinen Grund, die Aufrichtigkeit seiner Empfindung anzuzweifeln, wenn er am 24. Juni 1840 an Gauss von der bewegten Zeit schreibt, in der sein Gemüth durch den Tod eines Monarchen getrübt sei, der ihn eines langen Vertrauens gewürdigt und nie seine geistige Unabhängigkeit geschmälert habe. Noch deutlicher spricht sich dieselbe Stimmung in einem Briefe aus, welchen er in den nämlichen Tagen an Casimir Gide gerichtet, dem gegenüber er sicherlich nicht den mindesten Anlass zur Heuchelei hatte [1]: „Les journaux vous ont appris, Monsieur, la cause de ma tristesse et de mon long silence. C'eût été une grande ingratitude que de ne pas avoir été vivement affecté par la perte de ce roi qui avait de belles qualités morales, honnête homme sur le trône, et qui m'a comblé de bontés, tout en me laissant l'indépendance de mes opinions, et honorant mon attachement à des amis dont les idées pouvaient lui déplaire.“ In diesen einfachen Zeugnissen hat Humboldt seinem königlichen Freunde und zugleich seinem eigenen Herzen ein edleres Denkmal gesetzt als in den übertriebenen, auf äussern Eindruck berechneten Worten, mit denen er wenige Tage vor dem Tode Friedrich Wilhelm's III. die kleine Prunkrede zur Feier der Grundsteinlegung des Friedrichsmonumentes in der Akademie der Wissenschaften schloss: „Die Akademie, von Leibniz gestiftet, von Friedrich dem Grossen erneuert, blickt mit gleicher Rührung auf jene schon vom mildern Lichte der Ferne umflossene Zeit wie auf das 19. Jahrhundert,

[1] *De la Roquette,* II, Avertiss. des nouv. édit.V; das Datum „le 3 juin“ ist selbstverständlich falsch, vermuthlich ist zu lesen „juillet“.

wo die Huld eines theuern Monarchen in allen Theilen des vergrösserten Reiches für Begründung wissenschaftlicher Anstalten und die edeln Blüten des Kunstlebens grossartigst gesorgt hat. Daher ist es uns eine süsse Pflicht, ein Bedürfniss des Gefühls — nicht der Sitte —, an diesem festlichen Tage zweien erhabenen Wohlthätern den Ausdruck der Bewunderung und des ehrfurchtsvollsten Dankes darzubringen.“ [1] Die Stimme der Geschichte muss den Argwohn aussprechen, dass Humboldt hier trotz seiner Versicherung mehr der Sitte als dem Bedürfnisse des Gefühls gefolgt sei, während sie das Urtheil über die „schönen sittlichen Eigenschaften des Königs, eines Ehrenmannes auf dem Throne.“ als aufrichtig anerkennt und als richtig bestätigt.

---

[1] Die Rede war übrigens schon im März entworfen; vgl. Briefe an Varnhagen, Nr. 47.

3.

Von der Thronbesteigung Friedrich Wilhelm's IV. bis zur Umwälzung von 1848.

Humboldt's Verhältniss zu Friedrich Wilhelm IV.; persönliche Freundschaft; Urtheil und Einwirkung in politischen Dingen; (Juden und Sklaven). — Literarisch-wissenschaftliche Rathschläge; Berufungen und Förderungen. — Der Orden „pour le mérite". — Humboldt als Gönner und Wohlthäter, erläutert am Beispiele Eisenstein's. — Die beiden ersten Bände des „Kosmos"; Humboldt als Schriftsteller.

„Je recommence à travailler. Je suis établi avec le nouveau roi à Sanssouci, où nous passerons une partie de l'été. Le nouveau roi continue de me donner les marques d'affection et de confiance dont il m'avait honoré comme prince royal Nous passons les soirées dans une solitude philosophique et littéraire au sommet de la petite colline historique." Also fährt Humboldt in dem wenige Wochen nach dem Tode Friedrich Wilhelm's III. an Casimir Gide gerichteten Briefe fort, dem wir am Schlusse des vorigen Kapitels das schöne Urtheil über den verstorbenen König entlehnten.[1] Ungefähr in denselben Tagen[2] schrieb Bessel unserm Freunde: „Ich erfahre mit grossem Vergnügen, dass der König Ew. Excellenz dasselbe Vertrauen schenkt, welches sein Vorfahr gewährte. Das kann nur zum

---

[1] *De la Roquette*, II, Avert. des nouv. édit. VI.

[2] 5. Juli 1840.

Wohle des Ganzen sein, dem einige Opfer zu bringen wol der Mühe werth ist. Ich glaube, dass nicht leicht etwas anderes den König so populär machen könnte, als dieses. Die Ideenverbindung, welche zu dieser Meinung führt, ist nicht schwer zu suchen, auch ist sie allgemein."

Man sieht, mit welchen Erwartungen der neue Monarch gerade in seiner Eigenschaft als Freund Humboldt's von den edelsten Männern begrüsst ward; sie bildeten einen Theil der enthusiastischen Hoffnungen, die man ihm überhaupt entgegentrug. Der Ruf eines reichbegabten Geistes und persönlicher Liebenswürdigkeit ging ihm voran. Wir wissen bereits, dass auch Humboldt sich dieser Seiten schon am Kronprinzen im Contrast zu der trockenen, wenig anziehenden Natur des Vaters erfreut hatte. Dem empfänglichen Sinne des jungen Fürsten hatte sich der geistreiche Hofmann mit ganz anderer Lebendigkeit mittheilen können, ja er war dazu von dem allezeit beweglichen Eifer desselben ausdrücklich angetrieben worden. Ihr Verkehr hatte sich schon damals, da beide gleich vielseitige geistige Interessen hegten, auf alle möglichen Gebiete literarischer, wissenschaftlicher und künstlerischer Cultur erstreckt. Aber auch politische Fragen waren ihren Gesprächen nicht fremd geblieben: in der Befreiung junger „Demagogen" hatte der Kronprinz unsern Freund wesentlich unterstützt, über die Unthat des Königs von Hannover und das Geschick der göttinger Sieben hatte er sich gegen ihn „sehr verständig und edelmüthig" geäussert.[1] Die freie Herzlichkeit ihres Umgangs erhellt aus dem heitern Tone einiger vertraulicher Billete des Prinzen, die aus den Jahren 1836—40 aufbehalten sind.[2] Es dürfte kaum unangemessen sein, die Verehrung, welche der hoffnungsvolle Königssohn dem berühmten Freunde darbrachte, mit der Gesinnung zu vergleichen, die einst in der Seele des heranwachsenden Friedrich II. gegen Voltaire lebendig gewesen. War da nicht

[1] Briefe an Varnhagen, Nr. 40, 76, 80, I.
[2] Ebend., 80, I—III.

auch für die Zeit nach der Thronbesteigung ein ähnliches Verhältniss vorauszusehen, musste nicht Humboldt sozusagen der neue Voltaire von Sanssouci werden und, gewandter und taktvoller wie er im persönlichen Auftreten war, sich in solcher Stellung dauernd behaupten? In der That liess sich alles dazu an, und soviel an ihm lag, hat er sich wirklich darin behauptet; das Unglück war nur, dass diesem Voltaire kein grosser Friedrich zur Seite stand.

Wo es sich um die Beziehungen Humboldt's zu Friedrich Wilhelm III. handelte, konnten wir uns jedes Versuchs begeben, den Charakter dieses Fürsten näher zu schildern, denn einmal steht das historische Urtheil über ihn längst fest, dann aber war es eben in seiner Natur begründet, dass auch Humboldt ihm, so nahe er ihm äusserlich stand, doch innerlich niemals näher getreten als so viele andere geringere Menschen. An Friedrich Wilhelm IV. dagegen knüpften unsern Freund viel engere Bande des Geistes und Gemüths; und bedenkt man dazu, dass beide seit 1840 die ganze Regierung des Königs über bis zu seiner Erkrankung, anderthalb Jahre vor Humboldt's Tode, in beinahe täglichem freundschaftlichem Umgange gestanden, dass Humboldt's ganzes Leben während dieser Zeit, wie er selber ausspricht,[1] einem andern — eben dem Könige — gehörte, so erwächst für uns die Pflicht, das Wesen dieses andern wenigstens andeutend zu zeichnen. Humboldt selber ist in rückhaltslosen Aeusserungen über den Charakter Friedrich Wilhelm's IV. in vertrautem Briefwechsel nicht sparsam gewesen, aber sie beziehen sich stets nur auf den Moment und bedürfen daher, um in sich einigermassen einstimmig zu erscheinen, einer ergänzenden Betrachtung.

Friedrich Wilhelm IV. ist in der That — den einzigen Friedrich den Grossen ausgenommen — der begabteste Mensch gewesen, der jemals zum preussischen Herrscher berufen worden, aber eben zu diesem Herrscherberufe selbst besass er so geringe Begabung,

[1] Brief an Carus vom 5. Febr. 1844.

dass er vom Schicksal dazu auserlesen schien, der unglücklichste unter allen Regenten dieses Staats zu werden. Seine geistige Empfänglichkeit war ungemein vielseitig, seine Auffassung schnell und sicher; mit dem anmuthigsten Talente der Sprache beschenkt, wusste er den Ideen, die ihn erfüllten, fremden wie eigenen, lebendigen Ausdruck zu geben, sodass man ihn vielleicht unsern grössten Stilisten beizählen darf. Auch an Gemüth ist er reich gewesen, muthwilliger Scherz und ernstes Feuer echter Empfindung standen ihm gleichermassen zu Gebote; der freie Wechsel von beidem war es, was sein persönliches Bezeigen so vielen, denen er sich lebhaft eröffnete, hinreissend liebenswürdig erscheinen liess. Aber in dem allen, in Gedanken wie Gefühlen, war keine Stetigkeit, hinter der Mannichfaltigkeit seiner Stimmungen, Ideen, Entschlüsse lag nicht die umfassende und beherrschende Einheit einer männlichen Seele verborgen, sie kamen vielmehr über ihn ungerufen, gesetzlos, sodass seine Wandelbarkeit fast immer wunderlich, oft unbegreiflich, seine Beweglichkeit weit eher wie ein Schwanken der Schwäche als wie ein entbundenes Leben der Kraft sich darstellte. Er war ein geborener Dilettant, nicht blos in den Künsten, zu denen er sich hingezogen, oder in der Politik, von der er sich abgestossen fühlte, sondern Dilettant im sittlichen Dasein selber: immer voller Antriebe und Entwürfe, beständig im Aufschwunge zu etwas Neuem, anscheinend Grossartigem, sogleich aber auch wieder ermattet, entmuthigt, enttäuscht, gelangweilt, verbittert. Durchführen war seine Sache nicht, selbst von Handlungen kann man bei ihm kaum reden, höchstens von negativen: einzig in dem Widerstande gegen die Forderungen seiner Zeit und des Schicksals hat er Ausdauer gezeigt. Denn das war ihm nun einmal bestimmt, dass er leisten sollte, was er am mindesten mochte; was er mitbrachte, begehrte man kaum, was man verlangte, gerade das zu verweigern hielt er für seine vornehmste Pflicht. Hieran nun war seine Vergangenheit schuld, seine Bildung, die, als er den Thron bestieg, bereits abgeschlossen war, soweit eine Natur wie diese nach irgendeiner Seite hin überhaupt als abgeschlossen gedacht werden kann. Die Traditionen kirchlicher Frömmigkeit und streng monarchischer Regierungsform, unter denen er aufwuchs, hatte er in die eigene Seele aufgenommen, nur dass er sie nach seiner Gewohnheit phantastischer gestaltete; mit romantisch-historisirender Vorliebe wusste er ihnen eine Art ästhetischen Aufputzes zu verleihen. Gegen die freilich doctrinär-schematischen Theorien des modernen Liberalismus, die immer ungeduldiger nach praktischer Anerkennung verlangten, hatte er sich geradezu mit Hass erfüllt. Je deutlicher er sich seines Wankelmuths im allgemeinen bewusst war, jener fast weiblichen Weichheit seines Charakters, die zum guten Theil auf physischen Mängeln seiner Organisation beruhte, um so mehr glaubte er hierin einmal Charakterstärke und Festigkeit des Willens zeigen zu müssen. Es kam hinzu, dass in seiner Anschauung von den individuellen Bedürfnissen der einzelnen Nationen und Staaten etwas Richtiges, eine von der gleichförmig abflachenden zeitgenössischen Doctrin vorschnell geleugnete Wahrheit lag. Hieraus nun entsprang der Kampf seines Lebens: die Einführung einer liberalen Constitution war die einzige grosse Forderung, welche die Mehrzahl seiner Unterthanen an ihn stellte; er aber steigerte seinen Widerstand dagegen bis zur Vermessenheit, die aus dem Selbstgefühle seiner überlegenen persönlichen Begabung ihre Nahrung empfing. Der stürmische Andrang der Revolution trug es endlich über seinen stolzen Sinn davon, und von da an war er geistig und sittlich gebrochen. Man dürfte ihn zu den tragischen Erscheinungen zählen, wenn er vor jener Katastrophe principieller und minder eigensüchtig und eigensinnig für sein politisches Ideal gestritten, wenn er nach derselben sich entweder als besiegt gebeugt, oder den ehrlichen Kampf mit neuer Kraft begonnen hätte. Statt dessen erkannte er äusserlich an, was ihm zuwider war, zugleich aber mit dem innern Vorbehalt, es dennoch heimlich, allmählich und stückweise wieder zu untergraben und zu stürzen. So zerfällt seine Regierung auch moralisch in zwei voneinander abstechende Perioden: vor 1848 treten besonders die edeln Impulse seines Innern hervor, freilich regellos, ohne festes Ziel bald hier bald dorthin ihn fortreissend; nach der Umwälzung des Staats drängen sich die trübern Seiten seines Wesens bedenklich ans Licht, seine Vielseitigkeit erscheint als Vielgestaltigkeit, statt nur unstet zu sein, wird er haltlos, immer seltener werden die Anwandlungen der Grossmuth und Güte, immer häufiger die Aufwallungen einer ihrer selbst nicht mächtigen Leidenschaft. Denn Naturen wie die seine gedeihen nur in der Sonne des Gelingens; mit der lächelnden Freude an seinem mannichfachen Thun und Treiben, mit dem Ergötzen an dessen wirklicher oder vermeintlicher Originalität ging dem grossen Dilettanten auch das Talent überhaupt verloren; selbst sein Witz ward schaler, selbst seine Rede büsst von ihrer glänzenden Schönheit ein, sein geistiges Interesse schrumpft zusammen; nur wie gewohnheitsmässig baut er noch fort an seinen Schlössern und Bethäusern, spinnt er noch weiter an seinen kirchlichen Ideen; zuletzt umhüllt ihn die Nacht der Trübsal und des Vergessens, nur dann und wann grell durchblitzt von sich kreuzenden Einfällen und schnell wieder verlöschenden Velleitäten.

Eben wegen jenes Wandels im Geschicke des Königs, der sich durch die Revolution von 1848 vollzieht, ist es geschehen, dass wir auch im Leben unsers Helden diese Epoche als eine Scheide aufgerichtet haben, denn Humboldt's Dasein ist an das Friedrich Wilhelm's IV., solange dies sich selber angehörte, äusserlich unauflöslich geknüpft gewesen. Man unterscheidet leicht drei Momente in ihrem Verhältnisse: einmal die Herzensbeziehungen persönlicher Freundschaft zwischen beiden, sodann das gleichermassen aus dieser freundschaftlichen Theilnahme für den König wie aus unabhängiger Ueberzeugung von den Bedürfnissen des Staats entspringende Bestreben Humboldt's, dem politischen Handeln Friedrich Wilhelm's eine gewisse Direction zu geben, endlich den Verkehr beider Männer auf dem sozusagen technischen Gebiete Humboldt's, dem der Wissenschaften und der öffentlichen Cultur überhaupt, die bald directe, bald indirecte Thätigkeit, die unser Freund auch unter dieser Regierung zu Gunsten der geistigen Bildung des Vaterlands und ihrer Träger und Führer entfaltet hat. Alle drei Momente wirken freilich vielfältig zusammen und durcheinander. Indem wir im Folgenden versuchen, davon eine lebendige Anschauung zu geben, beschränken wir uns dabei ausdrücklich auf die wichtigsten Daten; die Fülle der aus den beiden letzten Jahrzehnten seines Lebens uns überbliebenen schriftlichen Aeusserungen Humboldt's sowie der auf ihn bezüglichen Zeugnisse anderer ist so gross und dabei doch so einförmig, dass man sich genöthigt sieht, daraus eine verhältnissmässig bescheidene Auswahl zu treffen, wenn man sich nicht in ermüdende Wiederholungen verlieren will.

Humboldt's Erscheinung gehörte — solange er nicht etwa in Paris abwesend war — seit 1840 zur gewöhnlichen, fast alltäglichen Physiognomie des Hofes. Friedrich Wilhelm IV. betrachtete ihn jedoch nicht etwa blos als äussere Zier desselben, ihm selber war die unterhaltende Gesellschaft seines grossen Kammerherrn ein geistiges Bedürfniss. Bunsen, Radowitz und andere mehr kirchlich und romantisch angelegte Naturen sind ihm wol in den Momenten gesteigerter Existenz noch sympathischer gewesen — man hat sie deshalb zuweilen als seine Günstlinge bezeichnet; Humboldt aber war ihm vermöge seiner Vielseitigkeit fast zu jeder Stunde genehm, versatil im höchsten Grade und höflich zugleich, nahm er Scherz und Ernst des Königs mit gleichem Verständniss auf und wusste beides in anregender Weise zu erwidern. Für jede Frage des wissbegierigen Monarchen hatte er aus seiner umfassenden Bildung entweder sogleich eine belehrende Antwort bereit, oder kannte doch die Wege, sie bald herbeizuschaffen. Allein es wäre weit gefehlt, wollte man meinen, Friedrich Wilhelm habe ihn nur als Werkzeug betrachtet, nur zu benutzen verstanden; er liebte ihn vielmehr wirklich, und hat es ihm oft bewiesen. Dass er ihn 1840 zur Huldigung nach Königsberg, 1842 zur Taufe des Prinzen von Wales nach London und 1845 auf eine Reise nach Kopenhagen mitnahm, mag auch der Repräsentation wegen geschehen sein; mehr schon wollte es besagen, wenn er die Tage ländlicher Erholung in Erdmannsdorf oder heiterer Feste in Stolzenfels mit ihm theilte. Am meisten aber haben sie in Potsdam miteinander verkehrt. Nachdem sie den Tag über vereint zugebracht, suchte der König oft noch spät abends unsern Freund in seinem Zimmer im potsdamer Stadtschlosse auf, um ihn allein für sich zu haben. In tiefer Nacht verliess er ihn, der Kammerdiener Seifert leuchtete dem Könige zum Heimwege und war oft Zeuge, wie noch an der Wendeltreppe, bis zu der Humboldt den hohen Gast geleitete, das lebhafte Gespräch von neuem begann, gleich als könne sich Friedrich Wilhelm daran nicht ersättigen. Wenn Humboldt krank zu Bette lag, hat ihm der König stundenlang vorgelesen. In den Handbilleten, die er ihm schrieb, nennt er ihn „verehrter Freund“, oder scherzend „verehrtester Alexandros“, und unterzeichnet in Ausdrücken herzlicher Zuneigung und Treue. Bei der wachsenden Geldverlegenheit Humboldt's war er bereitwillig mit Unterstützungen zur Hand und verfuhr dabei stets im zartesten Sinne. „Ich hätte nicht ruhig schlafen können in der Besorgniss, es möchte mir jemand zuvorkommen“, schrieb er einmal (am 27. März 1857) als er, um unsern Freund aus seinen Schulden zu reissen, durch Schöning eine namhafte Summe (6726 Thaler) an Mendelssohn auszahlen liess. Die nämliche rücksichtsvolle Feinheit der Empfindung spricht aus der Cabinetsordre (gegeben zu Bellevue am 12. Jan. 1850), wodurch er Humboldt's Kammerdiener auf die Bitte seines Herrn die Stelle eines Kastellans beim Jagdschlosse in der Schorfheide mit 800 Thlr. Gehalt verlieh: „Wenn Sie aber auf diese Weise“, heisst es darin, „Ihren Wunsch, dem treuen Diener ein sorgenfreies Leben zu sichern, erfüllt sehen, so habe ich andererseits auch nur in Ihrem Sinne zu handeln geglaubt, wenn ich seiner vorstehenden Ernennung die Massgabe hinzugefügt habe, dass durch dieselbe das Dienstverhältniss bei Ihnen, in welchem er sich so bewährt, keine Unterbrechung leide, er vielmehr bis an Ihr Lebensende bei Ihnen verbleibe, und kann daher den Wunsch nicht unterdrücken, dass der Zeitpunkt, wo er wirklich das ihm zugetheilte Amt wird übernehmen können, in recht weiter Ferne liegen möge." Noch liebenswürdiger lautet ein Briefchen aus Sanssouci, das dazu bestimmt war, Humboldt über das Schicksal eines politischen Gefangen zu beruhigen, für den er mündlich und schriftlich Fürbitte gethan: „Mein Knoten, verehrtester Freund, hat seine Schuldigkeit gethan, und mehrere Stunden, ehe Ihr liebes Billet zu mir gelangt ist, habe ich meine Befehle wegen Spandau gegeben. Schlafen Sie nun recht sanft mit dem schönen Gefühle einer menschenfreundlichen Handlung mehr. Friedrich Wilhelm."[1] Gerührt schrieb Humboldt auf den Brief: „Zeugniss des edelsten Herzens!" Noch bis in die dunkeln Tage seiner schweren Krankheit hinein, bei deren erster Kunde Humboldt in Thränen ausgebrochen ist, bewahrte Friedrich Wilhelm IV. dem Freunde das Andenken des Gemüthes. „Von Ihnen", schreibt Königin Elisabeth am 11. December 1858 aus Florenz an Humboldt, „spricht er oft mit der alten Liebe — dieser Liebe können Sie getrost vertrauen — und wird die momentane Verlegenheit gern beseitigen, die Sie jetzt zu drücken scheint."

Humboldt hat die Freundschaft des Königs aufrichtig erwidert. Er besass freilich zu viel Takt und Vorsicht, um jemals in seinem äussern Benehmen den Abstand des Ranges zu vergessen, der beide voneinander trennte. Noch in seinen höchsten Jahren sah man ihn vor seiner Wohnung in der Oranienburgerstrasse den König nach dem Wagen geleiten, entblössten Hauptes und mit ehrerbietiger Geberde, wie sie nur irgend von einem höfischen Kammerherrn verlangt werden konnte. Immer war er darauf bedacht, etwas mitzubringen oder zu melden, was seinen Herrn interessiren oder erfreuen konnte. Ein charakteristisches Beispiel dafür liefert die Geschichte der Wahl Ranke's zum Ritter

[1] Der Brief ward, wie eine Aufschrift von Humboldt's Hand besagt, „geschenkt an Seifert auf seine dringende Bitte". Er trägt das Datum des 18. Juli, die Jahreszahl fehlt. Seifert bringt ihn mit Kinkel's Geschick in Verbindung, doch kann es sich um dessen Entweichung wenigstens nicht handeln, da dieselbe in den November 1850 fällt.

des Ordens pour le mérite. Humboldt hatte zwar selbst, durch politisches Parteiinteresse in seinem wissenschaftlichen Urtheile befangen, gegen Ranke und für Raumer gestimmt und agitirt, es gelang ihm indessen nur noch die Stimme Meyerbeer's zu seiner eigenen hinzuzuwerben, weshalb er sich gegen Dirichlet bitter über die „politische Untreue" der andern beschwerte. Da er nun aber wusste, wie sehr die Erwählung Ranke's nach dem Herzen des Königs sei, so begab er sich sogleich, am 10. Aug. 1855, in Ranke's Wohnung, um ihm persönlich Glück zu wünschen, und theilte beides, Wahl und Besuch, dem Könige brieflich mit. Wie vollständig er seinen Zweck erreichte, geht aus dem Dankbillet Friedrich Wilhelm's aus Potsdam vom gleichen Tage hervor. „Verehrter Freund", schreibt der König, „allerherzlichsten Dank für den lieben Brief vom heutigen Datum. Sie haben mir eine Freude machen wollen, das ist Ihnen gelungen. So haben Sie in Ranke's Haus Freude bringen wollen und werden wol denselben Erfolg gehabt haben. So haben Sie sich selbst einen sonnigen Tag gemacht, und der sei Ihnen gesegnet. Auf frohes Wiedersehen. Ihr treuer Freund und Verehrer Friedrich Wilhelm."

Am deutlichsten aber offenbarte Humboldt seine Freundschaft für den König durch das Bestreben, „edle Entschlüsse, welche den Namen des Monarchen populär zu machen geeignet waren, in ihm zu beleben".[1] Keine Gelegenheit war ihm dafür zu geringfügig. So überredete er den König, im Frühjahr 1844 der Aufführung der „Captivi" des Plautus durch die berliner Studenten beizuwohnen. „Ich bin für alles", schreibt er darüber an Boeckh, „wodurch der König Zutrauen erregt, sich der Jugend zeigt." Allein auch fast alle seine Versuche, politische Einwirkung auszuüben, gehen in erster Linie von derselben Absicht persönlichen Wohlwollens aus. Die Klagen, die er über ihr Mislingen ausstösst, verrathen nur um so lebendiger dieselbe fürsorgliche Gesinnung. Warmen Antheil und Pietät, nicht aber

[1] Literarischer Nachlass von *Fr. von Raumer*, I, 20, Nr. 9.

das Gegentheil sollte man daher aus den Urtheilen unsers Freundes über Friedrich Wilhelm IV. herauslesen. Wenn seine Kritik nach und nach immer herber wird, so ist daran zunehmende Trauer über die unbelehrbare und unabänderliche Natur des Königs schuld, und zugleich freilich eine nur allzu berechtigte Verstimmung über die wachsende Störung seines eigenen Lebens- und Arbeitsfriedens durch den anspruchsvoll unruhigen Monarchen. Aus diesen Gesichtspunkten werden die folgenden Geständnisse unmittelbar verständlich sein.

„In Gegenwart der hetorogensten Elemente", schreibt Humboldt am 19. October 1840 an Bunsen[1], „unter dem herrlichsten geistreichsten Monarchen, haben die äussern und innern Verhältnisse noch keine feste Gestaltung erlangen können. Wenn, wie ich bestimmt hoffe, der Friede erhalten wird, so lassen sich bei dem edelsten und freiesten Willen des Monarchen segenvolle Tage erwarten. Möge der herrliche Monarch Werkzeuge und Einklang der Werkzeuge, ein compactes Ministerium finden, das ihn versteht, seine grossen Gedanken ordnet und die Bedürfnisse der Zeit kennt, in der wir leben. Constitutionelle Verhältnisse könnten in dem jetzigen Augenblicke allerdings in ein neues unheilsames Element ausarten, aber die Ausdrücke über diese Verhältnisse müssen sehr behutsam erwogen werden, da eine allgegenwärtige persönliche, calmirende oder berauschende Einwirkung auch bei der grössten Anmuth der Rede, der Sitten unmöglich ist. Meine Gesundheit erhält sich wunderbar: ich beobachte, sehe nicht trübe, sehne mich aber nach einem wohlgeordneten, des geistreichen Königs würdigen Ministerium." „Möge dieser edle Fürst", heisst es am 14. December in einem Briefe an denselben Verehrer Friedrich Wilhelm's[2], „bald zu der Ruhe gelangen, in der feste Entschlüsse ausgeführt werden können. Das Sinken der Popularität würde ihn, den Gemüthlichen, sehr kränken." „Die Zärtlichkeit des Königs gegen

---

[1] Briefe Alexander von Humboldt's an Bunsen, Nr. 32.
[2] Ebend., Nr. 33.

mich", schreibt Humboldt bald darauf, am 9. Jan. 1841, an Frau von Wolzogen, „ist in stetem Zunehmen; ich bin fast sein täglicher Umgang. Sie müssen aber daraus nicht andere Schlüsse ziehen oder mich responsabel machen für das, was Ihnen oder Ihren Freunden misfallen kann. Es gibt Verhältnisse, über die man nur in der Nähe richtig urtheilen und nicht schreiben kann, weil man durch halbes Schreiben irreführt. Ich habe die Gewissheit, dass sich des Grossartigen, Edeln, ja selbst des Freien immer mehr entwickeln wird. Der König ist eine durchaus edle Menschennatur, die begabteste und geistreichste unter allen, die mich hier berühren. Seine Freunde haben ihm viel im Publikum geschadet. Sie werden aber in der heutigen Staatszeitung einen officiellen Artikel über die Nichtigkeit der bösen Gerüchte von Religionsedicten und gezwungener Sonntagsfeier finden, der Ihnen sehr gefallen wird ... Meine Nähe zum Könige und die deutsche Schreibseligkeit tödten mich. Man will alle Professuren, Orden, Medaillen, man will Rath geben, schelten, anfragen; — oft in einer Woche 50—60 Briefe und Packete an mich gerichtet. Der König hat zum Vortrag täglich 160—180 Nummern. Von der Huldigungsreise nach Königsberg haben wir 5000 Anträge unaufgebrochen mitgebracht, das ist die Plage einer neuen Regierung und der Unverstand der Centralisation. ... Dass in der Zerstreutheit (der scheinbaren) meiner Stellung ich meine literarischen Zwecke noch ernst verfolge, wird möglich dadurch, dass der periodische Schlaf, wie Sie sich erinnern, in der Humboldt'schen Familie für ein verjährtes Vorurtheil gilt. Ich gehe um halb drei zu Bette und stehe um 7 Uhr auf, im Sommer um 6 Uhr."

Von da an werden die Klagen häufiger über „die Zerrissenheit seiner Lage, die Anwendung von Kräften, die nach einem nicht zu erreichenden Ziele hinstreben".[1] Im vertraulichen Gespräche äusserte er schon im April 1841 zu Varnhagen[2], der

---

[1] Briefe an Varnhagen, Nr. 52.

[2] Ebend., S. 88.

König sei bei lobenswerther Gesinnung und edeln Absichten doch kein Mann des Handelns, und wo er handle, geschehe es stossweise, ohne Zusammenhang und Mass. Sei es Güte oder Zagheit, genug, er wage oft nicht, was er am stärksten wünsche und ganz leicht könnte. Und am 3. Dec. desselben Jahres schliesst unser Freund bereits ein Billet mit dem wehmüthigen Ausrufe: „Es ist für mich eine trübe, schwere Abendluft.“ [1] Sollte er aber wirklich in jenen Tagen, wie Varnhagen behauptet, ernstlich daran gedacht haben, sich zurückzuziehen, da nur sein Name noch dem Könige Werth habe, sein Wirken von andern weit überflügelt werde, so kann das nur im Unmuthe des Augenblicks hingeworfen worden sein. Wie gering er seinen Einfluss auch anschlug, er ward nicht müde, ihn, wie er für Pflicht hielt, zu guten Zwecken und zum Besten des Königs selber in Bewegung zu bringen. „Ein heute verbreitetes Gerücht“, schreibt Bessel, der monarchische Mann, wie ihn Humboldt nennt, am 1. Nov. 1845 an diesen, „sagt, dass Ew. Excellenz Preussen ganz verlassen wollten; Sie hätten erklärt, Sie müssten sich expatriiren. Ich halte dieses für eine der gewöhnlichen Tageslügen. Selbst wenn man mit Hartnäckigkeit Ew. Excellenz entgegenträte, so würden Sie darin bei der mir bekannten treuen Verehrung unsers Königs und Herrn einen Grund finden, sich nicht zu expatriiren. Indessen bitte und beschwöre ich Ew. Excellenz, mich wegen dieses Gerüchts ganz zu beruhigen.“ — „Wunderbare Gerüchte,“ bemerkt Humboldt selbst dazu, „welche wahrscheinlich aus der grossen Verschiedenheit meiner politischen Färbung von der des Unterrichtsministers entstanden.“

Wie unser Freund die unbedeutendsten Anlässe geschickt benutzte, um grossen Principien zum Ausdrucke zu verhelfen, beweisen einige Bruchstücke eines am 2. Jan. 1842 an den König nach Charlottenburg gerichteten Briefes, deren Kenntniss wir dem Umstande verdanken, dass Humboldt selbst am näm-

---

[1] Briefe an Varnhagen, S. 102.

lichen Tage Johannes Schulze davon Mittheilung machte. Es handelte sich dabei um eine Felix Mendelssohn zugedachte Auszeichnung, die Humboldt zu gleicher Zeit auch an den jüdischen Meyerbeer verliehen zu sehen wünschte, um den König in den Augen des Publikums vom Verdachte confessioneller Beschränktheit zu reinigen. „Die rein monarchische Regierung", heisst es in dem denkwürdigen Schriftstücke, „hat ihrer Natur nach das Eigenthümliche, dass in ihr die Persönlichkeit des Herrschers der Individualität, gleichsam der Persönlichkeit des Volkes begegnet. Die Meinung, oder wie man edler sagt, die Liebe des Volkes hängt aber von dem Vertrauen ab in die geistige Begabtheit des Herrschers, in seinen hohen Sinn. Es gibt Wendepunkte der Meinung. Ihre Abreise und das nahe Ordensfest, das durch seine äussere Form (als freies Symposium) eine wichtige volksthümliche Institution geworden ist, dürfen nicht unbenutzt vorübergehen. Das Vertrauen erhält sich, solange das Gefühl angeregt wird, dass der Monarch über alle kleinlichen Ansichten erhaben steht, dass er zu der Zeit gehört, in der die Weltregierung Gottes ihn auf den Thron erhoben hat. Noch ist Ihnen das Vertrauen, ich wiederhole blos was ich Ihnen gestern Abend sagte, aber" .... Daher sei es nothwendig, Meyerbeer nicht zu übergehen: „Wenn Sie Felix Mendelssohn, den Christen, allein ernennen, so regen Sie eine vitale Frage auf. Die Pietät für den allgemein verehrten Hingeschiedenen kann Sie nicht abhalten. Man wurde an ihm nicht irre, weil er zu einer andern Zeit gebildet ward; aber Sie gehören der jetzigen Welt an und das Völkerleben kann nicht gefesselt, zum Stillestehen gebannt sein. Der Keim fortschreitender Entwickelung ist, auch auf göttlichem Geheisse, der Menschheit eingepflanzt. Die Weltgeschichte ist der blosse Ausdruck einer vorbestimmten Entwickelung.... Meyerbeer's Mutter hat in der Zeit der Noth die edelsten Aufopferungen für die Christen gemacht. Sie haben ja wie alle andern Fürsten sehr unchristlichen Türken Orden verliehen." — „Sie sehen, theurer Freund", fügt Humboldt an Johannes Schulze hinzu, „dass ich es nicht an Freiheit im Antrage habe fehlen lassen.... Es ist doch traurig, zu einer Zeit zu leben, wo, was ich geschrieben, für Muth ausgegeben wird."

Man wird in der That diesem Briefe das Lob eines energischen Freimuthes nicht versagen dürfen; es ist gleich ehrenvoll für Humboldt wie für Friedrich Wilhelm IV., dass jener seinem königlichen Herrn gegenüber eine so rückhaltslos mahnende Sprache reden durfte. Allerdings hatte er sich dabei äusserst gewandt den Lieblingsvorstellungen des Königs anbequemt; ein fast theologischer Schimmer ist über die historische Betrachtung ausgegossen, selbst das Ordensfest, das er so oft verspottet hat, erscheint unserm Freunde hier einmal in poetischem Lichte. Wir dürfen wol bei dieser Gelegenheit gleich an das andere, aus Varnhagen's Nachlass bekannt gewordene [1] Bittschreiben Humboldt's an den König erinnern, wir meinen den Schutzbrief für den von den Ministern verdächtigten turnerischen Professor Massmann, vom 29. März 1846, in welchem dessen „begeisterte Kraft in Wirkung auf die Jugend, das unzerstörbare, uralte, sich immer erneuernde Institut der Menschheit" warm geschildert wird, und der mit den ergreifenden Worten schliesst: „Wir leben nicht in einer trüben, aber in einer ernsten Zeit. Alles Wirken und Handeln wird gehemmt, wenn durch Verdächtigung man sich der besten Kräfte beraubt. Enthusiastisch an Ihre Person, an den Glanz Ihrer Regierung wie an den Ruhm des Vaterlands gekettet, betrübe ich mich, wenn Ihre edelsten Absichten Gefahr leiden verkannt werden zu müssen. Es gibt freilich sehr achtbare Menschen, die aus blosser Liebe für Ew. Majestät auch mich gern schon unter der Säule in Tegel oder wieder jenseits des Rheins sehen möchten." Wol um Humboldt so schnell wie möglich zu trösten, hat der König sogleich auf das Rückblatt des Briefes geschrieben: „Herzlichsten Dank, theuerster Humboldt. M. Bodelschwingh wird

[1] Briefe an Varnhagen, Nr. 110.

Massmann rufen lassen. In aller Eile wie immerdar Ihr getreuer F. W."

Wir haben hier einmal ein paar Beispiele des unmittelbaren Einflusses auf den König kennen gelernt, den Humboldt von den Wirkungen unterscheidet, welche er gleichsam nur als „eine Atmosphäre" ausübte.[1] Auf dem eigentlich politischen Gebiete blieb er meist auf solchen unbestimmten atmosphärischen Einfluss beschränkt. Im Frühling 1847 gestand er Varnhagen, dass der König über die „Ständesache", die wichtigste Angelegenheit des damaligen Staatslebens, nie ein Wort mit ihm gesprochen habe.[2] Dennoch ermüdete er nicht in dem aufopfernden Bemühen, den Hauch des Zeitgeistes auf allen möglichen Wegen fühlbar an den Monarchen herandringen zu lassen. Er hielt das „Journal des Débats" eigens deshalb, um seinem Herrn Geschmack an liberalen Ideen in eleganter Form beizubringen. Ranke bewunderte, wie der Greis stehend unter der Lampe inmitten des Zimmers mit Ausdauer spaltenlange Artikel aus jenem Blatte dem kleinen Hofkreise zu Potsdam vorlas. Die unmittelbaren Einwirkungen nun kann man — von denen abgesehen, die sich direct oder indirect auf wissenschaftliche Dinge bezogen — überhaupt kurz dahin charakterisiren, dass sie nirgends technische Specialfragen der Politik oder gar des Staatsrechts berührten; es handelt sich vielmehr dabei immer um allgemeine Grundsätze der Humanität, wie z. B. um die Principien der Toleranz und der Vorurtheilslosigkeit überhaupt, oder um Tendenzen der Milde und Grossmuth, des Vergebens und Vergessens. Es sind sozusagen die „Grundrechte", jene generellen „Ideen von 1789", die der alte Zeitgenoss der ersten jugendlich theoretischen Revolution im Vertrauen auf ihre Verwandtschaft mit dem natürlichen Aufschwung einer an sich edeln und königlichen Seele seinem Fürsten zu praktischer Uebung ans Herz legt.

---

[1] Brief an Gauss vom 3. Juli 1842.

[2] Briefe an Varnhagen, S. 238; vgl. Briefe an Bunsen, S. 84.

In diesen Kreis von humanen Ideen fallen nun ganz besonders zwei, für deren Durchführung Humboldt unter der Regierung Friedrich Wilhelm's IV. eine rege Thätigkeit entfaltet hat, die Judenemancipation und die Aufhebung der Sklaverei. Für die letztere liess sich freilich mittels der auf europäische Politik beschränkten Staatsmacht Preussens fast nur symbolisch wirken; die Lösung der Judenfrage aber gehörte zu den eigensten socialen Aufgaben, welche der preussischen Monarchie gerade in jenem Zeitalter gestellt waren. Wir wissen aus dem Briefe vom 2. Jan. 1842, dass Humboldt in dieser Frage eine „vitale" sah, und dass er selbst bei der Gewährung äusserer Ehren und Auszeichnungen für völlige Gleichstellung der Confessionen war, wie viel mehr natürlich, wo es sich um Rechte des bürgerlichen Daseins handelte! Das Jahr 1842 bot ihm mehrfache Gelegenheit, seine Gesinnung in dieser Hinsicht kräftig zu äussern. Ueber das „scheussliche Judengesetz", das man damals „androhte", und das in der That höchst engherzige Bestimmungen enthalten sollte, liess er bei Hofe „sehr eindringende Worte hören":[1] das Gesetz „streite mit allen Principien einer einigenden Staatsklugheit, es sei eine gefahrvolle Anmassung der schwachen Menschheit, die uralten Decrete Gottes auslegen zu wollen" — im Eingange des Gesetzentwurfes hatte man sich auf den Willen Gottes, die jüdische Nation abgesondert zu erhalten, berufen —; „die Geschichte finsterer Jahrhunderte lehre, zu welchen Abwegen solche Deutungen Muth geben". Auch hier wieder zeigte unser Freund dieselbe Kunst, mit dem Könige in dessen eigener, phantastischer Sprache zu reden. Im selben Sinne schrieb er gleichzeitig an den Minister Grafen Stolberg, er halte die beabsichtigten Neuerungen nach seiner innigsten Ueberzeugung für höchst aufregend, zu den bösartigsten Interpretationen der Motive veranlassend, Rechte raubend, die durch ein menschlicheres Gesetz des Vaters bereits erworben seien, der Milde des jetzigen Monarchen völlig entgegen.

[1] Briefe an Varnhagen, Nr. 63.

„Die Besorgniss mir zu schaden“, schliesst der Brief, „muss Sie nicht abhalten, von diesen Zeilen Gebrauch zu machen; man muss vor allen Dingen den Muth haben, seine Meinung zu sagen.“ Er sorgte übrigens selbst für abschriftliche Verbreitung dieser seiner „etwas gestümen Vertheidigung des ewig bedrängten Volkes“, in der Hoffnung, man werde etwas scheu werden, und damit werde geholfen sein.[1] Das Gesetz kam damals wirklich nicht zu Stande; doch zeigte der Entwurf, der 1847 dem Vereinigten Landtage vorgelegt ward, einen nur wenig bessern Geist; Humboldt nahm daraus mit Trauer wahr, dass das ganze Volk in seiner geistigen Bildung hoch über der des Ministeriums — er hätte sagen dürfen über der Anschauung des Königs — stehe.[2] In diesem Punkte hatte er also richtig gesehen, wenn er am 18. März 1843 Varnhagen klagte, der König habe nichts aufgegeben von seinen bisherigen Vorhaben und könne jeden Augenblick neue Versuche darin machen, in Betreff der Juden, der Sonntagsfeier, der englischen Bischofsweihe, der neuen Adelseinrichtungen u. s. w.[3] Mindere Abneigung zeigte Friedrich Wilhelm im Juni 1842 gegen die Bestätigung der Wahl des jüdischen Physikers Riess zum Akademiker, für die Humboldt gleich eifrig in der Akademie selbst und hernach beim Könige gewirkt hatte.[4] Dass unser Freund ohne das geringste Bedenken in vielfachen persönlichen Verkehr mit ausgezeichneten Individuen jüdischen Glaubens oder jüdischer Abstammung trat, versteht sich bei seiner durch kein Vorurtheil verdüsterten rein humanen Gesinnung von selbst. Solange er mit dieser Gesinnung noch in Opposition zu den herrschenden Anschauungen über Recht und Sitte stand, hat er sie sogar dann und wann geflissentlich bethätigt. Auch war ihm, wie wir wissen, der anregende Umgang mit hervorragenden jüdischen Männern und Frauen schon

---

[1] Vgl. *Adolph Kohut*, Alexander von Humboldt und das Judenthum (Leipzig 1871), S. 59—60; und *Varnhagen*, Tagebücher, II, 59.

[2] Briefe an Bunsen, S. 97.

[3] Briefe an Varnhagen, S. 124.

[4] Ebend., S. 119, 122.

in der Jugend mit einer gewissen Nothwendigkeit zur Gewohnheit geworden, da in jenen Zeiten — gegen Ende des achtzehnten Jahrhunderts — gerade die Kreise des aufstrebenden humanistischen Neujudenthums den geistig anmuthigsten Theil der berliner Gesellschaft gebildet hatten. Man würde jedoch sehr irren, wollte man aus solchen Anzeichen auf irgendwelche Vorliebe Humboldt's für specifisch jüdisches Wesen oder gar jüdische Religion schliessen, mag er auch an der letztern einmal negativ lobend anerkannt haben, dass sie mit den Forschungen objectiver Wissenschaft noch am leichtesten zu vereinbaren sei. [1]

Wenn wir in diesem Zusammenhange alsbald auch der Sklavenfrage gedenken, in der Humboldt auch einmal eine positive Einwirkung auf die vaterländische Gesetzgebung vergönnt war, so wird man uns diesen Uebergriff in ein späteres Jahrzehnt im Leben unsers Helden um so weniger verargen, als die Gesinnung, aus der jene politische Initiative hervorging, ihn von seinen frühesten bis zu seinen spätesten Jahren gleichermassen beseelt hat. Es war die schöne Humanitätslehre des achtzehnten Jahrhunderts, die edle Ansicht Jefferson's, die in Humboldt lebendig fortdauerte bis auf ein Geschlecht, das von den reinen Ideen der Gründer der Union kaum mehr berührt ward. Und niemals hat er gezaudert, sie frei und sicher auszusprechen, den Vereinigten Staaten, denen er sonst so warme Sympathie widmete, wegen der sie entehrenden Aufrechterhaltung der Sklaverei scharf ins Gewissen zu reden. Der 1826 zu Paris herausgegebene „Essai politique sur l'isle de Cuba“ läuft in die eindringlichen Worte aus: „J'ai examiné avec franchise ce qui concerne l'organisation des sociétés humaines dans les Colonies, l'inégale répartition des droits et des jouissances de la vie, les dangers

---

[1] *Kohut*, Alexander von Humboldt und das Judenthum, S. 176. Eine Abfertigung dieses auf den Nachweis einer „unendlichen Liebe Humboldt's zum Judenthum“ abzielenden, schmählich compilirten Buches findet man in meinem Artikel: „Humboldt als Judengenoss“ („Im neuen Reich“, 1871, I, 377).

menaçants que la sagesse des législateurs et la modération des hommes libres peuvent éloigner, quelle que soit la forme des gouvernements. Il appartient au voyageur qui a vu de près ce qui tourmente et dégrade la nature humaine, de faire parvenir les plaintes de l'infortuné à ceux qui ont le devoir de les soulager. J'ai rappelé dans cet exposé, combien l'ancienne législation espagnole de l'esclavage est moins inhumaine et moins atroce que celle des États à esclaves dans l'Amérique continentale au nord et au sud de l'équateur." Und seitdem hat Humboldt nicht abgelassen sich mit diesen Gedanken zu beschäftigen. Selbst im „Kosmos" haben sie einen monumentalen Ausdruck gefunden.[1] In jenen Cartons, in denen er die Fülle der zu seinen Arbeiten gesammelten Notizen geordnet verwahrte, findet sich auch ein Packet mit der Aufschrift: „Esclavage", das neben gedruckten Aufsätzen über die Abolitionsfrage auch eine Anzahl statistischer und historischer Bemerkungen von seiner eigenen Hand enthält, wie z. B.: „Schon 1769 im House of Representation of Massachusetts wurde gesagt (lange vor dem Congress von Wien): «the unnatural and unwarrantable custom of enslaving mankind.»" Zettel und Notizen über die Inquisition sind angeklebt, und illiberale Aeusserungen anderer mit rügenden Glossen begleitet, wie: „alle Welt jetzt toll!" und dgl. m. So sehr betrachtete sich unser Freund als den Repräsentanten dieser Ideen, dass er den unvergleichlichen Erfolg, den Mrs. Beecher-Stowe mit ihrem „Onkel Tom" errang, mit fast eifersüchtigem Erstaunen wahrnahm. „Was kann die Frau darüber Neues bringen?" sagte er zu Dove.[2] Da ward ihm im Jahre 1856 die Gelegenheit, noch einmal selbst mit aller Entschiedenheit für die Sache der Freiheit in die Schranken zu treten.

Ein nordamerikanischer Schriftsteller, Thrasher, übersetzte

---

[1] Kosmos, I, 385; II, 24. Vgl. ausserdem Briefe an Varnhagen, Nr. 173, und Briefe an Bunsen, S. 98.

[2] Vgl. Briefe an Bunsen, S. 164, 166.

(Ende 1855) für einen neuyorker Verlag den „Essai politique“, seltsamerweise nicht aus dem Originale, sondern aus einer ältern spanischen Uebertragung, ins Englische, bereicherte das Werk durch neuere statistische Daten, unterdrückte jedoch das ganze siebente Kapitel, das sich eben auf die Sklavenzustände bezog. Humboldt gerieth darüber in heftige Erregung. Alsbald (im Juli 1856) veröffentlichte er in der „Spener'schen Zeitung“, die ihm wegen seiner freundschaftlichen Beziehungen zum Redacteur Spiker überhaupt als eine Art Moniteur diente, eine Erklärung, welche die Thatsache der Entstellung seines Werkes energisch beklagte. Auf den weggelassenen Theil seiner Schrift lege er eine weit grössere Wichtigkeit als auf die mühevollen Arbeiten astronomischer Ortsbestimmungen, magnetischer Intensitätsversuche oder statistischer Angaben; er glaube fordern zu dürfen, dass man in den freien Staaten des Continents von Amerika lesen könne, was in der spanischen Uebersetzung seit dem ersten Jahre des Erscheinens habe circuliren dürfen. In Privatbriefen nannte er Thrasher's Verfahren geradezu schändlich und sah in der ganzen Uebersetzung nur einen Beweis des Gelüstes der Nordamerikaner nach Cuba. Die Sache gewann jedoch erst dadurch wahrhafte Bedeutung, dass jene Erklärung, die natürlich auch durch nordamerikanische Zeitungen die Runde machte, in die Zeit der wildesten Wahlbewegung in der Union hineinschlug. Frémont und Buchanan standen als Candidaten der Abolitionisten und der Sklavenbarone einander gegenüber; dies ist die Präsidentenwahl gewesen, die über die Sklavenfrage und über das Geschick der Union überhaupt entschieden hat. Die republikanische Partei fühlte sich durch Humboldt ermuthigt [1], Frémont selbst schrieb am 16. August an ihn: „In the history of your life and opinions we find abundant reasons for believing that in the struggle, in which the friends to liberal progress in this country find themselves engaged, we shall have with us the strength of your name.“ Humboldt bat Tocqueville, nach

[1] Hr. von Gerolt an Humboldt in den „Briefen an Varnhagen“, S. 316.

einem Briefe Jefferson's gegen die Sklaverei zu suchen, den er einst an Madame de Staël geschenkt, um den Amerikanern das Beispiel ihres grossen Staatsmannes vor Augen zu führen. Noch im September, wo unser Freund schon am Siege Frémont's verzweifelte [1], erhielt er eine Zuschrift aus Massachusetts mit der Bitte, sein früher mündlich abgegebenes Urtheil über die Ostender Conferenz veröffentlichen zu lassen, deren Beschluss er „the most outrageous political document ever published" genannt hatte. Auch von einer Anerkennung der wissenschaftlichen Verdienste Frémont's durch ihn versprach man sich drüben eine mächtige Wirkung auf die Gemüther vieler Wähler. Buchanan ward trotz alledem gewählt, nur um so eifriger aber hielt Humboldt in Schmerz und Entrüstung [2] an der für diesmal unterliegenden Idee fest. Der Zwischenfall des Ritter'schen Sklavenprocesses lenkte seine Aufmerksamkeit zunächst auf den Stand der Gesetzgebung des eigenen Staates, und mit drängender Entschiedenheit betrieb er sogleich die Aufhebung der landrechtlichen Bestimmungen. „Ich habe zu Stande gebracht", schreibt er am 29. Dec. an Boeckh, „was mir am meisten am Herzen lag, das von mir lang geforderte Negergesetz: jeder Schwarze wird frei werden, sobald er preussischen Boden berührt, Neuenburg und die überseeische Colonie (Neu-Barnim) in Marokko nicht mitgerechnet." Die scherzweis angefügten Ausnahmen enthalten ironische Anspielungen auf gleichzeitige Ereignisse, den Verzicht auf Neufchâtel, der eben damals vorbereitet ward, und das Scharmützel des Prinzen Adalbert von Preussen mit den Riffpiraten [3], Pikanterien, wie sie unser Freund so gern auch den ernstesten Dingen beizumischen pflegte. „Das heute veröffentliche Gesetz", schrieb der Justizminister Simons am 24. März 1857 an Humboldt, indem er ihm einen amtlichen Abdruck desselben überreichte,

---

[1] Briefe an Varnhagen, S. 315.

[2] Ebend., S. 332.

[3] Ebend., Nr. 176.

„verdankt Ew. Excellenz menschenfreundlichen Absichten sein Entstehen.“

Noch einmal hat dann Humboldt, im Januar 1858, seine Stimme wider die Sklaverei erhoben, in dem Briefe an Julius Fröbel, dessen Publication er eben um deswillen, zugleich aber wol in der Absicht gestattete, öffentlich darzuthun, dass er die Verbindung mit einem wegen revolutionärer Handlungen geächteten Manne nicht scheute. „Fahren Sie fort“, ruft er ihm zu, „die schändliche Vorliebe für Sklaverei, die Betrügereien mit der Einfuhr sogenannter frei werdender Neger (ein Mittel, zu den Negerjagden im Innern von Afrika zu ermuthigen) zu brandmarken. Welche Greuel man erlebt, wenn man das Unglück hat von 1789 bis 1858 zu leben!“ Er ahnte nicht, wie nahe die Sühne für den Frevel der Nordamerikaner war. Einst (1825) hatte er selbst ausgesprochen, dass „für den Fall, dass die Sklavenfrage zum Ausbruch komme, der staatliche Bestand der Union ihm precär“ erscheine; er hatte gewünscht, „diesen Fall nicht zu erleben“ [1], offenbar weil er den Untergang eines Staatswesens nicht mit ansehen wollte, das — jenen einen schimpflichen Fehler abgerechnet — noch am meisten seinen politischen Idealen entsprach. Wie hätte es den Spätabend seines Lebens verklären müssen, wenn er noch hätte erschauen dürfen, wie — fast gleichzeitig mit der Aufhebung der russischen Leibeigenschaft — die Vereinigten Staaten die Schande der Sklaverei mit dem Blut ihrer Bürger abwuschen, ohne doch darüber zu Grunde zu gehen. Aber das war einmal Humboldt's Los, wie er an Fröbel schreibt, „unfroh im neunundachtzigsten Jahre zu leben“ — und im neunzigsten unfroh zu sterben — „weil von dem vielen, nach dem er seit früher Jugend mit immer gleicher Wärme gestrebt, so wenig erfüllt worden war“. Denn nicht besser als mit jenen universellen Hoffnungen war es ihm mit den besondern ergangen, die er für den Aufschwung

---

[1] Briefwechsel mit Berghaus, I, 16.

des eigenen, preussischen Staates und der deutschen Nation überhaupt gehegt hatte.

Dass König Friedrich Wilhelm IV. nicht der Mann war, solche Hoffnungen zu erfüllen, erkannte Humboldt nur zu bald mit tiefem Schmerze. Wir haben seine wohlwollenden kritischen Bemerkungen bis zum Beginne des Jahres 1842 verfolgt; die den folgenden Jahren angehörigen verrathen nicht mindere Theilnahme für den königlichen Freund, zeugen jedoch zugleich von mehr und mehr schwindender Hoffnung auf Besserung. „Der König“, heisst es am 7. Jan. 1842 in einem Briefe an Bunsen [1], „ist besser und steht geistig höher als alle, die ihn umgeben. Möge er sich endlich Werkzeuge zum Handeln schaffen, und Musse unter dem Drange der täglichen kleinern Geschäfte, die man ihm aufdrängt... Für mich, den die aristokratische Partei, wie Sie, wüthig hasst, ist er unendlich freundlich. Ich bin jener Partei ein alter tricolorer Lappen, den man conservirt und der (kommt einmal die Noth wieder) deployirt werden kann.“ Die dreizehntägige Reise nach England, die Humboldt acht Tage später im Geleite des Monarchen zur Taufe des Prinzen von Wales antreten musste, erschien unserm Freunde ihrer Kürze wegen für beide Theile nur lästig; er selbst konnte, während des „tumultuarischen Aufenthalts“ nicht einmal die Sternwarte oder seinen Buchhändler besuchen, in Bezug auf den König aber fragte er, was in so wenigen Tagen gesehen, e r l e r n t werden könne! [2] „Ich lebe“, schreibt er sodann am 16. März an Varnhagen [3], unter dem Schein äussern Glanzes und dem Genuss phantasiereicher Vorliebe eines edeln Fürsten in einer moralischen, gemüthlichen Abgeschiedenheit, wie sie nur der nüchterne Seelenzustand dieses getheilten, eruditen, sich bei gleichnamigen Polen abstossenden, mürrischen und doch nach

[1] Briefe an Bunsen, Nr. 35.

[2] Ebend. Brief an Gauss vom 3. Juli 1842. Briefe an Varnhagen, S. 106. Vgl. *Varnhagen,* Tagebücher, II, 22, 23. *De la Roquette,* II, 232.

[3] Briefe an Varnhagen, Nr. 63.

Ost sich täglich mehr einengenden Landes (eines wahren Steppenlandes) herbeiführen kann. Möchten Sie mit dem zufrieden sein, der, einsam, den Muth seiner Meinungen hat." Der etwas greisenhaft verdrossene Ton dieser einsiedlerischen Klage beweist, dass Humboldt in seiner Unzufriedenheit mit der heimischen Staatslenkung auch des Trostes entbehrte, sich in gleicher Gesinnung an die allmählich erwachende Bewegung der Opposition im Lande und zumal in der Hauptstadt anschliessen zu können. Berlin war ihm unangenehmer geworden als je zuvor: „eine moralische Sandwüste, geziert durch Akaziensträucher und blühende Kartoffelfelder", nennt er es (21. Nov. 1840) gegen Jacobi, er findet, dass der Berlinismus „mit seiner ganzen Breite und einförmigen Geschwätzigkeit in demselben Grade einseitiger werde, als andere Länder zu höhern Ansichten sich erheben". Besonders tadelt er, dass das Publikum sich vom Könige abwende, in Aufregung nicht über das Geschehene, sondern über das was geschehen könnte [1], woran freilich am meisten die unberechenbare Natur des ewig planenden Monarchen schuld war. Humboldt, der „wieder ganz in häuslicher Verbindung" mit diesem lebte, war noch immer geneigt, dessen Fehler durch die seiner Umgebung zu entschuldigen, die ihn mit Vorträgen, persönlichen Fehden und Specialitäten grenzenlos ermüde. Es seien kleine Geister, die der Zeit unkundig, rückgängig wie die ptolemäischen Epicyklen, alles zu entmuthigen strebten. „Sie haben es fast schon dahin gebracht", ruft er schmerzlich aus, „dass von Memel bis Saarbrücken das Gefühl sich aufdrängt, als sei die Nation weit erleuchteter als die Regierung." [2] Er befürchtete, dass „am Ende die Pfaffen den König doch noch bezwängen, sein munteres Naturell unterkriegten". [3]

Seit dem Frühjahr 1844 beginnt unser Freund klarer zu

---

[1] Briefe an Bunsen, Nr. 35, 36, 38.

[2] Ebend., Nr. 39.

[3] Briefe an Varnhagen, S. 132.

sehen und den Schwerpunkt des Uebels in eben dies muntere Naturell zu verlegen, das er nun schärfer als eine „kindische Fröhlichkeit“ definirt, die sich mit gefährlichen Dingen beschäftige.[1] Von Einfluss auf eine solche Natur, den man ihm selber allenthalben zumuthe, dürfe keine Rede sein; selbst Günstlinge wie Bunsen und Radowitz könnten nichts weiter, als die erspähten Einbildungen und Schwächen nähren, ihnen dienen und opfern, wollten sie etwas, was ausserhalb dieser Richtung läge, so wär' es gleich mit ihnen vorbei. „Der König thut gerade was er will, was aus seinen früh befestigten Vorstellungen sich entwickelt, der Rath, den er allenfalls anhört, gilt ihm nichts.“ Humboldt äussert sich spöttisch über die ungeheuern Plane seines Herrn, die angelegt wären als sollte er hundert Jahre alt werden; der wahre Begriff vom Dilettantismus Friedrich Wilhelm's geht ihm auf: „Kunst und Phantasie auf dem Throne“, lässt er sich vernehmen, „fanatische Gaukelei umher und heuchlerischer Misbrauch in Spielerei! Und dabei der Mensch wahrhaft geistreich, wahrhaft liebenswürdig, von bestem Willen beseelt! Was wird aus diesen Dingen noch werden!“ Man darf an der Echtheit solcher Aussprüche, deren Richtigkeit überdies die Geschichte selber entschieden bestätigt hat, nicht etwa deshalb zweifeln, weil sie uns in den Tagebüchern Varnhagen's überliefert sind; der schöne Brief an Carus vom 5. Febr. 1844, worin Humboldt dem eifrigen Kraniologen scherzend Vorwürfe macht, weil er auf ein Gerücht seines Todes hin „ohne ein Wörtchen des obligaten Bedauerns schleunigst bei Rauch einen Abguss seines Schädels bestellt hatte“[2], zeichnet in mildern Ausdrücken, aber nicht minder bestimmt die psychische Natur des Königs. „Welch ein Verkehr“, heisst es darin, „mit der Aussenwelt in Deutschland, Italien, England und Frankreich um einen so kunst- und wissenschaftliebenden, leicht erregbaren Mann, bei dem wunderbaren Dualismus seiner Nei-

[1] Briefe an Varnhagen, S. 124.
[2] Vgl. *Varnhagen*, Tagebücher, II, 260.

gungen, dem inextricablen Gewebe des Wollens und Nichtwollens, doch immer bei der reinsten und edelsten Grundlage der Gesinnung, in der Nähe von Personen, die ihn hindern, sich selbst klarer zu werden! Die Schreiberei, die aus solchen innern Zuständen entsteht, ist von der Art, dass äussere Hülfe unmöglich ist."

Dieser Druck, der auf seiner eigenen Stellung lastete, war dem hochbetagten Greise, wie man sieht, nachgerade doch recht empfindlich geworden. Von jetzt an klagt er häufiger über „die übermässige Beschäftigung in zu grosser Nähe des Königs", über „die jammervolle Störung in seiner Lage". Das Vorlesen, worin ihn damals bisweilen Tieck und andere ablösten, fiel ihm minder beschwerlich als die Arbeiten für die Privatcorrespondenz des Königs, die dieser ihm gewöhnlich abends für den folgenden Tag auftrug; sogar Briefe an andere Potentaten gab Friedrich Wilhelm dem Freunde „zur Durchsicht mit nachsichtiger und gelinder Kritik". Am peinlichsten aber fühlte sich Humboldt durch die ewigen Fragen des Königs berührt. Da dieser ihn ungern abends um 8 Uhr misste, auch bei der Einsamkeit, die gewöhnlich bei Tisch in Sanssouci herrschte, sich beschwerte, wenn Humboldt einmal anderswo eine Einladung zu Mittag annahm, so sah sich unser Freund fast täglich dem unberechenbaren Feuer der königlichen Wissbegierde ausgesetzt. Oft war er dabei genöthigt, bei Freunden die Auskunft zu holen, die er selbst nicht geben konnte. So erkundigt er sich bei Encke nach dem Grunde der Eigenthümlichkeit der Quersummen mit der Zahl 9 gebildeter Producte, bei Dove nach den Ursachen abnormer Witterungserscheinungen, bei Boeckh nach Etymologie und Bedeutung von „parricida" oder von „madeira", nach der Volkszahl von Athen und Rom und dem Werthe des alten Goldtalents, nach den himmlischen Krystallsphären der Alten, nach dem Ursprunge der Fackeltänze, der Telamonen, bei Curtius nach ähnlichen classischen Kleinigkeiten. „Womit man doch neben Krakau und einem sogenannten Toleranzedicte", schreibt er wehmüthig an Boeckh, „bei eruditen Königen geplagt wird. . . . Zu Leibniz' Zeiten waren die Hofgespräche gewiss Monadologie, jetzt Hellenica . . . Hier endigen alle Abendgespräche und Aufregungen immer in Eruditionsneugierde; verzeihen Sie die naive Albernheit meiner Fragen!" Die zweckwidrige Art solcher fürstlichen Bildung entging ihm nicht; er bewundert zwar, dass der König alle deutschen Uebersetzungen der „Antigone" auswendig wisse, kann aber doch sein Erstaunen nicht verhehlen, dass ihn der rheinische Landtag so viel weniger interessire. Uebrigens war die gewöhnliche Abendunterhaltnng trocken und dürftig: der König zeichnete; ausser Humboldt wagte niemand zu reden, und auch er gab „nur Thatsächliches, nicht Gedanken".[1] Es that ihm weh, Resultate der Wissenschaft, die er als solche verehrte, nur zur Abwechselung mit anderer, an sich nichtiger Nahrung des Geistes dienen zu sehen. „Der König fragte", schreibt er an Encke, „ob ich Ihren Kometenaufsatz bei mir hätte, ich sollte ihn ihm vorlesen, er solle sehr merkwürdig sein. Leider hatte ich ihn nicht mit in Potsdam, und wir lasen Liebesromane aus andern Almanachen." Im Laufe der Jahre ward zudem die Conversation des Hofes immer geringhaltiger. Im November 1855 nennt Humboldt im Gespräch mit Varnhagen den Schauspieler Louis Schneider seinen Collegen an den Abenden beim Könige, er habe aber auch eine Collegin an der Generalin von Luck, die lese dem Könige Anekdoten vor, wie sie in Meidinger's Grammatik stehen, der amüsire sich göttlich, lache aus vollem Halse. „Wenn ich ihm vorlese", setzt er hinzu, „schläft er ein."[2]

Warum nun Humboldt, da er doch die Verpflichtungen seines höfischen Amtes als so lästig empfand, niemals auf irgendeine Weise versucht hat, sich ihnen auf die Dauer zu entziehen, diese Frage liegt so nahe, dass er selbst sie wol einmal seinen Freunden zugeschoben hat. „Mein Leben", schreibt er am 7. April 1846 an Gauss, „ist ein mühselig zerrissenes arbeit-

---

[1] *Varnhagen*, Tagebücher, II, 227.

[2] Ebend., XII, unterm 16. Nov. 1855.

sames Leben, in dem mir fast nur nächtliche Stunden zu literarischen Arbeiten übrigbleiben. Sie werden fragen, warum ich aber, 76 Jahre alt, mir nicht eine andere Lage verschaffe? Das Problem des menschlichen Lebens ist ein verwickeltes Problem. Man wird durch Gemüthlichkeit, ältere Pflichten, thörichte Hoffnungen gehindert." Sehr richtig bemerkt auch Varnhagen schon zwei Jahre früher: „Seine gehäuften Geschäfte drücken Humboldt, doch möchte er sie nicht missen; und Hof und Gesellschaft sind ihm wie ein altgewohntes Stammhäusel, wo man seinen Abend zuzubringen und seinen Schoppen zu trinken pflegt." In der That war das Leben in diesen höchsten Regionen ihm so zum täglichen Bedürfnisse geworden, dass er es geradezu übel vermerkte, wenn er ausnahmsweise zu einer jener gesellschaftlichen Schaustellungen nicht hinzugezogen ward, deren Nichtigkeit und Unfruchtbarkeit er doch so klar durchschaute. Auch litt die Elasticität seines Geistes keineswegs durch Druck und Anspannung. Boussingault macht einmal einen scharfsinnigen Versuch, sich dies wunderbare Vermögen in Humboldt zu erklären. „Vous travaillez", schreibt er ihm, „vous méditez là où tout autre que vous ne pourrait pas réunir quatre idées. En voyageant en Amérique on apprend à faire de la science dans toutes les circonstances possibles. Quand on a pu écrire malgré le bruit assourdissant du nouveau monde et en bravant les piqûres des zanudos et des mosquitos, je conçois qu'on puisse écrire également au milieu de la confusion d'une cour et parmi les courtisans qui le peuplent." Ja wir dürfen diese kleinen socialen Plagen sogar als Reizmittel betrachten, deren Genuss unser Freund, so gering er ihn anschlug, nicht mehr entbehren mochte; nur mit verdoppeltem Eifer warf er sich nach vollbrachtem Tagewerke der Repräsentation, der Plaudereien und der Complimente in die ernste nächtliche Arbeit. Für den physischen Schlaf, den er zuletzt bis auf so wenige nachmitternächtliche Stunden beschränkte, entschädigte ihn gewissermassen der moralische Schlaf seines täglichen Lebens.

Nicht umsonst aber nennt er unter den Motiven seines Ausharrens neben den Rücksichten der Gemüthlichkeit und Gewohnheit auch seine „thörichten Hoffnungen". Es macht seinem Herzen Ehre, dass er diese Hoffnungen nicht aufgab, obwol sein Verstand sie als thöricht erkennen musste. Seine politischen Freunde haben wol einmal, als sie zu bemerken glaubten, sein Ansehen und Einfluss beim Könige gerathe in Abnahme, den Wunsch gehegt, er möchte sich ein Herz fassen, sich zurückziehen, nur auf ein paar Wochen, mit bemerkbarem Trotze! [1] Sie meinten, es würde ein Triumph für ihn sein, seine jetzige Bekümmerniss und Beeiferung könne ihm nur schaden und sein Sinken beschleunigen. Aber weder war er seiner weichen und biegsamen Natur nach zu irgendwelchem „Trotze" fähig, noch lüstete ihn nach solchem Triumphe für sich. Dieselben Leute wussten recht wohl, dass er ein echter Freund des Königs sei, der das Heil seines Herrn wolle, nicht sein eigenes; [2] Bettina von Arnim, die sich vergeblich abmühte, in stürmisch genialer Weise zu gleichem Ziele der Aufklärung auf Friedrich Wilhelm zu wirken, und dabei Humboldt, dessen Vermittelung sie beständig und selten umsonst anrief, „mehr aufbürdete, als er tragen konnte" [3]. lobte unsern Freund dafür warm „als den einzigen Mann in der hohen Sphäre, dem es um mehr zu thun sei als um eigenen kleinlichen Vortheil, der alles Menschliche treulich hege und sich immer edel und würdig benehme". [4] Ebendeshalb aber hielt er lieber in einer ihm vielfach peinlichen Lage aus, als sich offen und gewaltsam aus ihr zu befreien. Es war ihm schon werthvoll, wenn „seine Atmosphäre bisweilen zu ein paar Elendigkeiten des Wohlthuns diente, ob auch in den wichtigern, allgemeinern Verhältnissen alles gegen seine Wünsche ging"; [5] wenn er „da thätig sein durfte, wo man das wenigstens immer noch geistige Interesse des Königs

---

[1] *Varnhagen*, Tagebücher, II, 248; vgl. 247, 250, 267, 274.
[2] Ebend., I, 251.
[3] Ebend., III, 477.
[4] Ebend., II, 73.
[5] Brief an Schumacher vom 3. Juli 1844.

benutzen konnte".[1] Und zudem rechnete er bis an den Vorabend der Revolution noch immer „fest auf dessen edles Gemüth im nothwendigen Vorwärtsschreiten".[2] Wie das möglich war, ist eben nur aus dem seltsamen Charakter Friedrich Wilhelm's zu begreifen. Konnte nicht der Unberechenbare auch einmal plötzlich in die Richtung überspringen, in die ihn die Strömung der Zeit bisher vergebens zu drängen gesucht? Durfte man denn von dem ewig Unsteten auch nur in seinen Lieblingsideen Stetigkeit erwarten? Dass kein Einfluss von aussen ihn dazu bringen würde, war Humboldt freilich zur trüben Gewissheit geworden. Als er sich einst von Friedrich von Raumer verabschiedete, um nach Paris zu gehen, fragte ihn dieser, warum er nicht lieber daheim bleibe, um auf den König in so entscheidender Zeit freisinnig zu wirken: „Wie können Sie glauben", erwiderte Humboldt, „dass man auf einen irregulären Humoristen überhaupt zu wirken vermöchte!"[3] Aber gerade diese Irregularität des Humors liess wie ein Hazardspiel auch einmal den Zufall entgegengesetzter Entscheidung erwarten, und das um so mehr, da die Naturanlage königlichen Edelmuthes, an die zu glauben unser Freund nie aufhören mochte, eben diese Wendung wahrscheinlich machte. Aus dem Wechsel dieser stets neu auflebenden Hoffnung und der in tausend einzelnen Fällen wieder und wieder erfahrenen Enttäuschung erklären sich die mancherlei Widersprüche in Humboldt's kritischen Aeusserungen über den König, soweit sie uns aus den folgenden Jahren, 1844—1848, überliefert sind. Wir zählen sie hier nicht einzeln auf, sie werden wie durch einen Refrain genügend bezeichnet durch das Citat aus „Hermann und Dorothea", das ihm in jenen Zeiten öfters in die Feder kommt:

Denn der Mensch, der zur schwankenden Zeit auch schwankend gesinnt ist,
Der vermehret das Uebel und breitet es weiter und weiter.

---

[1] Briefe an Bunsen, S. 88.
[2] Ebend., S. 101.
[3] Aehnlich bei *Varnhagen,* Tagebücher, V, 246.

Doch machen wir gern auf einen sozusagen constitutionellen Zug in seiner Kritik aufmerksam, vermöge dessen er, soweit es irgend anging, sorgfältig beflissen war, den Tadel, den er um der Wahrheit willen nicht verhalten wollte, vom Haupte des Königs selber auf seine Umgebung und besonders auf die Minister abzulenken. Mit Betrübniss erfüllte ihn daher die Rede, welche Friedrich Wilhelm Ende August 1844 in Königsberg hielt und welche an die „echte Treue“ appellirte, „die da wisse, dass man dem Fürsten nicht dient, wenn man seine hohen Diener herabzieht“. Humboldt sah darin eine unnütze Grossmuth, die wenig erkannt werden würde [1]; er selbst glaubte nicht „die hohen Diener ehren zu müssen, wenn sie zum Nachtgefieder gehörten“. [2] Die Sprechlust des Königs war ihm überhaupt bedenklich. Es sei zwar etwas Edles, so ein Bedürfniss der freien Rede zu Tausenden des Volkes immer von neuem zu fühlen, ein Bedürfniss der öffentlichen Mittheilung, allein gewiss sei nur ein Eindruck solcher Rede: sie vermehre die Aufregung. Die rhetorische Gabe des Königs beurtheilt er nicht unbillig, wenn er an ihm eine poetische Bildersprache rühmt, die freilich etwas alte Bilder vor die Seele führe, eine gewisse Zartheit des Ausdrucks, ein schönes Gefühl für Wohlklang; er meint, die Reden liessen sich, wie alles, was in Bildern ohne Gedanken sei, angenehm in Musik setzen. In wahrhaft geistreicher Weise schildert er zugleich selbst bildlich die besorgnisserregende Lage des Königs, wenn er hinzufügt: „Ein wehmüthiges Gefühl dringt sich auf, dass ein so hochbegabter Fürst, von den wohlwollendsten Absichten geleitet, eine Frischheit des Gemüths bewahrend, die ihn rastlos antreibt, in der Richtung der Staatsbewegung, gegen seinen besten Willen, getäuscht wird. Als Parry auf dem Eise mit vielen Samojedenhunden nach dem Pole wollte, wurden Schlitten und Hunde immer vorwärts getrieben. Wie aber

[1] Briefe an Varnhagen, Nr. 91. Vgl. *Varnhagen*, Tagebücher, II, 360 fg.

[2] An Böckh aus denselben Tagen.

die Sonne durch den Nebel brach und die Polhöhe bestimmt werden konnte, fand man, dass, ohne es zu wissen, man um mehrere Grade rückwärts gekommen war. Eine bewegliche, gegen Süden durch die Meeresströmung fortgerissene Eisbank war der Boden, auf dem man vorwärts eilte. Die Minister sind der bewegliche eisige Boden. Ist die Strömung die dogmatisirende Missionsphilosophie?"

In der That wurden auch die Minister in die stärker und stärker hereinbrechende Strömung eines höfischen, ja officiellen Pietismus hineingezogen. Humboldt erging sich in Spott über ihre Betstunden, über die Abendgesellschaften bei Herrn von Thile, der „zu Gebet und Spiel" einlade. [1] Bald aber verwandelte sich sein satirischer Unmuth in ernste Empörung; wenn wir Varnhagen glauben dürfen, hat unser Freund dem Minister Eichhorn in Gegenwart anderer geradezu ins Gesicht gesagt: „Unter Ihnen ist's ja weit ärger als unter Wöllner." [2] Eichhorn's Gebaren rief ihm auch den Ausspruch seines Bruders Wilhelm ins Gedächtniss, dass es ebenso wenig liberale Minister gebe als liberale Fürsten. [3] In „höchster Indignation über den Zustand der Staatsverhältnisse" schrieb er wol einmal ein „sinniges" Citat für Varnhagen auf, wo von dem „Ingrimme Gottes über den Misbrauch menschlicher Macht" die Rede war und von der Reue, die er dereinst empfinden könnte, der Welt die monarchische Staatsform verliehen zu haben; aber mehr aus dem Herzen kam ihm gewiss die Trauer über die „unheimlichen" Attentate sowie das naive Geständniss: „Sonderbar, dass man so selten auf die Minister schiesst und auf die Cabinetsräthe!" [4] Bei der Unzulänglichkeit der übrigen Minister war es Humboldt um so schmerzlicher, den Gemahl seiner Nichte, Baron Bülow, der einige Jahre lang das auswärtige Amt bekleidete, den

---

[1] *Varnhagen*, Tagebücher, II, 255; III, 286.
[2] Ebend., II, 383, 400.
[3] An Böckh.
[4] Briefe an Varnhagen, Nr. 100, 101, 120.

einzigen, mit dem er selber völlig harmonirte — er nennt ihn „einen der freisinnigsten, ausgezeichnetsten Staatsmänner der Zeit" —, im Herbst 1845 durch schwere Krankheit zum Rücktritte genöthigt zu sehen. Er hat für diese „traurige Begebenheit" nur den pessimistischen, negativen Trost, dass „die Kraft der Dinge stärker sei im nördlichen Deutschland, als dass durch einen einzelnen viel versöhnt werden könne". [1]

Noch wichtiger fast als die Minister waren einem Charakter wie Friedrich Wilhelm IV. gegenüber die Persönlichkeiten, denen er aus Sympathie und im Gefühl einer gewissen Ideenverwandtschaft, wenn auch oft nur zeitweise, sein Vertrauen schenkte. Auch diese aber vermochten nicht, Humboldt freudigen Beifall abzugewinnen. Bunsen, Radowitz und Kanitz erschienen ihm wie drei Aerzte, von denen sich der König regelmässig alle Jahre nacheinander behandeln liess; allein er fand nicht, dass ihm durch diese Kuren geholfen werde. [2] Mit Bunsen verbanden unsern Freund freilich die in der Hauptsache gleichen constitutionellen Wünsche und die gleiche Theilnahme an der Entwickelung des Königs, auch war er für den Eindruck persönlicher Liebenswürdigkeit von seiten des emporgekommenen Kirchendiplomaten nicht unempfänglich; für den Kern von dessen Wesen jedoch, jene etwas süssliche und zugleich enthusiastische Frömmigkeit hatte er nun einmal kein Verständniss. Es ist keineswegs der auf Bunsen neidische Varnhagen allein, gegen den er darüber spöttelt; man müsste wenig Anschauung von Humboldt's Art zu correspondiren haben, wollte man gerade aus seinen Briefen an Bunsen ein aussergewöhnliches Vertrauen herauslesen. [3] Was nun endlich den kläglichen Mittelschlag zudringlicher Hofcreaturen anlangt, so verstand Humboldt sehr wohl, ihnen, wenn sie ihn dazu herausforderten, seine Ver-

---

[1] Briefe an Varnhagen, Nr. 97.

[2] *Varnhagen*, Tagebücher, III, 269.

[3] Dies zur Modification des „Nachwortes" in den Briefen von A. von Humboldt an Bunsen, S. 211, 212.

achtung durch ein beissendes Witzwort zu bezeigen, das sie „wie todtgeschlagen“ verstummen liess. [1] Natürlich hassten sie ihn dafür desto gründlicher und suchten ihm hinterrücks nach Kräften zu schaden. Eine Zeit lang war infolge dessen und zugleich als nothwendiger Rückschlag der Enttäuschung nach anfänglich übertriebenen Hoffnungen auf Humboldt's liberalisirenden Einfluss, wie einst unter Friedrich Wilhelm III., die „Ungnade“, in die unser Freund angeblich gefallen, ein wiederkehrendes „Thema“ der politischen Tuscheleien [2]; man wollte wissen, er sei dem Könige durchaus unleidlich, ein wahrer Plagegeist, ein beständiger Vorwurf; jener möchte ihn los sein, könne ihn aber freilich nicht los werden, denn er bedürfe seiner zu vielen Sachen und besonders auch als Fahne des Ruhmes, er könne diesen Glanz nicht missen; Humboldt müsse in Gunst und Ehren am Hofe sterben, bis dahin müsse man ihn schon ertragen. Nichts von alledem entspricht, soweit Friedrich Wilhelm IV. selbst in Betracht kommt, der historischen Wahrheit; ein offener Anruf an den ursprünglichen Edelmuth des Königs, wie in jenem schönen Briefe in Sachen Massmann's, genügte, um die Wühlereien der politischen Feinde gegen Humboldt unwirksam zu machen. Auch war dieser viel zu taktvoll und behutsam, um äusserlich als Plagegeist aufzutreten, der König andererseits viel zu sanguinisch und selbstgefällig, um den stummen Vorwurf, der allerdings in der blossen Gegenwart des freiblickenden Freundes hätte liegen können, zu verstehen oder gar zu Herzen zu nehmen. Auch an äussern Zeichen seiner Gnade liess es Friedrich Wilhelm gerade in jenen Jahren nicht fehlen. Abgesehen von den heimlichen Geldunterstützungen und der Aufmerksamkeit, mit der er für die Zueignung des „Kosmos“ dankte, wovon später die Rede sein wird, verlieh er seinem Kammerherrn beim Ordensfeste von 1844 die Brillanten zum Rothen, und 1847, noch vor dem Feste, den

---

[1] Briefe an Varnhagen, S. 170.

[2] *Varnhagen*, Tagebücher, II, 247—50, 267, 274.

Schwarzen Adlerorden selbst, das höchste Ehrenzeichen der Monarchie.[1] Nicht ohne Feinheit gratulirt Metternich dazu, indem er, die Devise des Ordens auf den Act der Verleihung selber deutend, ausruft: „L'aigle, sous l'ombre des ailes duquel — sub umbra alarum — vous avez su tant produire, se présentera bien sur votre poitrine! Suum cuique!“[2] Der Stiftung des Ordens pour le mérite wird unten noch besonders zu gedenken sein.

So vergingen diese Jahre; der kühle Abendschimmer, der auf der hohen Stellung Alexander von Humboldt's ruhte, war noch weit schimmernder, aber auch weit kühler geworden. Anstatt der langweiligen Stagnation, in die gegen Ende der vorigen Regierung der ganze öffentliche Zustand gerathen war, sah unser Freund nun freilich Bewegung genug um sich, aber es war eine gesetz- und ziellos strudelnde Bewegung; wohin sie Staat und Herrscher antreiben werde, konnte niemand voraussagen, aber bekümmert musste, wer für beider Wohl besorgt war, in die Zukunft blicken. Es gibt vielleicht keine grössere Pein für ein menschliches Gefühl, als dem nahenden Verderben anderer entgegen zu blicken mit dem Bewusstsein, dass man helfen könnte, helfen möchte, und diese Hülfe doch verschmäht zu sehen. Gerade das war Humboldt's Lage; er sah den König wie in einen Zauberkreis gebannt, der nicht zu lösen sei[3], wie eine Freimaurerei erschien ihm die Umgebung Friedrich Wilhelm's: wer das Wort nicht wisse, verstehe gar nichts von dem, was vorgehe.[4] Mit steigendem Misbehagen empfand er, dass er selbst zu den völlig Uneingeweihten gehöre, was während der wichtigen Vorgänge des Jahres 1847 besonders deutlich hervortrat. Nur in die halb politische, halb wissenschaftliche Episode, welche im Januar und Februar dieses Jahres in der Akademie

---

[1] *Varnhagen*, Tagebücher, II, 251; IV, 6.
[2] Briefe an Varnhagen, Nr. 130.
[3] Briefe an Bunsen, S. 80.
[4] *Varnhagen*, Tagebücher, II, 247.

abspielte, ist er verwickelt worden. In der öffentlichen Sitzung zum Gedächtnisse Friedrich's des Grossen, am 28. Jan., hatte Friedrich von Raumer in Gegenwart des Königs einen historischen Vortrag gehalten, der sich vornehmlich um die Ideen der Toleranz und den religiösen Freisinn des grossen Todten drehte. Wenn man die nicht gerade kunstvolle Rede heute liest, so erstaunt man, dass sie Anstoss erregen konnte, so einfache Wahrheiten enthält sie, aber die Zeitgenossen fassten sie als bewusste Satire gegen Friedrich Wilhelm IV. und seine kirchlichen Lieblingsneigungen auf, und ohne Zweifel verfolgte auch Raumer selbst damit eine polemische Absicht. Man hat dem Redner förmlich gratulirt, aber auch an Ausbrüchen wilder Entrüstung unter den Gegnern fehlte es nicht.[1] Den König hatte besonders empört, dass man hinter ihm im Publikum bei manchen Stellen laut gelacht hatte, er sagte beim Hinausgehen zu Humboldt: „Ueber Dinge, die zum Weinen wären, muss man lachen hören.“ An Eichhorn schrieb er, er sei zum letzten male zu solchen „Spässchen“ in die Akademie gekommen. Die Akademie war in ihrer Mehrheit äusserst betreten über den Vorfall und bereitete sich freiwillig zu einer Art von sühnender Abbitte vor. Humboldt nun war in übler Lage. Gegen Schumacher lobt er am 1. Febr. entschieden „des geistreichen Raumer's Strafpredigt gegen die Theologen, mit welcher der König freilich wenig zufrieden gewesen“, und fügt nicht ohne Schadenfreude hinzu: „Wir leben in einer hautwunden Zeit.“ Auch benahm er sich anfangs ganz tapfer und überwarf sich besonders mit Encke, der einen plumpen Schmähbrief an Raumer gerichtet hatte. „Deutlichst“ erklärte er in der Akademie, er theile völlig Raumer's religiöse und politische Meinungen, glaube aber, „dass er in der Form gefehlt habe“.[2] Gegen den Antrag auf Verweisung der öffentlichen Reden an einen Prüfungs-

---

[1] *Varnhagen*, Tagebücher, IV, 10, 11, 13, 26, 27, 29, 39, 42, 44.
[2] Brief an Gauss vom 23. März 1847.

ausschuss stimmte er mit der Mehrheit [1], den noch gehässigern, Raumer allein unter Censur zu stellen, liess er selbst ohne Abstimmung verwerfen. Das Entschuldigungsschreiben der Akademie an den Minister fand er „elend stilisirt", musste es aber doch unterzeichnen, weil er einmal die äussere Taktlosigkeit des Vorfalls anerkannt hatte. Leider ging er noch weiter; es war ihm geradezu unmöglich, aus einem Streite hervorzugehen, ohne mit allen Parteien seinen diplomatischen Frieden geschlossen zu haben. „Es würde mich ungemein schmerzen, mein theuerer Freund und College", schrieb er kurz darauf an Encke, „wenn in der vorletzten Sitzung unserer Akademie in der Vertheidigung der masslosen Rede Raumer's mir lebhaftere Worte entfallen wären, die Sie unangenehm berührt hätten. Ich hoffe, Sie werden mir mein Unrecht verzeihen und mich ebenso freundlich wiederum bei sich aufnehmen als ehemals da, wo ich gewohnt bin Wohlwollen und Belehrung zu finden. Ein spätes Essen beim König hat mich gehindert, Ihnen dies mündlich in der letzten Sitzung zu sagen. Mit der innigsten Hochachtung und Anhänglichkeit Ihr gehorsamster Alexander von Humboldt." Zu Gauss rühmt er sich bald darauf, das Verhältniss zwischen Encke und ihm sei ganz wiederhergestellt. Aufs neue drängt sich uns dabei das Bedauern auf, dass unserm Freunde niemals die Wahrheit des Dichterwortes eingeleuchtet hat [2]: „Hienieden lohnt's der Mühe nicht, zu zagen!" Die Entschuldigung, die Platen der Nachwelt in den Mund legt: — „Er dachte gross, wie konnt' er kleinlich reden?" — kann auf Alexander von Humboldt leider nicht angewandt werden; er hat es fertig gebracht — wir wissen es ja aus so zahlreichen Beispielen — grosses Denken mit kleinlicher Rede zu verbinden. „Der widrige

---

[1] Er hat nicht, wie die Zeitungen behaupteten, ein solches „Comité de lecture" vorgeschlagen, wie schon diese seine Abstimmung beweist; er erläuterte blos, „dass es in Paris nicht als eine unfreisinnige Anstalt betrachtet werde".

[2] *Platen*, Sonette, Nr. 38.

Lärmen über Raumer" zog sich indess noch eine Weile hin, bis dieser selbst seinen Austritt aus der Akademie erklärte. Humboldt sprach seine Freude aus, dass Böckh in der Sache endlich „die Vernunft triumphiren liess". Er selbst war freilich naiv genug gewesen, an Raumer vertraulich das Ansinnen zu stellen, er solle durch ein Pater peccavi sich der Akademie erhalten. Erst die Prinzessin von Preussen überzeugte ihn, dass dies für Raumer eine moralische Unmöglichkeit sei.[1]

Kaum war dies „Ungewitter" vorüber, so sah Humboldt vorahnend ein anderes zum 11. April 1847 drohend heraufsteigen. Es war die Eröffnung des „Vereinigten Landtags" durch Friedrich Wilhelm's „Herzensergiessungen"[2]; mit inniger Betrübniss fand unser Freund, der noch immer „mit dem Ruhme eines so hochbegabten, rein menschlichen Königs beschäftigt, so sehnlichst dessen allgemeine Anerkennung wünschte", in der vielberufenen Rede „alles, was verwunden musste, zusammengehäuft". Er hatte im voraus kein Zutrauen zu einem politischen Conglomerat gehegt, „in dem die posener Provinziallandstände denen vom Rhein oder von Pommern entgegenstehen sollten und Minister, die diese Verhältnisse durch ewige Negationen und calmirende Mittel zu beherrschen wähnen könnten".[3] Er konnte sich „eine allgemeine Volksvertretung nicht anders denken, als dass man den Staat, nicht eine einzelne Provinz oder einen einzelnen Stand repräsentire". Wenn er mit diesen gesunden Anschauungen ganz auf dem Boden der gewöhnlichen zeitgenössischen liberalen Doctrin stand, so war er doch keineswegs in blindem constitutionellem Schematismus befangen; das Grundbuch der Parlamentsdoctrinäre, Dahlmann's „Politik", galt ihm keineswegs für ein Evangelium. „J'ai la douleur", schreibt er am 10. April 1847 an Dirichlet, „de lire en ce moment la nouvelle édition de la Politique de Dahlmann. Il y règne un

---

[1] Brief an Böckh und mündliche Mittheilung von Raumer.
[2] Brief an Bunsen, Nr. 51.
[3] Ebend., Nr. 48.

goût d'aristocratie anglaise, d'immensité de titres et majorats pour une première chambre (Herrenstand), que cela me dégoûte. C'est aussi le goût de terroir hanovrien, et voilà ce qu'en Allemagne on appelle du liberalisme. Enfance de civilisation!"[1] Auch hierin, wie in den meisten Fällen, war er gewohnt, mehr nach französischem Muster zu denken, doch lässt sich keineswegs behaupten, dass er eine billige Rücksicht auf die Eigenthümlichkeit der heimischen Verhältnisse darüber versäumt hätte.[2] Der Fortgang der ständischen Verhandlungen erfüllte ihn anfangs mit Hoffnung. Die Antwort des Königs auf die Adresse der Stände fand er vortrefflich. „Man ist", sagt er, „aus dem starren Dogmatismus herausgegangen, hat von Bildungsfähigkeit gesprochen, Periodicität verheissen. Wie das Patent gefasst ist, kann es nicht ausgeführt werden. Man kann nicht das Unmögliche möglich machen — aber mit Nachgiebigkeit und Mässigung in den Forderungen können wir, ich hoffe es, zum Ziel kommen. Die Grenze, die man glaubt ziehen zu können zwischen constitutionellen Zuständen und dem zusammengesetzten Organismus, welchen das Patent verheisst, ist schwer zu ziehen. Es wird noch manche Reibung geben, aber der edle und frische Sinn unsers Monarchen gibt mir die schönsten Hoffnungen. Jeder muss dahin streben, ihm die Lage zu erleichtern, damit Wien und Petersburg nicht triumphiren."[3] Vernünftiger, besonnener, vertrauensvoller konnte man sich in jener Zeit schwerlich aussprechen. Freilich erfolgte, wie immer, so auch diesmal bald ein Rückschlag in solcher Stimmung, und zwar deshalb, weil der König selbst die in ihn gesetzten Erwartungen abermals täuschte. Im October sah ihn Humboldt „wie immer in der unbefangensten Fröhlichkeit" vom Rheine wiederkehren, in den constitutionellen Dingen aber, schreibt er traurig, „schreitet

---

[1] Vgl. Briefwechsel und Gespräche Alexander von Humboldt's mit einem jungen Freunde (Berlin 1861), S. 9.

[2] Ebend., S. 10.

[3] Briefe an Bunsen, Nr. 51.

nichts vorwärts, entwirrt sich nichts."[1] Könnte man einen Augenblick die pariser Februarrevolution aus der Geschichte hinwegdenken, so würde die innere Entwickelung Preussens vermuthlich doch den gemächlichen Gang genommen haben, den Humboldt aus der Natur der gegeneinander waltenden Kräfte voraussagen zu dürfen glaubte. Aber gewaltsamere Geschicke, ernstere Mahnungen standen dem Staate wie dem Könige bevor. Selbst das Beispiel der französischen Umwälzung genügte an sich nicht, die sorglos heitere Ueberhebung Friedrich Wilhelm's zu demüthigen: „Laissons passer en silence la justice de Dieu", mit diesem leichten Urtheil über den Sturz Louis Philipp's schloss er Ende Februar 1848 ein Billet an Humboldt.[2] Dieser verdammte seinerseits besonders das Ministerium Guizot, freute sich des französischen Volksgeistes[3] und erwartete schweigend — denn all seine Wünsche, seine Worte waren und wären ferner vergeblich gewesen — das andere „Gottesgericht", das nun über Preussen und dessen König selber, der sich nicht hatte warnen lassen, unabwendbar hereinbrach. Doch darauf werden wir im folgenden Kapitel zurückkommen.

Nachdem wir bisher die persönlichen und die politischen Momente in dem Verhältnisse Humboldt's zu Friedrich Wilhelm IV. betrachtet haben, bleibt uns noch übrig, auf die literarisch-wissenschaftlichen Rathschläge, die von ihm ausgingen, sowie auf deren praktische Folgen, soweit sie sich in Berufung, Förderung und Auszeichnung hervorragender Geister aussprechen, einen Blick zu werfen. Auch in diese Angelegenheiten spielen freilich vielfache politische Bezüge hinein, ganz besonders in der Zeit nach 1848, deren Berührung zum Theil dem folgenden Kapitel aufbehalten werden muss. Bei einer von eigenen geistigen Interessen lebhaft bewegten Natur, wie die des Königs war, versteht sich von selbst, dass er sich in wissenschaftlicher

[1] Briefe an Bunsen, Nr. 55.
[2] *Varnhagen*, Tagebücher, IV, 215.
[3] Ebend., IV, 255.

Hinsicht nicht so rein leidend verhielt wie etwa sein Vorgänger; dass in Sachen der Kunst die Initiative durchaus bei ihm stand, ist bekannt genug. Es hat daher bei den Berufungen und Ernennungen, die zu Anfang seiner Regierung aller Augen auf den geistreichen Fürsten zogen, meist eine Wechselwirkung zwischen ihm und Humboldt stattgefunden; oft wüsste man nicht zu sagen, wer von beiden zuerst einen einzelnen Act in Anregung gebracht, die nachhaltige Kraft, das Festhalten an der einmal ausgesprochenen Idee ist jedoch unstreitig meist Humboldt's Verdienst gewesen. Ihm ward auch häufig die Führung der Unterhandlungen aufgetragen, in der Regelung der materiellen Bedingungen bediente sich der König stets seines Beirathes. Dass Friedrich Wilhelm IV. sofort nach seiner Thronbesteigung den göttinger Sieben durch Berufung in seine Staaten glänzende Genugthuung verschaffen werde, liess sich schon nach Aeusserungen, die er noch als Kronprinz zu Humboldt gethan[1], nicht bezweifeln. Humboldt aber fasste diese „echt deutsche, vaterländische Angelegenheit“ mit wärmstem Eifer auf und wünschte sie als solche „unmittelbar und ganz officiell betrieben“ zu sehen. Für die Grimms zeigte sich der König selbst thätig, und es hätte dazu der Einmischung Bettina's von Arnim kaum bedurft, von deren undiplomatischem Verfahren Humboldt eher Störung befürchtete. Unser Freund erwarb sich aber selbst das grosse Verdienst, auch Albrecht's und Dahlmann's Berufung gleichzeitig zu fordern; er richtete deshalb ein eigenes Promemoria an den König. Gerade Dahlmann schien ihm „für den Glanz einer Universität praktisch der wichtigste“ zu sein. Auch gelang es ihm, Ladenberg, der bis in den Herbst 1840 interimistisch die Verwaltung des Unterrichtswesens führte, dahin zu bringen, dass Dahlmann „sehr lobend“ förmlich für eine Vacanz in Breslau vorgeschlagen ward. Dennoch siegte bei Hofe für den Moment die „Delicatesse für Hannover“.

---

[1] Briefe an Varnhagen, Nr. 40. Ueber die Berufungen der Sieben vgl. ebend. Nr. 48, 51. Briefe an Bunsen, S. 47.

Albrecht fühlte sich an Sachsen gebunden. Humboldt, der sich seit dem Beginn der Wirksamkeit des neuen Cultusministers Eichhorn jeder Einmischung enthalten zu müssen glaubte, rühmte doch freudig, „dass der Staat seine Unabhängigkeit erwiesen habe".

Wenn zu Gunsten der Göttinger doch vorwiegend politische Gesichtspunkte massgebend waren, so zeigte Humboldt andererseits rein sachlich wissenschaftliches Interesse dadurch, dass er den König in den ersten Monaten seiner Regierung zu bestimmen wusste, der königsberger Universität 7000 Thlr., der berliner 20000 Thlr. jährlicher Zuschüsse zu bewilligen.[1] Mit Bedauern nahm er wahr, dass dadurch die knappen Mittel des Cultusministeriums zunächst erschöpft seien, für Felix Mendelssohn und Cornelius müsse daher der König selber Fonds creiren. Auch für deren Herbeiziehung war er im Anschluss an die Wünsche Bunsen's eifrig bemüht, wenn er auch die Schwierigkeiten nicht verkannte, die sich einer dauernden, ihrer Leistungen würdigen Position in den Weg stellten; die Hauptsache sei jedoch, solche „Glanzpunkte zu gewinnen". Die Verhandlung mit Cornelius führte er gemeinsam mit Bunsen. „Ich halte es für eine glückliche Augurie", schrieb Cornelius am 8. Jan. 1841, seine Annahme verkündend, an Humboldt, „dass die Sache durch die Mitwirkung eines Mannes zu Stande kam, der zu den wenigen Glücklichen gehört, die von Göttern und Menschen geliebt werden." Nicht minder hat sich unser Freund damals und einige Jahre später für Rückert's Anstellung in Berlin interessirt, bis ihm dieser mit ablehnendem Danke offen die Ueberzeugung aussprach, dass seine Sache „nicht das Auftreten vor einem Residenzpublikum sei, sondern das einsame Bilden in der Stille des Landlebens".[2] Schelling dagegen, den Humboldt 1835 gern nach Berlin gezogen hätte, um „in den stehenden trüben Urschlamm des dortigen Lebens ein geistiges Princip, ein befruchtendes, bildendes, veredelndes zu bringen,

---

[1] Briefe an Bunsen, S. 40.

[2] Briefe an Varnhagen, Nr. 113.

das Interesse von der schalsten, ärmsten Frivolität ab auf etwas Höheres, Ernsteres hinzuziehen“ [1], sah er jetzt mit äusserst geringer Theilnahme erscheinen; es hat eine traurige Wahrheit, wenn er 1840 an Boeckh schreibt, Schelling komme „wahrscheinlich, um hier das fünfte Weltalter mumienartig zu vollenden“. Ebenso wenig scheint unser Freund bei der Gewinnung Tieck's betheiligt gewesen zu sein, doch erblickte er in ihm wol nicht ungern eine Quelle geistiger Zuflüsse für das Hofleben, wenn auch die Versicherung, die er ihm einmal 1847 schmeichelnd gibt, „er habe nie aufgehört das Glück der Gegenwart Tieck's zu feiern“ [2], gegenüber zahlreichen Spöttereien zu andern, besonders bei Gelegenheit der Aufführung der „Antigone“, nicht für Wahrheit gelten kann.

Nachdem einmal diese Künstler und Romantiker in der Hauptstadt erschienen waren, sah sich Humboldt in Fragen ihres Gebietes jedes directen Einflusses beraubt; um so ungebundener bewegte sich dafür dann seine Kritik, wie wir gerade an dem Beispiele der Wiederbelebung der sophokleischen Tragödie darthun könnten, wenn derlei Kleinigkeiten überhaupt aufbehalten zu werden verdienten. Eine nicht unwichtige Angelegenheit dagegen, zu deren Förderung auch unser Freund beigezogen ward, war die akademische Ausgabe der Werke Friedrich's des Grossen. Er fühlte sich zwar einigermassen dadurch gekränkt, dass man ihm „unter beiden Regierungen nie ein Wort über eine solche Herausgabe gesagt, obwol er selbst ein französisches Werk für 600000 Frs. Druck- und Kupferkosten zu Stande gebracht habe“, einem Auftrage der Akademie jedoch wollte er sich unter keinen Umständen entziehen, nur lehnte er Vorsitz und Berichterstattung in der Commission entschieden ab. Nicht ohne Ironie sah er August Wilhelm von Schlegel durch den König mit der Aufgabe betraut, eine französische Vorrede zu den „Oeuvres“ zu schreiben; „Schlegel

---

[1] Briefe an Bunsen, S. 18; vgl. S. 48.

[2] Briefe an Ludwig Tieck, herausgeg. von *Karl von Holtei*, II, 34.

ist," schreibt er an Boeckh, „zweifelsohne in Deutschland die einzige Person, die correct und geschmackvoll und ganz im Geschmacke der jetzigen Zeit französisch schreibt und aus dem Typographischen ein eigenes technisches Studium gemacht hat. Ich kann ihn trotz der dreissig Bände, die ich französisch habe drucken lassen, gar nicht ersetzen und habe nicht die geringste Neigung dazu." Anfangs erwartete Humboldt nur, dass „der breite Schlegel die Commission sehr belustigen werde", aber allmählich ward ihm die „alberne langweilige Person" des „bonner Buddhisten" dabei immer widerwärtiger, er fand dessen Briefe „eitel und geschroben" und ergoss sich zuletzt in die bittersten Reden wider den „indischen Affen Hanuman". Wichtiger war, dass Humboldt die entschiedenste Bemühung beim König anwandte, die Ausgabe ungetheilt dem „braven Preuss" zu überlassen; nur so könne die Akademie eine Verantwortung übernehmen; es war ihm zuwider, dass für die militärischen Schriften eine Fachcommission von Offizieren ernannt ward. Auch die nöthigen Gelder übernahm er, wie gewöhnlich, von der Behörde zu erwirken, und als über den mannichfachen Irrungen Boeckh Miene machte, von dem Ausschusse zurückzutreten, beschwor er diese „Gefahr" durch einen neuen Besuch bei Eichhorn, dem er „überhaupt klagte, dass man recht wenig damit beschäftigt scheine, Boeckh seine Stellung angenehm zu machen". Pietistische Machinationen wurden indessen wiederholt beim Könige selbst eingeleitet, um die Herausgabe der nichthistorischen Schriften seines grossen Vorfahren ganz zu hintertreiben; aber auch hier kämpfte Humboldt die Sache der Wissenschaft geschickt und kühn durch, eine ernste Erörterung mit dem Könige, „die mit Rührung endete", brachte zuletzt alles ins rechte Gleis. [1]

Dass Humboldt auch in Unterstützung eines andern grossen Unternehmens zum Ruhme des preussischen Staates und der

---

[1] *Varnhagen*, Tagebücher, II, 40. 41. Alles übrige aus Briefen an Böckh. Vgl. auch *Trendelenburg*, Kleine Schriften, I, 306.

deutschen Forschung nicht müssig gewesen, beweist sein Briefwechsel mit Bunsen an vielen Stellen [1], wir meinen die Expedition von Lepsius nach Aegypten. Damit er, dessen „Reise reicher ausstatten könne, damit seine Bemühungen uninteressirter, sein Urtheil freier erscheine", bewog er Bunsen, von der beabsichtigten Zueignung seines ägyptischen Werkes an ihn selber abzustehen und es vielmehr dem Könige zuzueignen. Mit der lebhaftesten Freude begrüsste er, gemäss seiner vielleicht etwas übertriebenen Vorliebe für Urgeschichtliches, die Ergebnisse der Expedition, schon die materiellen Schätze, die man ihr verdankte, fand er „fünffach mehr werth, als die wichtige Reise gekostet" habe. Es gehört zwar erst dem folgenden Jahrzehnt an, es sei aber doch in diesem Zusammenhange gleich erwähnt, dass auch die wissenschaftlich fruchtbare ägyptische Reise von Brugsch wesentlich von Humboldt veranlasst worden ist. Für diesen Gelehrten ist unser Freund im höchsten Sinne ein Wohlthäter gewesen. Er hat dem unbemittelten jungen Manne, um dessen bedeutende Begabung über alle Anfechtung siegen zu lassen, selbst die Mittel zur Publication seiner „Scriptura demotica" an die Hand gegeben und war hoch erfreut, dass sein Schützling dafür in Frankreich reiches Lob erntete. „Ich bin nicht von denen", schreibt er an Böckh, „die immer gleich besorgen, dass jede zu frühe Aufmunterung oder Belobung nothwendig verderblich wirke. Ich glaube vielmehr, solche Verhältnisse geben eine innere Haltung, das Gefühl von der Nothwendigkeit, fortgesetzt aufmerksam auf sich selbst zu sein." Auf Humboldt's Antrag bewilligte der König Brugsch die Mittel zur Reise; kein Wunder, wenn der dankbare Forscher seinem Gönner einmal am 17. Nov. 1853 aus Karnak berichtet, er habe dessen liebenswürdiges und langes Schreiben „tausendmal geküsst und immer und immer wieder wie ein Morgen- und Abendgebet gelesen". Auch gegen Lepsius selbst, dessen Benehmen gegen Brugsch — des Stärkern gegen den Schwächern —

[1] Briefe an Bunsen, S. 34, 36, 45, 56, 57, 62, 69, 86.

ihm anfangs „nicht edel“ erschien, nahm sich Humboldt des jüngern Gelehrten mit Wärme an.[1]

Eine fernere Anregung von bedeutender Tragweite ging ganz selbständig von Humboldt aus, als 1848 Dieterici zum Director des preussischen statistischen Bureaus ernannt ward, die Anregung zur Errichtung des meteorologischen Instituts. „Möge man Ihnen die Mittel gewähren,“ schreibt er am 13. Aug. 1844 an den neuen Director, „Ihre Thätigkeit dort zu entfalten! Wie traurig z. B., dass man keine regelmässigen, sich in Ihrem Bureau concentrirenden Anstalten hat, um in gleichmässiger Form, was für den Ackerbau und die Schiffahrt so wichtig wäre, die mittlere Temperatur der Monate in Pommern etc. zu haben. Zwanzig Barometer, gut vertheilt an sichere Personen, würden merkwürdige Contraste zeigen. An vielen Punkten wird beobachtet, und alles bleibt in Tagesschriften zerstreut. In welchem Lande spricht man mehr von Wassermangel, Seichtwerden der Flüsse etc., und wo im preussischen Staate wird Regen gemessen? Könnte man Dr. Mahlmann, der vortreffliche Tabellen über Temperatur herausgegeben hat, in Ihrem Bureau für Ihre Zwecke heranziehen, so würde der tüchtige Mann für eine geringe Besoldung zu gewinnen sein.“[2] Durch Cabinetsordre vom 9. Jan. 1846 ward die Errichtung des Instituts genehmigt und Mahlmann, zu dessen materieller Unterstützung Humboldt schon früher die Akademie angesprochen, der aber leider schon 1848 starb, mit seiner Aufsicht betraut. Humboldt erlebte noch den Aufschwung der Anstalt unter Leitung eines Mannes, von dem er rühmt, dass er „mit Geist und ausdauerndem Muthe die Lehre von der Vertheilung der Wärme auf dem Erdkörper fest und neu begründet“ habe[3]; er hatte noch die Freude, das ganze norddeutsche Gebiet wenigstens

---

[1] An Böckh. Vgl. Briefe an Bunsen, S. 108, 163, 168, 169.

[2] *Rich. Böckh*, Die geschichtliche Entwickelung der amtlichen Statistik des preussischen Staats. S. 63.

[3] *A. von Humboldt*, Kleinere Schriften, Vorrede, S. VI.

meteorologisch unter preussischer Führung einheitlich verbündet, die vaterländische Witterungsgeschichte eines Jahrzehnts, die mittlern Werthe in nahe zuverlässiger Gestalt, insbesondere die Vertheilung der Regenmenge auf der Oberfläche Norddeutschlands sowie die Wärmeabnahme auf den nicht ganz so unbeträchtlichen Höhen des ausgedehnten Flachlandes zum ersten male dargestellt zu sehen. Mit lebendigem Antheil verfolgte er die Publicationen des Instituts und suchte selbst den König, dessen unregelmässiger Wissensdurst sich gelegentlich auch auf extreme Wettererscheinungen erstreckte, dafür zu interessiren.

Die sonstige Thätigkeit Humboldt's zur Förderung der Wissenschaftspflege beschränkt sich auch in diesen Jahren meist auf gelegentliche und persönliche Impulse. Uns liegen in zahlreichen Briefen die mannichfachsten Beweise dafür vor, wie er unermüdlich beflissen war, wissenschaftlichen Unternehmungen die Unterstützung sei es des Königs, sei es der Behörden, sei es endlich der Akademie zu verschaffen, für die bessere Besoldung hervorragender Universitätslehrer die Geldmittel flüssig zu machen, um sie lockenden Anerbietungen des Auslandes gegenüber festzuhalten, endlich neue und namhafte Kräfte bei eintretenden Vacanzen herbeizuziehen. Der Umstand aber, dass es sich dabei meist um die Schicksale noch lebender Männer handelt, verbietet uns in Details darüber einzugehen; der Leser wird sich gern mit der Versicherung begnügen, dass bei allem, was nur irgend dergleichen in den vierziger Jahren geschehen ist, Humboldt die hülfreiche Hand im Spiele gehabt. Einer erläuternden Betrachtung bedarf dabei höchstens noch die Frage, warum denn nicht noch weit mehr geschehen, warum sich die immer rege Fürsprache unsers Freundes theils so selten, theils so spät erst, nach mannichfachen Zögerungen, die ihm selbst am unangenehmsten waren, wirksam erwiesen hat. Es lag das an seiner unglücklichen, ausseramtlichen Stellung. Man kann in der That nicht lebhaft genug bedauern, dass er nicht — etwa in der Eigenschaft eines Unterrichtsministers — mit officieller Vollmacht ausgerüstet und zugleich mit der davon untrennbaren

Verantwortlichkeit beladen gewesen ist. Denn dieser letztern hätte es allerdings bedurft, um seiner auch in diesen Dingen zu vielseitig erregbaren, jedem Gesuch offenen, jedem Antrieb entgegenkommenden Neigung ein heilsam hemmendes Gegengewicht zu bieten. So aber war er von vornherein auf den Weg unregelmässiger, ausserordentlicher Versuche zu handeln beschränkt; kein Wunder, dass er sich dabei von dem hergebrachten, schwer abänderlichen Gange der Staatsaction beständig zu seinem Verdrusse gekreuzt, behindert, beiseite geschoben sah. Kunst und Kirche ausgenommen, liess doch auch Friedrich Wilhelm IV. bald, schon aus Bequemlichkeit, seinen Cultusminister walten. In diesem wie in dem Finanzminister, auf den am Ende die meisten abschlägigen Bescheide von seiten des erstern, ehrlich oder nur zum Vorwande, zurückgeschoben wurden, erblickte daher Humboldt gleichsam feindliche Mächte, die zum Besten geistiger Staatszwecke mit Gewalt oder List bekämpft und überwunden werden müssten. Ueber Eichhorn klagte er jedenfalls mit Recht. „Da der wissenschaftliche Verkehr von so grosser Wichtigkeit ist", schreibt er am 17. Sept. 1844 an Bunsen [1], „so muss es doppelt betrübend sein, dass der Cultusminister alle unsere Hoffnungen getäuscht hat. Leidenschaftlichkeit, Unvorsicht, wie man sie bei einem alten Diplomaten nicht erwartet hätte, und gänzlicher Mangel an wissenschaftlicher Bildung haben ihn das schwierige Problem lösen lassen, sich in kürzester Zeit allen Universitäten und den gediegensten Männern, deren europäischer Ruf ihm unbekannt ist, unangenehm zu machen." Ausdrücke wie „économie de chaleur, Gletschertemperatur, eisiger Stumpfsinn" und ähnliche sind in Humboldt's Munde stehende Wendungen, wenn er von dem Verhältniss des Cultusministeriums zur Wissenschaft spricht; in den Zeiten der Reaction, unter Raumer's Verwaltung, kam es freilich dahin, dass er gegenüber den damaligen „Eisbergen selbst Eichhorn's Minimum wie ein Tempe zurückwünschte".

[1] Briefe an Bunsen, S. 63.

„Wenn man wie Sie“, ruft er da einmal Boeckh in aufrichtigem Schmerze etwas ungrammatisch zu, „neben der allumfassenden Erudition in so hohem Grade das staatsmännische Geschick besitzt, so wird man lebhaft angeregt von dem niederschlagenden Gefühle, den nicht an der höchsten Spitze zu sehen, wo jetzt die nüchterne, unfruchtbare Region der Eisfelder herrscht!“ Ueber den Finanzminister Thile, Eichhorn's Collegen, spottet Humboldt, dass er „Mathematik, Philosophie und Dichtkunst für drei Luxusartikel halte“; es war ihm unangenehm, dass der König einen seiner Bittbriefe für Jakobi pro forma erst an Thile geschickt, statt „die kleine Geldsache gleich brevi manu zu bewilligen“; höchst charakteristisch hatte er (1847) zur Unterstützung des Gesuches auf die „Hoffnung“ hingewiesen, „dass man durch den Einfall von zwei celebrirten uralten Häusern (Tieck und er selbst) bald jährlich 10000 Thlr. in den Kassen ersparen würde“.

Es gab nun drei Wege für Humboldt, um bei so schwierigen Umständen dennoch zum Ziele zu gelangen. Entweder er musste es doch mit den abgeneigten Ministern selbst versuchen, oder er musste von unten durch ihre Räthe, oder endlich von oben durch den König indirect auf sie einwirken. Alle drei Manöver hat er gleich geschickt, und gewöhnlich von Haus aus combinirt in Anwendung gebracht. Mündlich und schriftlich, am dritten Orte gelegentlich oder in eigens dazu unternommenen Besuchen, trug er den Ministern seine Anliegen vor; er seufzt wol dann und wann über „die Demüthigung, die Erniedrigung“, deren er sich mit Bitten und Heischen und noch dazu meist vergeblich unterziehe, aber wie ein Bettelmönch, der für sein Kloster an die Thüren klopft, überwand er jedes bedrückende Eigengefühl durch den Gedanken an die Sache, der er diente. Uebrigens hatte er sich manche Enttäuschung dabei selbst zuzuschreiben. Friedrich von Raumer setzte einst seinen Vetter zur Rede, dass er so wenig auf die Empfehlungen eines Mannes wie Humboldt gebe; da entgegnete der Minister, diesmal sei er sehr unschuldig, denn Humboldt habe ihm für die in Rede stehende Stelle nacheinander drei Candidaten aufs wärmste empfohlen; dass nun zwei leer ausgegangen, darüber dürfte sich unser Freund wahrlich nicht beschweren. Glücklicherweise besass nun Humboldt in der Person des Geh. Ober-Regierungsraths Johannes Schulze, eines Mannes von classischer Bildung und freier Denkart, einen Freund im Unterrichtsministerium selber, bei dem er auf Einsicht und Rücksicht zählen konnte. Ein vieljähriger vertrauter Briefwechsel legt von den segensreichen Wirkungen dieses Verhältnisses Zeugniss ab. Wir werden im Verlauf unserer Darstellung, wo wir Humboldt's Thätigkeit zu Gunsten Eisenstein's als ein glänzendes Beispiel seiner wohlthätigen Bemühungen zu schildern versuchen, aus den Briefen unsers Freundes an Johannes Schulze einige Mittheilungen machen; hier sei nur bemerkt, dass Schulze bei fast allen Anstellungs- und Unterstützungsfragen als die erste, aber keineswegs unwichtigste Instanz von Humboldt betrachtet und benutzt worden ist. „Es schwebt“, heisst es in einem Briefe an Boeckh, „wie alles, was noch nicht gefallen ist. Es ist also in dieser Schwebe nichts zu thun, als die Locomotive G. O. R. R. Schulze immer gewärmt zu erhalten.“ „Tâchez donc“, schreibt Humboldt ein andermal an Dirichlet, „de tonner vous aussi au Kupfergraben, où fonctionne la criarde Dampfmaschine de Johannes Schulze.“ War auch mit dieser Dampfkraft nichts auszurichten, so blieb zuletzt als Deus ex machina wiederum der König übrig.

Humboldt wusste wol, dass die Mittel, welche der preussische Staat auf die Pflege von Wissenschaft und Kunst zu wenden vermochte, noch immer sehr beschränkt seien. Auch ihm waren zudem Betrachtungen über die leidige Vertheuerung grosser wissenschaftlicher Anstalten durch ihre Concentrirung in den Hauptstädten geläufig. „Solche Betrachtungen“, schreibt er an Encke, „sind auch von meinem Bruder angestellt worden, solange er sich noch der Stiftung einer Universität in Berlin widersetzen durfte. Wie erschrocken werden künftig einmal Stände sein, wenn auf einmal das Budget der Universität wird um die Hälfte vermehrt werden müssen!“ Trat nun aber irgendwie das Bedürfniss lebendig vor seine Seele, so dünkte es Alexander von Humboldt ganz unmöglich, dass dem nicht sofort abzuhelfen sein sollte. Da musste denn, wenn der Staat sich zu spröde erwies, auf die weiche Natur des Königs ein Eindruck gemacht werden, und Friedrich Wilhelm IV. versagte in dringenden Fällen seine Hülfe nicht. Für Jacobi eine Gehaltsverbesserung auszuwirken, war schon vor 1840 Humboldt's Wunsch gewesen, aber „der Weg durch den Schlummerhain des Ministeriums“ schien ihm eines solchen Mannes unwürdig, bei der Huldigung in Königsberg wusste er daher den neuen Monarchen persönlich zur Gewährung zu bestimmen. Und mehr noch, als Jacobi drei Jahre darauf gefährlich erkrankt war, richtete Humboldt an den König das Gesuch, dem grossen Mathematiker 13—1500 Thlr. zu einer italienischen Reise anweisen zu lassen; nach drei Stunden schon erging an Thile Ordre zur Zahlung. „Der König“, schreibt Humboldt entzückt an Dirichlet (28. Mai 1843), „hat meinen Brief «vortrefflich» gefunden und mir soeben gesagt, er gebe einen Credit nicht auf 1500, sondern auf 2000 Thlr. Als ich ihm beim Schlafengehen nochmals dankte, sagte er ganz naiv: «Wie konnten Sie glauben, dass ich anders handeln würde?» Er ist ein edler Mensch!“ Solcher Beispiele wären vornehmlich aus der Zeit vor 1848 noch manche anzuführen; wir lassen uns hieran genügen und bemerken nur, dass neben der Freude an edeln Entschlüssen in Friedrich Wilhelm doch auch die Sympathie für alles Geistige dabei wirksam war. Gerade diese wusste Humboldt anzuregen; selbst die liebenswürdige und taktvolle Unterstützung, welche der König Henriette Hertz an ihrem Lebensabende angedeihen liess, ward durch ein Lob ihres Geistes aus Humboldt's Munde hervorgerufen. [1]

Wenn aber Humboldt wahrnahm, wie der königliche Dilettant für romantische Bauten und andere Kunstunternehmungen mit Freuden aus vollen Händen spendete, so lag der Gedanke

[1] *Varnhagen*, Tagebücher. III, 258; vgl. *J. Fürst*, Henriette Herz.

nahe, durch Erregung eines Liebhaberinteresses auch für die Wissenschaft im allgemeinen eine gleiche Freigebigkeit zu deren Gunsten hervorzurufen. So machte er 1846 über die Entdeckung des Planeten Neptun „den möglichsten Spectakel, um Königen und Ministern die Grösse der Wissenschaft einzureden". Und keinem andern Zwecke dienten eigentlich seine wissenschaftlichen Vorlesungen am Abendtische des Königs sowie die tausend und abertausend unterrichtenden Winke, die er ihm gesprächsweise über Gegenstände der Forschung zu geben wusste. Zu gleicher Anfeuerung las er ihm auch die Briefe anderer Monarchen vor, die auf ähnliche Anregungen seinerseits zustimmend erwidert hatten. Denn auch ausserhalb des Vaterlandes für die Sache der Wissenschaft zu wirken ward unser Freund nicht müde. So bedankt sich Leopold Grossherzog von Toscana 1844 in einem „recht menschlichen Briefe" bei Humboldt als dem „père et protecteur de toutes les sciences naturelles" für die Empfehlungen, die er ihm gemacht habe, „pour que le Toscane pût s'enrichir de plusieurs hommes illustres"[1]. So ging namentlich Christian VIII. von Dänemark, dem wir schon einmal im Briefwechsel mit Humboldt begegnet sind, auch ferner auf dessen wissenschaftliche Rathschläge und Wünsche mit höflicher Bereitwilligkeit ein. Mit Arago gemeinsam erwirkte Humboldt 1843 von dem nordischen König eine Unterstützung Hansen's bei seinen Mondtafeln. „Jaloux de mériter toujours votre approbation, Monsieur le Baron", schreibt Christian am 3. Mai[2], „je désire être guidé par vos lumières, et je serai charmé toutefois que vous voudrez m'adresser vos observations scientifiques." Humboldt war so entzückt über den Erfolg seiner Bitte und die artige Form der Gewährung, dass er die dänischen Inseln als „die glücklichen" bezeichnet: „Ich nenne «Islas fortunatas» die, welche von einem so geistreichen, milden, aufge-

---

[1] Briefe an Varnhagen, Nr. 88, 89.

[2] Ebend., Nr. 81, wo zu lesen: de savants, statt: des avants. Vgl. Nr. 58, S. 97.

klärten Fürsten beherrscht werden."[1] Nur quälte ihn sehr, dass der König nicht auch Arago besonders geantwortet; er hat fünf Mahnbriefe kurz hintereinander an Schumacher geschrieben, um dem von Eitelkeit nicht eben freien republikanischen Freunde diese königliche Genugthuung zu verschaffen. Nach dem Grundsatze: „do ut des", den er sehr naiv ausspricht, hatte er 1841 auch umgekehrt Schumacher bewogen, an Friedrich Wilhelm IV. zu schreiben unter lobender Anerkennung des wenigen, was die preussische Regierung vordem für Astronomie und Geodäsie gethan habe. „Solche Worte der Theilnahme aus einem Munde wie der Ihrige, von einem Standpunkte der freiesten Unabhängigkeit her, schaffen immer gute Früchte für die Wissenschaft." So umwob er Fürsten und Staatsmänner mit einem Netze harmloser Intriguen zu Gunsten der Forschung. War es mehr Einsicht in die Natur der höfischen Bezirke, oder eigene unbezwingliche Neigung, die ihn dabei vorzugsweise indirecte Wege wählen liess? Jedenfalls hatte er seine herzliche Freude am Gelingen solcher kleinen Listen; ganz unbedenklich lässt er sich dabei die Hand führen: „Schreiben Sie mir, hochverehrter Freund, bestimmt vor, welche Worte ich Ihnen schreiben soll, damit Sie davon Gebrauch machen können."

Das Verhältniss Humboldt's zu Dänemark ward im Juni 1845 durch einen viertägigen Besuch in Kopenhagen noch freundlicher gestaltet; er redete „aus einem Fenster" die nordische Jugend in einigen prächtigen Sätzen zum Ruhme ihrer Nation und ihres Fürsten feierlich an.[2] Auf der Hinfahrt über die Ostsee wäre er, als er nachts auf dem Deck mit dem Könige das Spiel der Wellen im Mondlichte betrachtete, bei einem Haar ins Wasser gestürzt. „C'eût été une très-belle manière", schreibt er fröhlich an Arago, „de sortir de la vie et d'être prudemment quitte du second volume du Kosmos." Er kam mit einer

[1] An Schumacher, 18. Mai 1843.

[2] Briefe an Varnhagen, Nr. 71; das Datum 1843 ist falsch; vgl. Tagebücher, III, 101, und besonders *De la Roquette*, II, 311.

Quetschung, einem acht Zoll langen „Moser'schen Contactbilde“ des Schiffsbordes davon.

In den Kreis dieser Bemühungen Humboldt's, den Königen eine Strasse, zwar nicht zur Wissenschaft selbst — das hielt auch er für unmöglich — wohl aber zur Anerkennung der Wissenschaft zu bahnen, gehört vor allem seine Thätigkeit als Kanzler des von Friedrich Wilhelm IV. im Jahre 1842 aus eigenem Antriebe gestifteten Ordens „pour le mérite“ für Wissenschaften und Künste. Er hat oft aufs lebhafteste jede Urheberschaft dabei abgelehnt und an manchen schwachen Seiten der Institution freimüthige Kritik geübt, dennoch aber entsprach vieles daran so völlig seinen gewohnten Anschauungen über die Nothwendigkeit äusserer Repräsentation der Mächte des Geistes, dass wir etwas ausführlicher darauf eingehen müssen. Humboldt war selbstverständlich theoretisch von der Lächerlichkeit der modernen Orden durchdrungen. Die eigenen trug er nur wo es durchaus erforderlich war [1]; bei Dedication von Büchern oder Kartenwerken, die er überhaupt höchst ungern annahm [2], verbat er sich entschieden die Aufführung seiner „Ordenshieroglyphen“ [3]; seiner Spöttereien über die Menschen, die sich durch „Glasknöpfe, Pfauenfedern und Bänder aufregen“ liessen [4], über Berzelius' reiche Decorationen — „une voye lactée de crachats aux deux hémisphères“ [5] — u. dgl. m. ist Legion. Trotz alledem hielt er, wie die Welt einmal sei, die Ordenszeichen für ein nothwendiges Uebel. „Zwischen unsern albernen Orden und der Intelligenz“, schreibt er an Jacobi, „besteht eine innere Irrationalität, etwas Unberechenbares, d. h. Unvernünftiges. In diesem Zustande der Unvernunft können in einzelnen Fällen verschiedene äussere Motive geltend werden, z. B. Einfluss auf die Meinung, Belebung

---

[1] Vgl. Briefwechsel mit Berghaus, III, 317.
[2] *De la Roquette*, I, 171.
[3] Briefwechsel mit Berghaus, II, 285.
[4] Briefe an Varnhagen, Nr. 68.
[5] *De la Roquette*, II, 304.

des Enthusiasmus für die Wissenschaft." — „Sie müssen", sagte er ein andermal zu Berghaus, dem er für seinen „Physikalischen Atlas" durchaus einen russischen Orden verschaffen wollte, „Sie müssen doch auch auf der andern Meinung etwas geben, die freilich verworren genug ist, das Verdienst nach einem äussern Zeichen, einem Bändchen, Kreuzchen u. dgl. zu beurtheilen. Eben dieser Schwachen wegen wünsche ich, dass Sie sich meiner Ansicht anschliessen mögen. Auch Ihrer Familie sind Sie es schuldig, Ihren Kindern, die, der heutigen Generation angehörend, nichts von der Einfachheit der Anschauungen wissen, die unter den Gelehrten gäng und gebe waren, als ihr Vater seine Laufbahn betrat." [1] Ohne Zweifel liegt diesem Urtheil über die im Verlaufe der ersten Hälfte unsers Jahrhunderts zunehmende Werthschätzung solcher Aeusserlichkeiten wenigstens in Bezug auf die deutschen Gelehrten eine Wahrheit zu Grunde. Unsere Forscher, und die Naturforscher insbesondere, hatten allmählich in der öffentlichen Meinung den hervorragenden Rang eingenommen, der vordem den Häuptern unserer Poesie und Literatur zuerkannt ward; kein Wunder, dass das Bedürfniss rege ward, diesen ihren Rang auch äusserlich deutlich zu kennzeichnen; Orden und Titel, die sie selbst wol in den seltensten Fällen begehrten, mussten sie am Ende wie etwas Unvermeidliches, Selbstverständliches über sich ergehen lassen. Alexander von Humboldt hat nun während eines langen Lebens am Hofe nach Kräften beigetragen, diese Entwickelung zu fördern, zahllose Verleihungen von Decorationen sind von seiner Anregung ausgegangen. Was er dabei im Sinne hatte, war vornehmlich eine Anleitung des Urtheils der Regierenden; indem er sie zu einer an sich ziemlich werthlosen Belohnung geistiger Verdienste bestimmte, hoffte er sie an wirkliche Schätzung und gelegentliche reellere Unterstützung der so Ausgezeichneten zu gewöhnen. Bei diesen Anschauungen konnte ihm nicht gleichgültig sein, dass Friedrich Wilhelm IV., in dem sichtlichen Bestreben, als

---

[1] Briefwechsel mit Berghaus, III, 313.

ein Friedrich der Grosse in Kunst und Wissenschaft aufzutreten, im Frühling 1842 die Friedensklasse des Ordens pour le mérite für „allgemein berühmte Gelehrte und Künstler aus ganz Europa“ ins Leben rief.[1]

Humboldt ward lebenslänglich zum Kanzler des neuen Ordens ernannt und hatte deswegen gleich anfangs mancherlei Verdruss, theils durch die Verhandlungen, die er wirklich darüber führen musste, theils wegen der Verantwortung der für die ersten Ernennungen getroffenen Wahl, die man ihm irrigerweise aufbürdete. Er war zwar mit den Ministern Eichhorn, Thile und Savigny berufen worden, die Liste der Ritter „zusammenzubrauen“, allein der leidenschaftliche und kraftvolle Einfluss des Königs drang dabei meist entscheidend durch; er zeigte sich dabei, abweichend von den Ministern, nach Humboldt's Urtheil „über alle kleinlichen politischen und aristokratischen Nebenansichten erhaben“. Mit Sanskritbuchstaben — „eine Gewohnheit des heitern Fürsten, damit man die offenen Blätter seines Tisches nicht leicht lese“ — hatte er selbst die erste Liste aufgesetzt. Humboldt hatte von dem ganzen Plane, den er übrigens gegen Gauss als einen edeln Gedanken rühmt, „den intellectuellen Ruhm des gegenwärtigen und der künftigen Jahrhunderte an den Ruhm des grossen Friedrich anzuknüpfen“, hauptsächlich deshalb abgerathen, weil er „vorhersah, dass alle nicht Ernannten mit Krallen auftreten würden“. In der That erhielt er „einige naiv grobe Briefe von seiten der Nichtbeliehenen“. Berühmte Namen verschwanden noch in den letzten Tagen wieder von der Liste, weil man „den leidigen Entschluss fasste, statt 46 (gleich der Zahl der Regierungsjahre Friedrich's II.) nur 30 zu ernennen. Viele Stühle wurden umgekippt. Hinc illae lacrimae!“ Humboldt lobt besonders, dass der König „aus Liebe

---

[1] Vgl. zur Geschichte des Ordens: Briefe an Varnhagen, S. 120—22, 176, 207, 218. *Varnhagen*, Tagebücher, II, 295, 303, 358. Briefe an Bunsen, S. 52, 55, 57, 58, 61, 145, 146, 154, 155, 157—60, 162. — Ueber nichts ist der ungedruckte Briefwechsel Humboldt's an Notizen reicher.

zu Friedrich dem Grossen, dem die Theologie eine Mythe war, die Theologie ausgeschlossen" habe. „Man kann", schreibt er an Bunsen, „in solchen Listen ausser Metternich und Liszt vertheidigen wer darauf steht, man kann rühmen, dass die Ernennungen ohne alle Hinsicht auf politische und religiöse Meinungen, also in der edelsten Unabhängigkeit gemacht sind, man kann aber nicht Gründe angeben, warum wichtige Geister in Wissenschaft und Kunst übergangen sind." Ihm, der mit allen diesen Geistern so oft die wärmsten Versicherungen der Freundschaft und der Verehrung gewechselt, musste es in der That grosse Verlegenheit bereiten, wenn sie sich nun durch ihn, der doch einmal für den geistigen Berather des Königs galt, empfindlich getäuscht glaubten. Besondere Schwierigkeiten waren in England zu überwinden, da das britische Gesetz das Tragen ausländischer Orden verbietet. Doch liess sich selbst Herschel, der, wie später Macaulay, anfangs Bedenken deswegen erhoben, die Verleihung ohne die Pflicht, den Orden wirklich anzulegen, gefallen, Robert Brown und Faraday zeichneten sich sogar in die Listen der Royal Society als Ritter ein, „aus kindlicher Eitelkeit jeder Gefahr trotzend", wie Humboldt spottend bemerkt. Für die Wahlen auswärtiger Ritter setzte dieser übrigens alsbald durch, dass sie vom Vorschlage der berliner Akademien der Wissenschaften und Künste abhängig gemacht wurden, „damit nach seinem Tode das Institut nicht durch Einfluss der Hofleute erniedrigt werde". Ebenso wachte er zeitlebens sorgfältig darüber, dass nie an den Statuten oder dem einfachen äussern Zeichen gerüttelt werde. „Sie ahnen", schreibt er an Bunsen, „wie leicht der Gedanke von verschiedenen K l a s s e n, S c h l e i f e, viertel-, halb- und dreiviertelgrossen Männern entstehen könnte, pathologische Zustände, die bei andern Orden so viel Hass und Neid erregen, besonders wo (wie beim Rothen Adlerorden) die Schleife!!! «d a s R e i t e n m i t H i n d e r n i s s e n» erst nachträglich erfunden worden ist."

Neben dem Schmerze der Versäumten hatte Humboldt gleich anfangs auch die Freude, den Dank der Beliehenen entgegenzunehmen. „J'accepte", schrieb Arago, „parceque c'est bien au-dessus d'un ordre, c'est une vaste académie européenne." — „Après Dieu", heist es enthusiastisch in dem Dankschreiben Ingres', „quel plus digne appui pour la gloire de ce grand prince, que la vôtre, Monsieur le baron, due aux travaux courageux de la plus belle et rare intelligence de notre époque!" Auch Metternich, den der König, wie Humboldt meinte, hauptsächlich deshalb gewählt, um seine Kritik verstummen zu machen, zeigte sich sehr artig. Mit angemessener Bescheidenheit unterwarf er sich bei den Wahlen stets der Autorität des Ordenskanzlers. „Vous connaissez la pleine confiance", schreibt er am 16. Mai 1853 bei solcher Gelegenheit, „que je place dans les choix que sait faire le Roi pour l'entretien de l'institution que son génie a su appeler à la vie. Mon vôte ne peut être entendu que comme celui d'un humble serviteur des serviteurs des sciences; c'est en le soumettant à une bien autre autorité que je crois lui donner de la valeur. L'ambition, mon cher baron, soit se cacher sous bien de masques; pardonnez-moi celui dont se couvre la mienne!" [1] Humboldt, der bis in seine letzten Jahre hinein nicht unempfänglich war für den Reiz der geistreichen, wenn auch entschieden leichtfertigen, man möchte fast sagen schäkernden Correspondenz seines alten Studiengenossen, hat übrigens die nach seinem eigenen Urtheile nicht zu vertheidigende Auszeichnung Metternich's gegen den berliner Spott doch einmal ernsthaft vertheidigt, indem er darauf hinwies, dass der Staatsmann der Reaction sich niemals der Pflicht entzogen habe, die Wissenschaft zu schützen.

Auch im Laufe der Jahre hat Humboldt noch oft betheuert, dass die ganze Institution des Ordens pour le mérite „sein Ur-alter nicht eben verschönert" habe. Mit Feuereifer zwar warf er sich, nicht anders als bei akademischen Wahlen, bei jeder eintretenden Ordensvacanz in die rührigste Agitation. Er rühmt sich hocherfreut, wenn er „um den Glanz des Ordens zu sichern,

[1] Vgl. Briefe an Varnhagen, Nr. 98, 122.

etwas Wichtiges zu Stande gebracht" hat. Aber diese Arbeit kostete gar viele Mühe. Nicht selten war dabei auf die Wünsche des Königs Rücksicht zu nehmen, wenn sich dieser auch in der Regel eigentlicher Initiative enthielt. Allein auch das Wühlen unter den Rittern selbst war nicht immer mit Erfolg gekrönt; Humboldt beschwert sich wol einmal bitter, dass ein Candidat nur mit 13 Stimmen gewählt sei, während er 17 Briefe darum geschrieben, „also vier umsonst"! Selbst Gauss zwar ordnete bei einer geognostischen Wahl aus Artigkeit „mit grösstem Vergnügen seine sonstige Absicht Humboldt's Wunsche unter", und mit Boeckh, dessen Rath für philologische Wahlen dieser übrigens selbst gelegentlich einholte, liess sich doch unterhandeln. „Hangen Sie sehr fest an Lobeck", schreibt ihm einmal unser Freund, „soll ich Sie heimlich schwankend machen und verführen?" Wilhelm Schadow bat sogar nach dem Tode Buch's kurzweg um „die Parole" und fügte mit feiner Entschuldigung hinzu: „Bei einer künstlerischen Vacanz hat man nicht mal die Genugthuung, Ew. Excellenz einen Gegendienst zu erzeigen, und es bleibt einem nur der Trost, dass es auch nur Einen Mann in der Welt von so universeller Urtheilskraft gibt." Aber nicht alle Mitglieder dieses geistigen Areopags räumten so bereitwillig die Unzulänglichkeit ihrer Entscheidung über Leistungen auf ihnen selber fremden Gebieten ein, und nur allzuhäufig hatte Humboldt den „Unverstand" zu beklagen, „dass man Astronomen durch Bildhauer, und Maler durch Geologen wählen lasse, und das eine freisinnige Institution nenne." — „Wie wenig sind sogenannte geistreiche Männer Deutschlands", beschwert er sich bei Boeckh, „von dem Sinne und dem Zwecke eines Instituts durchdrungen, das in geringer Zahl die grössten Illustrationen, d. h. doch die anerkanntesten Europas umfassen soll, wenn ich eben für Kunth einen Stimmzettel von Jakob Grimm empfange, der den Bibliothekar Andreas Schmeller wählt «wegen seiner vier Bände eines vortrefflichen bairischen Wörterbuchs»! Ich seufze." Auch Rückert's Wahlzettel: „Justus Liebig, Professor in Giessen, als ausgezeichneten deutschen Stilisten, und Dr. Ludwig Uhland

Prof. in Tübingen, als deutschen Alterthumsforscher" — reizte Humboldt zum Lächeln; entschieden ungehalten aber zeigte er sich darüber, dass „Schelling sein Wort für Liebig zurücknahm, weil sein Schwiegersohn, Landwirth, sich über Liebig's stinkenden und ganz unwirksamen künstlichen Guano beschwerte. O Logik!!"

Noch unwilliger ward Humboldt gestimmt durch die Wahlenthaltung einzelner Mitglieder. „Ihre Wahl mit 17 Stimmen", schreibt er am 15. Aug. 1855 an Dirichlet, „ist einstimmig gewesen, denn Sie haben alle zugekommenen Stimmen gehabt, weil dieses mal wieder 12 Ritter sich unritterlich benahmen, nicht geantwortet haben, echt deutsche unheilbringende, vielerklärende grobe Gleichgültigkeit. Es ist der einzige Orden in Europa mit freier Wahl, in dem man sich selbst ergänzt, und von 30 Mitgliedern, stimmfähigen der liberalsten Institution, nehmen 12 (fast die Hälfte) gar kein Interesse an dem Glanz derselben, sind sogar so stumpf, weil es unbequem ist, nicht aus Hass zu stimmen, um intime Feinde und Gegner abzuhalten." Gleiches Leidwesen bereitete ihm regelmässig die berliner Akademie, deren Mitglieder als solche, wie bereits erwähnt, für die auswärtigen Wahlen zu dem Orden ein Vorschlagsrecht erhalten hatten. „Blos um einem Könige sehr höflich erbetenen wissenschaftlichen Rath zu entziehen", klagt er Jacobi, „will ein Fünftel unserer Akademie in grossartigem catonischen Puritanismus mit dem Orden nichts zu thun haben." Auch für diese akademischen Wahlen entwarf er ordentliche Listen und liess sie durch Freunde verbreiten. „Sprechen Sie es aber ja nicht als einen von mir geäusserten Wunsch aus.", schreibt er der Vorsicht halber darüber an Boeckh. So betrachtete er, allerdings durch seinen unvergleichlichen Umblick über so viele geistige Gebiete, wie Schadow's oben citirtes Wort richtig hervorhebt, dazu einigermassen berechtigt, den Orden beinahe als eine von ihm selbst zu verleihende Ehrenauszeichnung. Oder kann man es anders auffassen, wenn er Boeckh einmal die Wahl Hammer-Purgstall's mit der Motivirung empfiehlt: „Er ruht schwer auf meinem Gewissen; ich suche Versöhnungsmittel, ehe ich ihm wo anders hinter einem Gewölk begegne"? Gegen einen berliner Physiker hatte er sich oft förmlich entschuldigen zu müssen geglaubt, indem er ihm vertröstend sagte: „Sie bekommen einst diese meine eigene Decoration." Und wenn er dann wieder Raumer's völlige Wahlniederlage gegenüber Ranke aus politischer Sympathie lebhaft beklagte, vergass er da nicht seinem eigenen Standpunkte zu Liebe das Princip der Nichteinmischung politischer und religiöser Rücksichten, das er am Könige bei den ersten Ernennungen so warm gelobt hatte? Gerade diese Neigung, durch Verleihung des geistig vornehmsten aller Orden auch gelegentlich politisch zu demonstriren, sollte sich jedoch einmal an ihm hart bestrafen, wir meinen in dem berühmten Falle der Wahl Uhland's.

Schon frühzeitig hatte, abgesehen von den Zögerungen der Engländer, der Orden eine principielle Zurückweisung erfahren: Manzoni lehnte 1844 die Annahme desselben ab, weil es eine Individualität seiner Gemüthsstimmung sei, keine Orden zu tragen. Humboldt musste daher seinem überaus schmeichelnden Schreiben — er versäumte nie, über seine Kanzlerpflicht hinaus den Gewählten ihre Ernennung in individuell fein berechneten Briefen anzuzeigen — ein zweites mit der dringenden Bitte nachsenden, „de ne pas renvoyer une décoration qu'un roi admirateur de Vos créations poétiques et de Votre belle patrie s'était fait une grande joie de Vous offrir". Auf die Bedingung hin, den Orden nicht wirklich anlegen zu müssen, verzichtete Manzoni auf die Rücksendung und ersparte so Friedrich Wilhelm IV. und Humboldt äusserlich die Verlegenheit, Wahl und Ernennung zurückzunehmen. Man führte seinen Namen in der Liste fort, und die Sache machte nur geringes Aufsehen.[1] Um so grösseres erregte die entschiedene Weigerung Uhland's, den durch Tieck's Tod 1853 erledigten Orden entgegenzunehmen. Von Boeckh war die erste Anregung zur Aufstellung Uhland's

[1] Manzoni's zweite Antwort s. Briefe an Varnhagen, Nr. 114; der übrige Briefwechsel ungedruckt. Vgl. indess Briefe an Bunsen, S. 158—59.

ausgegangen; Humboldt hätte Raumer, „Tieck's wärmsten Freund", vorgezogen, fürchtete jedoch, ihn nutzlos zu compromittiren, und forderte daher Boeckh auf, gemeinsam für Uhland zu wirken, um dessentwillen er selber soeben an Boeckh habe schreiben wollen. Am 3. Oct. 1853, sechs Tage nach dem ersten Entschlusse, kann er schon von eifriger Stimmenwerbung berichten: „Ich lächle über meine Liebe zu Aeschylus-Uhland, die ich mir selbst nicht kannte. Ich schreibe den neunten Brief für ihn — und das ist also das Grösste, was die deutsche Dichterwelt nach dem Gestiefelten Kater aufweisen kann!" Bei diesen verzeihlichen Zweifeln an der Grösse von Uhland's dichterischem Genius war es der Umstand, dass dieser bei der herrschenden Reaction politisch „persona ingrata" war, was Humboldt besonders für die Wahl interessirte. „Ihnen, mein edler Freund", schreibt er am 27. Nov. an Boeckh, „der Sie den freien deutschen Gedanken zuerst gehabt, melde ich, was Sie freilich vermuthen konnten (da ich neun Briefe geschrieben), dass Uhland mit 16 Stimmen von 22 gewählt worden ist.... Als ich es jetzt eben dem König sagte, erwiderte er: «Eine schöne Wahl, mir sehr angenehm.» Ich bin zwar fest überzeugt, dass, wenn man den König später beunruhigte, ich doch obsiegen würde — doch bitte ich Sie, auch von Ihrer Seite noch nicht an Uhland zu schreiben, nur in geselliger Einkehr die Ernennung als «sehr gebilligt» zu bezeichnen. Sie wird einen sehr guten Effect bei den Deutschen, d. h. verständig gesinnten machen." Er bittet dann mit dem Witzworte: „Ein Titel ist ein Henkel," das er gern gebraucht, um Uhland's Titel, damit er ihm selber seinerzeit die Wahl anzeigen könne. Am 5. Dec. um 1 Uhr mittags kam die Ernennung zum Vortrag im Cabinet des Königs, sie erfolgte „nicht ohne alle Einwendung". Um 6 Uhr schrieb Humboldt „einen zärtlichen Brief" an Uhland [1], um ihm zu melden, dass „ein so lange von ihm selbst gehegter, oft öffentlich ausgesprochener

[1] Der Briefwechsel zwischen Humboldt und Uhland ging im November 1865 durch die deutschen Zeitungen.

Wunsch endlich erfüllt worden sei. Er habe sich die Freude nicht versagen wollen, Uhland die Huldigung zu erneuern, die hoher geistiger Begabung zum Liede, tiefem dichterischen Gefühl, und edler Freiheit der Gesinnung im öffentlichen Leben so gern gezollt werde." Nur zwei Stunden, nachdem diese Worte geschrieben, traf der merkwürdige Brief Uhland's vom 2. Dec. ein, in dem er auf das Gerücht von seiner Wahl hin „unrückhaltig" den Eintritt in eine solche „zugleich mit einer Standeserhöhung verbundene Ehrenstelle" verweigerte, weil er dadurch mit literarischen und politischen Grundsätzen, die er nicht zur Schau trage, aber auch niemals verleugnet habe, in unlösbaren Widerspruch gerathen würde. „Dieser Widerspruch", fügte er edelsinnig hinzu, „wäre um so schneidender, als nach dem Schiffbruche nationaler Hoffnungen, auf dessen Planken auch ich geschwommen bin, es mir nicht gut anstünde, mit Ehrenzeichen geschmückt zu sein, während solche, mit denen ich in Vielem und Wichtigem zusammengegangen bin, weil sie in der letzten Zerrüttung weiterschritten, dem Verluste der Heimat, Freiheit und bürgerlichen Ehre, selbst dem Todesurtheil verfallen sind, und doch, wie man auch über Schuld oder Unschuld urtheilen mag, weder irgendein einzelner noch irgendeine öffentliche Gewalt sich aufrichtig wird rühmen können, in jener allgemeinen, nicht lediglich aus kecker Willkür, sondern wesentlich aus den geschichtlichen Zuständen des Vaterlandes hervorgegangenen Bewegung durchaus den einzig richtigen Weg verfolgt zu haben." Uhland erkannte dabei ausdrücklich den politisch parteilosen Standpunkt des Ordenskapitels an, aber seine Ueberzeugungen liessen ihm keine Wahl.

Das gab eine aufgeregte Nacht für Humboldt. Schleunigst schrieb er an den Cabinetsrath Illaire, er möge die Ernennung dem Könige vorläufig nicht zur Unterschrift vorlegen. Sodann verfasste er einen in seiner Art meisterhaften Brief an Uhland, um ihn womöglich umzustimmen. Alles, was sich irgend nach liberaler Seite hin für den Orden sagen liess, ist darin mit grösstem Geschick herausgehoben und eindringlich vorgetragen.

Die republikanische Gesinnung Arago's und Melloni's, der „vormals Präsident della giunta revoluzionaria in Parma" gewesen, die Nachgiebigkeit Manzoni's, die Ernennung Thomas Moore's, „der die heilige Allianz so gewaltig in Versen verspottet hatte", die freisinnige Form der Wahl durch die Ritter oder Akademiker, die Hoffnung, bald auch im freien Amerika Mitglieder zu zählen, Humboldt's eigene „unveränderte Anhänglichkeit an freie Institutionen", die durch seine Schriften seit den Tagen der ersten französischen Revolution und seine Freundschaft mit Forster bezeugt sei, alles das zieht in lebendigen Bildern am Auge des Lesers vorüber. Auch an Artigkeit für den „edeln Mann", an den der Brief gerichtet ist, fehlt es nicht. „Wer möchte", heisst es, „bei dem gefeierten, schönen, mit dem Andenken an die grosse Zeit des Befreiungskriegs so eng verwandten Namen Ludwig Uhland an die Mythe von Standeserhöhung und Ritterthum denken? Erfüllen Sie meine Bitte; es ist mir manches geglückt im Leben. ... Sollte ich nicht einiges Recht haben, Sie zu bitten, meiner zu gedenken, des Labyrinths von Verlegenheiten, in welches Sie mich setzen, der es nicht um Sie verdient! Ich ehre über alles den strengen catonischen Sinn, auf Verhältnisse angewendet, in denen er fruchtet und deren Werth er erhöht. Was ich gegen Sie unvorsichtig zu schützen wage, gehört einem andern Gebiete an." In der nämlichen Nacht noch erging ein dritter Brief an Boeckh, ein „Angstgeschrei über die Verlegenheit, in die uns die catonische Grille des Rumpfparlamentsglieds setzt". „Hätten Sie diese Besorgniss gehabt", schreibt er dem Freunde, nicht ohne stillen Vorwurf, „als Sie mir die Idee vaccinirten, als ich mich lächerlich gemacht habe durch 10—12 Werbebriefe an Maler und Musikanten, als ich den König abgehalten, sich nicht durch den würtembergischen Gesandten über den Grad der politischen Aufregung des Mannes berichten zu lassen? Sie und ich, theuerer Freund, besorgten nur den Widerwillen des Königs; der Gedanke war uns fremd, dass der, für den wir alle diese Schritte thaten, uns in solche Verlegenheit setzen würde. ... Mein Brief wird diese Nacht abgehen, aber ich zweifle, dass ich Uhland besiege, wie es mir mit Manzoni geglückt ist. Ich beschwöre Sie, theuerer Freund, ebenfalls morgen am Tage an Uhland zu schreiben. Unglücklicherweise hat König Max von Baiern eine photographische Copie unsers Ordens gemacht und Uhland auch ernannt. Diese Ernennung ist schon veröffentlicht. Hat nun Uhland vielleicht in dieser Stunde sich gegen Baiern schon auch öffentlich erklärt, so ist alles, was ich thue, vergebens. Noch lassen Sie uns ja diese ganze lächerliche Komödie verheimlichen.... Schicken Sie mir ja den Brief hierher zurück. Es ist mir selten etwas Widerwärtigeres geschehen. Hätten wir doch versucht, Fr. von Raumer durchzubringen; der wollte annehmen."

Andern Tags erfolgte ein neuer Brief an Böckh, der fast noch bitterer klingt: „Der Rückschlag auf die Gesinnung (Stimmung) des Königs wird um so verderblicher sein, als wegen der Antiunionswirren der robes noires man der freiern Partei holder war..... Wenn Cato Tubingensis in der Narrheit beharrt, wie werden wir das vor den König und vor den Orden zu neuer Wahl bringen?" Uhland aber beharrte; durch officielle Ablehnung des Maxordens hatte er sich inzwischen mit Bewusstsein und Absicht in die thatsächliche Unmöglichkeit versetzt, der berliner Wahl nachzugeben. Der Brief vom 10. Dec., in dem er dies Humboldt anzeigt, ihm für seine „unermüdete Güte" dankt und zugleich versichert, er selbst sei unschuldig daran, dass die Sache in die Zeitungen gekommen, schliesst mit den männlichen Worten: „Tief empfinde ich, dass es minder schwer ist, der Ungunst und dem Unrecht die Stirn zu bieten, als einer grossen und unerwarteten Begünstigung sich nicht entgegenkommend zu erzeigen; über alles drückend aber ist mir das Bewusstsein, dass Ihnen, edler, hochgestellter Mann, in dem Augenblicke, da Sie für die wohlwollendste, mit Aufopferung verfolgte Absicht nur Unlust und Verlegenheit ernten, mein inniger Dank, meine anhänglichste Verehrung nichts gelten kann." Humboldt nannte auch hiernach das Benehmen Uhland's im allgemeinen „unlogisch", da der Orden allem politischen Parteigeiste fremd sei. Doch fand er den Vorgang mit dem Maxorden entscheidend und suchte dem Könige die Sache von dieser Seite her zu erklären. „Ich habe dem Könige", sagt er, „das tugendhafte Ausschlagen melden müssen und ihm geschrieben, Lichtfreunde fürchten die bairische Nachteule, die, wenn ich den wachsamen Falken dazu abends ummache, meine Arbeit begünstigt." Auch nach aussen hin bemühte er sich, diese Auffassung zu verbreiten. „Die catonische Albernheit meines Lichtfreundes Uhland", schreibt er bald darauf an Dove, „ist mir recht unangenehm gewesen. Die bairische Nachteule, das Zeichen des Maxordens, hat ihn geschreckt." Nichts ahnend von diesen Witzeleien schrieb König Max um dieselbe Zeit — am 21. Dec. — eigenhändig an Humboldt: „Recht bald hoffe ich Ihnen, dem Heros deutscher Wissenschaft, meinen zur Ehrung derselben gestifteten Orden übersenden zu können, fleissig wird an Fertigung der Decorationen gearbeitet. Hier kann ich mit voller Ueberzeugung sagen: der Mann ist es, der den Orden ehrt. Mit alter Hochschätzung Ihr geneigter Max."

Der Leser fragt vielleicht, warum wir ihn mit an sich so geringfügigen Dingen so lange behelligt; allein einmal ist die Begegnung Humboldt's mit Uhland, wie sie in diesen Briefen erscheint, des „Hofdemokraten" mit dem charaktervollen Volksmanne, im höchsten Grade bezeichnend für unsern Freund: für das Endurtheil über eine Gesinnung, der das Leben — nach Humboldt's Lieblingsausdruck — nicht für eine „Bedingungsgleichung" gilt, welcher man sich nachgiebig einzuordnen habe, standen ihm nur Namen wie „catonische Albernheit oder Narrheit" zu Gebote. Dann aber nimmt, wie wir wiederholt hervorheben müssen, das Institut des Ordens pour le mérite in der letzten Lebenszeit Humboldt's einen so breiten Raum in seinem Denken und Thun ein, dass, während man ihn geistig am besten als Verfasser des „Kosmos" bezeichnet, äusserlich nichts so deutlich seine Stellung und Richtung darstellt als Würde und Amt eines Kanzlers dieses Ordens, welche ganz besonders für ihn geschaffen, ihm gleichsam auf den Leib gepassst erscheinen. Denn dass der innere Glanz selbstleuchtender Begabung, abgesehen von Licht und Wärme, die ohnehin belebend von ihr auf andere Geister ausgehen, sich in dieser Welt des Scheins auch in dem äussern Glanze von Ehre und Zier widerspiegeln müsse, das war seine Ueberzeugung, der das muntere Spiel allzeit reger Ironie doch nichts von ihrer Festigkeit abbrach. Wie oft hat man ihn einen König der Wissenschaft genannt! Er war es jedenfalls in dem verfänglichen Sinne, dass er die gröbern Begriffe des staatlichen Hoflebens, Lob, Lohn und Gnade, wenn auch in möglichst freien und milden Formen, in die Sphäre des Geistigen hinübertrug. Dass dadurch von Generation zu Generation die Sittlichkeit der wissenschaftlichen Arbeit überhaupt, insbesondere in Deutschland, wo sie bisher reiner erhalten war, immer ernstlicher gefährdet werde, solch ein Bedenken hat er nicht dauernd in sich aufkommen lassen. Recht zum Contraste, damit der Leser über trübern Eindrücken der dennoch edeln Natur unsers Helden nicht vergesse, knüpfen wir hier die Geschichte der Unterstützung Eisenstein's an, welche Gelegenheit gibt, Humboldt nicht blos als Gönner, als den ihn jedermann kennt, sondern als echten Wohlthäter im verborgenen wirken zu sehen.

Gotthold Eisenstein[1], jüdischer Herkunft, Sohn eines unbemittelten Kaufmanns in Berlin, zog 1843 als zwanzigjähriger Jüngling durch einen Aufsatz in *Crelle's* „Journal" die Aufmerksamkeit Humboldt's auf sein bedeutendes mathematisches Talent. Humboldt öffnete ihm sein Haus und suchte ihn auf jede Weise materiell durch Zuwendung von Geldmitteln, wie ideell durch Empfehlung an die grossen mathematischen Zeitgenossen und durch eigenen tröstenden Zuspruch zu fördern. Schon im Mai 1844 erwirkte er ihm beim Könige ein jährliches Gnadengehalt von 250 Thlrn. Am 14. Juni gab er ihm auf seine aus Bewunderung für Gauss unternommene „Pilgerschaft" nach Göttingen

---

[1] Einige Notizen in *Zimmermann's* Humboldtbuch, II, 39, 87; III, 63; sonst aus ungedruckten Briefen.

„die wärmste aller Empfehlungen" mit. Gauss sprach sich in rühmlichster Weise über die Begabung des Empfohlenen aus: „Es gibt mehrere Arbeiten des jungen Menschen", schrieb er bald darauf an Humboldt, „unter die ich mit Freuden meinen Namen setzte; sagen Sie Ihrem Könige, er gehöre zu den Talenten, deren in jedem Jahrhundert nur einige geboren werden". Humboldt gerieth darüber in den höchsten Enthusiasmus; „so gut ist es mir in meiner Jugend nicht geworden", sagte er sich im Innern, „von Friedrich Gauss so ausgezeichnet zu werden". Aber er „wusste sich der Freude anderer zu freuen"; wiederholt lud er Eisenstein zu sich, auch nach Potsdam herüber, und wusste, wenn die kärgliche Pension einmal ausgegangen war, den König zu bestimmen, aus seiner Privatchatoulle Vorschuss zu leisten. Ueber die moralische Würdigkeit Eisenstein's zu urtheilen ist nicht unsers Amtes, es genügt zu sagen, dass sie von seiten mancher bezweifelt wird; Humboldt aber ward durch die „Krankheit, Melancholie und Furchtsamkeit" seines Schützlings nur zum innigsten Mitleide gestimmt. Im Frühling 1846 bittet er, im Begriff bei Eichhorn auf eine Besoldung Eisenstein's als Privatdocenten mit 600 Thlr. anzutragen, Gauss um briefliche Unterstützung. „Es wird mir eine der grössten Freuden sein", ruft er aus, „die ich Ihnen je hätte im Leben verdanken können." Beglückt erfuhr er im Juli aus des Königs Munde, dass wenigstens für den Moment 500 Thlr. bewilligt seien, und ermahnte den jungen Freund, nicht bange zu sein wegen der Fortdauer, auch wenn die Ausfertigung auf bestimmte Jahre laute. „Möge diese Nachricht Sie aufheitern", setzt er hinzu, „Ihre fortgesetzte geistige Thätigkeit ist mir nicht zweifelhaft. Wie auch Ihr militärisches Drama ausfalle, werde ich Sie durch den Kriegsminister losmachen. Sie sehen, dass Sie nicht verlassen in der Welt dastehen." Dass diese Worte aus wahrer Empfindung quollen, beweist der folgende Brief vom 29. Oct. 1846, den wir als ein schönes Zeugniss gemüthvoller Theilnahme hier unverkürzt wiedergeben:

„Wie unendlich freue ich mich, mein theuerer lieber Eisenstein, dass Sie es endlich über sich gewonnen haben, sich mir wieder zu nähern und mir frei Ihr Herz auszuschütten. Diese Freude ist freilich mit schmerzlichen Gefühlen gepaart. Sie irren gewiss nicht, wenn Sie hoffen, dass ich Ihnen nicht blos anhänge, weil die Natur Sie mit so herrlichen Gaben des Geistes in frühem Alter ausgestattet, Sie sind meinem Herzen näher getreten durch Ihr stilles, sanftes, inneres, liebenswürdiges Wesen, durch den von mir früh geahndeten Ausdruck der Traurigkeit, die Sie ums Himmels willen nicht fortfahren müssen Herrschaft über Ihre andern Seelenkräfte gewinnen zu lassen. Sie sollen nicht fortfahren alles zu fliehen; den Glauben muss man tilgen, dass andere Menschen sich nicht um Sie kümmern wollen. Kommen Sie in den nächsten Tagen mich hier zu besuchen, mein theuerer Eisenstein. Trotz meines Uralters werden, ich weiss es, liebevolle Worte der Theilnahme Ihrem verödeten Herzen wohlthun. Zwingen Sie sich von jetzt an und den ganzen Winter, alle Wochen zu mir zu kommen. Ich werde für Sie immer Zeit haben. Wir müssen auf ableitende Mittel denken, also auf Zerstreuung durch Eindrücke, die Ihnen vielleicht fremd, ja feindlich sind (Ansicht der Kunstsammlungen, ernstes Schauspiel, Musik, Ansicht fremder Pflanzenformen im botanischen Garten), durch Zwang zu leichter, aber bestimmter Arbeit, Ausarbeitung eines Heftes zum neuen Collegium. . . . . Dass Sie jetzt, Ihrer Melancholie nachgebend, von der äussern bürgerlich-menschlichen Welt abgestorben leben, sehe ich daraus, dass Sie in Ihrem gestrigen, mir so theuern, vertrauungsvollen Briefe mit keiner Silbe Ihres hoffentlich glücklich abgemachten Militärwesens, der Aussicht zur Habilitation erwähnen. Die letztere wird Sie zu bestimmter Arbeit zwingen, Sie fesseln, zur Ueberwindung von kleinen Schwierigkeiten zwingen, mit einigen jungen Leuten in Contact bringen, die gern ausser dem Collegium zu Ihnen kommen werden. Plötzliche Veränderung des Aufenthalts kann ich nicht rathen. In der Fremde werden Sie der Wirklichkeit noch entfremdeter bleiben. Ein Zustand, wie jetzt der Ihrige, lieber Eisenstein (ich habe ihn früher mehrmals bei jungen Freunden erlebt), ist nicht von Dauer, nur gefährlich, wenn man die Schwäche hat ihn zu nähren, «sich den Freuden der Thränen hingibt». Kommen Sie recht bald vertrauungsvoll zu mir, zwischen 11 und 2 Uhr. Möchte meine herzliche Theilnahme an Ihrem Kummer (zu dem doch wol nicht mir unbekannte literarische Angriffe beitragen) Ihrem edeln Herzen wohlthun. Ich werde nicht schelten, Sie nicht unmännlicher Schwäche zeihen, ich werde Sie fühlen lassen, wie viel auch als Mensch Sie mir werth sind."

Im Frühling 1847 erwirkte Humboldt durch „einen langen Bericht über Eisenstein's grosses und so früh entwickeltes Talent wie über seine so rühmliche Thätigkeit in den schwierigsten Theilen analytischer Untersuchungen" vom Könige aufs neue die Gewährung einer zweijährigen Unterstützung, jedoch nur von 250 Thlrn. jährlich. In liebenswürdigster Weise verbat er sich allen Dank dafür, tröstete seinen Schützling über die Geringfügigkeit der Summe, die sich leicht durch Eichhorn auf 300 Thlr. erhöhen und nach zwei Jahren weiter bewilligen lassen werde. „Meine Lebensrechnung", setzt er hinzu, „wird dann freilich längst abgeschlossen sein, aber es soll mich freuen, Ihnen dies so kleine Zeichen meiner freundschaftlichen Hochachtung haben geben zu können. Möge der Himmel Ihnen die Bescheidenheit und Lebenstüchtigkeit erhalten, die jetzt Ihrem Charakter eigenthümlich sind, möge er Ihnen auch Heiterkeit des Gemüths und einen muthigen Blick in die Zukunft schenken, die zum intellectuellen Schaffen so nothwendig sind."

Im Verlaufe des Jahres bemühte sich Humboldt dann, Eisenstein, den er leider „von den berliner mathematischen Grossmächten wenig gepflegt" sah, einen Lehrstuhl in Heidelberg zu verschaffen. Er liess sich dazu von dem jungen Manne brieflich Angaben über seine Arbeiten machen und ward selbst durch die Anmassung, die dieser dabei enthüllte, in seinem guten Willen nicht irre. „Ihr Brief", schreibt er väterlich zurechtweisend, „endigt mit Worten, die mir nicht gefallen können, wenn Sie sie nicht im Scherz gesagt: «Ich hoffe natürlich durch die Eigenschaften, die ich an diesen Formeln entdeckt, ein zweiter Newton zu werden!!» So etwas sagt man ja nie von sich selbst. Glücklicherweise steht es in einem Briefe an mich. Ich schreibe gewiss morgen nach Karlsruhe und werde Sie nicht einen Newton nennen, was den Eindruck meines ganzen Briefes vernichten würde." Eine Erhöhung des preussischen Gnadengehalts hielt Humboldt nun während der obschwebenden Unterhandlungen in Baden für schädlich. „Ich werde mit Freuden", schreibt er Eisenstein am 12. Aug., „in den ersten Tagen des Monats April Ihnen aus eigenen Mitteln diese 50 Thlr. geben. Sie müssen mir das schon erlauben. Sollte es glücken, Ihre Lage durch einen Ruf in die Fremde zu verbessern, so wird von strengen Richtern wegen der Pension des Königs schon einiger Tadel entstehen. Es ist besser, gerade jetzt dem Tadel nicht neue Motive zu geben. Rechnen Sie also für diesen kleinen Zuschuss allein auf mich, und thun Sie jetzt keinen Schritt bei dem Ministerium." Die Aussicht für Heidelberg ging indessen leider verloren.

Dass Humboldt Wort hielt und im folgenden Frühjahr, nicht zufrieden damit, dem nothleidenden Talent durch sein mächtiges Fürwort fremde Hülfe zugewandt zu haben, ihm auch in der zartesten Weise mit seinen eigenen, verhältnissmässig überaus beschränkten Mitteln beisprang, geht aus folgenden Zeilen vom 10. März 1848 hervor: „Ich habe das letzte mal, mein theuerer Eisenstein, Sie nur auf so wenige Augenblicke gesehen, dass ich es für nicht anständig hielt, von meiner Besorgniss zu reden, dass Sie in finanziellen Verlegenheiten sein könnten. Solche Sorgen möchte man einem schönen, ernsten Talente, wie das Ihrige ist, gern mindern. Ich kann eine immer nur unbedeutende Hülfe anbieten und thue es mit Freuden. Schreiben Sie mir, wenn Sie zu Hause sind, gleich, wo nicht morgen mit der Post, dass der Schatz in Ihre Hände gekommen ist."

Es folgten Revolution und Reaction, welche letztere auch in eine „pecuniäre Reaction" gegen die Compromittirten ausartete. Wie Jacobi und Massmann ward auch Eisenstein wegen politischer Umtriebe von 500 Thlr., die er wahrscheinlich Ostern 1848 abermals bewilligt erhalten, wieder auf 300 Thlr. herabgesetzt, „trotz aller humilianten Visiten und Briefe, zu denen sich Humboldt erniedrigte". Wir sind in der Lage, einen solchen an Johannes Schulze gerichteten Brief mitzutheilen; er ist am 4. April 1849 geschrieben, nachdem die Weiterbewilligung der Pension momentan sogar gänzlich unterblieben war. „Verehrungswerther Freund!" lautet das charakteristische Schreiben, „eine uralte Stimme, die lange, lange nicht zu dem Ohre eines vieljährigen Freundes geklungen hat, lässt einen tiefern Eindruck. Ein kleines Unwohlsein und die politischen Bedrängnisse der Zeit, die mich erfolglos und darum oft wehmüthig beschäftigen, hindern mich, Sie heute zu besuchen; gestatten Sie mir also den Muth, Ihnen des blutarmen, talentvollen Eisenstein's Angelegenheit, die mich ernsthaft bewegt und für dessen seltenen wissenschaftlichen Werth ich mich auf Zeugnisse von Gauss, Dirichlet und Cauchy berufen kann, aus vollem Herzen zu empfehlen. Seine pecuniäre Unterstützung hat mit dem 1. d. M. aufgehört. Ich flehe bei Ihnen um Hülfe, sei es auch nur aus Liebe für mich, den Aeltesten derer, welche wissen, was Sie in verhängnissvollen, verfolgenden Zeiten für die Rettung geistiger Freiheit gethan. Stände ein Mann jetzt auf, ein Staatsmann wie Wilhelm von Humboldt! Wie klein und kalt und nichts umfassend und den Bösen das Ohr gebend ist alles um uns her in so ernster Zeit! Mit alter Verehrung Ihr A. von Humboldt."

Mit grosser Mühe gelang es unserm Freunde dennoch nur, aus den Fonds des Cultus- und Finanzministeriums zusammen den geringern Satz von 300 Thlr. für dies Jahr wieder herzustellen. Auch die Akademie sowie die Freunde Gauss und Dirichlet wurden fruchtlos angegangen. Humboldt empfahl Eisenstein an, Gauss doch ja zum funfzigjährigen Doctorjubiläum zu gratuliren. An Dirichlet sandte er, auf dessen „Edelmuth bauend", einen lobenden Brief von Gauss über Eisenstein. „Man stellt Ihren Schüler Ihnen so nahe!" fügt er hinzu. „Das ist der Lauf der Welt, der eigentlichen Geisterwelt. Wie viele habe ich als

Kinder gesehen, die jetzt über mir stehen und deren Arbeiten leben werden, wenn mein Ruf längst verschollen ist!"

Das Jahr 1850 ward mit neuen Versuchen erfüllt, „die elende provisorische Existenz, die Eisenstein von einem Ostern zum andern fortschleppte", in eine auf die Dauer gesicherte zu verwandeln. Sobald Jacobi's später rückgängig gemachter Entschluss, nach Wien zu gehen, bekannt ward, schlug ihn Humboldt an dessen Stelle zum Professor „mit einer anständigen Besoldung vor", ebenso später zum Ersatz für Dirksen. Da sich beide Hoffnungen zerschlugen, blieb wieder nur der Weg privater Unterstützung übrig. In diese Zeit scheinen folgende undatirte Briefe zu gehören: „Ihr Brief, mein theuerer Eisenstein, hat mich sehr betrübt, mir aber nur vergewissert, was ich ohnehin voraussetzen musste. Ich werde neue Schritte bei Minister Ladenberg thun, auch von Dirichlet erfahren, durch wen ich das Geld bei der Akademie flüssig machen kann. Aber das alles ist nicht heute, nicht morgen fertig. Es muss Ihnen früher eine Erleichterung werden, und eine kleine von Freundeshand können Sie nicht ausschlagen. Versprechen Sie mir, morgen Donnerstags um 1 Uhr zu mir zu kommen, um 50 Thlr. zu empfangen, aber ohne dass es Ihnen eine schmerzliche Empfindung erregt." Und ein andermal: „Ich hatte seit Wochen an die Verlegenheit gedacht, in welche langsame Ausfertigung im Ministerium Sie versetzen könnte. Ich habe 100 Thlr. für Sie deshalb bereit gelegt, und beschwöre Sie recht unbefangen die kleine Hülfe anzunehmen." Humboldt ergründete jetzt auch im Laufe der Unterhandlungen mit Ladenberg bestimmt, was bisher nicht offen gesagt worden war, dass „politische Vorurtheile geschadet" hätten; „und da", sagt er mit milder Ironie, „unsere constitutionellen Freiheiten wenig durch Ihre Mitwirkung, theuerer Eisenstein, gefördert sind, so ist mir eine solche Erkältung recht unangenehm." Er verabredete nun mit Ladenberg, dass Eisenstein einen höflichen Brief ans Ministerium richten solle, den er selbst mit einigen Erläuterungen über die seinem Clienten gemachten Vorwürfe und mit der Versicherung begleiten wollte, dass dieser ganz mit der „unpolitischen“ Theorie der Zahlen beschäftigt sei. Durch diese Manöver und durch die geschickte Verbreitung neuer Aussprüche von Gauss über Eisenstein, „als ein Talent erster Ordnung“, wusste Humboldt wenigstens den trübseligen Statusquo zu erhalten. „Ich bin in solchen Fällen“, schreibt er ohne Uebertreibung an Joh. Schulze, „zu allen mir widrigen Schritten immer bereit.“

Jacobi's Tod im Frühjahr 1851 bot Anlass zu neuen Bemühungen Humboldt's für „den armen Eisenstein“. „Es ist in mir die Frucht einer langen, oft getrübten Lebenserfahrung“, schreibt er am 20. Febr. an Joh. Schulze, „jede Pflicht für die Wissenschaft einzeln erfüllen zu wollen, und wenn mir eben etwas ganz misglückt ist, ebenso lebendig einen neuen Versuch zu machen. In dem tiefen Schmerze, den ich über Jacobi's Hinscheiden empfinde, ... ist meine ganze Aufmerksamkeit auf Eisenstein gerichtet, der mit seiner Mutter“ — Humboldt verschweigt wiederholt, dass der Vater noch am Leben und erwerbstüchtig war — „nach 200 Thlrn., die man ihm entzogen, von 300 Thlr. lebt und gezwungen ist, elementare Stunden zu geben.“ Aufs neue citirt er dann alle ehrenden Aussprüche von Gauss, der zu denen gehöre, von welchen es bekannt sei, „dass sie am schwierigsten loben“. Eisenstein zähle „zu den fruchtbaren Bernoulli'schen Talenten in einer Stadt, in der das Selbstproduciren immer seltener wird. Ich flehe und setze meine feste Hoffnung auf Sie. Dass Jacobi's Gehalt nicht der Universität gehört, ist mir nicht unbekannt“ — es war aus königsberger Fonds entnommen —, „aber ich habe Vertrauen zu der Hoffnung, dass man den mathematischen Glanz, der seit einem Jahrhundert von Berlin ausgegangen ist, beachten werde.“ Im Fortgange der unerquicklichsten Verhandlungen mit den neuen Ministern, dem „unfreundlichen“ Raumer und dem „ganz unwissenschaftlichen“ Bodelschwingh, eröffnete sich im Sommer 1851 die zwiefache Aussicht auf eine ausserordentliche Professur in Halle und auf die Wahl zum berliner Akademiker. Humboldt rieth zur Annahme in Halle wegen des nützlichen Professortitels.

„Ich will nicht klagen, aber auch nicht ablassen“, schreibt er dem jungen Freunde. Es ängstigte ihn, dass dieser sich bis zur Krankheit überarbeite. „Sind Sie zu unwohl, um auszugehen, theuerer Eisenstein“, heisst es in einem Briefe vom 9. Aug., „so schreiben Sie mir sogleich. Ich werde in dem Falle Sonntag zwischen 1—3 Uhr zu Ihnen kommen. In Ihrer traurigen Lage kann auch etwas kleine Hülfe nicht gleichgültig sein. Da Sie wissen, dass meine Mittel beschränkt sind, so darf ich mich nicht schämen, mit herzlichem Antheil etwas anzubieten. Ich kann Ihnen in den ersten Tagen der künftigen Woche bei Alexander Mendelssohn 100 Thlr. auszahlen lassen. Bei so hoher Begabtheit des Geistes und des Charakters kann es Sie nicht schmerzen, wenn ein Freund um Sie bekümmert und zudringlich wird.“ Wiederum scheiterten indess die Hoffnungen auf Halle und Berlin; nur eine augenblickliche Gabe von 100 Thlr. zu einer Badereise vermochte Humboldt von Raumer zu erbitten. Klagend wandte er sich um neue Hülfe an Gauss und Dirichlet. „Die so lange betriebene Anstellung als Professor“, schreibt er an den erstern, „ist bei der Eiskälte und der Unwissenschaftlichkeit der jetzigen Oberbehörde in nichttheologischen Dingen (in solchen, die das Unglück haben, Finsterniss zu zerstreuen) immer noch im Werden.“ „Et ce pauvre Eisenstein“, heisst es an Dirichlet, „qui va mourir, n'en doutez pas, et que l'on laisse mourir de faim avec dédain et la plus infame insouciance! .... On se moque de mes plaintes et m'envoye aux Calendes Grecques!! .... Quel temps que celui dans lequel je quitte le monde!“

Mit 1852 zog der letzte Act des unglücklichen Dramas herauf. Schon im Februar schreibt Humboldt an Johannes Schulze, indem er ihm schmerzlichen Dank „für eine nur verlängerte elende provisorische Lage ohne fixe Stellung“ sagt — das Gehalt war jetzt auf 400 Thlr. angesetzt worden —: „Der so hochbegabte Mathematiker, dessen Productivität immer im Zunehmen ist und allgemein im In- und Auslande anerkannt wird, verlässt das Irdische ohne den Professortitel, ohne Anerkennung einer solchen wissenschaftlichen Auszeichnung. Ich klage über Weltstellung und Weltregierung, wiederhole aber dabei den Dank für Ihren edeln, schützenden, immer zu wohlthätiger Hülfe geneigten Willen." Im März endlich erfolgte die einstimmige Wahl Eisenstein's in die berliner Akademie; die göttinger Societät hatte ihn schon im Vorjahre, „ganz ohne Humboldt's Veranlassung", wie dieser Schulze ausdrücklich versichert, zum Mitgliede erwählt. Humboldt suchte auch jetzt selbstlos den jungen Freund einzig durch den Hinweis auf dessen eigenes Verdienst moralisch zu erheben: „Das Sicherste in der Welt", ruft er ihm zu, „ist, was man geistig sich selbst bereitet." Er arbeitete nun weiter darauf hin, den armen jungen Akademiker, den er im April als „leichenblass und in vollem Gange zur Lungensucht" schildert, zum Correspondenten des Instituts wählen zu lassen. Er bat Gauss, dazu auch bei Gelegenheit „einige schützende Worte nach jener westtürkischen Hauptstadt sagen zu lassen." Ehe jedoch diese Absicht verwirklicht werden konnte, brach „das lange geahndete Unglück" herein. Eisenstein ward Ende Juli von einem starken Blutsturze betroffen und nach Bethanien geschafft. „Ich schicke ihm gleich heute Abend", schreibt Humboldt am 28. an Dirichlet, „aus meinen eigenen so eingeschränkten Mitteln vorläufig 20 Friedrichdor, um seine Pflege zu erleichtern. Ich werde einen sehr freundlichen, schmeichelnden Brief an Hrn. von Raumer schreiben, das kostet mir nichts, wenn ich Eisenstein nützlich sein kann." Die Aerzte hielten eine Uebersiedelung des Kranken nach Sicilien auf ein volles Jahr für nothwendig. „Vielleicht ist es vergeblich", klagt Humboldt am 3. Aug. in einem Bittbriefe an Joh. Schulze, „aber ein Mensch, von dem Gauss schreibt, dass er zu den mathematischen Genies gehört, von denen in jedem Jahrhundert nur zwei oder drei geboren werden, ist wol des Versuchs würdig. Dazu die Thätigkeit bei einem siechen Körper, die seltene Productionskraft und ein ganzes Leben unfroh in Kummer hingebracht!" Nach der Rückkehr von einem Sommerausfluge mit dem Könige war Humboldt's

„erster Gedanke natürlich Eisenstein“. Er schrieb selbst an den Finanzminister. „Bisher geht alles den natürlichen Weg“, meldet er Dirichlet, „den König muss man erst zuletzt einmischen. Alexander Mendelssohn hat mir auf die einfachste und liebenswürdigste Weise 100 Thlr. für Eisenstein angeboten, wenn die Reise zu Stande kommt. Sagen Sie dies noch nicht an Eisenstein, er würde das Geld hier unnütz ausgeben, und im Weggehen vor drei Wochen habe ich ihm selbst aus eigenen Mitteln dasselbe gezahlt.“ Von Joh. Schulze empfing er inzwischen einen tröstlichen Brief, und am 1. Sept. konnte er ihm hocherfreut schreiben: „Wie soll ich Worte finden, um Ihnen, verehrter Freund, meinen Dank zu erneuern? Ein eigenhändiges, sehr freundliches Schreiben des Herrn Finanzministers vom 7. Sept., das ich diesen Augenblick erhalte, zeigt mir an, dass er das Gnadengeschenk von 500 Thlr. für Dr. Eisenstein schon am 27., also ehe er meinen Brief erhielt, bewilligt hat. Sobald ich ganz genesen bin, werde ich Ihrem Herrn Minister persönlich meine Aufwartung machen und ihm meinen herzlichen Dank darbringen. Möge der junge Mann gerettet werden können!“

Das trübe Geschick war unabwendbar; kaum sechs Wochen noch — und Eisenstein erlag. „Ich finde keine Worte“, schrieb Humboldt am 11. Oct. an den Vater des Verstorbenen, „Ew. Wohlgeboren den Schmerz auszudrücken, den ich empfinde. Sie und Ihre theuere Gattin wissen, wie ich an diesem so selten begabten Sohne hing, wie seit Jahren sein und Ihr Kummer der meinige waren. . . . Ich habe bereits diesen Abend die Bitte an den Herrn Finanzminister von Bodelschwingh unmittelbar gerichtet, dass dem Verstorbenen gegeben werde, was dem Lebenden bestimmt war, dass Ihnen die 500 Thlr. zur Regulirung des Begräbnisses, der Kurkosten, der Schulden ausgezahlt werden, die zur Reise ausgesetzt waren. . . . Es ist kein geringes Verdienst gewesen, in Ihrer eigenen so eingeschränkten Lage dem Sohne eine solche Bildung zu geben.“ Aber auch jetzt begegnete unser Freund noch neuen Schwierigkeiten. „So habe ich denn Eisenstein begraben", schreibt er bald darauf an Böckh, „dem man (trotz fünfjähriger Niederträchtigkeiten, die ich begangen) nie den Professortitel gegeben, dem man die Pension, die ihm der König 1846 verliehen, nie ganz restituirt, und mit dessen dürftiger Familie, die sechs ausgezeichnete Söhne hat sterben sehen, man mir jetzt das elende Geld streitig macht, welches zur Reise bestimmt war. Welch ein Ministerium in dem Sitze der Intelligenz, mir permanent Scham und Ekel erregend!" Trotz „dreier warmer Briefe und zweier Besuche" Humboldt's, trotz der Verwendung von Costenoble und Olfers trug Bodelschwingh nur auf 300 Thlr. an, aber „der König wollte das Andenken des berühmten und im Leben vom Cultusminister so stiefmütterlich behandelten" Mannes ehren und befahl die Auszahlung der vollen Summe. „Empfangen Sie", schreibt Humboldt am 4. Dec. an den Vater, „mit dieser frohen Botschaft die wärmste Versicherung der innigen Hochachtung, die Sie allen eingeflösst haben, welche mit Ihnen und Ihrer theuern Familie in nähere Berührung gekommen sind." Gauss aber dankt er für seinen „herrlichen" Beileidsbrief „im Namen der Menschheit" — man hört Sarastro reden —, dass er das erhebende Schauspiel der grössten intellectuellen Mächtigkeit und Kraft gepaart mit unverlöschlicher anregender Wärme der Gefühle gegeben habe.

Eine traurige Geschichte, aber glorreich für Humboldt wie keine andere. „In seinem Strahlenkranze", sagt Gauss in dem eben berührten Trostschreiben an Eisenstein den Vater, „bildet einen der schönsten Edelsteine sein warmer Eifer, jedem Talente förderlich zu sein." Mit welcher Selbstverleugnung, welcher Aufopferung er diese fromme Pflicht übte, wird an dem Beispiele klar, das wir eben deshalb in ganzer Ausführlichkeit dem Leser vorgelegt haben. Das Grösste aber daran ist, dass es eben nur ein Beispiel ist. Vom Jahre 1809 an, wo er dem damals dürftigen Botaniker Voigt in Paris mit dem Anerbieten entgegentrat[1]: „Sie werden hier vielerlei anzuschaffen haben, was im Augenblicke zu bezahlen Ihnen unbequem fallen würde; nehmen Sie hier 1000 Frs., und geben Sie sie mir in fünf oder zehn Jahren wieder, wie es Ihnen passt!“ — von da an bis in die letzten Tage, in denen er so oft mit dem Spruche: „Was Gott will erquicken, soll der Mensch nicht ersticken“, als „Proserpina an das Ministerialhaus klopfte, dessen Schlüssel Johannes Schulze trug“, wären zahllose Fälle derselben Sinnesart anzuführen, die sein Benehmen gegen Eisenstein bestimmte. „Im verborgenen folgen ihm viele Thränen nach“, rief der Geistliche in seiner treffenden, nur leider dogmatisch gefärbten Rede[2] am Sarge Humboldt's aus, „wir wollen nicht allem Worte leihen, was darüber zu sagen wäre. Denn mit seinen Thaten der Liebe ging der Verewigte meist stille Wege und liebte es nicht, dass man davon die hüllende Decke wegzog. Ich bin ihm begegnet auf diesen stillen Wegen und kenne sie.“ Noch häufiger begegnet ihm darauf, wer in den Tausenden seiner vertrauten Briefe nach den Spuren seines Herzens forscht. Dann erscheinen wol die mannichfachen Flecken seiner Untugenden nur wie Schlacken, die auf einem feuerflüssigen Innern dahertreiben, erstarrt in der Berührung mit einem erkältenden Weltraume, um sich alsbald wieder aufzulösen in der Glut einer weithin leuchtenden und lebenspendenden Liebe zu allem Geistigen und was immer in dessen Diensten wirkt und schafft.[3]

Wenden wir uns zum Beschlusse dieses Kapitels der Aufgabe zu, die beiden ersten Bände des „Kosmos“, deren Erscheinen in die Jahre 1845 und 1847 fällt, einer übersichtlichen Besprechung zu unterwerfen, so sind wir dabei durch die dieser Biographie zu Grunde liegende Arbeitstheilung der Mühe über-

---

[1] Ein Engländer über deutsches Geistesleben im ersten Drittel dieses Jahrhunderts, Aufzeichnungen *H. C. Robinson's* (Weimar 1871), S. 273, 365.

[2] *Hoffmann*, Reden am Sarge und am Grabe A. von Humboldt's (Berlin 1859), S. 8.

[3] Auch nur auf die gedruckten Zeugnisse von Humboldt's Wohlthätigkeit hinzuweisen, verbietet die Rücksicht auf den Umfang dieser Biographie.

hoben, den specifisch wissenschaftlichen Gehalt des Werks nach verschiedenen geistigen Richtungen hin zu prüfen; dies und die Frage nach dem Eigenthum Humboldt's an den einzelnen Lehrsätzen seines „Entwurfs einer physischen Weltbeschreibung" wird im dritten Bande des vorliegenden Werks abgehandelt. Hier dagegen dürften neben der kurzen Erzählung der äussern Schicksale der Lehre und des Buchs vom Kosmos auch ein paar Worte über deren inneres Gesammtwesen am Platze sein, über die Conception der erstern und die Composition des letztern; im Zusammenhange sodann mit dieser Erörterung der namhaftesten schriftstellerischen Leistung Humboldt's werden wir versuchen, über den Werth seiner literarischen Bestrebungen überhaupt ins Klare zu kommen. Einiges, was die letzten Bände des „Kosmos" und die Arbeit an ihnen insbesondere angeht, muss dem folgenden Kapitel aufbehalten bleiben.

„Ich habe den tollen Einfall, die ganze materielle Welt, alles, was wir heute von den Erscheinungen der Himmelsräume und des Erdenlebens, von den Nebelsternen bis zur Geographie der Moose auf den Granitfelsen, wissen, alles in Einem Werke darzustellen, und in einem Werke, das zugleich in lebendiger Sprache anregt und das Gemüth ergötzt. Jede grosse und wichtige Idee, die irgendwo aufgeglimmt, muss neben den Thatsachen hier verzeichnet sein. Es muss eine Epoche der geistigen Entwickelung der Menschheit (in ihrem Wissen von der Natur) darstellen.... In dem speciellen Theile alle numerischen Resultate, die genauesten, wie in Laplace's „Exposition du système du monde" ... das Ganze ist nicht was man gemeinhin physikalische Erdbeschreibung nennt, es begreift Himmel und Erde, alles Geschaffene."[1] In diesen wenigen Sätzen aus dem Varnhagen mitgetheilten Programme von 1834 sind die Hauptcharakterzüge des „Kosmos" deutlich enthalten: Universalität der Betrachtung, Einschränkung auf unser Wissen von den „Erscheinungen", d. h. auf Empirie und Induction, Streben nach

[1] Briefe an Varnhagen, Nr. 16.

exacten Werthen im Detail, historische Perspective, ästhetisch-literarische Gestalt. Zugleich ist dem Werke selbst stolz-bescheiden seine Stellung angewiesen: es soll eine Epoche menschlichen Gesammtwissens repräsentiren, somit praktisch von rasch vergänglichem, historisch von unvergänglichem Werthe sein. Wäre der Plan zu solch einem Werke in der That nur der „tolle Einfall" eines Individuums, an einem schönen Octobertage des Jahres 1834 plötzlich in dessen Kopfe entprungen, so würden wir uns darauf beschränken dürfen, die Ausführung der einzelnen Theile jenes Plans in dem elf Jahre später zuerst ins Leben tretenden Werke zu verfolgen, zu untersuchen, wie weit es dem kühnen Anspruche, den es an sich selbst erhebt, genügt habe. Allein wir wissen bereits, und der Autor des „Kosmos" versichert es uns „am späten Abend seines vielbewegten Lebens" ausdrücklich, dass ihm das Bild jenes Werks „in unbestimmten Umrissen fast ein halbes Jahrhundert lang vor der Seele geschwebt" habe. Man wird eine literarische Erscheinung, welche ihre idealen Wurzeln so tief in den Boden des Zeitalters hineingesenkt, seinen geistigen Stoffen zwei Menschenalter hindurch ihre Nahrung entnommen hat, um sie organisch verwandelt in lang erwarteter Blüte und Frucht erfreulich an den Tag zu bringen, eine solche literarische Erscheinung wird man nur im Zusammenhange umfassender zeitgeschichtlicher Betrachtung in ihrem wahren Wesen begreifen können; einige Momente wenigstens hervorzuheben, sei uns gestattet.

Die Conception der Idee einer Lehre vom „Kosmos" durch Humboldt fällt in die erste Hälfte der neunziger Jahre des vorigen Jahrhunderts; als er, wie schon mehrfach erwähnt [1], am 24. Jan. 1796 an Pictet schrieb: „Je conçus l'idée d'une physique du monde", stand das Bild seines Werkes, „des Werkes seines Lebens", bereits als Ziel seiner Wünsche vor seiner Phantasie. Genau lässt sich nach diesem ältesten Zeugnisse der Moment der Empfängniss freilich nicht ansetzen; wie aber ginge

---

[1] I, 221; II, 137 dieses Werkes.

das überhaupt bei geistigen Ausgeburten an? Es genügt zur innern Erklärung ihres Ursprungs wie ihres Wesens, wenn man sagt, die Idee des „Kosmos“ sei ein Kind noch des 18. Jahrhunderts, aber aus dessen spätesten Jahren, wo es bereits in fruchtbare Verbindung mit dem Geiste eines neuen Weltalters getreten; jene Idee sei überdies speciell in den Jahren entstanden, wo Humboldt in den Culturkreisen Weimars und Jenas als gern gesehener Gast, empfangend und spendend, zu verkehren pflegte.[1]

Das 18. Jahrhundert ist, und zwar vornehmlich in seinen letzten Jahrzehnten, wie jedermann weiss, das der universellen Tendenzen. Mit jugendlichem Feuer ergriffen die Geister, so unabhängig sich auch ein jeglicher individuell geberdete, das schlechthin Allgemeine. Unermessliche Begriffe, wie „Welt“ und „Menschheit“, Namen, die hernachmals fast all ihren Wohlklang eingebüsst haben, drangen mit unwiderstehlicher Gewalt ins Innerste der Gemüther, ja lockten den Erguss leicht und warm rinnender Thränen der Empfindsamkeit hervor, mochte nun der hochklingende Hymnus Schiller's der ganzen Welt seinen Freudenkuss zuwerfen, oder, selbst in der Caricatur nicht ohne Grösse, der Priesterfürst in der „Zauberflöte“ seinen Brüdern im Namen der Menschheit für ihre Zustimmung danken. Ein Blick auf das Zeichen des Weltgeistes erfüllt Faust, die echte Geburt jener Zeiten, mit Wonneglut; dem ganzen Menschengeschlechte verkünden Lafayette und die Revolution sein ewiges Naturrecht. Wie hätte da nicht auch die Wissenschaft des Wirklichen diesen Zug zum Universellen verspüren sollen, zumal da in keinem andern Zeitalter der modernen Geschichte des menschlichen Geistes Gemüth und Verstand, Erkenntniss und Empfindung so innig miteinander verschwistert erscheinen? Die Gesetze aller Völker verhörte Montesquieu, mit ihren Sitten spielte Voltaire's Witz, ihre Liederstimmen klangen wider im Ohre Herder's, den selbst die Gesammtentwickelung des Erdballs und der

---

[1] Vgl. den 4. Abschnitt des I. Bandes.

Menschheit in historischem Fluge zu überschauen nicht zu schwer dünkte. Auf solchem Boden konnte, ja musste auch die Idee einer Weltphysik erwachsen.

Als Wissenschaft nun ist diese Weltphysik oder Kosmologie[1], wie wir sie einmal mit eigenstem Hinweis auf Humboldt's Unternehmen bezeichnen wollen, sorgfältig zu trennen von der echten Philosophie der Natur, der welterklärenden mathematisch-physikalischen Theorie. Wenn wir der Philosophie selber soeben bei Hervorhebung einiger universalistischer Momente im Geiste des vorigen Jahrhunderts gar nicht gedachten, so geschah es, weil alle Philosophie jedes Zeitalters selbstverständlich universalistisch ist. So hat denn auch jene echte Naturphilosophie, Newton's mathematisch-physikalische Speculation, um sie nach ihrem grössten Meister zu nennen, eine durchaus universelle Tendenz, nur dass sie als Wissenschaft immer da halt macht, wo die geschlossene Reihe ihrer Deductionen vorläufig eine Grenze findet. Sie wird in der betrachteten Periode durch Kant repräsentirt, den letzten grossen Vertreter wahrhafter Metaphysik der Natur bis auf die jüngste Entwickelung unserer Tage, und stellt sich in ihm durch Aufnahme genetischer Speculation als nicht unerheblich über den Standpunkt Newton's hinausgebildet dar. Humboldt selbst fühlte, bei aller Anerkennung Kant's[2], so wenig wie die mit ihm aufwachsende Generation den Beruf, diese höchste Theorie der Natur weiter zu entwickeln; wie unspeculativ und unmathematisch zugleich, wie rein inductiv, um es positiv zu sagen, sein Geist angelegt war, hat er selber oft auf das Bündigste ausgesprochen. Auch war die Zeit für eine solche Leistung nicht reif; wie der Newtonischen Epoche eine Periode empirischer Beobachtung voraufgehen musste, so bedurfte es erst einer abermaligen, durch manches Jahrzehnt hindurch fortgesetzten Inductionsarbeit, um

[1] Für die folgenden Ausführungen verweisen wir im allgemeinen auf „Kosmos“, I, 49—78; II, 341—400, 496—520; III, 3—34; V, 3—22.

[2] Besonders „Kosmos“ V, 7—8.

das breite Fundament zu schaffen, über welchem sich der Neubau einer erhöhten deductiven Erkenntniss der Natur erheben konnte. Die Entfaltung der Kosmosgedanken Humboldt's fällt nun gerade in jene vorbereitende Periode; erst in den letzten Theilen des Buches vom Kosmos zeigen sich Spuren eines nur wie von aussen herandringenden Hauches der heutigen physikalischen Speculation, die wir in aller Kürze durch das Princip von der Erhaltung der Kraft kennzeichnen wollen. Von dieser äussern Berührung unsers Freundes mit der neuen Zeit einer erst am Rande seines Grabes heraufkommenden Theorie wird im Folgenden noch zu reden sein; fürerst kehren wir zum Ursprunge der Kosmosidee zurück.

Wenn Humboldt's Weltphysik einen Fortschritt der Welterklärung, der Einsicht in den Causalzusammenhang der Erscheinungen, weder bedeuten konnte noch wollte, wenn der „Entwurf einer physischen Weltbeschreibung“ kein speculativphilosophischer Wurf war, so entsprang seine universelle Tendenz offenbar einem blos ästhetischen Anstosse. Alle Erscheinungen gruppenweise zu einem Ganzen zusammenzuordnen unter dem ausdrücklichen, von heilsamer Resignation auf den Standpunkt gesicherter Erfahrung gebotenen Verzicht auf ihre Unterordnung untereinander und zuletzt unter ein einheitlich herrschendes Princip, das ist, wenn eines, ein ästhetisches Unternehmen, eine Conception freilich von der Art, wie sie als Bestandtheile manches nicht rein rationalen Systems oft uneigentlich mit dem Namen „philosophisch“ belegt werden. Die moderne sogenannte „Naturphilosophie“ z. B., wie sie ungefähr gleichzeitig von Schelling ersonnen ward, muss ebenfalls durchaus für die ästhetische Conception eines Weltbildes erklärt werden, nur dass sie diesen ihren künstlerischen Charakter durch den wissenschaftlichen Schein vermeinter Deductionen verwischte — ein Bestreben, das, durch Hegel bis ins Absurde gesteigert, jenen künstlerischen Idealgehalt immer mehr verringerte, ohne irgendwie zum Ersatze einen wissenschaftlichen hineinbringen zu können. Darf die Schönheit als eine in ihrer

Totalität empfundene, im einzelnen jedoch nicht deutlich erkannte Gesetzmässigkeit bezeichnet werden, so steht die ästhetische Auffassung einer künftigen rationell erklärenden durchaus nicht im Wege, sie deutet vielmehr auf dieselbe hin, ja verlangt und erwartet sie und kann durch sie — wie überhaupt der Glaube durch das Begreifen — wol geläutert, berichtigt, vertieft, nicht aber aufgelöst, beseitigt, vernichtet werden. Die Idee der Einheit des Naturganzen nun wird auch in den spätesten Zeiten, bei der Unerschöpflichkeit der Erfahrung, wie rüstig wir auch in der Erkenntniss des Causalzusammenhanges der Erscheinungen vordringen mögen, immer einen blos ästhetischen Rest in sich behalten; die ästhetische Conception des „Kosmos" wird also als solche unvergänglich ihren Werth behaupten, wie sie auch seither durch die grossartigen principiellen Fortschritte der neuesten mathematischen Physik keinen Abbruch erlitten hat. Immerdar wird sie ein Bedürfniss des menschlichen Geistes befriedigen und hat, wie wir sogleich hinzufügen müssen, von jeher ein solches Bedürfniss befriedigt. Humboldt selbst hat die Entwickelung der Kosmosidee aus ihrer ersten unbestimmten Gestalt, der eines „dunkeln Gefühls des Einklangs im Wechsel" der Erscheinungen, durch alle Zeiten historisch verfolgt bis auf den Augenblick, wo er selbst sie bewusst formulirte. Sie gehört jedoch darum auch in ihrer ästhetischen Allgemeinheit nicht minder ihm als Eigenthum an, ob er gleich dies Eigenthum mit seinen Zeitgenossen in manchem Sinne wiederum zu theilen hat.

Denn nun erinnere man sich des Umgangs, den er gerade in jenen neunziger Jahren mit den ersten ästhetischen Geistern seiner Nation, man darf sagen seines Jahrhunderts, gepflogen. Wir wollen, um nicht Früheres zu wiederholen[1], hier nur mit wenigen Worten Goethe's und Herder's gedenken, die beide, von dem Antriebe Spinoza's mächtig bewegt, mit allen Kräften ihres intuitiven Geistes die Natur in der Einheit ihrer mannichfachen

---

[1] Vgl. Bd. I, Kap. 4. — „In Jena und Weimar", S. 185—235.

Erscheinungen zu erfassen bestrebt waren. Der Monolog des „Faust", wie er schon im Fragmente von 1790 gedruckt erschien und viel früher noch gedichtet worden ist, spricht in der wundervollen Schilderung des „Zeichens des Makrokosmos" in hochpoetischem Ausdruck, aber mit völliger Klarheit die Idee des Kosmos aus als eines von ineinanderwirkenden Kräften einheitlich durchwalteten harmonischen Weltganzen. Und zugleich wird an der nämlichen Stelle der rein ästhetische, an sich unwissenschaftliche Charakter dieser Idee nicht minder deutlich bezeichnet, wenn Faust ausruft:

Welch Schauspiel! aber ach, ein Schauspiel nur!

Die unendliche Natur erscheint ihm als solche durchaus unfasslich. Directer noch hatte Herder bereits im Jahre 1784 auf das Ziel wenigstens einer physischen Erdbeschreibung hingewiesen, aus der doch so leicht durch weitere Combination mit unserm astronomischen Wissen eine physische Weltbeschreibung werden konnte. Am Schlusse des ersten Buches seiner „Ideen zur Philosophie der Geschichte der Menschheit", eines Werkes, in dem — um Neuerer zu geschweigen — auch die Keime der Wissenschaft Ritter's liegen, verlangt er ausdrücklich, dass man „die reiche Ernte von Aufschlüssen" über die physische Beschaffenheit der Erde, zu der schon so viele Reisende gesammelt, „in Einem Ueberblicke" darzustellen unternähme. Und, merkwürdig genug, er erwartet die Befähigung dazu von einem Erforscher der „peruanischen Gebirge"; diese, „vielleicht die interessantesten Gegenden der Welt für die grössere Naturgeschichte", würden wahrscheinlich erst, was bisher einzeln erkannt worden, „zur Einheit und Gewissheit bringen".[1] Es ist

---

[1] Auf diese bedeutsame Stelle macht auch aufmerksam *H. Böhmer* in seiner „Geschichte der Entwickelung der naturwissenschaftlichen Weltanschauung in Deutschland" (Gotha 1872), S. 28; ein Buch, das uns erst während des Druckes unserer Arbeit zugekommen und das in seiner Beurtheilung Humboldt's sich mit der unsern vielfach in erfreulicher Weise berührt.

auffallend, dass Humboldt, der an alle Ahnungen genialer Denker und Dichter sonst so gern erinnert, dieser Stelle da nirgend gedacht hat, wo er die tropischen Anden als den Theil der Erdoberfläche rühmt, „wo im engsten Raume die Mannichfaltigkeit der Natureindrücke ihr Maximum erreicht“.[1] Wir sind aber weit davon entfernt, sein eigenes Verdienst auch nur um die Conception des „Kosmos“ deshalb geringer anzuschlagen; denn wieviel er auch derlei zeitgenössischen Anregungen verdankt haben mag, das Entscheidende war, was er seinerseits hinzubrachte: die Tendenz, das blos ästhetische Schema der Kosmosidee der Herder, Goethe, Schelling und Genossen wissenschaftlich zu erfüllen durch die umfassendste Detailarbeit vergleichender Forschung. Hierin entfernte er sich doch wiederum durchaus von jenen Kreisen überwiegend poetischer Anschauung; während Goethe's Empirismus nie über geniale Intuition hinausgedieh, während selbst Herder nur hoffen und auffordern konnte, statt zu handeln, während Schelling den Weg vom Allgemeinen zum Besondern nur vermittels phantastischer Scheindeductionen fand, stand Humboldt schon damals unter ihnen da nicht als der erste, wohl aber als einer der ersten und entschiedensten Vertreter der echten experimentellen, messenden, wägenden und berechnenden Naturforschung, der Naturforschung des 19. Jahrhunderts, wie wir sie gern und nicht ohne Fug und Recht nennen. In ihm vor andern vollzog sich innerlich die Verbindung der beiden in jenen neunziger Jahren überhaupt sich äusserlich berührenden Weltalter der Wissenschaft. Eben deshalb erfuhr er damals den Tadel der einseitigen Vertreter des einen wie des andern. Das bekannte Urtheil Schiller's[2], aus dessen Forderung, „die Natur müsse angeschaut und empfunden werden in ihren einzelnsten Erscheinungen wie in ihren höchsten Gesetzen“, übrigens geradezu Goethe'sche Unterweisung hervor-

---

[1] Kosmos, I, 12; vgl. in den „Ansichten der Natur“ die „Ideen zu einer Physiognomik der Gewächse“ gegen Ende.

[2] Vgl. I, 211 fg.

klingt, ist nichts als der Protest der ästhetischen Intuitions- und Inspirationslehre des Zeitalters der Genialität gegen das Auftreten einer ernsten, arbeitsam entsagenden Forschung, wie sie, wenn wir etwa von Lessing und Kant absehen, das 18. Jahrhundert mit all seinen Voltaires, Montesquieus, Herders und Goethes nicht gekannt hat. Was Schiller schmähte, „der nackte, schneidende Verstand, der die Natur schamlos ausgemessen haben will", ist der Stolz der folgenden Generationen geworden, unsere Naturforscher würden sich schämen, weniger schamlos zu messen und zu anatomiren. Fourcroy aber, der gleichzeitig mit Schiller die entgegengesetzte Rüge wider Humboldt aussprach [1], nahm die Kritik vorweg, die hernach so mancher ausgezeichnete Mathematiker oder Physiker gelegentlich an den universellen Tendenzen des „Kosmos" geübt. Mit Befremden nahmen sie wahr, wie Humboldt in der Vorrede zu seinem Hauptwerke sich förmlich entschuldigt, dass er sich „mehrere Jahre und scheinbar ausschliesslich mit einzelnen Disciplinen" beschäftigt habe; sie vergassen, dass diese Stimme noch aus dem vergangenen Jahrhundert herüberscholl. Inzwischen war freilich die denkbar grösste Arbeitstheilung auch auf geistigem Gebiete zur Sitte geworden; gleichsam gebückt über ihr kleines Feld, nicht rechts noch links abblickend, mühten sich Tausende von emsigen Forschern an Einzeluntersuchungen ab, unablässig, unbekümmert, unermattet. Sie wussten, dass ihre Stärke in ihrer Einseitigkeit ruhe, das blos ästhetische Princip allumfassender Einheit musste ihnen unfruchtbar erscheinen. Dass freilich nicht alle so dachten, werden wir an bedeutenden Beispielen beobachten. Dem gegenüber ist es interessant, noch im Jahre 1854 die Stimme eines Mannes wie Schelling zu vernehmen, dessen Geist gleichsam in eingetrocknetem Zustande die eigenthümlichen Züge des 18. Jahrhunderts bewahrt hatte; es kommt dabei nicht darauf an, dass er nicht vom „Kosmos", sondern vom „Examen critique" redet, in welchem ihm Humboldt

---

[1] Vgl. I, 221.

einige Stellen über Columbus zum Nachschlagen empfohlen hatte. „Nachdem ich die ersten Seiten von Bd. III gelesen", schreibt Schelling am 10. Juni, „konnte ich nicht wieder aufhören und war so gefesselt, dass ich die nächsten zwei Tage alles beiseite legte, um der unwiderstehlich fortziehenden Untersuchung zu folgen. Sollte ich vom Eindruck des Ganzen reden, so ist es ein eigenthümliches Gefühl, das entsteht, wenn man wahrnimmt, wie derselbe Mann, der alles Grösste und Schönste der Natur gesehen und die Welt in einem Umfange wie (auch in neuester Zeit) nur wenige kennen gelernt, die Wahrheit auch im kleinsten so werth hält, dass er mit gleichmüthiger Heiterkeit die speciellsten, z. B. bibliographische oder provinciellgeschichtliche, Thatsachen benutzt, dieselbe zu begründen. Der beschränktere Geist empfindet darin eine solche Distanz, dass er kaum weiss, wie weit er zurückzutreten hat, um von einer solchen Geistes-Weite und -Höhe sich eine entsprechende Vorstellung zu machen."

Hat man sich von der Doppelnatur der Kosmosidee in ihrer Conception einen deutlichen Begriff gebildet, so wird auch die Composition des Buches selbst dadurch in helles Licht gesetzt und zugleich die Geschichte der endlosen Arbeit daran verständlich werden. Als das vornehmste Vorstudium muss man natürlich die amerikanische Reise selber betrachten, deren epochemachende Bedeutung ja eben in der Verbindung exacter Einzelbeobachtung mit umfassenden Gesichtspunkten beruht. Sodann ist klar, dass im Laufe der folgenden 60 Jahre der Schwerpunkt des sich allmählich gestaltenden Werkes von Jahrzehnt zu Jahrzehnt immer mehr von der Seite des 18. Jahrhunderts, wie wir nun kurz sagen dürfen, auf die des 19. herüberneigen musste. Wir wissen [1], dass Humboldt selbst das schon während der peruanischen Reise geschriebene und Goethe zugeeignete „Naturgemälde der Tropenwelt" als die Grundlage des Buches vom Kosmos bezeichnet; diese Zueignung an den

[1] Vgl. oben S. 137.

Dichter ist für das erste Stadium der Ausführung nicht minder charakteristisch als das Uebergewicht der ästhetischen Tendenz in der rein darstellenden Form des künstlerisch componirten Gemäldes. Bei den Kosmosvorlesungen von 1827—28 beobachtet Humboldt dann ein zwiefaches Verfahren je nach der Verschiedenheit des geistigen Standpunktes seiner Zuhörer: in der Universität, wo es gerade galt, gegenüber der absterbenden Naturphilosophie der besonnenen Detailforschung der Gegenwart zum Ausdrucke zu verhelfen, verhält sich der den wissenschaftlichen Einzeldaten gewidmete Zeitraum zu dem für die ästhetische Gesammtanschauung bestimmten bereits wie 5 zu 1, während in der Singakademie, einem Publikum gegenüber, das allein von den Impulsen der literarischen Epoche seine Bildung empfangen hatte, genau das umgekehrte Verhältniss eintritt. In Humboldt's eigenem Geiste hielten sich wol beide Richtungen damals noch das Gleichgewicht, seine Vorliebe aber gehörte entschieden dem generellen Theile seines Unternehmens an, den er noch 1834 gegen Varnhagen für „die Hauptsache" erklärt; in ihm ist er auch ohne Zweifel am meisten originell. Der specielle Theil dagegen ist fast nur Reproduction der Arbeit der jüngern Generation seiner Zeitgenossen; wie er ihm unter den Händen anwuchs, von einem auf zwei Bände, und dann wieder in einen dritten hinein, darin spricht sich deutlich die wachsende Uebermacht der modernen Wissenschaft über den alten, nach der Schönheit abgerundeter Form strebenden Geist aus. Dass mit dem dritten Bande des „Kosmos" die Einheit der Composition gelöst werde, dass mit ihm gewissermassen ein neues und andersartiges Werk beginne, hat das Publikum von jeher herausgefühlt. Wir beschränken daher unsere Betrachtung zunächst auf die beiden ersten Bände, die Erscheinung der vierziger Jahre, an die jedermann zuerst denkt, wenn überhaupt vom „Kosmos" die Rede ist.

Die musterhafte Inhaltsübersicht der Bände I und II, von der Humboldt einmal scherzend sagt, sie sei entworfen, damit man bequemer finden könne, was nicht drinstünde, erleichtert ungemein den Einblick in die Construction des Werkes und offenbart klärlich das Mischungsverhältniss der beiden Elemente, die wir aus seiner Entstehungsgeschichte abgeleitet haben. Gleich die ersten Abschnitte: „Einleitende Betrachtungen über die Verschiedenartigkeit des Naturgenusses und die wissenschaftliche Ergründung der Weltgesetze, Begrenzung und wissenschaftliche Behandlung einer physischen Weltbeschreibung“, sind aus beiden zusammengesetzt. Die Natur erscheint darin einmal als Gegenstand des Genusses, d. h. doch in ihrer Totalwirkung auf den ästhetischen Sinn des Menschen, dann aber als Gegenstand der Erkenntniss, in ihrer Wirkung auf den begreifenden Verstand; die Absicht dieser Einleitung geht dahin, zu zeigen, dass das erste über dem zweiten nicht zu Grunde zu gehen brauche, und wie eine Naturwissenschaft beschaffen sein müsse, die, während sie den denkenden Geist befriedigt, zugleich dem Gemüthe nichts von seiner schönheitlichen Nahrung raubt. Das „Naturgemälde“ sodann, die „Uebersicht der Erscheinungen“, stellt den Versuch dar, alsbald ein Product solcher Wissenschaft wirklich ins Leben zu rufen. Hier sind denn natürlich beide Elemente in eins verschmolzen, das wissenschaftliche Detail ist der ästhetischen Composition ein- und untergeordnet; ein Ueberschuss davon, der einer derartigen Einordnung widerstrebte, hat freilich in den Noten Platz nehmen müssen, die neben „einiger nicht ganz gemeiner Erudition“ [1] in literar-historischer Hinsicht doch auch speciellere thatsächliche Angaben enthalten, sodass sie den spätern Bänden vom dritten an gewissermassen vorgreifen. In der That liesse sich denken, dass der Inhalt dieser spätern Bände, wenn des Stoffes nur nicht gar so viel gewesen wäre, in die Noten zum „Naturgemälde“ hätte zusammengedrängt werden können; das Werk im ganzen hätte dadurch an Einheit der Composition entschieden gewonnen.

Der objectiven Darstellung der Erscheinungswelt im ersten Bande steht im zweiten die subjective Auffassung der Natur,

---

[1] Briefe an Varnhagen, S. 91.

ihr Reflex auf den Menschengeist gegenüber; auch dieser Reflex wird als ein zwiefacher historisch entwickelt, einmal erscheint er auf die Einbildungskraft, das andere mal auf den begreifenden Verstand projicirt. Der „Geschichte der physischen Weltanschauung" geht unter dem weder sprachlich glücklichen noch sachlich erschöpfenden Titel: „Anregungsmittel zum Naturstudium" eine Art Geschichte des Naturgenusses vorher, wie er in dichterischer Naturbeschreibung, in Landschafts-Malerei und -Gärtnerei zu künstlerischer Action gesteigert wird. Der ganze zweite Band bildet also die historische Wegweisung auf die in der Einleitung zum ersten Bande begrifflich bestimmte und im Naturgemälde vorbildlich realisirte Lehre vom Kosmos in ihrer ästhetisch-didaktischen Doppelgestalt.

Allein nicht blos die fertige Composition des „Kosmos" von 1845 und 1847 findet, wie wir in allgemeinen Umrissen dargethan, ihre Erklärung durch die Zurückführung auf jene beiden Factoren der Conception: auch Art und Umfang der Arbeit des Verfassers sind dadurch bedingt worden. „Ein Buch von der Natur", schreibt Humboldt 1834 an Varnhagen [1], „muss den Eindruck wie die Natur selbst hervorbringen", d. h. also doch ästhetischen Genuss und rationelle Erkenntniss zugleich hervorrufen, Phantasie und Verstand gleichermassen anregen, kurz ebenso wol ein Kunstwerk sein als ein wissenschaftliches. Dass unser Freund jenen ersten Ausspruch so gemeint habe, geht aus einem zweiten, gleichfalls an Varnhagen gerichteten Briefe vom 28. April 1841 [2] hervor, wo es heisst: „Dem Oratorischen muss das einfach und wissenschaftlich Beschreibende immerfort gemischt sein. So ist die Natur selbst. Die funkelnden Sterne erfreuen und begeistern, und doch kreist am Himmelsgewölbe alles in mathematischen Figuren." Der künstlerische Theil der Arbeit nun ist, wenn man von einzelnen Stilcorrecturen durch die Freunde Varnhagen und Böckh absieht, ganz Humboldt's

---

[1] Briefe an Varnhagen, Nr. 16.

[2] Ebend., Nr. 54.

eigenes Werk, besonders also alles, was die Composition selbst angeht. Beides, Composition und Diction, hat ihm nicht mindere Mühe gekostet als die Sammlung, Sichtung und Prüfung des wissenschaftlichen Stoffs, wobei ihn so viele Kräfte freundwillig unterstützt haben. Von jenem künstlerischen Geschäfte wird zuvörderst allein zu reden sein.

Dass „die Verbindung eines literarischen und eines rein scientifischen Zweckes, der Wunsch, gleichzeitig die Phantasie zu beschäftigen und durch Vermehrung des Wissens das Leben mit Ideen zu bereichern, die Anordnung der einzelnen Theile und das, was als Einheit der Composition gefordert wird, schwer zu erreichen machen", hatte Humboldt schon bei seinen „Ansichten der Natur"[1] erfahren. Gegen das „Examen critique" sodann, sein strengstes und vielleicht eben darum sein vorzüglichstes wissenschaftliches Werk, übte er von literarischer Seite her selbst eine gar herbe Kritik. „Vous auriez pu dire d'une manière plus ferme", schreibt er an Letronne den 26. Dec. 1837[2], „que c'est un des ouvrages allemands (et c'est beaucoup dire) des plus mal rédigés; je le sens et le sais comme vous, mon cher ami; je crois que mon livre, *rudis indigestaque moles, monstrum cui lumen ademptum*, renferme beaucoup de choses entièrement nouvelles, que l'érudition y est choisie et non vulgaire, que la réunion de connaissances physiques et historiques lui donne un caractère particulier; mais, hélas! le manque de division en chapitres ennuie souverainement le lecteur, et dans ces éternelles et interminables sections un peu de vivacité de style ne sert pas à réunir des morceaux qui paraissent incohérents. Mon genre est le genre ennuyeux." Dies eigene Beispiel stand ihm nun bei der Arbeit am „Kosmos" warnend vor Augen, und mit unsäglicher Anstrengung war er beflissen, alle die „Klippen zu vermeiden, die er", wie es in der Vorrede bescheiden heisst, „doch nur zu bezeichnen verstand." Dass in dem

---

[1] Vorrede zur zweiten und dritten Auflage.

[2] *De la Roquette*, I, 153.

Vorworte von den Schwierigkeiten der Formung des Stoffes die Rede ist, pflegt nicht selten in umfangreichen darstellenden Werken zu begegnen, kaum eines aber möchte sonst noch vorhanden sein, wo im Verlaufe der Darstellung selbst so häufig und ausführlich von Absicht, Art, Grenzen und Mängeln eben dieser Darstellung gesprochen wird, wo uns der Autor zu so wiederholten malen nöthigt, von dem Producte seiner Arbeit auf Mass und Ziel derselben den Blick hinüberzulenken. Bei einem Unternehmen, das in so manchem Betrachte das erste seiner Gattung heissen darf, dem Entwurf einer neuen Wissenschaft, mag es natürlich erscheinen, wenn es gewissermassen durch Reflexion über sich selbst dann und wann öffentlich vorm Publikum Rechenschaft ablegt über das, was es leisten will und kann; dass aber im „Kosmos" in dieser Hinsicht unmässig viel geschehen sei, wird kein unverblendeter Leser leugnen; wie oft wird nicht z. B. im Texte selbst der Plan des Verfassers negativ bestimmt, hervorgehoben, was man von der neuen Lehre nicht oder wenigstens im gegenwärtigen Momente noch nicht erwarten dürfe! Es sind das eben Spuren der langwierigen und überaus vorsichtigen Compositionsarbeit; denn wenn Humboldt den „Kosmos" gern „unvorsichtig" nennt, so kann sich das nur auf die Gefahr beziehen, die hernach wirklich eintrat, dass der Tod ihn vor der Vollendung überraschen möchte; in Wahrheit ist wol nie ein menschliches Werk mit peinlicherer Behutsamkeit ausgeführt worden als dieses. Wie im Buche selber war er darum auch ausserhalb desselben während der Arbeit oder nach dem Erscheinen der einzelnen Theile eifrig bemüht, den Freunden brieflich Anleitung zur richtigen Würdigung seines Unternehmens zu geben; aus dieser Quelle fliesst auch uns noch manche Erläuterung.

„Der eigentliche Zweck", schreibt er am 28. April 1841 an Varnhagen[1], „ist das Schweben über den Dingen, die wir 1841 wissen." Es gilt das insbesondere von dem „Naturgemälde" des

[1] Briefe an Varnhagen, Nr. 54.

ersten Bandes, wo in der That die Auswahl des Stoffes, die Compression der „Gruppen von Erscheinungen“ zu compacten Massen, über welche die „verallgemeinernde“ Betrachtung gleichsam wie eine Vogelperspective dahinschweben sollte, zur Hauptaufgabe ward. Humboldt nennt es in einem Briefe an Boeckh vom 25. Dec. 1845 geradezu „das ganze Geheimniss seiner Composition“, dass er die Ergebnisse wissenschaftlicher Forschung über die speciellen Theile des kosmischen Gebietes aus dem „Naturgemälde“ ausgeschieden und den spätern Bänden aufbehalten habe: „Wären diese Ergebnisse gleich in das Naturgemälde eingeschaltet, so würde in diesem aller Eindruck der Einheit und des raschen, belebenden Ueberblicks verloren gegangen sein.“ Aber mit diesem „Schweben über der Beobachtung“[2] — nicht wir, sondern Humboldt selbst kommt auf diesen bezeichnenden Ausdruck stets wieder zurück — war es doch bei weitem nicht gethan; eine beständige Reihe von blossen „Verallgemeinerungen“ hätte alles individuellen Lebens, ja aller Realität entbehrt. Es mussten vielmehr geeignete Einzeldaten geschickt ausgewählt werden, um doch die Einheit nicht in Einförmigkeit ausarten zu lassen, um die Verallgemeinerungen, die so leicht etwas Verwaschenes, Verblasenes an sich tragen, wirksam durch Concreta zu unterbrechen. In diesem Sinne schreibt Humboldt selbst einmal über das „Naturgemälde“ an Encke: „Das Particuläre ist mit Absicht in das Allgemeine gemischt, um Interesse zu erregen und festen Boden der Beobachtung zu gewinnen.“ Oder wenn wir an dem oben gebrauchten Gleichnisse festhalten wollen: der Flug der Vogelperspective durfte doch wiederum nicht so hoch genommen werden, dass alles unter ihr wie eine monotone graugrüne Fläche vorüberzog, sondern gleich Hügeln oder Thürmen mussten einzelne Objecte in deutlicher Gestalt zu ihr emporragen, um die Ueberzeugung zu gewähren, dass man sich über einer soliden, erkennbaren, ja zum Theil wenigstens schon erkannten Grundfläche dahinbewege.

---

[1] Briefe an Varnhagen, Nr. 16.

Man sieht, dass die Entscheidung hierin weit mehr Sache des künstlerischen Taktes als der wissenschaftlichen Erwägung war. In wissenschaftlicher Beziehung traten daher nothwendig Inconvenienzen ein, die Humboldt durch dehnbare, dem Bedürfniss sich anpassende Gestaltung der spätern, dem Speciellen gewidmeten Theile wieder auszugleichen suchte. „Was die Prolegomenen", heisst es weiter an Encke, „und besonders das «Naturgemälde» Specielles in Text und Noten aufführt, wird in dem Werke selbst nicht wiederholt, sondern nur ergänzt oder theilweise mehr ausgemalt. Die capita rerum müssen alle aufgeführt sein, aber in dem Speciellen soll keine gleichmässige Vollständigkeit beabsichtigt werden, weil der Charakter (Hauptzweck) des Buchs neben der Materie die Behandlungsweise ist. Um nun dem Texte eine gewisse literarische Färbung, die Lebendigkeit des Stils und die Freiheit der Bewegung zu erhalten, so ist, wie bei meinen «Ansichten der Natur», alles Trockenere, Störendere in die Noten verwiesen." Deutlicher kann man gewiss die künstlerisch-wissenschaftliche Zwitternatur des Werkes nicht aussprechen; zugleich geht aus diesen Worten hervor, dass, wenn einmal jene beiden Naturen in Widerstreit geriethen, der Verfasser selbst der ästhetisch-literarischen zum Siege über die andere zu verhelfen suchte. Fiel dann die Entscheidung nach langem Kampfe doch nicht völlig zu seiner Befriedigung aus, so tröstete er sich aus einem subjectiven Gesichtspunkte; dann „sollte das Buch der Reflex seines Selbst, seines Lebens, seiner uralten Person sein". — „Bei dieser Freiheit der Behandlung", fügt er hinzu [1], „kann ich aphoristisch verfahren. Es soll mehr angedeutet als ergründet werden. Manches wird nur von denen recht verstanden werden, die tief ein einzelnes naturhistorisches Fach kennen: aber meine Rede, denke ich, ist immer so gehalten, dass nichts die stört, die weniger wissen." Auch für sein Verfahren im Citiren, dessen unkritische Art ihm Bessel einmal

[1] Briefe an Varnhagen, Nr. 54.

mit höflicher Entschiedenheit zu Gemüthe führt [1], hat er eine subjective Entschuldigung bereit. „Da es das letzte Buch ist, das ich schreibe", heisst es in dem öfters erwähnten Briefe an Encke, „so habe ich in den Noten manches angebracht, was ich für nicht unwichtig halte und was sonst verloren ginge. Dass in der Wahl der Citate parteiische Vorliebe herrscht, darüber vertheidige ich mich nicht. Das Subjective mag vorwalten, man soll nach meinem Tode aus meinen Schriften einmal lesen, mit wem ich gelebt, wer auf mich eingewirkt hat. Darin liegt keine Schande!"

Die Composition des zweiten Bandes, sollte man meinen, müsste Humboldt mindere Schwierigkeiten bereitet haben als die des „Naturgemäldes" im ersten, denn historische Darstellungen, wie sie in jenem vorherrschen, entnehmen ja das Gesetz ihres Ganges unmittelbar ihrem Stoffe selber; von Haus aus gleichsam erscheinen die Massen desselben nach Perioden gegliedert, der Folgenreichthum der Begebenheiten bildet überdies ein deutliches Kriterium für ihre grössere oder geringere Wichtigkeit, sodass eine Auswahl des Hervorragenden bequemer wird als bei den im Raume gleichzeitig auftretenden Naturphänomenen, denen gegenüber eine objective Unterscheidung von Wichtigem und Unwichtigem nur schwer ausführbar, ja oft unmöglich ist. Trotzdem hat sich auch hier Humboldt die künstlerische Arbeit wahrlich nicht leicht gemacht; gerade die „Geschichte der physischen Weltanschauung" zeugt von einer überaus fein abwägenden Sonderung zwischen den „Hauptmomenten", die für den Text, und dem übrigen Material, das für die Anmerkungen geeignet befunden ward. In den vorhergehenden Abschnitten des zweiten Bandes vollends, welche die „Anregungsmittel zum Naturstudium" behandeln, musste, da hier das Object selbst geradezu die Aesthetik der Natur ist, auch die Form der Darstellung durchweg ästhetisch abgerundet werden. Kein Wunder daher, dass unser Freund in einem Briefe an Böckh versichert,

[1] Vgl. III, 25.

er habe in dem Kapitel über dichterische Naturbeschreibung „auf den Stil die höchste ihm mögliche Sorgfalt gewandt"; „es ist ein Hauptstück", schreibt er ein andermal an Varnhagen [1], „auf das ich sehr rechne". „Ich habe gestrebt", heisst es schüchterner von den Abschnitten über Landschaftsmalerei und Cultur exotischer Gewächse, „die Reichhaltigkeit der Materie durch die Kunst der Darstellung zu besiegen, aber vom Streben zum Gelingen ist ein weiter Weg." „Im ganzen, denke ich", lautet wiederum ein anderes Geständniss, „soll der zweite Theil, als ideenreich, nach Genauigkeit strebend und als jeder Art der Bildung geeignet, ansprechen." Es ist bekannt, dass diese Erwartung nicht getrogen hat; in der That erfreut sich eben der zweite Band — die Einleitung zum ersten allenfalls noch hinzugerechnet — der weitesten und dauerndsten Popularität, doch darf man die Erklärung dazu nur zum Theil in seiner Angemessenheit für „jede Art der Bildung" suchen. Denn offenbar hat er vor dem „Naturgemälde" — um der spätern Bände ganz zu geschweigen — den ungemeinen Vorzug, dass seinem historischen Inhalte die fortschreitende Erkenntniss späterer Jahre nichts anhaben kann; wenn jenes „über den Dingen schwebt, die wir 1841 wussten", und die wir, muss man hinzusetzen, heute bereits nicht allein überall vollständiger, sondern auch theilweise besser, d. h. anders wissen, so behält die „Geschichte der physischen Weltanschauung" aus dem Jahre 1847, gegründet wie sie ist auf die umfassendste kritische Quellenforschung, für die fernste Zukunft fast unvermindert ihren hohen Werth. Und dazu kommt für sie wie für die Darstellung des „Reflexes der Aussenwelt auf die Einbildungskraft" noch der weitere Vortheil, dass bei ihnen Form und Inhalt im schönsten, jedes Gefühl befriedigenden Einklange stehen. Niemand wird zwar von vornherein tadeln, dass Humboldt sein Streben nach „Lebendigkeit des Stils, nach Wohlklang und Anmuth in der Diction, im Periodenbau" auch auf den objectiven Theil seines Werkes, auf

[1] Briefe an Varnhagen, Nr. 54.

die Darstellung der Erscheinungen selbst ausgedehnt hat; es folgt dies einmal fast nothwendig aus dem Trachten nach „Allgemeinheit und Grösse der Ansicht". Allein wie er diese stilistische Anmuth näher definirt als „Uebertragung der technischen Ausdrücke in glücklich gewählte beschreibende, malende Ausdrücke"[1], steht uns sogleich die Gefahr vor Augen, dass dadurch Klarheit und Bestimmtheit, um derentwillen eben die Naturwissenschaft ihre technischen Bezeichnungen ersonnen hat, einigermassen verkümmert werden. Und in der That hat das „Naturgemälde" darunter gelitten, die Wahl jener malenden Ausdrücke ist doch nicht durchaus eine glückliche gewesen, mitunter wird man an das naive Bekenntniss unsers Freundes gegen Böckh erinnert: „Ich suche dem «Kosmos», an dem ich arbeite, mancherlei Schmuck der Rede und Anspielungen zu geben." In dem Kapitel über dichterische Naturbeschreibung etwa ist das lange nicht so fühlbar; wo von Poesie die Rede ist, verzeiht man wol dem Redenden einige Poesie des eigenen Ausdrucks; auch der Geschichte der Weltanschauung steht, weil sie vom erkennenden Aufschwunge des Geistes handelt, der rednerische Aufschwung des Geistes nirgend fremdartig zu Gesichte. Das Naturgemälde dagegen macht in einzelnen Partien, wo es mit „mancherlei Schmuck der Rede und Anspielungen" geradezu überladen ist, den Eindruck, als wäre es selbst in erster Linie nicht wissenschaftliche, sondern „dichterische Naturbeschreibung". Es dürfte hier der Ort sein, zum Abschlusse der literarischen Betrachtung der beiden ersten Bände des „Kosmos" einen Blick auf Humboldt's schriftstellerische Bedeutung überhaupt zu werfen.

Der „Hauptgebrechen seines Stils" war er sich wohl bewusst, er bezeichnet Varnhagen gegenüber als solche: „eine unglückliche Neigung zu allzu dichterischen Formen, eine lange Participialconstruction und ein zu grosses Concentriren vielfacher Ansichten, Gefühle in Einen Periodenbau."[2] Nicht so ganz, wie

---

[1] Briefe an Varnhagen, Nr. 54.

[2] Ebend., Nr. 16.

er meint, „hangen diese Radicalübel seiner Individualität an“, die unglückliche Neigung zu allzu dichterischen Formen wenigstens theilt er mit den meisten Zeitgenossen seines frühern Lebens. So übermächtig herrschte die Poesie in der weimarischen Epoche über die deutschen Geister, dass selbst die nicht zu eigentlich dichterischer Production Berufenen bewusst oder unbewusst ihr Tribut darbrachten, die einen in poetisirender Prosa, die andern in prosaischer Poeterei, nicht wenige — selbst ein so mächtiger Geist wie Herder — gar nach beiden Richtungen. Wilhelm von Humboldt hat durch seine Gedichte, die man trotz ihres philosophischen Gehalts als solche nur niedrig anschlagen kann, den Strom der poetischen Zuflüsse seines Zeitalters von seiner wissenschaftlichen Prosa abgelenkt; man wird dieselbe gleich ihrem Vorbilde bei Schiller häufig schwer und ungelenk, nie jedoch schwülstig und phantastisch finden können. Alexander dagegen hat niemals geradehin zu dichten versucht, denn auch im „Rhodischen Genius“ spielt die parabolische Einkleidung doch eine gar zu untergeordnete Rolle neben der absolut didaktischen Substanz des Aufsatzes; um so empfindlicher hat sich, um an ein Urtheil Goethe's über Lord Byron zu erinnern, die so „verhaltene“ Poesie an seiner Prosa gerächt. Bis zum Jahre 1800 etwa oder, wenn man will, 1810 wäre daran nichts Auffälliges gewesen; von dem früh verstorbenen Georg Forster, der so bedeutend auf Humboldt eingewirkt, erwarten wir keine andere als eben seine hochpoetische Prosa; Schleiermacher andererseits erkannte sogleich den Umschwung der Zeiten, die poetisirende Darstellung der „Monologen“ von 1800 bittet er 1810 nicht „ihm dem jetzigen, sondern dem damaligen“ zur Last zu legen. Alexander von Humboldt aber behielt das Stilideal bei, das er sich um die Scheide des 18. und des 19. Jahrhunderts gebildet hatte; noch 1849, mehr als vierzig Jahre nach ihrer Entstehung, sind die „Ansichten der Natur“ sein „Lieblingswerk“[1]; wie die Kosmosidee selber hat er die überschwengliche Empfindungs-

[1] Briefe an Varnhagen, Nr. 136.

und Ausdrucksweise der Tage, in denen sie entsprungen, bis in seine späteste Zeit mit hinübergenommen.

Allein mit der allgemeinen Bezeichnung: „allzu dichterische Formen“, ist noch wenig gesagt. Es gibt eine innerlich poetische Belebung der Sprache, welche dem Ausdrucke gleichwol nichts von seiner schlichten Gestalt raubt; man erinnere sich z. B. nur einmal der „Briefe aus der Schweiz“, die Goethe später seinem Werther angehängt hat, oder seiner „Italienischen Reise“: die anschaulichste, sinnlich lebendigste Rede plaudert hier in leichtem Flusse an unserm Ohre vorüber, und doch wird darin niemand sogenannte poetische Prosa erkennen wollen, es ist vielmehr die wirkliche Prosa eines echten Dichters. Und nun vergleiche man damit die berühmte Schilderung der Wasserfälle des Orenoco in den „Ansichten der Natur“; wie schwer und massiv, wie zu starrer Grösse äusserlich gesteigert erscheint hier die Diction! Den Leser überkommt das quälende Gefühl eines Mangels und eines Ueberflusses zugleich, er wird poetisch angeregt und doch nicht befriedigt, mit dem halben Leibe gleichsam hinausgedrängt über den Rand des sichern Bodens prosaischer Darstellung, und doch beständig peinlich daran festgehalten. Der principielle Unterschied des Stils wird jedem einleuchten, der Goethe und Humboldt überhaupt aufmerksam vergleicht: jener richtet alles mit der lebendigen Kraft der Verba aus, der „einwirkenden, bewegenden, bestimmenden Worte“, wie er sie einmal nennt; bei diesem dagegen ist das Adjectivum fast immer das charakteristische Wort des Satzes. Ohne Zweifel ist Humboldt durch seine frühzeitige und langjährige Beschäftigung mit beschreibender Naturwissenschaft, vornehmlich mit klassificirender Botanik dazu gekommen; er gewöhnte sich dadurch, die Dinge als fertige, in ruhendem Dasein begriffene sich gegenüber zu sehen; wie oft versichert er nicht im „Kosmos“, dass wir von dem Werden, das doch das eigentliche Wesen der Natur ausmache, keine Anschauung besitzen! Der wahre Dichter nun hat diese Anschauung dennoch, unwillkürlich versetzt er alles Seiende in die Bewegung zurück, der das auf den Zustand des Moments gerichtete Auge des beschreibenden Forschers halt gebietet; wirklich dichterische Schilderung stellt daher den Vorgang als solchen dar: nicht auf das „dunkle Laub" noch auf das „Gold" der Orangen legt sie den Accent, sondern dass sie „glühn", das macht sie uns lebendig. Man halte daneben den kurzen Satz Humboldt's: „Zahllose Insekten gossen ihr röthliches Phosphorlicht über die krautbedeckte Erde": wie wird da nicht das active Element des Zeitworts beinahe erstickt unter dem Gewichte träglastender Beiwörter!

Man sieht, dass diese Eigenthümlichkeit des Humboldt'schen Stils weit mehr rhetorisch als eigentlich poetisch zu heissen verdient. Es ist die im „Laokoon" gerade dem wahren Dichter abgesprochene Art zu „malen", in der sich Humboldt's Feder gefällt; kein Mensch wird ihr daraus einen Vorwurf machen, wo es einmal wirkliche Zustandsschilderung gilt, als dauernde Manier angewandt muss ein solches Verfahren jedoch dem Leser äusserst beschwerlich fallen. Wir haben schon oben unsern Freund auf der bewussten Jagd nach „beschreibenden, malenden Ausdrücken" betroffen; auch anderwärts räumt er ein, dass „die Benutzung unserer herrlichen, schmiegsamen, harmonischen, darstellenden Sprache" wenigstens sein „secundäres Streben" neben „der Composition, dem Beherrschen grosser mit Sorgfalt und genauer Sachkenntniss zusammengetriebener Massen" sei.[1] Diesem secundären Streben schrieb er dann sogar zum grossen Theil den Erfolg des „Kosmos" selber zu. „Wie der «Kosmos» so unerwartet hat gefallen können?" fragt er bescheiden. „Es liegt wol in dem, was die Menschen sich daneben denken, und in der Bildsamkeit unserer deutschen Sprache, die es so leicht macht, etwas anschaulich zu machen, durch Worte zu malen."[2] Ueber die eigentliche Natur dieser seiner Wortmalerei war er sich dabei so wenig klar, dass er es für einen Beweis der Verschiedenheit der Gefühle der Völker ansah, wenn seine Prosa

---

[1] Briefe an Varnhagen, Nr. 120.
[2] Ebend., Nr. 103.

in Deutschland oft als „zu poetisch", von englischen Kritikern dagegen als „schleppend und unbelebt" getadelt werde[1], während doch, näher verglichen, beide Urtheile sich vollkommen decken. In der That kann durch adjectivische Füllung der Sätze niemals eine lebendige Schilderung („a vivid description") zu Stande kommen. Ganz besonders „schleppend" wird aber der Satzbau Humboldt's durch sein zweites „Hauptgebrechen", die lange „Participialconstruction", das doch nur die Consequenz jenes ersten ist. Denn so weit geht er in seiner Manier, die einzelnen Momente der Erscheinung als ruhende Eigenschaften auf die Substanz gleichsam aufgeheftet zu denken, dass er ganze Nebensätze, das muntere Leben ihrer Verba zerstörend, vermittels der uns Deutschen so ungeläufigen Participien zu steifen Attributen erstarren lässt. Es ist möglich, dass zu dieser hässlichen Angewöhnung der langjährige ausschliessliche Gebrauch romanischer Idiome, besonders des französischen, erheblich beigetragen hat.

Auch der dritte Fehler übrigens, den Humboldt mit Recht an seiner Schreibart hervorhebt, „ein zu grosses Concentriren vielfacher Ansichten, Gefühle in Einen Periodenbau", entspringt aus der nämlichen Quelle. Wer die Kraft seiner Rede ins Zeitwort legt, der natürliche Mensch in seiner einfachen Aeusserung wie der echt poetische Geist in seiner sinnlich-lebendigen Sprache, denkt seine Sätze von vornherein in ihrer Totalität, mit dem Verbum ist die Seele des Gedankens bereits gegeben, um die sich, wie ein leichter Gliederbau, alles übrige organisch zusammenschliesst. Epitheta dagegen lassen sich mechanisch einsetzen in beliebiger Menge, wie Stifte zum Mosaik, und Humboldt's Perioden in ihrer schwerfällig ausstaffirten Pracht merkt man eine solche musivische Arbeit nur gar zu häufig an. Er hat, um ein anderes, vielleicht noch besser bezeichnendes Bild zu gebrauchen, seine Darstellungen sämmtlich zuerst untermalt, um nachher in mühsamer Vollendung die obere Farbenschicht

[1] Briefe an Varnhagen, Nr. 105. — Briefe an Bunsen, Nr. 44.

darüberzubreiten; oft glaubt man zu erkennen, wo noch ganz spät hier und da Lichter aufgesetzt worden sind. Dass er darin mitunter des Guten weitaus zu viel gethan, war ihm selber keineswegs verborgen. „Sie besitzen gerade", schreibt er einmal an Böckh, den er „als geschmackvollen deutschen Schriftsteller über alles verehrt", „Sie besitzen gerade, was mir fehlt, das Mass in der Färbung, diese der Natur des Gegenstandes angemessen."

Alexander von Humboldt darf aus allen diesen Gründen nicht unter unsere grossen deutschen Stilisten gezählt werden. Niemand vielleicht hat eine höhere Vorstellung von der Macht der Sprache in sich getragen, niemand ernstlicher nach „Würde und Freiheit in der Rede"[1], nach „Anmuth und Wohlklang in der Diction" gestrebt, aber schon daraus, dass er bis zuletzt eines solchen energischen Strebens bedurfte, geht hervor, dass er kein geborener Meister der Sprache, kein Schriftsteller von Gottes Gnaden gewesen ist. Wer diesen Namen verdient, pflegt, wie beweglich auch sein Sprachvermögen sich den mannichfachsten Aufgaben anzubequemen wisse, welche das fortschreitende Leben ihm zubringt, doch im Grunde nur einen einzigen Stil zu besitzen, in den er ein- für allemal seine geistige Individualität ergossen hat. Humboldt aber hat, wie er selbst mitunter scherzend von Rafael sagt, „mancherlei Manieren". Wo er einen rein wissenschaftlichen Zweck verfolgt, ist sein Stil einfach, angemessen, niemals zwar recht leicht und gefällig, doch stets frei von gröbern Auswüchsen. Man werfe einen Blick in die Noten zum „Kosmos" oder zu den „Ansichten", oder in die akademischen Abhandlungen, die er zu den „Kleinern Schriften" vereinigt hat, oder endlich auf die musterhafte Selbstanzeige seiner „Géographie des plantes" in der „Hertha"[2]: überall ist die Erzählung oder die Erörterung klar und im ganzen wohllautend; es darf durchaus für ein Lob gelten, dass man die

---

[1] Kosmos, I, 4.

[2] Bd. VII, 52—60. — Auch Briefwechsel mit Berghaus, I, 64 fg.

Form der Rede über den sachlichen Inhalt meist völlig vergisst. Sollte man da nicht wünschen, dass Humboldt über diesen schlichten, echt wissenschaftlichen Stil nirgend hinausgetrachtet hätte? Allein es war sein Ehrgeiz, daneben auch Werke von selbständig literarischem Werthe zu schaffen, in denen die Form wenigstens zu gleichen Rechten mit dem Gehalt in den Zweck selber mit aufgenommen ward. Hierher sind die „Ansichten der Natur“, besonders in ihren ältern Bestandtheilen, das Goethe zugeeignete „Naturgemälde der Tropenwelt“, der Text des „Kosmos“, vornehmlich der beiden ersten Bände, und endlich die verschiedenen Gelegenheitsreden, Albumblätter und ähnliche oratorische Cabinetsstücke zu rechnen. Hier war ihm „die Hauptsache, dass der Ausdruck immer edel bleibe“[1]; ein solcher mit Anstrengung angenommener oder doch behaupteter Adel des Ausdrucks pflegt jedoch oft einen gar theatralischen Anstrich zu erhalten.

Wir wissen bereits, dass Humboldt alle seine Arbeiten höhern Stils, selbst die rhetorischen Kleinigkeiten, bevor er sie ruhigen Herzens hinausgab, der Prüfung befreundeter Kritiker unterbreitete. „In den verschiedenen Sprachen“, so schliesst er kaum ein Jahr vor seinem Tode die Einleitung zum letzten Bande des „Kosmos“, „in welchen ich durch ein vielbewegtes Leben zu schreiben veranlasst wurde, habe ich immer Freunden, denen ich mein Vertrauen zu schenken berechtigt war, das zu Druckende vorgelegt, weil die Färbung des Ausdrucks in seiner erhöhten Lebendigkeit keineswegs dieselbe sein darf in der einfachen, in reiner Objectivität aufgefassten Naturbeschreibung, und in dem Reflex der äussern Natur auf das Gefühl und die innere Natur des Menschen. In jeder Literatur aber sind diese Grenzen nach dem Wesen der Sprache und dem Volksgeiste anders gezogen, um dem Unheil einer dichterischen Prosa zu entgehen. Nur heimisch, in der angeborenen vaterländischen Sprache kann durch Selbstgefühl das richtige Mass

---

[1] Briefe an Varnhagen, S. 92.

der Färbung wie bewusstlos bestimmt werden. Die Anerkennung dieses Könnens liegt fern von dem anmassenden Glauben an das Gelingen. Sie soll hier nur das sorgsame Bestreben bezeichnen, durch Vervollkommnung der Form an die innige Verwandtschaft zwischen einzelnen Theilen wissenschaftlicher und rein literarischer Werke zu erinnern, an eine Verwandtschaft und Behandlungsweise, die der erstern keineswegs Gefahr bringt."

Ein wunderbares Bekenntniss, welches mehr sagt, als es vielleicht sagen soll. Denn wenn wirklich — und niemand wird daran zweifeln — das eigene unbewusste Sprachgefühl den wahren Stil natürlich erzeugt, so ist der unter allen Umständen kein grosser Schriftsteller, der beständig das feinere Gefühl anderer von aussen zu Hülfe ruft. Der unentwickelte Künstler thut wohl, sich dem Gutachten erfahrener Meister zu unterziehen, wer aber in einer Kunstthätigkeit bis an sein Ende nie zu sicherm Selbstgefühl gedeiht, ist und bleibt darin Dilettant; auch das „sorgsamste Streben nach Vervollkommnung der Form" wird ihm nicht ersetzen, woran es ihm gebricht: die geniale, ihrem Wurfe vertrauende Begabung. Es mag sein, dass manchem unserer Leser dies Urtheil über Gebühr hart erscheint; er wird vielleicht an die mächtig anregende Wirkung erinnern, welche die „Ansichten der Natur" wie die ersten Bände des „Kosmos" unstreitig auf das deutsche Publikum ausgeübt. Allerdings haben auch wir, wie er selbst zu thun pflegte, Humboldt's stilistische Leistungen in Gedanken mit den höchsten und reinsten Schöpfungen der souveränen Herrscher über unsere Sprache verglichen. Das soll dabei keineswegs geleugnet werden, dass es ihm, wo er's ernstlich darauf anlegte, durch angestrengte Arbeit gelang, Effecte der Rede zu erzielen, Effecte freilich zumeist, wie er selbst einräumt, auf „empfängliche, mit Phantasie begabte junge Gemüther".[1] Der minder gereifte Geschmack der Jugend wie jeder andern Art von Halbcultur ist

---

[1] Kosmos I, Vorrede, S. IX.

es, für den, ähnlich dem pompösen Schwall der frühern Dichtung Schiller's, auch die Sprache der „Ansichten“ und des „Kosmos“ den stärksten Reiz besitzt.

Als entschiedensten Beleg aber für unser Urtheil betrachten wir Humboldt's Briefe; denn in Briefen — man braucht nur an die Lessing's oder Goethe's zu denken — zeigt sich der Classiker in seiner eigensten, unverkünstelten Gestalt. Humboldt's Briefe nun sind sehr mannichfacher Art. Eine grosse Anzahl unter ihnen tragen dieselbe feierliche Miene wie seine Druckschriften, sie sind eben zum Theil wirklich auf die Gefahr der Veröffentlichung berechnet, daher, ich will nicht sagen vorm Spiegel, doch aber jedenfalls in einer gewissen Positur des Geistes geschrieben. Andere sind lediglich gelehrten Inhalts und reihen sich in ihrer Fassung somit den wissenschaftlichen Werken unsers Freundes an. Beide Arten können nicht zur Gattung eigentlicher Briefe zählen, zu den absichtslosen, unbelauschten Ergüssen einseitig in sich gesammelter Conversation. Briefe und Billete der letztern Art hat Humboldt bekanntlich täglich mehrere geschrieben; ihrer die meisten machen stilistisch einen recht unerfreulichen Eindruck. Der glänzende Virtuos in mündlicher Unterhaltung hat es nicht verstanden, ein zwangloses Geplauder in anmuthiger Form niederzuschreiben; vielleicht gehorchte ihm die Feder nicht rasch genug — man weiss, dass er durch die Krankheit seines Arms äusserlich sehr behindert war. So hat er denn meist nur gleichsam die Steinblöcke der Conversation aufs Papier hingeworfen: Einfälle, Witze, Citate, Anspielungen, Ausrufe; was sie aber erst rauschend verbinden sollte, der eigentliche Fluss der Sprache, ist dazwischen hinweggetrocknet. Es scheint, als ob ihn, sobald er sich zum Schreiben niedergesetzt, überhaupt eine befangene, förmliche Stimmung befallen habe; von wahrer Freiheit und Leichtigkeit des Ausdrucks, die er im lebendigen Gespräche so reichlich besass, ist in seinen Briefen kaum eine Spur mehr zu entdecken. Der Satzbau ist erstaunlich unbeholfen; was ihm beiher noch einfällt, schachtelt er mittels der hölzernen Participien schnell in die anschwellende Periode ein; er spottet wol selbst am Rande über „eine Phrase wie ein warschauer Schlafrock mit 40 Taschen als Parenthesen!“ Mitunter haben die Briefe eine gar zwiespältige Natur, centaurenartig, nur umgekehrt, denn die vordere Hälfte ist's, die hoch zu Rosse dahersprengt mit dem hallenden Hufschlag ihrer prächtigen Epitheta, das Ende aber tritt in höchst „pedestrer Prosa“ auf, gleich als hätte die schaffende Kraft der Rede plötzlich nachgelassen. Aus dem allem folgt wahrlich nicht, dass diese Briefe nicht lesenswerth seien; sie sind immerhin Abdrücke eines reichen und merkwürdigen Geistes, nur leider in einem spröden Material, daher geben sie weder ein treues noch an sich ein schönes Bild.

Ob dieser Geist nicht vielmehr in dem Stoffe des französischen Idioms zu vollkommnerm Ausdrucke gelangt ist? Wir möchten es unbedenklich bejahen. Vielleicht gehen nicht alle Franzosen in der Anerkennung der Geistesverwandtschaft Humboldt's so weit wie die Herausgeber des zweiten Bandes der de la Roquette'schen Briefsammlung, die sich bis zu dem Ausrufe versteigen: „En effet, jamais esprit ne fut plus français, plus mêlé de sentiments généreux, exquis et de fine satire“[1]; aber als Schriftsteller zählen sie ihn noch entschiedener als Friedrich den Grossen zu den ihren: als Reisebeschreiber wird er gern neben Lamartine und Chateaubriand, als wissenschaftlicher Autor unzertrennlich neben Arago und Genossen genannt. Und so macht er selber kein Geheimniss daraus, dass die Naturschilderungen Bernardin de Saint-Pierre's ihm noch mehr zum anleitenden Muster gedient haben als die Forster's; „Paul und Virginie“ hat ihn in die tropische Zone begleitet, viele Jahre lang hat dort er mit Bonpland das kleine „Meisterwerk, ein Werk, wie es kaum eine andere Literatur aufzuweisen hat“, gelesen; wieder und wieder wurden beide Freunde von der „unnachahmlichen, bewunderungswürdigen Wahrheit“ seiner Dar-

[1] *De la Roquette,* II, avert. des nouv. édit., II.

stellung durchdrungen.[1] Denn auch das war freilich Humboldt's beständige Bemühung, und dadurch wusste er „seine Manier von der Forster's wie Chateaubriand's ganz verschieden", dass er „immer wahr beschreibend, bezeichnend, selbst scientifisch wahr zu sein suchte, ohne in die dürre Region des Wissens zu gelangen".[2] Vielleicht ist es eine Täuschung, aber dem Schreiber dieser Zeilen begegnet es an vielen Stellen der „Ansichten der Natur", und ganz besonders bei den pathetischen, so lebhaft an Rousseau'sche Empfindung gemahnenden Ausgängen der ältern unter ihren Aufsätzen, dass ihm durch alle Pracht der vollen Harmonien des deutschen Ausdrucks, verdeckt aber vernehmbar wie ein Cantus firmus, französische Denk- und Sprechweise hindurchtönt. Wie dem auch sein möge, jedenfalls sind die wirklich französisch gedachten und geschriebenen Werke Humboldt's, die Schriften über die amerikanische Reise, wie die „Asie centrale" und vorzugsweise wieder das „Examen critique", diejenigen, welche am meisten aus einem Gusse zu stammen scheinen. Und in der That rühmen ihm gerade die Franzosen nach: „une prodigieuse facilité pour exprimer ses idées." — „Humboldt", erzählt de la Roquette, „laissait quelquefois courir sa plume sans trop s'occuper de la composition méthodique de ses ouvrages, qu'il envoyait par parcelles à l'imprimeur; aussi Arago lui disait-il un jour, avec la brusquerie et le sans-gêne d'un ami: «Humboldt, tu ne sais pas comment se compose un livre; tu écris sans fin, mais ce n'est pas là un livre, c'est un portrait sans cadre»."[3] Aber wir haben für seine Gewandtheit im französischen Ausdrucke noch ein directeres Zeugniss: zu der zwei Bogen langen, formell wie materiell gleich vortrefflichen „Introduction" zur Gesammtausgabe der Werke Arago's, die er auf Bitten des Verlegers und der Familie des Verstorbenen geschrieben, hat Humboldt nur neun Tage Zeit gehabt, und nicht

[1] Kosmos, II, 67—68.
[2] Briefe an Varnhagen, S. 23.
[3] *De la Roquette*, I, notice sur la vie etc., XXXV.

einmal so viel hat er darauf verwandt. „Cela m'a couté quatre nuits", schreibt er an Dirichlet, „de 9h—4h, c'est tout fini." Und wie ist ihm, freilich auf den Flügeln der Pietät für seinen liebsten Herzensfreund, dies rasche Werk gelungen! „Je voudrais pouvoir vous exprimer", dankt ihm Casimir Gide wenige Tage danach, „toute mon admiration pour ce travail si rapidement fait, si éloquemment écrit. Cette langue française, vous avez toujours le droit de l'appeler la vôtre; aucun écrivain de notre pays ne pourrait rendre en plus beaux termes les sentiments qu'avait su vous inspirer le savant et l'ami. J'ai donné lecture de votre lettre à Mad. Matthieu, qui n'a pu retenir ses larmes en l'écoutant. Quelle douce consolation vous avez apportée dans cette famille désolée!"

Auch keinem deutschen Leser, der im Stande ist, die eigenthümlichen Reize beider Sprachen zu würdigen, wird angesichts dieses schönen Eloge, dessen sanfter Glanz freilich keinen Vergleich mit der sprühenden Glut der eigenen Gedenkreden Arago's aushält, zweifelhaft bleiben, in welcher Zunge Humboldt vornehmlich, sei es durch Geburt, sei es durch Gewohnheit, literarisch zu wirken berufen war. Und so sind nicht minder seine französischen Briefe ohne Frage weit graziöser, eleganter, ja mit mehr Liebe geschrieben als die deutschen. Auch verfehlten sie in Paris ihres Eindrucks nicht. Dass Humboldt's Periodenbau der romanischen Weise mehr entspricht, geht aus unsern frühern Betrachtungen unmittelbar hervor, aber auch der Vorzug, den er dem schmückenden Beiwort angedeihen lässt, wird dort minder auffällig, ja sein ganzes Streben nach „immer edelm", sonorem Ausdrucke gemahnt an den höhern französischen Stil, wie er besonders durch die classischen Tragiker geschaffen worden. Und zuletzt erlernt und behandelt der Romane bekanntermassen seine Sprache selbst mehr vocabulär, phraseologisch; der naturwüchsigen, vom innern Sprachgefühl organisch entwickelten Ausdrucksweise des Germanen oder Slaven steht bei jenem eine Art künstlicher Züchtung der Rede gegenüber, wie wir sie gerade als Humboldt's stilistisches Princip auch im Deutschen, hier allerdings am unrechten Orte, kennen gelernt haben.

Soviel über die sprachliche Seite der schriftstellerischen Bestrebungen Humboldt's; dass er dem Gehalte nach kein reines Kunstwerk geschaffen, vielmehr höchstens in Zwittergestalten halb wissenschaftlicher, halb literarischer Art seine Kraft versucht habe, ist am Beispiele des „Kosmos" ausführlich dargethan worden. Wunderbar, dass er selbst einmal ausspricht, „das Hybride glücke nie in der Literatur!"[1] Es wäre allzu pedantisch, wollten wir aus diesem Gesichtspunkte strenger Sonderung der Gattungen heraus einer Reihe von vornehmen Werken des menschlichen Geistes, die von den platonischen Dialogen bis auf und über den „Kosmos" herabreicht, die Berechtigung zum Dasein absprechen. Dennoch verhehlen wir nicht unsere Freude darüber, dass die Anregung, die von Humboldt's halbliterarischen Schriften ausgegangen, weit seltener zu eigentlicher Nachfolge[2] bestimmt hat, als vielmehr zu dem löblichen Bemühen, auch rein wissenschaftliche Arbeiten auf dem Gebiete der Naturforschung mit gefälliger Form der Darstellung und gewählterer Sprache auszustatten. Ist dies doch zugleich der einzige Weg zur Populasirung echten Wissens. Durch diese indirecte Wirkung und noch mehr durch den directen Reiz, den er vermöge seiner eigenen ästhetischen Natur ausgeübt hat, ist der „Kosmos" in der That ein wichtiges Moment in der Geschichte der deutschen Nationalliteratur geworden, denn er hat — die That der Vorlesungen von 1828 umfassender wiederholend — unserer Naturwissenschaft in den Kreis der die gesammte Nation interessirenden Literatur den Eintritt eröffnet.

Niemand hat diese Bedeutung des „Kosmos" klarer erkannt und wärmer gewürdigt als Bessel, auf dessen schöne Aeusse-

---

[1] Briefe an Varnhagen, Nr. 143.

[2] Ich erinnere z. B. an *Schleiden's* „Pflanze" u. dgl. m.

rungen über das Buch auch der astronomische Theil dieser Biographie zurückgreifen wird. „Ich hege die Hoffnung", schrieb er schon am 5. Juli 1840 an Humboldt, „dass eine Zeit kommen werde, welche dem Publiko Einsichten in die Erscheinungen der Natur bringen wird. Bisjetzt ist es, vorzüglich in Deutschland, nur grammatischen und historischen Dingen zugänglich. Man fühlt dies lebhaft, wenn man versucht, ihm etwas ausser diesem Kreise Liegendes darzustellen; allenthalben wird man in die Rolle versetzt, in welcher ein Lehrer sein würde, der seine Leseschüler für eine Feinheit der Sprache empfänglich machen wollte. Als Mittel die Zeit, auf deren Erscheinen ich hoffe, herbeizuführen, betrachte ich populäre Darstellungen, nach der Art *Arago's* etwa, nicht nach der Art derer, welche Unrichtigkeit und Seichtigkeit für Popularität halten. Diese Meinung war auch der Grund meines lebhaften Wunsches, das Buch von der Natur erscheinen zu sehen. Es wäre in die Hände aller gekommen, es hätte ein halbes Jahrhundert übersprungen. Von oben herab hätte es das Bedürfniss der Erwerbung weniger einseitiger Einsichten erregt und zugleich befriedigt." Vier Jahre später sah Bessel seinen Wunsch wirklich erfüllt, als ihm die Correcturbogen des ersten Bandes von Humboldt zur Durchsicht übersandt wurden. Er selbst hatte sich lange mit dem Gedanken getragen, eine populäre „Unterhaltung" über die „Aufgabe der heutigen Beobachtungskunst" zu schreiben, freilich nicht in dem „blühenden Stile" des „Kosmos". An dem letztern überraschte den grossen Astronomen wieder die einzige Vielseitigkeit Humboldt's, die er so oft bewundert. „Wir wollen alle viel daraus lernen", heisst es in einem Briefe vom 19. April 1844, „und ich habe schon viel daraus gelernt. . . . Der Ueberblick über das Ganze der Welt, so wie der erste Aufsatz ihn in reicher Pracht schildert, ist das Eigenthümliche des «Kosmos». Jeder kann von Nebelflecken oder von Infusionsthierchen schreiben, aber nur Einer kann das Schema ausfüllen, wie der erste Aufsatz es vorlegt." Eben deshalb, meinte Bessel, komme es auf „Peinlichkeit in Kleinigkeiten“ gar nicht an; er wollte den „Kosmos“ behalten, wie er sei, die grossartige Uebersicht, die Gedanken, die an hundert Stellen den Leser belehren und erfreuen“, liessen ihm Correcturen des Details lächerlich erscheinen. „Raphael sagt mir, untersuche das himmlische Auge der Madonna so genau du kannst; ich nehme also das Mikroskop zur Hand und finde nirgends einen scharfen Umriss, allenthalben Berge und Thäler von Farbe; ich schreibe einen ganzen Bogen voll, um anzudeuten, welche Abweichungen von der Natur ich gefunden habe; den bringe ich Raphael, ärgere mich aber, wenn er nicht sagt: «Guter Freund, das mag alles ganz wahr sein, aber es kommt gar nicht darauf an!»“ Aufs artigste erklärt er sich einige Zeit später Humboldt's unaufhörliche selbstquälerische Zweifel am Gelingen seines Werkes, wenn er sagt: „So zu schreiben, dass es den Meister selbst befriedigt, wird ihm nicht leichter, als dem Unfähigen seine geringe Leistung.“

Ganz ähnlich schreibt Encke am 28. Juni 1844: „Es gibt in der That eine Genauigkeit, welche der Frische der Darstellung nur Eintrag thut, wie schon Lalande sagt: le mieux est l'ennemi du bon.“ Aber das war gerade Humboldt's Ehrgeiz, die höchste denkbare Genauigkeit mit der grössten Frische zu verbinden; wie er für jene ebenso emsig gearbeitet als für diese, werden wir im nächsten Kapitel bei Gelegenheit der letzten Bände des „Kosmos“ erfahren, deren wissenschaftliches Gefüge minder durch das ästhetische Aeussere verdeckt ist als bei den ersten. Hier sei uns vergönnt zum Schlusse, an das Urtheil Bessel's anknüpfend, noch wenige Worte über die Aufnahme des „Kosmos“ im Publikum zu sagen.

Als Ende 1844 — zehn Jahre nach dem ersten Anfange des Druckes, beinahe vier Jahre nach dem Beginne der letzten Redaction zum ununterbrochenen Drucke, nach zahllosen Correcturen und wiederholten Prüfungen des wissenschaftlichen Inhalts durch sachkundige Augen, der künstlerischen Form durch sprachkundige Ohren — der erste Band des „Kosmos“ erschien, sprach

Friedrich Wilhelm IV. mit dem glücklichen Citat aus Goethe's Tasso: „So halt' ich's endlich denn in meinen Händen und nenn' es in gewissem Sinne mein“ [1], ... nicht die eigene Empfindung allein aus, sondern die der Nation, ja der gebildeten Zeitgenossen überhaupt. Das von allen Seiten so lang erwartete Buch traf auch fast allerwärts auf einen empfänglichen Boden; so lebendig selbst in den Fachgenossen das Gefühl erwachte, dass nur Humboldt „allein unter den Lebenden diese Aufgabe zu lösen vermocht“ [2], so sehr sahen doch alle in dem Werke die Repräsentation des Zeitgeistes überhaupt. Das Verständniss, das sich die Vorlesungen fast zwei Jahrzehnte früher erst mühsam im Kampfe gegen die obherrschende Philosophie hatten erobern müssen, kam dem „Kosmos“ selbst bereits in freiwilliger Unterwerfung entgegen. „Die Philosophie“, schreibt Johannes Müller am 30. Oct. 1846 in freudiger Erwartung des zweiten Bandes an Humboldt, „hat sich angesichts der grossen Fortschritte der Naturwissenschaften mit dem Gedanken getröstet, dass es ihr vorbehalten sei, die Fäden so vieler Wissenschaften zusammenzufassen und zu halten. Sie haben bewiesen, dass dieses die Aufgabe einer höhern Instanz der Naturforschung selbst ist, welcher freilich dermalen kein anderer gewachsen ist.“ Und weil nun eben damals empirische Naturforschung auch im Urtheile der grossen Menge der Gebildeten, ja zum Theil selbst der Ungebildeten weitaus den ersten Rang unter allen geistigen Bestrebungen einnahm, so fühlten sich auch diese ausserhalb der Forschung selber stehenden Massen enthusiastisch erregt durch ein so glänzendes Gesammtbild dessen, was sie über alles verehrten. Wir registriren hier nicht die zahllosen Ausbrüche begeisterter Bewunderung vom gekrönten Haupte bis zum armen Schullehrer oder zum schwärmerischen Studenten herab — ein Metternich dankte für „die wahrhaft seligen Stunden“, die ihm

[1] Briefe an Varnhagen, Nr. 94.
[2] Ebend., Nr. 98.

das Studium des ersten Bandes bereitet[1], — am schlagendsten ist, was Humboldt selbst am 8. Nov. 1846 an Jacobi schreibt: „Mein Buch, ich darf es hochmüthig sagen, interessirt mich, den Verfasser, weniger als das Publikum.“ Besonders überraschte ihn die freudige Aufnahme des „Kosmos“ in England, die er so nicht erwartet; die vortreffliche Uebersetzung von Mrs. Sabine hatte wesentlich zu solchem Erfolge beigetragen.[2] Ueberhaupt überschritt das Werk schnell die Grenzen des Vaterlandes; schon im November 1846 zählt Humboldt ausser der französischen, die er selbst eingeleitet, eine englische, eine holländische und eine italienische Uebertragung auf; er versichert Schumacher — nicht ganz der Wahrheit gemäss —, sie sämmtlich nie im Hause gehabt zu haben. Gespannt verfolgte er übrigens alle Aeusserungen der Kritik; gegen die verhältnissmässig seltenen Ausstellungen, namentlich in stilistischer Hinsicht, vertheidigt er sich nicht ohne Eifer in den Briefen an die Freunde. Ja, er hielt es nicht unter seiner Würde, auch der mannichfachen Verketzerungen abwehrend zu gedenken, mit denen natürlich die Ultramontanen und Pietisten aller Nationen — denn wie hätten sie ihre Art verleugnen können? — alsbald lästernd und bannend hervortraten. Es läge allzu tief unter dem Ziele dieser Biographie, die dunkeln Organe auch nur mit Namen zu nennen, die ihre dumpf krächzende Stimme wider die angeblichen Frevel des „Kosmos“ an den Lehren vermeintlicher Religion erhoben. Selbst Friedrich Wilhelm IV. liess sich in der heitern Ruhe seiner in geistigerm Sinne frommen Seele dadurch nicht beirren.[3] Er selbst entwarf 1847 die Zeichnung zu der schönen Medaille, deren Ausführung Cornelius übernahm.[4] Die Vorderseite zeigt Humboldt's Kopf in hohem

---

[1] Briefe an Varnhagen, a. a. O.

[2] Ueber die Schicksale des „Kosmos“ in England vgl. die ganze zweite Hälfte des „Briefwechsels mit Bunsen“.

[3] Briefe an Varnhagen, Nr. 94.

[4] Vgl. Briefe an Bunsen, S. 105.

Reliefprofil, die Rückseite, umringt von den Bildern des Thierkreises und einem dichten Kranze tropischer Gewächse, den Genius mit Fernrohr und Senkblei, der mit der Rechten die verschleierte Natur enthüllt; zu ihm auf blickt die Sphinx, als harre sie der Lösung ihrer Räthsel. Unter der Gruppe spielen elektrische Fische, über ihr steht in griechischen Schriftzügen das Wort zu lesen, welches dem Zeitalter zur Losung geworden war, an der es sich selbst erkannte:

ΚΟΣΜΟΣ.

4.

Das letzte Jahrzehnt.

Allgemeiner Charakter der letzten Jahre. — Revolution und Anarchie. — Die Zeiten der Reaction bis zur Regentschaft; Verhältniss zum neuen und alten Hofe. — Fortsetzung des „Kosmos“; andere Arbeiten der letzten Zeit. — Schein und Sein; Stellung zur Welt und im Hause. — Tod und Begängniss. — Ruhm und Nachruhm; Versuch ein historisches Urtheil zu gewinnen.

Die letzten Jahre Alexander von Humboldt's, die seines „Uralters“ oder „unwahrscheinlichen Alters“, wie er gern sagt, tragen, wie schon am Eingange dieses Abschnitts angedeutet worden, noch mehr als die beiden vorhergehenden Jahrzehnte den Charakter stiller Gleichförmigkeit an sich. Den grossen Weltlauf der Politik, in den er vor 1848 noch dann und wann, wiewol stets mit gar geringem Erfolge, ein warnendes oder anmahnendes Wort den Steuernden zur Richtung hineingerufen, lässt er nun resignirt an sich vorüberrauschen; nur sein Urtheil schwebt darüber, frei und kühn, wie ein Sturmvogel das Unheil verkündend, das der „trübe Horizont“ der funfziger Jahre von Tag zu Tag dem Kundigen ansagt. Die langweiligen „Pendelschwingungen“ des geistig mehr und mehr verödenden Hofes von einer Residenz zur andern begleitet er mit eintönigen Seufzern wie ein altes Uhrwerk, das seinen vorgeschriebenen Gang knarrend abläuft; er empfindet das Gewicht dieser seiner höfischen Stellung deutlich als das, was es ist, eine herabziehende

Last, aber sie regelt doch auch sein Leben, sodass ihm das an sich Unbequeme durch Gewohnheit beinahe wieder bequem, ja behaglich wird. Das Leben selbst erscheint ihm täglich mehr nach dem Spruche Dante's, den er tausendmal wiederholt, als ein Lauf zum Tode, der eigene Tod, an den ihn das Hinscheiden so vieler Freunde wie ein Vorspiel mahnt — „c'est comme cela que je serai dimanche!“[1] — bedünkt ihn mitunter wie eine wohlthätige Erlösung: „La fin de l'ennui que nous appelons la vie et que tous les mécomptes de la gloire littéraire et des pauvres jouissances qu'elle prépare.... nous font voir dans son véritable jour.“[2] Aber er wünscht dies Ende nicht herbei; frei von dem „Lebensdurste“, der ihm an Bonpland's letztem Schreiben so merkwürdig erscheint, und den auch die immer noch tändelnden Briefe seines gestürzten Jugendgenossen Metternich verrathen, fühlt er doch unverlöschlich in sich den Durst nach Arbeit, und um ihretwillen ist ihm das Leben willkommen. Ein leichter Schlaganfall, der ihn zwei Jahre vor seinem Tode trifft, „ein Nervengewitter, vielleicht auch ein blosses Wetterleuchten“, erfüllt ihn mit ernsten Gedanken, aber nur „comme un homme qui part, ayant encore beaucoup de lettres à écrire“.[3] Er ist „der Weise, den des Todes rührendes Bild ins Leben zurückdrängt und handeln heisst“; immer ungeduldiger, mit dem Mahnrufe: „Die Todten reiten schnell“, treibt er die jüngern Freunde, die er um Belehrung angeht, zu schleuniger Antwort. Unermüdlich ist er zu lernen beflissen; das solonische Wort, das wir unserm Abschnitte zur Aufschrift gesetzt haben, ist nie völliger zur Wahrheit geworden, als in Humboldt's Greisenalter; weit mehr Polymathie muss man ihm bis ans Ende nachrühmen als eigentlich Polyhistorie: so sehr erhält er sein mächtiges Wissen flüssig durch warmen Lerneifer und unaufhörliche Zu-

---

[1] Briefe an Varnhagen, Nr. 150.

[2] *De la Roquette,* I, 317; der Ausspruch ist schon von 1832, aber er wiederholt ihn häufig in den letzten Zeiten.

[3] Briefe an Varnhagen, Nr. 199.

güsse aus den frisch sprudelnden Quellen lebendiger Forschung der jüngern Generationen. Dieser Trieb zu arbeiten oder, genauer gesagt, zu verarbeiten, und mit ihm der andere, gleich lebendige Drang nach hülfreichem Wohlthun machen ihm bis zuletzt die „Bürde des Lebens“ erträglich. „Il y a pire que la mort“, hatte er einst ausgerufen, „cet état de souffrances physiques et de découragement moral qui rend la vie un fardeau, qui ôte à l'espérance ses illusions, aux sentiments leur fraicheur, aux efforts cette confiante témérité si indispensable au succès.“[1] Er hat diese Leiden alle nur als Anwandlungen gekannt, er hat sie wieder und wieder überwunden, seine geistig sittliche Lebenskraft — als abgekürzten Ausdruck wird man diesen mythischen Begriff des rhodischen Genius wol gestatten — kam seiner physischen gleich; immer aufs neue erwacht sein moralischer Muth, täuscht sich seine Hoffnung, erfrischt sich sein Gefühl, nie verlässt ihn die vertrauensvolle Unbesonnenheit, an dem so unvorsichtig begonnenen „Kosmos“ fortzuarbeiten, die denn auch des Erfolges nicht ermangelt hat.

Ueber dies letzte Jahrzehnt nun im Leben unsers Helden sind wir — abgesehen von den Tagen der Revolution — überaus genau unterrichtet. Nicht allein weil er selbst noch reichlicher als zuvor von seinem nächtlich einsamen Schreibtische aus in „seniler Geschwätzigkeit“, deren er sich häufig anklagt, Brief auf Brief in die Welt sendet, sondern vornehmlich weil diese spätern Briefe noch fast alle unzerstört erhalten sind und mit ihnen zugleich eine Fülle von persönlichen Erinnerungen, aus denen jedermann zu schöpfen leicht gemacht ist. Vieles davon ist dem Druck übergeben worden, unvergleichlich mehr noch, wenn auch selten Wichtigeres, lässt sich handschriftlichen Quellen oder mündlicher Tradition entnehmen; es wäre wol thunlich, für viele Tage, wie wir es bei Gelegenheit der Uhland'schen Ordensverweigerung für den 5. Dec. 1853 gethan, über Leben und Treiben Humboldt's fast stündliche Beobachtungen

[1] *De la Roquette,* a. a. O.

aufzuzeichnen, doch wäre das ein unnützer und zuletzt völlig uninteressanter Aufwand von Bemühung; im Gegentheil werden wir uns einer zusammengedrängten Darstellung des Wichtigen noch mehr als früher zu befleissigen haben. Selbst die zahlreichen „Störungen“ dieser hohen Lebensbahn tragen ja in den zu betrachtenden Jahren entschieden Gesetz und Regel in sich; der Leser wird sich daher in jeder Hinsicht an den „Elementen der Bahn“, wenn man so sagen darf, genügen lassen.[1]

Wir sind in dem Ueberblick über die politischen Ereignisse im vorigen Hauptstücke beim Ausbruche der Februarrevolution stehen geblieben. Es folgten die Tage einer stürmischen Erhebung in Preussen selbst, und ganz natürlich fragt man nach der Theilnahme, die der alte Bekenner der „Ideen von 1789“ diesem weltgeschichtlichen Vorgange gewidmet habe. Hätte es mit solchem Bekenntniss jemals eine praktische Bewandtniss gehabt, wäre Alexander von Humboldt wirklich der „Volksmann“ gewesen, als welcher er der populären Vorstellung erschien und erscheint, so dürfte man erwarten, ihn im März 1848 und in den folgenden Monaten trotz seines Uralters in irgendeiner Rolle, wenn auch mehr repräsentirend als eigentlich activ, hervortreten zu sehen. Allein der Freund Arago's war mit nichten ein Arago selber, von der südlichen Leidenschaft, die aus den Augen des Pyrenäenkindes mit fast drohendem Feuer hervorglüht, verräth der milde Schimmer des gutmüthigen norddeutschen

---

[1] Eine gleiche Beschränkung ist von nun an in Citation der Quellen geboten. Wir bleiben dem Grundsatze dieser Biographie, keine unbelegbare Thatsache anzuführen, durchaus getreu, doch sind Parallelstellen, mit denen wir ganze Seiten anfüllen könnten, entbehrlich, eben weil sie blosse Parallelstellen sind. Von gedruckten Quellen tritt jetzt neben *Varnhagen*, *Bunsen*, *Berghaus* u. a. *Fr. Althaus* hervor (Briefwechsel und Gespräche A. von Humboldt's mit einem jungen Freunde 1848—56); unter den handschriftlichen bleiben die Briefe an Böckh die wichtigsten, daneben sind besonders reichhaltig die an die Prinzessin von Preussen, an Curtius, Dove, Joh. Schulze, und von der Gegenseite die im Nachlasse Humboldt's vorgefundenen oder von ihm in den letzten Jahren an Seifert geschenkten Briefe der verschiedensten Personen.

Gelehrtenblicks keine Spur; man darf unbedenklich versichern, dass Humboldt niemals auch nur einen Ehrenplatz in einer heimischen provisorischen Regierung eingenommen haben würde, wäre ihm ein solcher angeboten worden. Wir wissen bereits, dass er sich nach der Kunde von der Februarrevolution „des französischen Volksgeistes freute“; am 12. März übersandte er Varnhagen mit einem Billet ein Gedicht von Freiligrath zu Ehren der Republik [1]; allein es war nur ein theoretisches Spiel seiner Phantasie, im Ernste dachte er nicht an eine republikanische Zukunft des Vaterlandes, wie er ja sogar für Frankreich an der Dauer einer unmonarchischen Verfassung zweifelte. Wie ihm unmittelbar vor der Entscheidung und während derselben zu Muthe war, ist nicht bezeugt, Varnhagen und er haben sich am 17. und 18. März beständig verfehlt. [2] Die Chroniken, die man über die berliner Revolution zusammenzustellen versucht hat, nennen ihn unter denen, die noch in der zwölften Stunde mit Bitten auf den König eingedrungen sind, er möchte den Sturm durch Zugeständnisse beschwören. Man darf aus diesen Quellen nicht ohne Bedenken schöpfen, in der That aber liegt ein derartiges Auftreten ganz in der Richtung seiner Pflicht wie seiner Gewohnheit. Dass seine Stimme, wie die der andern, ungehört verhallte, kann nicht befremden. Der Strassenkampf selbst musste in seiner humanen Seele, die den Sieg der Intelligenz nur durch deren eigene Waffen wünschte, die schmerzlichsten Gefühle wachrufen. Eine vielverbreitete Erzählung behauptet, dass am 18. nach dem Beginne des Kampfes waffensuchende Arbeiter auch in seine Wohnung gedrungen seien. Da sei er ihnen mit der Klage entgegengetreten, dass man den Hausfrieden eines stillarbeitenden Gelehrten durch solche Anmuthungen bräche. Darauf, als sie auf die Frage nach seinem Namen erfahren, dass Alexander von Humboldt vor ihnen stehe, seien sie mit höflicher Entschuldigung umgekehrt: ihn wollten

---

[1] *Varnhagen*, Tagebücher, IV, 274.
[2] Ebend., S. 284—88.

sie nicht stören, denn sie wüssten von ihm und kennten seine Gesinnung. Sogar eine Sicherheitswache gegen fernere Belästigung hätten sie bei ihm zurückgelassen. Die Geschichte ist unverbürgt und in sich nicht einmal wahrscheinlich, aber sie bezeichnet, auch wenn sie frei erdichtet ist, sehr richtig, welche Meinung damals und später über den Mann im berliner Volke umging. Als nach der Schlacht von Wörth die Maschinenbauer aus den Borsig'schen Werkstätten in Siegesfreude vor den königlichen Palast zogen, haben sie am Humboldthäuschen in der Oranienburgerstrasse ihre Fahnen grüssend gesenkt; eine Ahnung lebt auch in diesen Kreisen von der Einheit alles echten Ruhms, von der adeligen Verwandtschaft, welche die Hoheit des Geistes mit der Grösse nationaler Thatkraft und dem aufstrebenden Drange nach Freiheit verbindet.

Als am 21. März — nach dem unseligen Umritte mit der deutschen Fahne — der König auf den Ruf der Menge auf dem Balkon überm Schlossplatz erschienen war, da schrie es aus dem Haufen auch nach Humboldt; er kam und hatte den Takt, sich nur stumm zu verbeugen, während vor ihm Graf Schwerin sich in Reden ergossen hatte.[1] Folgenden Tages ist denn unser Freund mit hinausgegangen mit den Todten von den Barrikaden; es gibt ihrer, die ihm das auch heute noch nicht vergessen können. Wir nun sind geneigt, darin viel mehr eine Rücksicht für den König, als eine Manifestation politischer Sympathie zu erblicken; am allerwenigsten dürfte man Humboldt deswegen des Trachtens nach Beliebtheit bei den Massen zeihen, was seiner schüchternen Art durchaus fremd wäre. Gewiss versagte er dem Tode für eine Idee die innere Anerkennung nicht und fühlte keine Scheu, sie auch äusserlich zu beweisen; wenn man sich aber erinnert, dass Friedrich Wilhelm IV. schon ernstlich darauf gefasst war, den Trauerzug selbst begleiten zu müssen[2], dass die eigentlichen Hofleute für

---

[1] *Varnhagen*, Tagebücher, IV, 336.
[2] Ebend., S. 341.

sich dieselbe verhasste Pflicht besorgten, so wird man in Humboldt eher den freiwilligen Vertreter des Königs und der Seinen bei der ernsten Feier erkennen. Jetzt war die Stunde der Noth gekommen, von der er 1842 prophetisch gesprochen, wo der „alte tricolore Lappen" wieder entfaltet werden musste, um seinem königlichen Freunde einen Rest seiner Popularität zu retten. Unter die unablässigen Bemühungen Humboldt's, Friedrich Wilhelm IV. die Liebe oder doch die Achtung des Volks zu erhalten, Frieden und Versöhnung zwischen ihnen wiederherzustellen, gehört unsers Erachtens ohne Zweifel auch seine Theilnahme am Begängnisse der Märzopfer.

Aus der folgenden Zeit, dem Sommer und Herbst 1848, sind verhältnissmässig wenige Briefe Humboldt's überliefert; hielt er mit schriftlichen Aeusserungen in so ungewisser Zeit mehr an sich [1], oder sind andere Ursachen im Spiele? An Varnhagen sind erweislich mehrere geschrieben worden, welche in die vielberufene Sammlung nicht aufgenommen sind. Immerhin genügt, was vorhanden ist, um ein Bild, wie wir uns vorgesetzt, in kurzen Umrissen zu entwerfen. Humboldt gehörte nicht zu denen, die über dem, was geschehen, verzagten, er freute sich vielmehr, diese Zeit noch gesehen zu haben. Die freien Institutionen, die man erlangt, hatte er stets herangewünscht, nur hätte er sie lieber auf nicht revolutionärem Wege, durch rechtzeitige Verleihung von oben erscheinen sehen. [2] Jetzt ersehnte er für die Regierung Einsicht und Kraft, damit sie mit rückhaltlosem Anschluss an die liberalen Tendenzen doch auch den anarchischen Zuständen ein Ende setze, die ihm äusserst zuwider waren. Mit warmem Antheil an der gesammtdeutschen Bewegung verband er doch die entschiedenste Anhänglichkeit an die besondern preussischen Interessen. Er wünschte, „die wichtige Einheit der Nation nach aussen und in allen generellen innern Staatseinrichtungen errungen", daneben

---

[1] Dafür spricht Brief an Bunsen, Nr. 57.

[2] Ebend.; vgl. „Briefe an einen jungen Freund", S. 13.

aber auch soviel als möglich „ein auf grosse Erinnerungen gegründetes partielles Leben erhalten“ zu sehen.[1] Von Anfang an betrachtete er dabei die berliner Vorgänge als die eigentlich entscheidenden, die frankfurter mit einem Skepticismus, der seinem politischen Scharfblick Ehre macht. „Das Nebelreich und der ungeborene Kaiserprätendent“ entlocken ihm schon im Mai zweifelnde Aeusserungen. Das Verfahren der Versammlung erschien ihm vielfach „leichtsinnig“, die Person des Reichsverwesers, „dessen höchster Ideenschwung eine barometrische Bergmessung und tiroler Schützen“ seien, erregte ihm die schwersten Bedenken, die Kaiserwahl keine Hoffnung; er kannte Friedrich Wilhelm zu gut, um an irgendwelchen Erfolg der Krondeputation zu glauben. Die unglückliche Sache der Herzogthümer begleitete er mit der lebendigsten, schmerzlichsten nationalen Theilnahme. Kurz, überall zeigte er freien Blick und patriotische Wärme in glücklichster Vereinigung; seine Freude war stets durch vorahnende Besorgniss gedämpft, alle bangen Zweifel aber überwand er doch immer von neuem gern durch aufrechte Zuversicht in eine Art von Vernunft der historischen Entwickelung.

Wäre Politik damals irgend seines Amts gewesen, so würde sich's verlohnen, von seinen treffenden Urtheilen über die wechselvollen Begebenheiten jener Tage mehr zu sammeln. Man wird jedoch den Umstand, dass er 1848—50 der Sitte des Tages folgend dem „freien Handwerkervereine“ angehörte[2], nicht zum Beweise dafür anführen wollen; in der That entsagte er jeder nicht lediglich zuschauenden Behandlung der „Tageswirren und Zeitzerwürfnisse“ um so lieber, je weniger er im nächsten Kreise — er verlebte mit dem Könige peinliche Sommermonate in Potsdam — einem Wiederklange seiner eigenen Stimmung begegnete. „Ich flüchte mich“, schreibt er im August 1848 an Berghaus[3], „vor den ewigen Klagen über Undankbarkeit des

[1] Briefe an Bunsen, Nr. 58, 59. — [2] Ebend., Nr. 90.
[3] Briefwechsel mit Berghaus, III, 1.

entarteten Geschlechts, die auch ich mit anhören muss, und vor dem unaufhörlichen Schaukeln in der Wahl dessen, was zu thun sei, so oft es meine Stellung gestattet, in den unendlichen Kosmos, in der Ergründung seiner Erscheinungen und Gesetze die Ruhe suchend und findend, die mir am Abend meines vielbewegten Lebens so noththut." Arago, um den er während der Junitage die grösste Angst ausgestanden, sah er mit Bedauern so tief in den Knäuel der Ereignisse verstrickt. „Puisse ton généreux dévouement pour la chose publique", schreibt er ihm am 31. Juli[1], „cette modération d'un grand caractère, ne pas si souvent être mis à l'épreuve. Quelle bénédiction du ciel que de voir résister tes forces physiques à des agitations si prolongées. Je travaille avec cette constance allemande que tu me connais au dernier volume de cet éternel „Cosmos". J'ai de l'écriture de ta main sur ma table! Quelquefois elle m'attriste, le plus souvent cette écriture relève mon courage et me fortifie en de nobles pensées; ce sont là les fruits d'une amitié qui depuis quarante ans a fait le bonheur de mon existence, qui s'élève et s'agrandit avec la sphère d'action intellectuelle, sociale, politique que tu es parvenu à te créer." Ungemein deutlich aber drückt ein am 24. Sept. nach Paris gerichteter Brief die wachsende Unzufriedenheit Humboldt's mit der heimischen Anarchie und den Ausschweifungen radicaler Tendenzen aus. „Tandis que d'un côté"[2], heisst es darin, „on tente de consolider la liberté par le despotisme et le gouvernement absolu, on appelle chez nous réaction aristocratique toute tentative de rétablir l'ordre dans les rues, et même d'aller prendre le thé chez les ministres sans risquer de se voir arriver sur la tête des pavés et des briques. Les principes survivront pourtant, y compris, je l'espère, les très-anciens préjugés que l'on nomme la propriété, la famille et le mariage monogame. Il faut savoir attendre lorsqu'on n'a que quatre-vingt ans. Au milieu de ces agitations

[1] *De la Roquette*, II, 386.
[2] Ebend., Avert. des nouv. édit., VI, Adressat ungenannt.

tumultueuses, j'ai plus que jamais la fureur du travail et l'ambition littéraire. Les illusions ont aussi leur influence utile. Ce qui n'est point une illusion et ce qui m'a laissé la plus douce consolation, c'est qu'au sommet du pouvoir suprême le plus ancien et le plus illustre de mes amis [1] a conservé toute la beauté et toute la grandeur de son caractère." Tief erschütterten ihn die blutigen Thaten des Besiegers von Wien: „Welche Mordscenen", schreibt er an Curtius, „gehäufte Morde nun schon seit Lichnowski's Marterthum! Schande für unser deutsches Vaterland! Dazu die telegraphische Nachricht, dass der Präsident der Republik nicht von der Versammlung, sondern von dem Volke gewählt werden wird! Dann ist das tollste Resultat der Wahl zu besorgen."

Schon sah er so in seinem theuern Frankreich den alten verderblichen Kreislauf, wie er ihn 1830 geschildert, abermals in vollem Zuge zur Tyrannei; aber auch im Vaterlande sollte er bald erleben, dass die guten zusammt den schlechten Früchten der Revolution vom Sturme der Reaction unreif abgeschüttelt wurden. Dass er einem energischen Einschreiten der Regierung wider die Anarchie mit Verlangen entgegenschaute, haben wir aus seinem eigenen Munde erfahren; dass aber die höchste Gewalt, nachdem sie sich hierzu ein Herz gefasst, nicht dabei stehen blieb, dass der hemmende Gegenstoss sich zur rückläufigen, von Tag zu Tag beschleunigten Bewegung steigerte, betrübte, ja beschämte ihn aufs tiefste. Traurig stellt er wiederholt in seinen Briefen die Zahlen 1849 und 1789 einander gegenüber, „alle Gefühle sieht er in dem schlimmen Jahre der Reaction verwildern, alle Zeitungen mit Blutflecken besudelt". [2] Das Benehmen der deutschen Regierungen, „die frech Versprechungen brechen, die sie eben eingegangen, unterirdisch ehrloser wühlen als je die Blutrothen gethan", erfüllt ihn mit Ekel. Die preussischen Rückschritte erscheinen ihm doppelt gefahrvoll, da er

---

[1] Arago.
[2] Briefe an Varnhagen, Nr. 136.

überzeugt ist, eine aufrichtig liberale Politik „im Contrast zur österreichischen Zwingherrschaft“ könne und müsse „doch zuletzt das deutsche Volk und die Regierungen durch die Macht der Meinung Preussen zuführen“.[1] Solange es irgend möglich ist, sucht er seinen Glauben an den König, man muss fast sagen mit Anstrengung, aufrecht zu erhalten: „Der edle König“, schreibt er im November 1849 an Bunsen, „hält fest an seinen Verheissungen für Deutschland, wenn ich nicht heisse Wünsche und Hoffnungen verwechsle.“ Ja noch am 14. Sept. 1850, an seinem „vorsündflutlichen Geburtstage in etwas trübem Ernste in sich hinein und um sich her blickend“,[2] sieht er in Friedrich Wilhelm „das einzige unverbrüchlich reine Gemüth in dem Gewölk“ seiner Umgebung; zugleich aber gewahrt er auch mit Sorge, wie die preussische Politik „in den ewigen Unbestimmtheiten ihrer Pendelbewegung beharrt“, zu denen stets „neue, wirkliche oder von Charakterlosigkeit benutzte Motive hinzukommen“. Treffend bezeichnet er Bunsen „die drei vitalen Punkte, deren keiner allein behandelt werden dürfe, von deren gegenseitigem Reflex die ganz vernachlässigte, für nichts geachtete Volksstimmung abhänge“, ein so wichtiges Element für den völlig isolirten preussischen Staat: „das unglückliche, so echtdeutsche Holstein-Schleswig, das uns doch etwas näher als die Chinesen liegt; das deutsche Parlament in Erfurt, welches durch sentimentale Lapidarinschriften energischen Lobes nicht von der Verwesung gerettet wird; und das uns täglich schnöde verhöhnende, auf die Zertrümmerung jeder constitutionellen, repräsentativen Verfassung hinarbeitende Oesterreich“. Die Ernennung von Radowitz, dem er später nachrühmt, er habe „immer nach edeln und grossen Zwecken gestrebt bei Anwendung von Mitteln, an die seine Phantasie glauben konnte“, die preussische Mobilmachung wider die „Unthaten Hassenpflug's“ belebten in unserm Freunde noch einmal den Muth der Hoffnung; der Staat er-

---

[1] Briefe an Bunsen, Nr. 63, 64.

[2] Ebend., Nr. 65.

scheint ihm umgeben von Gefahren, dennoch drückt er der Prinzessin von Preussen seine Freude darüber aus, dass es zum Handeln komme, denn „das Mass der Demüthigungen sei voll". Aber es war noch nicht voll gewesen, erst der Tag von Olmütz bezeichnet die äusserste Tiefe der Erniedrigung, zu welcher der preussische Staat jemals freiwillig herabgestiegen ist. „Am 19. März 1848", schrieb die Prinzessin von Preussen an Bunsen, „wurde das alte, am 3. Nov. 1850 das neue Preussen begraben." [1] Wir werden nicht irren, wenn wir Humboldt nahezu dieselben Empfindungen bei der traurigen Wendung der Dinge beilegen, wie sie seine fürstliche Freundin beseelten; überhaupt dürfte hier der Ort sein, das Verhältniss unsers Helden zu der hohen, patriotischen Frau und dem Kreise der nächsten Ihrigen mit einigen Worten zu berühren.

Was Humboldt zur Prinzessin von Preussen von Anfang an in nähere Beziehung setzte, waren weimarische Erinnerungen; auf die Enkelin Karl August's übertrug er einen guten Theil der Freundschaft, die er für den grossen Herzog selber gehegt hatte. Es geschicht einmal beim Tode des Kanzlers Müller, dass er in einem Briefe an die Prinzessin jene Erinnerungen lebendig wiedererstehen lässt. „Il a eu à mes yeux un grand mérite", fügt er seinem Urtheil über den Kanzler sehr artig hinzu, „car rempli d'admiration pour vous, Madame, ayant salué un des premiers l'heureux développement d'une grande et noble intelligence, ayant compris ce que d'autres ne peuvent saisir, il a été pour vous un ami bien sûr et bien reconnaissant. Son admiration pour vous était instinctive et raisonnée à la fois; c'est ainsi que j'aime les admirations." Allein, wie doch auch dieser Ausspruch beweist, selbst wenn man ihn aller absichtlich gefälligen Gewandung entkleidet denkt, es waren vor allen Dingen die eigenen Gaben der Prinzessin, was ihr das Interesse unsers Freundes gewann, ihr „ernster und reicher Geist, ihre hohe Bildung", und nicht zum wenigsten ihre „moralischen

---

[1] *Chr. C. J. Frhr. von Bunsen,* III, 165.

Leiden“ in einer Umgebung, die ihre freiern Ansichten „nicht begreifen wollte“.[1] „Sie regt sich durch ihre Geistigkeit nur zu sehr auf, sie reibt sich auf“, so schreibt Humboldt schon 1846 theilnehmend an Bunsen. Es ist sehr wahrscheinlich, was Varnhagen am 2. März 1848 in sein Tagebuch verzeichnet, dass schon damals die Prinzessin Humboldt zugleich mit der Herzogin von Sagan unter den „vier Personen“ genannt hat, die „sie wirklich kennten.“[2] Recht nah jedoch trat er ihr besonders in den schweren Zeiten unmittelbar nach der Revolution, wo sie während der Abwesenheit ihres Gemahls in Potsdam mit ihren Kindern gänzlich zurückgezogen lebte. Humboldt ist damals der einzige treue Hausfreund geblieben. Ernst Curtius, der, seit ihn die Wahl der Aeltern zur Erziehung des jungen Prinzen Friedrich Wilhelm berufen, in Humboldt seinen guten Genius bei Hofe verehrte, welcher ihm unter schwierigen Verhältnissen ununterbrochen mit väterlicher Theilnahme treulichst zur Seite stand, las in jenen Wochen der Prinzessin die „Ansichten der Natur“ vor; damals ist auch zu ihrer Erheiterung das kleine Gedicht „Der Aturenpapagei“ entstanden, das Humboldt im folgenden Jahr in die neue Auflage der „Ansichten“ aufgenommen. Ein Gedenkblatt, das unser Freund am 2. Sept. 1849 auf dem Babelsberge auf Wunsch der Prinzessin in ein Album zur Geburtstagsgabe für Curtius geschrieben, vergegenwärtigt Stimmung und Ton des kleinen Kreises:

„Wie der Vogel auf dem Felsen über dem schäumenden Wasserfall (der letzte der Aturen, den Sie so anmuthig besungen bin ich übriggeblieben aus dem Schiffbruch des alten Geschlechtes. Wenn Ihr Blick, theurer Curtius, sich weiden konnte an der griechischen Landschaft, an der innigen Verschmelzung des Starren und Flüssigen, des mit Cypressen und Oleander geschmückten oder felsigen, luftgefärbten Ufers, des wellenschlagenden, lichtwechselnden, glanzvollen Meeres; wenn

---

[1] Briefe an Bunsen, S. 82, 83, 93.

[2] *Varnhagen*, Tagebücher, IV, 257.

die ewige, unwandelbare Grösse der freien Natur, in welcher die hingeschiedene Grösse von Hellas sich spiegelt, Ihr regsames Gemüth und Ihre Sprache veredelten, ward mir, dem Wandernden, nur zutheil, an namenlosen Flüssen, in dem dichten und wilden Forst des Orenoco, zwischen schneebedeckten Feuerbergen, in den endlosen Grasfluren und Steppen des Irtysch und Obi zu verweilen. Einsam würde ich mich fühlen, einer der letzten von dem alten Geschlechte, hätte Freundschaft nicht, die alles lindernde, mir ihre wohlthätige, süsseste Gabe gespendet. Auf dem kleinen laubbekränzten Hügel, wo Geist und holde Anmuth walten, ist mir an einem festlichen, von den Edelsten still gefeierten Tage die Freude geworden, dem tieffühlenden Naturmaler von Naxos diese wenigen Zeilen (in ungezähmter Freiheit «cursibus obliquis fluentes») aus geradem Sinne dankbar und liebevoll zu widmen."

So gerieth Humboldt in jenen entscheidenden Jahren, seiner warmen Sympathie für jegliche liberalere Anschauung folgend, in vertrautere Berührung mit dem Zweige des preussischen Königshauses, auf welchem das künftige Wachsthum des Vaterlandes selbst beruhte. „Auf den Prinzen von Preussen", schreibt er am 2. Nov. 1849 an Bunsen [1], „haben die Begebenheiten gut gewirkt. Sein Benehmen ist voll Würde und Milde der einreissenden Reaction entgegen." 1854 findet er den Prinzen und die Prinzessin „durchdrungen von den edelsten und festesten Gesinnungen". [2] In der Folgezeit erfüllten ihn die „tiefgegründeten, immer zunehmenden Zerwürfnisse" des reactionären berliner Hofes „mit dem edeln Prinzen von Preussen" mit steigender Betrübniss. Mit der Prinzessin stand er seit 1849 in regem Briefwechsel. Mit grossem Freimuth äussert sich der „physikalische Hofkaplan, le physicien de la cour, der getreueste Urmensch, le très-illisible, très-incorrect, très-humble, très-obéissant, très-fidèle serviteur" — so und ähnlich lauten die Unter-

[1] Briefe an Bunsen, S. 117.
[2] Ebend., S. 181.

schriften — in diesen Briefen über den Lauf der politischen Welt. Von ein paar Geburtstagsgratulationen und einigen „prosaischen Hofbulletins“ abgesehen, die er zur äussern Instruction der fernweilenden Fürstin abfasste, gehören sie zu den gehaltvollsten Stücken aus Humboldt's Correspondenz und geben einen hohen Begriff von der geistigen Intensität des Verhältnisses. Wir erwähnten schon an einer frühern Stelle, dass das Unglück der Familie Orléans, der Herzogin insbesondere, und die Möglichkeit ihrer Wiederherstellung, der Widerwille andererseits gegen den Usurpator von Frankreich zu den Hauptthemen des Briefwechsels gehören; nicht minder frei und wahr jedoch werden auch die preussischen und deutschen Verwickelungen darin beurtheilt. Auch einer so hohen Leserin gegenüber steht Humboldt nicht an, der Jahre 1789 und 1848 mit wehmüthiger Kühnheit zu gedenken; er sagt wol einmal geradeheraus (am 18. Sept. 1852), dass ein Mann seiner Gesinnung eigentlich nur noch in England zu leben vermöchte; von dort aber hielten ihn wieder „die erkältenden socialen Gewohnheiten“ entfernt.

Einen ganz besondern, echt menschlichen Reiz gewinnen jedoch diese Briefe durch die Beziehung auf die Kinder des prinzlichen Hauses, durch die liebenswürdige Theilnahme, mit der Humboldt die mütterlichen Sorgen für Erziehung und Wohl des Sohnes und der Tochter begleitete. Ueber die Entwickelung des „princeps juventutis“ ist er des Lobes voll; bei der hohen Idee, die er von den befreienden Wirkungen des griechischen Alterthums auf alle Geister, die sich ihm hingeben, in sich trug, erschien ihm die Wahl eines Hellenisten zum Erzieher des Thronfolgers schon an sich als ein grosses Verdienst der Prinzessin.[1] Doch glaubte er nicht, dass damit der Pflicht der Vorbereitung zur Leitung eines modernen Staatswesens genügt sei. Auf Andeutungen hin, die er der Mutter darüber machte, erforderte sie eine ausführliche Darlegung seiner An-

[1] Briefe an Bunsen, S. 93.

sichten, die er denn auch am 30. Aug. 1853 in freimüthiger Weise abgab „als ein Mann, der mit Leuten verkehre, welche nicht schmeicheln und die öffentliche Meinung noch für eine Macht halten". An das heilsame Beispiel Friedrich's des Grossen erinnernd, hob er vor allem die Bedeutung der politischen Realien hervor; er wünschte, dass ein in den Geschäften erfahrener Beamter wie Flottwell, kein blosser Universitätslehrer, den Prinzen über die Quellen des öffentlichen Wohlstandes, über Civiladministration und Staatshaushalt unterrichte, ihn in die Ideen der Handelsfreiheit und der modernen Wirthschaftspolitik überhaupt einweihe. Aber wie weit war er dabei doch entfernt von dem Gedanken, eine Vorbildung etwa nach Art der Manchestermänner bei einem Erben des preussischen Thrones für ausreichend zu halten! Mit gleicher Entschiedenheit betont er vielmehr die Nothwendigkeit militärwissenschaftlichen Unterrichts, so jedoch, dass er, wiederum auf das Muster Friedrich's des Grossen blickend, die Kriegsgeschichte für wichtiger erklärte als die strategische Theorie. Anleitung zur Beurtheilung der Operationen durch Darstellung des wirklich Geschehenen, ob es nun gute oder böse Früchte getragen, Terrainstudien aus Kartenwerken, das war es, was er empfahl; zum Lehrer schlug er Höpfner vor, der nachher wirklich dazu ernannt worden ist. Wenn man der grossen kriegerischen Aufgaben gedenkt, zu deren Ueberwachung der Kronprinz später berufen worden, so kann man nicht ohne Hochachtung vor Humboldt's Scharfsinn und patriotischer Weisheit in jenem merkwürdigen Briefe als Motivirung solcher Vorschläge den Hinweis lesen, dass der preussische Staat, der allzu lange der Leitung Russlands gefolgt, in seinem eigenen Interesse nothwendig einer kriegerischen Zukunft entgegengehe. Durch Schaden, darf man hinzufügen, d. h. durch den des Staates, den er mit Schmerzen erlebt hatte, war unser Freund überhaupt so klug geworden; auch bei jener Hervorhebung der „Realien" der Administration stand ihm ohne Zweifel der Unsegen einer rein auf das Ideale, in Kunst oder Kirche, gerichteten Monarchenbildung vor der Seele, wie sie

Friedrich Wilhelm IV. seinem schweren Berufe entgegengebracht hatte.

Die glücklichen Familienereignisse in dem befreundeten Fürstenhause begrüsst Humboldt mit der aufrichtigsten Freude; das englische Heirathsproject erscheint ihm auch seiner liberalpolitischen Bedeutung wegen als rühmenswerth. „Le plus bel éloge de cette union", schreibt er am 20. Sept. 1855, „est la fureur, qu'elle fait naître et qu'on voile avec maladresse." An der Verbindung der Prinzessin Luise mit dem Grossherzog von Baden war ihm einzig die Entfernung der liebenswürdigen jungen Dame schmerzlich; auch für seinen Reichthum an Beiwörtern des Lobes ist es ein ganz aussergewöhnlicher Aufwand, wenn er sie in einem Athem bezeichnet als „angélique, délicieuse, intelligente, vive, magnétique, éloquente même quand Elle se tait, naturelle quand elle parle". Wir glauben eine in jeder Hinsicht verzeihliche Indiscretion zu begehen, wenn wir aus einem Gratulationsbriefe der Frau Grossherzogin zu Humboldt's Geburtstage (14. Sept. 1857) eine überaus frisch und rein empfundene Stelle mittheilen; denn sie rechtfertigt unsern Freund sowol in dem speciellen Falle jenes Urtheils gegen jeden Verdacht der Schmeichelei, als sie überhaupt — wie das ganze Verhältniss Humboldt's zu dieser Seite des Königshauses — ein helles Licht über die so vielfach und absichtlich verdunkelte Haltung seines Gemüths am Hofe verbreitet. „Mit wärmster Dankbarkeit", schreibt die junge Fürstin aus Badenweiler, „lebt in mir die Erinnerung an die vielen Augenblicke, in denen ich mit Ihnen verkehren durfte, an die vielen Beweise jener wahrhaft gütigen Theilnahme, die Sie mir von Kindheit an erzeigten, und es ist dann immer der Wunsch so lebhaft in mir rege, Sie wiederzusehen und, wie damals als Kind, so jetzt als Frau und Mutter mit doppelter Ehrfurcht, doppeltem Interesse Ihren Worten zuzuhören. Wie oft denke ich an den Besuch bei Ihnen, und werde es nie vergessen, wie Sie so gütig waren, mir Ihre werthvollen Manuscripte zu zeigen. Die Erinnerung an diese Stunde prägte sich tief in mein Herz und wird mir auf immer theuer bleiben. Seit ich Sie sah, ist so vieles anders, schöner und herrlicher geworden, mein häusliches Glück hat sich immer reicher entfaltet, ein geliebtes Kind hat es zu einer nie geahnten Höhe gebracht; könnte sich Ihnen dies kleine Wesen zeigen, Sie hätten gewiss Freude daran, aber auch ungekannt darf ich es Ihrer Theilnahme empfehlen." Auch von der Hand des Grossherzogs enthält der Nachlass Humboldt's nicht minder einfach freundschaftliche Briefe „aus treuem Herzen".

Das Erscheinen der Prinzessin Victoria in Berlin erfüllte Humboldt mit gleich lebendiger Freude; „man kann sie nicht genug loben", schreibt er, „an Gemüth, Natürlichkeit und Geist." Er bat die Schwiegermutter im Herbst 1856, nicht so lange im „far West" zu weilen, damit die Tochter Albions, an „douce familiarité" gewöhnt, in der ariden Umgebung nicht allein bleibe.

Man kann sich denken, wie bei diesen Gesinnungen Humboldt trotz des innigsten persönlichen Mitgefühls, welches die schwere Erkrankung des Königs in ihm wachrief, doch die Umwälzung im Staatswesen, die daraus entspringen musste, nur als eine glückliche Wendung zum Guten ansehen konnte. Freilich hätte er statt des halben Verhältnisses der „Stellvertretung" lieber alsbald die zuletzt doch unumgängliche Regentschaft herbeigewünscht. „Ein solches zaghaftes Mitregieren", schreibt er am 25. Nov. 1857 an Curtius, „vielfach bedingtes Auftreten, Handeln durch Menschen, die beleidigt haben, Versprechen von allem, was eine neue Regierung jedesmal zu verheissen scheint, macht mich für den edeln, sich so pflichtmässig hinopfernden Prinzen von Preussen sehr traurig. Sein Benehmen ist musterhaft, und das persönliche Verhältniss zwischen dem ganz theilnahmlosen Kranken, der viel Fassung und Charakter zeigenden Königin, dem Prinzen von Preussen und Ihrem herrlichen Zöglinge vortrefflich." [1] Hernach aber, als der Regierungswechsel definitiv ins Leben getreten war, rief er (am 16. Febr. 1859),

[1] Vgl. Briefe an Varnhagen, Nr. 224.

demselben Freunde mit jugendlicher Freude zu: „Kommen Sie auch jetzt schon zu uns auf einige Wochen in das freie Neu-Berlin, wo Sie frisch athmen werden.“ Es ist der Luftzug der neuen Aera, der durch diese Zeilen weht; es war Humboldt's Schicksal, dass er ihm nur noch als letzter Abendhauch des Lebens erquickend in die Seele drang.

Wir müssen uns widerstrebenden Herzens für einen Augenblick losmachen von der Anschauung all des Grossen und Erhebenden, das wir seitdem in und ausserm Vaterlande errungen und erlebt haben, wollen wir anders den traurigen Gefühlen gerecht werden, welche Humboldt's Gemüth in den funfziger Jahren oft verdüsterten, ehe durch die Regentschaft in Preussen jene späte Aufheiterung des politischen Horizontes eintrat. Es ist eine Zeit lang verhängnissvoll für das Andenken unsers Freundes gewesen, dass gerade aus jenen letzten Jahren stammende Aeusserungen seines Unmuths in übergrosser Anzahl vorschnell auf den Markt gebracht wurden; heute, wo die Geschichte bereits ihr Siegel unter fast alle diese Aussprüche gedrückt hat, wo niemand auf das Manteuffel'sche Regiment anders als auf einen unholden Traum des Staates — halb beschämt, halb froh dass er vorüber — zurückblickt, wo zugleich manche Handlungen Friedrich Wilhelm's IV. nach 1848 in seinem erst später klar hervortretenden, gewiss aber von lange her still anwachsenden Leiden eine pathologische Erklärung finden, heute wird man eher bewundern müssen, mit welcher Elasticität des Geistes der Greis, der so oft und so bitter enttäuscht worden war, sich aus den „Verwirrnissen eines öden Lebens, in einer moralisch so schmachvollen Zeit“ wieder und wieder zu unpersönlich grossartigen Hoffnungen auf die Zukunft erhob. Er wiederholte sich „die Lehre der Weltgeschichte aller Jahrhunderte, dass das Einschreiten der Nemesis, der Triumph des Rechts und der Wahrheit nicht ausbleibe“.[1] Freilich setzt er trübselig mit Benjamin Constant hinzu: „Je n'ignore pas que

---

[1] Briefe an Bunsen, S. 147.

les principes survivront, mais moi je ne suis pas le principe." Man muss es sogar als eine Veredlung seiner frühern Geschichtsauffassung rühmen, wenn er sagt: „Jahrhunderte sind Secunden in dem grossen Entwickelungsprocesse der Menschheit", und wird als ebenso wahr wie geistreich erkennen, was er einschränkend anfügt: „Die ansteigende Curve hat aber kleine Einbiegungen, und es ist gar unbequem, sich in solchem Theile des Niedergangs zu befinden." [1] Denn noch liess sich alles in der That wie Niedergang an. Den Krimkrieg begrüsste Humboldt zwar freudig als den Anstoss zur Befreiung Europas von dem gefährlichen Uebergewichte Russlands, um so schmerzlicher aber war ihm, dass Preussen an dieser Befreiung nicht activ und deshalb auch passiv nicht theilnahm. [2] Den Absichten des ihm verhassten Napoleon mistraute er trotz seiner Mässigung im Pariser Frieden; mit merkwürdigem Scharfblicke sah er schon im Februar 1854 in einer Annexion an der französischen Nordostgrenze das letzte, „auf langem Umwege" angestrebte Ziel der kaiserlichen Politik. Als der Kaiser dann zu seiner grössten That, zur Befreiung Italiens halb unfreiwillig das Schwert zog, war Humboldt eben im Verscheiden; dass die Umwälzung zweier Erdtheile, die Abschaffung der Sklaverei, die Wiedergeburt Deutschlands, der Untergang des weltlichen Papstthums, vor der Thür stand, davon durfte er kein Vorgefühl mit sich hinabnehmen. Gerade an dem Punkte, wo sich die Curve der Geschichte aufwärts wandte, musste er ihren grossen Gang verlassen.

Zu dem, was wir im vorigen Kapitel über sein Verhältniss zur innern preussischen Politik unter der Herrschaft Friedrich Wilhelm's IV. gesagt haben, ist für die letzten Jahre kaum etwas hinzuzufügen, es müsste denn die negative Thatsache sein, dass er an der galvanischen Wiederbelebung des „Staatsrathes" 1854 persönlich keinen Antheil haben wollte. Die politische Gesellschaft Stahl's und Ranke's verschmähend, schied er aus,

[1] Briefe an Varnhagen, Nr. 150.
[2] Briefe an Bunsen, S. 175, 182.

„aus Gründen, die nicht die des Alters waren“.[1] Persönlich war er „dem vortrefflichen, geistreichen, von seiner Superiorität über die ihn Umgebenden leider keinen Gebrauch machenden König immer mehr eine Nothwendigkeit“ geworden.[2] „In kleinen Sphären trug er hier und da zu dem Glanze des königlichen Namens bei“, besonders durch Fortsetzung seiner wohlthätigen Bemühungen zu Gunsten Verfolgter und Nothleidender aller Art, zu Gunsten vornehmlich der geistigen Ehre des Staates in Wissenschaft und Kunst; wir kennen diese seine Handlungsweise hinlänglich, um hier einer fast endlosen Anhäufung von Namen oder gar Geldsummen überhoben zu sein. „In der höhern Sphäre aber, die das Herz für Preussens Ruhm und das gesammte nicht zu knechtende deutsche Vaterland berührt, kämpfte er — nach wie vor — ohne allen Erfolg an.“ „Die Zeit, in der man konnte gehört werden“, klagt er am 30. Dec. 1854, „ist längst vorüber.“[3] Dass auch der geistige Privatverkehr zwischen Friedrich Wilhelm und Humboldt gehaltloser ward, darauf haben wir gleichfalls schon hingedeutet; es waren die Anzeichen der Katastrophe, die im Herbst 1857 hereinbrach. Was aber aufrecht blieb zwischen beiden und was selbst diese Katastrophe überdauerte, war die Hinneigung des Gemüths. Humboldt ist auf den lebhaften Wunsch des Königs noch im ersten Jahre nach dessen Erkrankung öfters als theilnehmender Gesellschafter in Charlottenburg und Potsdam gewesen; weinend vor tiefer Rührung nahm Friedrich Wilhelm am 11. Oct. 1858 von ihm Abschied.[4] Aus Florenz und Rom kamen ihm dann in seinen letzten Lebensmonaten häufige Grüsse des unglücklichen Monarchen durch die Gräfin Dönhoff oder die Königin Elisabeth selbst zu. Es darf wol angemerkt werden, dass Humboldt für diese edle Frau[5] von Jahr zu Jahr mit steigender

---

[1] Briefe an Varnhagen, Nr. 159.
[2] Briefe an Bunsen, S. 142.
[3] Ebend., S. 192.
[4] Briefe an Varnhagen, S. 400.
[5] Vgl. Briefwechsel mit Berghaus, III, 134.

Hochachtung erfüllt ward, und dass er, der sie in Ausübung ihres schweren Berufs in nächster Nähe zu beobachten Gelegenheit hatte, soviel uns bekannt geworden, nie auch nur ein Wort des leisesten Tadels gegen sie hat verlauten lassen. Er, der mit rücksichtsloser Kritik das „falsche Bild" zerstörte, das sich „durch Uebereinkunft und blindes Nachreden von dem Charakter der Königin Luise festgesetzt" [1], wusste im Gegensatze zu dieser, ganz abweichend von dem irren Geschwätze der Tagespolitiker, in Königin Elisabeth die echt weibliche Beschränkung auf die dem öffentlichen Leben fremden Aufgaben des Herzens wohl zu schätzen.

Wir haben Alexander von Humboldt als Hofmann und Politiker — nur zum Theil richtig würde man zusammenziehend sagen als Hofpolitiker — von 1827 bis 1859 handeln und leiden sehen. Wer menschliches Wirken nach dem Erfolge abzuwägen geneigt ist, wird diese ganze Thätigkeit unsers Freundes federleicht erfinden; wer dem Thun und Treiben anderer nach seinen eigenen Wünschen und Idealen Mass und Ziel zu setzen pflegt, wird den Mann, der „die Ideen von 1789" im Herzen und den Kammerherrnschlüssel auf dem Rücken trug, nach der einen oder der andern Richtung verurtheilen oder verlachen. Niemand aber dürfte sich unterfangen zu leugnen, dass uns hier das Beispiel eines Greises vor Augen steht, der ein spätes Menschenalter hindurch in einer ruhmlosen und freudenarmen Periode der vaterländischen Geschichte mit jugendlich warmer Empfindung für die Ehre des Staates und der Nation, nicht immer aus grosser und starker, wol aber stets aus guter und treuer Seele, unermüdlich seine Pflicht gethan hat; allerdings ein Diener und zwar der persönliche vertraute Diener der Könige, aber in einem Staate, dessen Könige nach der Lehre und dem Vorbilde des grössten unter ihnen nichts anderes wenigstens sein sollen als die ersten Diener dieses Staates. Und wenn in der demüthigen Rangordnung der Kirche kein vornehmerer Name ge-

[1] *Varnhagen*, Tagebücher, I, 9.

funden wird als der eines Knechtes der Knechte Gottes, so muss auch das Amt des ersten Dieners der ersten Diener des Staates gerade wegen der selbstlosen Hingabe, die es erfordert, seinem Träger selbst in den stolzen Augen derer, die ihrer Freiheit froh sind, zur Ehre gereichen. Aber wäre das auch nicht, wie man auch denken mag über die Stelle, an der Humboldt gestanden, so genügt, dass er an solcher Stelle — wir wiederholen es — seine Pflicht gethan. Es war das Bewusstsein patriotischer Pflicht, was ihn im Herbst 1858, wenige Monate vor seinem Tode, obgleich sein Gang „an alternder Richtungslosigkeit traurig zugenommen“, noch einmal als Urwähler mit den Postillonen der Oranienburgerstrasse an die Urne führte; die Zeitungen wussten davon zu melden, selbst in Versen ist der einfache Vorgang gefeiert worden. Es bedarf der Poesie nicht, um zu verherrlichen, was nie und nirgend anders sein sollte, das aber darf man kühnlich behaupten, dass, solange diese weltbewanderten Füsse tragen konnten, sie keinem Gange der Pflicht sich träge versagt haben. [1]

Wenn wir der wissenschaftlichen Thätigkeit Humboldt's während seines letzten Jahrzehnts unsere Blicke zuwenden, so fällt uns zunächst, alles andere in den Schatten drängend, die Fortsetzung des „Kosmos“ in die Augen. Der dritte und vierte Band sammt dem Fragmente des fünften bilden den beiden ersten gegenüber eine getrennte Masse von verschiedenem Charakter. Der literarische Zweck verschwindet fast hinter dem gelehrten, die generalisirende Methode tritt wenigstens zurück gegen die Darstellung des Speciellen. Humboldt selbst war sich dieses Unterschiedes und seiner Beurtheilung durch das Publikum im voraus wohl bewusst. „Wie man erst gesagt hat, es sei zu wenig und zu poetisch“, schreibt er 1850 an Jacobi, „so wird man jetzt sagen, es sei viel zu voll und zu prosaisch. Mein kühnes Bestreben, in jeder Abtheilung die astronomischen, mag-

---

[1] Vgl. Briefe an Varnhagen, S. 398; an Bunsen, S. 201; das Gedicht von 1858 im Nachlasse.

netischen, geognostischen, meteorologischen, pflanzen- und thiergeographischen Resultate zu geben, die man jetzt für gewiss hält, jedes Stück so zu bearbeiten, als wenn ich nie etwas anderes getrieben, so lange zu arbeiten, bis ich mir selbst klar werde: dieser gute Wille im 81. Jahre hat einiges Verdienst in dem Gewölk, in dem ich lebe.“ Während wir bei Gelegenheit der beiden ersten Bände der künstlerischen Seite vornehmlich unsere Aufmerksamkeit widmeten, fällt uns jetzt von selbst die Aufgabe zu, die Weise der gelehrten Arbeit Humboldt's am „Kosmos“ in kurzen Zügen darzustellen. Nur von zwei Stellen sei noch zuvor die Rede, die ihrem Inhalte nach wenigstens an die frühern „generellen“ Abtheilungen des Werkes anknüpfen, wir meinen die Einleitungen zum dritten und fünften Bande.

„Mir liegt daran“, schreibt Humboldt am 10. Aug. 1849 an Boeckh, „in dem letzten Bande“ — noch glaubte er für den ganzen speciellen Theil nur eines Volums zu bedürfen — „durch die Betrachtung dessen, was seit 2500 Jahren über die Welterklärung versucht worden ist, noch einmal den denkenden Leser zu fesseln, die Achnlichkeiten und die Contraste in der Arbeit physischer Gedankenentwickelung von der italischen Schule bis Giordano Bruno, Descartes und Newton in grossen Zügen darzulegen, die Mittelstufen geflissentlich überspringend. Die Färbung musste wieder die sein, dass man über grossen Gedankenmassen zu schweben scheine, bei der Vorliebe zum Allgemeinen aber immer, Vertrauen erregend, in das Speciellste und Individuellste der einzelnen Gründer von systematischen Ansichten eindringe. Es ist freilich Manier, aber die Enthaltung von Pathos im Stil verdeckt die Absicht, und diese Manier ist bisher geglückt. Die «Einleitung» soll durch Färbung und Haltung vom zweiten zum dritten Bande überführen.“ Fast zehn Jahre später, am 12. Mai 1858, übersendet unser Freund dann an Boeckh das Manuscript der kürzern Einleitung zum fünften Bande, in der er „sich zum letzten male über Naturphilosophie aussprechen wollte“. Eine historische Uebersicht über „die verschiedenen Phasen der Welterklärung“ kommt schon in den Kosmosvorlesungen vor, und es mag sein, dass Humboldt sich gleich, als er in der „Geschichte der physischen Weltanschauung“ des zweiten Bandes diese philosophische Seite überging, mit der Absicht trug, damit den speciellen Theil einzuleiten. Allein jene Einleitung hat auch noch einen andern Zweck, sie ist die Auseinandersetzung des Verfassers mit dem Geiste der Zeit, dem gegenüber er eine gewisse Entfremdung sich nicht mehr verbergen kann. Wenn der „Kosmos“, wie wir früher sahen, in seiner wissenschaftlichen Richtung durchaus dem Zeitalter der Empirie angehört, wenn der universalistische Charakter, den er an sich trägt, ein durchaus unspeculativer ist, vielmehr dem ästhetischen Stempel unserer literarischen Periode seinen Ursprung verdankt, so war nun nicht blos diese literarische, sondern auch die anti-speculativ empiristische Periode bereits vorüber: im nämlichen Jahre mit dem zweiten Bande des „Kosmos“ war Helmholtz' Tractat „über Erhaltung der Kraft“ erschienen, welcher den Umschwung der Zeiten, den Eintritt einer neuen Epoche echter Naturphilosophie deutlich bezeichnet. Humboldt, der diesen Wandel empfand, erhob sich daher im Eingange des dritten Bandes zu einer Art Vertheidigung seines Werkes. Noch gedenkt er der neuen Lehre nicht ausdrücklich, aber so viel räumt er doch ein, dass, wenn wir uns auch „in vielen Gruppen der Erscheinungen freilich noch mit dem Auffinden von empirischen Gesetzen begnügen müssten, doch das höchste, seltener erreichte Ziel aller Naturforschung das Erspähen des Causalzusammenhanges“ sei. Noch warnt er allerdings vor „Täuschungen“ vorzeitiger Hoffnung, „das Princip gefunden zu haben, aus dem alles Veränderliche der Körperwelt erklärt werden könne“, und eben um diese Warnung zu bekräftigen, führt er dem Leser den historischen Verlauf der „Welterklärungsversuche“ vor Augen, aber zwischen den Zeilen entdeckt man bereits das unbehagliche Gefühl eines bewusst veralteten Standpunktes.

Noch klarer tritt diese Erscheinung in der Einleitung zum fünften Bande hervor. Inzwischen war die mechanische

Wärmetheorie, wie er sich selbst ausdrückt, „vielartig und mit grossem Aufwand von Scharfsinn“ entwickelt worden. Er hatte von Magnus Erläuterungen und Gutachten darüber eingefordert, deren sich noch in seinem Nachlasse vorfinden. „Noch immer habe ich“, schreibt er am 6. Nov. 1857 an Dove, „gewiss durch meine Schuld, über die mich quälende mechanische Theorie der Wärme (Joule, Grove, Rankine) nicht Beruhigung erlangt. Meine physischen und geistigen Kräfte nehmen ab, aber ich bin deshalb doppelt arbeitsam und unheiter, da ich Ihnen so bald die erste Abtheilung des letzten Bandes meines so unvorsichtig angefangenen «Kosmos» bringen soll. Hüten Sie sich, so unwahrscheinlich zu veraltern!“ Von dieser quälenden Unruhe nun tragen die einleitenden Blätter des letzten Bandes, wie sie nach Humboldt's Tode 1862 durch Buschmann herausgegeben worden, unverkennbare Spuren an sich: im allgemeinen zweifelt unser Freund nicht mehr an der Möglichkeit der Umwandlung von Wärme und Arbeit ineinander, im einzelnen aber scheint ihm noch vieles auf „etwas willkürlichen Annahmen“ zu beruhen, noch immer ist ihm die Atomistik eine zwar bequeme und weit verbreitete, aber an „Mythen“ reiche „Bildersprache“. Die neue Gestalt der „metaphysischen Naturwissenschaft“ vermochte er, wie man sieht, selber nicht mehr recht zu begreifen, es ist fast rührend, wenn er sich ihr gegenüber fragt, „ob sein Buch vom Kosmos dem ursprünglich vorgeschriebenen Plane, er möchte sagen der Beschränktheit, treu geblieben sei, welche ihm nach seiner individuellen Ansicht, nach seiner Kenntniss von dem bisherigen Zustande des errungenen Wissens rathsam schien“. Dieser Zustand hatte sich eben inzwischen nicht unerheblich verändert, jene „Epoche der geistigen Entwickelung der Menschheit in ihrem Wissen von der Natur“, welche der „Kosmos“ nach dem Ausspruche von 1834 darstellen sollte, war zum Theil bereits vorüber. Nimmt man hinzu, dass nur ein Jahr, nachdem der Tod die kosmologische Arbeit unsers Freundes abbrach, die Spectralanalyse entdeckt ward, wodurch die von ihm streng aufgerichtete Scheidung zwischen einem siderischen, die Massen nur als solche betrachtenden, und einem tellurischen, durch die Rücksicht auf Stoffverschiedenheit mannichfach bestimmten Theile hinfällig geworden ist, so wird man doppelt lebhaft erinnert an die Stelle in der Vorrede zum ersten Bande, wo von der Möglichkeit die Rede ist, dass der „Kosmos“ veralte.

Dennoch könnte man nicht wünschen, dass Humboldt diese und ähnliche Wandlungen noch erlebt und sich dadurch etwa zu einer Umarbeitung der frühern Darstellung hätte bewegen lassen. Eine solche erscheint bei den beiden ersten Bänden kaum denkbar, so sehr sind sie äusserlich künstlerisch überglättet. Wahrscheinlich wäre es also nur zu andern und aber andern Zusätzen, Erläuterungen und Modificationen in dem speciellen Theile gekommen, mit denen doch am Ende nichts Abschliessendes hätte erreicht werden können. Zu bedauern ist nur, dass der tellurische Theil nicht auch noch nach Massgabe des Wissens von 1859 einigermassen vollständig abgehandelt worden ist; Hydrologie und Meteorologie sowie die Lehre von der Verbreitung der Organismen auf der Erdoberfläche sind dadurch doch gar zu kurz gekommen. Humboldt hatte selbst die Absicht, die Vollendung im Nothfalle befreundeten Forschern zu übertragen. „Es ist allerdings anmassende Unvorsicht“, schreibt er am 26. Oct. 1851, den vierten Band ankündigend, an Gauss, „in meinem präadamitischen unwahrscheinlichen Alter von einem neuen Bande zu reden, aber ich habe Freunde, welche im Falle des Ablebens, ausser dem Register, den vierten Theil mit kleinen geognostischen, meteorologischen und pflanzengeographischen Arbeiten füllen werden.“ Wir können uns nur freuen, dass man diesen Plan hernach hat fallen lassen. Das Register konnte ohne Schaden von Buschmann, überdies „nach den Anweisungen“ Humboldt's, ausgearbeitet werden. Das Werk selber aber ist doch, wie wir früher gesehen, in jeder Hinsicht von der Subjectivität des Verfassers zu sehr durchtränkt, als dass es von andern Händen irgend in ähnlicher Weise hätte fortgeführt werden können. Nirgends vielleicht macht sich diese

Subjectivität greisenhafter geltend als in der erwähnten Einleitung zum fünften Bande, in welche die allerpersönlichsten Bekenntnisse, die höchstens in einer Vorrede schicklich gewesen wären, aufgenommen worden sind, darunter jenes wunderliche, von gutmüthiger Dankbarkeit dictirte Certificat für die Leistungen Buschmann's, die doch, wie sie auch sein mögen, mit der erhabenen Lehre vom Kosmos nicht das mindeste zu thun haben. Und so sollte auch den Schluss des „Kosmos" überhaupt, ähnlich dem Schlusse des „Naturgemäldes", pietätsvoll eine Stelle aus den Schriften Wilhelm von Humboldt's bilden, jene vier Verse aus der Elegie „In der Sierra Morena":

> Denn wer die meisten Gestalten der vielfach umwohneten Erde,
> Die er vergleichend ersah, trägt im bewegenden Sinn,
> Wem sie die glühende Brust mit der fruchtbarsten Fülle durchwirken,
> Der hat des Lebens Quell tiefer und voller geschöpft.

Man erinnert sich, dass Humboldt die „Prolegomena" zum „Kosmos", d. h. den Inhalt der beiden ersten Bände, 1834 Varnhagen gegenüber als „die Hauptsache" bezeichnet hat; dem specialisirenden Theile dachte er daneben nur einen bescheidenen Raum zu, er sollte nur zur Ergänzung dienen, nicht einmal alle Materien des „Naturgemäldes" wieder berühren, überhaupt eigentlich nirgend etwas dort schon Abgehandeltes wiederholen. Dieser einschränkenden Absicht ist der Autor später nicht treu geblieben, zu immer grössern Massen wuchs ihm der Stoff unter den Händen; das Zeitalter der Empirie machte eben sein Recht geltend, der Trieb nach ästhetisch überschaulicher Composition, welcher die „Prolegomena" kräftig beherrscht, hat hier beträchtlich nachgelassen, das materielle Interesse gewinnt den Sieg über das formelle. Schon daraus ergibt sich, dass diese spätern Bände weit minder eigentlich Humboldt'schen Charakter zeigen; den „Kosmos" von 1845—47 konnte nur Alexander von Humboldt concipiren und componiren, die Idee zu einer speciellen physischen Weltbeschreibung, wie sie vom dritten Bande an ausgeführt worden, hätte wol auch im Kopfe eines jüngern zeitgenössischen Forschers entspringen können, an der Ausführung aber hat nicht dieser und jener allein, sondern fast die ganze lebende Generation Antheil. Man sagt in der That nicht zuviel, wenn man den speciellen Theil des „Kosmos“ gegenüber dem „Naturgemälde“ mit den Pandekten gegenüber den Institutionen im Corpus juris vergleicht: es sind unvollendete Pandekten der Naturwissenschaft, wie sie bis zur Mitte des 19. Jahrhunderts sich entwickelt hatte, und zwar, wie jene juristischen Digesten, wirklich aus lauter einzelnen Angaben der verstorbenen oder lebenden Classiker der einschlagenden Disciplinen mosaikartig zusammengesetzt. Humboldt erscheint darin als der grösste Compilator, den es vielleicht jemals gegeben hat, als der umfassendste, fleissigste, behutsamste und ehrlichste zugleich. Einige Beispiele werden diesen Ausspruch rechtfertigen.

Die Rücksicht auf die allmähliche Entwickelung des Naturwissens wird bekanntlich auch in den objectiven Theilen des „Kosmos“ nie vergessen; besonders in den Noten, auch in denen der letzten Bände füllen diese historischen Rückblicke einen breiten Raum aus, vornehmlich soweit das classische Alterthum in Betracht kommt. Alles und jedes nun davon hat der Prüfung, Läuterung und Vervollständigung durch philologische Vertraute unterlegen, unter denen Böckh den ersten Rang einnimmt. Fast der ganze umfangreiche Briefwechsel Humboldt's mit diesem Freunde, den er mit Recht als seinen „Meister“ in philologischen Dingen bezeichnet, besteht sozusagen aus einem Frage- und Antwortspiel über die Literatur und Wissenschaft des Alterthums. Gewiss war Humboldt von Haus aus ungewöhnlich belesen in den classischen Autoren, aber er traute weder seinem Gedächtnisse noch vor allem seinem Verständnisse so weit, dass er nicht über jede Einzelheit Böckh „flehend“ zu Rathe gezogen hätte. „Ohne Ihren Blick auf diese Blätter habe ich keine Sicherheit und keine Ruhe“, — „tausend Dank für die Nachsicht, mit der Sie mein Augiasetablissement gereinigt“, — „ich besitze eine Autographensammlung von dem vielen Schönen, was ich Ihnen, theuerer Freund, über die Mécanique céleste der Griechen verdanke“ — dergleichen Bekenntnisse liessen sich hundertfach aneinanderreihen. Die Versicherungen seines Dankes und die Bitten um Verzeihung für seine ewigen „Quälereien“ sind gleich häufig und gleich eifrig. Selbst einfache Plato-Citate muss Böckh revidiren, da Humboldt „sehr wenige Classiker besass und die Citate meist schon vor Jahren niedergeschrieben hatte“. Wieder und wieder schickt er dieselben Bogen, fragt, „ob nun alles harmlos“, „rebellirt“ wol einmal, ist aber zuletzt doch immer „sehr folgsam“. — „Ich habe Gründe, alle Aenderungen von Böckh anzunehmen“, lautet eine Notiz, „und bitte Sie, lieber Buschmann, dieselben auf den andern Bogen zu übertragen; es sind meist Pedantereien. Hb.“ Nun schwur unser Freund aber selten auf das Wort eines Meisters allein; jeden Fachmann, der ihm irgend zugänglich war, befragt er, viele zugleich oder nacheinander über den nämlichen Punkt; oft muss ihm der eine das Urtheil des andern abermals beurtheilen. Daher denn meist jene gleichmüthige Aufzählung von Autoritäten verschiedenen Werthes, die auch Bessel an ihm rügt und in der seine eigene Unselbständigkeit klar zu Tage tritt. „Lächeln Sie nicht“, schreibt er im December 1850 an Böckh, „über vier Etymologien von Sirius in meinem Buche p. 206. Da ich in meiner angeborenen Neugier vier Personen: Lepsius, Franz, Bopp und Max Müller, belästigt hatte, so würden es drei übel genommen haben, hätte ich mich einem zugewendet.“

Man wird dies Verfahren am Ende auf philologischem Gebiete, das doch nicht Humboldt's eigenes war, begreiflich finden; allein in rein naturwissenschaftlichen Fragen verfuhr er durchaus nicht anders. Auch hier ist er gewissermassen nur der Unternehmer, der Arbeitgeber, der die ihm zugeordneten Kräfte zu einem und demselben Werke in Bewegung setzt. Besonders die berliner Freunde haben auch hier am meisten zu thun und zu leiden: noch in der Nacht lässt er mit einem zornigen: „Die Todten und die Greise reiten schnell!“ den von Gustav Rose erbetenen Bescheid gewissermassen per Execution eintreiben; wiederholt bittet er Dove um abermalige Uebersendung einer

Abhandlung, die er verlegt hat, oder um baldigen Besuch, um Aufklärung über diese oder jene ihm dunkle Stelle in dessen Schriften zu erhalten. Alle numerischen Angaben müssen ihm, dem „uralten, falschrechnenden Manne“, die berliner Astronomen durchsehen. Auch hier zeigt er sich sehr unterwürfig. „Ich werde mit Freuden alles ändern, was Sie wünschen, ich kann oft irren.“ Immer ist er dabei der alte psychologisch speculirende Schalk: Galle zu Liebe, an dem er „religiösen Trübsinn“ wahrzunehmen glaubte, streicht er einmal das Wort „mystisch, das er gewiss in keiner, ihm ganz fremden, unreligiösen Stimmung gebraucht habe“. Gott und seine „Allmacht“, Ausdrücke wie „sündlich“ und ähnliche figuriren in den Billeten an Galle auf eine bei Humboldt befremdliche Weise. Von den Schmeicheleien, mit denen er dabei jeden überschüttet, dessen Hülfe er anruft, braucht nicht erst die Rede zu sein: „Theuerer Freund, College und Meister! Wenn man so herrliche Dinge, wie Sie, in die Welt gebracht ....“, solche Briefanfänge sind nicht ungewöhnlich. Nicht aber die berliner Genossen allein treibt er zur Mitwirkung an, auch nach ausserhalb in alle vier Winde wandern die zahllosen Correcturabzüge. Wir wissen, wie zart Bessel das Amt eines Censors von sich ablehnte und doch bereitwillig dessen Pflichten erfüllte. „J'ai un essaim de mouches luisantes dans ma tête“, schreibt Humboldt einmal an Arago[1], „si tu ne parviens pas à les chasser, j'imprimerai, toujours en t'adorant et en te citant, de lourdes bêtises dans mon Cosmos.“

Dass er sich dabei nichts Fremdes widerrechtlich aneignen wollte, versteht sich bei seinem Sinne für wissenschaftliche Gerechtigkeit von selbst; jede Seite des „Kosmos“ belegt es. Wir erfuhren bereits im vorigen Kapitel, dass er das Werk und insbesondere die Noten ausdrücklich zu einer Art Pantheon für alle die bestimmte, denen er geistig und persönlich Dank schuldete. „Sagen Sie mir zugleich“, schreibt er bei einer gering-

[1] *De la Roquette,* I, 225.

fügigen Frage an Dirichlet, „ob ich Sie nennen darf, oder ob es Ihnen zu elementar erscheint und es aussehen soll, als käme die Klugheit von mir.“ — „Ich wünsche Sie, mein theuerer Herr Bellermann“, lautet ein anderes Billet an den Landschaftsmaler, dem er 1842 einen Empfehlungsbrief an alle Bürger von Venezuela mitgegeben hatte, „ich wünsche Sie neben Rugendas im neuen Bande des «Kosmos» lobend zu nennen, schreiben Sie mir einen Ihrer Vornamen.“ Da diese Zeilen wie gewöhnlich in schwer lesbaren „Hieroglyphen“ geschrieben waren, so ereignete sich die artige Geschichte, dass Bellermann, der eine der üblichen technischen Anfragen darin vermuthete, an der Entzifferung in der Eile verzweifelnd, dem Boten den Bescheid gab, er müsse sich erst darüber orientiren, werde aber Sr. Excellenz morgen Auskunft ertheilen können. Dass übrigens Humboldt's Manier, so vielen Freunden Einsicht in die Druckbogen zu gestatten, ja ihnen wol gar die Stellen vorzulegen, welche sie selber betrafen, auch einmal zu schweren Irrungen führen konnte, beweist ein kläglicher Brief an Tieck, Anfang 1848 geschrieben, dem wir folgende Stellen entlehnen[1]:

„Ich schreibe, mein theuerer Freund, diese Zeilen unbequem und also noch schiefer als gewöhnlich in meinem Bette, an das ich seit einigen Tagen durch rheumatisches Unwohlsein gefesselt bin. Ihr Brief hat mich tief geschmerzt, es ist der erste Kummer, den ich empfunden, seitdem ich in das Vaterland zurückgekehrt bin. Woher auf einmal ein solcher Argwohn gegen mich, der, seitdem wir das Glück haben Sie den Unserigen zu nennen, nie abgelassen hat, dieses Glück zu feiern, den nie etwas getrübt hat, auch nicht der alte Tragiker[2], der mir, mit einem Unrecht, das ich Ihnen und dem König zugleich anthat, wie eine verfinsternde Wolke erschien. Ich soll Ihnen aus den schon gedruckten Bogen Freundlicheres vorgelesen haben, als

---

[1] Briefe an Ludwig Tieck, herausgegeben von *Karl von Holtei*, II, 34.

[2] Anspielung auf die Renaissance der „Antigone“.

der «Kosmos» bringt. Mein Gedächtniss gibt mir auch auf das entfernteste nichts wieder, die Correcturbogen (es waren nicht Aushängebogen, denn ich lasse immer 8—10 Bogen, wie es Cotta erlaubt, zugleich abziehen und ändere durch das, was auf den Rand daneben geschrieben wird, bis zum letzten Augenblick) sind zerstört, und Professor Buschmann erinnert sich ebenfalls keiner Veränderung, er wird sehen, ob er im ältern Manuscripte variantes lectiones auffinden kann. Ich rühme mich Ihrer «edeln Freundschaft» und rühme mich dessen, was ich dem «tiefsten Forscher aller dramatischen Literatur» verdanke. Habe ich vielleicht durch an den Rand zugeschriebene Worte, die in der letzten Correctur vergessen worden sind, die Worte «tiefster» und «edel» verstärkt, das weiss nicht ich, der ich mein Leben mit Correctur zubringe und das Gefühl habe, dass man die drei Heroen unsers Vaterlandes, Goethe, Tieck und Schiller, nicht zu rühmen, durch Epitheta zu rühmen unternehmen darf. Die zwei Bände des «Kosmos» sind deutsch stereotypirt, und es waren in der sechsten Woche vom zweiten Bande allein 10000 Exemplare abgezogen, aber auch in dem schon Stereotypirten kann ich ändern lassen. Es kommt dazu mit dem dritten Bande eine zweite Auflage der ersten zwei Bände heraus. Wenn, theuerster Freund, Ihr Gedächtniss treuer wie das meinige ist, so beschwöre ich Sie, mir die fehlenden Worte recht einfach niederzuschreiben. Wir werden sie wieder aufglimmen sehen, aber, bei Gott! Betrug oder Lieblosigkeit kann nicht im Spiele gewesen sein. Mir erscheint es beängstigend wie ein verhängnissvoller Spuk, wie ein böses Traumgesicht, das sich zwischen Freunde drängt."

Viel Lärmen um nichts, gleich beschämend für beide Theile! Man weiss nicht, was kleinlicher erscheint, die armselige Eitelkeit Tieck's oder Humboldt's schwächliche Angst um Versöhnung, in der er sich nicht entblödet, den Romantiker zwischen unsere grossen Classiker zu versetzen. Aber wer das Wort, das in seiner Wahrheit unveräusserlich ist, als Phrase zur Waare erniedrigt, muss auch einmal darum markten und feilschen wie ein Handelsmann.[1]

Die deutlichste Vorstellung von der Art der Kosmosarbeit Humboldt's erhält man, wenn man einen Blick in jene geräumigen Pappkasten wirft, von denen drei auf der kleinen Aquarelle Hildebrandt's, dem „treuen Bilde von Humboldt's Arbeitszimmer, als er den zweiten Theil des «Kosmos» schrieb", zu den Füssen unsers Freundes dargestellt sind.[2] Es waren ihrer im ganzen 13 oder 14, jeder mit einer allgemeinen Aufschrift, wie: „Lignes isothermes (non rangées), Chiffres", oder „Geographie der Pflanzen und Thiere" u. dgl. m. Das Innere zerfällt wiederum in eine Reihe von Mappen und Umschlägen mit mannichfachen Aufschriften, je nach den Unterabtheilungen des Stoffes; so ist z. B. der Carton III, auf dessen Aussenseite bemerkt steht: „Alles schon benutzt zu Band III des «Kosmos»; astronomica", erfüllt mit Sectionen von Notizen nach folgenden Kategorien: „Teleskopisches Sehen, Instrumente — Geschwindigkeit des Lichts — Photometrie — Zahlen der Fixsterne — Einzelne Sterne — Sternhaufen — Milchstrasse und magellan. Wolken, hier chines. Stern des Hipparch — Neue Sterne — Dunkle Massen (Bessel)" u. s. w., u. s. w. Schon auf diesen Umschlägen finden sich nicht selten eigenthümliche Zusätze, wie bei der Rubrik „schwarze Flecke": „Löcher? eine Gespenster-Welt; letzter Brief von John Herschel, dass nur ein Kohlensack!" Selbst ganz heterogene Inschriften begegnen dazwischen, wie jener Spottvers auf Berlin, den wir früher citirten, am häufigsten nur kurz: „Patria" oder „Eheu Patria", ausdrucksvoll unterstrichen oder mit stummklagenden Ausrufungszeichen begleitet. Die einzelnen Mappen nun bergen in sich zahllose Notizen über die einschlagenden Fragen, Citate von Bücherstellen, einzelne numerische Angaben, oft auch nur gleichsam Anweisungen auf künftige Nachforschung, wie: „Es steht irgendwo

---

[1] Die betreffende Stelle, Kosmos II, 62, blieb dennoch unverändert.

[2] Vgl. Briefe an Bunsen, S. 147.

bei Griechen, dass Pflanzen bewegungslose Thiere sind!“ Zu Dutzenden sind alle diese Zettelchen verschiedensten Formats mit den Ecken bald oben, bald unten aneinander geklebt, sodass sie zu den wunderlichsten Schlangen der Gelehrsamkeit zusammengegliedert erscheinen. Manches davon ist bezeichnet als „schon gebraucht“, manches als „sehr wichtig“ oder „zunächst!“, einiges sollte zu „Materialien für eine neue Ausgabe des «Kosmos»“ dienen. Ueberall aber wird ersichtlich, in wie hohem Grade die Mitarbeit anderer den „Kosmos“ allenthalben gefördert hat.

Da liegen ganze Briefe wissenschaftlichen Inhalts in Menge, aus allen Ländern, ja allen Erdtheilen zusammengeflossen, andere nur in Fragmenten, je nachdem sie Verwendbares darboten; daneben auch wieder einzelne gedruckte Monographien, mit Hinweisen auf andere versehen. Fast regelmässig sind auch die Namen der Freunde verzeichnet, die über einzelne Punkte noch zu befragen wären. Auf dem Umschlage mit der Aufschrift „Nebelflecke“ steht der Beisatz: „Hier alles aus Briefen von Lord Rosse“; bei der „atmosphärischen Optik“ lautet die Glosse: „Fast alles von Arago; Arago, der Schatz.“ Diese Werthangabe wiederholt sich oft in eigenthümlicher Steigerung: „Luftmeer, der Schatz von Dove — Dove, der Schatz! Register aller seiner Arbeiten 1856 — Dove, am wichtigsten, was übersetzt ist Annuaire de France de Martins 1850 p. 301—321, Cardinalpunkt gegen mich p. 320.“ — „Gebirgsarten. Ein Schatz von L. von Buch, aber nicht die Perle — Die Perle von Buch; Gebirgsfolge — Leopold von Buch, das wichtigste, die Perle! — Schichtung, Perle — Geognostische Formationen; letztes Gespräch mit L. von Buch Juni 1851; das wichtigste, das ich besitze, hier die Perle! — Fertig, gebilligt von Buch Juni 1851, **gebilligt!**“ — u. s. w.

Wie vieler Mühsal aber bedurfte es, ehe ein Abschnitt so als „fertig“ und „gebilligt“ bezeichnet werden konnte! Wie oft musste, wenn im langsamen Fortschreiten der kolossalen Arbeit mittlerweile die Forschung der Zeitgenossen nirgend stillgestanden war, die schon einmal, ja vielleicht schon öfter verificirte Stelle durch abermalige Verfeinerung der Daten aufs neue umgeändert werden! Man sieht, dies wissenschaftliche Geschäft war nicht leichter als das künstlerische, das wir bei Betrachtung der beiden ersten Bände beobachtet haben. Und auch dies letztere ruhte doch nicht durchaus bei der Ausarbeitung der spätern Theile. Wenn auch die Composition hier völlig im Dienste des innern, rein scientifischen Zweckes steht, wenn auch der Stil nun im ganzen wirklich in Vergleich mit dem des „Naturgemäldes“ sich des „Pathos“ enthält — selbst einzelne mit Vorliebe behandelte Stellen, wie die über die Einflüsse des Mondes, auf die er den Stilisten Varnhagen aufmerksam macht, sind von überraschender Einfachheit[1] —, so ist doch auf den Ausdruck immerhin noch grosse Sorgfalt verwandt, besonders auf jene feine Wahl äusserlich contrastirender Synonyma, für welche der vorsichtige Wortkünstler so gern ein deutsches Hülfsbuch zur Hand gehabt hätte, „so vortrefflich und ganz unraisonnirt“ wie das französische, das ihm einst „der Abbé Delisle angerathen“.[2]

Während bei der Construction der beiden ersten Bände das Gerüst des alten Vorlesungsmanuscripts von 1827 wenigstens hier und da sozusagen einige Balken zu abermaliger Vernutzung geliefert hatte, kann davon bei den spätern Theilen kaum mehr die Rede sein. Diese sind vielmehr durchweg neu concipirt, in kleinen Stücken von 1½—2 Druckbogen auf Quartblätter niedergeschrieben, und dann — wie immer — von Buschmann für den Druck copirt worden. Diese völlig neue Redaction, „kaum zwei Monate vor dem Drucke“, wie sie bei einem Werke nothwendig war, das „den Zustand des Wissens und der herrschenden oder besonderer Aufmerksamkeit würdigen Ansichten über Naturgegenstände in der Mitte des 19. Jahrhunderts, ja numerische Angaben aller Art mit der grössten

---

[1] Kosmos, IV, 511. — Briefe an Varnhagen, Nr. 116.
[2] Briefe an Varnhagen, Nr. 17. — Vgl. Kosmos, V, 131—34.

bis dahin erlangten Genauigkeit darlegen sollte", hat allerdings jene wunderbare „Frische bedingt"[1], die bei einem Werke des äussersten Greisenalters immer aufs neue in Erstaunen setzt; dieselbe Weise der Redaction hat jedoch auch verschuldet, dass dies Werk heute nur in Torsogestalt vor uns steht. Nachdem die Correctur des letzten am 19. April 1859 nach Stuttgart abgesandten Manuscriptstückes am 10. Mai in Berlin eingetroffen war, in der nämlichen Stunde, wo der Sarg des grossen Verfassers in den Dom übergeführt ward, fand sich in seinem Nachlasse kein Blatt irgend soweit ausgearbeitet, dass es von anderer Hand der fertigen Masse hätte angereiht werden können.[2]

Wie er nun aber auch ist: unvollendet, nicht ganz gleichartig in seinen Bestandtheilen, zudem ein Zwitter zwischen Kunst und Wissenschaft, seinem objectiven Inhalte nach zum Theil bereits veraltet — trotz alledem bleibt der „Kosmos" ein Werk ohnegleichen. Sehen wir einmal ganz ab von seinen universellen Tendenzen, von seiner Richtung auf Einheit der vergleichenden Forschung; diese Impulse wären ja auch ohne das Buch selbst unter allen Umständen von Humboldt seiner Epoche gegeben worden, und sind in der That von ihm ausgegangen, lange bevor auch nur der erste Theil des „Kosmos" erschienen war. Daneben, oder besser gesagt: darüber hinaus stellt das Buch ohne Frage die umfassendste und zugleich gewissenhafteste Codification zeitgenössischen und historisch voraufgegangenen Wissens dar, die jemals ein einzelner Mensch für sein Zeitalter und zu Ehren seines Zeitalters für alle folgenden unternommen. „An dem einzelnen Material", sagt Humboldt 1851 blos von dem astronomischen Theile[3], „ist von mir gesammelt und niedergeschrieben vom Leben mit Laplace, Arago, Davy und Wollaston an bis zum Leben mit Bessel, Encke, Argelander und Melloni. Wissbegierde hat gemacht, dass wol

[1] Briefe an Bunsen, S. 139.

[2] *Buschmann* im „Kosmos", V, 99 fg.

[3] Briefe an Bunsen, a. a. O.

wenige Menschen, 62 Jahre lang (so weit ist es her, als Georg Forster mich in die Vorwelt zu Sir Joseph Banks, Cavendish, William Herschel führte), so viel aus dem Umgange berühmter Zeitgenossen geschöpft haben als ich! Fleiss, Wahrhaftigkeit und freundlichste Anerkennung des Verdienstes derer, die mir gegeben, werden im Text und zahllosen Noten wol nicht verkannt werden.“ Kein Wort ist zuviel in diesem bescheidenen Selbstzeugnisse, es offenbart in schlichten Zügen den Werth des „Kosmos“ für die Geschichte des Geistes und der Wissenschaft. Wie jenes grosse Rechtsbuch Justinian's, mit dem wir ihn oben verglichen, seine historische Gesammtbedeutung behält, auch wenn einmal längst keine einzige mehr der in ihm niedergelegten Doctrinen für die Rechtsanschauung der Lebenden objective Geltung besitzen sollte, so wird auch der „Kosmos“ immerdar das historische Denkmal sein dessen, was vom Ende des 18. bis zur Mitte des 19. Jahrhunderts an naturwissenschaftlicher und auf die ältere Naturforschung bezüglicher cultur- und literarhistorischer Erkenntniss erstrebt und errungen worden. Je selbstloser Humboldt compilirt und reproducirt hat, nur um so vollkommener ist sein Werk gerade in dieser Hinsicht ausgefallen. Es ist höchst eigenthümlich, dass er bei solchem eklektisch erneuernden, historisch referirenden Verfahren die eigenen frühern Werke nicht anders behandelt hat als die der Freunde: aufs deutlichste geht aus dem „Kosmos“ hervor, dass mit dem „Examen critique“ die eigene Gedankenentwickelung unsers Helden abgeschlossen, ja dass in physikalischen Dingen seine Productivität noch früher, man kann sagen in den zwanziger Jahren des Jahrhunderts, erloschen ist; seine eigenen ältern Forschungen und Schriften stehen der wiederaufsuchenden, sammelnden, sichtenden und componirenden Thätigkeit seiner letzten Jahre ebenso fertig und autoritativ gegenüber wie etwa die eines Arago oder Leopold von Buch.

In richtiger Würdigung dieses polyhistorischen, das Gesammtwissen der Zeit repräsentirenden Charakters des „Kosmos“ schreibt Humboldt einmal selbst, am 15. Dec. 1850, an seinen

Verleger: „Die Hauptsache, das was dem «Kosmos» den eigentlichen Werth gibt, wegen des ungeheuern darin steckenden Materials, ist das Register.“ [1] Im nämlichen Sinne nennt Brandis am 22. Nov. 1856, indem er den zweiten Band seines „Aristoteles“ überreicht, unsern Freund „den gegenwärtigen Maestro di color chi sanno, dessengleichen unter den Lebenden nicht gefunden wird“. Und so konnte selbst über den dritten Band des „Kosmos“, der am wenigsten, ja kaum irgendetwas Eigenes, wahrhaft Originales enthält, ein Astronom wie Argelander von seinem Einzelstandpunkte aus ohne jede höfliche Uebertreibung das Urtheil fällen: „Ew. Excellenz nannten das Buch einmal Ihre populäre Astronomie; ja wohl populär, weil es ganz geeignet ist, Liebe zur Astronomie und Bewunderung der Schöpfung unter dem Volke zu verbreiten, aber gewiss nicht populär in dem Sinne, wie wir gewohnt sind von populären Schriften zu sprechen, die der Gelehrte vom Fache ungelesen beiseite legt, überzeugt, nichts Neues darin zu finden. Ihr Buch enthält, selbst ganz abgesehen von der herrlichen Anordnung der einzelnen Materien, von diesem geistreichen Zusammenfassen und Scheiden, wodurch Sie in gleichem Masse zu entzücken und zu weiterm Nachdenken anzureizen die unübertreffliche Kunst besitzen, ganz abgesehen davon enthält es soviel Neues und unbekanntes Altes, dass es gewiss jedem Astronomen auch von dieser Seite vielfache Belehrung verschaffen wird; ich wenigstens habe deren schon viele daraus geschöpft, sowie mir Ihr Buch auch schon die Idee von mehrern Untersuchungen gegeben hat, von denen ich nur wünschte, dass ich sie ausführen könnte.“

Humboldt betonte übrigens den Abstand zwischen seiner eigenen „populären Astronomie“ und den landläufigen Machwerken zweiter oder dritter Hand selbst mit gerechter Energie. „Ich habe meine Arbeit selbst so hoffärtig gerühmt“, schreibt er an Jacobi, der ihm zu häufiges Citiren Mädler's vorgeworfen hatte, „weil mir an Ihrem Urtheil zu viel gelegen ist, und ich

---

[1] Kosmos, V, 127.

beweisen kann, dass mein Buch nicht aus den Compendien von Mädler und John Herschel ausgeschrieben ist, sondern Eigenes enthält." Weitere Popularisirung seines Werkes war ihm zuwider; zu der Notiz, dass Mädler in Dorpat über den dritten Band des „Kosmos" zwölf Vorträge gehalten „unter grossem Enthusiasmus der Zuhörer und Zuhörerinnen", bemerkt er: „Solche Gerichte, Dissectionen in corpore vivo, sind gar nicht erfreulich! Wenige Bücher halten so etwas aus." Noch schärfer schrieb Leopold von Buch schon am 19. Oct. 1848 aus Amsterdam an Humboldt über das Unternehmen des Geologen Cotta, den „Kosmos" durch eine Reihe von Briefen zu „commentiren": „Bernhard Cotta hat eine Wasserbrühe über den «Kosmos» gegossen; ist denn Salz drinnen? Bittersalz, oder incrustirender und petrificirender Gips?"

Noch einmal tritt uns an diesem Punkte unserer Darstellung die Frage nach der Möglichkeit einer Popularisirung der Naturwissenschaft entgegen. Ein Vierteljahrhundert war seit den Kosmosvorlesungen verflossen, als die unsinnige Bewegung der Tischrückerei das sogenannte gebildete Europa erschütternd durchzog. Die ersten Bände des „Kosmos" waren seitdem zur vielbesprochenen Lektüre geworden, Humboldt's Name der populärste, am meisten bewunderte und gepriesene auf Erden, die Naturwissenschaft als die Gründerin modern polytechnischer Cultur der Stolz des Zeitalters, und noch war — 1853 — eine geistige Epidemie möglich, die dem milden Faraday den Ausruf der Verzweiflung entrang [1]: „Wie schwach, wie leichtgläubig und ungläubig, wie zweifelsüchtig und wahnbedürftig, wie keck und feig, wie lächerlich ist doch diese unsere Welt, soweit es den Menschengeist betrifft! Wie ist sie voller Schwankungen, Widersprüche und Abgeschmacktheiten!" Humboldt selbst fasste die Sache nach seiner Weise zuerst humoristisch auf, er wollte „den Kindern ihr Spielzeug nicht verleiden". „In der nüchtern langweiligen Zeit, in der wir leben", schreibt er an Carus am

---

[1] *H. W. Dove*, Gedächtnissrede auf A. von Humboldt, S. 12.

19. April 1853, „möchte ich nicht so harmlose Freuden stören.“ Aber die reissende Zunahme des allgemeinen Schwindels stimmte ihn bald ernster: „Dazu das arithmetische Geisterklopfen“, heisst es in einem Briefe an Gauss vom 5. Mai, „die willkürlich hervorgerufene Begeistigung und Belebung von Fichtenholz und Stein, Tische, die «wie Hunde dressirt und des Menschen Organe werden», und aller Unsinn der Volksphysik, befruchtet durch das freche Halbwissen der sogenannten höhern Klassen. «Wenn Sie die Begeistigung der Tische leugnen», muss ich hören, «so werden Sie wohl gar auch leugnen, dass man Wärme fühlt, wenn man den Südpol eines Magneten, Kälte, wenn man den Nordpol berührt?»“ Ernst und würdevoll erwiderte Gauss am 10. Mai: „Die jetzigen Tagesthorheiten habe ich ziemlich mit Gleichmuth betrachten, ja über einige Genrebilder, wie die Versuche der heidelberger Juristenfacultät mit dem Tisch-(d)rücken, herzlich lachen können. Ich bin seit langer Zeit gewöhnt, von der Gediegenheit der höhern Cultur, welche die sogenannten höhern Stände durch Lesen populärer Schriften oder Anwohnen populärer Vorlesungen erwerben zu können glauben, wenig zu halten. Ich bin vielmehr der Meinung, dass in wissenschaftlichen Gebieten probehaltige Einsicht nur durch Aufwendung eines gewissen Masses eigener Anstrengung und eigener Verarbeitung des von andern Dargebotenen erlangt werden kann.“ Auf Humboldt blieb diese Erklärung nicht ohne Eindruck. In einem Briefe an Dirichlet vom 16. Mai lesen wir: „Bunsen schreibt, Brewster und Herschel wären ganz unglücklich über die alberne Tollwuth der Begeistigung des Fichtenholzes und der Orakel der Tischfüsse, an die in London wie hier alles vornehme Gesindel glaubt. Gauss schreibt mir, das Uebel liege an den populären wasserstofflichen Büchern und Vorträgen, die unverdaut den Krankheitsstoff hergeben. Ich bin bedrängt täglich mit Broschüren und schreibe grobe Briefe umsonst nach allen Weltgegenden. Gauss will Foucault's Theorem in jeder, auch in kleiner Dimension sehr anschaulich machen durch Construction eines Apparats. Cela me touche peu: in Berlin lernt

man für 4 Thlr., dass die Bibel nicht lügt!“ Noch im November kann unser Freund an Dove schreiben: „Die Tische, Fragekästen, die man bald statt der Jurys einführen wird, spuken mehr als je. Begeistigte Lichtputzen werden Sonette und Messiaden schreiben.“

Die ganze jämmerlich-lächerliche Geschichte ist doch ernster, als sie auf den ersten Blick aussieht. Sie bewies, dass für im höhern Sinne populäre Schriften, wie der „Kosmos“, die Stunde noch nicht gekommen sei; das „deutsche Publikum“, an das er sich wendet, d. h. die Mehrzahl der Gebildeten war — und keineswegs in Deutschland allein — für die wirkliche Aufnahme solcher Geistesnahrung noch nicht hinlänglich vorbereitet. Das Publikum, das „die Popularität des «Kosmos»“ mit Freuden begrüsste, bestand vorerst aus den Naturforschern selber, deren jeder hoffte, wie Gauss von dem geognostischen Theile sagt, sich dadurch ausserhalb seines eigenen engern Gebietes „auf einem ihm wenig bekannten Felde orientiren zu können“; sie alle „wollten daraus lernen und haben daraus gelernt“, wie Bessel und Argelander versichern, denn sie verstanden daraus zu lernen. Für die „sogenannten höhern Klassen“ dagegen mit ihrem „frechen Halbwissen, für das vornehme Gesindel“ kam der „Kosmos“ zu früh; erst spätere Generationen, die nach den Gedanken Humboldt's und Bessel's von 1828 in der Jugend „eine zweckmässigere Bildung“ genossen haben, werden dem vollen Verständnisse eines Werkes entgegenreifen, zu dessen Verdiensten nicht am letzten gehört, dass es durch seine anlockende Gestalt das Bedürfniss nach einer unsers Jahrhunderts würdigen Propädeutik zugleich formaler und realer Natur rege gemacht hat. Gerade für die Verschmelzung dieser beiden Elemente der Cultur, welche die Theoretiker und Praktiker unsers Unterrichtswesens so gern einträchtig verbunden sähen, der ästhetisch-historischen und der physikalisch-mathematischen Disciplinen, hat der „Kosmos“ ein Vorbild geliefert, das bisher ohne Nachfolge geblieben ist.

Die sonstigen Schriften Humboldt's aus seinen letzten Lebensjahren verrathen noch weit minder als der „Kosmos“ neue, dem Moment angehörige Production. 1853 gab er bei Cotta einen ersten Band von „Kleinern Schriften“ heraus, dem ein zweiter folgen sollte, jedoch niemals gefolgt ist. Es sind, wie der Titel richtig sagt, geognostische und physikalische Erinnerungen, ältere Abhandlungen, aus den Jahren 1805—43 gesammelt, aber nach Humboldt's löblicher Gewohnheit wiederum theils durch eigenen unermüdlichen Fleiss — so besonders der Aufsatz über die mittlere Höhe der Continente, aus der „Asie centrale“ —, theils durch Freundeshülfe — so die Darstellung der Vertheilung der Wärme — auf den modernsten Stand des Wissens emporgehoben. Die ersten hundert Seiten des mittelstarken Octavbandes, der geognostischen Beschreibung des Vulkans Pichincha gewidmet, erschienen übrigens zum ersten male im Druck, und da von dem übrigen das meiste nur in französischen, der Rest doch in wenig verbreiteten deutschen Zeitschriften veröffentlicht worden war, so erhielt das heimische Publikum keine unwillkommene Gabe durch diese That der Selbstpietät des Autors, zumal da derselben ein kleiner Atlas mit neun herrlichen Umrissen von Vulkanen aus den Cordilleren von Quito und Mexico als Beitrag zur Physiognomik der Natur beigefügt war, darunter die erste Abbildung des schönen Cerro del Altar, nach Humboldt's Skizze von Schinkel ausgeführt, die letzte Zeichnung, die dieser „vor seinem frühen bejammernswerthen Tode entworfen hat“.[1] Schriften und Atlas sind im Januar 1853 „dem geistreichen Forscher der Natur, dem grössten Geognosten des Zeitalters, Leopold von Buch“ als ein „kleines Denkmal sechzigjähriger, nie getrübter Freundschaft“ von Humboldt zugeeignet. Das letztere ist eine starke Hyperbel; es hat Zeiten gegeben, in denen Buch und Humboldt, wie gross auch sonst ihre gegenseitige Hochachtung gewesen, sehr ernstlich zerfallen waren, bei der völligen Ver-

---

[1] Kleinere Schriften, S. 462.

schiedenheit ihrer Temperamente, ja selbst ihrer Charaktere kein Wunder!

Von den übrigen Arbeiten dieser Jahre ist theils schon die Rede gewesen, wie von dem Nachtrage zum „Examen critique“ und der 3. Auflage der „Ansichten“, theils verdienen sie hier kaum eine besondere Erwähnung. Interessant ist allenfalls der Brief an Élie de Beaumont (in den „Comptes rendus“ 1855 gedruckt): „Sur les sociétés de météorologie et les observations météorologiques“, freilich keineswegs von der Bedeutung des magnetischen Sendschreibens von 1836, doch insofern merkwürdig, als Humboldt hier einmal, allerdings zunächst vergeblich, den französischen Einrichtungen mit dem Muster der vaterländischen entgegentrat; er verlangte entschiedene Trennung der Wetterwarten von den Sternwarten, und äusserte sich skeptisch über den Nutzen telegraphischer Mittheilungen für die Meteorologie, die man in Frankreich natürlich möglichst binnenländisch-centralistisch zu organisiren vorhatte. „La météorologie télégraphique“, schreibt er scherzend, „embrouillerait les faits plus même que la diplomatie télégraphique.“ Hierin ist er freilich viel zu weit gegangen. Alsdann ist noch der Vorreden für fremde Werke zu gedenken, gegen welche unser Freund früher lebhafte Abneigung gezeigt; nur die französische Uebersetzung von Buch's „Reise nach dem Nordcap“ und Sir Robert Schomburgk's englischen Bericht über seine Unternehmungen in Guyana hatte er schon ehedem eingeleitet. Jetzt folgten bald hintereinander: die wundervolle „Introduction“ zu Arago's Werken, deren wir bereits im vorigen Kapitel gedachten, vom November 1853; die takt- und gefühlvolle Vorrede zu den „Indischen Reiseerinnerungen“ des verstorbenen Prinzen Waldemar von Preussen, vom December 1854; das überaus reichhaltige Vorwort zu Möllhausen's Reiseschilderungen, vom Juni 1856, welches im engsten Rahmen gleichsam die Grundlinien einer Culturgeschichte Amerikas zieht; zuletzt, am 26. März 1859, kaum sieben Wochen vor seinem Tode, geschrieben, das Vorwort zu Hauff's deutscher Bearbeitung seiner eigenen „Reise in die Aequinoctialgegenden des Neuen

Continents", der einzigen von ihm anerkannten deutschen Ausgabe. Zu allen diesen kleinen Arbeiten hat ihn Gemüthsinteresse getrieben, Herzensfreundschaft für Arago, Ehrerbietung gegen Prinz Waldemar's Familie; auf Möllhausen, den Schwiegersohn seines Kammerdieners, übertrug er die warme Theilnahme, die er dessen eigenem Wohle widmete; bei den Zeilen für Hauff's Unternehmen endlich empfand er eine innige Freude in der Hoffnung, „noch zu erleben, dass seine in den Jahren freudig aufstrebender Jugend ausgeführte Reise in unserer eigenen schönen Sprache von demselben deutschen Volke mit einigem Vergnügen gelesen werde, welches mehr denn zwei Menschenalter hindurch ihn in seinen wissenschaftlichen Bestrebungen und seiner Laufbahn durch ein eifriges Wohlwollen beglückt und selbst seinen spätesten Arbeiten durch seine parteiische Theilnahme eine Rechtfertigung gewährt habe".

Diesen Vorreden darf man noch die „Physikalischen und geognostischen Erinnerungen" anreihen, die er im April 1857 auf Bitten des Erzherzogs Max für die Erdfahrt der Fregatte „Novara" niedergeschrieben [1], kaum stilisirt, aber reich an Inhalt, keine eigentliche Instruction, wie er deren früher für französische und englische Expeditionen geliefert, sondern einfach wegzeigende Rathschläge uralter Erfahrung für das jüngere Geschlecht, fast durchweg auf sein eigenes Lieblingsgebiet, den Vulkanismus hinweisend. Die sonstigen als „Manuscript für Freunde" gedruckten Gelegenheitsreden und Gedenkblätter aus diesen Jahren sind nicht füglich als Arbeiten zu betrachten, und verdienen Beachtung höchstens im Zusammenhange der Schilderung seines täglichen Lebens und Treibens, zu der wir jetzt übergehen.

Am besten wird uns sogleich mitten hineinführen die berühmte Erzählung, die der amerikanische Reisende Bayard Taylor am 25. Nov. 1856 über einen Besuch bei Humboldt für die „New-York-Tribune" verfasst hat.

---

[1] Reise der österreich. Fregatte „Novara" (Wien 1861), Bd. I, Beil. 1 u. 2.

„Ich ging nach Berlin“, sagt Taylor, „nicht um seine Museen und Galerien, die schöne Lindenstrasse, Opern und Theater zu sehen, noch um mich an dem muntern Leben seiner Strassen und Salons zu erfreuen, sondern um den grössten jetzt lebenden Mann der Welt zu sprechen — Alexander von Humboldt.

„Da er wegen seines hohen Alters und universellen Ruhmes gegenwärtig als der gekrönte Monarch in der Welt der Wissenschaften angesehen wird, haben sich seine Freunde genöthigt gesehen, ihn gegen die ermüdenden Huldigungen der Tausende seiner Unterthanen zu beschützen und, um seines eigenen Wohles willen, die Wege der Audienz zu ihm zu erschweren. Freund und vertrauter Genosse des Königs, hält er sozusagen wie dieser seinen eigenen Hof, mit dem Privilegium jedoch, so oft es ihm gefällt, die Förmlichkeiten aufzugeben, welche die Nothwehr allein nothwendig gemacht.

„Einige meiner Schriften hatten, wie ich hörte, den Weg zu ihm gefunden. Ich stand im Begriffe, eine Reise zu unternehmen, die mich wahrscheinlich durch Gegenden führen sollte, welche sein Fuss betreten und sein Genius beschrieben hatte, und es war daher nicht blos eine natürliche Neugierde, die mich ihn zu sehen antrieb. Ich befolgte den Rath einiger meiner deutschen Freunde, indem ich mich an keine Mittelsperson wandte, sondern direct ein Schreiben mit der Angabe meines Namens und Zweckes und der Bitte um eine Zusammenkunft an ihn absandte.

„Drei Tage später erhielt ich durch die Stadtpost eine Antwort von seiner eigenen Hand, des Inhalts, dass, obwol er an einer Erkältung infolge seines Umzugs von Potsdam nach der Hauptstadt leide, er mich dennoch gern am heutigen Tage, um 1 Uhr, empfangen würde. Ich war auf die Minute pünktlich und kam in seiner Wohnung in der Oranienburgerstrasse an. Die Glocke schlug. In Berlin wohnt er mit seinem Bedienten Seifert, dessen Name allein an der Thür steht. Das Haus ist einfach und zwei Stock hoch, von einer fleischfarbigen Aussenseite und, wie die meisten Häuser in deutschen Städten, von zwei bis drei Familien bewohnt. Der Glockenzug oberhalb Seifert's Namen ging nach dem zweiten Stock. Ich läutete: die schwere Hausthür öffnete sich von selbst und ich stieg die Treppen hinauf, bis ich vor einem zweiten Glockenzuge stand, über welchem auf einer Tafel die Worte zu lesen waren: Alexander von Humboldt.

„Ein untersetzter, vierschrötiger Mann von etwa Funfzig, den ich sogleich als Seifert erkannte, öffnete. «Sind Sie Hr. Taylor?» redete er mich an, und fügte auf meine Bejahung hinzu: «Se. Excellenz ist bereit Sie zu empfangen.» Er führte mich in ein Zimmer voll ausgestopfter Vögel und anderer Gegenstände der Naturgeschichte, von da in eine grosse Bibliothek, die offenbar die Geschenke von Schriftstellern, Künstlern und Männern der Wissenschaften enthielt. Ich schritt zwischen zwei langen, mit mächtigen Folianten bedeckten Tischen zu der nächsten Thür, welche sich in das Studirzimmer öffnete. Diejenigen, welche die herrliche Lithographie von Hildebrandt's Bild gesehen, wissen genau, wie dieses Zimmer aussieht. Da befanden sich der einfache Tisch, das Schreibpult, mit Papieren und Manuscripten bedeckt, das kleine grüne Sofa und dieselben Karten und Bilder auf den sandfarbigen Wänden. Die Lithographie hat so lange in meinem eigenen Zimmer zu Hause gehangen, dass ich sofort jeden einzelnen Gegenstand wiedererkannte.

„Seifert ging an eine innere Thür, nannte meinen Namen, und alsbald trat Humboldt ein. Er kam mir mit einer Freundlichkeit und Herzlichkeit entgegen, welche mich sofort die Nähe eines Freundes fühlen liess, reichte mir seine Hand und fragte, ob wir englisch oder deutsch sprechen sollten. «Ihr Brief war der eines Deutschen», sagte er, «und Sie müssen sicherlich die Sprache geläufig sprechen; doch bin ich auch fortwährend an das Englische gewöhnt.» Ich musste auf dem einen Ende des grünen Sofas Platz nehmen, indem er bemerkte, dass er selten selbst auf demselben sitze; hierauf stellte er einen einfachen Strohstuhl daneben und setzte sich darauf, bemerkend, dass ich ein wenig lauter als gewöhnlich sprechen möge, da sein Gehör nicht mehr so gut wie früher sei.

„Indem ich auf den majestätischen alten Mann blickte, kamen mir die Worte Tennyson's über Washington ins Gedächtniss: «Oh good gray head, which all men know!» Der erste Eindruck, den Humboldt's Gesichtszüge machen, ist der einer grossen und warmen Menschlichkeit. Seine massive Stirn, beladen mit dem aufgespeicherten Wissen eines Jahrhunderts fast, strebt vorwärts und beschattet, wie eine reife Kornähre, seine Brust; doch wenn man darunter blickt, trifft man auf ein paar klarer, blauer Augen, von der Ruhe und Heiterkeit eines Kindes. Aus diesen Augen spricht jene Wahrheitsliebe des Mannes, jene unsterbliche Jugend des Herzens, welche den Schnee von 87 Wintern seinem Haupte so leicht erträglich machen. Man fasst bei dem ersten Blicke Vertrauen, und man fühlt, dass er uns vertrauen wird, wenn wir dessen würdig sind. Ich hatte mich ihm mit einem natürlichen Gefühl der Ehrfurcht genähert, aber in fünf Minuten fühlte ich, dass ich ihn liebte und mit ihm ebenso unumwunden sprechen konnte, wie mit einem Freunde meines eigenen Alters. Seine Nase, Mund und Kinn besitzen den schweren teutonischen Charakter, dessen reiner Typus stets eine biedere Einfachheit und Rechtschaffenheit darstellt.

„Ich war sehr von dem leidenden Ausdrucke seines Gesichts überrascht. Ich wusste, dass er während des letzten Jahres häufig unwohl war, und man hatte mir gesagt, dass die Anzeichen seines hohen Alters einzutreten anfingen; dennoch würde ich ihm nicht über 75 gegeben haben. Er hat wenig und kleine Runzeln, und seine Haut ist weich und zart, wie man sie selten bei bejahrten Leuten antrifft. Sein Haar, obgleich schneeweiss, ist noch reich, sein Gang langsam, aber fest, und sein Auftreten thätig bis zur Rastlosigkeit. Er schläft nur 4 Stunden von 24, liest und schreibt seine tägliche Correspondenz von Briefen, und lässt sich nicht den geringsten Umstand von einigem Interesse aus einem Theile der Welt entschlüpfen. Ich konnte nicht wahrnehmen, dass sein Gedächtniss, die erste geistige

Kraft, die zu verfallen pflegt, irgendwie gelitten hat. Er spricht rasch, mit der grössten Leichtigkeit, ohne je um ein Wort im Deutschen oder Englischen verlegen zu sein, und schien es in der That nicht zu bemerken, als er im Laufe der Unterhaltung fünf bis sechs mal die Sprache wechselte. Er blieb auf seinem Stuhle nicht länger als zehn Minuten sitzen, sondern stand öfters auf und spazierte durch das Zimmer, indem er dann und wann auf ein Bild zeigte oder ein Buch öffnete, um seine Bemerkungen zu erklären.

„Er spielte zuerst auf meine Winterreise nach Lappland an. «Warum wählen Sie den Winter?» fragte er. «Ihre Erfahrungen werden sehr interessant sein, das ist wahr; aber werden Sie nicht von der strengen Kälte leiden?» — «Das wird sich zeigen», antwortete ich; «ich habe alle Klimate, das arktische ausgenommen, ohne Nachtheil versucht. Die beiden letzten Jahre meiner Reise brachte ich in tropischen Ländern zu, und nun möchte ich den möglich stärksten Gegensatz erfahren.» — «Das ist sehr natürlich», bemerkte er, «und ich kann es begreifen, wie Ihr Reisezweck Sie zur Aufsuchung solcher Contraste bestimmen muss; Sie müssen aber eine merkwürdig gesunde Organisation besitzen.» — «Sie wissen ohne Zweifel aus Ihrer eigenen Erfahrung», erwiderte ich, «dass nichts so sehr die Gesundheit erhält als Reisen.“ — «Sehr wahr», sagte er, «wenn es einen nicht gleich im Anfang umbringt! Was mich betrifft, so bewahre ich meine Gesundheit überall, wie Sie. Während fünf Jahren in Südamerika und Westindien lebte ich inmitten von Brechruhr und gelbem Fieber unberührt.»

„Ich sprach von meiner beabsichtigten Reise nach Russland und meinem Wunsche, die russisch-tatarischen Provinzen Central-Asiens zu durchwandern. Die Kirgisensteppe sei sehr eintönig, meinte er, funfzig Meilen machten einem den Eindruck von tausend; doch das Volk sei sehr interessant. Sollte ich mich dahin begeben, so würde ich keine Schwierigkeit finden, von dort aus nach der chinesischen Grenze zu gelangen. Aber die südlichen Provinzen Sibiriens, meinte er, würden mich doch am meisten entschädigen. Die Natur zwischen den Altaibergen sei ausserordentlich grossartig. In einer der sibirischen Ortschaften hatte er aus seinem Fenster elf Spitzen mit ewigem Schnee bedeckt gezählt. Die Kirgisen, fügte er hinzu, gehörten zu den wenigen Menschenrassen, deren Gewohnheiten seit Jahrtausenden unverändert geblieben, und sie besässen die merkwürdige Eigenschaft, ein Mönchsleben mit einem nomadischen zu verbinden. Sie wären zum Theil Buddhisten, zum Theil Muselmänner, und ihre Mönchssekten folgten den verschiedenen Stämmen auf ihren Wanderungen, indem sie ihre religiösen Uebungen in ihren Lagern innerhalb eines geheiligten Kreises, der durch Speere abgemessen werde, verrichteten. Er hat ihre Ceremonien beobachtet und war durch ihre Aehnlichkeit mit denen der katholischen Kirche überrascht.

„Humboldt's Rückerinnerungen an das Altaigebirge brachten ihn natürlich auf die Anden zu sprechen. «Sie sind in Mexico gereist», sagte er, «sind Sie nicht mit mir der Meinung, dass die schönsten Berge in der Welt jene einzeln stehenden Kegelberge sind, die, mit ewigem Schnee bedeckt, sich aus der glänzenden Vegetation der Tropen erheben? Der Himalaya, obgleich erhabener, kann kaum einen gleichen Eindruck machen; er liegt höher in dem Norden, ohne die Umgebung tropischen Wachsthums, und seine Abhänge sind im Vergleich unfruchtbar und trocken. Sie erinnern sich an Orizaba», fuhr er fort, «hier ist ein Stich von einer unvollendeten Skizze von mir. Ich hoffe, Sie werden sie correct finden.» Er stand auf und nahm den illustrirten Folio herab, welcher der neuen Ausgabe seiner «Kleinern Schriften» beigegeben ist, blätterte ihn durch und rief bei jedem Blatte eine oder die andere Reminiscenz seiner amerikanischen Reisen zurück. «Ich glaube noch», äusserte er, indem er das Buch schloss, «dass der Chimborasso der grossartigste Berg in der Welt ist.»

„Unter den Gegenständen in seinem Arbeitszimmer war ein lebendes Chamäleon in einem Behältniss mit einem Glasdeckel. Das Thierchen, welches etwa sechs Zoll lang war, lag müssig auf einem Bette von Sand, mit einer grossen Schmeissfliege auf dem Rücken, welche ihm als Mittagbrot dienen sollte. «Man hat es mir gerade von Smyrna geschickt», sagte Humboldt, «es ist sehr unbekümmert und gleichgültig in seiner Art.» In diesem Augenblick öffnete das Chamäleon eines seiner runden Augen und sah uns an. «Eine Eigenthümlichkeit dieses Thieres ist», fuhr er fort, «sein Vermögen, zu gleicher Zeit nach verschiedenen Richtungen sehen zu können. Es kann mit einem Auge gegen den Himmel sehen, während das andere zur Erde niedersieht. Es gibt viele Kirchendiener, die dasselbe können.»

„Nachdem er mir einige von Hildebrandt's Aquarellen gezeigt hatte, ging er zu seinem Stuhle zurück und begann über amerikanische Angelegenheiten zu sprechen, mit denen er vollständig vertraut zu sein schien. Er sprach mit grosser Auszeichnung von Colonel Fremont, dessen Wahlniederlage er tief bedauerte. «Doch ist es ein sehr erfreuliches Zeichen», sagte er, «und ein gutes Omen für Ihr Land, dass mehr als eine halbe Million Stimmen einen Mann von Fremont's Charakter und Fähigkeiten getragen haben.» Mit Rücksicht auf Buchanan meinte er: «Ich hatte nicht lange her Gelegenheit, in einem Briefe, der veröffentlicht worden, von seinem Ostende-Manifest zu sprechen, und ich konnte seinen Sinn durch keinen mildern Ausdruck als den der Wildheit bezeichnen.» Er sprach auch von unsern Schriftstellern und erkundigte sich besonders nach Washington Irving, den er einmal sah. Ich bemerkte, dass ich Herrn Irving kenne und nicht lange vor seiner Abreise nach Newyork gesehen habe. «Er muss wenigstens funfzig Jahr alt sein», sagte Humboldt. «Er ist siebzig», erwiderte ich, «aber so jung wie immer.» «Ah!», bemerkte er, «ich habe so lange gelebt, dass ich fast den Massstab der Zeit verloren habe. Ich gehöre dem Zeitalter der Jefferson und Gallatin an, und ich hörte von dem Tode Washington's, während ich auf der Reise in Südamerika war.»

„Ich habe nur den kleinsten Theil seiner Unterhaltung wiedergegeben, welche in einem ununterbrochenen Strome des Wissens dahinfloss. Indem ich mir alles ins Gedächtniss zurückrufe, bin ich erstaunt, die grosse Menge Gegenstände, die er berührt, wahrzunehmen, und wie viel er betreffs eines jeden zu sagen hatte oder zu sagen schien — denn er besitzt die seltene Gabe, einen Gegenstand in sein klarstes und lebhaftestes Licht durch ein paar leuchtende Worte zu setzen. Er dachte wie er sprach — ohne Mühe. Ich möchte seinen Geist mit der Quelle von Vaucluse vergleichen: ein ruhiger und tiefer See, ohne Welle auf der Oberfläche, aber durch sein Ausströmen einen Fluss erzeugend. Er stellte viele Fragen an mich, aber wartete nicht immer auf die Antwort, indem die Frage selbst ihm manches in die Erinnerung rief, das auszusprechen ihm Vergnügen machte. Ich sass oder ging, jeder seiner Bewegungen mit Neugierde folgend und abwechselnd englisch und deutsch redend, bis die Zeit, die er mir bewilligt, verstrichen war. Seifert erschien endlich und sagte zu ihm in einem Tone, der ebenso ehrerbietig als vertraulich war: «Es ist Zeit!» und ich empfahl mich.

«Sie sind viel gereist und haben viele Ruinen gesehen», sagte Humboldt, indem er mir seine Hand reichte; «jetzt haben Sie eine mehr gesehen.» — «Keine Ruine», war meine unwillkürliche Antwort, «sondern eine Pyramide.» Ich drückte die Hand, welche die Friedrich's des Grossen, Forster's, des Gefährten Cook's, Klopstock's und Schiller's, Pitt's, Napoleon's, Josephinen's, der Marschälle des Kaiserreichs, Jefferson's, Hamilton's, Wieland's, Herder's, Göthe's, Cuvier's, Laplace's, Gay-Lussac's, Beethoven's, Walter Scott's — kurz aller grossen Männer, die Europa in drei Vierteln eines Jahrhunderts erzeugt hat, berührt hatte. Ich blickte in das Auge, welches nicht allein die gegenwärtige Geschichte der Welt, Scene nach Scene, hatte vorüberziehen sehen, bis die Handelnden einer nach dem andern verschwanden, um nicht wiederzukehren, sonders das auch die Katarakte von Atures und die Wälder von Cassiquiare, den Chimborasso, den Amazon und Popocatepetl, die Altaischen Alpen von Sibirien, die Tatarensteppen und das Kaspische

Meer betrachtet hatte. Ein solch glänzender Reichthum von Erfahrung ist ein würdiger Lohn für ein Leben so voll edelmüthiger Hingebung an die Wissenschaft. Ich habe nie ein so erhabenes Beispiel bejahrten Alters, gekrönt mit unvergänglichen Erfolgen, voll des reichsten Wissens, belebt und erwärmt durch die reichsten Attribute des Herzens, gesehen. Eine Ruine, wirklich? Nein, ein menschlischer Tempel, vollendet wie der Parthenon.

„Indem ich durch das Naturaliencabinet zurückging, hielt mich Seifert's Stimme zurück. «Entschuldigen Sie, mein Herr», sagte er, «aber wissen Sie, was das ist?» indem er auf das Geweih eines Elennthieres aus den Rocky-Mountains wies. «Ja wohl», antwortete ich, «ich habe manches verzehren helfen.» Er zeigte dann auf die andern Exemplare und führte mich in die Bibliothek, um mir einige Zeichnungen von seinem Schwiegersohne, Möllhausen, vorzulegen, der Lieutenant Whipple auf seiner Expedition nach dem Felsengebirge begleitet hat. Er zeigte mir auch ein sehr gutes Muster von Perlenarbeit in einem Goldrahmen. «Das ist», bemerkte er, «das Werk einer kirgisischen Prinzessin, die es Sr. Excellenz verehrte, als wir auf der Reise in Sibirien waren». — «Sie begleiteten damals Se. Excellenz?» fragte ich. «Ja», sagte er, «wir waren da anno 29.» Seifert ist mit Recht stolz, das Geschick seines Herrn durch dreissig bis vierzig Jahre getheilt zu haben. — Die Glocke läutete, und das Mädchen kam herein, einen Besuch anzumelden. «Ah, Fürst Ypsilanti», sagte er, «lass ihn nicht herein, lass keinen Menschen ein, ich muss gehen und Se. Excellenz ankleiden», und damit verbeugte er sich. Während ich nach der Strasse hinabging, stieg Fürst Ypsilanti die Treppe herauf.“

So weit die lebendige Schilderung des Enthusiasten. Nicht uneben vergleicht er die ausserordentliche Stellung, die Humboldt zu jener Zeit in der öffentlichen Meinung der gebildeten Welt einnahm, mit der eines „gekrönten Monarchen“. Aber auch in dieser königlichen Existenz waren, wie in jeder ähnlichen,

Schein und Sein vielfach miteinander vermischt, wie aus dem nüchtern historischen Commentare deutlich hervorgehen wird, den wir der odenhaft schwärmerischen Darstellung Taylor's zur Erläuterung beifügen.

Für den „grössten lebenden Mann" musste unsern Helden allerdings unbedenklich jeder erklären, der auf die äussern Zeichen von Ansehen und Ehre seinen Blick richtete. Es liegt nicht in der Absicht dieser Biographie, die Fülle von Ordensdecorationen aufzuzählen, mit denen Humboldt geschmückt war — wenige europäische mögen darunter gefehlt haben —, noch auch die weit über anderthalb hundert Nummern enthaltende Liste seiner Diplome wiederzugeben, die seinen Namen zu den mannichfachsten Culturbestrebungen, keineswegs den naturwissenschaftlichen allein, aller Völker und Staaten vornehmlich Europas und Amerikas in Beziehung setzten. Kaum eine Akademie, nur selten eine andere wissenschaftliche Gesellschaft dürfte man ausfinden, der er nicht mindestens als Ehrenmitglied angehört hat; wiederholt ist er in allen drei weltlichen Facultäten zum Doctor honorarius promovirt worden. Zu zahllosen Stiftungsfesten und Jubelfeiern bat man ihn als ersten Gast herbei; selbst für die eigenen Auszeichnungen sind ihm im Verlaufe seines langen Lebens Jubiläen mit gesteigerter Huldigung begangen worden. Nur als typische Muster heben wir hier ein paar solcher Ehrentage aus seinen letzten Lebensjahren hervor.

Am 4. und 5. Aug. 1844 feierte die berliner Akademie durch Glückwunsch und Festmahl das vierzigjährige Andenken der Heimkehr unsers Freundes nach Europa; der überströmenden Begeisterung der Ritter'schen Festrede [1] begegnete Humboldt bescheiden ausweichend mit dem, „was auf allen Stufen des Lebens und seiner vielfachen Enttäuschungen im Menschen das Menschlichste sei, dem Ausdrucke tiefempfundenen Dankes". Weit grossartiger noch war die Huldigung, welche ihm dieselbe Akademie sechs Jahre später, zum funfzigjährigen

---

[1] Vgl. S. 250.

Andenken seiner Ernennung zu ihrem ausserordentlichen Mitgliede darbrachte. Leopold von Buch regte zum 16. Mai 1850, den man anfangs irrigerweisse statt des 4. Aug. für den Jubeltag hielt, eine besondere Feiersitzung an, in der Humboldt's Büste im Saale der Akademie aufgestellt werden sollte. Eine ganze Reihe von Briefen unsers Freundes an die Secretäre der Akademie liegt uns vor, in denen er mit wahrhaft leidenschaftlicher Bescheidenheit wider die ihm zugedachte Auszeichnung ankämpfte. „Ihr Zartgefühl, theurer Freund“, heisst es am 3. Mai an Encke, „wird Ihnen schon gesagt haben, was mich heute betrübt. Leopold von Buch hat in seinem Enthusiasmus für mich vergessen, dass man im Geben auch den schonen muss, der empfangen soll. Der 14. Sept. des letzten Jahres“ — sein achtzigster Geburtstag —, „hat mich schon krank gemacht, und die Schreckensnachricht, die man mir heute mittheilt (Aufstellung einer Büste!!), betrübt mich dermassen, dass ich monatelang an aller Arbeit gehindert sein würde. Retten Sie mich, theuerer Freund! Selbst Staatsmännern setzt man erst Büsten in den Conferenzzimmern nach ihrem Tode .... Sie trauen mir Geist genug zu, um die klarste Idee von dem zu haben, was man ein wissenschaftliches Verdienst nennt. Sie müssen also in meinem Namen fühlen, wie schauderhaft mir, dem Lebenden, das Andenken von Leibniz ist.“ Fast ebenso energisch lautet ein Brief an Böckh vom gleichen Datum: „Eine Büste gesetzt in meinem Leben, dazu der Schreckensnachbar Leibniz! .... Neben jeder Ehre ist auch Hohn .... Lassen Sie mich doch still absterben.“ — „Flehentlichst“ wiederholt er am folgenden Tage seine Bitte um Abwendung eines Beschlusses, der ihn in seinen persönlichsten Gefühlen aufrege, „in Gefühlen, über deren Rechtmässigkeit ich andern gar keine Macht zuerkenne. Die Büste eines an demselben Orte lebenden Gelehrten, von der Akademie decretirt, die seit mehr als einem Jahrhundert, währenddess Kant, Euler, Lagrange, Lessing, Bessel dahingestorben sind, nur die Büste des unsterblichen Entdeckers der Infinitesimalrechnung (nach seinem Tode aufgestellt) besitzt, kann einem 81jährigen, selbst dem Tode so nahen Manne nur Trauer und Beschämung erregen. Die tiefe und ehrerbietigste Dankbarkeit, die derselbe seinen Collegen schuldig ist, wird ihn nie abhalten, die Individualität seiner Gefühle, von der seine innere Ruhe und seine Arbeitslust abhangen, zu vertheidigen und zu schützen."

Es gelang Humboldt in der That, durch diese völlig gerechtfertigten Einwände das Vorhaben der Akademie dahin abzulenken, dass, ohne Anberaumung einer besondern Sitzung auf den 4. Aug., das Jubiläum mit der gewöhnlichen Leibnizfeier (am 4. Juli) verbunden und der Beschluss der Aufstellung seiner Marmorbüste vorerst nur verkündet, dessen Ausführung aber verschoben ward, bis — wie Böckh in der Festrede sagt — „was noch in weiter Ferne liegen möge, das allgemeine menschliche Los ihn unsern Augen entrückt haben wird". Die Rede Böckh's[1] enthielt sich — nach dem „beherzigenswerthen Sittenspruche der Volksweisheit von Altengland: make no comparisons!" — einer eingehenden Vergleichung Humboldt's mit dem „Schreckensnachbar" Leibniz, nur den Parallelismus hob sie hervor, dass beide für ihre Zeit „das Ideal eines akademischen Mannes" darstellten. Die Vielseitigkeit, ja die Allseitigkeit unsers Freundes in Leistung und Anregung wird kurz und kräftig dargestellt. „Natur und Geist", ruft Böckh zuletzt aus, „haben sich in ihm durchdrungen; mit poetischer Kraft der Phantasie und allem Reiz der Sprache verbreitet er über das Reale den Zauber des Idealen, der die ältern unter uns wie ein zephyrischer Hauch anweht aus den Tagen der Jugend, da Alexander von Humboldt mit dem unsterblichen Bruder in der Genossenschaft der begabtesten Männer deutscher Zunge lebte, denen die Horen und Charitinnen noch hold waren. Begeistert für alles rein Menschliche, ist er erhaben über die Vorurtheile der Zeit und des Standes, nimmt Antheil an jeder edeln Bestrebung, erkennt jede Leistung an. Dazu freies und offenes Urtheil, unabhängige

[1] Monatsberichte der berl. Akad. d. Wiss., 1850, S. 247; vgl. S. 322.

Gesinnung, Milde und Nachsicht, allgemeines thätig förderndes Wohlwollen. Und so darf ich ohne Scheu mit den Worten endigen, womit ein alter Dichter einen Hymnus für einen zwar mächtigern, aber gewiss nicht edlern Mann schliesst: «Wie viele Freuden er andern bereitete, wer könnte das erzählen!»"

Böckh hat mit diesem Schlusscitat aus der zweiten olympischen Ode Pindar's den hochklingenden Ton seiner Feierrede selber so deutlich bezeichnet, dass wir uns jeder prüfenden Besprechung überheben können. Auch neun Jahre später, am Leibniztage 1859, wo nach dem Tode Humboldt's dessen Büste wirklich aufgestellt ward, griff derselbe Redner auf den nämlichen Jubelgesang des hellenischen Dichters zurück, indem er den Todten mit „dem göttlichen Aar des Zeus" verglich, wider den vergebens „die Raben ihr Gekrächze" erhoben hätten. Es war nun einmal zur unumgänglichen Sitte geworden, unsern Helden am Ende seiner ehrenreichen Laufbahn wie einen olympischen Sieger mit allen Zungen der Begeisterung zu begrüsssen. Humboldt bezeigte sich übrigens erkenntlich gegen seinen Pindar. „Sie werden", schreibt er am 26. Juli an Böckh, „mein officielles, kalligraphisch schönes Schreiben als Dank für die Akademie empfangen haben. Da es bei den Acten gewiss aufbewahrt wird, so wünschte ich, dass es zugleich ein kleines Monument für unsere freundschaftlichen Verhältnisse sei." Ein anderes, öffentliches Denkmal setzte er sodann „als dankbarer Schüler seinem hohen Meister" Böckh in dem schon früher von uns erwähnten Gratulationsschreiben zu dessen eigenem Jubiläum am 15. März 1857.[1] Am 4. Aug. 1850 begrüsste die Akademie Humboldt in Potsdam durch Abgeordnete und gab ihm zu Ehren ein Festmahl auf dem Bahnhofe, aber, wie sie ihm hatte versprechen müssen, „ohne Reden".

Leider sind wir schon gewohnt, Humboldt's Benehmen zwischen Grösse und Kleinlichkeit wellenartig auf- und abschwanken zu sehen; auch diesmal steht der würdevollen Art,

---

[1] Vgl. S. 259. Gedruckt u. a. bei *Zimmermann*, Humboldtbuch, I, 51 fg.

mit der er die Aufrichtung seines Brustbildes in der berliner Akademie vorläufig verhinderte, wie zum Contrast sein Verhalten bei einem ähnlichen pariser Unternehmen gegenüber. Fürst Demidoff, Correspondent des französischen Instituts, verfiel 1856 auf den enthusiastischen Gedanken, auf eigene Hand eine Büste Humboldt's in die pariser Akademie zu stiften. Die Akademie willigte ein, auch Humboldt erklärte sich bereit, Rauch zu der Arbeit zu sitzen, die nach dessen Tode durch einen seiner Schüler in weissem Marmor vollendet ward. Im September 1858 fand die Aufstellung im Vorsaale des Instituts neben den Büsten Chateaubriand's, Arago's u. a. statt. Möchte nun, dass er überhaupt seine Einwilligung gab, unserm Freunde noch hingehen, obwol es jedenfalls Inconsequenz verräth, so muss man sich doch darüber wahrhaft betrüben, dass er in einem Briefe an Valenciennes in die lebhaftesten Klagen wider einen so unwürdigen Platz ausbrach. Wie sehr er dabei auch den Accent auf den Werth Rauch's legte, dessen Kunstwerk nicht verdiene in einen Haufen mittelmässiger Arbeiten hineingesetzt zu werden: die eigene verletzte Eitelkeit schimmert doch zu deutlich unter solcher Hülle hervor. Es geschah, was Humboldt jedenfalls hatte erreichen wollen: Élie de Beaumont berief eine geheime Sitzung, und das Institut beschloss, die Büste ins Innere der Bibliothek zu versetzen, „dans un des cabinets de l'Académie, comme le portrait d'un illustre ami que l'on aime à posséder". Valenciennes, der in einem Briefe vom 26. Nov. 1858 seinem alten Gönner davon Anzeige macht, fügt noch zu mehrerer Begütigung hinzu, dass, so schön das Werk Rauch's auch sei, der Künstler doch den Esprit Humboldt's nicht völlig wiederzugeben vermocht habe. „Phidias seul a su reproduire le Dieu de l'Olympe!" schliesst der armselige Akademiker von Humboldt's Gnaden seine unwürdige Schmeichelei.

Hinter den wissenschaftlichen Gemeinden sind auch die bürgerlichen mit Huldigungen gegen den vielberühmten Greis nicht zurückgeblieben. Die Stadt Potsdam hat 1849, Berlin 1856 Humboldt zum Ehrenbürger ernannt. Beiden hat er nach seiner Gewohnheit in feierlicher Rede erwidert.[1] Wenn man sich erinnert, wie energisch seine Abneigung gegen Berlin allezeit gewesen ist, so kann man sich des Lächelns kaum erwehren, wenn ihm „Worte fehlen, um dieser grossen, durch Kunstliebe und Gewerbfleiss verherrlichten Stadt, die das Centrum der Monarchie bildet, seinen tiefgefühlten Dank darzubieten". Aber dergleichen rhetorischen Zwang haben ihm die letzten Jahre mit ihrem königlichen Glanze öfters auferlegt. Dass er sich von jeder directen Beziehung zu Napoleon III. scheu zurückhielt, haben wir bereits früher erfahren; als jedoch 1857 der Kaiser ihm mit der ausgesuchtesten Feinheit den Grosscordon der Ehrenlegion verlieh, konnte Humboldt, der die nächsttiefere Klasse dieses Ordens niemals abgelegt hatte, doch nicht umhin, wenigstens dem Grafen Walewski in Wendungen und Windungen zu danken, welche für den französischen Herrscher nicht minder ehrerbietig lauteten, als frühere ähnliche Schreiben für Czar Nikolaus, die ebenso wenig einem aufrichtigen Herzen entflossen waren.

Bequemer waren die begeisterten Ehrenbezeigungen zu ertragen, welche die Bürger der Vereinigten Staaten Amerikas ihrem grossen europäischen Freunde widmeten. „Nous ne saurions oublier vos services", schreibt der Kriegsminister John B. Floyd am 14. Juli 1858 aus Washington an Humboldt, „ni les bienfaits que le monde a reçus de vous. Non-seulement le nom de Humboldt est dans toutes les bouches sur notre immense continent, des bords de l'Atlantique à ceux de la mer Pacifique; mais, en outre, nous en avons honoré nos rivières et plusieurs points de notre territoire; et la postérité le retrouvera partout à côté des noms de Washington, Jefferson et Franklin." Man übersandte unserm Freunde ein Album, das in neun zierlichen Blättern die verschiedenen mit seinem Namen geschmückten Localitäten: Flüsse, Seen, Buchten, Strömungen, Berge, Dörfer, Städte und Grafschaften kartographisch zur

[1] Vgl. Briefe an Varnhagen, Nr. 171.

Anschauung bringt. Amerikanische Reisende bestellten, um „allen Frauen“ drüben eine Freude zu bereiten, Humboldt's Marmorbüste bei Rauch, der „die Kühnheit dieser überseeischen, hochstehenden Personen, nur mit ihrer angeborenen Muttersprache uns zu besuchen und in Heiterkeit damit bei uns fertig zu werden“, naiv bewunderte. Die historische Gesellschaft von New-York bat um ein Oelbild Humboldt's mit der warmen Versicherung: „There is no name out of the Calendar of our own countries heroes and men of worthy note more respected than that of A. v. Humboldt. The most of your works are with us, and so familiar, that they are looked upon as almost belonging to and a part of us; and long after you have passed away and life's frail tenement shall have crumbled with its Mother's earth, we and our children of the West, who lived in this blessed land of liberty, will reverence and revere the name, which we now love so well.“

Wenn wir die officiellen und halbofficiellen Aeusserungen der Ehrfurcht und Bewunderung für „das gekrönte Haupt“ der Wissenschaft nur durch einzelne hervorragende Beispiele charakterisiren durften, so ist gegenüber den individuellen Huldigungen der Tausende von Verehrern vom Monarchen bis zum einfachen Schulmeister, Landpfarrer oder Journalisten herab erst recht ein ganz summarisches Verfahren geboten, damit den Leser nicht das gleiche Gefühl übersatter Ermüdung beschleiche, das unserm ruhmgequälten Helden ohne Zweifel den Arbeitsfrieden seiner letzten Jahre wesentlich geschmälert und verkümmert hat.

Thun wir nur einen kleinen Griff in die zahllose Menge von Briefen und Zuschriften, die Humboldt während seiner letzten Jahre erhalten hat; bunt durcheinander, wie sie eingelaufen sind, werden sie den deutlichsten Begriff von der eintönigen Vielstimmigkeit geben, in der das Zeitalter seinem Lieblinge unermüdlich das Preislied seiner Grösse sang. Ernst Moritz Arndt freut sich, dass er Altersgenoss Humboldt's sei, der ihm immer freundliches Antlitz und freundliche Rede gezeigt habe, wenn auch ihre Lebenskreise gar verschieden seien „der hohe, sternige und der enge"; er überreicht ein „Blumensträusschen" von Gedichten, denn „alles", sagt er, „was auf Erden wächst und blüht, von dem Heideblümchen bis zum Menschen, erfreut sich Ihres frischen und liebenden Blickes". Jakob Grimm ruft ihm zu: „Wie edelmütig Sie sich aller bedrängten annehmen. Neulich abends bei dem hoffest, als meine blicke Sie vergebens gesucht hatten, sah ich Sie zuletzt in der langen galerie nach hause gehen und konnte nicht lassen Ihnen noch meine treue hand zu reichen. Möge Ihr leib von dem geist noch fort und fort aufrecht erhalten bleiben." Rückert „beschwört unsern Freund bei seinem «Kosmos»", für die Rettung eines Unglücklichen etwas zu thun, „was seiner hohen Stellung entspreche". Rauch meldet, dass er beim Friedrichsdenkmal vorübergegangen sei, mit Humboldt „sich beschäftigend"; da habe ihn die Bemerkung „glücklich gemacht", dass „die grossen Helden am hohen Denkmal des grossen Königs Humboldt's Taufzeugen" gewesen, und „entzückt" habe er wahrgenommen, wie sie mit ehernem Blick ihr berühmtes, noch lebend geistig thätiges Pathkind begrüssten, „das auf dem Felde der Wissenschaften ein nicht minder grosser und unsterblicher Held" geworden sei. Ottilie von Goethe sendet einen Brief des wärmsten Dankes; nie habe sie eigentlich andere zu schreiben gehabt: „denn selbst wenn ich manchmal Zeilen der Bitte schrieb, so war es doch nur wie die erste Hälfte, es folgte bald die zweite, nämlich ein zweiter Brief, weil Ew. Excellenz schon gewährt hatten, warum ich kaum gebeten. Nun hat Wolf mir diesmal mit so vieler Rührung und Dankbarkeit gesagt, dass nie sein Grossvater hätte mehr für ihn thun können wie Sie, dass ich ihm sagte: «Darf ich denn nicht danken?»" Auch Liszt und Karoline Fürstin Wittgenstein danken ihrem „Beschützer". Meyerbeer begleitet den „traditionellen Baumkuchen", den er nach dem Vorgange seiner Mutter alljährlich zum 14. Sept. auf Humboldt's „Frühstückstisch" schickt, mit dem überschwenglichsten Lobe dessen, in dem er „nicht nur den unsterblichen Weltweisen zu verehren habe, sondern auch den edeln, wohlwollenden Beschützer seiner ganzen Familie, seiner

Person wie seiner Künstlerbestrebungen, der ihm durch eine lange Reihe von Jahren, in den wichtigsten Momenten seines Lebens mit wahrhaft väterlicher Güte mit Rath und That und dem ganzen Gewicht seines Schutzes beigestanden". Er segnet den Tag, „an welchem einst Gott der Welt den grossen Weltweisen Alexander von Humboldt schenkte, der, gleich gross als Heros der Wissenschaft wie als Vorkämpfer für die edelsten geistigen Güter der Menschheit, von der Welt ebenso geliebt wie bewundert wird". Böckh's Gratulationsbriefe sind, wenn auch würdevoller, doch nicht minder warm von Begeisterung durchhaucht. „Ew. Excellenz Leben und Wirken wirft noch einen heitern Schein und Hoffnungsstrahl in die umdüsterte Zeit, und ich kann mir kaum eine Vorstellung von dem Zustande und der Stimmung machen, welche eintreten werden, wenn auch dieser Stern unter Preussens Horizont hinabgegangen sein wird. Möge ein göttliches Geschick seinen Ablauf verzögern!" Ein andermal nennt er Humboldt's Geburtstag einen „heiligen Tag, nicht blos den Verwandten und nächsten Freunden, sondern allen Edeln und allen wissenschaftlichen Männern".... „Zu wessen möglichst langer Erhaltung sich der wissenschaftliche, oder um mich umfassender auszudrücken, der geistige Staat und der politische Staat und der Staat der gesammten Menschheit, der kosmopolitische, soweit er jetzt schon verwirklicht ist, um seinetwillen Glück wünschen muss, der Mann ist der hochbeglückteste." Auch Bunsen feiert den 14. Sept. 1858 als „ein Fest für die Menschheit, den Eintritt eines der grossen Geister zweier Jahrhunderte ins 90. Lebensjahr, voller Kraft, und mit warmem Herzen für alles Edle und Hohe im Vaterland und in der Welt, und dabei mit nimmer erkaltender Liebe und Theilnahme für den Einzelnen" .... „Es erhebt die Menschheit, wenn das Göttliche sich in Einem Menschen durch eine stetige Fortschreitung und Entwickelung des Geistes verherrlicht." Mit Neid blickt Metternich am selben Tage auf die Laufbahn Humboldt's, „an deren Ende der Sieg ihm gesichert war". Glücklich preist er diejenigen, „welche sich mit dem positiven Wissen und nicht mit den Launen der Gesellschaft zu befassen haben". — „Le suffrage d'un homme comme vous", schreibt Cavour, „est la plus précieuse récompense qu'un ministre puisse obtenir pour prix de ses efforts et de ses travaux. Le nom d'Alexandre de Humboldt est vénéré en Piémont autant qu'en Allemagne." — „Le musée m'attire à Berlin", heist es in einem Billete Thiers', „mais vous y voir serait le plus grand de mes plaisirs." Bezeichnet er doch Humboldt [1] als „le savant illustre qui honore le plus notre siècle, et que nous Français nous avons la vanité de considérer comme Français et propre autant qu'il est Allemand."

Wie oft gar nimmt Amerika unsern Helden für sich in Anspruch, wie gern bezeichnen sie ihn auch drüben als ihren andern Columbus! Aus Neugranada, aus Mexico und Cuba kommen Grüsse des Dankes und der Erinnerung herüber, sie bitten ihn um Antwort in ihrem Castilianisch, um den Werth seiner Zeilen noch zu steigern. „Den luftigen Chimborasso" nennt ein Newyorker „nur ein Monument seines Ruhmes". Tief aus dem Binnenlande senden ihm Unbekannte Geschenke; auch am Lorenzstrom oder Ohio, wie zuweilen in Europa, macht sich ein geistliches Gemüth bange Gedanken um das Seelenheil des „grossen Genius", den es als solchen „so tief verehrt". „Nur um zwei Zeilen" bittet Karl Ritter für einen Künstler, der über den Ocean will, „aber mit Unterschrift des Namens, der in Amerika von so grossem Gewicht ist!" Und wer kennte sie nicht, jene Geleitsbriefe, derengleichen kein Papst noch Kaiser auszustellen vermochte: „Je prie tous ceux qui, aux États-Unis et dans d'autres parties du Nouveau Continent, ont conservé de la bienveillance pour mon nom et pour mes travaux relatifs à l'Amérique, d'accueillir avec bonté une personne distinguée" . . . .? [2] In allen Zonen bahnt er seinen Schützlingen damit die Wege, aus allen Erdtheilen klingt ihm ihr Dank

---

[1] Briefe an Varnhagen, Nr. 211.

[2] Briefwechsel mit einem jungen Freunde, S. 127. Aehnliche Generalpässe häufig. Vgl. *Zimmermann*, Humboldtbuch, II, 40, 41.

zurück. „Alles, was mir auf der Reise, in Florenz, Rom, Neapel Angenehmes passirt ist", schreibt Eduard Hildebrandt, der Maler-Apostel des „Kosmos" aus Malta, „habe ich nur einzig Ew. Excellenz zu verdanken." — „Für die herrlichen Empfehlungsbriefe", sagt er ein andermal aus Hammerfest „seinen innigsten Dank. Der offene Brief hat Wunder gethan!" Aus Funchal versichert Schacht, dass ihm Humboldt's „so überaus gütiges Empfehlungsschreiben überall Thür und Thor geöffnet habe". In Venezuela wandert Ferdinand Bellermann unter seinem Schutze, für Neugranada holt Tyrell Moore „seine Befehle" ein. In Südaustralien liest Otto Schomburgk „mit tiefem Interesse in den Colonialzeitungen" vom akademischen Jubiläum unsers Freundes; dessen Bild „in seiner Bibliothek" überreicht Robert Schomburgk den Königen von Siam, damit es neben den Porträts der Königin Victoria, Louis Napoleon's und des amerikanischen Präsidenten aufgehängt werde. In menschenleeren Strichen erfreuen sich die Reisenden wenigstens an den Werken und Thaten ihres Schutzpatrons. In den trüben Stunden der Polarnächte studirt Bedford Pim Humboldt's Schriften und stärkt sich an dem Vorbilde seiner Unerschrockenheit; er bittet um ein paar Papierstreifchen mit Zeilen von seiner Hand, um diese Bücher zu „Erbstücken für seine Familie" zu machen. „Seit fast sieben Jahren", schreibt G. Overbeck, der in Hongkong mit vielen andern Humboldt's Geburtstag feiert, „waren Ihre Schriften, eine unerschöpfliche Quelle ernsten Wissens und reicher Belehrung, meine beständigen Begleiter während mannichfacher Reisen in Amerika, durch die Inselwelt des Stillen Oceans und nach den Ländern des nördlichen Polarmeers." Aber „auch in seinem Vaterlande gelte darum dieser eine Prophet nicht minder", versichert Alfred Arago, dem allenthalben am Rheine der Ruhm des Freundes vom Vater her den Pfad geebnet. Aus Wien meldet Scherzer, dass Avé-Lallemant alle Aussicht habe, die Novara begleiten zu dürfen, nicht so die beiden Baiern, „obwol durch Königswort empfohlen. Aus diesem Vorfall mögen Ew. Excellenz ersehen, dass Ihr Einfluss in Oesterreich selbst in den höchsten Kreisen ein massgebender ist und sogar vor einem königlichen das Uebergewicht erhält." In England setzt Humboldt die freigebige Ausrüstung der Expedition der Gebrüder Schlagintweit durch, einer Expedition, auf die er so überaus grosse, niemals erfüllte Hoffnungen wol deshalb baute, weil es hier einen alten Lieblingsplan seines eigenen Lebens galt. „Es weiss hier jedermann ebenso gut wie in England", heisst es im ersten Briefe der Brüder nach ihrer Ankunft in Bombay, „dass Ew. Excellenz allein die Veranlassung zu unserer Reise nach Indien gewesen sind."

Da liegt ein Haufe fürstlicher Briefe; fast alle, selbst die Monarchen, zeichnen als „ergebene Freunde und Freundinnen", sie bitten um „ein gütiges Andenken", um Bewahrung „des Wohlwollens, das ihnen so unendlich schätzbar ist". Die einen gratuliren, die andern geben Orden, „um diese selbst zu ehren", oder „um die Liebe zu beweisen, die sie zu den Wissenschaften hegen". Humboldt's Empfehlungen versprechen sie zu beachten, seine Fürbitten zu erhören. Leopold der Belgier versenkt sich in funfzigjährige gemeinsame Erinnerungen, der Baier Max bittet um Angabe „der Hauptrichtungen und Hauptmittel, durch welche, gleichwie sein Vater für die Kunst, so er für die Wissenschaft in grossartiger und dauernder Weise wirken könnte". Ein Grossherzog von literarischen Traditionen überschüttet unsern Freund in beinahe zudringlicher Weise als „ergebenster Diener" und „erkenntlichster Schüler" mit den Versicherungen seiner Verehrung. „Ehrerbietig" überreicht ein Prinz sein „Erstlingswerk"; eine Prinzessin hat ihren „cher M. de Humboldt" auf dem Hofballe nicht sprechen können, mit dem Ausdrucke des innigsten Bedauerns wünscht sie ihm wenigstens schriftlich „bonne nuit!"

Welch ein Stoss von Gedichten, bis zu griechischen und hebräischen! „Dem Dante des Kosmos" — „Skaldendank aus dem Norden" — „Forschers Sehnen" — „Die Georginen an Alexander von Humboldt" — „Die Harfe her" — „In der Liebe glühend verfasste Worte an A. v. H." — „An den Baron von Humboldt, den König der Wissenschaften, dessen Schuhriemen zu lösen andere Könige nicht werth sind". Daneben Bettelbriefe in ganzen Legionen, vom feinsten bis zum plumpsten; wir legen sie schonend beiseite. Dann Projecte und Anerbieten der Thorheit oder des Irrsinns, halb lächerlich, halb betrübend.[1] Doch genug davon; die geringen Proben, die wir gegeben, reichen hin, um die Stellung des „gekrönten Monarchen in der Welt der Wissenschaften" zu charakterisiren.

Nicht als ob er dagestanden hätte als der Herrscher über die Wissenschaft selber, denn sie duldet in allewege keinen einzelnen unumschränkten Gebieter; der Besitz der Wahrheit ist, wie das Streben nach ihr, ein Grundrecht der menschlichen Gesammtheit. Nicht um unfehlbare Wahrsprüche theoretischer Natur wird Humboldt in jenen Tausenden von Briefen angegangen; auf eine Anfrage in Sachen der Lehre, die an ihn geschieht, kommen vornehmlich in den letzten Lebensjahren hundert, die er selbst an andere richtet. Vielmehr das will das königliche Prädicat besagen, das man seiner Stellung beilegt, dass, wie Cromwell und Napoleon als Krieger und Staatsmänner, so er als einfacher Forscher und Gelehrter emporkam zu Ansehen und Einfluss bei den Zeitgenossen, dergleichen sonst nur höchster Rang der Geburt dem einzelnen Manne verleiht. In diesem Sinne gefasst geht sein Reich weit über alle politischen Sonderherrschaften hinweg rund um die civilisirte Erde. Ausnahmslos huldigen ihm in Worten die Mächtigen des Geistes wie des Scepters, in Gedanken und Wünschen die Massen der Gebildeten; wie natürliche Abgaben legen sie vor ihm nieder, was sie zu verleihen haben, die einen ihre Ehrenzeichen und Würden, die andern die Werke ihrer Kunst oder Wissenschaft, die vielen das bunte Mancherlei, womit ein jeder Freude zu bringen hofft. Praktische Anliegen hat an ihn alle Welt, oft materielle, meist ideelle. Insofern gilt er wirklich für „die letzte

[1] Beispiele in hinlänglicher Anzahl sind erwähnt auf den letzten Seiten des Briefwechsels mit Varnhagen.

geistige Instanz", wie Hermann Grimm in dem Briefe treffend sagt, darin er — nicht vergeblich — kurz vor Humboldt's Tode dessen Vermittelung für die Ausstellung der vergessenen Cartons von Cornelius anruft. Aber so unzählig die sind, die da kommen zu bitten, weit zahlloser, wie sonderbar es klinge, sind, die zu danken haben. Wir kennen seinen Eifer zu hülfreicher That; aber auch wenn die Ausführung nicht bei ihm stand, immer ist er mit gutem Willen wenigstens sofort zur Stelle. An Promptheit in der Erledigung der Geschäfte überhaupt und der Correspondenz insbesondere sucht er seinesgleichen. Man wird an die landesväterliche Pünktlichkeit unserer preussischen Herrscher erinnert, vorzüglich an die Friedrich's des Grossen, an dessen Marginalien die schelmischen Randbemerkungen Humboldt's auf Briefen oder Büchern, die ihm zugingen, wenn auch in weicherm Tone, anklingen. Seiner Promptheit entspricht sein Ordnungssinn; er rühmt sich wiederholt, seit der amerikanischen Reise nie ein Schriftstück verloren zu haben. Betrachtet man seine Briefe und Billete, deren Stil wir tadeln mussten, von dieser praktischen Seite, so verdienen sie doch Bewunderung. In der laufenden Nacht noch pflegt er zu erwidern, höflich, ausführlich, stets eigenhändig. Die sprachlichen Mängel seiner Briefe werden durch die Eile und Fülle seiner Correspondenz ebenso erklärlich, wie die äusserlichen. Man kennt seine Handschrift; seit 1835 etwa bedient er sich der Deutlichkeit halber fast durchweg lateinischer Lettern; so schlecht er schreibt, so gleichförmig doch auch; die spätern Briefe Wilhelm's sind weit schwerer lesbar. Nur etwa die letzten anderthalb Jahre über arten die Schriftzüge Alexander's in unstetes Gekritzel aus. Die kleine Aquarelle Hildebrandt's zeigt ihn, wie er auf dem Knie schreibt; die berühmte Krankheit seines Arms von den „feuchten Blätterlagern am Orenoco" her zwingt ihn zu solcher Stellung. So laufen die dichtgedrängten Zeilen schräg übers Papier, nach rechts in die Höhe, oft eine in die andere; gleichsam perspectivisch verjüngen sich ihre Colonnen nach unten bis zu Spitzen. An der freien Seite links schwärmen über kreuz und quer lose Anmerkungen umher, oft Anekdoten und Spässe. Tintenkleckse werden da als „Kaspisches Meer“ oder „Aralsee“ bezeichnet und entschuldigt, in den Briefen an die Prinzessin von Preussen erscheinen sie überdies von zitternder Hand zierlich umrahmt. Wie häufig beginnt er mit der vierten Seite des Octavbogens! Aus alledem erkennt man, wie es ihm einzig um die Sache zu thun ist; rasche Erledigung, das ist sein Ziel. Deshalb auch seine „kosmopolitischen“ Halboctavcouverte, für Gesandte wie für Handwerker in Eile unterschiedslos zu verwenden.[1] Die meist unvollkommene Datirung: „Dienstags“, „Montag nachts“, „mittags“, bezeichnet ebenfalls deutlich die momentane Bestimmung des Billets. Um so rührender, wenn er sich, um Böckh's kranke Augen zu schonen, einmal rechte Mühe gibt, weitläufig, gerade, deutlich zu schreiben. Seinen eigenen Augen zu Liebe nahm er in den letzten Jahren nach Encke's Beispiel häufig blaues Papier.

Mit diesen Blättern nun, meist Kindern der Nacht, überschüttet er die Welt. Wer, der sich ihm irgend genähert, hätte nicht deren eine kleine Sammlung empfangen: Frage oder Bitte, Bescheid oder Dank, Glückwunsch oder Trost! Mit grenzenloser Geduld lässt er seine höfliche Güte misbrauchen; seit der Rückkehr nach Berlin ist er das „Anfragebüreau, das literarische Adresscomptoir“ für Deutschland, für Europa, für die Erde. Er stöhnt darüber, aber er harrt aus bis fast ans Ende. Erst wenige Wochen vor seinem Tode erscheint der bekannte „Hülferuf“ in den Zeitungen:

„Leidend unter dem Druck einer immer noch zunehmenden Correspondenz, fast im Jahresmittel zwischen 1600 und 2000 Nummern (Briefe, Druckschriften über mir ganz fremde Gegenstände, Manuscripte, deren Beurtheilung gefordert wird, Aus-

---

[1] Vgl. die zwei Artikel von *Robert von Schlagintweit* in der „Kölnischen Zeitung“, 14. und 15. Sept. 1869, wo Humboldt nach dem Recept des Wallenstein'schen Wachtmeisters, „wie er sich räuspert und wie er spuckt“, kleinlich, und nicht einmal durchweg richtig geschildert wird.

wanderungs- und Colonialprojecte, Einsendung von Modellen, Maschinen und Naturalien, Anfragen über Luftschiffahrt, Vermehrung autographischer Sammlungen, Anerbietungen mich häuslich zu pflegen, zu zerstreuen und zu erheitern u. s. w.), versuche ich einmal wieder die Personen, welche mir ihr Wohlwollen schenken, öffentlich aufzufordern, dahin zu wirken, dass man sich weniger mit meiner Person in beiden Continenten beschäftige und mein Haus nicht als ein Adresscomptoir benutze, damit bei ohnedies abnehmenden physischen und geistigen Kräften mir einige Ruhe und Musse zu eigener Arbeit verbleibe. Möge dieser Ruf um Hülfe, zu dem ich mich ungern spät entschlossen habe, nicht lieblos gemisdeutet werden.

Berlin, 15. März 1859. Alexander von Humboldt."

Welcherlei Art die Quälereien gewesen, die ihm endlich diesen Seufzer entrungen, geht aus zweien seiner Antworten aus den letzten Jahren hervor, welche die unbescheidenen Fragesteller wol gar abzuholen versäumt haben: „Ich beklage den Wunsch, Ihnen über Lebensplane Rath zu geben, nicht erfüllen zu können. In einer vielbeschäftigten Lage und bei einem Alter von 86 Jahren würde es mir unmöglich sein, den Anforderungen des Rathes zu genügen, die in jeder Woche an mich gerichtet werden. Ich muss mich beschränken auf die Pflichten, die zur Erfüllung ich übernommen habe. Hochachtungsvoll Ew. Wohlgeboren ergebener Alexander von Humboldt. Potsdam 15. Aug. 1856." — „Ich kann bei den Geschäften, die mir obliegen, so vielen unbestimmten Anfragen nicht genügen. Jeder Gelehrte wird Ihnen die Collegia der Physik, Geognosie, Botanik nennen, die Sie hören müssten bei Mitscherlich, Magnus, Gustav Rose, Ehrenberg. Alexander von Humboldt. Berlin, 17. Juni 1858."

Welche Liebenswürdigkeit der Form auch noch in der Abwehr verrathen nicht diese Briefchen! Das lauteste Zeugniss aber für die Sanftmuth seiner Sitten hat er abgelegt in dem öffentlichen Schreiben „an Herrn Eugen Hermann, Verfasser der Novelle, welche in Leipzig und Philadelphia unter dem Titel «Ein Sohn Alexander's von Humboldt oder der Indianer von Maypures» erschienen ist." Der unter falschem Namen verkappte Autor hatte die Frechheit gehabt, die Misgeburt seiner schnöden Phantasie dem gröblich angetasteten Greis ins Haus zu schicken; Humboldt beeilte sich darauf unterm 8. Mai 1858 durch seinen Spener'schen Moniteur die nachfolgende Antwort zu publiciren:

„Wenn, wie ein 88jähriger alter Mann es wol um so mehr hätte erwarten dürfen, als er mit Ihnen in derselben Stadt wohnt, Sie mich vor dem Drucke des ersten Bandes Ihrer gesammelten Novellen befragt hätten, ob es mir angenehm sein könne, meinen Namen auf dem Titel Ihrer Schrift zu finden, so würde ich dem, was Sie selbst in Ihrem Briefe vom 4. Mai eine mir bereitete Ueberraschung nennen, gern entsagt haben. Jetzt bleibt mir nur übrig, Ihnen freimüthig zu sagen, dass diese Ueberraschung trotz des vielen Schmeichelhaften, das die Orenoconovelle für den Reisenden enthält, denselben doch zu ernsten Betrachtungen über die Unzartheit deutscher literarischer Gewohnheiten in der neuesten Zeit angeregt hat. Ich verharre.... Alexander von Humboldt." [1]

Zur Oeffentlichkeit hat unser Freund in eigenen Angelegenheiten übrigens nur in seltenen, dringenden Fällen seine Zuflucht genommen. Dagegen war er auch in den letzten Jahren geschäftig, neue Nachrichten über das Befinden fernweilender Forscher, die ihm zuerst zugekommen, zu schneller Beruhigung der Angehörigen durch Zeitungen zu verbreiten; besonders herzlichen Antheil nahm er so an dem unglücklichen Schicksal Eduard Vogel's, dessen Familie er, solange es irgend möglich war, mit allerlei freundlichem Troste bedacht hat. Sonst aber beherrschte ihn ein an Furcht grenzender Widerwille gegen Bekanntmachung seiner Privatäusserungen. Die freien Ergüsse seiner Stimmung sollten nach seinem Wunsche in seiner Correspondenz so gut wie in seiner Conversation momentan vorüber-

---

[1] Der pseudonyme Verfasser, ein preussischer Gardeoffizier, musste infolge seiner literarischen Unthat den Abschied nehmen.

rauschen; dass „die Grenzboten“ einen Brief von ihm druckten, der ein scharfes Urtheil über Stein enthielt, hat ihn heftig aufgeregt. Verwandte und Freunde suchte er zur Geheimhaltung seiner Briefe und Papiere auch nach seinem Tode zu verbinden[1]; die unweibliche Handlung einer Dame, die er so oft durch grenzenlos übertriebenes Lob mit einem „Füllhorn von Glück und Segen überschüttet“ hatte[2], machte solche Vorsicht jedoch alsbald zunichte.

Von annähernd gleichem Umfange wie der schriftliche Verkehr Humboldt's in den letzten Jahren war auch der mündliche. Alles drängte sich zu einer Audienz bei dem „Monarchen“, wie sie uns Taylor oben anmuthig geschildert hat, theils um ihm Anliegen eindringlicher vorzutragen, theils um doch einmal sein Antlitz gesehen, seine wunderbar lebendige Rede vernommen zu haben. Der Fremde von Rang oder Distinction macht seine Anstandsvisite, der Gelehrte überreicht sein neuestes Werk oder holt sich Empfehlungsbriefe, selbst der Student, wenn er leidlich eingeführt ist, kommt um Bücher zu entleihen und wagt den Versuch, den lächelnd ausweichenden Greis in ein Gespräch über „Unsterblichkeit“ zu verstricken.[3] Ueber den Zauber der mündlichen Unterhaltung Humboldt's sind alle urtheilsfähigen Zeugen einig. „Humboldt ist der einzige“, sagt Dove,[4] „der mir davon eine Ahnung gegeben, dass *causer* auch im Deutschen möglich sei.“ In seiner Conversation verband sich das leichte Element des französischen Esprit glücklich mit dem ernstern berliner Sarkasmus, dessen Spitze er doch zumeist gutmüthig wider sich selbst umkehrte; über alles aber, was er vorbrachte, Wissen oder Witz, war gleichsam in durchsichtigem Flusse eine feine

---

[1] Angedeutet in *Ehrenberg's* Gedächtnissrede, S. 46. Vgl. über diese „Bitte um Verwahrung gegen Veröffentlichung vertrauter Briefe“ *Zimmermann*, Humboldtbuch, II, 22.

[2] *Varnhagen* in der ungedruckten Antwort auf Nr. 213 der Briefsammlung.

[3] Briefwechsel mit einem jungen Freunde, S. 80.

[4] *H. W. Dove*, Gedächtnissrede, S. 10.

Lösung freundlicher Artigkeit ausgegossen. Niemand wusste wie er durch Worte zu gewinnen, wohlzuthun, zu schmeicheln. In Verlegenheit gerieth er dabei nie. Der Historiker Rudolf Köpke hatte ihm einst als einem Freunde Tieck's sein Werk über den verstorbenen Dichter übersandt. Einige Tage darauf begab er sich selbst zu Humboldt, ward aber falsch gemeldet und von unserm Helden als Franzose und Verfasser einer Schrift über Elektricität begrüsst und mit einem Schwall von liebenswürdigem Lobe überhäuft. Mühsam gelang es Köpke in einer halben Pause einen Uebergang auf Tieck zu finden, der einmal eine verwandte allgemeine Aeusserung gethan, weshalb er auch gewagt habe, Sr. Excellenz neulich sein Büchlein zu überschicken. Mit einem rasch gefassten: „Ja, der liebe, gute Tieck!“ glitt Humboldt, der in diesem Moment seinen Irrthum durchschaute, in die neue Situation hinüber, ohne auch nur eine Secunde lang zu stocken oder Ueberraschung zu verrathen.

Und so drängte ein Besuch den andern; jeder empfing sein volles Theil von dieser anscheinend höchst persönlichen Güte, die doch in Wahrheit eben durch ihre allseitige Gleichmässigkeit etwas Unpersönliches — Unmenschliches oder Uebermenschliches, wie man es nun nennen will — an sich trug. Er liess die Sonne seiner Freundlichkeit aufgehen über Böse und Gute, wie er freilich auch seine Spöttereien hinterher regnen liess über Gerechte und Ungerechte. Auch das war doch wieder ein echt monarchischer Zug, dieses Ebenmass gleichmüthiger Haltung, dieses „Schweben über den Massen“ der Einzelmenschen, wie sein betrachtender Geist über den Massen der Einzeldinge zu schweben gewohnt war. Doch müssen wir hier, um nicht selbst durch generelle Züge unsere Zeichnung zu verfälschen, auch der Ausnahmen gedenken, der einzelnen wirklich gemüthlichen Verhältnisse, die ihm zum Theil bis an seinen Tod fortzupflegen vergönnt war.

In „seiner Familie“, dem Kreise der Hinterbliebenen Wilhelm's, musste Alexander noch viel Schmerzliches erleben. Von der schweren Erkrankung „des armen Bülow“, dessen „Erlösung“

am 6. Febr. 1846 erfolgte[1], war schon früher die Rede. Acht Jahre später, im März 1854, schildert unser Freund in einem Briefe an Gauss ein neues „trauriges Drama, das sich zwei volle Monate durchgespielt und an dem die ganze Stadt theilgenommen. Eine Enkelin meines Bruders, eine sehr glücklich verheirathete geistreiche Frau, hat als Folge innerer Masern die ganze Zeit mit dem Tode gerungen. Die Mutter, Witwe des vorletzten Ministers der auswärtigen Angelegenheiten, die mit drei andern Töchtern in Rom war, hat trotz der Winterkälte die Rückreise nach Berlin gewagt. Sie wollte die Kranke pflegen und fand sie todt im Sarge, den man offen gelassen. Die Mutter konnte noch der Beerdigung beiwohnen, an dem schönen Begräbnissorte unsers Parks in Tegel, an der mit einer Statue (Spes) von Thorwaldsen gekrönten hohen Granitsäule, wo das gemeinsame Stilleben der Humboldt'schen Familie waltet. Die Dahingeschiedene lässt drei zarte, schöne Kinder ihrem jungen Gatten Baron Loën, Flügeladjutanten des Königs". Ende December 1856 meldet er Carus und Varnhagen[2] einen abermaligen „grossen Verlust": Adelheid, Generalin von Hedemann, Wilhelm von Humboldt's älteste Tochter, war „nach vielen Leiden" verschieden, „eine liebenswürdige, heitere Hausfrau, 40 Jahre in der glücklichsten Ehe gesund". — „Wie oft", ruft er schmerzlich aus, „bin ich nun, der urälteste meines Geschlechts, diesen Weg zur Säule gegangen, welche durch Thorwaldsen Hoffnung verheisst! Ich begrabe mein ganzes Geschlecht!" Den Ueberlebenden, besonders der Frau von Bülow, deren leiderfülltes Schicksal er wiederholt mit ernster Rührung beklagt, und dem General von Hedemann blieb er bis an sein Ende wohlwollend nahe.

Auch von den Freunden ging ihm einer nach dem andern voran. Am meisten ergriff ihn wol der Tod Arago's — am 2. Oct. 1853. Aus einer pariser Quelle erhalten wir Kunde über

---

[1] Briefe an Varnhagen, Nr. 106; vgl. Briefe an Bunsen, S. 75, 77—79.
[2] Briefe an Varnhagen, Nr. 193.

die Wirkung des letzten Briefes, den Humboldt dem kranken Jugendfreunde sandte, „lettre toute petite de papier, mais si pleine de choses!“ Auch Arago liess sich — wie Gauss — diesen letzten Brief wiederholt durch seine Nichte vorlesen, „tant les paroles lui en étaient douces au cœur, tant elles y apportaient de baume consolateur!“ Dann rief der Sterbende seine Erinnerungen an ihr gemeinsames Leben wach. „Nous ne nous sommes fâchés qu'une fois“, sagte er, „et encore ça n'a duré qu'un instant.“ Früher hatte er einmal zu Steiner geäussert: „Mein Freund Humboldt ist das beste Herz auf der Welt, aber auch das grösste Schandmaul, das ich kenne“, wobei wir freilich die schweizerisch derbe Weise der Uebersetzung in Abzug bringen müssen. Was am leichtesten Anlass zu vorübergehenden Verstimmungen zwischen Humboldt und Charakteren wie Arago und Buch geben konnte, war übrigens gerade die weiche, vermittelungssüchtige Natur unsers Freundes. Dafür hatten sie, die gerade er vor allen durch seine Gefügigkeit an „einen kleinen Despotismus der Meinungen“[1] gewöhnt hatte, kein Verständniss. „C'est ma destinée“, schreibt er einmal sehr charakteristisch an Hittorff[2], „de me trouver souvent entre deux amis qui ont momentanément des signes contraires ($\pm$).“ Er selbst suchte dann, wenn wir das Bild weiter ausführen dürfen, den Streit der Freunde dadurch auszugleichen, dass er ihnen insgesammt als neutrale Null gegenübertrat; unvermeidlich aber verlor dadurch, je heftiger sie auf ihrer Position oder Negation bestanden, seine Freundschaft im Augenblick für ihre leidenschaftliche Ansicht allen Werth.

Neben Arago und Buch tritt in den letzten Jahren ein anderer Freund in den Vordergrund, den Humboldt nach mehr als funfzigjähriger Bekanntschaft auch noch sterben sehen musste, ein Mann von einfacher Grösse des Herzens, es ist Rauch. Ihm galt, wie die Tochter nach seinem Tode versichert,

---

[1] Briefe an Varnhagen, Nr. 150.

[2] *De la Roquette,* II, 249.

„das nahe Verhältniss zu Humboldt als eins seiner schönsten Besitzthümer“; nicht minder treffend bezeichnet sie aber auch diesen als „den treuesten, aufopferndsten Freund ihres verklärten Vaters“, der stets den wärmsten Antheil an allen künstlerischen und häuslichen Angelegenheiten desselben gezeigt habe. Nicht nur dass Humboldt der unermüdliche Führer von hervorragenden Fremden zur Werkstatt des greisen Künstlers war, dass er ihm Bestellungen zuwandte und ihn, wiewol vergebens, zu höhern Forderungen für solche Arbeiten ermunterte: er versorgte ihn auch mit Büchern und Zeitungen und war in jeder Weise bemüht, ihm Gutes und Liebes zu erweisen. Rauch sah denn auch in gleicher kindlicher Verehrung zu seiner „gutmüthig ruhigen Seele“ wie zu seinem umfassenden Geiste hinauf. Von Karlsbad her macht er ihm Reiseschilderungen, er findet dabei die Lage von Annaberg der von Perugia ähnlich, fürchtet aber Humboldt bei dessen „feinern Anforderungen an landschaftliche Situationen zu ermüden, da Sie“, setzt er schüchtern in seinem unbeholfenen Deutsch hinzu, „das liebliche Saatwinkel mit Amalfi vergleichend nicht passiren lassen wollten“. „Drei Stunden von New-York“, berichtet er ein andermal hocherfreut, „bricht schöner weisser Statuenmarmor; ich sah eine Probe, und ein Block hierher ist unterwegs; nun hoffe ich, kann aus Amerika erst etwas werden!“ Einen so treuherzigen alten Freund sah Humboldt denn selbst an seinem Geburtstage gern um sich, während er eine eigentliche Feier dieses Tages sonst dermassen verabscheute, dass er ihr einmal (1850) sogar durch eine heimliche Reise nach Magdeburg entwich.[1] Am 8. Mai 1857 sandte Rietschel aus Dresden einen Abguss seiner Rauch-Büste an Humboldt, in der Erwartung, „dass es Ew. Excellenz freuen dürfte, ein charaktervolles Bild Ihres ältesten und hochgeschätzten Freundes zu besitzen“.

Neben dem grossen Bildhauer müssen wir einer jungen römischen Malerin gedenken, der Frau Emma Gaggiotti-Richards,

---

[1] Briefe an Bunsen, S. 120.

die um die Mitte der funfziger Jahre längere Zeit in Berlin weilte und nicht Humboldt allein, ihn aber vornehmlich durch ihr Talent wie durch ihre Schönheit und Liebenswürdigkeit einnahm. Er hat ihr zu einem geistvoll aufgefassten Oelbilde gesessen, das zu seinen besten Bildnissen gezählt werden muss. Sie empfing in Paris einen ganzen Schatz von väterlich-zärtlichen Briefen von ihm bis in seine letzten Tage; ihre eigenen Briefe sind von einer leidenschaftlichen Glut verehrungsvoller Hingabe durchweht, wie man ihr höchstens in denen der Herzogin von Sagan an unsern Freund wieder begegnet. „J'espère en Vous", schreibt sie am 3. Dec. 1858 aus Paris, „qui êtes toujours la source de tous mes biens sur la terre! Il me reste à vous *prier* d'une ligne, que mon cœur désire ardemment." — „Je travaille beaucoup", heisst es am 9. Jan. 1859, „j'ai des commandes; mais je n'ai pas le *bonheur inexprimable* de vous voir entrer mon atelier, me combler d'honneur par votre présence et de consolation par votre généreuse louange, qui me donne le courage de tout entreprendre! Votre Emma." Wie ein freundlicher Abendstern mit reinem, wenn auch zitternd erregtem Scheine schaut diese schöne Neigung auf die letzten müden Lebensschritte des einsamen kosmischen Wanderers.

Des einsamen? Haben wir ein Recht ihn so zu nennen, ehe wir einen letzten Blick auch ins Innere seines Hauses geworfen? Noch bleibt in der That das merkwürdigste von allen Verhältnissen zu zeichnen, in das unsern Freund sein Schicksal eingesponnen hat, das zu seinem Kammerdiener Seifert und dessen Familie. Der Kammerdiener als brüderlich vertrauter, wohlwollender Hausgebieter, wie ihn auch Taylor's muntere Erzählung anschaulich darstellt, ist an sich eine so gewöhnliche Erscheinung, dass er längst zu den Typen unserer komischen Bühne gehört. Kein Wunder daher, dass Seifert durch pünktlichen Dienst, durch treue und zuverlässige Pflege, die er 33 Jahre lang — schon vor der sibirischen Reise — an Humboldt geübt hat, zu einer überaus wichtigen Person im häuslichen Leben unsers Helden ward; ganz natürlich, dass er auf die lebhafteste und thätigste Dankbarkeit des Mannes mit dem unvergleichlichen Gedächtnisse zählen durfte. Schon in frühern Jahren ist in Humboldt's Briefen an die Freunde ausführlich von den schweren Sorgen die Rede, die ihm einmal die Krankheit „seines grossen sibirischen Jägers“ bereitet; lobend fügt er hinzu, dass Seifert stets für unumgänglich gehalten habe, ein paar Bände „Schiller“ auf die Sommerreisen nach Paretz oder Erdmannsdorf mit hinauszunehmen. Auch an der Entwickelung und dem Schicksale der Töchter nahm der alte Herr ein familiäres Interesse; er hat einmal sorgfältig auf den Rand eines Briefes von anderweitem Inhalte notirt: „Am Tage der Taufe des ersten Knaben der Frau Möllhausen.“ Aber das Verhältniss zu Seifert nahm allmählich durch die Einmischung von Erwerbs- und Besitztiteln einen für den historischen Beschauer unerfreulichen Charakter an, und doch geschah auch dies auf ganz erklärliche Weise. Humboldt's finanzielle Lage war, wie wir wissen, schon bei seiner Uebersiedelung nach Berlin eine precäre. Er war völlig auf die königliche Pension angewiesen, und es war und blieb ihm unmöglich, mit 5000 Thlrn. jährlicher Einkünfte irgend auszureichen. Die Miethe war bald von 550 auf 750 Thlr. gestiegen, der Wagen, den er für den Hof brauchte, kostete monatlich 60, das Briefporto betrug in derselben Frist mindestens 30 Thlr. Hierzu kamen allerhand Anschaffungen und sonstige Ausgaben, endlich reiche Almosen, wie sie uns aus den Briefen an Eisenstein bekannt geworden. Genug, am 10. jedes Monats war das ganze Gehalt aufgebraucht. Natürlich gerieth unser Freund in Schulden; selbst das Kosmoshonorar war ein Tropfen auf einen heissen Stein; was sich aus dem Verkaufe zum Theil geschenkter Bücher herausschlagen liess, war nicht der Rede werth. Es blieb nichts anderes übrig, als von Zeit zu Zeit den König um aussergewöhnliche Gnadengeschenke anzugehen; wir haben schon erfahren, wie bereitwillig und zartsinnig Friedrich Wilhelm IV. stets auf solche Bitten einging; die einzelnen Summen zu nennen, die er bei Mendelssohn anwies, wird man uns erlassen. Auch der Regent hat nach Humboldt's Tode noch 1300 Thlr. Schulden bei dem genannten Bankhause berichtigt. Seifert nun kannte selbstverständlich diese Noth genau und hat in Augenblicken grösster Bedrängniss, besonders auf der asiatischen Reise, auf sein Gehalt von monatlich 25 Thlrn. verzichtet. Auch nachdem jedoch solche peinliche Momente vorüber und ihre Folgen beseitigt waren, fühlte sich Humboldt, wenn er die treuen Dienste seines Hausgenossen mit dessen immerhin kärglicher Besoldung verglich, ohne Zweifel als Schuldner Seifert's und sann auf Mittel oder liess sich solche an die Hand geben, um ihm doch noch zu dem Seinen zu verhelfen. Wir haben schon früher erwähnt, dass er ihm beim Könige die Stelle eines Castellans auf einem Jagdschlosse erwirkte; der Schwiegersohn Möllhausen ward zum königlichen Privatbibliothekar in Potsdam ernannt. Von Einzelleistungen Humboldt's heben wir, um kurz zu sein, nur das industrielle Unternehmen hervor, das er im Jahre 1858 zu Seifert's Gunsten mit dem Hildebrandt'schen Aquarellbilde seines Bibliothekzimmers in Scene setzte. Er entwarf den Begleitbrief in französischer Sprache, mit dem Seifert die farbige Lithographie allen „erlauchten Fürsten und der grossen Zahl von Freunden und Verehrern Humboldt's zu Füssen legte", und unterstützte durch eigene Briefe nach vielen Seiten den provocirenden Schenkungsact seines Dieners. Es kam dabei vor, dass Fürst Demidow schrieb: „Bien que possédant déjà cette belle estampe, je me suis fait un plaisir de lui en demander encore un exemplaire, afin d'être agréable à votre vieux et fidèle serviteur."

Im Folgenden lassen wir über die eigenthümliche Gestaltung der Lage lieber einfach einige Actenstücke reden. Zunächst eine Bittschrift Humboldt's an Friedrich Wilhelm IV., concipirt im Jahre 1853 [1]:

„Allerdurchlauchtigster, grossmächtigster König,
Allergnädigster König und Herr!

„Ew. Königliche Majestät wage ich in diesen Zeilen, die erst

[1] Uns abschriftlich mitgetheilt durch Güte des Fräulein A. Seifert.

nach meinem wahrscheinlich nahen Tode in Ihre Hände gelangen, um eine letzte Gnade allerunterthänigst anzuflehen. Ich habe bei der völligen Zertrümmerung meines Vermögens in wissenschaftlichen Unternehmungen und Herausgabe eines Prachtwerkes oft mit Unmuth daran gearbeitet, die grosse Geldschuld, die ich hatte, als ich von des hochseligen Königs Majestät nach Berlin zurückberufen wurde, ganz zu tilgen. Ich habe in dem unglücklichen Jahre 1848 allein 11000 Thlr. abbezahlt, wovon der grössere Theil von der Seehandlung mir abgefordert wurde. Trotz meiner nächtlichen Arbeitsamkeit ist es sehr ungewiss, ob ich dahin gelange, meine Schuld in dem mir seit 70 Jahren befreundeten Bankierhause Mendelssohn bis zu meinem Hinsterben ganz abzubezahlen. Um nun von der mich quälenden Besorgniss befreit zu werden, dass meinem treuen Diener, dem durch die Gnade Ew. Majestät zum Castellan ernannten Jäger Seifert, der mich auf der sibirischen Expedition begleitet hat, meine ihm in meinem Testament vermachte kleine Gabe nicht ganz unverkürzt verbleibe, richte ich in sicherm Vertrauen frei und unerschrocken an Ew. Königl. Majestät in dieser ernsten Stunde die fussfällige Bitte, dass Sie mir, der ich so oft für andere Geld erfleht, nach meinem Tode zu Hülfe kommen und meine Schuld, von der ich hoffe, dass sie mein einjähriges Gehalt nicht übersteigen wird, im Mendelssohn'schen Hause durch ein Geschenk, einem Ihnen so lange ehrfurchtsvoll ergebenen uralten Manne gespendet, allergnädigst tilgen lassen. Der blosse Ausspruch dieses Wunsches gewährt mir Linderung! Wenn man, wie mir das Glück zutheil geworden, so viele Jahre in der Nähe Ew. Königl. Majestät und der tieffühlenden, herrlichen, mir gnädigen Königin gelebt hat, schämt man sich nicht eines so kühnen Schrittes.

Berlin, den 25. Sept. 1853 (im Ausbruch der Cholera).

In dankbarer Ehrerbietung

Ew. Königl. Majestät

allergetreuester A. v. Humboldt.“

Erst der Schlaganfall, von dem Humboldt Ende Februar 1857 betroffen ward, scheint ihn bestimmt zu haben, das vorstehende Schriftstück wirklich an den König abgehen zu lassen. Friedrich Wilhelm erwiderte ihm durch folgende Cabinetsordre[1]:

„Nachdem Ihre zu meiner aufrichtigen Freude so schnell und so vollständig erfolgte Herstellung von anscheinend schwerer Krankheit mich mit der Hoffnung erfüllt hat, mich noch lange Ihres geistreichen, mir so unentbehrlich gewordenen Umgangs zu erfreuen, betrübt es mich, aus Ihrem Schreiben vom 18. d. M. zu ersehen, dass Sie in Ihrem Gemüthe durch die Besorgniss sich beunruhigt fühlen, als könne Ihre zu Gunsten Ihres treuen Dieners getroffene letztwillige Verfügung über Ihre Habe durch Ansprüche vereitelt werden, welche an letztere aus noch nicht getilgten Schuldverhältnissen dereinst geltend gemacht werden möchten. Indem es daher mir zur Befriedigung gereicht, diese Sorge durch die Versicherung von Ihnen zu nehmen, dass ich bei Ihrem hoffentlich noch fern gerückten Ableben die Ordnung dieser Angelegenheiten als ein mir werthes Vermächtniss ansehen werde, benutze ich gern diese sich darbietende Gelegenheit, Ihnen hierdurch einen erneuten Beweis meiner Ihnen gewidmeten Theilnahme und Zuneigung zu geben.

Berlin, den 21. März 1857. (gez.) Friedrich Wilhelm."

Ueber den Inhalt des am 10. Mai 1841 gerichtlich niedergelegten Testaments, dem am 20. Sept. 1853 der Zusatz gegeben ward, dass Humboldt „ein Versiegeln nach seinem Tode ganz unnöthig scheine, da die ganze sachliche Habe dem Kammerdiener und dessen Familie verbleibe", unterrichtet uns der auch sonst wichtige Brief Humboldt's an Seifert vom 13. März 1855.[2]

---

[1] Das Weitere übersichtlich bei *Zimmermann*, Humboldtbuch, III, 73 fg.; ausführlicher im „Publicist", 1859, Nr. 25, Beilage.

[2] Ward Januar 1869 im berliner „Fremdenblatt" publicirt.

„Mein theuerer Seifert! Um der Möglichkeit jeder Art von Verleumdung vorzubeugen, womit man Ihren so überaus rechtschaffenen und ehrenwerthen Charakter könnte beflecken wollen, bescheinige ich durch diesen Brief (weil ich nach Gottes Rathschluss, in so hohem Alter, unvermuthet vom Tode könnte überrascht werden), dass ich Ihnen als Besitz für Sie und Ihre Erben, zum Lohne für Ihre mir geleisteten sorgsamen Dienste, die Summe von 2688 Thlr. (als Werth der Decoration des Rothen Adlerordens erster Klasse in Brillanten, und mir mit grosser Liberalität von dem Ministerium des königl. Hauses im Februar 1855 auf meine Bitte ausgezahlt) noch bei meinem Leben und freiem Willen geschenkt habe. Ich wiederhole hiermit, wie ich es schon in meinem bei dem Hausvogtei-Gerichte deponirten Testamente vom 10. Mai 1841 bestimmt habe, dass ich Ihnen und nach Ihrem Tode Ihren Erben alle meine sachliche Habe, als da sind: goldene Medaillen, Chronometer und Uhren, Bücher, Landkarten, Gemälde, Kupferstiche, Sculpturen, Instrumente, Zobelpelz, Wäsche, das wenige Silberzeug, Betten, Möbel, als Eigenthum vermache, mit der freilich für mich schmerzlichen Erinnerung, dass, falls von Sr. Majestät dem Könige, der mich noch in diesen Tagen mit Wohlthaten überschüttet hat, meine an Ihn gerichtete Bitte um ein Geschenk von einigen tausend Thalern zur etwaigen Berichtigung meiner Geldschuld in dem mir fast funfzig Jahre so hülfreichen Hause des Geh. Commerzienraths Al. Mendelssohn nicht gewährt werden könnte, Sie gern dazu beitragen werden, durch Verkauf der „Chalcographie“, die allein über 2500 Thlr. werth ist, meine Geldschuld zu mindern. Bei Ihrer ehrenhaften Gesinnung und Ihrer Achtung für meinen Nachruf werden Sie dies freudig erfüllen. Vielleicht wird es mir bei fortgesetzter nächtlicher Arbeit glücken, meine Geldschuld noch vor dem nahen Hinscheiden ganz zu tilgen. In allen zartern Verhältnissen dieser Art wird Ihnen der wohlthuende Rath meines theuersten Verwandten, des Generals von Hedemann, der Edelmuth des Charakters mit innigster Anhänglichkeit an mich seit einem halben Jahrhundert bewährt hat, nicht fehlen.

Berlin, den 13. März 1855. A. von Humboldt.

An meinen Kammerdiener Hrn. Castellan Seifert in Berlin.“

Den letzten Act des mercantilen Dramas bezeichnet sodann ein gerichtlicher Vertrag vom 25. Nov. 1858, wodurch Humboldt seine ganze Habe mittels Schenkung an Seifert übertrug und sich selber nur deren Niessbrauch bis zu seinem Tode vorbehielt, unter der ausdrücklichen Erklärung, dass er die an seinen Diener geschenkten Sachen fortan nur in dessen Namen besitzen wolle. Ausgeschlossen wurden pietätshalber von der Schenkung: die Cabinetsordres der Könige, das Bild Friedrich Wilhelm's IV. gemalt von Krüger, eine grosse Vase mit den Darstellungen von Sanssouci und Charlottenburg, die Ehrenbürgerbriefe beider Residenzen, die Copleymedaille, die Reisetagebücher und jene für den „Kosmos“ angelegten Collectaneenkasten.

Es ist unsers Amtes wahrlich nicht, mit dem grossen Todten über die Art zu rechten, in der er mit den elenden Aussendingen des Lebens geschaltet; wir haben diese ganze uns abstossende Materie nur deshalb flüchtig berührt, damit der Charakter der für die letzten Jahrzehnte unsers Helden so überaus wichtigen Beziehungen zwischen ihm und seinem Kammerdiener nebst dessen Angehörigen jedem Leser aus unzweideutigen Documenten klar werde. Unleugbar haben wir es hier mit einer patriarchalisch gemüthlichen Auffassung von seiten Humboldt's zu thun; hätte nur nicht das Verhältniss von der andern Seite her einen so entschieden geschäftlichen Beigeschmack! Für das erstere diene noch zum Belege, dass unser Freund einmal den General Hedemann brieflich gebeten hat, er möchte Seifert und den Seinen ein Stück Erde neben Kunth's Ruhestatt im tegeler Parke einräumen. Für das andere spricht noch einmal lebhaft genug ein Briefchen Humboldt's an die Gattin seines Kammerdieners, am 5. April 1859, einen Monat vor seinem Ende geschrieben[1]: „Meine liebe, immer so sorgsam hülfreiche Frau Seifert! Ich beklage, Ihnen nur ein so elend kleines Festgeschenk zu bringen für die reiche, anstrengende Sorgfalt, die Sie bei oft schwankender Gesundheit meiner Pflege geschenkt haben. Ich hoffe bald, durch neuen eigenen Fleiss errungen, 500 Thlr. darbieten zu können. Mit dankbarer Anhänglichkeit in inniger Hochachtung Ihr A. Humboldt.“ Wenn unserm Freunde dann und wann Klagen über die Willkür hinterbracht wurden, mit der Seifert „die Zugbrücke“ für die Besuche handhabte, so hat er wol über die „Sklaverei“ geseufzt, in der man ihn halte; immer bat er jedoch, nur „seinen Hausfrieden nicht zu stören“. Nicht diese Abhängigkeit finden wir beklagenswerth, sie lag in der Natur seines in lauterer Gutmüthigkeit ohne fremde Leitung hülflosen Alters; dass er aber in der edeln Schwäche seines dankbaren Herzens so weit ging, freiwillig seine eigene Schuldknechtschaft zu verbriefen, sich zum eigenthumslosen Arbeiter in seinem Haushalte herabzusetzen, das findet wol auch in der Geschichte alleinstehender Greise kaum noch eine Analogie und muss unser herzlichstes Mitgefühl erwecken.

Mit diesen Leuten — ich denke, im höchsten Sinne also doch recht einsam — hat Humboldt ein Menschenalter hindurch sein Hauswesen getheilt. Aus der Wohnung hinterm Packhofe, in der er einst Gauss beherbergt, „vertrieb ihn“, wie er scherzend sagte[2], König Friedrich Wilhelm IV., als 1841 der Bau des neuen Museums begonnen ward. Nur ein Jahr lang etwa hauste er darauf „hinter der Werder'schen Kirche“, wo es ihm allzu geräuschvoll herging. 1842 zog er in das erste Stockwerk des kleinen Hauses Oranienburgerstrasse Nr. 67, in welchem er gestorben ist. In dieser „sehr gesunden Gegend des sibirischen Stadtviertels“ befand er sich recht wohl; es war eine Aufmerksamkeit der Familie Mendelssohn, mit der Humboldt bis an sein Ende auch als allwöchentlicher Tischgast in freundlichstem Ver-

---

[1] Uns durch die Familie Seifert mitgetheilt.

[2] Briefwechsel mit Berghaus, III, 335.

kehr stand, dass sie 1844 das Häuschen ankaufte, um ihm eine fernere Steigerung der Miethe und vor allem weitere Umzüge zu ersparen, deren „Greuel" er bei den Wanderungen des Hofes im kleinen schon über Gebühr häufig durchzumachen hatte. Ueber das Innere dieser seiner letzten Wohnung ist zu Taylor's Berichte nur weniges nachzutragen. Der Fremde nahm den Aufgang vorn über die Haupttreppe, der Vertraute über den Hof, bei Seifert's Räumen vorüber. Durch das kleine Naturaliencabinet und die Bibliothek gelangte man entweder in den einfachen Empfangssalon nach der Strasse zu, oder in das rückwärts gelegene, noch schlichtere Arbeitszimmer. Zu der Weltkarte von Berghaus und dem Bildnisse des Columbus, die man auf der Hildebrandt'schen Skizze des letztern erblickt, waren in den letzten Jahren noch zwei Porträts von der Hand der Frau Gaggiotti hinzugekommen, das eine sie selbst, das andere Eduard Hildebrandt darstellend. Sonst fielen an Kunstwerken dem Besucher in die Augen das Bild Friedrich Wilhelm's IV. von Krüger, Humboldt's grosse Marmorbüste von David d'Angers und die merkwürdige Büste Heinrich's des Seefahrers in der Bibliothek, ein Geschenk Ludwig Philipp's. Unter den Prachtwerken auf den Schautischen des Bibliothekzimmers nahm eine andere Gabe desselben Monarchen den ersten Platz ein, die kostbare „Chalcographie du Musée Royal". Die eigentliche Büchersammlung selber war nicht so werthvoll als man erwarten möchte[1], da Humboldt sie erst seit seiner Uebersiedelung nach Berlin neu begründet hatte; er kaufte Bücher selten und ungern, manche verschenkte, einige veräusserte er, die Einsendungen der Verehrer oder der Verleger blieben oft unvollständig. Individuelles Interesse verliehen der Bibliothek die panegyrischen Dedicationen der Donatoren und mehr noch die pikanten Randglossen, mit denen Humboldt viele Schriften, besonders auch seine eigenen, die er übrigens nicht vollständig besass, ver-

---

[1] Vgl. *J. Löwenberg*, Die Bibliothek A. von Humboldt's, im „Salon", 1869, Bd. IV, Heft 11.

brämt hatte. Die Bibliothek ward, nachdem sich die Unterhandlungen zerschlagen, die im Namen des Prinzregenten mit dem Erben über ihren Ankauf geführt worden[1], das Opfer buchhändlerischer Speculation und ging in England grösstentheils durch Brandschaden verloren.

Humboldt ertheilte seine Audienzen stets im „kosmopolitischen“ Frack, die starke weisse Halsbinde stützte das sinkende Haupt. Er ging im höhern Alter wenig zu Fusse, aber im Stehen bewährte der geübte Hofmann noch in den Achtzigen tapfere Ausdauer. „Tropische“ Wärme, immer an 20° Réaumur, war ihm in seinen Zimmern Bedürfniss. Von frühen Jahren an hatte er — nach der Gewohnheit milderer Breiten — einen grossen Theil der Nacht zum Tage geschlagen; dann, „wenn die störenden Potenzen der Feinde schlummerten“, arbeitete er in der Heimat am liebsten; zuletzt schlief er nur wenige Morgenstunden. Er ass stark und scheute den Wein nicht, ohne doch je sein Mass zu überschreiten. Mund, Wangen und Kinn waren, auch wie die untere Partie der Nase, kräftig und fast unschön gebildet, doch verlieh ihnen ein lächelnder Zug schalkhafter Gutmüthigkeit selbst in der wächsernen Vergilbung des Greisenantlitzes noch ansprechendes Leben. Dazu überschien sie der muntere Blick der kleinen Augen, überragte sie der edle geistvolle Stirnbau unter dichtem weissem Haarwuchse. Humboldt's wohlgeformte Mittelgestalt erschien zuletzt bis zur Kleinheit vornübergebückt. Keine anlockende Aufgabe für die bildende Kunst, aber Malerei und Plastik haben sich überaus oft an ihr versucht. In den mittlern Jahren hat ihn Gérard öfters gemalt. Unter den zahlreichen Bildern des Greises sind die vielverbreiteten von Karl Begas (für die Galerie der Pour-le-mérite-Ritter) und von Eduard Hildebrandt sowie das von Frau Gaggiotti und das im Jahre 1859 von Julius Schrader gefertigte die trefflichsten; sie sind sämmtlich für den letzten der unserer Biographie beigegebenen Stiche, welchem die Hildebrandt'sche Auffassung zu Grunde

[1] Aus Briefen der Seiferts an Dr. Henry Lange.

iegt, zu Rathe gezogen worden. Der zweite, vor diesem Bande befindliche Stich zeigt mit den Gérard'schen Bildern verglichen auffallend ernsten Ausdruck, eine bei Selbstporträts häufige Erscheinung. Der erste, jugendliche hat trotz der Unschönheit der untern Gesichtshälfte eine geradezu überzeugende Wahrheit. Von den Büsten ist die zweite von Rauch's Hand, aus dem Jahre 1851, die treueste, wenn auch nicht von Nüchternheit freizusprechen, auf ihrem Typus beruhen die marktgängigen Nachbildungen; die imposanteste stammt von Gustav Bläser, die kostbarste, schon erwähnte, von David d'Angers.

Wie oft hat nicht unser Freund die „wunderbare Erhaltung" seiner Gesundheit gerühmt! Die häufigen Grippeanfälle der letzten Jahrzehnte waren lästig, aber ungefährlich. Gerade dann, wenn er geduldig im Bette lag, bewunderten die Freunde am meisten seine gleichmässig heitere Liebenswürdigkeit. Die höchsten Jahre über plagte ihn vielfach ein seniler Hautausschlag, „eine Milchstrasse von juckenden Hirsekörnern", wie er scherzend klagt. An Schönlein, seinem Hausarzte, weiss er Geist und Talent nicht genug zu rühmen. Der Schlaganfall vom 24. Febr. 1857 ging noch als „Wetterleuchten" an ihm vorüber. Im Winter 1858 aber ward er sichtlich schwächer; seit dem 21. April 1859 durfte er das Bett nicht mehr verlassen, vom 3. Mai an meldeten tägliche Bulletins der Aerzte das rasche Schwinden seiner Kräfte. Der Geist blieb klar bis ans Ende, die Sprache ermattete allmählich, am letzten Tage blickte er nur noch zuweilen still forschend im Zimmer umher. Am 6. Mai, um halb drei Uhr nachmittags, ist er sanft entschlummert. Die Tochter und der Schwiegersohn Wilhelm's waren um ihn, wie er selber die Todesstunde des Bruders behütet hatte. Auf seinem Arbeitstische will man drei Zettel gefunden haben, gleichlautend beschrieben mit Worten, die an den Bibelvers[1] anklingen: „Also ward vollendet Himmel und Erde mit ihrem ganzen Heer."

[1] 2. Mose 2, 1. — Nach Erzählung aus Seifert's Munde lauteten die Worte: „Hier ward vollendet Himmel und Erde und sein ganzes Haus."

Es ist wol eins jener zufälligen Epigramme, die der Tod selber mit in die Sterbekammer der Grossen bringt. Der „Kosmos“ blieb dennoch unvollendet; wie langsam er auch herabgedämmert war, unverhofft war doch zuletzt in den „späten Abend dieses vielbewegten Lebens“ die Nacht hereingebrochen, die ernste Nacht, da niemand wirken kann.

Im Bibliothekzimmer, von Blumen und lebendigem Grün umgeben, stand der wohlerhaltene Leichnam zur Schau. Der Hof kam herbei, die Bevölkerung drängte sich um einen Abschiedsblick. Am 10. Mai früh ward der Sarg in feierlichem Zuge durch die Friedrichsstrasse und die Linden nach dem Dome geführt. Es war nächst dem Märzbegängnisse der grösste Trauerzug unkriegerischen Ansehens, den Berlin erlebt hat. Staat und Gesellschaft erschienen im Gewande friedlicher Cultur. Doch waren von der Geistlichkeit ausser dem Redner nur sieben freisinnige Männer gefolgt, die Schule Schleiermacher's. Gesang und Glockenton begrüsste den Todten, entblössten Hauptes empfing ihn an der Domthür der Regent. Der Generalsuperintendent Hoffmann pries nach den Worten des Paulus die ewige Liebe gegenüber dem Stückwerk menschlichen Wissens. In der Nacht ward die Leiche nach Schloss Tegel gebracht, dessen Gastfreundschaft der Verstorbene noch in den letzten Sommern so häufig Sonntags als Tischgenoss seiner Nichte erfahren. So würdig die Haltung der Berliner am Tage gewesen war, jetzt brach der wahnsinnige Muthwille des Pöbels los, der Gesang andächtiger Begleiter ward durch Geschrei und Unfug elender Strolche wüst übertäubt. Ein Vorgang, wie er nur in Berlin möglich ist; es war, als wollte sich die übermüthige Stadt an dem feindseligen Spotte ihres grössten Sohnes rächen, der doch gerade darin seine Abkunft von ihr klärlich bewährt hatte. Das Begräbniss am Morgen des 11. war still und ländlich. Durch den Lindengang am Ufer des Sees hin ging die letzte kurze Reise des Weitgewanderten, eine Heimfahrt an die Seite seines grossen Bruders, in den Kreis der Seinen, die dort umschränkt von dunkeln Fichten versammelt ruhen, ein Todtenfeld von antiker Würde, auf das von schlanker jonischer Säule das schöne Ideal der Hoffnung gefasst, ja heiter herabblickt.

„Ueber das, was die Menschen geglaubt und nicht geglaubt haben“, hatte Alexander von Humboldt am 30. Nov. 1856 an Varnhagen geschrieben[1], „pflegt man gewöhnlich erst nach dem Tode (wenn man officiell von Sydow begraben und besprochen worden ist) zu streiten.“ Auch über unsern Freund konnte solch ein Streit nicht ausbleiben, um so weniger, je mehr er selbst über die letzten Fragen des Glaubens, wie schon Hoffmann in der Weiherede richtig hervorhob, eine „fast schüchterne Schweigsamkeit“ beobachtet hat. Eben das nun ist das Charakteristische an Humboldt's Glauben selbst, dass er die Bescheidenheit der Wissenschaft in ihn hinübertrug, dem Unerkennbaren gegenüber auf bestimmte Hypothesen zu verzichten. Sein gemüthvoller Pantheismus oder Naturalismus, wie man's nennen will, ist von dem anderer vornehmer Geister unter seinen Volks- und Zeitgenossen höchstens dadurch unterschieden, dass er davon abstand, ihn auch nur für sich in Gedanken irgend systematisch zu formuliren. Kantische Warnung, realistische Neigung und Beschäftigung, vor allem aber die eingeborene Behutsamkeit seines Denkens haben ihn dabei geleitet. Was er gewissermassen vor sich selber barg, danach sein Grab zu durchwühlen überlassen wir den Hyänen der Rechtgläubigkeit.

Trotz des Kriegsgeschreis, das die Welt durchtobte, rief die Kunde von Humboldt's Hingange die Theilnahme der gesammten civilisirten Menschheit wach. Wir zählen nicht auf, welche Gedächtnissreden ihm in allen Cultursprachen gehalten, wieviel Denkmale ihm errichtet oder beschlossen worden, wie oft man seinen Namen an Oertlichkeiten des äussern Raumes geheftet, oder Gründungen und Stiftungen zum Dienste des Geistes an ihn geknüpft hat. Noch minder gehört es in den Kreis dieser Lebensbeschreibung, dem begeisterten Jubel der Säcularfeier vom 14. Sept. 1869 zu folgen, wie er mit dem fortschreitenden

---

[1] Briefe an Varnhagen, Nr. 188.

Sonnenlichte rund um den Erdball zog. Wohl aber gilt es den Versuch, das Gewölk des Ruhmes, das den mächtigen Gipfel dieses hohen Lebens noch verschleiernd umlagert, soweit es in unsern Kräften steht, mit historischem Urtheile zu lüften, auf dass der dauernde Niederschlag jenes Gewölks, der Nachruhm, der wie ewiger Schnee gleichsam die Häupter hervorragender Menschen umschimmert, in unvergänglichem Glanze zu Tage trete. Für frühvollendete Heroen, ja selbst wenn sie ihr Leben auf mehr als mittlere Jahre gebracht haben, pflegt doch bei der hundertjährigen Wiederkehr ihres Geburtstages schon eine Nachwelt mit unverblendeten Blicken vorhanden zu sein; unserm Helden aber ist auch sein Säcularfest noch fast durchaus von seiner Mitwelt begangen worden, ihm sind daher Ruhm und Nachruhm noch bis heute ungeschieden geblieben. Ihre Scheidung anzubahnen, ist das Gesammtziel dieser genossenschaftlichen Biographie, doch wird ein deutlicher Hinweis auf dasselbe gerade an dieser Stelle niemand befremdlich erscheinen.

Für die überschwengliche Meinung, welche die Zeitgenossen von Humboldt's Grösse hegten, braucht man keineswegs an das Zungenreden des Enthusiasmus vom 14. Sept. 1869 zu erinnern[1], eindringlicher noch sprechen die folgenden einfachen Thatsachen. Jakob Grimm schloss am 29. Mai 1862 den merkwürdigen Brief[2], in dem er jede Möglichkeit einer angemessenen Zusammenstellung der Statuen Lessing's, Goethe's und Schiller's leugnete, mit den lapidaren Worten: „Neben Goethe stehen könnte einer

[1] Besonders interessant die Festberichte von Mexico (Boletin de geografia y estadistica dedicado a la memoria del ilustre Alejandro de Humboldt; eigenes Heft, Mexico 1869) und Carácas (Vargasia, bol. de la sociedad de ciencias fisicas y naturales de Carácas, 1869, Nr. 6) wegen ihrer glühenden Sprache. In einem Artikel der „Opinion Nacional" von Carácas vom 14. Sept. bezeichnet Vicente Coronado Humboldt als: „el sabio que mas se ha acercado á la Divinidad por el poder, el carácter y la estension de su intelligencia."

[2] *H. Grimm,* Zur Begründung des in der Sitzung des Goethecomités eingebrachten Antrags (Berlin 1862), S. 11.

nur, Humboldt". Und Kaulbach lässt in seinen Wandgemälden im Treppenhause des berliner Museums die Germania, welche der Isis, Aphrodite und Roma gegenüber die moderne Cultur symbolisch darstellt, in einem Buche lesen, das die Aufschrift „Kosmos" trägt. Niemand dürfte etwa bei Grimm's Ausspruch an Wilhelm von Humboldt denken, dessen wahrhaft schöpferische Verdienste dem grossen Germanisten doch so viel näher und deutlicher vor Augen lagen; nein, schon das ist eine seltsame, zum Nachsinnen reizende Erscheinung, dass der Ruhm des jüngern Bruders — ganz wider dessen Willen — den des ältern dermassen überflügelt hat, dass, wo heute von Humboldt schlechthin die Rede ist, stets Alexander gemeint wird. Naturforscher nun freilich, solche wenigstens von dem geistigen Range eines Grimm oder Kaulbach, würden weder jemals unsern Helden dem ersten Dichter der jüngsten Jahrhunderte, einem der vollkommensten Genien aller Zeiten, an die Seite zu stellen wagen, noch würden sie gar das Werk seines alternden Fleisses, den „Kosmos", zum monumentalen Emblem der rastlos vordringenden modernen Forschung erhoben wissen wollen. Die eigentlichen Fortschritte, die unser wissenschaftliches Erkennen Humboldt direct verdankt, — der kritischgelehrte Theil dieser Biographie wird es zeigen — sie lassen sich ohne Mühe zählen und messen. Wie übertrieben bescheiden auch das Selbsturtheil sein mag, das er einst in trüber Stimmung aussprach[1]: „Ich weiss, dass ich nur eine schwache Spur in der Wissenschaft hinterlassen werde", jedenfalls ist diese Spur weder so tief noch so vereinzelt in die vielbefahrenen Wege der Gedankenarbeit seines Jahrhunderts eingegraben, dass man diese stattlichen Strassen weitführender Forschung ausschliesslich oder auch nur vorzugsweise auf seinen Namen taufen dürfte. Auch die Anregungen, die allerdings in weit imposanterer Anzahl und Stärke von ihm ausgegangen sind, die indirecte Förderung also, welche ihm die Wissenschaft verdankt, würden an sich den wahrhaft einzigen

---

[1] *H. W. Dove*, Gedächtnissrede, S. 13.

Glanz seines Namens nicht rechtfertigen. Es steht zu erwarten, dass eine solche besonnene Einsicht in den Werth seiner Leistungen, die noch heute beinahe einzig Sondereigenthum der Fachkenner ist, dereinst auch dem Laienverstande der Nachwelt einleuchten werde.

Aber es gibt mancherlei Ruhmestitel auch in der Welt der Erkenntniss, der „eigentlichen Geisterwelt", wie Humboldt sie nannte; wie die ganze Natur von der tiefsinnigen Speculation Spinoza's trotz ihrer Einheit, die niemand kräftiger betont hat als er, in eine natura „naturans" und eine „naturata" zerlegt ward, so scheiden wir auch im Naturschauspiele menschlicher Begabung active und passive Genialität voneinander. Die Träger der erstern dienen durch ihre schöpferische Thätigkeit ihrer eigenen Zeit wie allen nachfolgenden zum Vorbilde, die der letztern sammeln in aufnehmender Seele das geistige Licht ihrer Gegenwart, und bieten so der Zukunft wenigstens ein Abbild dar, aus dem sie betrachtend Genuss und Lehre zugleich gewinnen mag. Empfänglichkeit, zur Reproductivität gesteigert, wird so in ihnen zu historischer Repräsentation ihres Zeitalters, und je lebendiger bei vielgetheilter Culturarbeit das Bedürfniss dieses Zeitalters nach ideeller Vereinigung seiner auseinanderstrahlenden Bestrebungen ist, um so dankbarer wird es sich schon bei dessen Lebzeiten dem Vertreter seiner intellectuellen Anschauungen und Interessen bezeigen. Gerade die Naturwissenschaften nun haben, vornehmlich durch ihre polytechnischen Wirkungen, in unserm Jahrhundert eine durchaus internationale, zu humaner Gleichförmigkeit auswachsende Erdcultur hervorgerufen; kein Wunder daher, dass der Ruhm Alexander von Humboldt's auf viel breiterer Basis emporstieg, als der seiner polyhistorischen Vorgänger in frühern Perioden menschlicher Entwickelung. Wie die politischen Gestaltungen der Neuzeit haben auch die culturgeschichtlichen unvergleichlich weitere Dimensionen angenommen; die ganze civilisirte Zeitgenossenschaft sah so in unserm Helden gleichsam ihren Abgeordneten und dankte ihm, als sein Mandat in spätem Tode friedlich erloschen war, für die treue Erfüllung desselben, für die unermüdliche Wahrnehmung ihrer theoretischen und praktischen Neigungen und Wünsche mit jener stürmischen Begeisterung, die dem Massendanke eigen zu sein pflegt.

Dass sie dabei auch seine sittliche Persönlichkeit in überheller Verklärung erblickte, kann nicht befremden. Gleichwol dürfen wir uns nicht länger scheuen auszusprechen, dass Alexander von Humboldt zu den männlichen Seelen erster Grösse nicht gehört hat. Ein merkwürdiger Zwiespalt geht durch sein moralisches Wesen: mit der grossartigen Reinheit echt humaner Weltansicht und genereller Lebensweisheit contrastirt in herber Weise die durch tausend enge Rücksichten und kleinliche Berechnungen getrübte Auffassung der Alltagsaufgaben des socialen Daseins. Wie in der Composition seines „Kosmos“ der ästhetische Universalismus oft ohne ernstliche Vermittelung über dem spröden Detail der Specialforschung schwebt, so gebrach es Humboldt auch im Leben an stetiger Ableitung seiner Einzelhandlungen aus den idealen Grundsätzen seines ethischen Bewusstseins. Auch in seinem sittlichen Urtheile stossen abstracter Optimismus und pessimistischer Skepticismus im Concreten hart zusammen. Jener vermochte ihn, jeden ohne Ansehen der Person — gleichsam in seiner allgemeinen Eigenschaft als Mitglied der Menschheit — ins Angesicht schmeichelnd zu loben; diesem entquoll die spöttische Ueberkritik, die er so gern in jedem einzelnen Falle gegen dieselben Mitmenschen und „Freunde“ hinterrücks spielen liess. Nur freilich trat, während die dunkeln Linien dieser Lust am Negiren rasch wieder verschwanden, sobald der Stoff, der sie hervorrief, aufgezehrt war, das continuirliche Bild seiner positiven Gesammtanschauung immer wieder heiter und erfreulich hervor.

Auch moralische Entwickelung wird man in Alexander von Humboldt kaum wahrnehmen; dieselben Eigenschaften, edle wie geringe, begleiten ihn durch die lange Dauer seines „vielbewegten Lebens“. Rastloser Fleiss und unruhige Eitelkeit, durch scharf accentuirte Demuth nur noch mehr hervorgehoben, gutmüthige Dienstbereitschaft und ausweichende Schüchternheit, naive Offenheit und unwahre Schönrednerei, ernste Hingabe und flatternde Ironie: soweit unsere Zeugnisse reichen, finden sich diese Elemente immerdar gleichmässig in ihm verbunden. So war er, so ist er geblieben; wir berichten, aber wir richten nicht. Für die Aufgabe, die der Geist der Geschichte diesem Werkzeuge seiner Arbeit bestimmt hatte, musste es gerade so beschaffen sein; energisch herausspringende Ecken und Kanten männlichen Charakters durfte der Universalvermittler moderner Geistesbildung nicht an sich tragen; wie ein Linsenglas, das zur Strahlensammlung geschliffen wird, musste seine allseitige Natur zu glatter Rundung zugekrümmt erscheinen. Was er an Individualität verlor, gewann er an darstellender Bedeutung. Wie man von einem homerischen Zeitalter spricht, ohne dabei das scheinbar subjective Beiwort anders als objectiv zu fassen, mit der nämlichen Einschränkung wird auch die künftige Culturgeschichte reden dürfen von einem Jahrhundert Alexander von Humboldt's.

V.

Alexander von Humboldt.

Bibliographische Uebersicht

seiner

Werke, Schriften und zerstreuten Abhandlungen.

Von

Julius Löwenberg.

Citius emergit veritas ex errore quam ex confusione.

Baco.

Die literarische Thätigkeit Alexander von Humboldt's umfasst einen Zeitraum von vollen 70 Jahren. Diese lange Zeitdauer sowie die Mannichfaltigkeit seiner Arbeiten nach Inhalt, Form, Erscheinungsweise liessen es uns als zweckmässig erachten, dieselben in folgende Abschnitte zu gruppiren:

1. Kleinere Abhandlungen und grössere Schriften aus der Jugendzeit bis zur Reise nach Amerika (1789—1799).
2. Briefe und kleinere Abhandlungen aus der Zeit während der Reise in Amerika (1799—1804).
3. Das amerikanische Reisewerk.
   a. Grosse Ausgabe in Folio und Quart. — b. Octavausgaben einzelner Werke. — c. Vereinzelte zur amerikanischen Reise gehörige Schriften und Abhandlungen. — d. Fremde Hülfsarbeiten.
4. Spätere selbständige Werke und Schriften.
5. Zerstreute Abhandlungen und Artikel, nach Disciplinen geordnet.
   a. Astronomie und Mathematik. — b. Physik und Magnetismus. — c. Meteorologie und Klimatologie. — d. Geognosie und Metallurgie. — e. Geographie und Statistik. — f. Botanik. — g. Zoologie und Physiologie. — h. Varia.
6. Einzelne Artikel in akademischen Abhandlungen und wissenschaftlichen Zeitschriften:
   in deutschen: a. Abhandlungen der berliner Akademie der Wissenschaften. — b. *Berghaus*' Annalen der Erd-, Völker- und Staatenkunde. — c. *Berghaus*' Hertha. — d. *Gilbert's* Annalen der Physik und Chemie. — e. *von Leonhard's* Mineralogisches Taschenbuch. — f. *von Leonhard's* und *Bronn's* Jahrbuch für Mineralogie, Geognosie und Petrefactenkunde. — g. *Poggendorff's* Annalen der Physik und Chemie. — h. *von Zach's* Monatliche Correspondenzen;
   in französischen: a. Académie des sciences. — b. Annales de Chimie. — c. Annales de Chimie et de Physique. — d. Annales

et Nouvelles annales des voyages. — e. Annales des sciences naturelles. — f. Bulletin de la Société de géographie. — g. Connaissance des temps. — h. Magasin encyclopédique. — i. Mémoires de Physique et de Chimie de la Société d'Arcueil.
7. Nach Humboldt's Tode veröffentlichte Briefe und Briefwechsel.
8. Nouvelle édition in-octavo des Oeuvres d'Alexandre de Humboldt.

1.

Kleinere Abhandlungen und grössere Schriften aus der Jugendzeit bis zur Reise nach Amerika. (1789—1799.)

1789.

1. Sur le Bohon-Upas par un jeune Gentilhomme. Lettre à Mr. Le Bauld de Nans. [Gazette littér. de Berlin, Nr. 1270 et 1271 du 5 et 12 Janvier.]

Ist eine Uebersetzung von *Thunberg's* Abhandlung: „De arbore Macassariensi". Humboldt bekennt sich als Verfasser des Artikels in *Crell's* Chem. Annalen, 1795, II. 206, Anm., in seinen „Unterirdische Gasarten", S. 376 Anm., „Versuche über die gereizte Muskel- und Nervenfaser", II, 141 Anm. — Vgl. unser Werk, I, 68.

1790.

2. Observatio critica de Elymi Hystricis charactere. [Magazin für Botanik, 7 St., S. 36; 9 St., S. 32.]
3. Abhandlung vom Wasser im Basalte. [*Crell*, Chemische Annalen, I, 414—418.]
4. Ueber die metallischen Streifen im unkler Basalte. [*Crell*, Chemische Annalen, II, 525—26.]
5. Mineralogische Beobachtungen über einige Basalte am Rhein. Braunschweig, Vieweg. 8.

Ist nicht, wie bisher angeführt wurde, nach, sondern schon vor der Reise mit G. Forster erschienen. Vgl. unser Werk, I, 92.
Inhalt: I. Zerstreute Bemerkungen über den Basalt der ältern und neuern Schriftsteller, S. 1; Etwas über den Syenit der Alten, S. 38; Ueber den Basalt des Plinius und den Säulenstein des Strabo, S. 41; Ueber den λίθος ἡρακλεία der Alten, S. 68. — II. Mineralogische Beobachtungen über einige Basalte am Rhein, S. 77.

Vgl. Göttinger Gelehrte Anzeigen (1790), St. 135, S. 1355; Hamburger Correspondent vom 23. Sept. 1790.

1791.

6. Ueber den Syenit oder Pyrocilus der Alten. Eine mineralogische Berichtigung. [*Rau*, Neue Entdeckungen, I, 134—38.]

1792.

7. Ueber ein von Freyesleben in einer im Basalt enthaltenen Masse gefundenes Petrefact — und Etwas über die Farbentheorie der Alten. [*Crell*, Chem. Annalen, I, 70—73.]
8. Replik an Hrn. von Beroldingen über das Vorkommen des Wassers im Basalte. [*Köhler* und *Hoffmann*, Bergm. Journ., 1792, I, 184.]
9. Versuch über einige chemische. und physikalische Grundsätze der Salzwerkkunde. [*Köhler* und *Hoffmann*, Bergm. Journal, 1792, I, 1—45; 97—141.]
10. Sur la couleur verte des végétaux qui ne sont pas exposés à la lumière. Lettre à M. Delamétbrie. [Journ. de Physique, XL, 154—55.]
11. Versuche und Beobachtungen über die grüne Farbe unterirdischer Vegetabilien. [*Gren*, Journ. der Physik, V, 195—204.]
12. Neue Beobachtungen über die grüne Farbe unterirdischer Vegetabilien. [*Crell*, Chem. Annalen, 1792, I, 254.]
13. Entwurf zu einer Tafel für die wärmeleitende Kraft der Körper. [*Crell*, Chem. Annalen, 1792, I, 413—22.]
14. Ueber die Voyage minéralogique, philos. et hist. en Toscane, par le Dr. *Jean Targioni Tozetti* — und *Berthollet's* Art de la teinture etc. [*Köhler* und *Hoffmann*, Bergm. Journal, 1792, I, 547.]
15. Ueber eine zwiefache Prolification der Cardamine pratensis. [*Usteri*, Annalen der Botanik, III, 5—7.]
16. Beobachtungen über die Staubfäden der Parnassia palustris. [*Usteri*, Annalen der Botanik, III, 7—9.]
17. Plantae subterraneae (Fribergenses) descriptae. [*Usteri*, Annalen der Botanik, III, 53—58.]
18. Einige Beobachtungen über das Fichtelgebirge. [*Köhler* und *Hoffmann*, Bergm. Journal, 1792, II, 74.]

1793.

19. Florae Fribergensis specimen, plantas cryptogamicas praesertim subterraneas exhibens. (S. 1—132.) Accedunt:
20. Aphorismi ex doctrina physiologiae chemicae plantarum. (S. 133—82.)
21. Synonyma Lichenum castigata, tabula affinitatum phytologicarum. (S. 183—85.) c. 4 tab. Berolini, Rottmann. 4. 2½ Thlr.

Vgl. Recension der Aphorismen, Jen. allgem. Literaturztg., 1793, Nr. 250; Hist. de l'Acad. roy. des sciences et de belles lettres de Berlin, 1794, S. 11—26.

Daraus deutsch:

1794.

22. Aphorismen aus der chemischen Physiologie der Pflanzen. Aus dem Lateinischen von *Gotth. Fischer*, nebst einigen Zusätzen von *Joh. Hedwig* und einer Vorrede von *Chr. Fr. Ludwig*. Leipzig, Voss. 8. XX, 206 S. ¾ Thlr.

Rec. Jen. allgem. Literaturztg., 1796, Nr. 10, S. 76.

23. Auszug aus den Aphorismen u. s. w. [*Gehler*, Phys. Wörterbuch, V, 692].
[„Hr. *Gehler* hat mich misverstanden, wenn er ankündigt, ich hätte meine ältere Theorie über die Vegetation verlassen.“ *A. von Humboldt*, Versuche über die gereizte Muskel- und Nervenfaser, II, 178.]

1795.

24. Die Lebenskraft oder der rhodische Genius. [*Schiller's* Horen 1795; wieder abgedruckt in der 2. und 3. Ausgabe der „Ansichten der Natur“.]
Vgl. zur Erklärung: „Versuche über die gereizte Muskel- und Nervenfaser u. s. w.“, II, 432. — *Wilhelm von Humboldt*, Briefe an eine Freundin, II, 39.
25. Ueber die gereizte Muskelfaser. Briefe an Blumenbach vom Juni 1795. [*Gren*, Neues Journal der Physik vom 26. Aug. 1795, II, 115—29 und 471—73.]
26. Etwas über die lebendige Muskelfaser als anthrakoskopische Substanz. Ein Brief an den Herausgeber. [*Crell*, Chemische Annalen, II, 3.]
27. Ueber die Grubenwetter und die Verbreitung des Kohlenstoffs in geognostischer Hinsicht. Ein Brief an Lampadius. [*Crell*, Chemische Annalen, II, 108.]

1796.

28. Neue Versuche über den Metallreiz, besonders in Hinsicht auf die verschiedenartige Empfänglichkeit in thierischen Organen. Brief an Blumenbach vom December 1795. [*Gren*, Neues Journal, III, 165—84.] Hieraus:
29. Extrait d'une lettre de M. Humboldt à M. Blumenbach: Nouvelles expériences sur l'irritation causée par les métaux, relativement à l'impression différente que les animaux en reçoivent, lue à la Ire classe de l'Institut National le 11 Févr. par Guyton. [Annal. de Chim., par Guyton. Annal. de Chim., XXII, 51—63. — *Nicholson*, Journ., 1797, I, 256—60.]
30. Sur l'influence de l'acide muriatique oxygéné et sur l'irritabilité de la fibre organisée, lue à l'Institut National. Lettre à M. Pictet, Prof. à Genève, du 24 Jan. [*Millin*, Magasin encyclopéd., VI, 462—67.]
31. Irrespirable Gasarten. Ueber die einfache Vorrichtung, durch welche sich Menschen stundenlang in irrespirablen Gasarten ohne Nachtheil der Gesundheit und mit brennenden Lichtern aufhalten können; oder vorläufige Anzeige einer Rettungsflasche und eines Lichterhalters. Ein Schreiben an Hrn. von Trebra. [*Crell*, Chemische Annalen, II, 99—110; 196—210.]
32. Von einem in Deutschland entdeckten Magnetberge. [Intelligenzblatt zur Jen. allgem. Literaturztg., Nr. 169.]

1797.

33. Ueber die merkwürdige magnetische Polarität einer Gebirgsgruppe von Serpentinstein. Ein Brief an den Herausgeber. [*Gren*, Neues Journal, IV, 136—40.]

34. Ueber den polarisirenden Serpentinstein. [*Crell,* Chemische Annalen, I, 99—104. — Intelligenzblatt zur Jen. allgem. Literaturztg., Nr. 38, S. 323; Nr. 68, S. 564—68; Nr. 87, S. 722.]
35. Von einem reinen, äusserst magnetischen Serpentinstein. [*Voigt*, Magazin, XI, 3. St., S. 28—31.]
36. Nachricht von einer durch Hrn. Oberbergrath *von Humboldt* entdeckten magnetischen Gebirgsmasse. [Neues bergm. Journal, I, 257.]
37. Sammlung einiger Actenstücke, die vom Hrn. Oberbergrath *von Humboldt* entdeckte polarisirende Gebirgsart betreffend. [Neues bergm. Journal, I, 542—61.]

    1) Zweite Erklärung des Hrn. Oberbergraths *von Humboldt*. [Aus dem Intelligenzblatt der Jen. allg. Literaturztg., 1797, Nr. 38.] — 2) Bemerkungen von Hrn. Bergrath *Charpentier*. — 3) Dritte Erklärung des Hrn. Oberbergraths *von Humboldt*. [Aus d. Intelligenzblatt der Jen. allg. Literaturztg., 1797, Nr. 68.] — 4) Vierte Erklärung des Hrn. Oberbergraths *von Humboldt*. [Aus d. Intelligenzblatt der Jen. allg. Literaturztg., 1797, Nr. 87.] — [Humboldt an Freiesleben: „Es ist doch gut, so eine Bombe unter die Menschen zu werfen, die sie anreizt zu arbeiten.“ Vgl. I, 181.]

38. Sur une serpentine verte, qui possède à un haut degré la polarité magnétique. Lettre à M. van Mons du 2 Nov. 1796, traduite de l'Allemand par Halma. [Annales de Chim., XXII, 47—50. — Nouv. Journ. de Physique, II, 314—20.]
39. On the magnetic polarity of a mountain of Serpentine, transl. from the French. [*Nicholson*, Journ. I, 97—101.]
40. Erleichterung des menschlichen Aufenthalts in bösen Grubenwettern. [Intelligenzbl. z. Jen. allg. Literaturztg., Nr. 29, S. 246—48. — Reichsanzeiger, Nr. 58, S. 614. — Nach einer Mittheilung des Dr. *Buchholz* in der Akademie zu Erfurt: Deutsche Nationalzeitung, Nr. 12, S. 269. — *von Moll*, Jahrbücher der Berg- und Hüttenkunde, II, 193—233.]
41. Expériences sur la germination des plantes. [Annal. de Chim., XXIV, 173.]
42. Sur le procédé chimique de la vitalité. Lettre à M. van Mons, Bayreuth, 29. Dec. 1796. [Annal. de Chim., XXII, 64—76]. — Deutsch:
43. Ueber den chemischen Process der Vitalität. [*Gren*, Neues Journ., IV, 171—179.]
44. Ueber Muskel- und Nervenreiz. Brief an Dr. Marc. Herz. [Salzburger medicin.-chirurg. Zeitung, 1797, IV, 375.]
45. Versuche über die gereizte Muskel- und Nervenfaser, nebst Vermuthungen über den chemischen Process des Lebens in der Thier- und Pflanzenwelt. 2 Thle. Berlin u. Posen, Rottmann. 8. 4⅔ Thlr. Französisch:
46. Expériences sur le Galvanisme, et en général sur l'irritation des fibres musculaires et nerveuses; trad. de l'allem. par Gruvel avec des additions par *F. N. Jadelot*. Avec pl. Paris, Fuchs, 1799. 8. 6 Frs. Spanisch:
47. Esperiencias acerca del galvanismo, y en general sobre la irritacion de las fibras musculares y nerviosas. Traducido del aleman al frances y publicado con algunas adiciones por *J. F. N. Jadelot*, y en

castellano por D. A. D. L. M. 2 Tomos, con 8 láminas. Madrid, Imprenta de la administracion del real arbitrio de beneficiencia 1803. 4. 24 Reales.

48. Sur l'application prématurée de quelques découvertes chimiques à la médecine. Lettre au C. Fourcroy. [Annal. de Chim., XXVII, 62 - 71.]

1798.

49. Versuche zur Erleichterung des menschlichen Aufenthalts in bösen Grubenwettern. Nach von Humboldt's Papieren bearbeitet von *von Moll*. [*von Moll*, Jahrb. d. Berg- u. Hüttenkunde, II, 193—233.]

50. Versuche über das Salpetergas und seine Verbindung mit dem Sauerstoff. [*Gilbert's* Annalen, III, 85.] — Französisch:

51. Expériences sur le gaz nitreux et ses combinaisons avec l'oxigène. [Annal. de Chim., XXVIII, 123 – 180.]

52. Sur la combinaison ternaire du phosphore, de l'azote et de l'oxigène, ou sur l'existence des phosphores d'azote oxidés. Gelesen am 1. Juli 1798 im Nationalinstitut. [Annal. de Chim., XXVII, Nr. 80, S. 141 – 61.] — Deutsch:

53. Ueber die dreifache Verbindung des Phosphors, Stickstoffs und Sauerstoffs miteinander, oder über die Existenz der oxydirten Phosphorstickgase. [*Crell*, Chemische Annalen, 1798, II, 482. — *Scherer*, Journal, 1798, S. 573 – 89.]

54. Ueber einige Gegenstände der Pflanzenphysiologie. [Ist die Einleitung zu *G. Fischer's* Uebersetzung von *Ingenhouss'* Schrift: „Ueber die Ernährung der Pflanzen u. Fruchtbarkeit des Bodens", Leipzig 1798.]

Ueber das, was *Justus Liebig* in der Zueignung seines Werks: „Die Chemie in ihrer Anwendung auf Agricultur und Physiologie", von dieser Einleitung gesagt, vgl. unser Werk, I, 69.

1799.

55. Versuche über die chemische Zerlegung des Luftkreises und über einige andere Gegenstände der Naturlehre. Mit 2 Kpfrn. Braunschweig, Vieweg, 1799. 8.

Inhalt: I. Versuche über das Salpetergas (gas nitreux) und seine Verbindung mit dem Sauerstoff, S. 1. [Früher in *Gilbert's* Annalen, 1798, III, 85.] — II. Ueber die Ursachen und die Wirkungen der Auflöslichkeit des Salpetergases in der Auflösung des schwefelsauren Eisens, S. 56. (Eigentlich von *Vauquelin* nach einer mit Humboldt gemeinschaftlich unternommenen Arbeit verfasst. [Früher in Annales de Chimie, XXVIII, 181—88. *Crell*. Chem. Annalen, 1800, II, 66.] — III. Ueber die dreifache Verbindung des Phosphors, Stickstoffs und Sauerstoffs miteinander, oder über die Existenz der oxydirten Phosphorstickgase, S. 64. [Früher in Annal. de Chim., 1798.] — IV. Beschreibung eines Absorptions-Gefässes, welches besonders als Kohlensäuremesser gebraucht werden kann, S. 81. — V. Ueber die Kohlensäure, welche in dem Dunstkreise verbreitet ist, S. 100. [*Gilbert's* Annalen, III, 79.] — VI. Ueber die Verbindung der Erden mit Sauerstoff, oder über die Absorption des Sauerstoffs durch die einfachen Erden und dessen Einfluss auf die Cultur des Bodens, S. 117. [Weitere Ausführung des Art. in *von Moll's* Jahrb. für Berg- u. Hüttenkunde, IV, 365—69; Journ. de Physique par *Delamétherie*, IV, 323; V, 132; Annales de Chimie, An. 7, Nr. 86, S. 125; *Gilbert's* Annalen, I, 501, 509, 511.] — VII. Versuche über die Beschaffenheit des Luftkreises in der gemässigten Zone, S. 150. [Marseille im Dec. 1798.] — VIII. Die Entbindung des

Wärmestoffs als geognostisches Phänomen betrachtet, S. 177. [Früher in *von Moll's* Jahrbuch der Berg- u. Hüttenkunde, III, 1—14. Vgl. „Ansichten der Natur", 3. Ausg., II, 102.] — Spanisch: Memoria sobre el deprendimento del caloricó, considerádo como fenómeno geognostico, trad. del alem. por *D. C. Herrgen.* [Annal. de Cienc. nat. Madrid 1803, VI, 246.] — IX. Versuche über die Entbindung des Lichts, S. 193. (Paris im Oct. 1798.) [*Gilbert's* Annalen, III, 83.] — X. Ueber den Einfluss der oxygenirten Kochsalzsäure auf das Keimen der Pflanzen und einige damit verwandte Erscheinungen, S. 236. [Auch in *Usteri*, Ann., XXIII, 1—3.] — XI. Taschen- oder Senkbarometer, S. 250. — XII. Ueber die Analyse der atmosphärischen Luft, welche in der Höhe von 669 Toisen durch einen Luftballon geschöpft wurde. Brief an Garnerin, S. 255.

56. Mittheilungen über die Zersetzbarkeit verschiedener Erdarten und Analyse der Atmosphäre. [*von Moll*, Jahrb. der Berg- u. Hüttenkunde, IV, 365—69.]

57. Ueber die unterirdischen Gasarten und die Mittel ihren Nachtheil zu vermindern. Ein Beitrag zur Physik der praktischen Bergbaukunde, herausgegeben und mit einer Vorrede von *Wilhelm von Humboldt.* Braunschweig, Vieweg. 8. 346 S. 1⅓ Thlr.

Inhalt: Einleitung: Einfluss der Fortschritte der Chemie und Physik auf die bessere Betreibung einiger Gewerbe, vorzüglich des Bergbaus. Mangel eines zweckmässigen Mittels gegen die nicht athembaren und lichterlöschenden Luftarten, und zur Rettung der erstickten Bergleute. Nothwendigkeit diese Lücke auszufüllen nicht allein in Hinsicht auf den Bergbau, sondern auch auf andere Gewerbe betrachtet. Plan der gegenwärtigen Schrift, die nicht allein solche Mittel anzugeben, sondern auch die Hauptmomente der unterirdischen Meteorologie aufzustellen bestimmt ist, S. 1. — I. Localverhältnisse der unterirdischen Luftgemenge, welche in den natürlichen grössern und kleinern Höhlungen eingeschlossen sind. Verschiedenheit dieser Höhlungen nach der Verschiedenheit der Gebirgsarten. Den Bestandtheilen der Fossilien selbst beigemischte Gasarten, S. 33. — II. Beschaffenheit der unterirdischen Luftgemenge in den künstlichen Leitungen, Stollen, Strecken, Schichten u. s. f. Raum, welchen dieselben einnehmen. Abwesenheit des Sonnenlichts. Ob dieselben einen bemerkbaren Unterschied in der Mischung der Gasarten hervorbringen? Seltene Phosphorescenz des Grubenlichts, S. 53. — III. Elektrische und magnetische Ladung der unterirdischen Atmosphäre. Wärmegehalt derselben, S. 74. — IV. Feuchtigkeit und Elasticitätsveränderung der unterirdischen Atmosphäre, S. 116. — V. Chemische Beschaffenheit der unterirdischen Atmosphäre und Analyse ihrer Bestandtheile, S. 123. — VI. Verschiedenheit der Luft, in der die Lichter nicht brennen und einer irrespirablen. Matte und schlechte Wetter. Analyse verschiedener Grubenwetter. Auflösungen verschiedener Stoffe in Wasserstoffgas. Brennbare, schlagende Wetter und deren Erscheinungen, S. 167. — VII. Mittel, verderbte Grubenwetter respirabel und lichterhaltend zu machen, S. 200. Wetterwechsel, S. 203. Grubenbau-Veranstaltungen für Wetterwechsel, S. 205. Benutzung des Feuers zum Wetterwechsel und zur Verbesserung der Wetter, S. 212. Benutzung des Wassers zur Verbesserung der Wetter, S. 223. Vertilgung unterirdischer Pflanzen, S. 233. Verbesserung der Luftarten durch Salze, S. 235. Lichterhaltende Lampen für böse Wetter, Wetterlampen. Conservateurs de lumière, S. 249. Einfache Grubenleuchte, besonders in matten Wettern, S. 329. Respirationsrohr. Rettungsmaschine, S. 337. Einige Mittel gegen Erstickung in Bergwerken, S. 374. Nachtrag, S. 380.

Zum Druck bestimmt, aber nicht erschienen waren:

58. Ueber die Webereien der Lateiner und Griechen. [Vgl. I, 87.]
59. Lettres physiques à M. Pictet. [Vgl. I, 184.]
60. Karte der deutschen Salzzüge, und eine Abhandlung über die auf Salzsole niederzubringenden Bohrlöcher aus dem Jahre 1792. [Vgl. I, 149.]

2.

Briefe und kleinere Abhandlungen aus der Zeit während der Reise in Amerika. (1799—1804.)

Die Briefe, meist tagebuchartig geschrieben, oft mit wörtlichen Auszügen aus den Tagebüchern, geben bei manchen Wiederholungen die frischen Eindrücke des Erlebten, sind aber, soviel Interesse sie auch anfangs erregt hatten, später, zu manchem Nachtheil, unbeachtet geblieben.

1799.

61. 20. Juni: Orotava, an Wilhelm von Humboldt. [*Biester*, Neue Berliner Monatsschrift, VI, 131.]
62. 16. Juli: Cumana, an Wilhelm von Humboldt. [*Biester*, Neue Berliner Monatsschrift, VI, 136.]
63. (VII) 30. Mess.: Cumana, an Delametherie. [Journ. de Phys., VI, 433. *Gilbert*, Annalen, VII, 443—55.]
64. 1. Sept. u. 17. Nov.: Cumana, an von Zach. [*von Zach*, Monatl. Corresp., I, 392—425. *Gilbert*, Annalen, VI, 185—94.]
65. 14. Dec. (VIII, 23. Frim.): Caracas, an Lalande. [Magas. encyclop., VI, 376—91. *Gilbert*, Annalen, VII, 335—47.]

1800.

66. 25. Jan. (VIII, 5. Pluv.): La Guayra, an Fourcroy. [Ann. de Chim., XXXV, 101—11. *Gilbert*, Annal., VII, 329—34. *Crell*, Chem. Annal., II, 351—55.]
67. 17. Oct.: Cumana, an Wilhelm von Humboldt. [Allg. deutsch. bibl. Intelligenzbl., LVIII, 61—64. Publiciste, an IX Tridi, 3 Pluv.]
68. 15. Nov.: Cumana, an Delametherie. [Journ. de Phys., LIII, 30—60. *Gilbert*, Annal., XVI, 399—449. Allgem. geogr. Ephemeriden, IX, 310; X, 210. *Tilloch*, Phil. Magaz., XVII, 347—57; XVIII, 26—36, 172—79.]

1801.

69. 21. Febr.: Havana, an Willdenow. [Spener'sche Zeitung, 1801, Nr. 86, 87. Intelligenzblatt z. Allgem. deutsch. Bibl., LXI, 352. Vgl. LXIV, 118.]
70. 4. März: Havana, an Willdenow. [Allg. geogr. Ephemeriden, X, 210. Vgl. Intelligenzblatt z. Allgem. deutschen Bibl., LXI, 352.]

71. 1. April: Cartagena, an Wilhelm von Humboldt. [*Biester*, Neue Berl. Monatsschr., VI, 394—400.]
72. 12. April: Cartagena, an Kap. Baudin. [Briefe von *A. von Humboldt* an *Varnhagen*, S. 228.]
    Lettre à M. Fourcroy sur le Curare, les mangeurs de terre etc. [Paris. Soc. Philom. Bull., 1801, III, 9—11.]
73. 2. Sept.: Contreras, an Wilhelm von Humboldt. [*Biester*, Neue Berl. Monatsschr., VII, 439—54. *Gilbert*, Annalen, XVI, 451—57.]
74. Polhöhe von Salzburg. [*Bode*, Berl. Astron. Jahrb., S. 244.]

1802.

75. 26. Nov.: Popayan,
76. 3. Juni: Quito,
77. 13. Juli: Cuenca,
78. 25. Nov.: Lima,

an Wilhelm von Humboldt.

[*Biester*, Neue Berl. Monatsschr., X, 62—77, 81—90. *Gilbert*, Annalen, XVI, 457—475. Annal. du Mus. d'hist. nat., II, 322—37. Madrid. Annal. Ci. Nat., VI, 267—80.]

79. 25. Nov.: Lima, an Delambre. [Annal. du Mus. d'hist. nat., II, 170—80; III, 228—32. *Gilbert*, Annalen, XVI, 475—89. *Biester*, Neue Berl. Monatsschr., X, 242—68.]

1803.

80. 22. April: Mexico, an Cavanilles. [Madrid. Annal. Ci. Nat., VI, 281—89. Annal. du Mus. d'hist. nat., IV, 475—78.]
81. 29. April: Mexico, an Willdenow. [*Biester*, Neue Berl. Monatsschrift, X, 268—72.]
82. 21. Juni: Mexico, an das pariser Nationalinstitut. [Annal. du Mus. d'hist. nat., III, 396—404. *Gilbert*, Annalen, XVIII, 118—25.]
83. 29. Juli: Mexico, an Delambre. [Annal. du mus. d'hist. nat., III, 228. *Gilbert*, Annalen, XVI, 449 - 493.]
84. Cataloga de las rocas de la America meridional. [An. Hist. Nat. Madrid, 1800, II, 262—68.]
85. Observations astronomiques et météorologiques. [Paris. Soc. Philom., 1800, II, 98—101, 109—11.]
86. Observations géographiques et physiques. [Paris. Soc. Philom., 1801, III, 4—6.]
87. Nivelacion barometrica hecha por el Baron *de Humboldt* en 1801, desde Cartagena de Indias Sancta Fé de Bogatá. [Annal. Cienc. Natur., Madrid 1802, V, 231—33.]
88. Curious particulars respecting the mountains and volcanoes, and the effects of the late earthquakes in South America. [*Nicholson*, Journ., 1803, VI, 242—47.]
89. Reclamation wegen Erfindung eines Kohlensäure-Messers. [Intelligenzblatt z. Jen. allg. Literaturztg., 1803, S. 1487.]

90. Note sur des poissons rejetés par un volcan au Pérou. [Journ. de Phys., 1804, LX, 118—25.]
91. Bosquejo de una pasigrafia geognostica, con tablas, que enseñan la estratification y el parallelismo de las rocas en ambos continentes, para el uso del Real Seminario de Mineria de Mexico. Mexico 1804.
    Vgl. „Geognostischer Versuch über die Lagerung der Gebirgsarten in beiden Erdhälften“ (*Humboldt's* „Essai géognostique“, deutsch von *Leonhardt*), S. 14, 368.
92. Essai d'un tableau géologique de l'Amérique meridionale. [Journ. de Phys., L. III, 61.
93. Geologische Skizze von Südamerika. [*Gilbert*, Annalen, 1804, XVI, 394—449.]

Anmerkung. Das „Leben des Oberpräsidenten Freiherrn von Vincke“, von *Bodelschwingh*, enthält Bd. I, S. 194 einen facsimilirten Empfehlungsbrief vom 24. Dec. 1801 für von Vincke an den Kaufmann Bohl in Cadix, angeblich von Alexander von Humboldt; — das ist offenbar ein Irrthum, die Handschrift ist auch nicht die Alexander von Humboldt's.

3.

Das amerikanische Reisewerk.

Als Humboldt nach Paris ging, um dort sein amerikanisches Reisewerk zu bearbeiten und herauszugeben, waren es nicht blos die wissenschaftlichen Institute und der Beistand gelehrter Freunde, die ihn dahin zogen, es waren auch die vorzüglichen technischen Anstalten und die grössere Bereitwilligkeit der pariser Buchhändler zu grossen literarischen Unternehmungen. Die französische Typographie und ihre Schwesterkünste waren damals der deutschen weit vorangeschritten. Noch im Jahre 1825 mussten zu dem deutschen Boisseré'schen Prachtwerke über den Kölner Dom, das im Verlage der Cotta'schen Buchhandlung erschien, Titelblatt und Vorrede in deutscher Sprache mit deutschen Lettern in Paris gedruckt werden. Der Buchhändler Masson kündigte unter andern Werken gleichzeitig an: „Voyage pittoresque en Autriche“, mit 163 Kupfern, in Ausgaben zu 300 und 900 Frs., — „Collection des vases grecs“, in Ausgaben zu 540 und 900 Frs., — einen „Buffon“, mit 1150 Kupfern, in Ausgaben zu 444 und 1905 Frs., — „Monumens de la France“, in Ausgaben zu 720 und 2000 Frs., — „Biographie universelle“, die in 50 Bänden an 2400 Frs. kosten sollte. (Vgl. *Börne*, Gesammelte Schriften, „Die Industrie-Ausstellung im Louvre“, V, 228.)

Und wie Masson waren auch noch Didot, Panckoucke, Bertrand u. a. berühmt wegen der Grossartigkeit ihrer Unternehmungen. Namentlich wurden Reisewerke auf das prachtvollste ausgestattet, so kostete: *de Laborde*, „Voyage pittoresque en Espagne“, 1008 Frs., *Choiseul-Gouffier*, „Voyage pittoresque de la Grèce“, 520 Frs., *d'Ohsson*, „Tableau de l'empire Ottoman“, 500 Frs., die „Description de l'Égypte“ (die freilich auf Kosten der Regierung erschien) 4—6000 Frs.

Prachtvolle, luxuriöse Ausstattung war sozusagen Tagesmode; aber diese Mode wurde in Deutschland nicht, wie viele andere, nachgeahmt. Daher schrieb Humboldt noch im October 1826 an Berghaus, als er ihm den Prospect zur „Géographie des Plantes“ für die „Hertha“ schickte:

„Ein Werk dieser Art kann nur in Frankreich veröffentlicht werden. In Deutschland wäre es unmöglich. Engherzigkeit und langes vieles Bedenken kennt Hr. Gide, mein Verleger, nicht. Wir sind übereingekommen, eine kleine Auflage zu drucken, hinreichend, um den Bedarf öffentlicher Bibliotheken zu decken; es werden nur 140 Exemplare gedruckt, wozu der Absatz der „Nova genera“ den Massstab gegeben hat. Die neue „Geographie der Pflanzen“ erscheint in demselben Formate wie das eben genannte Werk, von dem sie eine Fortsetzung oder Ergänzung sein wird. Den Verkaufspreis hat Hr. Gide auf 180 Frs. festgesetzt.“ (Briefwechsel A. von Humboldt's mit Heinrich Berghaus, I, 63.)

Aber bei allen Vortheilen, welche Paris darbot, waltete doch ein eigenthümliches Misgeschick über dem Fortgange und dem Erfolge der Herausgabe des Humboldt'schen Reisewerks. Nicht Mangel, vielmehr Ueberfluss an pecuniären Mitteln und Humboldt's eigener übergrosser Eifer scheinen dasselbe herbeigeführt zu haben.

Einzelne zerstreute Notizen in seinen Tagebüchern ergeben nämlich, dass Humboldt die Kosten der Zeichnungen wie des Stichs der Kupferplatten, ja selbst die Honorare an einzelne Mitarbeiter aus eigenen Mitteln bestritt, dass er dabei oft die vorgeschossenen grossen Summen verlor, dass er stets die besten Kräfte herbeizog und reich honorirte, dass es ihm auch gar nicht darauf ankam, Zeichnungen, vollendete Kupferplatten, fertige colorirte Abdrücke, ganze Bogen Textdrucke, ja ganze Bände, wie den ersten Band des „Rec. d'observ. de Zoologie et d'Anatomie“, den im Druck fast schon vollendeten vierten Band der „Relation historique“, zu vernichten, wenn irgendetwas einer Verbesserung nöthig oder auch nur fähig schien. (Vgl. Nr. 111, 121.) Humboldt disponirte nachweislich oft sehr unzweckmässig über die

Herstellung seiner Werke, vertheuerte sie in hohem Masse, hatte irrige Vorstellungen von der Grösse des Absatzes und des Ertrags, und lähmte den Vertrieb. So schreibt er an Pictet, S. 161: „Il faut le faire [le prospectus] français, allemand, anglais, hollandais, espagnol et danois, car ce sont les six éditions que je sais que l'on prépare." — S. 163: „Une édition anglaise devrait par conséquent être au moins de 4000 exemplaires." — S. 164: „Nous demanderons 200 livres st. pour le premier vol. de sept à huit feuilles in 4°." — Was ist aus alledem geworden? Ebenso heisst es in der Anzeige des „Essai sur la géogr. des plantes": „La carte ne peut pas être expédiée par la poste", und des „Atlas pol. s. l. roy. de la Nouv. Esp.": „Cet ouvrage ne peut pas être envoyé par la poste." Er liess mehrere Werke zu gleicher Zeit in zwei und drei verschiedenen Ausgaben erscheinen und wusste die Stärke der Auflagen nicht richtig zu bemessen. Es war nichts weniger als buchhändlerische Oekonomie, die einzelnen Werke bis zur Verwirrung mit 4—6 verschiedenen Titelblättern auszustatten, oder sie in kleine Lieferungen zu zersplittern und dadurch den Debit zu erschweren und zu vertheuern. Es schädigte den Absatz, wenn von einzelnen Werken an 60—80 Freiexemplare vertheilt wurden, und zwar an Personen, welche dieselben gekauft haben würden.

Bei solchen Dispositionen des Verfassers ist man versucht anzunehmen, dass das amerikanische Reisewerk, wenigstens einzelne grosse Theile desselben, mehr Commissions- als eigener Verlag der Buchhändler gewesen, und dass diese daher dem Vertrieb desselben nicht das gleiche Interesse wie dem der eigenen Verlagsartikel gewidmet haben. Auch der häufige Wechsel der Verlagsfirmen: Schoell, Librairie Grecque-Latine-Allemande, Gide, Gide fils, Dufour, Maze, Levrault, Jules Renouard, ist ein Umstand, der dem Absatze gewiss nicht förderlich war. (Von der grossen Ausgabe der „Relation historique" erschien T. I. in der Librairie Grecque-Latine-Allemande und auch mit der Firma F. Schoell, T. II. bei Maze, T. III. bei Smith & Gide fils.) Es ist daher auch wol richtig, dass die Herstellung des amerikanischen Reisewerks Humboldt viel mehr gekostet und sein Vermögen viel mehr absorbirt hat als die Reise selbst.

Daher klagte Humboldt im Jahre 1830, freilich zu spät: „Leider, leider! meine Bücher stiften nicht den Nutzen, der mir vorgeschwebt hat, als ich an ihre Bearbeitung und Herausgabe ging; sie sind zu theuer! Ausser dem einzigen Exemplar, welches ich zu meinem Handgebrauch besitze (im Nachlass fanden sich jedoch nur einzelne Abtheilungen, kein vollständiges Exemplar des ganzen Reisewerks), gibt es in Berlin nur noch zwei Exemplare von meinem amerikanischen Reisewerke. Eins davon ist in der königlichen Bibliothek und vollständig, das zweite hat der König (Friedrich Wilhelm III.) in seiner Privatbibliothek, aber unvollständig, weil auch dem Könige die Fortsetzungen zu hoch gekommen sind." (Briefwechsel mit Heinrich Berghaus, I, 255.) In den funfziger Jahren wurde indess für die Privatbibliothek Friedrich Wilhelm's IV. ein vollständiges Exemplar beschafft.

Vor allem war der Mangel eines festen Plans bei der Herausgabe dem Gedeihen des Unternehmens nachtheilig. Ursprünglich sollte das Ganze in zwei bis drei Jahren vollendet sein und in elf verschiedenen Werken den gesammten Text, die Kupfer und Karten enthalten. Aber aus den einzelnen Jahren wurden Jahrzehnte; und wie die Zahl der Werke, der Karten und Kupfer, wurde auch in Bezug auf die Bearbeitung der einzelnen Disciplinen der Plan wesentlich modificirt. Später sollte das Ganze in sieben, dann wieder in sechs Abtheilungen zerfallen, aber auch diese Eintheilung wurde nicht eingehalten, und so entstand eine Verwirrung, welche es selbst sehr erfahrenen Buchhändlern ungemein erschwert, ein wirklich vollständiges Exemplar zusammenzustellen. Schliesslich ist beliebt worden, die grosse Ausgabe des Reisewerkes in 30 Volumina zu theilen, 20 in Folio, 10 in Quart.

Diese Eintheilung findet sich zuerst in Nr. 59 des „Bulletin du Bouquiniste" vom 1. Juni 1859, also kurz nach dem Tode Humboldt's, mit der Bemerkung: „Classification adoptée par M. de Humboldt." Wann und wo sich Humboldt damit einverstanden erklärt hat, ist nicht gesagt. Die Richtigkeit der Bemerkung darf daher um so mehr angezweifelt werden, als eine solche Eintheilung weder in der Zeitfolge der Erscheinung der einzelnen Werke noch in der innern Zusammengehörigkeit derselben begründet ist. Warum bildet z. B. die „Révision des Graminées" (1829—34) Vol. VI und VII, da sie doch ein Nachtrag ist zu den erst in Vol. VIII—XIV enthaltenen „Nova Genera" (1815—1825)? Warum bildet das „Examen critique", das in den ursprünglichen Plan gar nicht mit aufgenommen war, Vol. XVIII, während die viel früher erschienene „Relation historique" erst als Vol. XXVIII—XXX folgt? Warum figurirt Vol. XX als selbständiger Band, da er doch nur die eine Karte enthält, welche als untrennbarer Bestandtheil zu Vol. XXVII gehört und die auch meist mit diesem vereinigt gefunden wird?

Da indess diese Eintheilung von den Bibliographen Brunet, Quérard, Graesse, Engelmann u. a. angenommen ist, so wurde sie auch hier beibehalten. Ein vollständiges, colorirtes, gut erhaltenes Exemplar der grossen Ausgabe kostet jetzt antiquarisch 1000—1200 Thlr.

a. Grosse Ausgabe in Folio und Quart.

Haupttitel: **Voyage aux régions équinoxiales du Nouveau Continent**, fait en 1799, 1800, 1801, 1802, 1803 et 1804 par Alexandre de Humboldt et Aimé Bonpland, redigé par *A. de Humboldt.* Grande édition. Paris, Schoell, Dufour, Maze et Gide, 1807 et années suivantes.

94. Vol. I et II. Plantes équinoxiales, recueillies au Mexique, dans l'île de Cuba, dans les provinces de Caracas, de Cumana et de Barcelone, aux Andes de la Nouvelle-Grenade, de Quito et du Pérou, et sur les bords du Rio-Negro, de l'Orénoque et de la rivière des Amazones, ouvrage rédigé par *A. Bonpland.* 2 vol. en 17 livr., avec 144 planches noires. Paris, Levrault et Schoell, 1808, 1809. Fol.

I. VII, 234 p., 68 pl. u. das Portr. von Jose Celestino Mutis. — II. 191 p., 75 pl. — Prix: 510 Frs., pap. gr. Colomb. vél. 850 Frs.

Auch unter dem Titel:

95. Plantae aequinoxiales per regnum Mexici in provinciis Caracorum et Novae Andalusiae, in Peruvianorum, Quitensium, Novae Granatae, Antibus etc., in ordinem digessit *Amatus Bonpland.*

96. Vol. III et IV. Monographie des Mélastomacées, comprenant toutes les plantes de cet ordre recueillies jusqu'à ce jour, et notamment au Mexique etc., mise en ordre par *A. Bonpland* (Melastomes et Rhexies). 2 vol. en 24 livrais., avec 120 planches coloriées. Paris, Librairie grecque-latine-allemande, 1816—23. Fol.

T. I. Melastomes 1816, VI, 142 p., 60 tabb. col. — T. II. Rhexies 1823, II, 158 p., 60 tabb. col. — Prix: 864 Frs., pap. gr. Colomb. vél. 1440 Frs.

Auch unter dem Titel:

97. Monographia Melastomacearum continens plantas hujus ordinis hucusque collectas, praesertim per regnum Mexici, in provinciis Caracarum et Novae Andalusiae, in Peruvianorum, Quitensium, Novae Granatae Andibus, ad Oronoci, Fluvii nigri, fluminis Amazonum ripas nascentes. In ordinem digessit *Amatus Bonpland.* Lutetiae Parisiorum.

„Fünf Hefte Melastomen sind von *Kunth* bearbeitet", *Humboldt* in „Karl Sigismund Kunth", Nekrolog; Beilage zum „Preuss. Staatsanzeiger", Nr. 128, 9. Mai 1851. — *Martius*, „Denkrede auf A. von Humboldt", S. 25, Anm., berichtet: „Robert Brown erzählte mir, dieses Werk habe zu Humboldt's rücksichtsvollen Sympathien für ihn Veranlassung gegeben, weil er ihm einmal die Bemerkung gemacht, dass in der ganzen Monographie der Melastomen k e i n e e i n z i g e e c h t e Melastome enthalten sei."

98. Vol. V. Monographie des Mimoses et autres plantes légumineuses du

Nouveau Continent, recueillies par A. de Humboldt et Bonpland, mises en ordre, décrites et publiées par *C. Sigism. Kunth.* 1 vol. en 14 livr., avec 60 planches color. Paris, N. Maze, 1819—24. Fol. 672 Frs., pap. gr. Colomb. vél. 840 Frs.

99. Vol. VI et VII. Révision des Graminées, publiée dans le Nova Genera, précédée d'un travail général sur la famille des Graminées, par *C. S. Kunth.* 2 vol. avec 220 planches, dessinées par Mad. *Eulalia Delile*, coloriées et en papier gr. Colomb. vélin. Paris, Gide fils, 1829—34. Fol.

Auch unter dem Titel:

100. Distribution méthodique de la famille des Graminées, contenant 218 descriptions de Graminées nouvelles, par *de Humboldt* et *Bonpland*. 2 vol., avec 220 planches noires. Paris, Gide. Fol.

T. I. XLV, 1—175 p. — T. II. 177—579 p. — Prix 528 Frs.

Sämmtliche Zeichnungen, mit Bleistift ausgeführt und von ausnehmender Schönheit, waren noch in Kunth's Nachlass wohlerhalten und sind für die Astor-Bibliothek in New-York im Jahre 1852 erworben worden.

101. Vol. VIII—XIV. Nova genera et species plantarum, quas in peregrinatione ad plagam aequinoctialem orbis novi collegerunt, descripserunt, partim adumbraverunt A. Bonpland et A. de Humboldt, ex schedis autographis *Amati Bonplandi* in ordinem digessit *C. S. Kunth*, accedunt *Alexandri de Humboldt* notationes ad geographiam plantarum spectantes. 7 vol. Lutetiae Parisiorum, Schoell, 1815—25. Fol.

I. 1815, XLVI, 302 p., tab. col. 1—96. — II. 1817, 323 p., tab. col. 97—192. — III. 1818, 456 p., tab. col. 193—300. — IV. 1820, 312 p., tab. col. 301—412. — V. 1821, 432 p., tab. col. 413—512. — VI. 1823, 541 p., tab. col. 513—610. — VII. 1825, 506 p., tab. col. 611—700. — Prix 6480 Frs. — Quarto-Ausg. schw. 1800 Frs., schw. 1206 Frs. — Nach Quérard: 3600 Frs., fig. col. 6480 Frs., gr. Col. vél. col. 7200 Frs.

Das Werk enthält die „Beschreibung der von Bonpland und mir gesammelten Pflanzenarten, über 4500 an der Zahl, unter denen 3600 neue und zu denen Kunth selbst alle Analysen der Blütentheile zeichnete." *A. von Humboldt* in „Karl Sigismund Kunth", Nekrolog, Beilage zum „Preuss. Staatsanzeiger", Nr. 128, vom 9. Mai 1851.

Humboldt hatte die Bearbeitung der „Nova genera" ursprünglich Willdenow übertragen. Am 17. Mai 1810 schrieb er ihm: „Mein Werk ist der Vollendung nahe, nur die Botanik ist noch ganz zurück. Die Ursache brauche ich Dir nicht zu sagen . . . ." (es waren bittere Klagen über Bonpland's Nachlässigkeit). „Aber ich will nicht Europa verlassen, ehe ich nicht unsere Species habe erscheinen lassen. Sei barmherzig, dieses Werk zu übernehmen! Hier ein Vorschlag. Du kommst mit Frau und Kind hierher. Ich gebe Dir ein hübsches Quartier, das mir gehört, das ich aber nicht bewohne, nahe am Pantheon und Jardin des Plantes. In Malmaison findest Du auch Wohnung für Dich und Deine Familie. Ich kenne Deine Art zu arbeiten. In wenigen Monaten gehst du das Herbarium und die Manuscripte durch. Du machst Dir hier Auszüge, nimmst entweder die Manuscripte mit nach Berlin, oder, was mir besser scheint, ich lasse abschreiben was Du willst. Ebenso nimmst Du auch die Pflanzen mit, die Du noch näher studiren musst. Ich wünsche eine Beschreibung ganz wie in Deiner Species. Zu allem, was in unsern Manuscripten oder im Herbarium steht, wird «Bonpland» oder «Humboldt» gesetzt, zu allem, was Du selbst beschreibst und discutirst, «Willdenow». So geschicht jedem sein Recht. In Titel und Vorrede will ich selbst aufs deutlichste sagen, was wir Dir verdanken. Entweder blos neue Species, 12—1600, oder alle von uns gesammelte Pflanzen, 5—6000, letzteres wäre mir lieber, Linnéisch geordnet, lateinisch, mit Linearzeichnungen, wovon schon an 50 gestochen sind von Sellier. Man kann 5—6—800 mehr stechen lassen. Turpin zeichnet schnell..... Wir dürfen uns aber nicht mit Deinem Schweisse bereichern. Sobald Du die Reise antreten kannst, zahlt Dir Friedländer 3000 Frs., d. i. ein geringer Zuschuss zu den Reisekosten, und sobald wir Contract mit dem Buchhändler geschlossen haben, schmeichle ich mir mehr anbieten zu können, und zwar unter dem Siegel der strengsten Verschwiegenheit..... Du musst doch auch einmal Paris sehen. Die Herbarien werden Dich interessiren, Dein Garten wird gewinnen, Du könntest einige wissenschaftliche Verbindungen anknüpfen. Ich verspreche dazu, mit Deiner theuern guten Frau alle Schusterbuden von ganz Paris zu durchwandern!" — Die weit vorgeschrittene Arbeit Willdenow's hat der Tod unterbrochen (er starb am 10. Juli 1811), sie wurde später von Kunth ganz verworfen.

Pritzel bemerkt in seinem „Thesaurus lit. bot.": „In exemplari Bibliothecae Candolleanae volumini alteri adjectae erant decem tabulae non signatae, genus Salviam illustrantes, sub auspiciis Willdenowii sculptae, sed ab ill. Kunth nimis vitiosae rejectae."

102. Vol. XV et XVI. Atlas pittoresque du voyage.

Auch unter dem Titel:

103. Vues des Cordillères et monumens des peuples indigènes de l'Amérique. 2 vol. avec 63 pl. Paris, chez F. Schoell, 1810. Fol. gr. Col. vél. fig. avant la lettre 756 Frs., avec la lettre 504 Frs.

Inhalt des Textes: Introduction I—XVI, p. 1—350. — Dedicat.: à Mons. Ennius Quirinus Visconti, und im Anhange: Lettre de M. Visconti à M. de Humboldt, sur quelques monuments des peuples américains.

Inhalt der Kupfer: 1. Buste d'une prêtresse aztèque. [Dessinée à l'Académie de Peinture de Mexico d'après l'Original en basalte, qui se trouve au Cabinet de M. Dupé; gravé à Paris par Massard l'ainé.] — 2. La même vue par derrière. — 3. Vue de la grande place de Mexico. [Dessinée par *Raphael Ximeno* à Mexico, gravée par *Bouquet* à Paris.] — 4. Ponts naturels d'Icononzo. [Dess. d'après une esquisse de M. *de Humboldt*, gr. par *Gmelin* à Rome.] — 5. Passage du Quindiu, dans la Cordillère des Andes. [Dess. d'après une esquisse de Mr. *de Humboldt* par *Koch* à Rome; gr. par *Duttenhofer* à Stuttgart.] — 6. Chute du Tequendama. [Dess. d'après une esquisse de M. *de Humboldt*, gr. par *Gmelin* à Rome.] — 7. Pyramide de Cholula. [Dess. d'après une esquisse de M. *de Humboldt* par *Gmelin* à Rome, gr. par *Wachsmann* et *Arnold* à Berlin.] — 8. Masse détachée de la pyramide de Cholula. [Dess. d'après une esquisse de M. *de Humboldt* par *Turpin* à Paris, gr. par *Pietro Barboni* à Rome.] — 9. Monument de Xochicalco. [Dess. par *F. Aguera* à Mexique 1791, gr. par *Pinelli* à Berne.] Nr. 8 und 9 auf einem Blatte. — 10. Volcan de Cotopaxi. [Dess. d'après une esquisse de M. *de Humboldt* par *Gmelin* à Rome, gr. par *Arnold* à Berlin.] — 11. Relief mexicain trouvé à Oaxaca. [Dessin communiqué par M. *Cervantes*, gr. par *F. Pinelli* à Rome.] — 12. a) Pièce de procès en écriture hiéroglyphique. b) Généalogie des princes d'Azcapozalco. — 13. Manuscrit hiéroglyphique aztèque, conservé à la bibliothèque du Vatican. — 14. Costumes dessinés par des peintres mexicains du temps de Montezuma. — 15. Hiéroglyphes aztèques du manuscrit de Veletri. [Dess. et gr. par *F. Pinelli* à Rome.] 1) Cod. fol. 22, Mss. Nr. 79; 2) Cod. fol. 53, Mss. Nr. 252; 3) Cod. fol. 17, Mss. Nr. 64; 4) Cod. fol. 49, Mss. Nr. 224; 5) Cod. fol. 15, Mss. Nr. 59; 6) Cod. fol. 15, Mss. Nr. 79; 7) Cod. fol. 15, Mss. Nr. 47; 8) Cod. fol. 34, Mss. Nr. 153; 9) Cod. fol. 26, Mss. Nr. 111; 10) Cod. fol. 20, Mss. Nr. 70. — 16. Vue du Chimborazo et du Carguairazo. [Dess. par *Gmelin* à Rome, d'après une esquisse de M. *de Humboldt*, gr. par *F. Arnold* à Berlin.] — 17. Monument péruvien du Cañar. [Dess. par *Gmelin* à Rome, d'après une esquisse de M. *de Humboldt*, gr. par *Bouquet* à Paris.] — 18. Rocher d'Inti-Guaicu. [Dess. par *Koch* à Rome, d'après une esquisse de M. *de Humboldt*, gr. par *Duttenhofer* à Stuttgart.] — 19. Ynca-Chungana du Jardin de l'Inca près de Cañar. [Dess. par *Gmelin* à Rome d'après une esquisse de M. *de Humboldt*, gr. par *F. Morel* à Rome.] — 20. Intérieur de la maison de l'Inca au Cañar. [Dess. par *Gmelin* à Rome, d'après une esquisse de M. *de Humboldt*.] — 21. Basrelief aztèque de la Pierre des Sacrifices, trouvée sous le pavé de la grande place de Mexico. [Dess. par M. *Dupré* à Mexico 1800, gr. par *Massard* à Paris.] — 22. Rochers basaltiques et Cascade de Regla. [Dess. par *Gmelin* à Rome, d'après une esquisse de M. *de Humboldt*, gr. par

Bouquet à Paris.] — 23. Relief en basalte représentant le calendrier mexicain. [Gr. par *Cloquet* à Paris.] — 24. Maison de l'Inca, à Callo, dans le royaume de Quito. [Dess. par *Gmelin* à Rome d'après une esquisse de M. *de Humboldt*, gr. par *Bouquet* à Paris.] — 25. Le Chimborazo, vu depuis le plateau de Tapia. [Dess. par *Thibaut*, d'après une esquisse de M. *de Humboldt*, gr. par *Bouquet*.] — 26. Époques de la nature, d'après la mythologie aztèque. [Dess. par *Pinelli* à Rome. De la Bibliothèque du Vatican.] — 27. Peinture hiéroglyphique tirée du manuscrit Borgien de Velletri. [Signes hiéroglyphiques des jours de l'Almanach mexicain. Dess. par *Pinelli* de Roncalli à Rome.] — 28. Hache aztèque. [L'original se trouve dans le cabinet du roi de Prusse. Dess. et gr. par *Arnold* à Berlin.] — 29. Idole aztèque de porphyre basaltique, trouvée sous le pavé de la grande place de Mexico (6 Fig.). [Dess. à Mexico par *Fr. Aguera*, gr. par *Cloquet* à Paris.] — 30. Cascade du Rio de Vinagre, près du volcan de Puracé. [Dess. par *Koch* à Rome d'après une esquisse de M. *de Humboldt*, gr. par *Arnold* à Berlin.] — 31. Poste aux lettres de la province de Jaen de Bracamoros. [Dess. par *Schieck* à Rome, gr. par *Bouquet* à Paris.] — 32. Histoire hiéroglyphique des Aztèques, depuis le déluge jusqu'à la fondation de la ville de Mexico. [Copié du Giro del Mondo de Gemelli.] — 33. Pont de cordage près de Pénipé. [Dess. d'après une esquisse de M. *de Humboldt* par *Marchais* à Paris, gr. par *Bouquet*.] — 34. Coffre de Perotte. [Dess. d'après une esquisse de M. *de Humboldt* par *Marchais* à Paris, gr. par *Bouquet*.] — 35. Montagne d'Ilinissa. [Dess. par *Gmelin* à Rome, d'après une esquisse de M. *de Humboldt*, gr. par *Arnold* à Berlin.] — 36. Fragmens de peintures hiéroglyphiques aztèques, déposés à la bibliothèque royale de Berlin (7 Fig.). — 37. Peintures hiéroglyphiques du musée Borgia à Velletri (10 Fig.). — 38. Migrations des peuples aztèques, peinture hiéroglyphique déposée à la bibliothèque royale de Berlin. — 39. Vases de granite, trouvés sur la côte de Honduras. [Gr. par *F. Arnold* à Berlin.] — 40. Idole aztèque en basalte, trouvée dans la vallée de Mexico. [L'Original a été déposé au Cabinet du roi à Berlin. Dess. et gr. par *F. Arnold* à Berlin.] — 41. Volcans d'air de Turbaco. [Dess. d'après une esquisse de M. *de Humboldt* par *Marchais*, gr. par *Bouquet*.] — 42. Volcan du Cajambé. [Dess. d'après une esquisse de M. *de Humboldt* par *Marchais*, gr. par *Bouquet*.] — 43. Volcan de Jorullo. [Dess. par *Gmelin* à Rome d'après une esquisse de M. *de Humboldt*, gr. par *Bouquet* à Paris 1812.] — 44. Calendrier lunaire des Muyscas, anciens habitans du plateau de Bogota (4 Fig.). [Dess. à Santa Fé de Bogota par M. le Chanoine *J. D. Duquesne* 1801, gr. par *Bouquet*.] — 45. Fragment d'un manuscrit hiéroglyphique, conservé à la bibliothèque royale de Dresde. — 46. 47. 48. Peintures hiéroglyphiques tirées du manuscrit mexicain, conservé à la bibliothèque impériale de Vienne.] — 49. Plan des ruines de Mitla dans la province d'Oaxaca. [Levé sur les lieux par D. *Louis Martin* en 1802.] — 50. Ruines de Miguitlan ou Mitla dans la province d'Oaxaca. [Dess. par *Louis Martin* à Mexico 1803, gr. par *Bouquet*.] — 51. Vue du Corazon. [Dess. par *F. Gmelin* à Rome d'après une esquisse de M. *de Humboldt*, gr. par *F. Arnold* à Berlin 1805.] — 52. 53. Costumes des Indiens de Méchoacan. [Gr. par *Bouquet* à Paris.] — 54. Vue de l'intérieure du cratère du Pic de Ténériffa. [Dess. par *Gmelin* à Rome d'après une esquisse de M. *de Humboldt*, gr. par *P. Parboni* à Rome.] — 55. 56. Fragmens de peintures hiéroglyphiques aztèques, tirés du Codex Telleriano-Remensis. *Bouquet* sc. — 57. Fragment d'un calendrier chrétien tiré des manuscrits aztèques conservés à la bibliothèque royale de Berlin. *Bouquet* sc. — 58. 59. Peintures hiéroglyphiques de la Raccolta di Mendoza. *Bouquet* sc. — 60. Fragmens de peintures aztèques tirés d'un manuscrit conservé à la bibliothèque du Vatican. *Bouquet* sc. — 61. Volcan de Pichincha. 1) Rucu Pichincha, 2) Tablahuma, 3) Picacho de los Ladrillos, 4) Guagua Pichincha, 5) La Cruz, 6) Le Pic (3) vu de près. [Dess. par *Marchais* d'après un croquis de M. *de Humboldt*, gr. par *Bouquet* en 1813. — 62. a) Plan d'une maison fortifiée de l'Inca dans l'Assuay. [Dess. par M. *de la Condamine* en 1739.] b) Ruines d'une partie de l'ancienne ville péruvienne de Chulucanas. [Esquissé par *A. de Humboldt* en 1803, gr. par *Bouquet*.] — 63. Radeau de la rivière de Guayaquil. [*Marchais* pinxit d'après une esquisse de M. *de Humboldt*. Les fruits et les fleurs d'après MM. *Turpin* et *Poiteau*.] — 64. Sommet de la montagne des Organos d'Actopan. [Dess. par *Marchais* d'après un croquis de M. *de Humboldt*, gr. par *Bouquet* en 1813.] — 65. Montagnes de porphyre colonnaire de Jacal. [Dess. par *Marchais* d'après un croquis de M. *de Humboldt*, gr. par *Bouquet*.] — 66. Tête gravée en pierre dure par les Indiens Muyscas; bracelet d'obsidienne. — 67. Vue du lac de Guatavita. [Dess. par *Thibaut* d'après une esquisse de M. *de Humboldt*, gr. par *Bouquet*.] — 68. Vue de la Silla de Caracas. [Dess. par *Marchais* d'après un croquis de M. *de Humboldt*, gr. par *Bouquet*.] — 69. Le dragonnier de l'Orotava. [Dess. par *Marchais* d'après une esquisse de M. *d'Ozonne*, gr. par *Bouquet*.]

Die Zahl der im Titel angegebenen Blätter ist später um sechs, d. i. auf 69 vermehrt worden. Die „Relat. histor.", I, 118 zählt den Drachenbaum als Nr. 58.

Deutsch:

104. Pittoreske Ansichten der Cordilleren und Monumente amerikanischer Völker. Tübingen, Cotta, 1810. gr. 8. 1. Heft: Schreibpapier mit Atlas 20 Thlr., Druckpapier ohne Atlas 12 Sgr. 2. Heft: Schreibpapier mit Atlas 20 Thlr., Druckpapier ohne Atlas 12 Sgr.

Beide Hefte enthalten, mit Ausschluss der Einleitung, nur den Text zu den ersten 22 Kupfern. Uebersetzung und Ausstattung sind über alle Vorstellung erbärmlich. Vgl. „Jen. Allg. Literaturztg.", 1812, Nr. 101.

105. Vol. XVII. Atlas géographique et physique du Nouveau Continent fondé sur des observations astronomiques, des mesures trigonométriques et des nivellemens barométriques par *Alexandre de Humboldt*. Paris, chez Dufour, 1814. Fol.

Inhalt: 1. Limite inférieure des neiges perpetuelles à différentes latitudes. [Dessiné par *F. Friesen* à Berlin 1808, gravé par *Bouquet* et l'écriture par *L. Aubert* père.] — 2. Tableau physique des isles Canaries. Géographie des plantes du Pic de Ténériffe. [Dess. par *L. Marchais*, gr. en couleur par *L. Coutant*, l'écriture par *L. Aubert* 1817.] — 3. Profil de la Péninsule espagnole pour servir de comparaison aux cartes hypsométriques du Nouveau Continent. [Dess. par *A. de Humboldt* à Paris 1823, gr. par *Coutant*.] (Voyez Relat. histor. I, 48.) — 4. Chemin de la Guayra à Caracas, par la Cumbra, esquisse d'après un nivellement barométrique par *A. de Humboldt*. [Dess. par *l'Auteur* 1817, gr. à Paris par *L. Coutant*, l'écriture par *L. Aubert*.] — 5. Esquisse hypsométrique des nœuds de montagnes et des ramifications de la Cordillère des Andes depuis le cap de Horn jusqu'à l'isthme de Panama (et à la chaîne littorale du Venezuela) [Cette carte a été dressée par M. *Brué*, d'après l'ensemble des observations et les croquis géologiques de M. *de Humboldt* pour servir d'éclaircissement au tableau géognost. de l'Amérique Méridionale. (Voyez Rel. hist., III, 188—265.) Les montagnes gravées par *F. P. Michel*.] — 6. Profil du chemin de Carthagène des Indes au plateau de Santa Fé de Bogota. [Dess. par *l'Auteur* à Santa Fé de Bogota en 1801, terminé à Paris en 1820, gr. à Paris par *L. Coutant*, l'écriture par *L. Aubert*.] — 7. Tableau géognostique des formations de roches entre la vallée de Mexico, Moran et Totonilco. [Dess. au Collegio de Mineria de Mexico par *A. de Humboldt* 1803, gr. à Paris par *Berthe* 1833.] — 8. Carte itinéraire de la route de Zacatecas à Bolaños. [Dess. à Mexico par *S. Guzman* 1825, gr. par *Berthe* à Paris.] — 9. Voyage vers la cime du Chimborazo, tenté le 23 Juin 1802. Esquisse de la Géographie des plantes dans les Andes de Quito. [Dess. par *A. de Humboldt* 1803 à Mexico, par *F. Marchais* à Paris 1824.] — 10. Carte de la province de Quixos entre le Rio Napo et le dôme trachytique d'Antisana. (Dess. par *A. de Humboldt* à Quito en Avril 1802, gravé à Paris par *Berthe*.] — 11. Esquisse d'une Carte de la province d'Avila. [Dess. à Quito par *A. de Humboldt* 1802, red. par *Henri Berghaus* à Berlin 1833, gr. à Paris par *Berthe*.] — 12. Plan du port et des environs de Tampico. [Dess. à Mexico 1827, gr. à Paris par *Berthe* 1833.] — 13. Exemple de Bifurcations et de Deltas d'affluens pour servir d'éclaircissement aux discussions d'hydrographie de l'Orénoque (7 cartons) comparée contenues dans le chap. 23 de la „Relat. hist." 1) Bifurcation de la rivière de Torneo; 2) Haase et Else, affluens de deux systèmes de rivières, parcourant une même vallée; 3) Bifurcation de la rivière de Vaucluse: 4) Carpathes fleuves qui naissent au revers méridional d'une chaîne, appartiennent au système septentrional; 5) Bifurcation du Rio Cababuri; 6) Ancienne bifurcation de l'Arno; 7) Rio Yapura, Delta d'affluent. — 14. Histoire de la géographie de l'Orénoque (Lac Parime) et du Dorado. [Bifurcation pour servir d'éclaircissement aux discussions contenues dans le chap. 24 de la „Relat. histor."] 11 Cartons nach:

1) Jodocus Hondius 1599, 2) Sanson 1656 und 3) 1680, 4) Samuel Fritz 1690, 5) Gumilla 1741, 6) d'Anville 1748, 7) P. Caulin 1759, 8) Olmedilla 1775, 9) d'Anville 1760, 10) Buache 1798, 11) Surville 1778. — 15. Cours de l'Orénoque depuis l'embouchure du Rio Sinaruco jusqu'à l'Angostura. [Dess. par M. *de Humboldt*, terminée par *J. B. Poirson* 1813, gr. par *Bouclet*, l'écriture par *L. Aubert* père.] — 16. Carte itinéraire du cours de l'Orénoque, de l'Atabapo, du Casiquiare et du Rio Negro, offrant la bifurcation de l'Orénoque et sa communication avec la rivière des Amazones (nebst einem Carton der Wasserfälle von Atures u. Maypures und einem Plane des Lac de Vasiva). [Dess. par *A. de Humboldt* à Quito 1802, terminée par *J. B. Poirson* à Paris 1814, gr. par *Blondeau*, l'écriture par *L. Aubert.*] — 17. Carte du cours du Rio Apure et d'une partie de la chaîne des montagnes de la Nouvelle-Grenade. [Red. et dess. par *J. B. Poirson* 1813, gr. par *P. A. F. Tardieu.*] — 18. Carte de la partie orientale de la province de Varinas comprise entre l'Orénoque, l'Apure et le Rio Meta. [Red. et dess. d'après des croquis de M. *de Humboldt*, par *J. B. Poirson* 1812, gr. par *P. A. F. Tardieu*, l'écriture par *L. Aubert* père.] — 19. Carte du cours du Rio Meta et d'une partie de la chaîne orientale des montagnes de la Nouvelle-Grenade. [Red. d'après des esquisses de M. *de Humboldt* par *J. B. Poirson*, 1813, gr. par *P. A. F. Tardieu*, l'écriture par *L. Aubert* père. 19 bis. Red. etc. 1817.] — 20. Cours du Rio Cauca, et des Missions qui on été établies sur ses bords par les religieux de St. François, esquissé des matériaux fournis par les missionnaires de l'Orénoque en 1800. [Dess. par *J. B. Poirson* 1816, gr. par *E. Aubert*, l'écriture par *L. Aubert.*] — 21. Cours du Rio Guaviare et de la partie de Rio Apure comprise entre la ville de San Fernando et le confluent de l'Apure avec l'Orénoque l'embouchure de la rivière. [Red. d'après une esquisse de M. *de Humboldt* par *J. B. Poirson* 1814, gr. par *Barrière* père, l'écriture par *L. Aubert.*] — 22. Carte générale de Colombia. [Dressée par *A. H. Brué*, d'après l'ensemble des observations astronom. et des renseignemens topogr. de M. *de Humboldt*, gr. en Janvier 1825.] Note: On n'a ajouté des astériques qu'aux seules positions astron. déterminées par M. *de Humboldt*, pour ne pas confondre des résultats calculés d'après des tables et des méthodes différentes. Voyez *Humboldt* et *Oltmanns* „Rec. d'obs. astron.", I, 35—40, 34—278, II, 141—289. — 23. Carte de l'Isle de Cuba. [Red. sur les observ. astron. des navigateurs espagnoles et sur celles *de Humboldt*, par *G. Lapie*, tirage de 1826, — ist später neu bearbeitet worden.] Carton: Plan du port et de la ville de la Havane. 1820 écrit par *Lallemand*, gr. par *Flahaut*. — 24. Carte du Rio Grande de la Magdalena depuis ses sources jusqu'à son embouchure. 2 Cartons: 1) Carte du Rio Grande de l. M. depuis ses sources jusqu'aux 4° de lat. par *F. J. de Caldas*; 2) Plan topographique de l'Angostura de Carare, esquissé sur les lieux en Juin 1801 par *A. de Humboldt*. [Dess. p. *E. H. Michaelis*, Off. du Génie au serv. de S. M. le roi de Prusse, gr. à Paris par *Pierre Tardieu* fils, l'écriture par *L. Aubert* père.] — 25. Carte hydrographique de la province du Chocó. Communication entre l'Océan Atlantique et la Mer du Sud, tentée dans l'isthme de la Raspadura. [Esquissée d'après le plan de *Don Juan Donoso* et les matériaux communiqués par le gouvernement de la République de Colombia. Dess. en Avril 1827 par *Brué*, gr. à Paris par *Arlus*.] — 26. Carte géologique du Nevado d'Antisana. [Esquissée sur les lieux par *A. de Humboldt*. Dess. par *E. H. Michaelis*, Off. du Génie pr., gr. à Paris par *P. Tardieu* fils, l'écriture par *L. Aubert* père.] — 27. Plan hypsométrique du volcan de Pichincha. [Esquissé sur les lieux par *A. de Humboldt*. Dess. par *F. H. Michaelis*, Off. du Génie pr., gr. à Paris par *Pierre Tardieu* 1827, l'écriture par *J. D. Lale*.] — 28. Tableau géologique du volcan de Jorullo. [Dressé sur des mesures barom. faites sur les lieux de *A. de Humboldt*. Dess. d'après une esquisse de l'Auteur par *Don Juan Jose Rodriguez*, à l'école des mines de Mexico en 1804, gr. par *Bouquet*, l'écriture par *L. Aubert* père.] — 29. Plan du volcan de Jorullo. [Esqu. sur les lieux par *A. de Humboldt*. 2 Cartons: 1) Le terrain soulevé vue de l'Ouest; 2) Étendue de la masse soulevée. Gr. par *P. Tardieu* fils, l'écriture par *L. Aubert*.] — 30. Esquisse géologique des environs de Guanaxuato. [Fondée sur des mesures géodés. et barom. faites en Août et Septembre 1803 par *A. de Humboldt*. Dess. par *A. de Humboldt* et *A. Davalos* 1803, terminé par *H. Michaelis* 1817, gr. à Paris par *P. Tardieu* fils, l'écriture par *L. Aubert*.] — 31. Carte des environs de Honda, de Mariquita et des mines de Santana par *Roulin*. [Dess. par *F. Roulin* 1825, gr. à Paris par *Berthe* 1834.] — 32. Carte de l'isthme de Tehuantepec ou du terrain entre le Rio de Huasacualco (Coazacoalco) et le Rio

Chicapa, tracée en 1827 à l'État-major de la République mexicaine. [Redigé par *H. Berghaus* à Berlin 1834, gr. à Paris par *Berthe* 1834.] — 33. Le Nouveau Continent figuré dans la mappemonde de *Juan de la Cosa* en 1500 par *Walckenaer*. — 34. Fragment de la mappemonde dessinée au port de Santa Maria l'an 1500 par *Juan de la Cosa*, tracé par *Walckenaer*. — 35. Fragment de la mappemonde par *Juan de la Cosa* tracée en 1500, par *Walckenaer*. — 36. Trois fragmens de la mappemonde de *Juan de la Cosa* tracée en 1500, par *Walckenaer*. — 37. Tabula terrae novae, depromta ex ed. Geographiae Ptolemaei; Argentor. 1513, in-fol. [Servatis in scriptura mendis omnibus, etiam manifestis]. — 38. Tabula moderna Norbergic et Gottie. [Ex ed. Geographiae Ptolomaei, Rom. 1508 et Argentor. 1513, in-fol.] — 39. Fragmentum tabulae cui titulus: Orbis typus universalis juxta Hydrographorum traditionem. [Ex ed. Geographiae Ptolemaei, Argentor. 1513 in-fol.] — 40. Universalior cogniti orbis Tabula, ex recentibus confecta observationibus. [Fragmentum depromtum ex ed. Geographiae Ptolemaei, Romae 1508, in-fol.]

Die Karten Nr. 33—40 sind erst später mit dem Erscheinen des „Examen critique" zu dem Atlas hinzugekommen.

106. Vol. XVIII. Examen critique de l'histoire de la géographie du Nouveau Continent, et des progrès de l'astronomie nautique aux XVe et XVIe siècles. Paris, Gide, 1814—34. Fol. gr. Col. vél. 342 Frs. [Analyse de l'Atlas géographique et physique.]

Ohne Inhaltsanzeige und Register. — *Arago*, dem das Werk dedicirt ist, sagte von demselben: „Humboldt, tu ne sais pas comment se compose un livre; tu écris sans fin; mais ce n'est pas là un livre, c'est un portrait sans cadre." Vgl. *de la Roquette*, „Correspondence inédite" etc., 1, XXXV. — Humboldt selbst schrieb an Berghaus: „Es ist ein langweiliges, aber sehr gewissenhaft abgefasstes Buch. Ich habe zeigen wollen, dass die grossen Entdeckungen des 15. Jahrhunderts ein Reflex des früher Geahnten waren." [„Briefwechsel", II, 199.]

Deutsch:

107. Kritische Untersuchungen über die historische Entwickelung der geographischen Kenntnisse von der Neuen Welt und die Fortschritte der nautischen Astronomie in dem 15. u. 16. Jahrhundert. Aus dem Franz. von *Jul. Ludwig Ideler*. 3 Bde. Berlin, Nicolai, 1835—51. 8. 6 Thlr. 15 Sgr. — Neue wohlfeile Ausgabe. 1852. 3 Thlr.

Mit vortrefflichem Register, das den Gebrauch des Werkes wesentlich erleichtert.

108. Vol. XIX. Atlas géographique et physique du royaume de la Nouvelle-Espagne. Fondé sur des observations astronomiques, des mesures trigonométriques et des nivellements barométriques par *A. de Humboldt*. 20 cartes. Paris, chez Schoell, 1811. Fol. gr. Col. vél. 150 Frs. [Ein anderes Titelblatt hat die Verlagsfirma G. Dufour & Comp., 1812.]

Table de matières. 1. Carte générale du royaume de la Nouvelle-Espagne, depuis le parallèle de 16° jusqu'au parallèle de 38° (latitude nord), dressée sur des observations astronomiques, et sur l'ensemble des matériaux qui existaient à Mexico au commencement de l'année 1804 par *Alexandre de Humboldt*. [Dessinée à Mexico par l'Auteur 1804, perfectionnée par le même, par MM. *Friesen*, *Oltmanns* et *Thuilier* 1809, gravée par *Barrière*, et l'écriture par *L. Aubert* père à Paris.] 2 Blatt. — Humboldt beklagt, es, dass Arrowsmith diese Karte noch vor dem Erscheinen der englischen Uebersetzung seines Werkes nachgestochen als „New map of Mexico, compiled from original documents etc." [„Relat. hist.", Einleitung.] — 2. Carte du Mexique et des pays limitrophes situés au nord et a l'est, dressée d'après la grande Carte de la Nouvelle-Espagne de M. *de Humboldt*, et d'autres matériaux par *J. B. Poirson* 1811. [Gr. par *Barrière*, l'écriture par *L. Aubert*.] — 3. Carte de la vallée de Mexico et des montagnes voisines, esquissée sur les lieux, en 1804, par Don *Luis Martin*, rédigée et corrigée en 1807, d'après les opérations trigonométriques de Don *Joaquin*

Velasquez, et d'après les observations astronomiques et les mesures barométrique, de M. *de Humboldt*, par *Jabbo Oltmanns*. [Dess. par *G. Grossmann*, terminée par *F. Friesen* et par *A. de Humboldt* à Paris 1808, gr. par *Barrière* et l'écriture par *L. Aubert* père.] — 4. Points de partage et communications projetées entre le Grand Océan et l'Océan Atlantique: 1) Rivière de la Paix et Tacoutché-Tessé; 2) Rio del Norte et Rio Colorado; 3) Rio Huallaya et Rio Huanuco; 4) Golfe de S. Georges et Estero de Aysen; 5) Rio de Huasacualco et Rio de Chimalapa; 6) Lac de Nicaragua; 7) Isthme de Panama; 8) Ravin de la Raspadura et Embaracadero de Naipi. [Dess. par *J. B. Poirson*, gr. par *Barrière* et l'écriture par *L. Aubert*.] — 5. Carte réduite de la route d'Acapulco à Mexico, dressé sur des observations astronomiques, et sur un nivellement barométrique, par *A. de Humboldt*. [Dess. par *A. de Humboldt* à Berlin 1807, gr. par *Barrière* et l'écriture par *L. Aubert*.] — 6. 7. 8. Carte de la route qui mène depuis la capitale de la Nouvelle Espagne jusqu'à Santa Fé du Nouveau-Mexique, dressée sur les journaux de Don *Pedro de Rivera*, et en partie sur les observations astronomiques de M. *de Humboldt*.] 6) Route de Mexico à Durango; 7) Route de Dourango à Chihuahua; 8) Route de Chihuahua a Santa Fé. [Dess. et red. par *F. Friesen* à Berlin 1807, gr. par *Barrière* et l'écriture par *L. Aubert*.] — 9. Carte réduite de la partie orientale de la Nouvelle-Espagne, depuis le plateau de la ville de Mexico jusqu'au port de la Vera-Cruz, dressée sur les operations géodésiques de Don *Miguel Costanzo* et de Don *Diego Garcia Conde*, officiers au service de S. M. Catholique, et sur les observations astronomiques et le nivellement barométrique de M. *de Humboldt*. [Dressée d'après l'esquisse de M. *de Humboldt* par *F. Friesen* à Berlin 1807, le plan gravé par *Barrière*, et l'écriture par *L. Aubert*.] — 10. Esquisse d'une carte qui présente les fausses positions attribuées aux ports de la Vera-Cruz, et d'Acapulco, et de la capitale de Mexico. [Dess. par *A. de Humboldt* à Mexico 1804, gr. par *L. Aubert*.] Das Blatt selbst hat den kürzern Titel „Fausses Positions". — 11. Plan du port de Vera-Cruz, dressé par Don *Bernardo de Orta*, capitaine de vaisseau au service de S. M. Catholique. [*F. Bauza* f. à Madrid (copie diminuée par *F. Wittich* 1807), d'après le plan publié par le Deposito hydrografico de Madrid; le plan gravé par *Barrière* et l'écriture par *L. Aubert*.] — 12. Tableau physique de la pente orientale du plateau de la Nouvelle-Espagne (Chemin de Mexico à Vera-Cruz, par Puebla et Xalapa) dressé d'après des mesures barométriques et trigonometriques prises en 1804, par M. *de Humboldt*; [Dess. par *A. de Humboldt* à Veracruz 1804, terminé par *Wittich* et *Friesen* 1807, gr. par *Bouquet*.] 13. Tableau physique de la pente occidentale du plateau de la Nouvelle-Espagne (Chemin de Mexico à Acapulco), dressé d'après des mesures barométriques prises en 1803, par M. *de Humboldt*. [Gravé par *Bouquet*.] — 14. Tableau du plateau central des montagnes du Mexique, entre les 19° et 21° de latitude boréale (Chemin de Mexico à Guanaxuato), dressé d'après le nivellement de M. *de Humboldt*. [Esquissé par *A. de Humboldt*, à Mexico 1803, dess. par *Raphael Davalos* à Mexico 1804, term. à Berlin 1807.] — 15. Profil du canal de Huehuetoca (desague real), creusé pour préserver la ville de Mexico du danger des inondations, rédigé d'après les dessins de Don *Ignacio Castera* et Don *Luis Martin*, par *F. Friesen* 1808. [Gravé par *Bouquet* et l'écriture gravé par *L. Aubert* père.] — 16. Volcans de la Puebla, vus depuis la ville de Mexico. [Dess. par *F. Gmelin* à Rome 1805, sur une esquisse de Don *Luis Martin* à Mexico 1803, gr. par *F. Arnold* à Berlin 1807.] — 17. Pic d'Orizaba, vu depuis la forêt de Xalapa. [Dess. par *F. Gmelin* à Rome, sur une esquisse de M. *de Humboldt*, gr. par *Fr. Arnold* à Berlin 1807.] „A. de Humboldt ad nat. prim. del. 1804, Fr. Gmelin perf. Romae 1805." — 18. Plan du port d'Acapulco. [Dressé par les officiers de la marine royale de S. M. Catholique, embarqués sur les corvettes la Descubierta et l'atrevida, l'année 1791, dess. à Madrid au dépôt hydrographique, gr. par *Barrière*, l'écriture par *L. Aubert*. — 19. 1) Carte des diverses routes par lesquelles les richesses métalliques refluent d'un continent à l'autre, dessinée par *Poirson*; 2) Produit des mines de l'Amérique, depuis sa découverte; 3) Quantité de l'or et de l'argent extraite des mines du Mexique; 4) Proportion dans laquelle les diverses parties de l'Amérique produissent de l'or et de l'argent; 5) Proportion dans laquelle les diverses parties du monde produissent de l'argent. [Dess. par *J. B. Poirson*, d'après une esquisse de M. *de Humboldt*, gr. par *L. Aubert*. — 20. 1) Tableau comparatif de l'étendue territoriale des intendances de la Nouvelle Espagne; 2) Étendue territoriale et population des métropoles et des colonies en 1804.

109. Vol. XX. Géographie des plantes équinoxiales. Tableau physique des Andes et pays voisins. Fol.

Der ganze Band enthält nichts weiter als das einzige zu dem „Essai sur la géogr. des Plantes", vol. XXVII, untrennbar gehörige Tableau, das auch gewöhnlich in Quart gebrochen dem „Essai" beiliegt.

110. Vol. XXI et XXII. Recueil d'observations astronomiques, d'opérations trigonométriques et de mesures barométriques, faites pendant le cours d'un voyage aux régions équinoxiales du Nouveau Continent, dépuis 1799 jusqu'en 1804, rédigées et calculées d'après les tables les plus exactes, par *Jabbo Oltmanns;* ouvrage auquel on a joint des recherches historiques sur la position de plusieurs points importants pour les navigateurs et pour les géographes. 2 vol. Paris, F. Schoell, Treuttel & Würtz, 1808 et ann. suiv. gr. 4. pap. fin 192 Frs., pap. vél. 352 Frs.

Table des matières du Ier volume: Introduction de M. *de Humboldt*, p. 1—68. — Discours préliminaire, par M. *Oltmanns*. Des moyens employés pour déterminer la position des lieux, et du calcul des observations astronomiques, p. 1—138. Tableau des positions géographiques du Nouveau Continent, déterminées par des observations astronom. de M. *de Humboldt* et de plusieurs navigateurs français, anglais et espagnols, calculées d'après les tables les plus récentes, et en suivant une méthode uniforme, par M. *Oltmanns*, p. 1. Table alphabétique des endroits dont la position géographique a été déterminée dans cet ouvrage, p. 35. Table des astronomes et voyageurs dont les observations ont été discutées, p. 50. — Table supplément. sur tout ce qui a rapport aux méthodes astronom. et à la physique générale, p. 52. — Recueil d'observations astronom., d'opérations trigonom., et de mesures barométriques. — Livre I. Observations faites en Espagne et aux isles Canaries, p. 1—34. — Livre II. Isles voisines de la côte de Cumana. Nouvelle-Andalousie, p. 35—157. — Livre III. Province de Venezuela. Llanos. Orenoco et Rio Negro. Nouvelle-Barcelone, p. 158—282. Nivellement barométrique fait dans les régions équinoxiales du Nouveau Continent, en 1799, 1800, 1801, 1802, 1803 et 1804. Sur le calcul des mesures barométriques par M. *Oltmanns*, p. 283—94. Nivellement barométrique, accompagné de notes géologiques et physiques, par M. *de Humboldt*, p. 295—336. Tables hypsométriques, ou tables auxiliaires pour le calcul des hauteurs à l'aide du baromètre, d'après la formule de M. *Laplace*, par M. *Oltmanns*, p. 337—376.

Table des matières du II^d^ volume: Livre IV. Mer des Antilles. La Havane et Isle de Cuba, p. 1—108. — Livre V. Continuation de la Mer des Antilles. Archipel. Au sud du Batabano. Cayman. Carthagène des Indes, p. 109—90. — Livre VI. Voyage de Carthagène des Indes à Santa-Fé de Bogota. Rivière de la Madelaine, p. 191—246. — Livre VII. Intérieur du royaume de la Nouvelle-Grenade. Passage de la chaîne centrale des Andes. Quindiu. Vallée du Rio Cauca. Popayan, p. 247—83. — Livre VIII. Voyage sur le dos de la Cordillère des Andes. Almaguer. Pasto. Province de los Pastos. Villa de Ibarra, p. 284—98. — Livre IX. Recherches sur la position de Quito. Calcul des observations faites par les astronomes français et espagnols chargés de la mesure du méridien, p. 299—358. — Livre X. Partie méridionale du royaume de Quito. Dos de la Cordillère des Andes, entre Rio-Bamba et Loxa. Province de Jaen de Bracamoros. Rivière des Amazones. Passage des Andes à Micuipampa. Côtes de la Mer du Sud. Partie septentrionale du Pérou, p. 359—428. —. Livre XI. Mer du Sud. Longitude de Guayaquil. Côte occidentale du Mexique. Acapulco, p. 429—65. — Livre XII. Route d'Acapulco à Mexico. Position de la capitale de la Nouvelle-Espagne. Discussion sur sa véritable longitude, p. 466—501. — Livre XIII. Intérieur de la Nouvelle-Espagne. Intendances de Mexico, de Guanoxuato, de Valladolid, de Puebla et de Vera-Cruz, p. 502—36. — Livre XIV. Azimuts observés à Mexico et sur la pyramide de Cholula. Différence des méridiens entre Mexico et Vera-Cruz. Opérations hypsométriques. Golfe du Mexique, p. 537—66. Supplément, p. 567—619.

111. Vol. XXIII et XXIV. Recueil d'observations de zoologie et d'anatomie comparée faites dans l'océan Atlantique, dans l'intérieur du Nouveau Continent et dans la Mer du Sud, pendant les années 1799—1803. 2 vol. avec 54 planches noires et col. Paris, Schoell, Dufour, 1805—33. 4. 420 Frs.

In Schloss Tegel sind von Bd. I. zwei ganz verschiedene Drucke vorhanden. Table des matières du Ier volume: Mémoire sur l'Os hyoïde et le larynx des oiseaux, des singes et du crocodile par *A. de Humboldt*, p. 1. — Mémoire sur une nouvelle espèce de singe (Simia leonina), trouvée sur la pente orientale des Andes, par le même, p. 14. — Mémoire sur l'Eremophilus et l'Astroblepus, deux nouveaux genres de l'ordre des Apodes, par le même, p. 17. — Mémoire sur une nouvelle espèce de Timelode, jetée par les volcans du royaume de Quito, par le même, p. 21. — Essai sur l'histoire naturelle du Condor, ou du Vultur gryphus de Linné, par le même, p. 46. — Observations sur l'Anguille électrique (Gymnotus electricus, Linn.) du Nouveau Continent, par le même, p. 49. — Recherches anatom. sur les Reptiles regardés encore comme douteux par les naturalistes, faites à l'occasion de l'Axolotl, rapporté par M. de Humboldt du Mexique, par M. *Cuvier*, p. 93—126. — Insectes de l'Amérique équinoxiale, recueillis pendant le voyage de MM. de Humboldt et Bonpland, et décrits par M. *Latreille*, p. 127—252. — Sur la respiration des Crocodiles, par *A. de Humboldt*, p. 253. — Des Abeilles proprement dites, et plus particulièrement des Insectes de la même famille qui vivent en société continue, et qui sont propres à l'Amérique méridionale (Melipones et Trigones), avec un tableau méthod. des genres, comprenant les insectes désignés anciennement sous le nom général d'Abeille (Apis, Linné et Geoffroy), par *P. A. Latreille*, p. 260—297. — Sur un Ver intestin trouvé dans les poumons du serpent à sonnettes de Cumana, par *A. de Humboldt*, p. 298. — Sur les Singes qui habitent les rives de l'Orénoque, du Cassiquiare et du Rio Negro, par le même, p. 305. — Sur les Singes du royaume de la Nouvelle-Grenade et des rives de l'Amazone, par le même, p. 336. — Sur quelques espèces d'animaux carnassiers de l'Amérique, rapportés par Linné au genre Viverra, par le même, p. 345. — Tableau synoptique des Singes de l'Amérique, par le même, p. 353—63. — Planches I—XXX.

Table des matières du II^d volume: Sur deux nouvelles espèces de Crotales, par *A. de Humboldt*, p. 1. — Insectes de l'Amérique équinoxiale, recueillis pendant le voyage de MM. de Humboldt et Bonpland, et décrits par M. *Latreille*, p. 9. — Mémoire sur le Guacharo de la caverne de Caripe, nouveau genre d'oiseaux nocturnes de la famille des Passereaux, par *A. de Humboldt*, p. 139. — Recherches sur les poissons de l'Amérique équinoxiale, par MM. *A. de Humboldt* et *A. Valenciennes*, p. 145. — De la respiration et de la vessie aërienne des poissons, par M. *A. de Humboldt*, p. 194. — Expériences faites sur la respiration de l'homme et de quelques animaux à sang chaud, par M. *Gay-Lussac*, p. 205. — Coquilles marines bivalves de l'Amérique équinoxiale, recueillies pendant le voyage de MM. de Humboldt et Bonpland, et décrites par *A. Valenciennes*, p. 217. — Coquilles fluviatiles bivalves du Nouveau-Continent, recueillies pendant le voyage de MM. de Humboldt et Bonpland, et décrites par *A. Valenciennes*, p. 225. — Coquilles univalves terrestres et fluviatiles, rapportées par MM. A. de Humboldt et Bonpland, et décrites par *A. Valenciennes*, p. 238. — Coquilles univalves marines de l'Amérique équinoxiale, recueillies pendant le voyage de MM. A. de Humboldt et Bonpland, et décrites par *A. Valenciennes*, p. 262. — Note supplément. sur le Douroucouli (Simia trivirgata), par *A. de Humboldt*, p. 340. — Nouvelle observations sur l'Eremophilus Mutisii, par *A. Valenciennes*, p. 341—48. — Planches XXXI—LIV.

Deutsch:

112. Beobachtungen aus der Zoologie und vergleichenden Anatomie 1.—3. Liefg. Stuttgart u. Tübingen, J. G. Cotta, 1807—9. gr. 4. Velinpapier 20 Thlr., Schreibpapier 14 Thlr. 20 Sgr.

„Dem grossen Physiologen *Friedrich Kielmeyer* gewidmet, als ein Zeichen tiefer Bewunderung und inniger Hochschätzung." — Die Uebersetzung des Werkes blieb unvollendet, sie beschränkte sich nur auf drei Lieferungen.

Inhalt: I. Lief. mit den Kupfertafeln 1—7. 1) Ueber das Zungenbein und den Kehlkopf der Vögel, der Affen und der Krokodile. 2) Ueber den Löwenaffen, eine neue Species aus den Missionen des Putamayo. 3) Ueber den Eremophilus und den Astrobleps, zwei neue Fischgattungen aus der Ordnung der Apoden. 4) Ueber eine neue unterirdische Art der Fischgattung Pimelodes, welche von den Vulkanen des Königreichs Quito in grosser Menge ausgeworfen wird. — II. Lief. mit den Kupfertafeln 8—10. 5) Beobachtungen über den elektrischen Aal des neuen Welttheils (Gymnotus electr. Linn.). 6) Ueber eine neue Art von Gymnotus aus dem Magdalenenstrome. 7) Versuch einer Naturgeschichte des Condors (Vultus Gryphus Linn.). — III. Lief. mit den Kupfertafeln 11—14. 8) Anatomische Untersuchungen über die von den Naturforschern bisjetzt für zweifelhaft gehaltenen Reptilien, angestellt bei Gelegenheit des Axolotl, den Humboldt aus Mexico nach Europa gebracht hat, von *G. Cuvier.*

113. Vol. XXV et XXVI. Essai politique sur le royaume de la Nouvelle-Espagne. Dedié à S. M. Charles IV. 2 vol. avec un Atlas de 20 cartes in Fol. (Vol. XIX.) Paris, Schoell, 1811. 4. 156 Frs., pap. vél. 250 Frs.

Table des matières: Dédicace au roi Charles IV, datée Paris, 8 Mars 1808. — Analyse raisonnée de l'Atlas de la Nouvelle-Espagne. I. Carte réduite du royaume de la Nouvelle-Espagne. Mexico, Vera-Cruz, Acapulco, Route de Mexico à Acapulco, Route de Mexico à Vera-Cruz, Points situés entre Mexico, Guanaxuato et Valladolid, Ancienne et Nouvelle-Californie, Provincias internas. II. Carte de la Nouvelle-Espagne et des pays limitrophes au nord et à l'est. III. Carte de la Vallée de Mexico, ou de l'ancien Tenochtitlan. IV. Carte qui présente les points sur lesquels on a projeté des communications entre l'Océan Atlantique et la Mer du Sud. V. Carte réduite de la route d'Acapulco à Mexico. VI. Carte de la route de Mexico à Durango. VII. Carte de la route de Durango à Chihuahua. VIII. Carte de la route de Chihuahua à Santa-Fé del Nuevo-Mexico. IX. Carte de la partie orientale de la Nouvelle-Espagne, depuis le plateau de Mexico jusqu'aux côtes de Vera-Cruz. X. Carte des fausses positions. XI. Plan du port de Vera-Cruz. XII. Tableau physique de la pente orientale du plateau d'Anahuac. XIII. Tableau physique de la pente occidentale du plateau de la Nouvelle-Espagne. XIV. Tableau physique du plateau central de la cordillère de la Nouvelle-Espagne. XV. Profil du canal de Huehuetoca. XVI. Vue pittoresque des volcans de Mexico ou de la Puebla. XVII. Vue pittoresque du Pic d'Orizaba. XVIII. Plan du port d'Acapulco. XIX. Carte des diverses routes par lesquelles les richesses métalliques refluent d'un continent dans l'autre. XX. Figures représentant la surface de la Nouvelle-Espagne et de ses intendances, les progrès de l'exploitation métallique, et d'autres objets relatifs aux colonies des Européens dans les deux Indes. Tableau des positions géographiques du royaume de la Nouvelle-Espagne, déterminées par des observations astronomiques. Tableau des hauteurs les plus remarquables, mesurées dans l'intérieur de la Nouvelle-Espagne. — Livre I. Considérations générales sur l'étendue et l'aspect physique du pays. Influence des inégalités du sol sur le climat, l'agriculture, le commerce, et sur la défense militaire. — Chap. I. Étendue des possessions espagnoles en Amérique. Comparaison de ces possessions avec les colonies anglaises et avec la partie asiatique de l'empire russe. Dénominations de Nouvelle-Espagne et d'Anahuac. Limites de l'empire des rois aztèques. — Chap. II. Configuration des côtes. Points sur lesquels les deux mers sont le plus rapprochées. Considérations générales sur la possibilité de joindre la Mer du Sud à l'Océan Atlantique. Rivières de la Paix et de Tacoutché-Tessé. Sources du Rio Bravo et du Rio Colorado. Isthme de Tehuantepec. Lac de Nicaragua. Isthme de Panama. Baie de Cupica. Canal du Choco. Rio Guallaga. Golfe de Saint-George. — Chap. III. Aspect physique du royaume de la Nouvelle-Espagne comparé à celui de l'Europe et de l'Amérique méridionale. Inégalités du sol. Influence de ces inégalités sur le climat, la culture et la défense militaire du pays. État des côtes. — Livre II. Population générale de la Nouvelle-Espagne. Division des habitans en castes. — Chap. IV. Dénombrement général fait en 1793. Progrès de la population dans les dix années suivantes. Rapport entre les naissances et les décès. — Chap. V. Maladies qui arrêtent périodiquement le progrès de la population. Petite-vérole naturelle et inoculée. Vaccine. Matlazahuatl. Disette. Santé des mineurs. — Chap. VI. Différence des castes. Indiens ou indigènes américains. Leur nombre et leurs migrations. Diversité des langues. Degré de civilisation des Indiens. — Tableau chronologique de l'histoire du Mexique. — Chap. VII. Blancs, créoles et européens. Leur civilisation. Inégalité de leurs fortunes. Nègres. Mélange des castes. Rapport des sexes entre-eux. Longévité selon la différence des races. Sociabilité. — **Livre III.** Statistique particulière des intendances qui composent le royaume de la Nouvelle-Espagne. Leur étendue territoriale et leur population. — Chap. VIII. De la Division politique du territoire mexicain et du Rapport de la population des intendances à leur étendue territoriale. Villes principales. Analyse statistique du royaume de la Nouvelle-Espagne. I. Intendance de Mexico. II. Intendance de Puebla. III. Intendance de Guanaxuato. IV. Intendance de Valladolid. V. Intendance de Guadalaxara. VI. Intendance de Zacatecas. VII. Intendance d'Oaxaca. VIII. Intendance de Merida. IX. Intendance de Vera-Cruz. X. Intendance de San Luis Potosi. XI. Intendance de Durango. XII. Intendance de la Sonora. XIII. Province du Nueva Mexico. XIV. Province de la Vieille-Californie. XV. Province de la Nouvelle-Californie. Pays situés au nord-ouest du Mexique. Rectifications et notes supplémentaires du tableau statistique de la Nouvelle-Espagne. Chemin de Pueblo-Viejo à Mexico. Table des matières. Corrections. — **Livre IV.** Etat de l'agriculture de la Nouvelle-Espagne. Mines métalliques, Chap. IX. Productions végétales du territoire mexicain. Progrès de la culture du sol. Influence des mines sur le défrichement. Plantes qui servent à la nourriture de l'homme. — Chap. X. Plantes qui fournissent les matières premières aux manufactures et au commerce. Éducation des bestiaux. Pêche. Produit de l'agriculture évalué d'après la valeur des dîmes. — Chap. XI. État des mines de la Nouvelle-Espagne. Produit en or et en argent. Richesse moyenne des minerais. Consommation annuelle de mercure dans le procédé de l'amalgamation. Quantité de métaux précieux qui, depuis la conquête du Mexique, ont reflué d'un continent dans l'autre. — Tableau général des mines de la Nouvelle-Espagne. I. Intendance de Guanaxuato. II. Intendance de Zacatecas. III. Intendance de San Luis Potosi. IV. Intendance de Mexico. V. Intendance de Guadalaxara. VI. Intendance de Durango. VII. Intendance de Sonora. VIII. Intendance de Valladolid. IX. Intendance d'Oaxaca. X. Intendance de Puebla. XI. Intendance de Vera-Cruz. XII. Ancienne Californie. — Produit du district des mines de Guanaxuato. — Tableau comparatif des mines de l'Amérique et de l'Europe. — Argent (plata quintada) extrait des mines de la Nouvelle-Espagne, depuis le 1er Janv. 1785, jusqu'au 31 Décembre 1789. — Tableau I. Or et argent extraits des mines du Mexique, et monnayés à Mexico depuis 1690 jusqu'à 1809. — Tableau II. Argent extrait des mines du Mexique, depuis 1690 jusqu'à 1800. — Progrès de l'exploitation des mines du Mexique. — Exploitation de Yauricocha. — Produit des mines d'argent de Hualgayoc, de Guamachuco et de Conchuco. — Droits royaux (Derechos reales) payés de l'argent extrait du Cerro del Potosi. — Tableau I. Première époque, depuis le 1er Janv. 1556, jusqu'au 31 Décembre 1578, pendant laquelle on ne paya que le quint seul. — Tableau II. Seconde époque, depuis le 1er Janv. 1579 jusqu'au 19 juillet 1736, pendant laquelle on payait d'abord un et demi pour cent de cobos, et puis le quint des 98 piastres 4 réaux restant. — Tableaux III. Troisième époque, depuis le 20 juillet 1736 jusqu'au 31 Décembre 1789, pendant laquelle on payait un et demi pour cent et le demi-quint, ou de 100 piastres, 11 piastres, 3 réaux. — Exploitation du Cerro del Potosi (Hatun-Potocsi). I. Or monnayé à Santa-Fé de Bogota. II. Or monnayé à Popayan. — Produit annuel des mines d'or et d'argent dont le quint a été payé. — Produit annuel des mines du Nouveau Continent, au commencement du dix-neuvième siècle. — Produit annuel des mines d'or et d'argent en Europe, dans l'Asie septentrionale et en Amérique. I. Quantité d'or et d'argent enregistrée, retirée des mines de l'Amérique, depuis l'année 1492 jusqu'en 1803. II. Or et argent non enregistrés, retirés des mines du Nouveau Continent, depuis 1492 jusqu'en 1803. — Du produit des mines d'or du Brésil, comparé à celui des mines d'or de l'Oural. — Sur les quantités relatives de métaux précieux monnayés et réduits en objets d'orfévrerie. — Sur l'activité des Hôtels des Monnaies de France, comparée à celle de l'Hôtel des Monnaies de Mexico. — Des changemens qu'éprouve l'accumulation des métaux précieux en Europe. — Quantités de thé importé et consommé dans la Grande-

Bretagne, depuis 1805 jusqu'en 1826, et terme moyen de ces quantités pour 10 années. — **Livre V.** État des manufactures et du commerce de la Nouvelle-Espagne. — Chap. XII. Industrie manufacturière. Toiles de Coton. Lainages. Cigares. Soude et savon. Poudre. Monnaie. Échange des productions. Commerce intérieur. Chemins. Commerce extérieur par Vera-Cruz et Acapulco. Entraves de ce Commerce. Fièvre jaune. — **Livre VI.** Revenu de l'état. Défense militaire. — Chap. XIII. Revenu actuel du royaume de la Nouvelle-Espagne. Son augmentation progressive depuis le commencement du dix-huitième siècle. Sources du revenu public. — Chap. XIV. Frais de recouvrement. Dépenses publiques. Situados. Produit net qui reflue dans le trésor royal de Madrid. État militaire. Défense du pays. Récapitulation. — Notes et Supplément. — Table alphab. a matières, — Corrections.

[Biot a publié, dans les numéros du „Moniteur" des 30 Juin 1808, 16, 17 et 18 Février, et 27 Juillet 1809, un extrait analytique de cet ouvrage].

Deutsch:

114. Versuch über den politischen Zustand des Königreichs Neu-Spanien, enthaltend Untersuchungen über die Geographie des Landes, über seinen Flächeninhalt und seine neue politische Eintheilung, über seine allgemeine physische Beschaffenheit, über die Zahl und den sittlichen Zustand seiner Bewohner, über die Fortschritte des Ackerbaues, der Manufacturen und des Handels, über die vorgeschlagenen Kanalverbindungen zwischen dem Antillischen Meere und dem Grossen Ocean, über die militärische Vertheidigung der Küsten, über die Staatseinkünfte und die Masse edler Metalle, welche seit der Entdeckung von Amerika, gegen Osten und Westen, nach dem Alten Continent übergeströmt ist. 5 Bde., gr. 8. ohne Atlas (1809—14). Druckpapier 11 Thlr. 22½ Sgr., Velinpapier 17 Thlr.

(Der früher mit diesem Werke ausgegebene Atlas fehlt.)

Englisch:

115. Political Essay on the Kingdom of New-Spain, with physical Sections and Maps founded on astronomical observations and trigonometrical and barometrical measurements. Translated by *John Black*. 4 vols. London 1811—12. 8.

Spanisch:

116. Ensayo político sobre la Nueva-España, por el baron *A. de Humboldt*. I^a edic. 4 vol. Paris 1822. II^a edic., corregida y aumentada, traducida al castellano de la francesa, por *D. V. G. Arnao*. 5 vol., con mapas. 1827. 8. 55 Frs.

117. Vol. XXVII. Essai sur la géographie des plantes; accompagné d'un tableau physique des régions équinoxiales, fondé sur des mesures exécutées depuis le dixième degré de latitude boréale jusqu'au dixième degré de latitude australe pendant les années 1799—1803, avec une grande planche en couleur ou en noir. (Vgl. Vol. XX.) Paris, F. Schoell, an XIII (1805). 4. 155 p.

[„Partie aujourd'hui très-rare", *Quérard*, La France littér.]

Deutsch, bearbeitet von Humboldt selbst, und Goethe gewidmet (vgl. unser Werk, I, 199) unter dem Titel:

118. Ideen zu einer Geographie der Pflanzen, nebst einem Naturgemälde der Tropenländer, auf Beobachtungen und Messungen gegründet, welche vom 10. Grade nördl. bis zum 10. Grade südl. Br. in den

Jahren 1799—1803 angestellt worden sind. Tübingen, J. G. Cotta, 1807. 4. XII, 182 p. Mit 1 Tab. 9⅓ Thlr., col. 13 Thlr.

[Mit einer Kupfertafel und einem von *Thorwaldsen* gezeichneten Dedicationsblatt an Goethe. Beide höchst selten.] Besprochen: Allg. geogr. Ephemeriden 1807, II, 453; Hall. Literaturztg. 1807, I, 769; *von Zach*, Monatl. Corresp., XVI, 36; *Cuvier*, Geschichte der Naturw., III, 73.

Auszüge:

119. Ideen zu einer Geographie der Pflanzen. Mit erläuternden Zusätzen und Anmerkungen. Wien, 1811. 8. 67 p.

[Aus dem „Archiv für Welt-, Erd- u. Staatenkunde" (Bd. 1, Heft 3) besonders abgedruckt.]

120. Ansichten der Pflanzengeographie des Hrn. A. von Humboldt, im Auszuge herausgeg. von *Stirbes*. Berlin 1827. 12. 117 p. ½ Thlr.

121. Vol. XXVIII—XXX. Relation historique du Voyage aux régions équinoxiales du Nouveau Continent, fait en 1799, 1800, 1801, 1802, 1803 et 1804, par A. de Humboldt et A. Bonpland. Réd. par *A. de Humboldt*. 3 vol. 4. Paris. T. I: 640 p., F. Schoell, auch mit der Firma Libr. grecque-latine-allemande, 1814. — T. II: 722 p., Maze, 1819. — T. III: 629 p., Smith & Gide fils, 1825. 158 Frs., Vél. 252 Frs.

Das Werk sollte ursprünglich vier Bände enthalten. Der vierte Band war im Manuscript schon grösstentheils vollendet und auch der Druck bereits vorgeschritten. L. von Buch schrieb Ende 1810 an Gilbert (Annalen XXXVII, 115): „Hr. von Humboldt arbeitet eifrig an seinen Reisen und hat das grosse gehaltreiche Werk über Mexico jetzt vollendet. Nun denkt er den schon fertigen Reisebericht dem Publikum zu übergeben," — — und Humboldt selbst schrieb schon den 17. März 1810 an Willdenow: „Man druckt jetzt an dem vierten Bande des historischen Berichts." — Gleichwol ist der Band nicht erschienen und nur ein Theil seines Inhalts in einzelnen Abhandlungen zerstreut worden. Humboldt soll dem Verleger dafür eine Entschädigung von 9500 Frs. gezahlt haben, vgl. *Martius*, Denkrede u. s. w., S. 28.

Bemerkenswerth ist die Verwirrung, dass das Titelblatt des dritten Bandes 1825 als Jahr der Erscheinung angibt, während der letzte Artikel des Textes eine Statistik vom Jahre 1829 enthält, — dass die letzte Seite 629 und das Blatt „Table des matières" 232 paginirt ist!

Table des matières du Ier volume: Introduction, p. 1—38. Livre I, c. 1. Préparatifs. Instrumens. Départ d'Espagne. Rélache aux îles Canaries. — C. 2. Séjour à Ténériffe. Voyage de Sainte-Croix à l'Orotava. Excursion à la cime du Pic de Teyde. — C. 3. Traversée de Ténériffe aux côtes de l'Amérique méridionale. Reconnaissance de l'île de Tabago. Arrivée à Cumana. — Observations physiques: Température de l'air. Température de la mer. État hygrométrique de l'air. Couleur azurée du ciel et couleur de la mer à sa surface. Inclinaison de l'aiguille aimantée des forces magnétiques. Électricité. — Notes: a) Journal de route, traversée des côtes d'Espagne à Cumana. b) Élévation de plusieurs points de l'isle de Ténériffe, p. 39—288. — Livre II, c. 4. Premier séjour à Cumana. Rives du Manzanares. — C. 5. Péninsule d'Araya. Marais salans. Ruines du château Saint-Jacques, p. 289—352. — Livre III, c. 6. Montagnes de la Nouvelle-Andalousie. Vallée de Cumanacoa. Cime du Cocollar. Mission des Indiens Chaymas. — C. 7. Couvent de Caripe. Çaverne de Guacharo. Oiseaux nocturnes. — C. 8. Départ de Caripe. Montagne et forêt de Santa-Maria. Mission de Catuaro. Port de Cariaco. — C. 9. Constitution physique et mœurs des Chaymas. Leurs langues. Filiation des peuples qui habitent la Nouvelle-Andalousie. Pariagotes vus par Colomb. — Notes: a) Bibliographie des grammaires de langues américaines. b) Fragment d'un vocabulaire de la langue des Indiens Chaymas. c) Observations de Cristophe Colomb sur le passage de la polaire par le méridien, p. 353—507. — Livre IV, c. 10. Second séjour à Cumana. Tremblémens de terre. Météores extraordinaires. — C. 11. Trajet de Cumana à la Guayra. Morro de Nueva Barcelona. Cap Codera. Route de la Guayra à Caracas. — C. 12. Vue générale sur les provinces de Venezuela.

Diversité de leurs intérêts. Ville et vallée de Caracas. Climat. — C. 13. Séjour à Caracas. Montagnes qui avoisinent la ville. Excursion à la cime de la Silla. Indices de mines. — Notes: a) Points lumineux vus pendant l'éclipse de soleil du 28 Oct. 1799. b) Recherches sur la cause du scintillement des étoiles. c) Essais pour déterminer l'intensité relative de la lumière des étoiles. d) Observations faites sur le mirage et la dépression variable de l'horizon de la mer. e) Observations météorologiques faites dans la vallée de Caracas, p. 508—638. — Supplément, p. 639.

IIe volume: Livre V, c. 14. Tremblemens de terre de Caracas. Liaison de ce phénomène avec les éruptions volcaniques des Antilles. — C. 15. Départ de Caracas. Montagnes de San Pedro et de Los Teques. La Victoria. Vallées d'Aragua. — C. 16. Lac de Tacarigua. Sources chaudes de Mariara. Ville de Nueva Valencia de el Rey. Descente vers les côtes de Porto-Cabello. — Notes: a) Lettre de Lope de Aguirre au Roi Philippe II. b) Observations sur le lait des champignons et les caractères botaniques du Palo de Vaca, p. 1—131. — Livre VI, c. 17. Montagnes qui séparent les vallées d'Aragua des Llanos de Caracas. Villa de Cura. Parapara. Llanos ou Steppes. Calabozo. — C. 18. San Fernando de Apure. Entre lacemens et bifurcations des rivières Apure et Arauca. Navigation sur le Rio Apure, p. 132—230. — Livre VII, c. 19. Jonction du Rio Apure et de l'Orénoque. Montagnes de l'Encamarada. Uruana. Baraguan. Carichana. Embouchure du Meta. Isle Panumana. — C. 20. Embouchure du Rio Anaveni. Pic d'Uniana. Mission d'Aturès. Cataracte ou Raudal de Mapara. Hols Surupamana et Uirapuri. — C. 21. Raudal di Garcita. Maypures. Cataractes de Quittuna. Embouchure du Vichada et du Zama. Rocher d'Aricagua. Siquita. — C. 22. San Fernando de Atabapo. San Baltasar. Rivières Temi et Tuamini. Javita. Portage du Tuamini au Rio Negro. — Notes: a) Remarque sur la comparaison des racines dans des langues qui diffèrent par leur structure grammaticale, p. 231—440. — Livre VIII, C. 23. Rio Negro. Limites du Brésil. Cassiquiare. Bifurcation de l'Orénoque. — C. 24. Haut-Orénoque dépuis l'Esmeralda jusqu'au confluent du Guaviare. Second passage à travers les Cataractes d'Atures et de Maypures. Bas-Orenoque entre l'embouchure du Rio Apure et l'Angostura, capitale de la Guyane espagnole. — Note: Sur le terrain granitique entre le Rio Trumbetas et le Rupunuwini, p. 441—722.

IIIe volume: Livre IX, c. 25. Llanos del Pao, ou partie orientale des plaines (steppes) de Venezuela. Missions des Caraïbes. Dernier séjour sur les côtes de Nueva-Barcelona, de Cumana et d'Araya. — C. 26. État politique des provinces de Venezuela. Étendue du territoire. Population. Production naturelles. Commerce extérieur. Communication entre les diverses provinces qui composent la république de Columbia. — Notes: a) Résultats des recherches les plus récentes sur les lignes de fortifications et les tumulus trouvés entre les Rocky-Mountains et la chaîne de Alleghanis. b) Comparaison des grandes divisions politiques de l'ancien et du Nouveau Monde. c) État des Missions de l'Observance de Saint-François, sur les bords de l'Orénoque, de Cassiquiare, du Rio-Negro, de l'Atabapo et du Corony. d) Population de l'Ancienne vice-royauté de Buenos-Ayres. e) Données principales sur l'acroissement rapide de la population des États-Unis. f) Notions sur les contestations au sujet des limites entre les couronnes d'Espagne et de Portugal. g) Composition chimique du suc du Palo de la Vaca. — Esquisse d'un tableau géognostique de l'Amérique méridionale au nord de la Rivière des Amazones et à l'est du méridien de la Sierra Nevada de Merida, p. 1—321. — Livre X, c. 27. Trajet des côtes de Venezuela à la Havane. Aperçu général de la population des Antilles comparée à la population du Nouveau-Continent, sous les rapports de la diversité des races, de la liberté personnelle, du language et des cultes. — C. 28. Essai politique sur l'isle de Cuba. Havane. Collines de Guanavacoa, considérées sous des rapports géognostiques. Vallée de los Guines. Batabano et port de la Trinidat. Jardin du Roi et de la Reine. — Notes: a) Recherches sur la consommation des denrées coloniales. b) Observations météorologiques faites à la Havane en 1825, p. 322—501. — Livre XI, c. 29. Traversée de la Trinidad de Cuba au Rio Sinù. Carthagène des Indes. Volcans d'air de Turbaco. Canal de Mahatès. — Additions: 1) Notions précises sur la géographie astronomique de l'isle de Cuba. 2) Tableaux statistique de cette isle offrant les progrès de la culture, du commerce et de la prospérité, depuis 1826, jusqu'à la fin de 1829. 3) Résumé de toutes les observations d'inclinaison et d'intensité magnetiques faites par l'auteur en Amérique, en Europe et en Asie. 4) Note supplémentaire à la description des petits volcans d'air de Turbaco, p. 502—629.

Deutsch:

122. Reise in die Aequinoctialgegenden des Neuen Continents in den Jahren 1799—1804. 6 Thle. Stuttgart, Cotta, 1815—32. gr. 8.

Diese Uebersetzung war, wie schon Bd. I, S. 104 unsers Werkes bemerkt wurde, eine gänzlich verfehlte. In Veranlassung der neuen Uebersetzung von *Hauff* schreibt Freiherr *Georg von Cotta*, Stuttgart am 12. Mai 1860, an Professor *Buschmann*: „Ich für meinen geringen Theil habe die Satisfaction, mit dieser Uebersetzung den Fehler gesühnt zu haben, den A. von Humboldt meinem seligen Vater mit Recht (zum Vorwurf) machen konnte, dass die Uebersetzung dieses Reisewerkes eine so ganz verfehlte gewesen. Zur Entschuldigung meines Vaters darf ich und muss ich anführen, dass er, indem er jene Uebersetzung den Händen der berühmten *Therese Huber* geb. Heyne, die neben sich ihren Sohn den Dr. med. *A. Huber* hatte, anvertraute, er mit Recht eine nach innen und nach der Sprache gediegene Arbeit erwarten durfte. Allein er wurde grandios getäuscht, und während seiner Abwesenheit von hier wurde das Buch gedruckt, das er im Manuscript allzu vertrauensvoll gar nicht gelesen hatte.“ Diese Abwesenheit muss sehr lange gewesen sein, von 1815—1832! Auch in der neuen Uebersetzung:

123. Reise in die Aequinoctialgegenden des Neuen Continents. In deutscher Bearbeitung von *Hermann Hauff*, nach der Anordnung und unter Mitwirkung des Verfassers. Einzige von A. von Humboldt anerkannte Ausgabe in deutscher Sprache. Mit einer Karte. 4 Bde. gr. 8. 1859—60. Herabges. Preis 2 Thlr. 10 Ngr. Auch in der Cotta'schen „Volksbibliothek“ enthalten. 4 Bde. 12.

verspricht der Titel mehr als geleistet worden. Allerdings kann von einer „Anordnung“ des Verfassers die Rede sein, da nach Hauff's Worten in seiner Vorrede „der Plan der neuen Ausgabe zwischen Humboldt und dem Herausgeber im allgemeinen und einzelnen“ festgestellt ward; die „Mitwirkung“ Humboldt's beschränkt sich jedoch nur auf sein am 26. März 1859 geschriebenes Vorwort von zwei Octavseiten, in dem von „Berichtigungen“ die Rede ist, welche „zahlreich sein müssten“ in geognostischer Hinsicht wie in allem, was die Vertheilung der Wärme („nach Dove's meisterhaften Arbeiten“) anbetrifft. Diese Berichtigungen sind aber nicht gegeben, weder vom Uebersetzer noch von Humboldt selbst, der schon sechs Wochen nach Abfassung seines Vorworts, das, wie ja Hauff selbst sagt, „eine seiner letzten Arbeiten, vielleicht die letzte war“, durch den Tod daran verhindert worden.

Als Curiosität ist anzuführen:

124. Reise um die Welt und in Südamerika von *Alexander von Humboldt*. 6 Bde. Hamburg, Vollmer, 1805. 8.

Ein elendes Machwerk, das bald nach Humboldt's Heimkehr aus seinen Mittheilungen und einzelnen Briefen mit fremder Zuthat der gespannten Erwartung des Publikums geboten wurde.

Populäre mehr oder minder geschickte Bearbeitungen erschienen in wiederholten Auflagen von *Wimmer*, *Löwenberg*, *Kletke*, eine anonyme deutsche Uebersetzung aus dem Englischen von *Macgillivray*.

Englisch:

125. Personal narrative of Travels to the Equinoctial Regions of the New-Continent, during the years 1799—1804. 7 vols. Transl. by *H. M. Williams*. London 1814—29. 8. 4 £. 4 s.
—— Other edition. 1822—29. 7 vols. 8.

126. Researches concerning the Institutions and Monuments of the ancient Inhabitants of America; with Descriptions and Views of some of the most striking scenes in the Cordilleras. Transl. by *Helen Maria Williams*. 2 vols. with 19 plates. London 1814. 8.

127. Personal narrative of his travels in the equinoctial regions of America. With general index. 3 vols. London, H. G. Bohn, 1852—53. 8. 15 s.

128. The life, travels and books of A. von Humboldt, with an introduction by *Bayard Taylor*. New-York, Rudd & Carleton. 12. 1 Doll. 25 c.

Spanisch:

129. Los Estados libres de la América Equinoccial, ilustrados en su historia natural y política, segun los viages del baron *A. de Humboldt*. 4 vol. con mapas. 8.

Holländisch:

130. Reis naar de keerkringen, in de jaren 1799—1804. Amsterdam, G. van Dyck, 1805. gr. 8. 55 c.

131. Reis maar hat uieuwe vaste land gedurende 1799—1803 (bevattende waarnemingen omtrent de dierkunde en vergelijkende ontleedkunde). Met Platen. Leeuwarden, J. Proost, 1806. gr. 4. 2 Fl. 50 c.

132. Reis naar het nieuwe vaste land gedurende 1799—1803, bevattende algemeene natuurkunde en historisch berigt der reis. Leeuwarden, J. Proost, 1818. gr. 8. 10 Fl. 80 c.

Polnisch:

133. Podróż około ziemi, a mianowicie po Ameryce południowej z niemieckiego języka przełożona. 2 tomy. Wrocław 1809. 8.

Ist eine Uebersetzung von Nr. 5.

b. Octavausgaben einzelner Werke.

Der Inhalt des Textes dieser Ausgaben weicht oft durch spätere Auslassungen, Zusätze und Anordnung von dem der Ausgaben in Folio und Quart ab, doch nicht in dem Masse, dass es nöthig wäre, auch letztern hier zu wiederholen.

134. Untersuchungen über die Geographie des Neuen Continents, gegründet auf die astronomischen Beobachtungen und barometrischen Messungen Alexander von Humboldt's und anderer Reisenden, von *Jabbo Oltmanns*. 2 Thle. Paris, F. Schoell, 1810. [v. Zach und Gauss gewidmet.]

Das Handexemplar Humboldt's in seinem Nachlasse hatte die etwas unklare Inschrift: „Dieses Exemplar (sic! richtiger wol Werk) ist sehr selten, da in einer Speculation (unter Kaiser Napoleon), englische Waaren in Frankreich für gleichen Werth französischer Bücher durch besondere Vergünstigung einführen zu dürfen, um der Bücherbesteuerung in Dover zu entgehen, der ganze Vorrath dieser deutschen Ausgabe meiner astronomischen Beobachtungen auf Veranstaltung der Buchhandlung ins Meer geworfen wurde. Wenige Exemplare sind gerettet worden. Potsdam, 4. Dec. 1850. — Ein Denkmal buchhändlerischer Barbarei. A. von Humboldt." [Vgl. *von Zach*, Monatl. Corresp., XXI, 493 fg.]

135. Voyages aux régions équinoxiales du Nouveau Continent. Relation historique. 13 vol. Paris, Librairie grecque-latine-allemande, 1816—31. 8.

136. Vue des Cordillères et monuments des peuples indigènes de l'Amérique. Texte de l'Atlas pittoresque, avec 19 planches, dont plusieurs coloriées. 2 vol. Paris, Bourgeois-Maze, 1816. 8.

137. Essai politique sur le royaume de la Nouvelle-Espagne. 5 vol., avec une carte géographique et un tableau physique. Paris, F. Schoell, 1811. 8. 40 Frs. — Autre édition: 4 vol. Paris, A. H. Renouard, 1827.

138. Essai politique sur l'île de Cuba, avec une carte et un supplément qui renferme des considérations sur la population, la richesse territoriale et le commerce de l'archipel des Antilles et de Colombia. Extrait de la „Relation historique". 2 vol. Paris, Gide fils, J. Renouard, 1826. 8. 17 Frs.

Spanisch:

139. Ensayo politico sobre la isla de Cuba traducid. al castell. por D. J. B. de V. y M. Con una mapa. Paris, Renouard, 1827. 8. 12 Frs.

140. Examen político de la Isla de Cuba, por el baron *A. de Humboldt*, traducido al castellano por *J. L. de B.* Con un hermosísimo mapa. 1827. 8. 10 Frs.

Englisch:

141. The Island of Cuba, translated from the Spanish, with Notes and a preliminary Essay by *J. S. Thrasher*. With map. New-York 1856. 8. 1 Doll. 25 c.

Thrasher's englische Uebersetzung veranlasste folgenden Protest Humboldt's: „Ich habe in Paris im Jahre 1826 unter dem Titel «Essai politique sur l'Isle de Cuba» in zwei Bänden alles vereinigt, was die grosse Ausgabe meines «Voyage aux Régions équinoxiales du Nouveau Continent» in Bd. 3, S. 445—59 über den Agricultur- und Sklavenzustand der Antillen enthält. Eine englische und eine spanische Uebersetzung sind von diesem Werke zu derselben Zeit erschienen, letztere als «Ensayo politico sobre la isla de Cuba», und ohne etwas von den sehr freien Aeusserungen wegzulassen, welche die Gefühle der Menschlichkeit einflössen. Jetzt eben erscheint, sonderbar genug, aus der spanischen Ausgabe und nicht aus dem französischen Original übersetzt, in New-York in der Buchhandlung von Derby und Jackson ein Octavband von 400 Seiten unter dem Titel: «The Island of Cuba, by Alexander Humboldt. Transl. from the Spanish, with notes and a preliminary Essay by J. S. Thrasher (New-York 1856)». Der Uebersetzer, welcher lange auf der schönen Insel gelebt, hat mein Werk durch neuere Thatsachen über den numerischen Zustand der Bevölkerung, der Landescultur und der Gewerbe bereichert, und überall in der Discussion über entgegengesetzte Meinungen eine wohlwollende Mässigung bewiesen. Ich bin es aber einem innern moralischen Gefühl schuldig, das heute noch ebenso lebhaft ist als im Jahre 1826, eine Klage darüber öffentlich auszusprechen, dass in einem Werke, welches meinen Namen führt, das ganze siebente Kapitel der spanischen Uebersetzung (S. 261—87), mit dem mein «Essai politique» endigte, eigenmächtig weggelassen worden ist. Auf diesen Theil meiner Schrift lege ich eine weit grössere Wichtigkeit als auf die mühevollen Arbeiten astronomischer Ortsbestimmungen, magnetischer Intensitätsversuche oder statistischer Angaben. «J'ai examiné avec franchise (ich wiederhole die Worte, deren ich mich vor dreissig Jahren bediente) ce qui concerne l'organisation des sociétés humaines dans les Colonies, l'inégale répartition des droits et des jouissances de la vie, les dangers menaçants que la sagesse des législateurs et la modération des hommes libres peuvent éloigner, quelle que soit la forme des gouvernements. Il appartient au voyageur qui a vu de près ce qui tourmente et dégrade la nature humaine, de faire parvenir les plaintes de l'infortune à ceux qui ont le devoir de les soulager. J'ai rappelé dans cet exposé, combien l'ancienne législation espagnole de l'esclavage est moins inhumaine et moins atroce que celle des états à esclaves dans l'Amérique continentale au nord et au sud de l'équateur.» Ein beharrlicher Vertheidiger der freiesten Meinungsäusserung in Rede und Schrift, würde ich mir selbst nie eine Klage erlaubt haben, wenn ich auch mit grosser Bitterkeit wegen meiner Behauptungen angegriffen würde; aber ich glaube dagegen auch fordern zu dürfen, dass man in den freien Staaten des Continents von Amerika lesen könne, was in der spanischen Uebersetzung seit dem ersten Jahre des Erscheinens hat circuliren dürfen.

Berlin, im Juli 1856. Alexander von Humboldt."

142. Examen critique de l'histoire de la géographie du Nouveau Continent et des progrès de l'astronomie nautique aux XVe et XVIe siècles. Texte de l'Atlas géographique et physique. Tomes I à V, avec 4 cartes dédiées à Arago. Paris, Gide, 1835—39. 8.

c. Vereinzelte zur amerikanischen Reise gehörige Schriften und Abhandlungen.

143. Conspectus longitudinum et latitudinum geographicarum, per decursum annorum 1799 ad 1804 in plaga aequinoxiali ab A. de Humboldt astronomice observatarum calculo subjecit *Jabbo Oltmanns*. Lutetiae Parisiorum, F. Schoell, 1808. 4. 16 p. Pap. fin 6 Frs., pap. vélin 9 Frs.
[Vgl *von Zach*, Monatl. Corresp., XVIII, 164.]

144. Nivellement barométrique fait dans les régions équinoxiales du Nouveau Continent (1799—1804), par A. de Humboldt. Toutes les mesures ont été calculées par *Oltmanns* d'après la formule de Laplace et le coefficient barométrique de Ramond. On y a ajouté au nom des hauteurs mesurées quelques observations physiques et géologiques. Paris 1809. 4. Pap. fin 25 Frs.

145. De distributione geographica plantarum, secundum coeli temperiem et altitudinem montium. Prolegomena. Accedit tabula aenea. Lutetiae Parisiorum et Lubeck, 1817. 8. Avec carte coloriée. 7 Frs.

146. Essai géognostique sur le gisement des roches dans les deux hémisphères. Paris, Levrault, 1823. 8. Publié d'abord en 1822 dans le tome XXIII du Dictionnaire des sciences naturelles, p. 56—385, à l'article Indépendance des Formations.
In seinem Handexemplar hatte Humboldt bemerkt: „Dieses Buch, die Kindheit der Geognosie und viel Unruhe des Geistes charakterisirend, wird mit meinen Reisetagebüchern, Magnetica und Astronomica auf die Sternwarte nach meinem Tode gebracht. — März 1853. A. Humboldt."

Deutsch:

147. Geognostischer Versuch über die Lagerung der Gebirgsarten in beiden Erdhälften, von *Karl Cäsar* Ritter *von Leonhard*. Strasburg, F. G. Levrault, 1823.

Englisch:

148. A geognostical Essay on the Superposition of Rocks in both Hemispheres. London 1823. 8. 10 s. 6 d.

149. Synopsis plantarum quas in itinere ad plagam aequinoctialem orbis novi collegerunt Al. de Humboldt et Am. Bonpland, auctore *C. S. Kunth*, prof. reg., Acad. Berol., Instit., Gall., Societ. Philom. et Hist. nat. 4 vol. Parisiis et Argentorati, Levrault, 1822 et ann. seq. 8. 40 Frs.

Les 4500 espèces de plantes (dont 4000 nouvelles) recueillies au Mexique, dans l'île de Cuba, dans les provinces de Caracas, de Cumana et de Barcelonne, aux Andes de la Nouvelle-Grenade, de Quito et de Pérou, et sur les bords du Rio-Negro, de l'Orénoque et de la rivière des Amazones, ont été publiées par M. Kunth, d'après les manuscrits et les collections de MM. de Humboldt et Bonpland, dans un ouvrage en 7 vol. in-fol., sous le titre de Nova genera et species plantarum etc. — L'étendue de cet ouvrage et le grand nombre des planches qui accompagnent les descriptions en rendant le prix fort élevé, M. Kunth croit faire une chose utile aux botanistes, en publiant un Synopsis de ce qu'il contient de plus essentiel. Ce Synopsis ne sera cependant pas un simple abrégé; car non-seulement il contiendra les caractères génériques et les phrases spécifiques de toutes les plantes mentionnées dans le grand ouvrage, avec l'indication précise des lieux où elles végètent, du temps de leur floraison, de leur emploi en médecine et en économie domestique, de la couleur de leurs fleurs, et d'autres particularités d'un intérêt plus général; mais on y trouvera encore des Observations que le progrès de la science à suggérées à M. Kunth depuis l'impression des premiers volumes des Nova Genera, et l'indication de plusieurs genres et de plusieurs espèces dont il avait négligé de parler. Il y joindra la cryptogamie, qui sera traitée avec d'autant plus d'exactitude que deux savants distingués ont concouru à son travail: M. Agardh, professeur à Lund, membre de plusieurs académies, a bien voulu se charger de la description des algues; et M. W.-J. Hooker, membre de la Société royale de Londres, et professeur à Glascow, de celle des mousses, des jongermannes, des lichens et des champignons. — Le Synopsis de M. Kunth sera par conséquent à la fois le supplément et la table analytique de son grand ouvrage; il formera une partie distincte de la collection des ouvrages de MM. de Humboldt et Bonpland, et portera de même le titre de Voyage de Humboldt et Bonpland. Dans le quatrième vol. M. Kunth donnera des tables dans lesquelles les plantes seront rangées d'après les localités, de manière à former des Flores partielles du Mexique, de l'Orénoque, de la Nouvelle-Grenade, etc. (Extr. du Prospect.)

150. Évaluation numérique de la population du Nouveau Continent, considérée sous les rapports de la différence des cultes, des races et des idiomes. Paris, Imprim. de Dondey-Dupré, 1825. 8 p. 8.

151. Tableau statistique de l'île de Cuba pour les années 1825—29. Paris, 1831. 8. 3 Frs.

152. Die Wasserfälle des Orenoco bei Atures und Maypures. — Das nächtliche Thierleben im Walde. — Bau und Wirkungsart der Vulkane. — Das Hochland von Caxamarca und der erste Anblick der Südsee. [Ansichten der Natur, I und II.]

153. Mögliche Verbindung beider Oceane durch Amerika. [*Poggendorff*, Annalen, 1830, XX, 136.]

154. Untersuchungen über den Namen Amerika. Aus einem Schreiben A. von Humboldt's an Hrn. Letronne. [*Berghaus*, Annalen, 3. Reihe, 1835, I, 209—12. Vgl. Nr. 314.]

155. Mexicanische Alterthümer. [*Berghaus*, Annalen der Erd-, Länder- und Völkerkunde, 1835, XI, 321—25.]

156. Rapport sur le concours relatif à la géogr. et aux antiquités de l'Amérique Centrale etc. 1836.

157. Ueber zwei Versuche den Chimborazo zu besteigen. (Humboldt's Besteigung 23. Juni 1802, Boussingault's 16. Dec. 1831. Vgl. *Poggendorff*, Annalen, XXXIV, 194—219, XXXV, 167; *Berghaus*, Annalen, 1835, XII, 498—517.) Gelesen in der öffentlichen Versammlung deutscher Naturforscher in Jena, 26. Sept. 1836. [*Schumacher*, Astronom. Jahrbuch für 1837, S. 176—206. Morgenblatt, Jahrg.

1838, Nr. 183—90. *Berghaus,* Annalen, dritte Reihe, III, 199—216. *A. von Humboldt,* Kleinere Schriften, I, 133.]

158. Sur la fixation des limites des Guyanes française et portugaise (1817), ein Memoire, auf Verlangen des portugiesischen Hofes geschrieben. [Ansichten der Natur, I, 295. Gedruckt in *Schoell,* Archives historiques et politiques ou Recueil de Pièces officielles, Mémoires etc., 1818, I, 48—58.]

159. Sur quelques points importants de la géographie de la Guyane. [Nouv. Annal. de Voy., 2e sér., X, 314.]

Deutsch:

160. Ueber einige wichtige Punkte der Geographie von Guyana. [*Berghaus,* Annalen, 1837, V, 35—62. Briefwechsel, II, 216—55.]

161. Geognostische und physikalische Beobachtungen über die Vulkane des Hochlandes von Quito. Zwei Abhandlungen in der berliner Akademie der Wissenschaften vom 9. Febr. 1837 und 10. Mai 1838. [Auszüge daraus: Monatsberichte der Akademie Februar 1837 und Mai 1838. *Berghaus,* Briefwechsel, II, 206—12. Vollständig abgedruckt in *Poggendorff,* Annalen, 1837, XL, 161—93; 1838, XLIV, 193—219; und in *A. von Humboldt,* Kleinere Schriften.]

162. Ueber die Hochebene von Bogota. Gelesen in der berliner Akademie der Wissenschaften am 19. März 1838. [Im Auszuge in Monatsberichte, März 1838. Vollständig abgedruckt in *Cotta's* Deutscher Vierteljahrsschrift, V, 97 fg.; *Poggendorff,* Annalen, 1838, XLIV, 570 fg.; *A. von Humboldt,* Kleinere Schriften, I, 100.]

d. Fremde Hülfsarbeiten.

Der fördernde Antheil, den Oltmanns, Kunth, Cuvier, Latreille, Valenciennes, Gay-Lussac, Thénard u. a. an der Herausgabe des amerikanischen Reisewerks genommen haben, ist bereits bei Aufführung der einzelnen Theile der grossen Ausgabe erwähnt worden. Hier bleibt noch übrig anzuführen, was von andern, auch von Leopold von Buch, G. Hooker in kleinen Schriften bearbeitet wurde. Von den mitgebrachten mineralischen und vegetabilischen Substanzen, unter denen mehrere bisher unbekannte, wurden von Vauquelin, Klaproth, Descotils, Allen und Drapier chemisch analysirt und beschrieben:

163. Der Feueropal aus Mexico. [*Klaproth,* Chem. Untersuchungen der Mineralien, IV, 156. *Sonnenschmidt,* Beschreibung der mexican. Bergwerke, S. 119. *Karsten,* Min. Tabellen, 1808, S. 26. 88.]

164. Das muschelige Hornerz aus Peru. [*Klaproth,* IV, 10. *Karsten,* 60, 97. Magazin der berliner Naturforscher, I, 153.]

165. Das Silbererz von Paco aus Tasco. [*Klaproth,* IV, 4.]

166. Das Graugiltigerz aus Tasco. [*Klaproth*, IV, 74.]
167. Das Meteoreisen aus Durango. [*Klaproth*, IV, 101.]
168. Der stängliche Braunspat aus Guanaxuato, dessen stangenweis verbundene Krystalle gleichwinkelige Dreiecke bilden. [*Karsten*, IV, 199.]
169. Die Obsidiane von Moran und der Perlstein von Cinapecuaro. [*Descotils*, Annal. de Chim., LIII, 260.]
170. Das Holzzinn aus Mexico. [*Descotils*, Annal. de Chim, LIII, 266.]
171. Das graue Bleierz aus Zimapan. [*Descotils*, Annal. de Chim., LIII, 268.]
172. Der schwefelsaure Strotianit aus Popayan und Wafelite, ein Stück Platina aus Choco. [*Karsten*, 96.]
173. Die Moja aus Pelileo, verbrennliche vulkanische Substanz, die Feldspat enthält. [*Klaproth*, IV, 289.]
174. Der Guano von den peruanischen Inseln. [*Klaproth*, IV, 299. *Fourcroy* und *Vauquelin*, Mém. de l'Instit., VI, 369.]
175. Der Dapiché vom Rio Temi, eine Art weisser Kautschuk oder Gummi. [*Allen*, Journ., XVII, 77.]
176. Der Tabasheer der amerikanischen Bambus. [*Vauquelin*, Mém. de l'Instit., VI, 382.]
177. Die Angosturarinde aus Cerony, die Cinchona aus Loxa und mehrere andere Chinaspecies aus den Wäldern von Neugranada. [*Vauquelin*, Annal., LIX, 137.]
178. Pétrifications recueillies en Amérique par A. de Humboldt et par Charles Degenhardt, décrites par *Léopold de Buch*, 22 p., 2 pl.
179. Plantae Cryptogamicae quas in orb. nov., coll. A. de Humboldt et Bonpland, descrips. *G. Hooker*. Mit 4 col. Taf. London 1816. gr. 4.
180. Südamerikanische Insekten, gesammelt von Humboldt und Bonpland und bearbeitet von *P. A. Latreille*. [Germar, Magaz. der Entom., 1815, Jahrg. I, Heft 2, S. 104—35.]

4.

Spätere selbständige Werke und Schriften.

---

181. Ansichten der Natur, mit wissenschaftlichen Erläuterungen. Stuttgart u. Tübingen, Cotta, 1808. — 2. verb. u. verm. Aufl. 1827. — 3. verb. u. verm. Aufl. 1849. 2 Thle. 8. 2 Thlr. 20 Ngr. Herabges. Preis: 1 Thlr. 10 Ngr. — Taschenausgabe 1860. 2 Thle. 12. 21 Ngr.

Inhalt: I. Vorreden, S. I—XVIII. Ueber die Steppen und Wüsten, S. 1—248; Ueber die Wasserfälle des Orenoco bei Atures und Maypures, S. 249—316; Das nächtliche Thierleben im Urwalde, S. 317—40; Hypsometrische Nachträge, S. 341—50. — II. Ideen zu einer Physiognomie der Gewächse, S. 1—248; Ueber den Bau und die Wirkungsart der Vulkane in den verschiedenen Erdstrichen, S. 249—96; Die Lebenskraft oder der rhodische Genius, S. 297—314; Das Hochland von Caxamarca und erster Anblick der Südsee, S. 315—94.

Humboldt nennt die „Ansichten" sein „Lieblingswerk" [Briefe an Varnhagen, S. 244.], „ein rein auf deutsche Gefühlsweise berechnetes Buch" [Briefe an Bunsen, S. 115].

Französisch:

182. Tableaux de la nature, ou considérations sur les déserts, sur la physionomie des végétaux et sur les cataractes; trad. de l'allemand par *F. B. B. Eyriès.* 2 vol. Paris 1808. 12. 5 Frs.

183. Tableaux de la nature. Édition nouv. avec changements et additions importantes, et accompagnée de 7 cartes. Trad. par *Ch. Galusky.* 2 vol. Paris, Gide fils & Baudry, 1850—51. 8. 9 Frs.

184. Tableaux de la nature. Dernière édition, publiée à Berlin (!) Trad. par *Ferd. Hoefer.* 2 vol., avec gravures et cartes. Paris, F. Didot frères, 1850. 8. 9 Frs.

185. Tableaux de la nature, trad. par *F. Hoefer.* Milan 1851. 8. 12 Paoli.

Englisch:

186. Aspects of nature, in different lands and in different climats with scientif. elucid. transl. with the authors sanction and cooperation and his expr. desire by Mrs. *Sabine.* 2 vols. London, Longman, Brown, Green and Longman. 1849. 16. 670 p. 5 s., cloth 7 s.

187. Views of nature; or contemplations of the sublime phenomena of creation; with scientif. illustr. Transl. from the German by *E. C. Otte* and *H. G. Bohn.* London, H. G. Bohn, 1850. 16. 482 p. 5 s.

188. Aspects of nature in different lands and different climates. Philadelphia, Blanchard & Lea, 1849. 12. 1 Doll. 25 c.
—— Other edition. 1 Doll.

Holländisch:

189. Natuur-tafereelen, met wetenschappelijke ophelderingen en het portret; naar het Hoogduitsch, door *G. Troost.* 'sHage, Wallez en Comp., 1808. gr. 8. 2 Fl. 40 c.

190. Natuurbeschouwingen, met wetenschappelijke ophelderingen. Naar het Hoogduitsch door *E. M. Beima.* 2 afdeelingen. Leiden, P. H. van den Heuvell, 1850—51. gr. 8. 5 Fl. 40 c.

Russisch:

191. Картины природы съ научными объясненіями Александра Гумбольдта. Переведено съ нѣмецкаго съ третьяго, послѣдняго изданія А. Н. Съ предисловіемъ К. Ф. Рульє. 2 Тома. Изданіе книгопродавца Манухина. Москва, В. Готье, 1855. Lex.-8. (I: XVI, 223 p. II: IV, 244 p.) 4 руб.

192. Discours prononcé à la Séance extraordinaire de l'Académie Impériale des Sciences de St.-Pétersbourg, tenue le 18/28 Nov. 1829. Publié par l'académie des sciences.

193. Fragmens de géologie et de climatologie asiatiques. 2 vols. Paris 1831. 8. 14 Frs.

Deutsch:

194. Fragmente einer Geologie und Klimatologie Asiens. Aus dem Franz. mit Anmerkungen von *Julius Löwenberg*. Berlin, List, 1832. 8. 2¼ Thlr.

195. Путешествіе Барона Александра Гумбольдта, Эренберга и Розе, въ 1829 году, по Сибири и по Каспійскому морю. Перев. съ подлин. Н. Неронова. Ст. Петербургъ, 1837. 8.

196. Asie centrale. Recherches sur les chaînes de montagnes et la climatologie comparée. 3 vols. avec 5 cartes. Paris 1843. 8.

Deutsch:

197. Centralasien. Untersuchungen über die Gebirgsketten und die vergleichende Klimatologie. Aus dem Französ. übersetzt und durch Zusätze vermehrt von *W. Mahlmann*. 2 Bde. Berlin 1843—44. 8. 6⅔ Thlr.

198. Reise nach dem Ural, dem Altai und dem Kaspischen Meere von *Gustav Rose*. 2 Bde. Berlin 1837—42. 8. 10½ Thlr.

Gehört hierher, weil sie die Frucht von Humboldt's Reise nach Asien war.

199. Kosmos, Entwurf einer physischen Weltbeschreibung. 5 Bde. Stuttgart, Cotta, 1845—62. gr. 8. 18 Thlr. 4 Ngr. Herabges. Preis: 9 Thlr.

Bd. 1—2, 1845 u. 1847, jeder 1 Thlr. 10 Ngr.

Bd. 3—4, 1850 u. 1858, jeder 1 Thlr. 20 Ngr.

Bd. 5, 1862, Register von Buschmann 3 Thlr.

—— Mit einer biographischen Einleitung von *Bernhard von Cotta*. Jubiläumsausgabe zum 14. Sept. 1869. Taschenausgabe. 4 Bde. 2 Thlr. 10 Ngr.

Inhalt: I. Bd. Vorrede, S. V—XVI; Einleitende Betrachtungen über die Verschiedenartigkeit des Naturgenusses und die wissenschaftliche Ergründung der Weltgesetze, S. 3—40; Begrenzung und wissenschaftliche Behandlung einer physischen Weltbeschreibung, S. 49—72; Naturgemälde, Uebersicht der Erscheinungen, S. 79—386; Specielle Zergliederung des Naturgemäldes mit Beziehung auf den Inhalt der Anmerkungen, S. 387—493. — II. Bd. Anregungsmittel zum Naturstudium, Reflex der Aussenwelt auf die Einbildungskraft, S. 3—134; Geschichte der physischen Weltanschauung, Hauptmomente der allmählichen Entwickelung und Erweiterung des Begriffs vom „Kosmos", als eines Naturganzen, S. 135—400. — III. Bd. Specieller uranologischer Theil der physischen Weltbeschreibung. — IV. Bd. Specieller tellurischer Theil der physischen Weltbeschreibung. — V. Bd. Register von Prof. *Buschmann*.

Französisch:

„Die Furcht, durch fremde Uebersetzung des rein literarischen Theils des «Kosmos» (der Einleitung) hier lächerlich zu werden, hat mich zu dem desparaten Eitelkeitsentschluss gebracht, diese ersten Bogen selbst zu übersetzen." Humboldt an Encke, 26. Febr. 1845.

200. Cosmos. Essai d'une description physique du monde. Traduit par *H. Faye*. Tom. I—III, 1re partie, par *Ch. Galusky*, tome III, 2e part. et tome IV. Paris, Gide & Baudry, 1847—59. 8. 40 Frs.

201. Cosmos. Essai d'une description physique du monde, traduit de

l'allemand par *H. Faye* et par *Ch. Galusky*. Tom. I et II. Bruxelles 1851. gr. 8. 2 Thlr. 12 Ngr.

202. Cosmos. Essai d'une description physique du monde, traduit par *H. Faye*. Troisième édition milanaise. 3 vols. Milan 1850—51. 8. 32 Paoli.

Englisch:

203. Cosmos. A general survey of the physical phenomena of the universe. Translated, with the author's sanction and cooperation, under the superintendance of *Edward Sabine*. Vol. I—IV, 1. Vol. I. 2^d edit. 1847. London, Longman, Brown, Green & Longmans, 1846—58. 8. I. II. à 12 s., III. 12 s. 6 d., IV, 1. 15 s. — Dasselbe in 12. Vol. I. II. à 3 s. 6 d., III. 6 s. 6 d., IV, 1. 7 s. 6 d.

204. —— Dasselbe. 2 vols. London, J. Murray, 1849. gr. 16. (1016 S.) 5 s.

Die Uebersetzung ist nicht von Mr. Sabine, dem bekannten Naturforscher, jetzt General und Präsidenten der Roy. Society, sondern von seiner kenntnissreichen Gemahlin Mrs. Sabine. „Sie ist in der That vortrefflich. Ich drücke der edeln Frau meinen tiefgefühlten Dank aus. Eine Stelle meines Bruders über die Ungewissheit der «Wiege des Menschengeschlechts», seines Ursitzes, hat sie weggelassen, wahrscheinlich aus Gewissensscrupel. Das sonderbare England!" (Humb. Briefe an Bunsen, S. 82.)

205. Kosmos. A general survey of the physical phenomena of the universe. Translated by *Augustin Pritchard*. Parts. I. II. London, H. Baillière, 1846—48. gr. 8. 12 s.

„Die von Baillière bezahlte Uebersetzung des «Kosmos» wird meinem Rufe in England sehr schaden. Alle Anmuth der lebendigen Darstellung geht in einem Englisch verloren, das wie Sanskrit klingt. Dazu das Weglassen meiner Vorrede, die den Schlüssel des Ganzen gibt, und der falsche Titel «History» statt «Phys. Description» . . ." (Humb. Briefe an Bunsen, S. 70.)

206. Cosmos. A sketch of a physical description of the universe. Translated from the German by *E. C. Otté* and *W. L. Dallas*. 5 vols. London, H. G. Bohn, 1849—58. 12. Vol. I—IV. à 3 s. 6 d. Vol. V. 5 s.

207. Cosmos. Translated by *E. C. Otté* and *H. B. Paul*. 4 vols. New-York, Appleton and Comp., 1850—51. 8. 4 Doll.

208. Cosmos. A sketch of a physic. description of the Universe. 5 vols. 12. New-York, Harper and Brothers, 1850. 3 Doll. 95 c.

Holländisch:

209. Kosmos. Ontwerp eener natuurkunnige wereldbeschrijving. Naar het Hoogduitsch door *E. M. Beima*. 4 deelen. Leiden, P. H. van den Heuvell, 1846—58. gr. 8. 26 Fl. 10 c.

Schwedisch:

210. Kosmos. Utkast till en physisk Werldbeskrifning. Öfwersatt af *Gust. Thomé*. 4 Bde. Stockholm, Dahlström, Thimgren, 1852—58. 8. à Häft 1 Thlr.

Aus der Bibliothek for Naturkunnighet.

Italienisch:

211. Cosmos. Saggio d'una descrizione fisica del mondo. Traduzione italiana di *Giulio Vallini* e *V. Lazzari*. 3 vol. Venezia, Lorenzo Gattei, 1846—51. gr. 8. 26 Frs. 10 c.

212. Saggio del „Cosmos“ di Alessandro Humboldt. Traduzione dal tedesco di *Giuseppe Rota.* Lodi, tipogr. di C. Wilmant e figli, 1846. 16. (60 p.)

Dänisch:

213. Kosmos. Udkast til en physisk Verdensbeskrivelse af Al. v. Humboldt, oversat af *C. A. Schumacher* og *Petersen.* 1—4. Kjøbenhavn 1846—58.

Polnisch:

214. Kosmos. Rys fizycznego opisu świata, przełożyli *J. Baranowski, L. Zejszner.* Tom. I. Wydanie drugie poprawione. Przełożył *Hipolit Skrzyński.* Tom. II i III. Warszawa, Natanson, 1851—52. gr. 8. 3⅓ Thlr.

Russisch:

215. Космосъ, Опытъ Физическаго міроописанія. Часть I. Санктпетербургъ 1848. — Часть II. Москва 1851. — Часть III, Отдѣленіе 1. Москва 1853. 2. ibid. 1857. 8.

Ungarisch:

216. Kosmosz. A világ egyetemes természeti leirása. Magyarál *Miksits Imre.* Usö a masodik füzet. Pest, Emich, 1857—58. 8. 1. u. 2. Heft à 40 Kr.

Spanisch:

217. Cosmos, ó ensayo de una descripcion fisica del mondo, vertido al castellano por *Francisco Diaz Quintero.* 2 tom. Madrid, imp. de R. Rodriguez Rivera, lib. de A. Gonzalez, 1851—52. 4. (I: 386 p. II: 472 p.) 40 reales.

Blieb unvollendet.

218. Kleinere Schriften. I. (und einziger) Band. Geognostische u. physikalische Erinnerungen. Stuttgart, Cotta, 1853. 2 Thlr. 15 Sgr. Mit einem Atlas, enthaltend Umrisse von den Vulkanen aus den Cordilleren von Quito und Mexico. Quer-4. 1 Thlr. 15 Sgr.

Herabgesetzter Preis des Textes: 18 Sgr.
„ „ „ Atlas: 26 „

Die Abbildungen des Atlas sind bis auf vier den „Vues des Cordillères“ entnommen. — Die Tafel der isothermen Linien vom Jahre 1817 ist nach der Redaction von 1853 zu fünf Tafeln erweitert und enthält 506 Stationen.

Französisch:

219. Mélanges de Géologie et de Physique générale, trad. par *Charles Galuski.* Paris, Gide & Baudry, 1854.

Holländisch:

220. Kleine geschriften. Aard-en natuurkundige herinneringen. Naar het Hoogduitsch door *E. M. Beima.* Met een atlas, bevattende schetsen van vulkanen uit de Cordilleras van Quito en Mexico. Leiden, P. H. van den Heuvell, 1855. gr. 8. 8 Fl. 90 c.

5.

Zerstreute Abhandlungen und Artikel, nach Disciplinen geordnet.

---

a. Astronomie und Mathematik.

221. Mémoire sur les réfractions astronomiques dans la zône torride, correspondantes à des angles de hauteur plus petites que 10°. (Gelesen in der 1. Klasse des Nationalinstituts am 29. Febr. 1808.) [Journ. de Phys., LXVI, 413—47. Journ. des Mines, XXIII, 393—98; XXIV, 169—218. N. Bull. de la Soc. Philom., I, 162.]

Deutsch:

222. Versuche über die astronomische Strahlenbrechung in der heissen Zone u. s. w. [*Gilbert,* Annalen, 1809, XXXI, 337—97. *von Zach,* Monatl. Corresp., XXIII, 316.]
223. Astronomische Ortsbestimmungen. [*Bode,* Jahrbuch, 1812, S. 257; 1816, S. 221.]
224. Ueber die bei verschiedenen Völkern üblichen Systeme von Zahlzeichen und über den Ursprung des Stellenwerthes in den indischen Zahlen. (Gelesen 1829 in der königl. Akademie d. Wissensch. zu Berlin.) [*Crelle's* Journal, 1829, IV, 205—31. Quart. Journ. Soc., 1830, I, 300—29. Nouv. Annal. Mathém., X, 372—407.]
225. On the Longitude of Valparaiso and Callao. [Journ. de la Soc. Géogr., 1839, IX, 502—6.]
226. Vergleichung astronomischer Ortsbestimmungen in Russland und Sibirien. [*Schumacher,* Astron. Nachr., 1845, XXII, 99—102.]
227. Ueber die Bestimmung der Lichtstärke südlicher Sterne. [*Schumacher,* Astron. Nachr., 1839, XVI, 225—230.]
228. Ueber einige Erscheinungen in der Intensität des Thierkreislichtes. (Gelesen im Juli 1855 in der berliner Akademie der Wissensch.) [Monatsber., Juli 1855. *Poggendorff,* Annal., 1856, XCVII, 138—44. *Schumacher,* Astron. Nachr., 1856, XLII, 65—68.]
229. Chronologie des plus anciennes cartes de l'Amérique. [Paris, Soc. Géogr. Bull., IV, 1835, 411—14.]
230. Zwei Briefe an Benzenberg vom 19. Mai u. 22. Oct. 1837 über das muthmassliche Fortrücken der Knoten in der Bahn periodischer Sternschnuppenströme. [*Benzenberg,* Sternschnuppen, S. 207 u. 209. Vgl. Kosmos I, 398, Anm. 56.]

b. Physik und Magnetismus.

231. Sur les variations du magnétisme terrestre à différentes latitudes, par Humboldt et Biot. [Paris, Bull. Soc. Philom., 1804, III, 241—42. Journ. de Phys., 1804, LIX, 429—50. *Tilloch,* Phil. Mag., 1805, XXII, 248—57, 290—308. *Gilbert,* Annalen, 1805, XX, 257—98.]

232. Ueber die tägliche Bewegung der Magnetnadel. Ein Brief an Karsten, d. d. Rom, 22. Juni 1805. [*Gilbert*, Annalen, XXVI, 275.]

233. Observations sur l'intensité et l'inclinaison des forces magnétiques, faites en France, en Suisse, en Italie et en Allemagne, par MM. *A. de Humboldt* et *Gay-Lussac*. (Gelesen am 8. Sept. 1808 im Nationalinst.) [Mémoires de Phys. et de Chim. de la Soc. d'Arc., I, 1—23. Deutsch: *Gilbert*, Annalen, XXVIII, 257—76.]

234. Beobachtungen über den Einfluss des Nordlichts auf die Magnetnadel, angestellt in Berlin am 20. Dec. 1806. [*Gilbert*, Annalen, 1808, XXIX, 425.]

235. Ueber die Mittel, die Ergründung einiger Phänomene des tellurischen Magnetismus zu erleichtern. (Auszug aus einer Vorlesung in der königl. Akademie der Wissenschaften.) [*Poggendorff*, Annalen, 1829, XV, 319—36.]

236. Beobachtungen der Intensität magnetischer Kräfte und der magnetischen Neigung, angestellt in den Jahren 1798—1803 von 48° 50′ nördl. Br. bis 12° südl. Br. und 3° 2′ östl. L. bis 106° 22′ westl. L. in Frankreich, Spanien, den canarischen Inseln, dem Atlantischen Ocean, Amerika und der Südsee. [*Poggendorff*, Annalen, 1829, XV, 336—55.]

237. Vorwort zu *Dove's* Correspondirende Beobachtungen über die regelmässigen stündlichen Veränderungen und über die Perturbationen der magnetischen Abweichung im mittlern und westlichen Europa; gesammelt und verglichen von *H. W. Dove*. [*Poggendorff*, Annalen, 1830, XIX, 357.]

238. Ueber die Mittel, den Erdmagnetismus durch permanente Anstalten und correspondirende Beobachtungen zu erforschen. [*Schumacher*, Astron. Nachr., 1836, XIII, 281—92.]

239. Lettre à S. A. R. le Duc de Sussex, Président de la Soc. Roy. de Londres, sur les moyens propres à perfectionner la connaissance du magnétisme terrestre par l'établissement de stations magnétiques et d'observations correspondantes (Avril 1836).

Ueber die glücklichen Folgen dieser Aufforderung und ihren Einfluss auf die grosse antarktische Expedition von Sir James Ross s. „Kosmos", I, 438; Sir *James Ross*, Voy. to the Southern and Antarctic Regions, 1847, vol. I, p. XII.

240. Report of the committee of physics, meteorology of the Roy. Soc. relat. to the observat. to be made in the Antarctic expedit. in the magnetic. observat. (London 1840).

Daselbst S. 87: Lettre de M. *A. de Humboldt* à Lord Minto écrite 1839.

241. De l'inclinaison de l'aiguille aimantée dans le nord de l'Asie. [Annal. de Chimie, 1830, XLIV, 231—43. *Poggendorff*, Annalen, 1830, XVIII, 355—56.]

242. Observations sur l'inclinaison de l'aiguille aimantée, exécutées pendant son voyage aux montagnes de l'Oural en 1829. [Moscou, Soc. Nat. Bull., 1829, I, 356—61. *Schumacher's* Astron. Nachr., 1831, VIII, 267—68.]

243. Forschungen über den Erdmagnetismus. [*Froriep*, Notizen, 1832, XXXII, 243—44. Bibl. Univ., 1836, IV, 127—39.]
244. Ueber die Lage und das Fortrücken der Abweichungscurven in Nordasien. [*Poggendorff*, Annalen, 1836, 480—81.]
245. Sur l'accroissement nocturne de l'intensité du son. [Annal. de Chim., 1820, XIII, 162—73.]

Deutsch:

246. Ueber die zunehmende Stärke des Schalls in der Nacht. (Gelesen am 13. März 1820 in der Akademie der Wissenschaften zu Paris.) [*Gilbert*, Annalen, 1820, LXV, 31—42.]
247. Ueber einige elektro-magnetische Erscheinungen und den verminderten Luftdruck in den Tropengegenden des Atlantischen Oceans. (Aus einem Briefe, d. d. Paris, im Dec. 1835, an den Herausgeber.) [*Poggendorff*, Annalen, 1836, XXXVII, 241—58 u. 462.]
248. Die vollständigste aller bisherigen Beobachtungen über den Einfluss des Nordlichts auf die Magnetnadel. [*Gilbert*, Annalen, 1808, XXIX, 425—29.]
249. Beobachtung eines Nordlichts in Berlin. [*Poggendorff*, Annalen, 1827, X, 510—73.]
250. Sur le magnétisme polaire d'une montagne de chlorite schisteuse et de serpentine. [Annal. de Chim., 1824, XXV, 327—34.]

c. Meteorologie und Klimatologie.

251. Beobachtungen über das Gesetz der Wärmeabnahme in den höhern Regionen der Atmosphäre und über die untere Grenze des ewigen Schnees. (Gelesen in der berliner Akademie der Wissenschaften.] [Im Auszuge: *Gilbert*, Annalen, 1806, XXIV, 1—50.]
252. Des lignes isothermes et de la distribution de la chaleur sur le globe. [*Arcueil*, Mém. de Phys., 1817, III, 462—602. Annal. de Chimie, 1817, V, 102—12. Edinb. Phil. Journ., 1820, III, 1—20, 256—74; 1821, IV, 23—38, 262—81; 1821, V, 28—39. *Oken*, Isis, 1818, 852—66. *Schweigger*, Journ., 1819, XXV, 254—68. *Thomson*, Ann. Phil., 1818, XI, 177—94.]
253. Temperaturbeobachtungen in Neuspanien und Peru. [Annal. de Chim. et de Phys., XIII, 207. *Gilbert*, Annalen, 1824, LXXVI, 448.]
254. Ueber die Gestalt und das Klima des Hochlandes in der Iberischen Halbinsel. [Hertha, 1825, IV, 5—23. *Berghaus*, Briefwechsel u. s. w., I, 18.]
255. Von der in verschiedenen Theilen der heissen Zone am Spiegel des Meeres stattfindenden Temperatur. [*Poggendorff*, Annalen, 1826, VIII, 165.]
256. Barometerbeobachtungen am Aequator und in Amerika nach Prony's Angaben (nur ein Citat). [*Poggendorff*, Annalen, 1826, VIII, 148.]
257. Ueber die Hauptursachen der Temperaturverschiedenheit auf dem Erdkörper. (Gelesen in der öffentl. Sitzung der königl. Akademie

der Wissenschaften zu Berlin am 3. Juli 1827, in den Schriften der Akademie vom Jahre 1827, und separat Berlin, Dümmler. gr. 4. ⅓ Thlr.) [Im Auszug: *Poggendorff*, Annalen, 1827, XI, 1—27. New Philos. Journ., Edinburgh, 1828, 329—46.]

258. Quadro fisico de las regiones equatoriales por Federico Alexandro Baron de Humboldt, trad. del Frances y anolado por D. *Francisco Josef de Caldas*. [Semanario del nuevo Regno de Granada, Continuacion del año 1810, 11 parties en 1 vol. 12. Santa-Fé de Bogota.]

259. De la température des différentes parties de la zone torride au niveau des mers. [Annal. de Chimie, 1826, XXXIII, 29—48. *Poggendorff*, Annalen, 1826, VIII, 165—74.]

260. Beobachtungen über das Gesetz der Wärmeabnahme in den höhern Regionen der Atmosphäre und über die untere Grenze des ewigen Schnees. [*Gilbert*, Annalen, XXIV, 1—49.]

261. On the temperature of the different mines in America. [Edinb. Phil. Journ., 1820, III, 286—88.]

262. Observations on the mean Temperature of the Equatorial Regions. Edinb. Journ. Sc., 1827, VI, 136—44.]

263. Bemerkungen über die Temperatur der Ostsee. [*Poggendorff*, Annalen, 1834, XXXIII, 223—27.]

„Sonderbare Zufälle eines vielbewegten Lebens haben mich die Südsee und das Kaspische Meer früher als das meiner Vaterstadt so nahe Baltische Meer beschiffen lassen. Auf zwei kleinen Fahrten, die ich neulich in sehr nahen Zeitepochen von Stettin nach Königsberg und von Königsberg nach Danzig und Stettin gemacht, habe ich mich ununterbrochen mit den Temperaturverhältnissen der Ostsee an der Oberfläche beschäftigt." Humboldt.

264. Température des eaux fournies pas les puits artésien de Neu-Salzwerck en Westphalie. [Paris, Comptes Rendus, 1843, XVII, 600—603.]

265. Sur la cause et les effets de la dissolubilité du gaz nitreux dans la solution du sulfate de fer, par *Humboldt* et *Vauquelin*. (Annal. de Chimie, 1798, XXVIII, 181—88.]

266. Expériences sur les moyens eudiométriques et sur la proportion de principes constituants de l'atmosphère, par *Humboldt* et *Gay-Lussac*. [Annal. de Chim., 1805, LIII, 239—59. Journ. de Phys., 1804, LX, 129—67. *Gilbert*, Annalen, 1805, XX, 38—92, 129—46.]

Berthollet erstattete Bericht über diese Abhandlung und hielt sie würdig der Aufnahme im „Recueil des Savans étrang." Vgl. *Gilbert's* „Annalen, XX, 99.

267. Ueber die allgemeinen Gesetze der stündlichen Schwankungen des Barometers. [*Poggendorff*, Annalen, 1828, XII, 299—307.]

Ist ein von *Poggendorff* gemachter Auszug aus der „Voyage aux régions équin.", éd. in-8, X, 330.

268. Ueber den mittlern Barometerstand am Meere unter den Tropen. [*Poggendorff*, Annalen, 1828, XII, 399—402.]

Aus der „Voyage aux régions", éd. in-8., XI, 1.

269. Gelegentliche Bemerkungen über den mittlern Luftdruck am Meere. [*Poggendorff*, Annalen, 1836, XXXVII, 468—80.]

270. Sur la hauteur moyenne du baromètre au niveau de la mer par différentes latitudes. [Paris, Comptes Rendus, 1836, II, 570—73.]
271. Beobachtungen über die stündlichen Variationen des Barometers zwischen den Wendekreisen, vom Meeresspiegel an bis auf den Rücken der Cordilleren der Anden. [*Froriep*, Notizen, 1826, XII, 65—71. Edinb. Phil. Journ., 1826, XIV, 328—31. Edinb. Journ. Sci., IV, 290—301. *Schweigger*, Journ., 1826, XLVI. (Jahrb. XVI.), 438—58; 1826, XLVII, 137—85.]
272. Betrachtungen über die Temperatur und den hygrometrischen Zustand der Luft in einigen Theilen von Asien. [*Poggendorff*, Annalen, 1831, XXIII, 74—113. *Berghaus*, Annalen, V, 137—68.]
Eine im Mai 1830 in der pariser Akademie gelesene Abhandlung, ein Fragment aus den „Fragments asiat.“, II, 309—95.
273. De l'influence de la déclinaison du soleil sur le commencement de pluies équatorielles. [Annal. de Chimie, 1818, VIII, 179—90. *Schweigger*, Journ., 1818, XXIV, 71—84.]
274. (*August*, *E. F.*) Ueber die Fortschritte der Hygrometrie in der neuesten Zeit, nebst der Berechnung einiger hygrometr. Beobachtungen, welche A. von Humboldt im nördlichen Asien und an den Ufern des Kaspischen Meeres angestellt (Berlin 1830, 1 Taf. in-4.).
275. Sur la limite infér. des neiges perpét. dans les montagnes de l'Himalaya et les régions équator. (Paris 1820. 8.) [Annal. de Chimie, XIV, 5—57. *Oken*, Isis, 1821, S. 551—78.]
276. Bemerkungen über das gelbe Fieber und dessen Zusammenhang mit der Temperatur. [*Gilbert*, Annalen, 1813, XLIII, 257—96.]
Aus: „Versuch über den politischen Zustand von Neu-Spanien“, IV, 477—564.
277. Observations sur quelques phénomènes peu connus qu'offre le goître sous les tropiques, dans les plaines et sur les plateaux des Andes (Paris, de l'impr. de Lachevardière, 1824), in-8. de 12 p. [*Magendie*, Journ. de Phys., 1824, IV, 109—18.]

d. Geognosie und Metallurgie.

278. Geognostisches Gemälde von Südamerika. [*Gilbert*, Annalen, XVI, 394. Ein späterer Art. in: *Leonhard*, Zeitschrift, 1826, 97—124, 481—500.]
279. De quelques phénomènes physiques et géologiques qu'offrent les Cordillères des Andes de Quito et la partie occidentale de l'Himalaya. [Ann. des Sci. Nat., 1825, IV. 225—53.]
280. Geognostische und physikalische Beobachtungen über die Vulkane der Hochebene von Quito. Zwei Abhandlungen aus den Jahren 1837 u. 1838 in den Schriften der berl. Akad. der Wissenschaften; vgl. Nr. 161. *Leonhard* u. *Bronn*, N. Jahrb., 1837, S. 253—84; 1838, S. 638—64. Annal. de Chimie, LXIX, 345. Annal. des Mines, XVI, 411—52.]
281. Observations géognostiques et physiques sur les volcans du plateau de Quito par M. A. de Humboldt, trad. de l'allem. par *Léon*

Lalanne. [Extr. du T. XVI. des Annal. des Mines. Separatabdruck Paris 1839.]

M. de Humboldt a bien voulu de revoir lui-même cette traduction.

282. Nachtrag über den problematischen quarzreichen Sandstein von Cascas am westlichen Abfall der peruanischen Andeskette. [Berlin, Mag. der Ges. Nat. Freunde, 1807, 231—33.]
283. Ueber das relative Alter der Gebirgszüge. [*Poggendorff*, Annalen, 1830, XVIII, 19—24.]
284. Schichtung der Gebirgsarten am südlichen Abfall der Küstenkette von Venezuela gegen das grosse Becken der Llanos. Aus einem Briefe an Ewald. [Zeitschr. der deutsch. geolog. Gesellsch., 1853, V, 18—20.]
285. Sur le gisement du granite dans la vallée de Fiemme. [Annal. de Chimie, 1823, XXIII, 261—65. On Rock Formations (Transl.) Edinb. Phil. Journ., 1824, X, 40—53, 224—39.]
286. Ueber Canzocolli unweit Predazzo in Südtirol. [Innsbruck, Beiträge zur Geschichte Tirols, 1826, II, 309—12.]
287. Ueber den Bau und die Wirkungsart der Vulkane in verschiedenen Erdstrichen. Abhandlung in der berl. Akad. d. Wissensch. vom 24. Jan. 1823. [*Froriep*, Notizen, 1823, IV, 49-54. *Leonhard*, Taschenbuch, 1824, XVIII, 1—39. *Thomson*, Ann. Phil., 1823, VI, 121—35.]
288. Sur le nombre et la distribution géographique des Volcans de la terre. [Bibl. Univ. Archives, 1859, V, 74—77. Kosmos, IV, 446.]
289. Des Volcans de Jorullo. [Journ. de Phys., 1809, LXIX, 149—55. *Nicholson*, Journ., 1810, XXVI, 81—86.]
290. Nachricht über den merkwürdigen Vulkan von Jorullo. [*Leonhard*, Taschenbuch, 1814, S. 258—63.]
291. Beschreibung eines Ausbruchs des Vulkans Jorullo in Mexico. [*Froriep*, Notizen, 1826, XIV, 321—25. Edinb. Journ. Sci., 1826, IV. 30—55.]
292. Analyse de l'eau du Rio Vinagre, par M. *Mariano de Rivero*, avec des éclaircissements géognostiques et physiques, sur quelques phénomènes que présentent le soufre, l'hydrogène sulfuré et l'eau dans les volcans. [Annal. de Chimie, 1824, XXVII, 113—36. Ann. Sci. Nat., 1825, IV, 67—88. *Schweigger*, Journ., 1825, XLV (Jahrb. XV), 36—54. *Tilloch*, Phil. Mag., 1825, LXV, 108—22. Quart. Journ. Sci. 1825, XVIII, 406—7.]
293. On the volcanoes of Guatemala. [Phil. Mag. 1827, II, 117—22.]
294. Volcano of Puracé. — River containing free Acids. [Quart. Journ. Sci., 1825, XVIII, 404—6.]
295. Noticia mineral del cerro de Guanabacoa communicada al Exc. Señor marques de Someruelos por el Baron de Humboldt el año de 1804. [El Patriota americano. Obra periodica. Habana 1812. Tom. II. 12.]
296. Ueber die Schwankungen der Goldproduction mit Rücksicht auf

staatswirthschaftliche Probleme. [Deutsche Vierteljahrsschrift, 1838. Heft 4, S. 1—41.]

297. Ueber die Provinz Antioquia und die neu entdeckte Lagerstätte der Platina auf Gängen. [Hertha, 1826, VII, 263—76. Edinb. Journ. Sci., 1826, V, 323—25. *Poggendorff*, Annalen, 1826, VII, 515—24.]

298. Einleitung zu einem Briefe Boussingault's: „Sur le gisement du Platine", d. d. Bogota, 18. Apr. 1826. [Annal. de Chim. et de Phys., XXXVIII, 204. *Poggendorff*, Annalen, 1826, VII, 515.]

299. Bemerkungen über die Lagerstätten des Platins im Ural. [*Poggendorff*, Annalen, 1828, XIII, 566 (XV, 52).]

300. Grösse der Körner von gediegenem Platin. [*Poggendorff*, Annalen, 1827, X, 487—90.]

301. Memoria razonada de las salinas de Zipaquirá Colombia, Contrib., 1861, II, 47—48.]

302. Vulkane und Bergketten Asiens. [*Poggendorff*, Annalen, XVIII, 1—18; XXIII, 294—301. Vgl. Nr. 197.]

Französisch und englisch:

303. Sur les chaînes et les volcans de l'intérieur de l'Asie, et sur une nouvelle éruption dans les Andes. [*Boué*, Journ. de Géol., 1830, II, 136—73. Edinb. N. Phil. Journ., 1831, 227—40; XII, 145—59. Annal. de Chim., 1830, XLV, 208—215, 337—48.]

304. Note sur une grande masse de Malachite, trouvée dans les mines Ouraliennes de M. *Demidof*. [Paris, Comptes Rendus, 1835, I, 86—87.]

305. Lettre sur la farine des montagnes (Bergmehl). [Paris, Comptes Rendus, 1837, IV, 293.]

306. Ueber die Goldausbeute im russischen Reiche. [*Poggendorff*, Annalen, 1830, XVIII, 273—75. Roy. Inst. Journ., 1831, 418—19.]

307. Ueber die Goldausbeute im Ural und Altai in den Jahren 1830—36. Aus einem Briefe an den Herausgeber. [*Poggendorff*, Annalen, 1837, XL, 641.]

308. Entdeckung eines mächtigen Klumpens von gediegenem Golde im Ural. Aus „Asie centrale", III. [*Poggendorff*, Annalen, 1843, LIX, 174—76.]

309. Lettre datée de l'Irtisch, sur une expédition dont le but principal était de faire de recherches sur les mines d'or de Borosowk. *Férussac*, Bull. Sci. Nat., 1830, XX, 399—403.]

e. Geographie und Statistik.

310. Kamm- und Gipfelhöhe der wichtigsten Gebirge. [Ann. d. sciences natur., IV, 225. [*Poggendorff*, Ann. 1828, XIII, 521.]

311. Ueber Meeresströme. [Auszüge aus einem grössern Memoire in *Berghaus*, Almanach für das Jahr 1837.]

312. Versuch die mittlere Höhe der Continente zu bestimmen. Abhandlung gelesen in der berliner Akad. d. Wissensch., 18. Juli 1842.

[Monatsbericht 1842, 233—44. *Poggendorff*, Annalen, 1842, LVII, 407—19. Edinb. New. Phil. Journ., 1843, XXXIV, 326—37; Napoli, Rendiconto, 1843, II, 315—21.]

313. On the physiognomy of the surface of the Earth. [Edinb. New Phil. Journ., 1845, XXXIX, 105—24.]

314. Ueber den Namen und die ältesten Karten von Amerika. Aus einem Briefe an Letronne. [*Berghaus*, Annalen, 1836, und Briefwechsel mit Humboldt, II, 144. Ausführlicher in der Einleitung zu *Ghillany*, Geschichte des Seefahrers Ritter Martin Behaim, 1853.]

315. Ueber die Urvölker von Amerika. [Neue berl. Monatsschrift, 1806, XV, 190.]

316. Ueber die Verbindung von Mexico mit Veracruz. [*von Zach*, Monatl. Corresp., 1806, XIV, 445—60.]

317. Sur la communication qui existe entre l'Orénoque et la rivière des Amazones. [Paris, École Polytechn. Journ., 1810, IV, 65—68.]

318. Ueber die Verbindung zwischen dem Orenoco und Amazonenfluss. [*von Zach*, Monatl. Corresp., 1812, XXVI, 230—35.]

319. Ueber den neuesten Zustand des Freistaats von Centralamerika oder Guatemala. [Hertha, 1826, VI, 131—61.]

320. Neueste Beschlüsse der mexicanischen Regierung über einen Handelsweg in der Landenge von Goazacoalco und Tehuantepec. [Hertha, 1827, IX, 5—28.]

321. Ueber zwei Besteigungen des Chimborazo. [Vgl. Nr. 157.]

322. Die Hochebene von Bogota. Abhandlung gelesen in der berl. Akad. der Wissensch. am 19. März 1838. [Auszug in Monatsberichten März 1838. Vollständig in *Poggendorff's* Annalen, 1838, XLII, 570—76; *Cotta's* Deutsche Vierteljahrsschrift, V, 97; *Humboldt's* Kleine Schriften, I, 100. Vgl. dieses Werk, I, 356.]

323. Uebergang über den Isthmus von Panama. [Augsb. Allg. Ztg., 1846, Nr. 90.]

324. Ueber die Höhe des mexicanischen Vulkans Popocatepetl. [*Petermann*, Mittheilungen, 1856, S. 479—81.]

325. Mémoire sur les montagnes de l'Inde. [Annal. d. Chim. et d. Phys., 1816, III, 303.] — Deutsch:

326. Ueber die Höhen von Bergen in Hindostan. [*Gilbert*, Annalen, 1817, LVI, 1—42.] 1) Nachricht von den Messungen Crawford's, Elphistones, Macartneys, Webbs. 2) Ueber die Höhen des Himalaya von Colebrooke. 3) Noch einige Bemerkungen.

327. Sur l'élévation des montagnes de l'Inde. [Annal. de Chimie, 1816, III, 297—317.]

328. Mémoire sur les montagnes de l'Inde. [Ann. d. Chim. et de Phys., 1820, T. XIV.]

329. Ueber die Bergketten und Vulkane von Innerasien und über einen neuen vulkanischen Ausbruch in der Andeskette. Aus einem Schreiben an den Herausgeber. [*Poggendorff*, Annalen, 1830, XVIII, 1—19, 319—55.]

Französisch:

330. Mémoire sur les chaînes des Montagnes et sur les Volcans de l'Asie intérieure, et sur une nouvelle éruption volcanique dans la chaîne des Andes, par M. *de Humboldt.* Mit Noten und Zusätzen von *Klaproth.* [Nouv. Ann. d. Voyag., 1830, IV, 217—316.]

Die französische Ausgabe unterscheidet sich von der deutschen dadurch, dass Humboldt ihr eine Zusatznote beigefügt hat, die sich auf die Beschreibung des Sees Ala Gul und der Höhle Uybé bezieht. Die Noten Klaproth's erläutern den Text nach chinesischen Autoren und beziehen sich u. a. auf Tschugutschak, den See Ala-kul, den Altaï, Khanggaï oola, den Algyinskoe Khrebet, Mussar-Tagh, den Thsung ling, ferner auf die vulkanische Beschaffenheit des östlichen Theils der Nan ling, auf den Pe schan und andere vulkanische Gegenden Innerasiens. Den Beschluss machen ausführliche Nachrichten über die Vulkane Japans nach einheimischen Schriftstellern.

331. Zusätze zu der Abhandlung: Ueber die Bergketten und Vulkane Innerasiens. Aus dem 1 Bde. der „Fragmens asiatiques". [*Poggendorff,* Annalen, 1831, XXIII, 294—302.]

332. Ueber neue Messungen der Berghöhe Gobi zwischen Urga u. Pelin. Aus einem Briefe A. von Humboldt's an Prof. Berghaus. [*Berghaus,* Annalen, 1833, VIII, 364—66.]

333. Ueber Canzocolli unweit Predazzo in Südtirol. Auszug aus einem Schreiben A. von Humboldt's an Brochant de Villiers, d. d. Verona, 8. Oct. 1822, enthält die Resultate von L. von Buch's Forschungen in dieser Gegend.

„Zurückkehrend nach Verona auf der Strasse von Roveredo, führte mich das glückliche Ungefähr mit unserm gemeinsamen Freunde L. von Buch zusammen, welcher wenige Tage zuvor die Thäler von Fassa und von Fiume zum zweiten male besuchte" B. untersuchte damals diese Gegend für seine berühmte Arbeit der geognostischen Karte von Deutschland.

334. Estatistica de Mexico por Federico Alexandro Baron de Humboldt, y anotado por D. *Franc. Jos. de Caldas.* [Semanario del nuevo Regno de Granada del año 1810, Santa-Fé de Bogota.]

335. Sur la fixation des limites des Guyanes française et portugaise. Ein Memoire, auf Verlangen des portug. Hofes im J. 1817 angefertigt. [Abgedr. in *Schoell*, Archives histor. et polit. ou Rec. de pièces offic., mém. etc., 1818, I, 48—58.]

336. Note relative au tableau de la population du Pérou, par le Colonel *Poisett.* [Paris, Soc. Géogr., 1825, Bull. III, 170—71.]

337. Evaluation numérique de la population du Nouv. Cont. considérée sous les rapports de la différence de cultes, des races et des idiomes. (Paris, impr. de Dondey-Dupré, 1825.) 8. 8 p.

338. Bemerkungen zu Semenow's Schreiben über den Thian-Schan. [*Neumann*, Zeitschr. für allgem. Erdkunde, 1857, Nov. u. Dec.]

339. Von den Zweifeln, welche über den Flächeninhalt des jetzigen mexicanischen Gebiets erhoben worden sind. [Zeitschr. für allg. Erdkunde, Berlin 1858, März.]

f. Botanik.

340. Ideen zu einer Physiognomik der Gewächse. Gelesen d. 30. Jan. in der königl. Akad. d. Wissensch. zu Berlin. Stuttgart, Cotta. 8. 28 S. 7½ Sgr. — 1. Ausg., Abdruck für Freunde, 29 S. [Daraus ein Auszug in *Voigt's* Magazin f. d. neuesten Zustand der Naturkunde, 1806, XI, 310—22. *Kotzebue* u. *Merckel*, Der Freimüthige, 1806, Nr. 31.]
341. Sur les lois que l'on observe dans la distribution des formes végétales. [Annal. de Chimie, 1816, I, 225—39. *Oken*, Isis, 1817, I, 177—85. *Schweigger*, Journ., 1816, XVIII, 129—45. *Tilloch*, Phil. Mag., 1816, XLVII, 446—53.]
342. Nouvelles recherches sur les lois que l'on observe dans la distribution des formes végétales. [Annal. de Chim., 1821, XVI, 267—97. Edinb. Phil. Journ., 1822, VI, 273—84; 1822, VII, 47—55. *Oken*, Isis, 1821, 1033—47. Quart. Journ. Sci., 1822, XII, 338—39.]
    Später im Dictionn. des sciences natur., t. XVIII, und als besonderer Abdruck in neuer Bearbeitung.
343. Ueber die Chinawälder in Südamerika. [Berlin, Mag. d. Ges. Nat.-Freunde, 1807, I, 57—68, 104—20. Milano, Giorn. Soc. Incor., 1808, I, 260—92; III, 186—204.]
344. Opinion sobre la buena calided de las Quinas de Santa-Fé in Pompo noticias varias sobre las quinas oficinales sus especies, virtudes, usos etc. Cartagena de Indias 1814.
345. Sur le lait de l'Arbre de la Vache. [Annal. de Chimie, 1817, VII, 182—90.]
346. Sul latte dell' albero della vacca, e in generale sul latte dei vegetabili. [*Brugnatelli*, Giornale, 1818, I, 138—144.]
347. Ueber den Kuhbaum. [*Oken*, Isis, 1818, col. 449—50. *Schweigger*, Journ., 1819, XXVI, 231—42. *Thomson*, Ann. Phil., 1818, XII, 115—17.]
348. Curare, or War-poison of the Indians. (Transl.) [*Tilloch*, Phil. Mag. 1821, LVIII, 231—34.]
349. Examen chimique des Juvias ou fruits du Bertholletia excelsa. [Journ. de Pharm., 1824, X, 61—66.]

g. Zoologie und Physiologie.

350. Ueber den Löwenaffen. [Philos. Magaz., 1806, XXIV, 339—41. Vgl. Nr. 112.]
351. Sur les singes qui habitent les rives de l'Orénoque, du Cassiquiare et du Rio Negro, suivi d'un tableau synoptique des singes de l'Amérique. Avec 4 pl. col. Paris 1810. gr. 4. 15 Fr.
352. Ueber den Manati des Orenoco. Mit 2 Taf. (*Wiegmann*, Archiv für Naturgesch., 4. Jahrg., 1838, I, 1—18; 1858, 390—425.]
353. Note sur des empreintes des pieds d'un quadrupède, dans la forma-

tion de grés bigarré de Hildburghausen. [Paris, Comptes Rendus, 1835, I, 15—48. Ann. Sci. Nat. (Zool.), 1835, IV, 135—38.]

354. Ueber einen Nachtvogel Guacharo genannt, der zu Tausenden eine tiefe Höhle, die Caripe genannt, in den Missionen der indischen Chaymas bewohnt. [*Oken*, Isis, 1818, 411—12.]

355. Sur le Steatornis, nouveau genre d'Oiseau nocturne. [Paris, Soc. Philom., Bull. 1817, p. 51—52.]

356. Anatomie des Steatornis caripensis. [Berlin, Bericht, 1841, p. 172—79.]

357. Versuche über die elektrischen Fische. Geschr. Rom, im Aug. 1805 an von Dacheroeden. [Erfurt 1806. Nova acta der Akad. nützl. Wissensch. in Erfurt, 1809, IV. *Gilbert*, Annalen, XXII, 1—13.]

358. Expériences sur la torpille. [Annal. de Chim., 1805, LVI, p. 15—23. *Nicholson*, Journ., 1806, XIII, 180—84; *Tilloch*, Phil. mag. 1806, XXIII, 356—60.]

359. Jagd und Kampf der elektrischen Aale mit Pferden. [*Gilbert*, Annalen, 1807, XXV, 34.]

360. Sur les Gymnotes et autres poissons électriques. [Annal. de Chim., 1819, XI, p. 408—37.]

361. Ueber eine neue Art von Gymnotus aus dem Magdalenenstrome (Gym. electr. L. u. Gym. aequilabiatus), in Beob. aus der Zoolog. u. vergl. Anatomie.

362. Account of the electr. Eel and of the means of catching them etc. (abridg.). [Edinb. Phil. Journ., 1820, II, 242—49.]

363. Recherches sur la respiration des poissons par MM. Provençal et Humboldt. [Mémoires de Phys. et de Chim. de la Soc. d'Arc, 1809, II, 350—405. Journ. de Phys., LXIX, 261—86. *Schweigger*, Journ., 1811, I, 86—121.]

364. Ueber die Respiration und Schwimmblase der Fische. [*Froriep*, Notizen, 1821, I, Nr. 21, 326—29.]

365. Ueber den Eremophilus und Astroblepus, zwei neue Fischgattungen aus der Ordnung der Apoden. Aus den Beobacht. a. d. Zoolog. u. vergl. Anat. [Phil. Mag., 1806, XXIV, 329—32.]

366. Nachrichten von der Untersuchung des Thieres im Nautilus Pompilius. [Berlin, Bericht 1841, 55—59.]

367. Sur la différence de hauteur à laquelle on cesse de trouver des poissons dans la Cordillère des Andes et dans les Pyrénées. [Annal. de Chimie, 1821, XIX, 308—19.]

368. Beiträge zur Naturgeschichte der Mosquitos. [*Froriep*, Notizen, 1823, III, 97—103.]

369. Analyse d'un mémoire de C. G. Ehrenberg sur des infusoires fossiles. [Paris, Comptes Rendus, 1836, III, 200—2.]

370. Notice sur son voyage en Sibérie et recherches de M. Ehrenberg sur l'organisation et la distribution géographique des Infusoires dans l'Asie septentrionale. [Ann. Sci. Nat., 1830, XXI, 203—8.]

371. Expériences faites sur la ligature et la section longitudinale des nerfs. [Paris. Soc. Philom., Bull. 1823, p. 157—58.]

h. Varia.

372. Empfehlung von Nathan Mendelssohns (des Sohnes Moses') physikal. und mathemat. Instrumente. [*Gilbert*, Annalen, 1806, XXIII, 362.]
373. Rapport verbal fait à l'Académie des sciences; séance du 9 Mai 1825 sur le Tableau des corps organisés fossiles par M. *Defrance*. 8.
374. Bericht (in Verbindung mit Link, Lichtenstein, Rudolphi, Weiss) über die naturhistorischen Reisen der Herren Ehrenberg und Hemprich. Gelesen in der königl. Akademie der Wissenschaften zu Berlin, in den Schriften der königl. Akademie v. J. 1826 und separat. Berlin, Dümmler. $^1/_3$ Thlr.
375. Rede gehalten bei der Eröffnung der Versammlung deutscher Naturforscher in Berlin am 18. Sept. 1828. Berlin, Dümmler. [*Oken*, Isis.]
376. *A. von Humboldt* und *H. Lichtenstein*, Amtlicher Bericht über die Versammlung deutscher Naturforscher u. Aerzte zu Berlin im Sept. 1828. Berlin, Trautwein, 1829. 1 Thlr.
377. Gutachten über die Herantreibung des meissner Stollens in die freiberger Erzreviere, d. d. Teplitz, 20. Aug. 1833. 4. S. CXVII – CXXIV. [Abgedr. in *von Herder*, Der tiefe meissner Erbstollen etc. Leipzig 1838.]
   Zur Würdigung dieses Gutachtens s. ebendas., S. 109 fg.
378. Karl Sigismund Kunth (gest. 22. März 1850), ein Nekrolog. [Preuss. Staatsanzeiger, 1851, Nr. 128.
379. Ueber Leopold von Buch, unmittelbar nach dessen Tode. Ein Brief vom 4. März an Sir Roderick Murchison. [Literary Gazette, 1853, Nr. 1886, 12th March. Zeitschr. d. deutschen geolog. Gesellschaft, 1853, V, 261.]
380. Autobiographische Skizze, 1853. [In *Brockhaus*' Convers.-Lexikon und in der „Gegenwart", VIII, 749—62.]
381. Gutachten an Se. Maj. den König über des General-Major Baeyer Entwurf zur Anfertigung einer guten Karte von den östl. Provinzen des preussischen Staats. [Archiv für Landeskunde der preuss. Monarchie, 1856, II, 35 – 41.]
382. Ueber Möllhausen's Reise nach der Südsee. [Ausland 1857, Nr. 38, S. 902.]

Trotz seiner „Abneigung vor einleitenden Vorreden" hat Humboldt solche dennoch geschrieben zu:

383. *Leopold von Buch's* Reise nach dem Nordcap, in französischer Uebersetzung.
384. *Robert Schomburgk's* Bericht seiner Reisen in Guyana.
385. *Wilhelm von Humboldt's* Kawisprache.
386. *Wilhelm von Humboldt's* Sonette.
387. *François Arago's* Sämmtlichen Werken.
388. Des Prinzen *Waldemar von Preussen* Reise.

389. *Dove's* Correspondirende Beobachtungen über magnetische Abweichungen.
390. *Dechen's* Bad Bertrich an der Mosel.
391. *Möllhausen's* Tagebuch einer Reise vom Mississippi nach den Küsten der Südsee.

6.

Einzelne Artikel in akademischen Abhandlungen und wissenschaftlichen Zeitschriften.

In deutschen.

a. In den Abhandlungen der berliner Akademie der Wissenschaften.

392. Beobachtungen über das Gesetz der Wärmeabnahme in den höhern Regionen der Atmosphäre und über die untere Grenze des ewigen Schnees. Gelesen 1805. [Vgl. *Gilbert*, Annalen, XXIV.]
393. Ideen zu einer Physiognomik der Gewächse. Gelesen 30. Jan. 1806. [Vgl. *Voigt*, Magazin für den neuesten Zustand der Naturkunde, 1806, XI, 310—22.]
394. Ueber Wüsten und Steppen. Gelesen 29. Jan. 1807.
395. Die grossen Wasserfälle des Orenoco von Atures und Maypures. Gelesen 8. Aug. 1807.

    Humboldt überreichte zugleich in Oltmanns' Namen 280 geographische Ortsbestimmungen, als Resultat der Beobachtungen auf den fünfjährigen Reisen.
396. Ueber den Bau und die Wirkungsart der Vulkane in verschiedenen Erdstrichen. Gelesen 24. Jan. 1823. [In den Schriften der königl. Akademie der Wissenschaften.]
397. Ergänzung der Humboldt'schen Abhandlung: *Oltmanns*, Darstellung der Resultate, welche sich aus den am Vesuv von Alexander von Humboldt und andern Beobachtern angestellten Höhenmessungen herleiten lassen.
398. Bericht über die naturhistorischen Reisen der Herren Ehrenberg und Hemprich. [In den Abhandlungen der berliner Akademie, 1826. Phys. Kl., p. 111—34.]
399. Ueber die Hauptursachen der Temperaturverschiedenheit auf dem Erdkörper. Gelesen 3. Juli 1827.
400. Ueber die bei verschiedenen Völkern üblichen Systeme von Zahlzeichen und über den Ursprung des Stellenwerthes in den indischen Zahlen, 1829. [Vgl. V, a.]
401. Geognostische und physikalische Beobachtungen über die Vulkane des Hochlandes von Quito. 1. Abhdlg. Gelesen 9. Febr. 1837.
402. Geognostische und physikalische Beobachtungen über die Vulkane des Hochlandes von Quito. 2. Abhdlg. Gelesen 10. Mai 1808.

403. Ueber die Hochebene von Bogota. Gelesen 19. März 1838.
404. Versuch die mittlere Höhe der Continente zu bestimmen. Gelesen am 18. Juli 1842. [Monatsberichte der berl. Akademie, Juli 1842. *Poggendorff*, Annalen, LVII, 407—19.]
405. Intensität des Thierkreislichts. Gelesen 1855. [Monatsberichte 1855, S. 517—520.]

b. Berghaus' Annalen der Erd-, Völker und Staatenkunde.

406. Die neuen Messungen der Berghöhe Gobi zwischen Urga und Pelin, 1833, VIII, 364—66. [Briefwechsel, II, 20.]
407. Die Reise des Kapitäns Ross in den arktischen Regionen und der magnetische Nordpol, 1834, X, S. 272—73. [Briefwechsel, II, 48.]
408. Mexicanische Alterthümer, 1835, XI. [Briefwechsel, II, 94—103.]
Empfehlung von *Nebel's* Werk: „Voyage archéologique et pittoresque etc.“
409. Untersuchungen über den Namen Amerika. [Dritte Reihe. 1835. I, 209—213. Briefwechsel, II, 142—48.]
Aus einem Schreiben an Letronne.
410. Untersuchungen einiger wichtigen Punkte der Geographie von Guyana. Dritte Reihe. 1837. V, 35—62. [Briefwechsel, II, 216—55.]

c. Berghaus' Hertha.

411. Ueber die Gestalt und das Klima des Hochlandes der Iberischen Halbinsel, 1825, S. 5 23.
412. Briefe aus Paraguay, 1825, S. 696—707.
Mittheilung Gransire's über Bonpland.
413. Ueber die Provinz Antioquia und die neu entdeckten Lagerstätten der Platina auf Gängen, 1826, VII, 263—76.
414. Prospect zur Geographie der Pflanzen, 1826, VII. [Geogr. Zeitung, 1826, VII. Geogr. Zeitung, S. 52—60.]
415. Uebersicht des gegenwärtigen Standes der astronomischen Geographie von Amerika, 1826, Bd. VIII. [Geogr. Zeitung, S. 37.]
Geographische Einleitung zu „Essai politique sur l'île de Cuba.“
416. Neuester Beschluss der mexicanischen Regierung über einen Handelsweg in der Landenge von Goazacalco und Tehuantepec, 1827, IX, 5.
Dazu die Einleitung von Humboldt.
417. Ueber die geographischen und geognostischen Arbeiten von Pentland im südlichen Peru, 1829, Bd. XIII.

d. Gilbert's Annalen der Physik und Chemie.

418. Ursprung der Erdwärme, I, 457; XIX, 445.
419. Ueber die Wärmeabnahme in höhern Regionen der Atmosphäre und über die untere Grenze des ewigen Schnees, XXIV, 1.
420. Zersetzung des Sauerstoffgases durch reine Erden, I, 501, 509, 511; VI, 101; VII, 85, 214.
421. Entstehung des Salpeters, I, 513.

422. Reisebarometer, II, 321.
423. Kohlensäuremesser, III, 77; XIII, 170.
424. Kohlensäure und Beschaffenheit der Atmosphäre in der gemässigten Zone, III, 79; XX, 38.
425. Eudiometrische Versuche, II, 392; III, 91; V, 190, 341, 348; VI, 414, 424, 472; VII, 224; X, 193, 199; XI, 71.
426. Ueber die verschiedenen eudiometrischen Mittel und über das Verhältniss der Bestandtheile der atmosphärischen Luft, XX, 38, 93.
427. Grenze der Fehler bei Volta's Eudiometer, 76, 80.
428. Natur der Luft aus dem Wasser und Wirkung des Wassers auf reine und vermischte Gasarten, von *Humboldt* und *Gay-Lussac,* XX, 129.
429. Ueber die Entbindung des Lichts, III, 83.
430. Ueber das Salpetergas und seine Verbindung mit Sauerstoff, III, 85; XXXVI, 37.
431. Ueber die Salzsäure, VI, 427.
432. Ueber die zunehmende Stärke des Schalls in der Nacht, LXV, 31.
433. Ursprung der Meteorsteine, XVIII, 294.
434. Oxydation der Metalle durch Berührung, IV, 436.
435. Bestätigung des Aschischen Versuchs, V, 52.
436. Physikalische Beobachtungen auf seiner Reise nach dem spanischen Amerika, IV, 443; VI, 185; VII, 329.
437. Geognostische Skizze von Südamerika, XVI, 394.
438. Cordillere der Anden, Quito, Mexico, XXX, 450; XVIII, 118, 124; XX, 135, 361; XXI, 3; XXIV, 2; XXXIV, 225; XXXVII, 114; LII, 240.
439. Ueber die Höhe von Bergen in Hindostan, LVI, 261.
440. Unterschied zwischen Galvanismus und Elektricität, VI, 467.
441. Galvanische Behauptungen, XI, 147; XIII, 452; XV, 340.
442. Ueber elektrische Fische, XXII, 1; XXVI, 464.
443. Jagd der elektrischen Aale, XXV, 34.
444. Variationen des Magnetismus der Erde in verschiedenen Breiten, XX, 257.
445. Ueber die Stärke und Neigung der magnetischen Kräfte in Frankreich, Schweiz, Italien und Deutschland, XXVIII, 257.
446. Magnetische Abweichungen, XXVII, 461, 468.
447. Ueber Rabdomantie, Wünschelruthe etc., XXVI, 377.
448. Mendelssohn's astronomisch-physikalischen Instrumente, XXIII, 362.
449. Einfluss des Nordlichts auf die Magnetnadel, XXIX, 425.
450. Einwirkung der Elektricität und rein chemischer Verhältnisse auf die magnetische Kraft, XXVIII, 374.
451. Ueber die astronomische Strahlenbrechung in der heissen Zone unter 10 Grad, insofern sie von der Wärmeabnahme in den höhern Luftschichten abhängt, XXXI, 337; XXXII, 363.
452. Ueber das gelbe Fieber, XLIII, 257.

e. von Leonhard's Mineralogisches Taschenbuch.

453. Ueber den Vulkan von Jorullo. [*Delamétherie*, Journ. de Phys. — Taschenbuch, II, 149.]
454. Ueber die Moya. [*Klaproth*, Beiträge, IV, 289. — Taschenbuch, II, 315.]
455. Ueber die Vulkane in den Anden-Cordilleren. [Taschenbuch, III, 258.]
456. Ueber das Vorkommen der Erze in Neu-Spanien. [Taschenbuch, V, 240.]
457. Nachrichten über die Pakos. [*Klaproth*, Beiträge, IV, 4. — Taschenbuch, II, 308.]
458. Ueber den problematischen quarzreichen Sandstein von Cascas. [Magazin der Gesellsch. naturforsch. Freunde, I, 231. — Taschenbuch, II, 258.]
459. Geognostische Ansicht der Tropenländer. Nach Humboldt's Ideen zu einer Geographie der Pflanzen. [Taschenbuch, III, 224.]
460. Geologie der Antillen. [*Delamétherie*, Journ. de Phys. — Taschenbuch, IX, 448.
461. Ueber den Basalt von St. Christobal. [Reise in die Aequinoctialgegenden, I, 151. — Taschenbuch, X, 218.]
462. Feuerproducte der canarischen Inseln. [Reise in die Aequinoctialgegenden, I, 246. — Taschenbuch, X, 456.]
463. Beschreibung des Vulkans Jorullo. [Bibliothéque Britannique, Nr. 328, S. 339. — Taschenbuch, VIII, 258.]
464. Geologische und geognostische Nachrichten über Mexico. [Essai polit., s. l. Nouv. Esp. — Taschenbuch, VII, 246, 253.]
465. Ueber die Andesketten. [Pittoreske Ansichten der Cordilleren, Heft 2, S. 67. — Taschenbuch, XIV, 277.]
466. Ueber die Berge von Astorga bis Coruña. [Reise in die Aequinoctialgegenden, I, 64. — Taschenbuch, XII, 585.]
467. Ueber die Basaltfelsen von Regla. [Pittoreske Ansichten der Cordilleren, Heft 2, S. 95. — Taschenbuch, XII, 602.]
468. Ueber die Höhlen und die Beziehungen ihres Entstehens mit den Gebirgsformationen, in denen sie gefunden werden. [Taschenbuch, XII, 267.]
469. Ueber den Pic de Teyde auf Teneriffa. [Reise in die Aequinoctialgegenden, I, 140. — Taschenbuch, XII, 186.]
470. Ueber die Basalte der Insel Graciosa. [Reise in die Aequinoctialgegenden, I, 123. — Taschenbuch, XII, 586.]
471. Ueber die verschiedenen Formationen des Schwefels. [Reise in die Aequinoctialgegenden, I, 269. — Taschenbuch, XII.]
472. Ueber die Guacharohöhle. [Reise in die Aequinoctialgegenden, II, 102. — Taschenbuch, XV, 238.]
473. Ueber den Cotopaxi. [Pittoreske Ans. der Cordill., Heft I, S. 57. — Taschenbuch, XI, 525.

474. Ueber die Ausbrüche des Pic de Teyde auf Teneriffa. [Reise in die Aequinoctialgegenden, I, 360. — Taschenbuch, XII, 230.]
475. Ueber die Obsidiane und Bimssteine des Pics von Teneriffa. [Reise in die Aequinoctialgegenden, I, 233. — Taschenbuch, XII, 529.]

f. von Leonhard's und Bronn's Jahrbuch für Mineralogie, Geognosie und Petrefactenkunde.

476. Reise in den Ural, Jahrg. 1830, S. 149.
477. Note über die Thierfährten in Hildburghausen, Jahrg. 1837, S. 122.
478. Geognostische u. phys. Beobachtungen über die Vulkane des Hochlandes von Quito, Jahrg. 1837, S. 253.
479. Bericht über die geogr. u. geognost. Arbeiten Pentland's im südlichen Peru, Jahrg. 1837, S. 359.
480. Zwei Versuche den Chimborazo zu ersteigen, Jahrg. 1837, S. 463.
481. Reise in den Ural, Jahrg. 1837, S. 565.
482. Geognost. u. physik. Beobachtungen über die Vulkane des Hochlandes von Quito, Jahrg. 1838, S. 638.
483. Messungen des Spiegels des Todten Meeres, Jahrg. 1843, S. 362.
484. Bestimmung der mittlern Höhe der Continente, Jahrg. 1843, S. 363.
485. Kältegrade, worin Löwen u. Tiger gedeihen, Jahrg. 1855, S. 624.

g. Poggendorff's Annalen der Physik und Chemie.

486. Vorkommen des Platins in Amerika, VII, 515; X, 489.
487. Ueber den Platin in Russland, X, 487.
488. Platina-Ausbeute im Ural, im Jahre 1828, XV, 52.
489. Stündliche Barometerbeobachtungen, VIII, 148; XI, 254, 261, 266.
490. Temperatur der heissen Zone am Meere, VIII, 165 (IX, 512).
491. Hauptursachen der Temperaturverschiedenheit auf der Erde, XI, 1. Auszug aus der Abhandlung, die er am 3. Juli 1827 in der königl. Akademie der Wissenschaften gelesen.
492. Gesetze der täglichen Barometeroscillation, XII, 299.
493. Mittlerer Barometerstand am Meere unter den Tropen, XII, 399.
494. Mittel, um die Ergründung einiger Phänomene des tellurischen Magnetismus zu erleichtern, XV, 319.
495. Beobachtung der magnetischen Intensität und Inclination auf der Reise nach und in Amerika, XV, 336.
496. Höhenverhältnisse zwischen den Kämmen und Gipfeln der Gebirge, XIII, 521.
497. Goldgewinn in Amerika und Russland, XIII, 566.
498. Vulkane und Bergketten Asiens, XVIII, 1, 319; XXIII, 294.
499. Goldausbeute in Russland, XVIII, 273.
500. Goldausbeute am Altai, XL, 641.
501. Inclinationsbeobachtungen in Russland, XVIII, 355.

502. Vorwort zu *Dove's* Zusammenstellung gleichzeitiger magnetischer Beobachtungen, XIX, 357.
503. Temperatur und Trockenheit der Luft im nördl. Asien, XXIII, 74.
504. Mögliche Verbindung beider Oceane durch Amerika, XX, 136.
505. Ueber den Guano, XXI, 602.
506. Ueber Humboldt's Astrometer, XXIX, 484.
507. Bemerkungen über die Temperatur der Ostsee, XXXII, 223.
508. Ueber einige elektromagnetische Erscheinungen und den verminderten Luftdruck in den Tropen auf dem Atlantischen Ocean, XXXVII, 241, 462.
509. Versuche mit dem Zitteraal, XXXIX, 413.
510. Geognostische und physikalische Beobachtungen über die Vulkane von Quito, XL, 161; XLIV, 193.
511. Ueber die Hochebene von Bogota, XLIII, 570.
512. Versuch, die mittlere Höhe der Continente zu bestimmen, LVII, 407.
513. Entdeckung eines grossen Klumpens gediegenen Goldes am südlichen Ural, LIX, 174.
514. Höhe des ewigen Schnees an beiden Abhängen des Himalaya, LXII, 277.
515. Zur Geschichte d. Bestimm. der Lichtgeschwindigkeit, LXXXIX, 352.
516. Einige Erschein. in der Intensität des Thierkreislichts, XCVII, 138.

h. von Zach's Monatliche Correspondenzen.

517. Nachrichten von dessen amerikanischer Reise, I, 392; II, 403; V, 59; VIII, 186.
518. Verzeichniss der von **Humboldt** bei den Beobachtungen in Amerika angewandten Instrumente, XXI, 496 fg.
519. Ueber die Verbindung zwischen dem Orenoco und dem Amazonenfluss, XXVI, 230.
520. Bestimmung der Breite von Quito, XVII, 94 fg.
521. Uebersicht der geographischen Ortsbestimmungen in Anmerkungen von *Oltmanns*, XVIII, 164, 233.
522. Beobachtungen in Betreff der Refraction und des Gesetzes der Wärmeabnahme nach oben, XVI, 541 fg.
523. Essai politique sur la Nouvelle Espagne, XVIII, 201, 312; XIX, 61, 141; XX, 461, 523; XXV, 63, 159, 273.
524. Ueber eine Karte von Neuspanien von *Arrow Smith*, XXV, 265.
525. Beobachtungen des Kometen von 1807, XVI, 487.
526. Essai sur la géographie de plantes, XVI, 36, 545.
527. Voyage aux régions équinoxiales du N. C., XIV, 438 fg.; XVIII, 116; XIX, 518, 552, 587; XX, 390; XXI, 25, 245, 493; XXIV, 51; XXVII, 49, 348.

In französischen.

a. Académie des sciences.

528. Sur l'absorption de l'oxygène par les terres simples. III, 53 (Prairial, an IX).
529. Rapport verbal sur le Tableau des corps organisés fossiles, par M. *Defrance*, séance du 9 mars 1805 (imprimé à Paris, Fain), 1825. 8. 4 p.
530. Observations sur l'intensité et l'inclinaison de forces magnétiques, faites en France, en Italie et en Allemagne, par MM. *Humboldt* et *Gay-Lussac*, 1806. VII, 32.
531. Rapport verbal sur l'Atlas géographique de Brué (séance du 19 janv. 1824), publié en tête de l'Atlas. Paris, Crapelet, 1826. Fol. 2 p.
532. Rapport verbal sur la Flore du Brésil méridional de M. Auguste de Saint-Hilaire. (Séance du 19 sept. 1825.) Paris. 4. 4 p.
533. Recherches sur la respiration du crocodile à museau aigu, lu en 1809 à la classe des sciences mathématiques et physiques de l'Institut. [Vgl. Analyse par Delambre, Magasin encyclopédique.]
534. Note sur l'inclinaison de l'aiguille aimantée (luc dans la séance du 28 juin 1830).
535. Note sur les déclinaisons de l'aiguille aimantée (lue dans la séance du 18 oct. 1839).
536. M. de Humboldt présente à l'Académie des sciences, au nom de M. Ehrenberg, des échantillons de la couche tourbeuse et argileuse qui, à vingt pieds au-dessous du niveau du pavé de Berlin, se trouve remplie d'infusoires vivants, et accompagne cette remise d'observations. (Comptes rendus, 2e sem., 1841, XIII, 397.]
537. M. de Humboldt communique des expériences de M. Moser, concernant des images formées à la surface d'une glace ou d'un métal poli au contact et à la proximité d'un autre corps (Comptes rendus, 2e sem., 1842, XV, 119).
538. M. de Humboldt présente au nom de M. Ehrenberg des briques faites avec la terre à infusoires de Berlin, briques d'une extrême légèreté, et qui, lorsque leur surface est enduite d'une couleur imperméable, peuvent flotter sur l'eau. (Comptes rendus, 2e sem., 1842, XV, 649.)
539. M. de Humboldt communique les résultats de nouvelles opérations relatives à la détermination de la différence du niveau entre la mer Méditerranée et la mer Morte (Comptes rendus, 2e sem., 1842, XV, 884.
540. M. de Humboldt, en présentant le deuxième volume du voyage en Sibérie, rédigé par M. *Rose*, donne une analyse du contenu de ce volume (Comptes rendus, 2e sem., 1842, XV, 1202).
541. M. de Humboldt présente au nom de M. Kocharoff, ingénieur des mines de Russie, une notice sur une très-grosse pépite d'or natif trouvée dans l'Oural (Comptes rendus, 1er sem., 1843, XVI, 81, 196.

542. Lettres relatives à des expériences de M. Karsten sur les images de Moser (Comptes rendus, 1er sem., 1843, XVI, 81, 696).
543. Sur la température des eaux fournies par le puits artésien de Neu-Salzwerck en Westphalie (Comptes rendus, 2e sem., 1843, XVIII, 600).
544. Sur la fondation d'un observatoire de météorologie et de physique à Saint-Pétersbourg (Comptes rendus, 2e sem., 1843, XVII, 603).
545. Sur les recherches de M. Ehrenberg relatives aux infusoires (Comptes rendus, 2e sem., 1844, XIX, 14(1).
546. M. de Humboldt fait hommage à l'Académie, au nom de M. Michaelis, d'une carte topographique du crétinisme dans le canton d'Argovie (Comptes rendus, 1er sem., 1845, XX, 450).
547. M. de Humboldt présente au nom de l'auteur, M. Ehrenberg, un opuscule en allemand sur les organismes microscopiques et leur distribution géologique (Comptes rendus, 1er sem., 1845, XX, 1285).
548. M. de Humboldt annonce la découverte d'une seconde planète par M. *Encke* (Comptes rendus, 2e sem., 1847, XXV, 83).
549. Notice sur un aérolithe tombé le 14 juillet 1847, à Braunau (Bohême). (Comptes rendus, 2e sem., 1847, XXV, 627.)
550. Sur des expériences d'électricité animale faites par M. *E. du Bois-Raymond* (Comptes rendus, 1er sem., 1849, XXVIII, 570).
551. Sur l'apparition périodique des étoiles filantes du 13 au 15 nov. (Comptes rendus, 2e sem., 1849, XXIX, 637).
552. Lettre à M. Arago, annonçant la perte que vient de faire l'Académie dans la personne de M. *L. de Buch*, décédé le 4 mai 1853 (Comptes rendus, 1er sem., 1853, XXXVI, 449).
553. Lettre à M. Elie de Beaumont, sur les Sociétés de météorologie et les observations météorologiques (Comptes rendus, 1er sem., 1855, XL, 553).
554. Sur quelques phénomènes de la lumière zodiacale (Comptes rendus, 2e sem., 1855, XLI, 613).
555. Sur le voyage dans l'Inde de MM. Schlagintweit frères, lettre à M. Élie de Beaumont du 4 mars 1856 (Comptes rendus, 1er sem., 1856, XLII, 611).
556. Extrait d'une lettre datée de Berlin, le 10 mai 1857, à M. Élie de Beaumont, sur l'époque à laquelle le nom de trachyte a été employé par les géologues, et sur l'extension abusive donnée au mot albite (Comptes rendus, 1er sem., 1857, XLIV, 1067—69).
557. Extrait de deux lettres à M. Delessert, datées de Berlin, les 12 juin et 14 juillet 1858, contenant des nouvelles d'Aimé Bonpland, de ses travaux et collections (Compt. rendus, 2e sem., 1858, XLVII, 169).
558. Extrait d'une lettre à M. Élie de Beaumont datée de Berlin sept. 1858, annonçant la mort d'Aimé Bonpland arrivée à Santa-Anna à le 11 mai 1858, et contenant des informations sur les collections et les manuscrits de ce savant botaniste (Comptes rendus, 2e sem., 1858, XLVII, 461).

b. Annales de Chimie.

559. Sur une serpentine verte qui possède la polarité magnétique, XXII, 47.
560. Sur l'irritation causée par les métaux sur les animaux, XXII, 51.
561. Sur le procédé chimique de la vitalité, XXII, 64; Addition, 72.
562. Expériences sur la germination de plantes, XXIV, 173.
563. Lettre au cit. Fourcroy, XXVII, 62.
564. Mémoire sur la combinaison ternaire du phosphore de l'azote et de l'oxigène, ou sur l'existence de phosphures d'azote oxidés, XXVII, 141.
565. Expériences sur le gaz nitreux et ses combinaisons avec l'oxigène par les terres simples, et son influence dans la culture du sol, XXIX, 125.
566. Lettre à M. Fourcroy, la Guayra 5 pluviose an VIII, sur plusieurs objets d'histoire naturelle et de chimie, XXXV, 102.
567. Lettres datées de Quito, XLIII, 216.
568. Analyses de plusieurs substances minérales envoyées par M. *Humboldt* et *Bonpland*, LIII, 260.
569. Sur le guano, LVI, 259.
570. Expériences sur les moyens eudiométriques et sur la proportion des principes constituans de l'atmosphère, par *Humboldt* et *Gay-Lussac*, LIII, 239, 240.
571. Expériences sur la torpille, LVI, 15.
572. Sur l'amalgamation des minerais d'argent usitée au Mexique, LXXVI, 204, suite 233.
573. Observations sur l'intensité et l'inclinaison des forces magnétiques, par *Humboldt* et *Gay-Lussac*, LXIII, 331.

c. Annales de Chimie et de Physique.

574. Sur l'élévation des montagnes de l'Inde, 1816, III, 297.
575. Sur la limite inférieure des neiges perpétuelles dans les montagnes de l'Himalaya et les régions équatoriales, 1820, XIV, 5—56.
576. Sur les lois que l'on observe dans la distribution des formes végétales (lu à l'Acad. des sciences le 5 févr. 1816), t. Ier des Annales, p. 225.
577. Nouvelles recherches etc., sur le sujet ci-dessus, lu le 12 févr. 1821 (vol. XVI des Annales, p. 267, et entier dans le Dictionnaire des sciences naturelles, XVIII, 422, art. Géographie botanique, à la suite de l'article sur le même sujet, par M. *de Candolle* auquel il sert de complément).
578. Sur l'accroissement nocturne de l'intensité du son, 1820, XVII, 162.
579. Différence de hauteur à laquelle on cesse de trouver des poissons dans les Andes et les Pyrénées, 1822, XIX, 308.
580. Analyse de l'eau du Rio-Vinagre dans les Andes de Popayan, avec des éclaircissements géognostiques et physiques sur quelques phé-

nomènes que présentent le soufre, l'hydrogène sulfuré et l'eau dans les volcans, 1824, XXVII, 113.
581. Sur la température des différentes parties de la zone torride au niveau des mers, 1826, XXXIII, 29.
582. De l'inclinaison de l'aiguille aimantée dans le nord de l'Asie, et des observations correspondantes des variations horaires faites en différentes parties de la terre, 1830, XLIV, 231.
583. Recherches sur les systèmes de montagnes et les volcans de l'intérieur de l'Asie, 1830, XLV, 208 et 337.
584. Sur les volcans du plateau de Quito (lu à l'Académie des sciences de Berlin), 1838, LXIX, 345.
585. Notice sur deux tentatives d'ascension du Chimborazo, 1838, LXIX, 401.

d. Annales et Nouvelles Annales des Voyages.

586. Mémoire sur les chaînes de montagnes de l'Himalaya et sur les volcans de l'intérieur de l'Asie centrale (1830).
587. Lettre de M. Alex. de Humboldt à M. F. Kelley, datée de Berlin le 27 janvier 1856, sur son projet de canal maritime sans écluses, entre les océans Atlantique et Pacifique, par le Truando, l'Atrato etc., janvier 1857. [Vgl. Journal of the R. geogr. Society of London Proceedings.]
588. Rapport sur le voyage d'Ehrenberg et Hemprich, traduit de l'allemand, par Eryriès; 2e série, VI, 369—97. Vgl. Nr. 374.

e. Annales des Sciences Naturelles.

589. Rapport verbal à l'Académie des sciences sur un ouvrage de M. Auguste Saint-Hilaire, intitulé: Plantes usuelles des Brasiliens, I, 410.
590. Éclaircissements géognostiques et physiques sur quelques phénomènes que présentent le soufre, l'hydrogène sulfuré et l'eau dans les volcans, IV, 66.
591. De quelques phénomènes physiques et géologiques qu'offrent les Cordillères des Andes de Quito, et la partie occidentale de Himalaya, IV, 225.
592. Note sur le platine de Sibérie, communiquée à l'Académie des sciences, V, 111.
593. Sur la présence du sélénium dans divers minéraux, V, 324.
594. Rapport sur la Flore du Brésil méridional, de M. Auguste Saint-Hilaire, VI, 222.
595. Lettre à M. Arago, contenant des nouvelles récentes de M. *Bonpland*, XXVI, 391.

f. Bulletin de la Société de Géographie.

596. Note sur un projet de canal maritime par la rivière Atrato à l'est et le San-Juan à l'ouest, pour unir l'océan Pacifique à l'océan Atlantique (1824).
597. Proposition d'autoriser la Société à fournir des chronomètres aux voyageurs qu'elle jugerait capables d'en faire un bon usage, 1826, V, 561.
598. Lettres écrites à M. Arago les 1/13 et 8/20 août 1829, de la Sibérie, sur cette province de l'empire russe, 1829, XII, 176.
599. Sur les déclinaisons de l'aiguille aimantée, 1830, XIV, 229.
600. Chronologie des plus anciennes cartes de l'Amérique, 2e série, 1835, IV, 411.
601. Sur la dépression sensible de la hauteur moyenne du baromètre dans les régions équinoxiales, 2e série, 1825, VI, 276.

g. Connaissance des Temps.

602. Éclipse de Soleil observée à Cumana en Amérique, par M. Humboldt, le 28. oct. 1799, calculée par *L. Ciccolini* (1804).
603. Observations extraites d'une lettre de M. Humboldt. Éclipse du 16 juin 1806 (1808).
604. Exposé des recherches faites sur la longitude de Quito, par M. *Oltmanns* (1809).
605. Voyage d'Alexandre de Humboldt et Aimé Bonpland (1810).

h. Magasin Encyclopédique.

606. Expériences électriques faites par A. de Humboldt sur lui-même. 2e année, 1796, I, 402.
607. Sur une multitude de poissons lancés par le volcan d'Imbaburu, situé près de la ville d'Ibarra (Amérique), dans des éruptions boueuses mêlées de grandes masses d'eau douce. 10e année, 1805, II, 177.
608. Recherches sur la respiration du crocodile à museau aigu, lues en 1809 à l'Institut, par M. *A. de Humboldt*, 15e année, 1810, I, 142.
609. Lettre de M. A. de Humboldt à M. Millin sur la composition de l'air dans des couches très-élevées. 5e année, 1799, I, 368.
610. Extrait d'une lettre d'Alex. de Humboldt à M. Delambre sur des observations astronomiques, 7e année, 1801, I, 105.
611. Extrait d'une lettre de M. de Humboldt à M. Fourcroy, datée de Cumana. 7e année, 1801, I, 105.
612. Copie d'une lettre de M. de Humboldt à M. Delambre, datée de Lima, le 25 nov. 1802. 8e année, 1803, VI, 527.
613. Extraits de plusieurs lettres d'Alex. de Humboldt écrites de l'Amérique à son frère Guillaume à Rome, datées de Quito et de Cuença. 9e année, 1803, IV, 413.

i. Mémoires de Physique et de Chimie de la Société d'Arcueil.
3 vol. 8. 1807, 1809, 1817.

614. Observations sur l'intensité et l'inclinaison des forces magnétiques, faites en France, en Suisse, en Italie et en Allemagne, par MM. *de Humboldt* et *Gay-Lussac,* lu à l'Institut, le 8 sept. 1806 (1807), I, 1—22.
615. Recherches sur la respiration des poissons, par MM. *Provençal* et *Humboldt*, 1809, II, 359—404.
616. Des lignes isothermes et de la distribution de la chaleur sur le globe, 1817, III, 462—602.

7.

Nach Humboldt's Tode veröffentlichte Briefe und Briefwechsel.

---

617. Briefe von Alexander von Humboldt an *Varnhagen von Ense* aus den Jahren 1827—58. Nebst Auszügen aus *Varnhagen's* Tagebüchern und Briefen von Varnhagen und andern an Humboldt. 5. Aufl. Leipzig, F. A. Brockhaus, 1860. 8. 3 Thlr.

Französisch:

618. Correspondance de Alexandre de Humboldt avec *Varnhagen von Ense.* Traduction de l'allemand par *Max Sulzberger.* Paris, Bohné; Bruxelles, Fr. van Meenen & Comp., 1860. 8. 5 Frs.
619. Lettres de Alexandre de Humboldt à *Varnhagen von Ense* (1827—58). Accompagnées d'extraits du journal de Varnhagen et de lettres diverses. Édit. franç. autorisée et ornée d'un beau portr. Genève, L. Held; Paris, Hachette & Comp., 1860. 8. 6 Frs.

Englisch:

620. Letters of A. von Humboldt to *Varnhagen von Ense.* Authorised English translation, with explanatory notes and a full index of names. 8. London, Trübner & Comp., 1860. 12 s.
621. Letters of A. de Humboldt to *Varnhagen von Ense* from 1827 to 1858. With extracts from *Varnhagen's* Diaries, and letters of Varnhagen and others to Humboldt. Transl. from the second Germ. edit. by *Fredr. Kapp.* New-York, Rudd & Carleton. 12. 1 Doll. 25 c.
622. Briefwechsel und Gespräche Alexander von Humboldt's mit einem jungen Freunde. Aus den Jahren 1848—56. Berlin, Franz Duncker, 1861. 2. Aufl. 1869. 8. 15 Sgr.

Der anonyme junge Freund ist Dr. *Althaus* in London, Neffe des Bischofs Dräseke. Vgl. Humboldt's Briefe an Bunsen, S. 171.

623. Briefwechsel Alexander von Humboldt's mit *Heinrich Berghaus* aus den Jahren 1825—58. Jena, Costenoble, 1863. 3 Bde. gr. 8. 7 Thlr. 6 Sgr. Herabgesetzter Preis: 2 Thlr.

624. *Humboldt,* Correspondance scientifique et littéraire, recueillie, publiée et précédée d'une notice et d'une introduction par M. *de la Roquette,* avec le concours de M. *F. Denis.* Suivie de la biographie des correspondants de Humboldt, de notes et d'une table, et ornée de deux portraits, du facsimile d'une de ses lettres et de figures intercalées dans le texte. 2 vol. Paris 1865—69. 8. 15 Frs.

625. Lettres d'Alexandre de Humboldt à *Marc-Aug. Pictet* 1795—1824.
„Le Globe", journ. géogr., organe de la Soc. de Géographie de Genève pour des Mémoires et Bulletins, t. VII, 1868. Genève, impr. Garey frères.

626. Briefe von Alexander von Humboldt an *Christian Karl Josias* Freih. *von Bunsen.* Leipzig, F. A. Brockhaus, 1869. 8. 1 Thlr. 10 Sgr.
92 „mit urkundlicher Treue" abgedruckte Briefe von 1816—56.

627. Im Ural und Altai. Briefwechsel zwischen Alexander von Humboldt und Graf *Georg von Cancrin* aus den Jahren 1827—32. Leipzig, F. A. Brockhaus, 1869. 8. 1 Thlr. 10 Sgr.

628. Literarischer Nachlass von *Friedrich von Raumer.* 2 Bde. Berlin, S. Mittler & Sohn, 1869. 8. 2 Thlr.
1. Bd., S. 17—36, enthält mehr oder minder ausführliche, oft sehr pikante Auszüge aus 41 Briefen Humboldt's aus den Jahren 1832—58.

8.

Nouvelle édition in-octavo des Oeuvres d'Alex. de Humboldt.

(Paris, L. Guérin & Cie. — Th. Morgand.)

---

629. Cosmos, description physique du monde, traduction de MM. *Faye* et *Ch. Galuski,* désignés par l'auteur pour faire cette traduction, avec une introduction écrite en français par de Humboldt. Dernière et définitive édition, mise dans un meilleur ordre que les précédentes, augmentée d'une notice biographique sur Humboldt, avec des fragments inédits de la correspondance de l'auteur, et terminée par un aperçu analytique de l'ouvrage. 4 vol. 8. 40 Frs.

630. Tableaux de la Nature, traduction de M. *Ch. Galuski,* la seule approuvée et revue par Humboldt. Dernière édition mise dans un meilleur ordre que les précédentes, divisée en livres et en chapitres, augmentée de notes biographiques. Accompagné de vues pittoresques et de cartes scientifiques. 1865. 8. 10 Frs. — Même ouvrage. Accompagné de cinq cartes et de sept vues pittoresques, d'après les dessins de Humboldt. (Édition de grand luxe.) gr. 8. 20 Frs.

631. Sites des Cordillères et monuments des peuples indigènes de l'Amérique, par *Humboldt*. Nouvelle édition faite sur un plan nouveau d'après les notes et indications laissées par l'auteur. Avec 10 pl. gravées sur acier. 1866. 8. 10 Frs. — Même ouvrage avec 16 pl. dont 7 coloriées à la main. 15 Frs.

632. Mélanges de Géologie et de Physique générale, traduction de M. *Galuski*, ouvrage complet. Avec atlas de géologie. 1864. 8. 18 Frs. — Le volume seul: 10 Frs. — L'atlas seul: 9 Frs.

633. Histoire de la Géographie du Nouveau Continent et des progrès de l'astronomie nautique aux XVe et XVIe siècles comprenant l'histoire de la découverte de l'Amérique. 2 vol. Avec deux cartes inédites de l'Amérique dessinées par M. *Vuillemin*, gravées par M. *Jacobs*. 8. 20 Frs.

634. L'Asie centrale, par *Alexandre de Humboldt*. Nouvelle édition, enrichie de renseignements non encore publiés, recueillis par l'auteur lui-même, avec préface et supplément, par *P. de Tchihatchef*, l'un de ses plus savants disciples. 3 vol. Avec une nouvelle carte de l'Asie centrale, par M. *Kiepert*. 30 Frs.

635. Les Graminées, par *Alexandre de Humboldt*, *A. Bonpland* et *Kunth*. 3 vol. Avec 220 planches noires. Fol. 300 Frs. — Avec planches coloriées. 600 Frs.

636. Atlas spécial aux œuvres de *Humboldt*. 24 cartes dressées par Humboldt ou sous ses yeux, gravées sur cuivre. En portefeuille 70 Frs. Chaque carte 2 à 3 Frs.

Ces Cartes se vendent aussi séparément, ce sont:

1. Carte de la géographie des plantes équinoxiales. Tableau physique des Andes et pays voisins, depuis le 10° de latitude boréale jusqu'au 10° de latitude australe, par Humboldt et Bonpland. Carte grand colombier. — 2. Voyage vers la cime du Chimborazo, par Humboldt, Bonpland et Carlos Montufar. Esquisse de la Géographie des plantes dans les Andes de Quito. — 3. Tableau géologique du volcan de Jorullo, dressé sur des mesures barométriques prises sur les lieux, par Humboldt. — 4. Esquisse hypsométrique des nœuds de montagnes et des ramifications de la Cordillère des Andes, depuis le cap de Horn jusqu'à l'isthme de Panama et à la chaîne littorale de Venezuela, par Humboldt. — 5. Carte du Rio Grande de la Magdalena, depuis le 4e de latitude jusqu'à son embouchure, dressée par Humboldt. — Sur la même carte: Plan topographique de l'Angostura de Carare. — Sur la même carte encore: Carte du Rio Grande de la Magdalena, depuis ses sources jusqu'au 4° de latitude. — 6. Limite inférieure des neiges perpétuelles à différentes latitudes. — 7. Carte des environs de Honda, de Mariquita et des mines de Santana. — 8. Carte de l'isthme de Tehuantebec. — 9. Carte du cours de l'Orénoque, dressée par Humboldt. — 10. Carte du cours du Rio Meta et d'une partie de la chaîne orientale des montagnes de la Nouvelle Grenade, dressée par Humboldt. — 11. Carte de la partie orientale de la province de Varinas, comprise entre l'Orénoque, l'Apure et le Rio Meta, dressée par Humboldt. — 12. Carte itinéraire de la route de Zacatecas a Bolanos. — 13. Profil du chemin de Carthagène des Indes au plateau de Santa-Fé de Bogota, esquissé d'après des mesures barométriques et des observations astronomiques, par Humboldt. — 14. Esquisse d'une Carte de la province d'Avila, par Humboldt. — 15. Carte de la province de Quixos, dressée par Humboldt. — 16. Histoire de la géographie de l'Orénoque, lac Parime, Dorado, bifurcation; 11 petites cartes comparatives, d'après tous les géographes; ces cartes sont réunies sur une seule, papier colombier. — 17. Carte générale de Colombia, dressée par Bruée, d'après les renseignements de Humboldt. — 18. Chaine de montagnes et de volcans de l'Asie centrale, dressée par Humboldt. — 19. Profil

de la Péninsule espagnole, selon la direction S.-E.-N.-O., depuis les côtes de Valence jusqu'aux côtes de la Galice; et Profil de la Péninsule espagnole, selon la direction S.-O.-N.-E., depuis les Pyrénées jusqu'à la Sierra Nevada de Grenade, par Humboldt. — 20. Exemple de bifurcations et de Deltas d'affluents, pour servir d'éclaircissement aux discussions d'Hydrographie comparée, par M. de Humboldt. — 21. Plan du port et des environs de Tampico, tracé à l'état-major de la République mexicaine. — 22. Fragment de la Mappemonde de Juan de la Cosa, tracée en 1500. — 23. Tabula moderna Norbegie et Gottie; sur la même carte Fragmentum tabulae cui titulus: orbis typus universalis juxta hydrographorum traditionem. — 24. Carte hydrographique de la province du Chocó, esquissée d'après le plan de Don Juan Donoso.

Berichtigungen.

Seite 95, Zeile 7 v. u., fehlt hinter daselbst ein Komma.
» 131, » 4 v. u. und in der Anmerkung, lies: Sömmering.
» 134, » 14 v. o., statt: halben, lies: Viertel.
» 147, » 12 v. o., fehlt hinter bewirkt ein “.
» 157, » 6 v. o., l.: Dirichlet.
» 177, » 12 v. u., l.: 1826.
» 179, » 12 v. o., st.: ce, l.: se.
» 181, » 2 v. u., l.: bezmozgly.
» 237, » 3 v. o., l.: 1837.
» 285, » 10 v. o., l.: heterogensten.
» 375, » 14 v. o., st.: gleich, l.: ungleich.
» 383, » 4 v. u., st.: dort er, l.: er dort.

Druck von F. A. Brockhaus in Leipzig.